WALTER ZÜRCHER
SCHWEIZER REEDER IN ALLER WELT

WALTER ZÜRCHER

Schweizer Reeder in aller Welt

Schweizer Schifffahrtsgeschichte des 19. Jahrhunderts

HAUSCHILD

Abbildung auf dem Schutzumschlag:
MATILDA WATTENBACH (Ölgemälde in Privatbesitz), Foto: Walter Zürcher

© 2010 bei Walter Zürcher
und dem Verlag H. M. Hauschild GmbH, Bremen
Lektorat: Uwe Dollowski, Bremen
Layout: Rolf Wernet, Bremen
Gesamtherstellung: H. M. Hauschild GmbH, Bremen

ISBN 978-3-89757-443-4

Inhaltsverzeichnis

Vorwort 9
Einleitung 11

Die heroische Epoche 13

Der Weg zum Welthandel 14

Die Auswanderung 15
Organisatorische Aspekte 15
Auswanderungsagenten 15
Die Rolle des Bundes 16
Wer waren die Auswanderer? 16
Amerikanische Einwanderungspolitik 17
Dauer der Seereisen 17
Krankheiten auf Schiffen 17
Reiseschilderung eines Schaffhauser Auswanderers aus dem Jahre 1848 18
Die Reisekosten 20
Schweizer wollen zur See 21

Die erste schweizerische Seeflagge 22
Das Auswandererschiff WILLIAM TELL 23
Kapitän James Funck 23
Feuersbrunst auf der WILLIAM TELL 23
Reisen WILLIAM TELL 24
Zweites Gesuch aus New York 25
Das Auswandererschiff HELVETIA 25
Das Handelshaus Whitlock 25
Beginn der Packetschifffahrt nach Le Havre 25
Das Vollschiff HELVETIA 26
Flaggenverleihung ohne Bedeutung 27
Pariser Seerechtsdeklaration als Eckpfeiler 27

Der Dialog mit der Flagge 29
Suisse et Marine: Der Bundesrat will Klarheit 29
Begehrte Schweizerflagge 30
Petitionen von Auslandsschweizern 30
Dubs' utopischer Traum: Seemacht Schweiz! 32
Diskussionen im Parlament 32
Auszüge Nationalratsdebatte 34
Keine Chance für weitere Gesuche 36

Die Reeder im Porträt 37

Thomas Johannesen Heftye & Søn, Kristiania 38
Vom einfachen Handelshaus zur größten Privatbank Norwegens 38
Thomas Heftye wird Verteidigungsminister 39
Heftye-Insel 39
100 Jahre im Schifffahrtsgeschäft 41

Samuel Otto & Co., Kristiansand 46
Firmengründer Samuel Otto 46
Ausschließlich Glarner als Besitzer 46
Beginn der Segelschifffahrt 48
Erste Neubauten auf eigener Werft 48
Qualität bürgt für langes Leben 48
Im Sog des Erfolges 49
Caspar Wild: Alleiniger Besitzer 50
Der Not der Zeit gehorchend 50
Zwei Neubauten auf eigene Rechnung 50
Caspar Wild geht von Bord 51
Reform im Holzhandel 51
Initiative Nachfolger 52
Größtes Schiff der Flotte 52
Stillstand auf der Otto-Werft 53
Auftrag für die Konkurrenz 55
Letzter Neubau auf eigener Werft 56
„Diese Frauen machen mich noch verrückt" 59
Das Ende einer traditionsreichen Reederei 60

Frid. Otto & Søn, Farsund 61
Vorausblickende Investoren 62
Erfolgreiche Sild-Fischerei 62
Expedition ins Eismeer 64
Ausbau der Flotte 65
Die prosperierenden Jahre 1857–1866 66
Fünfzig Jahre Schifffahrtsgeschäft 68

Jacob Trümpy & Søn, Bergen 69
Vom Glarnerland via Altona nach Bergen ... 69
Trümpys Schiffsbauaktivitäten 70

Blumer & Tschudy, Tønsberg 78
Gewinnbringende Salzproduktion 78
Tragisches Ende: Insolvenz 79
Die Schifffahrt: Ein weiteres Standbein 80

Melchior Blumer, Kristiansand 81
  Als Reeder bevormundet 81

Abegg & Co., Bremerhaven 83
  Abegg baute fünf Schiffe 84

White Cross Line (Daniel Steinmann), Antwerpen .. 85
  Der kleine Hafen Antwerpen im 19. Jahrhundert 85
  Erste Erfahrungen mit gecharterten Segelschiffen 86
  Sein erstes Eigentum: Die HELVETIA 86
  Die Bark LUDWIG 87
  Die Kalamität der PRINCESS ROYAL 87
  Großsegler mit explosiver Fracht 88
  Missstände auf Steinmann-Schiffen 89
  Wagnis Dampfschifffahrt 91
  Erster Neubau für die Gesellschaft 92
  Investitionen dank Fremdgeldern 92
  Experiment Baltischer Lloyd 93
  Expansion durch weiteren Neubau 93
  Dampfer C. F. FUNCH: Ein Opfer der Flammen 94
  Steinmann auf Einkaufstour 94
  Partnerschaft mit der Engels Line 95
  Wechselvolles Jahr 1881 97
  Liniendienst Antwerpen – Kanada 98
  Das größte Schiff ihrer Flotte 99
  Der nasse Tod für 120 Personen 100
  Die Tragödie HELVETIA 101
  Konkurrenz durch NDL-Dampfer 102
  Passagierbeförderung 102
  Ende eines Traditionsunternehmens 102

Gebr. Greuter & Rieter,
Jakob & Andreas Bidermann & Cie.,
Georg Heinrich Biedermann & Cie., Winterthur 105
  Firmenpräsentationen des Konsortiums 105
  Gebr. Greuter & Rieter 105
  J. & A. Bidermann & Cie. 106
  Georg Heinrich Biedermann & Cie. 107
  Wattenbach, Heilgers & Co. 107
  Schiffsbeteiligungen der Winterthurer 107
  Vollschiff WINTERTHUR 107
  Reisen der WINTERTHUR 108
  Klipper CALCUTTA 109
  Klipper MATILDA WATTENBACH 110
  Vollschiff HELEN HEILGERS 112
  Klipper IDA ZIEGLER 113
  Bielbrief der IDA ZIEGLER 113
  Der schönste Schiffskörper jener Schiffsbauerepoche 114
  Reisen der IDA ZIEGLER 117

  Die Namensgeberin Ida Ziegler 117
  Frachten der IDA ZIEGLER 120
  Der Klipper in rauer See 120
  Der Untergang der IDA ZIEGLER 121
  Klipper AUGUSTUS WATTENBACH 122

Volkart Brothers, Winterthur 124
  Organisationstalent Salomon Volkart 124
  Korrespondentreeder Eduard Ringel & Co. 126
  Ankauf der Bark PRESIDENT FURRER 126
  Handel mit Baumwolle und Schweizer Produkten ...126

Peter Tschudy, Tønsberg 128
  Kurzes Engagement in der Seeschifffahrt 128

Fredrik A. Otto, Farsund 130
  Fabrikbesitzer auf Sellegrod 130
  In der Hochkonjunktur zum Schiffsreeder 131

Missions-Handlungs-Gesellschaft, Basel 132
  Missionsgeist und kommerzielle Initiative 132
  Die Wende zur Basler Handelsgesellschaft 133
  Kommerzielle Tätigkeitsfelder der
  Handelsgesellschaften 133
  Die Handlungsgesellschaft wird Schiffseigner 134
  Schonerbrigg PALME 135
  Kajütenausstattung 135
  Christliche Direktiven an den Kapitän 137
  Die Jungfernfahrt für die Basler 138
  Reichliche Verpflegung 141
  Die PALME wird gekapert 141
  Zehn Jahre Afrikareisen 143
  Schonerbrigg EINTRACHT 144
  Untergang der EINTRACHT 145
  Brigg AGNES 146
  Im Dienste der Basler 146
  Lenzpumpen voll im Einsatz 147
  Nach Rekordfahrt der Verkauf 148
  Brigg ASANTE 149
  Vortrefflich am Wind – ungünstige Renditen 150
  ASANTE in den Schlagzeilen 150
  Bark CANTON 151
  Weitgereiste Bark 151
  Die Unglücksnacht 151
  Renditen der Segler 153
  ASANTE 153
  PALME 153
  EINTRACHT 154
  AGNES 154

CANTON 154	Der Beginn einer langen Tradition 195
Die Flussschifffahrt der Gesellschaft 154	Die Makler und ihre Segelschiffe 196
Schlepper PIONIER 154	Die ersten Dampfschiffe 197
ERNST, WILHELM und EDUARD 155	Verluste durch Untergang und Krieg 202
	Erste wirtschaftliche Erfolge 203
Jakob Stünzi, Dalsbruk 156	Einrichtung Linienfahrt 203
Imperator der finnischen Eisenindustrie 156	Ausdehnung des Geschäftsbereichs 204
Verkaufsgrund: Russlands Zollpolitik 157	Der Betrieb im Ersten Weltkrieg 204
Schoner HELVETIA 158	Der mühsame Weg zurück zum Erfolg 206
	Start der Tankschifffahrt 207
Alfred von Rodt, Juan Fernandez 159	Turbulenzen in den Kriegsjahren .210
Insel Robinson Crusoe 159	Versuche der Konsolidierung 213
Robinson Crusoi II 160	Die Epoche der OBO-Schiffe 217
Sein erstes Schiff 160	Der Wagemut für Neues 218
Die Brigg MATADOR 161	Die Ölkrise und ihre Auswirkungen 220
Schwierige Wirtschaftslage 163	Gigantisches Vorhaben 220
Verlust und Neubau von Schiffen 163	Lohnkostenentwicklung 222
Havarist ACADIAN 164	Dramatik und Dynamik 223
Neubau eines Schoners 164	Der Neubeginn als Management-Unternehmen 224
Gaffelschoner PESCADOR 164	Der Gang zur Börse 226
Besuch des Staatspräsidenten 165	Die Konsequenzen der Gelegenheiten 227
Der letzte Robinson Crusoe 165	Zurück im kommerziellen operativen Geschäft 227
	Der Weg in die Selbstständigkeit .229
Schenker & Co., Wien 166	Organisationsstruktur der
Gründung Schenker & Co. 167	Tschudi Shipping Company 231
Die Idee des Sammelverkehrs 168	
Schifffahrt – eine Leidenschaft Schenkers 169	**C. F. Keller & Cia., Bahia** 233
Gründung der Adria Steamship Company 169	Erfolgreicher Händler und Financier 233
Güter-Import via Fiume 170	Prosperierender Kakao-Handel 234
Güter-Export via Fiume 170	Imposanter Kakao-Export 235
Die „Adria" wird verkauft 171	Keller wird Schiffsbesitzer 235
Gründung der Austro-Americana 173	
Die wirklichen Eigentümer der ersten Einheiten 175	
Die Person Gottfried Schenker .177	**Anhang** 237
Expansion bis zum Ersten Weltkrieg 179	
Reisen Austro-Americana 1905–1913 184	**Flottenlisten** 238
Dezimierung der Flotte 184	Flottenliste Thos. J. Heftye & Søn, Kristiania 238
Beteiligungen von Schenker 185	Flottenliste Samuel Otto & Co., Kristiansand 241
Das Ende des Familienunternehmens 186	Flottenliste Frid. Otto & Søn, Farsund 244
	Bauliste von J. Trümpy & Søn, Bergen 246
Bryner & Co., Wladiwostok 188	Flottenliste White Cross Line, Antwerpen 249
Schifffahrt und das Monopol für Verladungen 189	Flottenliste Peter Tschudy, Tønsberg 251
Diversifizierung von Investitionen 190	Flottenliste Fredrik A. Otto, Farsund 252
Die Revolution bringt das Aus 191	Flottenliste Adria Steamship Company,
Flottenliste Bryner, Kuznetsov & Co. / Bryner & Co. 192	Glasgow–Vienna–Fiume 253
	Flottenliste Austro-Americana / Unione Austriaca,
Tschudi Shipping Company, Lysaker 193	Trieste 254
Von den Wikingern in die Neuzeit 193	Flottenliste Tschudi Shipping Company AS, Lysaker . . .267
Die Gründerväter Eitzen und Tschudi 194	

Zahlen zur Auswanderung 288
In die Vereinigten Staaten eingewanderte Schweizer   288
Überseeische Auswanderer aus der
Schweiz 1868–1881 288
Auswanderungsstatistik 1882–1896 289
Schweizer Auswanderer nach Südamerika
1882–1900 290
Aus dem Jahre 1857 sind folgende Angaben zur
Auswanderung bekannt: 290

Abbildungsnachweis 291
Anmerkungen 292
Literaturnachweis 299
Schiffsnamenregister 308
Personen- und Firmenregister 316

Vorwort

Die schweizerische Auswanderung im 18. und 19. Jahrhundert, die ersten Bestrebungen zur Schaffung einer schweizerischen Flagge zur See und die Gründung von Reedereien und Handelshäusern durch junge Schweizer im Ausland sind die drei wesentlichen Themenfelder dieses Werkes. Es ist Walter Zürcher gelungen, in mehr als zehnjähriger Recherchierarbeit eine umfassende Darstellung der Entstehungsgeschichte der maritimen Errungenschaften der Schweiz zu schaffen. Er hat damit den Beweis erbracht, dass nicht der Meeresanstoß ein Land zu einer maritimen Nation macht, sondern der Unternehmergeist und die Initiativfreude seiner Bewohner.

Der Autor versteht es, den Werdegang der ersten Schweizer Reedereien im Ausland mit großer Präzision darzulegen und gleichzeitig mit spannenden Einzelheiten aufzulockern, sodass die Lektüre stets ein Genuss bleibt. Das Werk trägt durchaus belletristische Züge, was den Vorteil hat, dass es auch für eine allgemeine Leserschaft zugänglich ist. Es ist gleichzeitig ein umfassendes Kompendium mit großem historischen Wert, trägt es doch zu einem wichtigen Aspekt unserer schweizerischen Wirtschaftsgeschichte bei.

Ob die heutigen jungen Leute wissen, dass die Schweiz bis vor gut hundert Jahren ein Auswanderungsland war? Meist die ökonomische Not trieb zahlreiche Familien und Einzelpersonen zur Auswanderung. Walter Zürcher schildert anhand mehrerer Schicksale in packender Art die damaligen Umstände einer unsicheren und ungewissen Fahrt über die Meere, die oftmals mehrere Wochen dauerte und unter prekären Verhältnissen stattfand. Manche scheiterten, an eine Rückkehr war aber aus finanziellen Gründen nicht zu denken. Anders die jungen Unternehmer, die vorwiegend im Norden Europas ihr Glück suchten und oft auch fanden. Bekannte und einflussreiche Reedereien und verwandte Unternehmungen wurden von Schweizern gegründet. Manche der erfolgreichen Auswanderer nahmen die Staatsangehörigkeit ihres Gastlandes an und erreichten teils hohe Ämter. Andere schafften es in wirtschaftliche Spitzenpositionen. Sie waren Teil einer ökonomischen „Avantgarde", welche schon früh „Swissness" in die Welt trug.

Walter Zürchers Werk ist der Beweis dafür, dass die Schifffahrt und der Handel in enger Wechselwirkung stehen. Dies war damals so und ist es heute noch. Die schweizerischen Pioniere erkannten zu Recht, dass der Seehandel der Schlüssel zu wirtschaftlicher Prosperität ist. Selbst die europäischen Kontinentalmächte hatten erkennen müssen, dass es ohne Handelsflotte nicht geht. Und auch die Schweiz realisierte 1940, dass sie in Kriegs- und Krisenzeiten über Schiffsraum verfügen musste, um die Landesversorgung sicherzustellen. Der nicht vorhandene Meereszugang und das Fehlen einer wirksamen Marine hielten die Politik lange davon ab, eine schweizerische Flagge zur See zu begründen. Der Autor schildert mit akribischen Details und witzigen Anekdoten den Werdegang unseres Flaggenrechts, welches der Schweiz bis heute eine kleine, aber feine Handelsflotte ermöglicht. Auch bei diesem Thema hat er Pionierarbeit geleistet.

Das mit reichlichem Bildmaterial ausgestattete Werk ist ein Geheimtipp für alle an der Seefahrt interessierten Personen. Es richtet sich aber nicht nur an Historiker und Fachleute. Stil und Erzählweise öffnen das Buch einem breiten Publikum. Ein wahrhaft gelungenes Werk, welches den Spagat zwischen historischem Anspruch und „gelebter Geschichte" mühelos schafft.

Basel, im April 2010

Der Direktor des Schweizerischen Seeschifffahrtsamtes
Dr. Reto Dürler

Einleitung

Nicht die geografische Lage oder die unmittelbare Nähe zum Meer macht ein Volk zu einer seefahrenden Nation; Geist, Mentalität, Anschauung und unbeirrbare Motivation sind ausschlaggebend. Diesem Credo folgten im 18. und 19. Jahrhundert viele Schweizer im nahen und fernen Ausland, die sich dort als Handelsleute etablierten, um später in das oft risikoreiche Schifffahrtsgeschäft einzusteigen.
Heute kreuzen keine echten Windjammer mehr, keine voll getakelten Ost- und Westindienfahrer, keine Teeklipper und auch keine schnellen Salpetersegler.
Die Großsegler von einst verkörperten aber nicht nur die alte Seefahrerromantik. Sie dienten auch Handel, Verkehr und Kultur zwischen den Küsten und Kontinenten und waren ebenso ein Symbol weltlicher Macht. Daran hatten die Schweizer einen nicht unerheblichen Anteil. Mit diesem Buch will ich an ihre Rolle erinnern.

Ein ambitioniertes Vorhaben, angesichts des sehr rudimentären Wissensstandes über die im Inland, in Europa und Übersee niedergelassenen Schweizer Reeder. Die nur wenigen in deutscher Sprache verfassten Publikationen und auch die spärlichen fremdländischen Abhandlungen über die eingewanderten Schweizer Handelsleute weisen nicht nur erhebliche Lücken in der Darstellung von deren Biografie auf, sondern beschreiben sehr beschränkt, wenn überhaupt, das Unternehmen Schweizer Schifffahrt. Die Schiffschronik wird nicht einmal erwähnt, vor allem, was das Schicksal der Schiffe anbetrifft.
Diese fundamentalen Forschungslücken waren Ansporn genug, die bislang bescheidenen vorhandenen Kenntnisse gesondert weiter zu recherchieren.
Neben der Aufarbeitung der Firmengeschichte einzelner Schweizer sollen insbesondere die Aktivitäten ihrer Segel- und Dampfschiffe dokumentiert und rekonstruiert werden. Trotz intensiver Suche und der in aufwendiger Kleinarbeit zusammengetragenen Daten kann von Vollständigkeit nicht entfernt die Rede sein. Die hierfür benötigte Zeit und der finanzielle Aufwand für die Auslandsrecherchen stünden in keinem vernünftigen Verhältnis.
Die mannigfachen Recherchen führten zu weiteren nicht in diesem Band aufgelisteten Schweizer Schifffahrts-Unternehmen. Doch die zum Teil mangelhafte Quellenlage und der für die gründliche Aufarbeitung einer Chronik unverhältnismäßig hohe Zeitaufwand ließen mich von einem konturenarmen Bild zusätzlicher Darstellungen absehen.

Dennoch hoffe ich, mit der Vielfalt der ausgewählten Unternehmungen – von der Küstenschifffahrt über den Werftbetrieb bis zum Großreeder – eine farbige historische Realität wiedergegeben zu haben.
Die erstellten Biografien haben exemplarischen Charakter, ermöglichen sie doch Einblicke in die damaligen Handelsbeziehungen und in die Entwicklung der Reedereien.

Die Gründe für die in ihrem Umfang unterschiedlich lang ausgefallenen Kapitel sind die mehr oder weniger vorhandenen Aktenbestände und vorfindbare Literatur.
Standen im Archiv der Basler Handelsgesellschaft dem Verfasser Dutzende Laufmeter Ordner zur Einsicht, ließen sich andernorts nur vereinzelte Dossiers oder Dokumente aufspüren. Zur Flaggenfrage war im Bundesarchiv Bern erfreulich viel Quellenmaterial greifbar. Konnten auch keine Primärquellen ausfindig gemacht werden, bediente ich mich – falls vorhanden – ausländischen Publikationen.
Eine merkliche Erschwernis zeigte sich beim Bemühen, die Schiffe mit ihren Daten und ihrem Lebenslauf zu beschreiben. Entweder fanden sich Schiffe älteren Datums in keinem Register oder die Angaben in gedruckten Schiffsregistern waren falsch und unvollständig. Beispiel: Noch 20 Jahre nach ihrem Verlust war die PALME der Basler Handelsgesellschaft im Lloyd's Register eingetragen. Demzufolge lassen sich Irrtümer in der vorliegenden Arbeit, bei aller Sorgfalt, nicht vermeiden.
Eine nicht unwesentliche Schwierigkeit bedeutete die Flottenzusammenstellung der verschiedenen Eigner. Die ungenaue und lückenhafte Quellenlage begründet das Fehlen der absoluten Gewähr, ob auch alle Fahrzeuge dem dargestellten Unternehmen oder einer Einzelperson zugeordnet sind. Wenn auch einige Schiffe beim jetzigen Erschließungsgrad unentdeckt geblieben sind, soll dies der Qualität der vorliegenden Arbeit im Hinblick auf ein wirklichkeitsnahes Bild nicht abträglich sein.

Die beharrliche und langwierige Suche nach adäquaten Bilddokumenten wurde schlussendlich damit belohnt, dass das vorliegende Bildmaterial nicht nur ein wesentlicher Teil der Forschungsarbeit war, sondern sich auch als gewichtiges Kernstück entpuppte. Die größtenteils abgebildeten Fotos wurden bislang noch nie veröffentlicht.

Wegen der Fülle an Informationen aus unzähligen Quellen musste ich auf einen großen Teil von Fußnoten verzichten, da die Anmerkungen den Rahmen des Werkes gesprengt hätten.

Ergänzende Informationen zu allen Aspekten dieses Nachschlagewerks können durchaus vom geneigten Leser oder nachträglich vom Autor gefunden werden.

Grundsätzliche Erläuterungen zu technischen Angaben: Die Typenbezeichnungen variieren in verschiedenen Quellen. Wenn bekannt, wird der genaue Typ benannt. Da mehr als ein Dutzend Schonertypen existierten, wird oftmals nur der Oberbegriff Schoner erwähnt.
Die in Commerzlasten aufgeführte Tragfähigkeit wird als solche belassen und nicht in Registertonnen umgerechnet. Die Tonnagen und auch die Abmessungen (L x B x T) eines Schiffes wechselten etwa gleich häufig, wie sie von Klassifikations-Gesellschaften vermessen wurden. Die Tonnage-Angaben und besonders die Tiefenmaße bei Dampfern und Motorschiffen variieren stark je nach Jahresausgabe des Registers, und auch im Vergleich zwischen den verschiedenen Klassifikations-Gesellschaften gibt es erstaunliche Unterschiede. Deshalb sollen die Angaben über Dimensionen der Schiffe als Richtwert und Basis-Information dienen. Die in den Schiffsregistern in Fuß angegebenen Dimensionen sind in Metermaße umgerechnet.

Das Zustandekommen des Buches wäre ohne die vielen Anregungen, Hinweise, Auskünfte und Übersetzungen nicht möglich gewesen. Dank für die tatkräftige Unterstützung gebührt derart vielen Personen, Archiven, Museen und anderweitigen Institutionen, dass hier nur einige namentlich erwähnt seien. Alle anderen Namen sind in der Bibliografie aufgeführt.

Besonderer Dank geht an Håkon Larsson-Fedde und Torbjørn Larsson-Fedde, Farsund; Dr. Peter-Michael Pawlik, Bremen; Luc van Coolput, Antwerpen; Harald Appleyard, Billingham; John Bartlett, London; Martin Benn, Preston; Alan E. Phipps, Worcestershire; Bernhard Lawley, Manchester; Odd Birkeland, Kristiansand; Dr. Guy Thomas (Archiv Mission 21, Basel); Jost-Otto Schnyder Meyer, Insel Robinson Crusoe; Dr. Grazia Tato (Archivio di Stato di Trieste); Dr. Peter Gabrielsson (Staatsarchiv Hamburg); Dr. A. Hofmeister (Staatsarchiv Bremen); Lisa Benson (Norsk Sjøfartsmuseum, Oslo); J. F. Van Puyvelde, Brüssel; Karl Romsy (Schenker Archiv, Wien); Dr. Irma Haave, Trondheim; Tore L. Nilsen (Bergen Sjøfartsmuseum); Florent Van Otterdyk, Burcht; Kirsten Bertheau Nøklebye (Vest-Agder-museet, Kristiansand); Prof. Dr. Sergio Rossi, Fribourg; Felix H. Tschudi, Oslo; Henry Tschudi, Oslo; Rolf Fabricius Hansen, Oslo; Maria-Theresia Brunner, Schaffhausen; Paul Brantschen, Schaffhausen; Willi von Arb, Zürich, und viele, viele weitere liebe Menschen.

Sehr zu Dank verpflichtet bin ich dem Schweizerischen Seeschifffahrtsamt in Basel (Herrn Dr. Reto Dürler); Felix Henry Tschudi, Oslo (Tschudi Shipping Company, Lysaker); der Familien-Vontobel-Stiftung, Zürich; der Kulturförderung des Kantons Glarus; der Ernst Göhner Stiftung, Zug; Frau Ruth Biedermann, Winterthur; Herrn Georg Biedermann, Winterthur; und Jacob Beck, Maastricht/NL, die meine Absicht großzügig finanziell unterstützten und ohne die das vorliegende Buch kaum hätte erscheinen können.
Ein besonderer Dank gebührt gleichfalls den Mitarbeitern des Hauschild-Verlages, speziell dem Verleger Friedrich Steinmeyer für sein bereitwilliges Engagement, Herrn Rolf Wernet und Jacqueline Fünfhaus für die hervorragende technische Unterstützung des Manuskriptes und des Bildmaterials sowie auch Uwe Dollowski für das aufmerksame und präzise Lektorat.

Walter Zürcher

Die heroische Epoche

Der Weg zum Welthandel

"Zu allen Zeiten verlockte das Wasser die Herzen der Menschen – ob durch das silbrige Band eines Flusses, das güldene Funkeln eines Sees oder den phosphoreszierenden Schimmer des Ozeans. Aufgewühlt oder still, süß oder salzig tritt das Meer dem Menschen entweder hilfreich – indem es ihn mit Nahrung versorgt – oder auch grausam, als Feind, entgegen."[1]

Der Mensch war in vielfacher Hinsicht auf das Meer angewiesen, als Nahrungsquelle und als Verkehrsweg. Die Entwicklung führte vom primitiven Einbaum, Flößen und Lastkähnen über die Segelschiffe bis hin zu den Fracht- und Fahrgastschiffen. Auch die hohen Masten der rahgetakelten Schiffe im 19. Jahrhundert waren Ausdruck der Dynamik dieser Epoche.

Ob am ersten Kreuzzug im Jahre 1095 Schweizer beteiligt waren, ist nicht belegt. Aber seit Jahrhunderten zogen sie nicht nur als Söldner in fremde Kriegsdienste, sondern immer wieder auch auf die hohe See. Manchmal geschah dies allerdings unfreiwillig, jedoch auch erfolgreich. So hatte die päpstliche Schweizergarde, obwohl in der Schifffahrt völlig ungeübt, im Jahre 1571 in der Seeschlacht von Lepanto einen erheblichen Anteil am Sieg der christlichen über die osmanische Flotte.[2]

Wenn auch in früheren Zeiten die Schweizer kein Volk von Seefahrern und weitgereisten Kaufleuten waren, änderte sich dies mit der Industrialisierung im 19. Jahrhundert.

Nach der Depression der Kontinentalsperre der seefahrtsfeindlichen napoleonischen Zeit erlangte die Schifffahrt allgemein gewaltigen Aufschwung. Die Blütezeit der weltweiten Segelschifffahrt fand ihren Beginn, als sich im Verlaufe des 19. Jahrhunderts die südamerikanischen Staaten vom spanischen Mutterland loslösten und später die chinesischen Häfen für den europäischen Handel geöffnet wurden.

Zu Beginn beteiligten sich Schweizer Kaufleute im Konsignationsgeschäft, der ältesten Form des Übersee-Exports. Später wagten viele mutige, vorwiegend im Ausland niedergelassene Eidgenossen Beteiligungen an Segelschiffen oder wurden Reeder im Seeschifffahrtsgeschäft.

Findet man im 18. Jahrhundert vorwiegend an Frankreichs Küsten sich niedergelassene Textilindustrielle aus dem Genfer und Neuenburger Raum sowie aus St. Gallen, stammen die Namen der im 19. Jahrhundert weltweit verstreuten Schweizer Handelsleute, die auch Schifffahrt betrieben oder sich im Schiffsbau betätigten, zumeist aus der deutschsprachigen Schweiz.

Doch was bewegte die Eidgenossen dazu, sich am Schifffahrtsgeschäft zu beteiligen? Waren es emsiger Tatendrang und gesunder Organisationsgeist? Oder war es rückblickend die im Zeitraum von etwa 1847 bis 1866 risikofreudige schweizerische Außenpolitik, die den Charakter jener Männer, die damals die Geschicke des Landes entscheidend beeinflussten, auf die Handelsleute abfärbte? Könnte ein weiteres individuelles Element nicht der Wunsch nach einer Verbesserung der wirtschaftlichen Lebenssituation sein? Reizte das Unbekannte mit dem Urelement Wasser? In allen erwähnten Dimensionen ruhen Gründe.

Bei den allermeisten im Ausland von Schweizern gegründeten Schifffahrtsunternehmen lässt sich feststellen, dass eine erfolgreiche Handelstätigkeit mit Textilien oder Manufakturen jeglicher Art vorausgegangen war.

Oftmals waren es nebst Wagemut auch die Einsatzbereitschaft und der Pioniergeist Einzelner, die ihnen neue Perspektiven eröffneten. Durch berufliche Kompetenz und Tatkraft schufen sich einige Handelshäuser eine überragende Stellung gegenüber den konkurrierenden Reedern.

Jedoch ohne die auswanderungswilligen Europäer und die Emigration allgemein, die zweifelsohne für viele innovative und strebsame Bürger das Fundament ihrer späteren Unternehmungsgründung bildete, hätte die Schifffahrt nie die historische Bedeutung und Dynamik erlangt, um sie heute zu würdigen und sachlich zu beschreiben.

Die Auswanderung

Ursache der Auswanderung war es immer, die persönliche Lebenssituation zu verbessern oder wenigstens dem Herkommen entsprechend zu leben.[3]

Gründe dazu gab es viele: Bei der Einrichtung des Bundesstaates 1848 befand sich die Wirtschaft in einem gefährlichen Ungleichgewicht. Sie hatte sich noch nicht ganz von einer schweren Krise erholt, die alle europäischen Volkswirtschaften gebeutelt hatte und diese – mit Ausnahme Englands – in den Protektionismus und in einen erbitterten Konkurrenzkampf trieb, wofür die Schweiz weder eine ausreichende Infrastruktur noch die institutionellen Mittel besaß. Als mit der Kartoffelkrankheit von 1846/47 eine landesweite Hungerkrise eintrat, die sich in den frühen 1850er-Jahren noch verschlimmerte, sahen sich viele Menschen genötigt, ihrer Heimat den Rücken zu kehren.

Die geringe Rentabilität der Landwirtschaft, bedingt durch übermäßige Parzellierung, Überschuldung und fehlende Innovationsfreudigkeit, war ebenso für die Emigration verantwortlich. Nicht nur Missernten, Landknappheit oder Verminderung des Einkommens, sondern auch beruflicher Aufstieg, sozialer Druck, behördliche Verordnungen, behördliche Auswanderungsförderung sowie religiöse Motive zählten zu den Ursachen der Auswanderung. Man würde jedoch dem Phänomen der Auswanderung nicht gerecht, wenn man als seine Ursachen nicht auch den Wagemut, die Abenteuerlust und den unbändigen Tatendrang anführen würde, aber auch die Ansteckungskraft, die von einer gelungenen Auswanderung ausging, nicht zu reden von der aktiven Propaganda ausländischer Staaten und der kommerziellen Werbung der Auswanderungsagenten.[4]

Ohne Zweifel waren für die allermeisten Auswanderer, vermutlich 90 % oder mehr, wirtschaftlich-soziale Gründe entscheidend.

Leider existieren nur widersprüchliche Zahlen, wie viele Schweizer vor und nach den Gründungsjahren des Bundesstaates im Ausland ihr Glück versuchten.

Aus etlichen Statistiken ist nicht ersichtlich, ob es sich um Schweizer Staatsangehörige handelte oder lediglich aus der Schweiz emigrierte Personen (Ausländer eingeschlossen).

Mit zu berücksichtigen sind auch die Unzulänglichkeiten der amerikanischen Immigrationsbehörden, die nicht selten Schweizer Staatsbürger in die Statistiken der Deutschen oder Franzosen einbanden.

Die Sichtung verschiedener Konsulatsberichte im Bundesarchiv lässt keine Rekonstruktion einer übersichtlichen tabellarischen Statistik zu.

Auch die in den Bundesblättern publizierten Zahlen erlauben keine lückenlosen Aussagen.

Um dennoch einigermaßen repräsentative Einsicht in die Auswanderungszahlen zu erhalten, bediente ich mich vornehmlich – wenn nicht anders vermerkt – der Statistiken der Arbeit „International Migrations" von Ferenczi und Willcox.[5]

Organisatorische Aspekte

Wer sich einmal dazu entschlossen hatte auszuwandern, stand vor einer Vielzahl von praktischen Problemen. In der zweiten Hälfte des 19. Jahrhunderts überzog zwar ein verzweigtes Netz von Eisenbahnlinien Europa. In der Zeit davor aber waren Kutschen oder die eigenen Füße die einzigen Transportmittel. Die Reise dauerte lange, da es nur langsam voranging.

Bis in die 1830er-Jahre gab es keine regelmäßig verkehrenden Atlantikschiffe. Tage- oder wochenlang mussten die Menschen in der Hafenstadt ausharren. Mancher Auswanderer hatte die Kosten für Übernachtungen und Verköstigung zu knapp veranschlagt und geriet bei Ankunft im Einschiffungshafen in finanzielle Schwierigkeiten. Besonders in Zeiten starker Auswanderung, wenn die Schiffe den Andrang nicht bewältigen konnten, bedeutete die Wartezeit im Hafen für viele die Verarmung und das Ende der Reise.[6]

Im 19. Jahrhundert verbesserten sich die Reisemöglichkeiten, sodass nicht mehr nur die Erreichbarkeit eines Hafens für Auswanderer bei ihrer Reiseplanung eine Rolle spielte. Andere Fragen waren ebenso wichtig: Fahren die Schiffe direkt nach Amerika? Wie oft verkehren sie? Wie teuer ist die Überfahrt? Wie hoch sind die Ermäßigungen für Kinder? Wie viel Gepäck wird kostenlos transportiert? Sind Mahlzeiten im Preis inbegriffen?

Alle diese Fragen mit ihren nicht unwichtigen Aspekten der organisatorischen Reiseplanung versuchten die Büros der Auswanderungsagenten zu beantworten.

Auswanderungsagenten

Auswanderungsagenten gab es mit Beginn der Auswanderung. Viele von ihnen waren skrupellose Geschäftemacher. Ihre Anwerbemethoden reichten von bösen Übertreibun-

Beim Auswandereragenten (Zeitungsgrafik 1853).

gen bis zu glatten Lügen. Berichte über Betrügereien dieser „Seelenverkäufer" waren überall verbreitet. Doch die Hoffnung trieb die naiven und unwissenden Menschen dazu, den Vorspiegelungen Glauben zu schenken.[7]

Glücklicherweise wurde in späteren Jahren die unkontrollierte und unorganisierte Anwerbung unterbunden. Dennoch berichteten die schweizerischen Konsuln in den Aus- und Einwanderungshäfen über Missstände, Ausbeutung und Prellerei, denen die ahnungslosen Auswanderer zum Opfer fielen. Die Unwissenheit und Naivität, die den Auswanderern zugeschrieben wurde, mag übertrieben erscheinen. Wenn man jedoch bedenkt, dass schon die Reise in den Ausschiffungshafen für die allermeisten Auswanderer den Erfahrungshorizont weit überstieg und dass viele der Auswanderer überhaupt oder noch nie in einer vergleichbar großen Stadt gewesen waren, hatten ihre Sorgen um Übernachtungsmöglichkeiten, Versorgung und Überfahrt durchaus existentiellen Charakter. Der Bundesrat sah sich etliche Male gezwungen, gegen die unhaltbaren Zustände auf den Auswandererschiffen Einspruch zu erheben. Insbesondere der Schaffhauser Nationalrat Dr. Wilhelm Joos kämpfte für Verbesserungen der zum Teil miserablen Verhältnisse auf Auswandererschiffen. In einem Schreiben an die schweizerische gemeinnützige Gesellschaft schildert er Folgendes: *„Man versetze sich einmal im Geist in das Zwischendeck eines vollen Auswandererschiffes auf hoher See. Was sehen wir da? Leute, aus vielleicht zehn Nationen zusammengeweht, vom unflätigsten Ungeziefer geplagt, schlechte Nahrungsmittel und noch schlechteres Wasser, Gesunde und Kranke und Sterbende, Lachende und Fluchende und Betende, alle inmitten einer schwülen Atmosphäre unausstehlichen Gestankes [...]."*[8]

In der Schweiz entstanden die ersten Auswanderungsagenturen Anfang der 1850er-Jahre. 1882 gab es derer neun – sechs in Basel und je eine in Aarau, Bern und Genf –, für die insgesamt 187 Agenten oder Vertreter in den verschiedenen Kantonen arbeiteten. Im Jahre 1885 war die Zahl der Agenturen auf 11 angestiegen, die 359 Vertreter beschäftigten.[9]

Die Rolle des Bundes

Bis in die 1870er-Jahre beschäftigten sich die Bundesbehörden kaum mit der Auswanderung. Wer auswandern wollte, musste sich lediglich im Heimatkanton abmelden. Manche Gemeinden förderten die Emigration „armengenössiger" Personen, damit sie Fürsorgekosten sparen konnten. Erst in den 1880er-Jahren, als die großen Wellen der Auswanderung nach Übersee und in europäische Länder einsetzten, begann der Bund die Auswanderung zu steuern. Zum Schutz der Auswanderinnen und Auswanderer erließ er 1880 ein Gesetz und setzte 1888 ein eidgenössisches Auswanderungsamt ein, das die Tätigkeit der Auswanderungsagenturen überwachen sollte. Diese Agenturen vermittelten die Emigrantinnen und Emigranten an wirtschaftliche Kolonisationsprojekte, hauptsächlich in Nord- und Südamerika. Die neuen Auslandsvertretungen des Bundes setzten sich vor allem für die sogenannten Schweizerkolonien ein. Die Auswanderung, Kolonisationsprojekte und die Gründung konsularischer Vertretungen sind deshalb historisch eng miteinander verbunden.

Wer waren die Auswanderer?

Eine allgemeine Tendenz lässt sich feststellen: Die Ärmsten der Armen waren nicht unter den Auswanderern, denn die Passage nach Übersee stellte einen erheblichen Kostenfaktor dar und war für die gänzlich Mittellosen schlicht unerschwinglich. Neben dem Fehlen der völlig Besitzlosen scheint auch einigermaßen feststellbar, dass unter den Auswanderern fast keine Reichen waren. So kam bei weitem die größte Auswanderergruppe aus der Unterschicht und der unteren Mittelschicht.

Amerikanische Einwanderungspolitik

Bis in die 1870er-Jahre gab es aufseiten der amerikanischen Gesetzgebung keinerlei Selektion und keinen Personenkreis, dem die Einwanderung generell verboten war. Das änderte sich 1875 mit dem Einwanderungsverbot für Prostituierte und Kriminelle. In der Folge wurde das Einwanderungsverbot alle paar Jahre auf neue Personenkreise ausgedehnt: 1882 auf Geisteskranke und Personen, die der Allgemeinheit zur Last fallen würden, 1891 auf Vorbestrafte, Polygamisten und Menschen mit ansteckenden Krankheiten, 1903 auf Epileptiker, Bettler und Anarchisten, 1907 auf Schwachsinnige und Tuberkulöse, 1917 auf Alkoholiker, blinde Passagiere und gewohnheitsmäßige Obdachlose. Die meisten dieser Einschränkungen kamen erst, als die schweizerische Einwanderung ihren Höhepunkt längst überschritten hatte.[10]

Dauer der Seereisen

Zu Beginn des 19. Jahrhunderts fand die Überfahrt auf Segelschiffen statt, die zwischen 35 und 45 Tage unterwegs waren, bei ungünstigem Wetter wesentlich länger. Die enormen Risiken führten zu Schiffskatastrophen und Seuchen mit einer Sterblichkeitsquote von bis zu 30 % auf einigen Schiffen. Eine Statistik über die Bremer Auswanderer-Segler zwischen 1856 und 1865 zeigt folgende Zahlen: 1856 wurden für Bremer Schiffe bei der Ankunft in New York durchschnittlich 45 Reisetage verbucht, 1860 waren es 43 Tage, 1865 stieg die Reisedauer wieder auf 46 Tage. Den wenigen erfolgreichen Schnellfahrten standen schwierige Atlantiküberquerungen im Sturm gegenüber, die über 100 Tage dauerten.[11] Dass in der Literatur häufig eine durchschnittliche Reisedauer auf Seglern von sechs Wochen angegeben wird, darf als arithmetischer Mittelwert gelten.

Sechs oder acht Wochen auf See waren eine lange Zeit. Das Leben an Bord wurde in dieser Zeit bestimmt von den ungewohnten Widrigkeiten, wie Seekrankheit, mangelnde Ernährung und primitive Unterbringung.

Die bereits in den 1840er-Jahren eingesetzten Raddampfer brauchten für die Überfahrt im Durchschnitt nicht viel mehr als 14 Tage und waren den Seglern, die auf der sogenannten Bergfahrt nach Westen bis zu 45 Tage und auf der Talfahrt mit dem Westwind im Rücken 21 bis 35 Tage brauchten, deutlich überlegen.

Zur Jahrhundertwende dauerte die Transatlantik-Passage auf modernen Schnelldampfern nur noch sieben bis neun Tage, der Preis der Reise sank und die Reisebedingungen hatten sich für alle Reisenden verbessert.

Krankheiten auf Schiffen

Die Überfahrt nach Amerika war im 19. Jahrhundert nicht nur strapaziös und beschwerlich, sie war auch mit Risiken für Leib und Leben verbunden. Nebst der ohnehin bestehenden Gefahr einer Schiffskatastrophe waren Krankheiten, Epidemien oder Sterbefälle an Bord beinahe alltägliche Erscheinungen.

Vor allem die miserablen hygienischen Verhältnisse und die ungewohnte, oft unzureichende Verpflegung verursachten ständig Probleme. Salzige, vitaminarme Kost, Wassermangel, verdorbene Lebensmittel, überfüllter Lebensraum und unzureichende hygienische Einrichtungen bildeten vor allem auf Segelschiffen einen geradezu idealen Boden für viele Krankheiten. Es gab keine Möglichkeit, kranke Passagiere abzusondern. Bei hoher See mussten die zum Oberdeck führenden Luken geschlossen werden. Zudem war es schwierig, angesichts der primitiven Unterbringung ein Mindestmaß an Reinlichkeit aufrechtzuerhalten.[12]

Von September bis Dezember 1853 waren insgesamt 96 950 Passagiere an Bord von 312 Schiffen nach New York gefahren, von denen 1933 zur See starben; 457 kamen schwerkrank an. Als Hauptursache wird Cholera angegeben, die auf 47 Schiffen ausgebrochen war, auf denen sich 21 857 Passagiere befanden, von denen 1821 auf hoher See verstarben.[13]

Als Desinfektionsmittel diente Essig und gegen den üblen Geruch ließ man Eimer voll heißen Teers im Zwischendeck verdampfen.

Sowohl in Europa als auch in den Vereinigten Staaten gab es Bemühungen, das Risiko der Überfahrt für die Auswanderer zu senken. Am 22. Februar 1847 verabschiedeten die Amerikaner ein Gesetz, das jedem Passagier einen Mindestraum im Zwischendeck zusicherte. Jedem Erwachsenen standen demnach 1,3 m² zu und die Kojen mussten mindestens 1,83 m lang und 46 cm breit sein. Kinder unter acht Jahren wurden in der Berechnung nicht berücksichtigt. Doch auch dieses Gesetz war absolut unzureichend. Bereits am 17. Mai 1848 wurde ein überarbeitetes Gesetz verabschiedet, der „Act to Provide for the Ventilation of Passenger Vessels, and for other Purposes", und mit einem Zusatz am 3. März 1855 schließlich als „Act to Regulate the carriage of Passengers in Steamships and other Vessels". Das Gesetz sollte vor allem die Lage der Reisenden im Zwischendeck verbessern, Hungersnöte verhindern und die Möglichkeit geben, Expedienten oder Kapitäne für Vertragsbruch oder schlechte Behandlung auf See zur Verantwortung zu ziehen. Sowohl in Europa als auch in den Vereinigten Staaten gab es also Bemühungen, die Überfahrt für die Auswanderer erträglicher zu machen. Die europäischen Auswanderungsagenten hatten selbstverständlich keine Freude am amerikanischen Gesetz, da die Raumvorschriften die zulässige Passagierzahl drastisch reduzierten und somit auch ihr Profit schrumpfte. Die Folge war ein Preisanstieg.[14]

In Hamburg kam es 1850 zu gesetzlichen Bestimmungen über das Zwischendeck auf Auswanderersegler. Danach betrug die vorgeschriebene Mindesthöhe 5½ Fuß (1,68 m). Jeder Auswanderer hatte zudem Anspruch auf eine Fläche von 12 Quadratfuß, etwa eine Fläche von 1,88 x 0,63 m, nicht mehr als ein knapp bemessenes Bett! Die Lüftung des Zwischendecks erfolgte zunächst ausschließlich durch die nach oben aufgehenden Luken, die allerdings bei Regen und Sturm geschlossen blieben, sodass gerade dann, wenn die Seekrankheit besonders viele Passagiere erfasste, keine ausreichende Belüftung mehr stattfand.

Mit den Dampfschiffen änderten sich die Überfahrtsbedingungen für die Zwischendeckpassagiere. Die Fahrtdauer betrug zwischen 14 und 20 Tagen. Die Lebensmittel wurden somit vor dem Schlechtwerden verzehrt und die Ernährung der Passagiere verbesserte sich. Selbstverständlich lebten sie nach wie vor auf engem Raum zusammen und wurden auch krank, doch bestand keine unmittelbare Lebensgefahr mehr.

1887 wurde die Anstellung eines Schiffsarztes in Hamburg bei mehr als 50 Passagieren obligatorisch, nachdem die Reedereien sowohl in Hamburg als auch in Bremen bereits zehn Jahre zuvor eine entsprechende Selbstverpflichtung eingegangen waren und die amerikanischen Behörden seit 1882 einen Arzt an Bord zwingend vorschrieben. Schon 1870 hatten die Hansestädte die Bestimmungen für die Auswandererbeförderung dahingehend geändert, dass für Kranke an Bord separate Unterkünfte zur Verfügung gestellt werden mussten. 1887 wurde die Vorschrift noch einmal geändert, sodass fortan für je 50 Passagiere zwei Krankenzimmer bereitgehalten werden mussten.

Im Jahre 1856 landeten 136 000 Emigranten in New York, davon beförderten Dampfschiffe 5000 Personen. Vier Jahre später jedoch änderte sich das Verhältnis Dampfschiffe – Segler erheblich: 34 000 Personen ließen sich auf einem Dampfer nach Übersee transportieren, 74 000 benutzten hierfür einen Segler.[15]

Reiseschilderung eines Schaffhauser Auswanderers aus dem Jahre 1848

Der authentische Bericht eines jungen Schaffhauser Auswanderers an seinen Vater und seine Geschwister gibt uns einen eindrucksvollen Einblick in die Geschehnisse auf einem Segelschiff bei schlechten Wetterverhältnissen.

„In Havre hatten wir nicht länger zu warten als fünf Tage. Den 4. August fuhr unser Dreimaster, mit mehr als dreihundert Passagieren beladen, aus dem Hafen. Nun beginnt das traurige und widerwärtige Schiffsleben, von dem sich niemand einen Begriff macht, ohne es selbst erfahren zu haben. Den 2. September nahm unser traurig einförmiges Leben plötzlich eine gewaltige Wendung. Schon den Abend vorher hatten wir einen ziemlich starken Nordost; die See war ziemlich unruhig, ohne dass wir aber Gefahr ahnten. Alles ging noch sorglos auf sein Lager. Ich tat dasselbe, konnte aber kaum eine Stunde schlafen; eine gewisse Angst und Beklemmung, die ich mir nicht enträtseln konnte, ließ mir keine Ruhe. Ich stand also auf und stieg auf das Verdeck, wo ich mir die Nacht hindurch die Zeit damit vertrieb, den Matrosen zuzusehen, wie sie an den Masten hinauf und hinunter kletterten, um Segel und Taue zu befestigen. Der Tag brach endlich an, und der immer zunehmende Wind blies uns pfeilschnell vorwärts, was wir natürlich zufrieden waren, um schnell in Amerika zu sein. Gegen Mittag gestaltete sich die Sache aber ganz anders; der Wind wurde zum Sturme, und dieser so stark, dass der Kapitän die Segel des Mittel- und Hintermastes musste einziehen lassen. Zuletzt gab er auch Befehl, die Segel des Vorder- oder Sturmmastes einzuziehen; allein es war schon zu spät. Der Orkan brach fürchterlich los, nahm die Gestalt eines Wirbelwindes an, und drehte das Schiff einige Male mit solcher Schnelligkeit ringsum, wie man ein Stücklein

Sturm im Zwischendeck (Zeitungsgrafik 1886).

Vertrag für 13 Auswanderer der Schaffhauser Gemeinde Herblingen nach Dona Francisca/ Brasilien.

Geld in der Hand umdreht. Das empörte Element bildete Turm hohe Wellen, welche fürchterlich über das Verdeck schlugen, und unser Schiff wie einen Ball hin und her schleuderten. Alles flüchtete sich in das Innere des Schiffes, nur einige junge Männer und ich blieben oben, um im Falle der Not Hülfe leisten zu können. Allein menschliche Kräfte waren hier zu schwach; in einem Augenblick lag das Schiff, welches bei ruhiger See wohl 24 Fuß über dem Spiegel schwebte, solchergestalt auf der Seite, dass die Spitzen der Masten das Wasser berührten (?), und im andern Moment schleuderte es die Wellen auf die entgegengesetzte Seite. Die starken Segeltücher zerrissen wie Papier und die Fetzen davon jagten schauerlich in der Luft herum, ebenso rissen armdicke Ketten und Taue entzwei. Ich klammerte mich mit beiden Armen an einer Säule fest, um nicht ins Meer gespült zu werden. Die Matrosen standen wie gebannt umher, denn an arbeiten war nicht zu denken; jeder suchte nur sein Leben zu erhalten. Jetzt erfolgte ein donnerähnliches Krachen – der Vordermast stürzte mit fürchterlichem Geprassel über das Verdeck, blieb aber in den Tauen und Ketten hängen, sodass wir die traurige Aussicht hatten, dadurch in den Grund gebohrt zu werden. Die kühne Entschlossenheit unseres Steuermanns rettete uns für diesmal mit Gottes Hülfe vor dem sichern Tode, denn kaum hatte dieser die Gefahr bemerkt, als er alsbald mit einem Beile bewaffnet, trotz des furchtbaren Schwankens des Schiffes, in die Höhe kletterte und die Taue und Ketten mit kräftiger Hand loshieb, worauf der Mast dicht an ihm vorbei ins Wasser stürzte. Kaum war dies vorüber, so krachte auch der Mittelmast und stürzte beinahe zur Hälfte auf das Verdeck herab. Nun hatte unser großes Schiff nur noch einen Mast, und auch der krachte bedenklich, ohne jedoch zu stürzen. Der Sturmmast war, ohne von jemand bemerkt zu werden, samt seinen Segeln ins Meer gestürzt. Unser Schiff bot jetzt mit seinen 3 abgebrochenen Masten und 16 zerrissenen Segeln einen traurigen Anblick dar. Ich begab mich nun in das Mittelverdeck, um ein bisschen auszuruhen; auch hier hatte der Sturm seine Opfer gefordert. Kisten und Koffer waren zertrümmert, Lebensmittel, Kleider, Kochgeschirr ebenfalls ruiniert; zudem war es hier so finster wie in einem Grabe, denn alle Öffnungen waren auf das Sorgfältigste verschlossen, um das Eindringen des Wassers zu verhüten. Mit Mühe fand ich mein Lager unter beständiger Furcht, irgendeine Kiste, die noch immer von einer Seite zur andern geschleudert wurde, möchte mir die Füße abschlagen."16

Doch nicht alle Briefe von Auswanderern beschrieben das Bordleben derart – beinahe schicksalhaft – wie der obige. Dass die Passage nach Südamerika selbst auf einem kleinen Schiff recht angenehm, ja fast schon anmutend sein kann, vermittelt uns das Schreiben von Konrad Baumer aus der Kolonie Dona Franzisca (Brasilien) vom Dezember 1856. Die „milde" Reiseschilderung findet z. T. ihren Ursprung auch in der Tatsache, dass der Brief erst zwei Jahre nach der Landung in der Provinz Santa Catarina verfasst wurde, wenn auch der Schreiber am Schluss des mehrseitigen Briefes versichert: „[…] denn ist alles gründlich wahr, was ich Euch geschrieben."

Auszug aus dem Schreiben: „Nachdem wir sieben Tage in Hamburg gelegen, sind wir den 11. Januar 1854 mit einem holländischen Zweimaster ‚Komet' durch einen kleinen Dampfer aus dem Hamburger Hafen bis Cuxhaven buxiert worden, welche Tour wir in vier Stunden zurücklegten, um hier zu ankern und auf guten Wind zu warten. Das Schiffspersonal bestand aus 74 Zwischendeckspassagieren. Mit Ausnahme von zwei Personen aus dem Mecklenburgischen waren alles Schweizer aus dem Kanton Schaffhausen. Den 15. Januar bekamen wir endlich guten Wind und liefen aus der Elbe in den Seekanal, sogleich stellte sich die Seekrankheit fast bei dem ganzen Schiffspersonal ein und dauerte bei allen 24 Stunden und länger, unsere Mutter hatte aber 8–9 Wochen daran zu leiden und wurde so schwach, dass man sie beinahe heben und tragen musste. Die Fahrt ging anfangs sehr gut vonstatten, das Schiff flog dahin wie ein Vogel in der Luft. […] Im übrigen, wenn man sich einmal an das Schiffsleben gewöhnt hat und guter Wind und schönes Wetter harmonieren, so ist es recht behaglich auf dem Verdeck, wenn man schon bloß Himmel und Wasser vor Augen hat. […] Die Schiffsmannschaft, vom Kapitän bis auf den Matrosen, waren alles sehr artige, freundliche Leute. Auch mit der Schiffskost sind wir völlig zufrieden gewesen."17

Die Reisekosten

1850 kostete das Billett der Reederei Sloman für die Strecke Hamburg – New York 50 Taler. 1856 kostete das Hapag-Billett auf derselben Strecke 55 Taler und 17 Jahre später, 1873, war dies immer noch der Hapag-Preis. Im folgenden Krisenjahr ging er sogar kurzfristig auf 30 Taler zurück.
Bei der English Pacific Company zahlte ein Passagier der 1. Klasse im Jahre 1888 für die Überfahrt auf dem Dampfer COTOPARI von Lissabon nach Valparaíso Fr. 1800,–, in der 2. Klasse Fr. 1250,– und für die 3. Klasse Fr. 500,–. Auswanderer kamen in den Genuss einer weiteren Preisreduktion.

Bei der Basler Agentur „Steinmann-Drevet" zahlte 1853 ein williger Auswanderer für die Reise ab Basel nach Le Havre und die Überfahrt nach New York auf einem amerikanischen Packetboot Fr. 190,– inkl. Verpflegung. Ein Jahr zuvor berappte ein Schweizer Auswanderer nach New Orleans bei derselben Agentur Fr. 130,–.
Im Reisevertrag 1853 wurde das zulässige Gewicht des Reisegepäcks für Erwachsene auf 200 Pfund und für Kinder auf 100 Pfund limitiert. Die Kosten für die Reiseverpflegung im Zuge nach Le Havre, die Logis und Mahlzeiten im Ausschiffungshafen gingen zulasten des Auswanderungsbüros. Selbst die jedem Passagier zugestandene Verpflegung bei der Überfahrt nach New York wurde exakt im vierseitigen Vertrag festgehalten.
Eine Person hatte auf folgende Lebensmittel Anspruch:
  5 Pfund frisches Brot
35 Pfund Biskuits
  4 Pfund Butter
14 Pfund geräuchertes Rindfleisch und Schinken
  2 Pfund Salz
  5 Pfund Mehl
  5 Pfund Reis
  1 Hektoliter oder ein Sack Kartoffeln oder
20 Pfund Bohnen, Erbsen oder ähnliches Gemüse
  2 Liter Essig

Schweizer wollen zur See

Im Zuge der Auswanderungswelle in den 1850er-Jahren wollte eine Vielzahl von jungen Schweizern den Beruf des Seemannes ergreifen. Wenn auch einige davon nur die Überfahrt abzuverdienen beabsichtigten, hatten doch etliche das echte Vorhaben, Seemann zu werden.

Bei Konsul Wanner in Le Havre trafen hierzu viele Anfragen ein, und nicht selten brachten ihn die unwissenden Fragesteller beinahe zum Verzweifeln. Als Folge beschloss Wanner mit dem Kapitän der WILLIAM TELL und ihm anderen bekannten Kapitänen der amerikanischen Handelsmarine Bedingungen auszuarbeiten, die Neuanmusternde zu erfüllen hatten.

Diese Unterlagen verwendete der Bundesrat für die Publikation im Bundesblatt 1854 II.

Die amtlichen Verlautbarungen hatten folgenden Wortlaut:

„Mit Zuschrift vom 6. dies theilt das schweiz. Konsulat in Havre beim Bundesrathe die Bedingungen mit, unter denen junge Schweizer Aussicht haben können, auf amerikanischen Handelsschiffen als Schiffsjunge oder Novizen angenommen zu werden. Diese unerlässlichen Bedingungen sind folgende:

1) *dass der betreffende Aspirant erst das Alter von 15 oder 16, höchstens 17 Jahren habe;*
2) *dass er vollkommen gesund und stark gebaut sei,*
3) *dass er lesen, schreiben und rechnen könne, und auch Anlagen zur Erlernung der Mathematik besitze,*
4) *dass er die deutsche und französische Sprache verstehe, so wie auch einige Kenntnis von der englischen habe,*
5) *dass er entschlossen sei, das Leben der Matrosen wenigstens ein oder zwei Jahre lang zu theilen, d.h. ihre Beschäftigung, ihr Lager und ihre Nahrung mit ihnen gemein zu haben, und*
6) *dass er in Havre über 125–150 Fr. verfügen könne, und daraus die einem Seemanne unentbehrlichen Kleidungsstücke anzuschaffen.*

Außer diesem räth das obgedachte Konsulat, dass sich ein Aspirant erst dann auf den Weg nach Havre begeben solle, wenn ihm sichere Nachricht zugekommen sei, dass durch Unterhandlungen mit einem guten Kapitäne für ihn ein Platz auf einem Schiffe ausgewirkt sei."

Die Veröffentlichung im Bundesblatt[18] blieb nicht folgenlos. Viele schweizerische Zeitungen übernahmen den Text, sodass sich Lehrlinge, Studenten und auch Schwererziehbare in Le Havre zum Seedienst meldeten. Konsulatsberichte belegen die nicht geringe Anzahl Schweizer in den verschiedensten Handelsflotten und Marinen. Wie viele Eidgenossen die Offizierslaufbahn bestritten und bis zum Kapitän avancierten, kann leider nicht eruiert werden.

Reisevertrag aus dem Jahre 1853 der Basler Auswanderungs-Agentur „Steinmann-Drevet".

Das benötigte Küchengeschirr ging in diesem Reisevertrag ebenso zulasten des Auswanderungsbüro, was bei weitem nicht Standard war. Für die Bettwäsche hingegen hatten die Emigranten selbst zu sorgen.

Am Ende des Reisevertrages wird der Emigrant in einer längeren Auflistung auf die „Schiffs-Ordnung" aufmerksam gemacht.

Die Proviantsätze von Le Havre waren denen Hamburgs und Bremens ähnlich. Vor allem das Fleisch, in gepökelter und gesalzener Form für viele Auswanderer ungewohnt, gab häufig Anlass zu Beschwerden. Aber auch die Zubereitung der Speisen, die auf allen Seglern in aller Regel von den Passagieren selbst nach Austeilung der Tagesration vorgenommen wurde, sorgte für Ärger, da auch Schiffen mit mehreren Hundert Leuten meist nur vier bis sechs Kochstellen zur Verfügung standen, um die es ständig Streit gab.

Die erste schweizerische Seeflagge

Die Gründung des schweizerischen Bundesstaates im Jahre 1848 konnte den Gedanken einer eigenen Flagge überhaupt erst diskussionsfähig machen.
Der junge Bundesstaat entwickelte schon damals einen Optimismus in allen politischen und wirtschaftlichen Fragen, und so erstaunt es nicht, dass die Interessen der Schweiz an der Seeschifffahrt vorerst im Zusammenhang mit der Auswanderung standen.
Erklärte die Tagsatzung nach dem Bundesvertrag von 1815, die Auswanderung sei Sache der Kantonsregierungen, kam nun der neue Bundesstaat nicht umhin, sich des Auswanderungswesens anzunehmen.

Ergoss sich der Hauptstrom von Schweizer Auswanderern im 19. Jahrhundert nach Le Havre, so ist es nicht überraschend, dass die ersten Anhaltspunkte einer schweizerischen Seeflagge in diese französische Hafenstadt weisen. Seit Oktober 1848 war dem schweizerischen Konsulat in Le Havre auch eine Agentur für Auswanderung angegliedert, jedoch wegen Missverhalten des Agenten bald wieder aufgehoben worden. Nach dem Ansuchen des Konsuls in Brüssel, eine Auswanderungsagentur in Antwerpen einzurichten, beschränkte sich der Bundesrat lediglich darauf, zur Unterstützung des Konsuls in Le Havre wieder einen Agenten zu entsenden.

In einem Schreiben vom 14. Mai 1850 orientierte Konsul Louis-Philippe de Luze aus New York den Bundesrat in Bern, kürzlich sei ein Amerikaner namens James Funck, ehemaliger Kapitän und Eigentümer mehrerer Schiffe, in seinem Büro mit der Information erschienen, im Moment werde ein großes Schiff für den Packetservice zwischen New York und Le Havre konstruiert. Im August sei vorgesehen, das Schiff in Dienst zu stellen. Zu Ehren der Schweiz wolle er es WILLIAM TELL nennen und die Schweizerflagge am Maste mitführen.
De Luze bittet den Bundesrat, *"un beau Pavillon"* zu fabrizieren, dieses nach Le Havre zu senden und dem Schiff bei Ankunft zu überreichen. Begeisternd argumentiert er: *"notre Patrie est toujours mentionée ici avec bienveillance et rèspect"*, und auch die Emigranten werden bestimmt mit Freude und Achtung an ihre Heimat erinnert.[19] In der Sitzung vom 31. Mai 1850 beschloss der Bundesrat, *"diesem Schiffe bei seiner ersten Landung in Havre eine schweizerische Flagge zu überreichen"* und daher dem Militärdepartement den Auftrag zur Anfertigung einer solchen Flagge zu geben.[20] Nur sechs Tage später erbat Oberst Ochsenbein vom Militärdepartement in einem Schreiben an Konsul Wanner Folgendes: *"Es liegt mir aber daran, dass derselbe den seemännischen Vorschriften genau entspreche, deshalb ich veranlasst bin, an Sie das höfliche Ansuchen zu richten, Sie wollen mir gefälligst mit eiliger Beförderung mittheilen, was für eine Form und Dimension solche Pavillons haben, und aus welchem Stoffe sie verfertigt werden."*[21]

Im Antwortschreiben von Konsul Wanner vom 10. Juni 1850 an das Militärdepartement finden zum ersten Male die Maße einer Schweizer Flagge zur See Erwähnung. Der Wichtigkeit dieses Dokumentes wegen soll der schwer entzifferbare Brief hier ungekürzt wiedergegeben werden:

> *"Nach den Erkundigungen, die ich auf Ihre Anfrage vom 6ten diss eingezogen habe, kann ich Ihnen mittheilen, dass die Flaggen, welche Regierungen schenken, gewöhnlich aus Seidenzeug verfertigt sind und dass sie daher um das Geschenk zu vervollständigen dem Wilhelm Tell des Captain Funck zwei Flaggen zu übersenden haben werden, eine Seidene und eine Wollene. Letztere aus Etamine à Pavillon, wie anliegendes Muster gemacht.*
> *Die Schiffsflaggen sind gewöhnlich ⅓ länger als breit, das heißt 10 Fuß breit und 15 Fuß lang, oder für große Schiffe 12 Fuß breit und 18 Fuß lang.*
> *Um den Platz des Wappens oder des Kreuzes in diesen lengen […] zu bestimmen, nimmt man die ¾ der Länge der Flagge von der […] an gerechnet, wie wenn die Flagge anstatt 15 Fuß nur 10¾ Fuß lang wäre, und setzt das Kreuz in die Mitte dieses von 10 Fuß und 10⅛ Fuß.*
> *Man nennt […] die aus harter Leinwand zugenähte Röhre an welche die Flagge genäht wird. Die Röhre enthält das Seil das an den beiden Enden der Röhre in eine Boorte sich umkehrt (?) die zum ent[…]den und aufziehen der Flagge dient. Bei der Herstellung dieser Boorte mit einem Theil der […] die flach zusammengetruckt 31 Millimeter breit ist, also nur etwa 30 Millimeter breiten Borde gebildet wird.*
> *Da Ihnen wahrscheinlich in der Schweiz der wollene Stoff: Etamine à Pavillon fehlt, so könnten Sie sich begnügen, nur das Seidene Pavillon verfertigen zu lassen, und wie das Wollene zu bestellen, und an das Seidene die […] nähen zu lassen.*
> *Die Größe des Kreuzes soll ⅔ der Breite ausmachen. Das heißt 8 Fuß messen, wenn Sie der Flagge 12 x 18 Fuß geben."*[22]

Am 14. August richtet sich Ochsenbein erneut an Wanner und kündigt die baldige Fertigstellung der seidenen Flagge an. Weiter schreibt er: *„Da hier der Etamine à Pavillon wirklich nicht zu haben ist, so bin ich im Halten, an Sie die höfliche Einladung zu richten, Sie wollen die wollene Flagge in Havre bestellen und auch die nöthigen Anordnungen für Befestigung der Seidenen treffen lassen."*[23]

Nachdem der Bundesrat die französische Gesandtschaft bat, den Transport der Flagge auf der französischen Bahn zu übernehmen, antwortete diese freundlich, sie werde alle möglichen Erleichterungen dem Transporte des Pavillons zukommen lassen. Die Lieferung erfolgte jedoch vor Eintreffen des französischen Angebots.[24]

Die Übergabe der Flagge durch Konsul Wanner an Kapitän John Willard der WILLIAM TELL erfolgte am 11. September 1850.[25]

Das Auswandererschiff WILLIAM TELL

Kapitän James Funck

Der in New York geborene James Funck († 1869) wurde nach seinem Tode als der „oldest branch pilot for the port of New York" bezeichnet und geehrt, stand er doch vormals von 1824 bis 1847 ununterbrochen als Kommandant im Dienste der Linie New York – Le Havre im Einsatz. Nur die Kapitäne Sebor und Chadwick übertrafen ihn um ein Dienstjahr im Havre-Service. J. Funck befehligte im Liniendienst die Schiffe HAVRE, EDUARD BONAFFE, FRANCE, ERIE, BALTIMORE, ONEIDA, EXCHANGE und WILLIAM TELL. Ab 1847 arbeitete er auch für das Liverpooler Auswanderungsunternehmen Taylor & Rich. In die Schlagzeilen geriet Kapitän Funck ausgerechnet auf seiner 15. und letzten Fahrt auf der ERIE von Le Havre nach New York. Die 1827 erbaute ERIE war bekannt als Langsamsegler, wenn sie auch ihre schnellste Westpassage in nur 28 Tagen schaffte. Der Durchschnitt aller ihrer Reisen betrug knapp über 40 Tage.

Am 24. Dezember 1837 verließ sie Le Havre und als sie im Februar immer noch nicht in New York eintraf, vermeldete Lloyd's List ihren Untergang mit allen an Bord befindlichen Personen. Als sie dann doch endlich am 7. März in New York einlief, erkundigten sich die Reporter bei Master Funck über die unterwegs herrschenden Stürme. Funck erklärte ihnen erstaunt und ruhig, er habe weder etwelche Schwierigkeiten gehabt, noch sei er von einem Sturm aufgehalten worden. Im Gegenteil, volle 40 Tage lag er bei Windstille in Untiefen vor Neufundland, jedoch ohne jeglichen Schaden für das Schiff.[26]

Feuersbrunst auf der WILLIAM TELL

Den Klipper WILLIAM TELL mit seinen 1153 Tonnen bauten 1850 die New Yorker Westervelt & Mackey.[27] Seine Dimensionen werden mit 53,6 m Länge, 11,5 m Breite und einer Frachtraumtiefe von 8,9 m angegeben. Eingetragen im New Yorker Register wird er am 5. August 1850. Neben James Funck sind weitere neun Miteigentümer aufgelistet. Nach dem Ausscheiden der beiden Teilhaber Aaron und Daniel Westervelt am 2. April 1855 behielt J. Funck mit einem $14/48$-Anteil, gefolgt von William Tyson mit $9/48$, John Willard und Thomas M. Storow mit je $6/48$-Anteilen, das größte Interesse am Segler.[28] Laut amerikanischen Angaben verfügte er über Platz für maximal 850 Reisende.

In der Montagnacht des 2. September 1861 um 02:00 Uhr fängt die WILLIAM TELL, im „North River" liegend zur Reise nach Le Havre bereit, Feuer und brennt bis zur Wasserlinie nieder.

Kapitän James Benner der „Union Ferry Company" war der Retter in Not, übernahm alle Passagiere und die Crew auf sein Schiff MONTAGUE.

Der brennende Klipper wurde im Niedrigwasser vor Governor's Island auf Grund gesetzt und brannte lichterloh selbst noch am Abend des folgenden Tages. Durch eine kleine Kohlenladung an Bord erhielt das Feuer zusätzliche Nahrung.

Drei auf das Schiff gerichtete Wasserspritzen vermochten schlussendlich das lodernde Feuer zu bändigen.

Am 6. September transportierten die Bergungsschoner NORMAN und RINGGOLD Dampfpumpen auf die WILLIAM TELL und am Morgen des 8. Septembers war der Klipper geflutet. Nachdem man ihn in der Folge am Pierrepont Lagerschuppen in Brooklyn festtaute, wurde die übrig gebliebene unversehrte Fracht entladen.[29]

Von 1850 bis zu ihrem Unglücksjahr 1861 verblieb die zuverlässige WILLIAM TELL vorerst in der Boyd & Hincken Line, danach in der Union Line im Havre Packet- und Auswanderer-Service, ehe das großartige Schiff den Flammen zum Opfer fiel.

Die Eigentümer verkauften die stark havarierte WILLIAM TELL nach Walpole, Mass. Der neue Eigner Nathaniel Y. French setzte sie 1862 in New Bedford/Mass. wieder instand und ließ sie hier mit der Nummer 24 am 27. Sep-

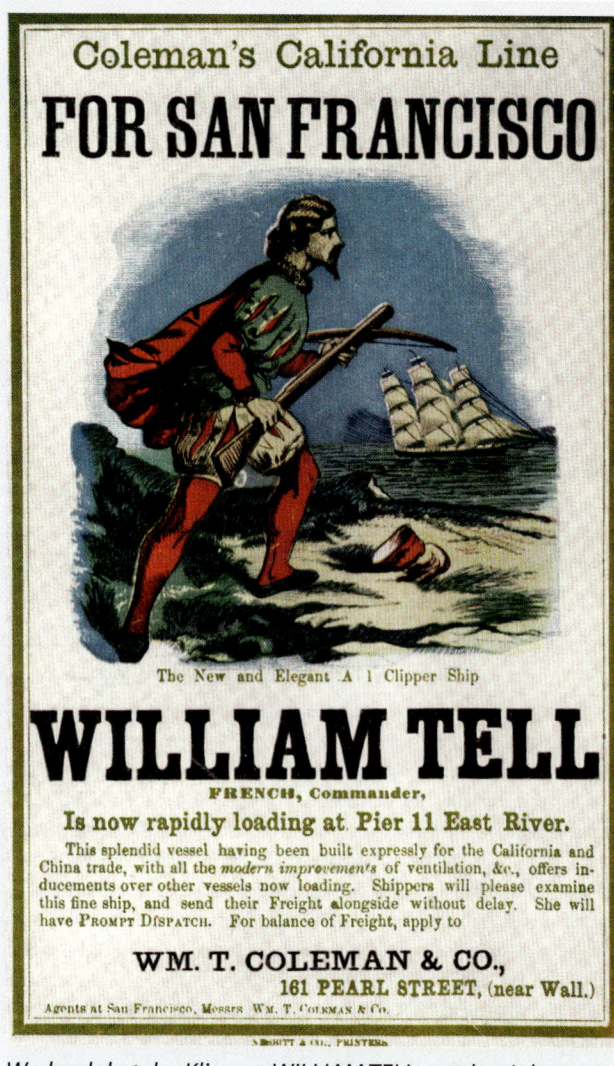

Werbeplakat des Klippers WILLIAM TELL aus den Jahren 1862/63.

tember 1862 registrieren. Neu vermaß der Segler 1170 Tonnen, hatte eine Länge von 54,6 m, eine Breite von 11,3 m und die Tiefe wird mit 5,5 m angegeben. Der erste Kapitän auf der mit zwei Decks und drei Masten in neuem Glanze erstrahlenden WILLIAM TELL hieß William W. French.[30]

Nur drei Jahre nach ihrer Wiederinstandsetzung ging die WILLIAM TELL unter Führung von Kapitän Jones am 23. Dezember 1865 an der Küste von Vancouver Island verloren.

Am 15. August verließ der Klipper mit Ballast Simons Town (Südafrika), umrundete das Kap der Guten Hoffnung, sichtete Nootka Sound am 13. Dezember, schwamm drei Tage später in die Straße von Juan de Fuca ein und befand sich am 19. Dezember rund sechs Meilen seewärts vom Leuchtturm Dungeness.

Am folgenden Tag kam heftiger Wind auf, der das Schiff stetig westwärts an die Race Rocks drückte. Vergeblich versuchte es, in die Freshwater Bay zu gelangen, um hier vor Anker zu gehen. Bis zum 22. Dezember fuhr es in der Straße hin und her, ehe es am 23. auf einen Felsen drei Meilen nordwestlich von San Juan aufschlug. Bei Ebbe zog die Mannschaft eine Leine an das 100 Faden entfernte Festland und brachte auf diese Weise alle 22 Crewmitglieder in Sicherheit.

Bevor die Mannschaft jedoch das Schiff verließ, kappte sie den Hauptmast, dies mit der Absicht, dank dessen Hilfe auf den Felsen zu gelangen. Der 1. Steuermann verließ als Letzter um 12:00 Uhr das Schiff und um 01:00 Uhr zerbrach die WILLIAM TELL in tausend Teile.

Der Schoner SURPRISE mit Kapitän Francis transportierte die Überlebenden nach Victoria.

Vom Register gestrichen wurde die WILLIAM TELL erst am 17. September 1866.[31]

Reisen WILLIAM TELL

Le Havre		New York
21. Mai 1851	618 Passagiere und Fracht	27. Juni 1851
27. Juni 1852	651 Zwischendeckpassagiere (649 Deutsche und 2 Amerikaner); 9 Kabinenpassagiere (4 Deutsche, 3 Franzosen und 2 Amerikaner) 3 Kleinkinder und 1 Erwachsener sterben auf der Überfahrt. Zwei Geburten sind verzeichnet.	?
?	656 Passagiere	21. Oktober 1852
?		4. März 1853
?		27. Juni 1854
?		30. Juni 1855

Zweites Gesuch aus New York

Mit einer Depesche vom 4. November 1850 informiert Konsul Wanner den Bundesrat über den Erhalt einer Anzeige seines Amtskollegen in New York, dass das Haus Whitlock ein Packetboot für den Service zwischen Le Havre und New York konstruiert habe und es HELVETIA nennen wolle.

Konsul de Luze bat seinen Kollegen in Havre, man möge wie bereits der WILLIAM TELL auch diesem Schiffe eine Schweizerflagge überreichen.[32]

Vier Tage später, in seiner 180. Sitzung, entsprach der Bundesrat auch diesem Gesuch und beauftragte jedoch erst (!) am 9. Dezember[33] das Militärdepartement mit der Anfertigung dieser Flagge, nachdem Wanner vier Tage zuvor beim Bundesrat die noch nicht eingetroffene Flagge anmahnte. Am 8. Januar 1851 kündigte der Konsul in Le Havre das Einlaufen der HELVETIA an und wies in Bern erneut auf das Fehlen der versprochenen Flagge hin. Zwei Wochen später antwortete ihm Bundespräsident Munzinger, die Flagge sei umgehend bestellt worden, aber die Seide sei noch nicht gewebt und gefärbt. Mit reichlicher Verspätung sandte dann Bern mit der „Messagerie Royale" die Flagge am 18. Februar 1851 nach Le Havre.[34]

Das Auswandererschiff HELVETIA

Das Handelshaus Whitlock

William Whitlock jr., Sohn eines Kapitäns zur See, dessen Familie aus New Jersey stammte, startete seine Karriere als Geschäftsmann und Lebensmittelhändler – zusammen mit Partner Jenkins – an der 71 South Street in New York. Nach Auflösung der Firma Whitlock & Jenkins – diese unfruchtbare Partnerschaft machte ihn dermaßen bitter, dass er infolge mit wenigen Ausnahmen nie mehr mit anderen Personen Eigentum teilte – übersiedelte er nach Augusta/Georgia, erlernte hier das Handwerk im Baumwollhandel und kehrte nach zwei Jahren zurück nach New York.[35]

Mit dem Erwerb des kleinen Schoners UNDAUNTED stieg der noch junge Whitlock am 28. Juni 1819 ins Seeschifffahrtsgeschäft ein, verbündete sich mit J. & C. Seguine und gehörte so 1824 zu den Begründern eines regelmäßigen Schiffsdienstes zwischen New York und Savannah. Fünf Jahre später trat er seine Interessen an der Linie an seinen Schwager William Scott und die Brüder Thomas M. und Joseph Shapter ab.[36]

Beginn der Packetschifffahrt nach Le Havre

Whitlock gehörte zu den Pionieren der Packetschifffahrt nach Le Havre. Während einigen Jahren betätigte er sich sowohl in der Küstenschifffahrt New York – Savannah als auch im transatlantischen Liniendienst. Es war nicht ungewöhnlich, dass dieselbe Person sich in der Küstenschifffahrt wie auch im Überseeverkehr betätigte. Die von den Südstaaten nach New York transportierte Baumwolle wurde hier vielfach auf die Le Havre-Schiffe umgeladen. Den ersten Liniendienst New York – Le Havre mit dem Schiff MONTANO eröffnete im September 1822 Francis Depeau zusammen mit Isaac Bell und Kapitän Miles R. Burke. Zum Service der bei Cutler und Albion als „Old Line" bezeichneten Linie gehörten von Anbeginn auch die STEPHANIA und die LEWIS. Für eine Überfahrt bezahlte ein Kabinenpassagier $ 140.[37]

Nur wenige Monate später, am 1. Februar 1823, taten sich Crassous & Boyd mit W. Whitlock zu einer sehr locker organisierten zweiten Le Havre-Linie zusammen. Whitlocks 29 Meter messende CADMUS (ein alter Walfänger) mit Williams Bruder Sydney als Kapitän komplettierte diese Linie. Im Mai 1824 zeigten Crassous & Boyd einen neuen Fahrplan an, mit dem suggestiven Titel „First Line". Nur zwei Monate später nach der Eingliederung weiterer Einheiten, darunter auch Whitlocks HOWARD, eröffneten sie auch noch eine „Second Line". Die Schiffe der „First Line" verkehrten jeweils am 15. des Monats, diejenigen der „Second Line" verließen die Häfen am 1. des Monats.

Mit der Etablierung dieser zweiten Linie beendete Depeau kontinuierlich sein Engagement im Le Havre-Service, reaktivierte es jedoch wieder im Sommer 1825.

Als 1824 der berühmte Franzose und in den USA gefeierte General Lafayette nach New York reiste, stellte Whitlock seine CADMUS zur Disposition. Er verzichtete der berühmten Persönlichkeit wegen auf weitere Passagiere und Fracht.[38]

Nach wie vor unter dem Management von Crassous & Boyd kooperierten ab Januar 1827 die „First Line" und die „Second Line" zu einer einzigen Formation und per 10. Februar 1829 gelang es mit einem Abkommen, alle drei Linien zur „Union Line" zusammenzuführen.

Whitlocks Segler machten in New York jeweils an der Pier 13 am East River fest.

Ab 1838 hießen die New Yorker Generalagenten Boyd & Hincken. Vier Jahre später fungierten sie als Agenten für nur noch vier Schiffe und operierten als „Second Line", während Bolton, Fox & Livingston – sie übernahmen 1830 die Interessen von Depeau – und William Whitlock nach wie vor in der „Union Line" vereinigt blieben.

Die 1844 bei W. Webb neu erbaute ZURICH (817 t) gelangte in das Operating von Fox & Livingston.

Der Gesamtbestand der Le Havre-Linie zählte 1846 18 Einheiten, die jeweils am 1./8./16. und 24. absegelten. Boyd & Hincken sowie W. Whitlock übernahmen die Bereederung der eigenen Schiffe, während Fox & Livingston die restlichen Fahrzeuge betrauten.

Whitlocks Le Havre-Agent hieß Albert N. Chrystie.

1850 wurden die WILLIAM TELL und die LA SUISSE in die Boyd & Hincken-Linie aufgenommen, deren Schiffe New York nach Fahrplan am 1. verließen und von Le Havre am 16. absegelten. Die geplanten Abfahrtsdaten wurden selten eingehalten – Verzögerungen bis zu drei Tagen waren die Regel. In der Le Havre-Linie von Whitlock fuhren auch die Kapitän Henry Robinson gehörende GALLIA und die beiden Whitlock-Schiffe GERMANIA und HELVETIA. Für eine Passage ohne alkoholische Getränke zahlte ein Reisender auf der HELVETIA $ 100. In Zusammenarbeit mit Maritimer Livingston (Fox schied 1850 aus dem Unternehmen aus) erweiterte Whitlock per Januar 1854 die „Union Line" zu 12 Einheiten mit monatlich vier Abfahrtsdaten. Die Reaktion von Boyd & Hincken blieb nicht aus: Sie konterten 1855 mit der Bekanntmachung der neuen Linie „The Sole Regular Line" (vormals „Second Line").[39]

Das Vollschiff HELVETIA

Das Schiff vermaß 971 Tonnen, hatte drei Decks und wurde 1850 in Kennebunk/Maine von der Emmons Littlefield Yard für George W. Bourne und Henry Kingsbury aus Eichenholz gebaut. Seinen Eintrag im Register Kennebunk fand das Schiff am 15. November 1850. Der erste Kapitän hieß N. L. Thompson.[40] Nur wenig später kaufte William Whitlock die HELVETIA und ließ sie am 9. Dezember 1850 in New York registrieren.

Der Segler mit seinen Dimensionen von 51,5 m Länge, 10,8 m Breite und einer Frachtraumtiefe von 5,4 m stand 13 Jahre im Packetservice nach Le Havre im Einsatz und benötigte für die Westpassage durchschnittlich 36 Tage. Die schnellste Reise vollbrachte er in 28 Tagen; die langsamste Fahrt dauerte volle 53 Tage.

Bis 1862 befehligte Benjamin F. Marsh (1822–1907) die HELVETIA, ihm folgten Lewis Higgins, Stephen M. Warren, A. F. Bailey und Eldridge.

Am 12. Juli 1871 verkaufte Whitlock die HELVETIA an die Oulton Brothers, St. John, N.B., die sie in JOSEPHINE OULTON umbenannten.

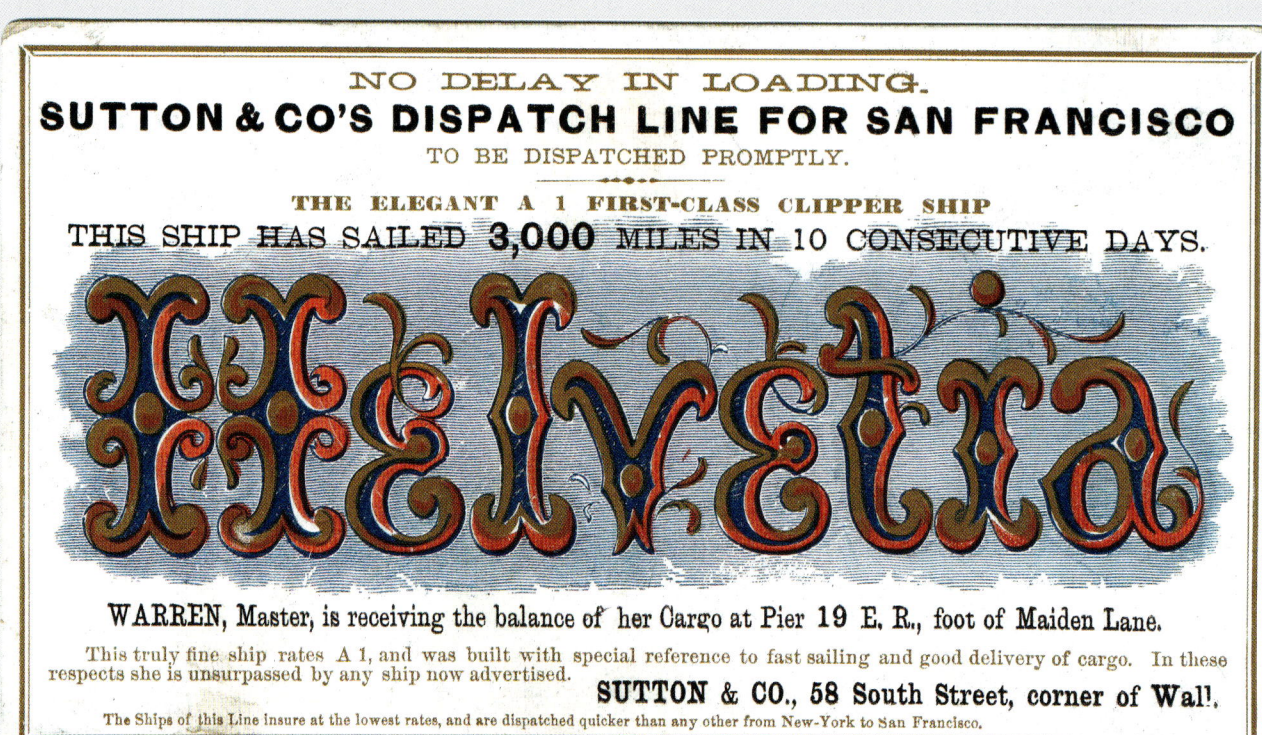

Werbung für das schnellste Schiff zwischen New York und San Francisco: der Klipper HELVETIA.

Flaggenverleihung ohne Bedeutung

Die staatsrechtliche Bedeutung und Stellung dieser Schweizerflaggen blieb undefiniert. Der Bundesrat hatte sich über alle Fragen zur Anerkennung einer Schweizerflagge auf dem Meere hinweggesetzt. Optimismus, reges Interesse an allen auftretenden Fragen und möglicherweise auch die freiheitlichen Traditionen der Schweiz beeinflussten die Bundesbehörden in ihren Entscheidungen.

Es liegen keine Dokumente vor, dass sich Flaggenverleihungen durch das Militärdepartement wiederholt hätten. Diese beiden Vorgänge vermerken die erste offizielle Stellungnahme der Bundesbehörden in der Frage zur Schweizer Seeschifffahrt.

Es ist jedoch belegt, dass sowohl die WILLIAM TELL als auch die HELVETIA stets die amerikanische Flagge am Heckmast führten und die schweizerische Nationalflagge lediglich als Zierrat an einem Mast wehte.

Schon das Angebot des französischen Finanzministeriums, die Flagge auf der französischen Bahn zu transportieren, und die Anfrage des Marineministeriums, man möge zur Revision des Flaggenalbums die genauen Maße der Schweizerflagge bekannt geben, zeigten das Interesse für die erste schweizerische Flaggenverleihung. Das am 19. September 1853 vom französischen Gesandten in Bern, Graf Salignac-Fénélon, zugestellte Schreiben hatte folgenden Wortlaut: *„Le Ministre de la marine de Sa Majesté Impériale, s'occupant en ce moment de réviser l'Album des pavillons étrangers m'a exprimé le désir de connaître le pavillon de la Confederation […]."*[41]

Der Chef der Kriegsmaterialverwaltung Wurstenberger kopierte die Vorlagen, die seinerzeit für die Flaggen der WILLIAM TELL und HELVETIA verwendet wurden. Eine Zeichnung zeigte die schweizerische Fahne, die andere die schweizerische Flagge.

In Unkenntnis der Bundesbehörden, dass der französische Seerechtler Ortolan in seinem Band „Règles internationale et diplomatique de la mer" eindeutig festlegte, *„le pavillon est le signe distinctif apparent de la nationalité d'un navire"*, sandte man auch die Maße der schweizerischen Fahne.[42]

Ohne jegliche juristischen und diplomatischen Abklärungen hatten diese Dokumente (Flagge und Zeichnungen) keinen Stellenwert. Der junge Bundesstaat befand sich im organisatorischen Aufbau und der eiligst gefasste Beschluss durch die Anfrage Frankreichs – die Neuauflage des Flaggenalbums duldete keinen Aufschub – kam ohne Notifikation zustande.

Doch in der französischen Publikation „Album des pavillons, guidons, flammes de toutes les puissances maritimes" aus dem Jahre 1858 fehlte dennoch die Schweizerflagge. Wurden die Franzosen durch die zwei ihnen zugesandten Maße verwirrt? Erst in der Ausgabe von 1889 erscheint die Schweizerflagge.[43]

Als das englische Marineministerium auf Anfrage des britischen Gesandten in Bern an den Bundesrat gelangte, er möge für eine Neuausgabe ihres Flaggenbuches die genauen Maße der Schweizerflagge bekannt geben, antwortete das Politische Departement am 22. Mai 1885: *„En réponse de votre note du 22 courant, nous avons l'honneur, de retourner sans repli le dessin, représentant le drapeau de la Confédération Suisse […]."*

Mit dieser ausweichenden Antwort vermied das Departement eine präzisere Stellungnahme.

Die Ausgabe „Flags of all Nations" der Royal Navy – mit Abbildung der Schweizerflagge – erschien mit großer Verzögerung erst 1895.[44] In deutschen Flaggenbüchern tritt die Schweizerflagge erstmals 1912 auf.[45]

Pariser Seerechtsdeklaration als Eckpfeiler

Bundesrat Dr. Jakob Dubs – der bereits 1848 einen aus 10 Artikeln bestehenden Entwurf zu einem schweizerischen Seerecht verfasste – nahm die Einladung der Schweiz zur Unterzeichnung der vier „Kardinalsätze", in seinen späteren Voten als „ideales" Motiv für die Garantie des Rechts, die Meere zu befahren. Wenn der Beitritt zur Pariser Seerechtsdeklaration auch nicht im Hinblick auf eine zukünftige schweizerische Seeflotte erfolgte, so regte der Vertrag von 1856 später doch zu Fragen und Gesuchen zur Verleihung der Schweizer Flagge zur See an.

Die Beschlüsse des Pariser Kongresses mit seinem Abschluss im April 1856 über das Seerecht in Kriegszeiten mussten die Schweiz als exportorientierter Staat schon insofern interessieren, als in der Deklaration auch die Rechte und Pflichten der neutralen Flaggen zusammen mit der Unverletzlichkeit des neutralen Gutes Erwähnung finden, auch wenn die Frage des Gebrauchs einer neutralen Flagge eines Binnenstaates undiskutiert blieb.

Mit dem Protokoll No. 23 fand die Deklaration am 16. April 1856 ihren endgültigen Text:[46]

Les Plénipotentiaires qui ont signé le Traité de Paris du trente Mars, mil huit cent cinquante-six, réunis en Conférence, Considérant:
Que le droit maritime, en temps de guerre, a été pendant longtemps l'objet de contestations regrettables,

Que l'incertitude du droit et des devoirs en pareille matière, donne lieu, entre les neutres et les belligérants, à des divergences d'opinion qui peuvent faire naître des difficultés sérieuses et même des conflits;
Qu'il y a avantage, par conséquent, à établir une doctrine uniforme sur un point aussi important;
Que les Plénipotentiaires assemblés au Congrès de Paris ne sauraient mieux répondre aux intentions dont leurs Gouvernements sont animés, qu'en cherchant à introduire dans les rapports internationaux des principes fixes à cet égard;
Dûment autorisés, les susdits Plénipotentiaires sont convenus de se concerter sur les moyens d'atteindre ce but; et étant tombés d'accord ont arrêté la Déclaration solennelle ci-après:

1. *La course est et demeure abolie;*
2. *Le pavillon neutre couvre la marchandise ennemie, à l'exception de la contrebande de guerre;*
3. *La marchandise neutre, à l'exception de la contrebande de guerre, n'est pas saisissable sous pavillon ennemi;*
4. *Les blocus, pour être obligatoires, doivent être effectifs, c'est-a-dire, maintenus par une force suffisante pour interdire réellement l'accès du littoral de l'ennemi.*

Les Gouvernements des Plénipotentiaires soussignés s'engagent à porter cette Déclaration à la connaissance des Etats qui n'ont pas été appelés à participer au Congrès de Paris, et à les inviter à y accéder.
Convaincus que les maximes qu'ils viennent de proclamer ne sauraient être accueilles qu'avec gratitude par le monde entier, les Plénipotentiaires soussignés ne doutent pas que les effort de leurs Gouvernements pour en généraliser l'adoption ne soient couronnés d'un plein succès.

La présente Déclaration n'est et ne sera obligatoire qu'entre les Puissances qui y ont ou qui y auront accédé.

Fait à Paris, le seize Avril, mil huit cent cinquante-six.

In Punkt 1 der Deklaration wurde die Kaperei zwischen den Signatarmächten abgeschafft. Die meisten Seemächte sind dieser Vereinbarung beigetreten, jedoch nicht die Vereinigten Staaten, Spanien, Mexiko sowie einzelne süd- und mittelamerikanische Staaten. Sie verweigerten den Beitritt, weil sie vollständige Freiheit des Privateigentums auch im Seekriege forderten. Dennoch ist die Deklaration stets von allen kriegführenden Parteien befolgt worden.

Am 14. Juli 1856 stimmte das Parlament dem bundesrätlichen Entwurf vom 25. Juni zu; der Bundesbeschluss zum Beitritt der Pariser Deklaration erfolgte am 16. Juli 1856.

Der Dialog mit der Flagge

„Eine Nation, die keine Küstenländer, keine Schiffahrt und Seemacht besitzt, oder die Mündungen ihrer Ströme nicht in ihrer Gewalt hat, ist in ihrem fremden Handel von anderen Nationen abhängig, sie kann weder eigene Kolonien anlegen noch neue Nationen hervorbringen, aller Überfluss an Bevölkerung, an geistigen und materiellen Mitteln, die aus einer solchen Nation nach nicht kultivierten Ländern fließen, geht ihrer Literatur, ihrer Zivilisation und Industrie zum Vorteil anderer Nationalitäten verloren."[47]

Diese Aussage des Völkerrechtlers Franz List adoptierten einige Kolonisationsunternehmen, wie die Basler „Association Central de Colonisation", die überseeische Gebiete erwarb und diese an schweizerische Kolonisten gegen Ratenzahlung veräußerte. Ende 1861 richtete auch diese Gesellschaft ein Gesuch an den Bundesrat, in dem die Autorisation zur Führung der Schweizerflagge verlangt wurde. Aus Rentabilitätsgründen beabsichtigte das Unternehmen, die Auswanderer bereits in der Schweiz zusammenzufassen und auf eigenen Schiffen in die „neue Kolonie" zu befördern.

Das Anbringen der Schweizerflagge am Heck eines im schweizerischen Eigentum stehenden Schiffes mit gleichzeitiger Notifikation an die seefahrenden Mächte genügte selbstverständlich nicht zur rechtlichen Anerkennung der Flagge. Selbst die Aufhebung des „Navigation Act" am 26. Juni 1849 mochte daran nichts ändern.

Suisse et Marine: Der Bundesrat will Klarheit

So beauftragte der Bundesrat den Berner Rechtsgelehrten Professor Gonzenbach mit der Ausarbeitung eines Gutachtens. Auf seine Empfehlung hin erhielten die diplomatischen und konsularischen Vertretungen der Eidgenossenschaft im Ausland den Auftrag, die Einstellungen der Regierungen zum Thema Schweizerflagge auf Schweizerschiffen zu erfahren.
Das Schreiben des Bundesrates vom 25. Januar 1862 ging an die Gesandtschaften Paris und Turin sowie an die Konsulate London, Washington, New York, Rio de Janeiro, Le Havre, Amsterdam, Brüssel, St. Petersburg, Madrid und Bremen.

Als Erster meldete sich Konsul Wanner aus Le Havre: *„Suisse et marine! C'est la première fois, que je vois ce rapprochement de motive."* Die vielen Voraussetzungen, wie eigener Registerhafen, Schutz der Schiffe, Gesetzgebung, Gerichtsbarkeit usw., fehlten der Schweiz. In dieser Idee sah er nur *„des difficultés insurmontables"*.

Konsul John Rapp aus London schlug vor, man möge die Frage eines exterritorialen Registerhafens prüfen. Nicht uninteressant war seine Ansicht, die Schweiz solle doch im eigenen Land Häfen anlegen, da Schiffe bis zu 1,2 m Tiefe sowohl auf dem Rhein als auch auf der Rhone vom Meer ins schweizerische Gebiet gelangen könnten.

Auch der konsularische Vertreter in Brüssel gedachte die Rheinschifffahrt auszubauen.

Der holländische Staat verlangte lediglich, dass der Besitzer eines unter holländischer Flagge fahrenden Schiffes auch in Holland wohne. Anders gedeutet: Holland war gewillt, eine Schweizerflagge anzuerkennen, wenn der Schiffseigner in der Schweiz ansässig sei.

Konsul Eduard Heymann aus Bremen sandte nicht nur ein umfangreiches Dossier mit Musterformularen der Bremer Schifffahrt nach Bern, sondern fügte auch die Bemerkung an, dass in völkerrechtlichen Fragen mehr die Macht als das Recht entscheide. Damals war zur Erlangung der bremischen Flagge nur erforderlich, dass das Schiff vollständig in bremischem Besitz stehen, der Kapitän das bremische Bürgerrecht besitzen und im Staate Bremen sein Domizil haben müsse. Heymann sah in der Einführung der Schweizerflagge zur See keine Hindernisse, aber auch keine volkswirtschaftlichen Werte.

Der schweizerische Gesandte J. C. Kern in Paris wandte sich für Erkundigungen an den französischen Außenminister Thouvenel. Dieser verwarf die schweizerische Idee mit der Begründung, die Eidgenossen seien nicht in der Lage, die hierfür benötigten Regulativen und Rechtsusancen zu erfüllen. Diese seien erst dann anerkannt, wenn sowohl der Kapitän Schweizer wäre als auch die Mehrzahl der Mannschaft aus Schweizern bestünde und zu deren Schutz auch eine kleine Kriegsmarine vorhanden wäre. Weiter bemängelte er das Fehlen eines eigenen Hafens.
Das französische Seerecht stützte sich noch weitgehend auf das alte „Ordonnance sur la marine" aus dem Jahre 1681. Leider hatte das bundesrätliche Projekt einen maßgebenden Einfluss auf die französische Stellungnahme, zudem

auch die beiden Gesandten von Rumpff und von Lightenfeldt, Vertreter der Hansestädte und des Königreiches Holland am Hofe Napoleons III., die Ansicht Thouvenels vertraten. Wie schon Konsul Heymann sahen beide auch keine volkswirtschaftlichen Gründe zur Einführung einer Schweizerflagge.[48]

Die zum Teil später eingegangenen Berichte aus New York, St. Petersburg und Washington vermochten den Bundesrat in der Flaggenfrage nicht mehr zu beeinflussen. Auf die Antworten aus Sardinien, Spanien und Brasilien wartete man vergeblich.

Das Fehlen von Voraussetzungen, wie einem eigenen Registerhafen, ließ erstmals die geografische Lage der Schweiz zu ihrem Nachteil erscheinen. Kaum jemand der ausländischen Regierungen konnte sich vorstellen, dass auch Staaten ohne eigenen Hafen das Recht zur Seeschifffahrt hatten. Stur wurde der herkömmliche Begriff – Seeschifffahrt ist einzig den Ländern mit Zugang zur See vorbehalten – vertreten. Ob Konkurrenzneid im Transportgeschäft mitspielte, sei dahingestellt.

Die Schweiz hätte es jedoch in der Hand gehabt, die juristischen Voraussetzungen für eine neutrale Flagge zu erfüllen. Als Anhang in einem zwischenstaatlichen Handelsvertrag hätte ein Schifffahrtsabkommen die gegenseitige Sicherheit der Anerkennung geregelt. Die größte Problematik bestand wohl im Anbieten gleichwertiger Konzessionen und in der Befürchtung des Missbrauchs der Schweizerflagge im Kriege. Professor Gonzenbachs merkantilistische Einstellung zum Seerecht war die Folge fehlender Kontroversen in der Flaggenfrage.

Begehrte Schweizerflagge

Am 1. Februar 1864 brach aufgrund von Verfassungsstreitigkeiten der Deutsch-Dänische Krieg aus. Die freien Hansestädte versuchten nun auf allen verfügbaren Wegen, ihre Flotte unter neutrale Flagge zu stellen. Der Norddeutsche Lloyd schaffte es drei Wochen vor Kriegsausbruch, seine Schiffe unter russischer Flagge zu registrieren. Rechtlich gesehen war dies unzulässig. Wer innerhalb 60 Tagen vor Kriegsausbruch die Flagge wechselte, wurde nach dem alten Flaggenrecht beurteilt. Doch Dänemark hütete sich, sich mit Russland einen mächtigen Kriegsgegner aufzubürden, wenn auch Russland nur eine bestimmte Anzahl Nationalitätszertifikate ausstellte.

Konsul Heymann gelangte mit seinem Gesuch vom 5. April 1864, den bremischen Schiffen die Schweizerflagge zu verleihen, vor den Bundesrat. Heymann hatte persönliches Interesse an dieser Flaggenverteilung, besaß er doch selbst Schiffe in der Hansestadt.

Er schlug dem Bundesrat vor, dass die Bremer Schiffe durch Scheinverkauf an eine Schweizer Firma oder ein Bankinstitut die notwendigen Nationalzertifikate durch die Konsuln in den Hafenstädten ausgehändigt bekämen. Der fiktive Verkauf – mit geheimer Rückkaufklausel – hätte den Schiffen den neutralen Charakter verliehen.

Keine zwei Wochen später – am 13. April 1864 – lehnte der Bundesrat in seiner 48. Sitzung das Ansuchen aus Bremen wie folgt ab: „[...] *der Bundesrat sei nicht im Falle seine Anfrage betreffend Übertragung deutscher Schiffe unter Schweizerflagge bejahend zu beantworten, in dem die Angelegenheit der Entfaltung der schweiz. Flagge auf der hohen See noch zu keinem Abschlusse gekommen sei und noch sicherlich sobald dahin gelangen werde.*"

Bundesrat Frey-Hérosé fügte hinzu: „*Wer neutral bleiben will, muss seine Neutralität verteidigen können, selbst mit den Waffen in der Hand. Wie könnte die Schweiz dieses zur See?*"

Mit diesem fragwürdigen und offensichtlichen Flaggenhandel hätte sich die Schweiz möglicherweise in ein unerwünschtes Dilemma manövriert.

Durch den Waffenstillstand im Juli und der Friedenserklärung im Deutsch-Dänischen Krieg vom 30. Oktober 1864 wurde die Flaggenfrage vorerst ad acta gelegt.

Petitionen von Auslandsschweizern

Die Vielzahl von Schweizer Geschäftsleuten in europäischen Hafenstädten, die Reederei betreiben, daran beteiligt waren oder auch Werften besaßen, lässt sich nur erahnen. Jedoch alle diese im Seehandel tätigen Kaufleute erkannten die Problematik im Transport von Handelsgütern im Kriege.

Dass die Unverletzlichkeit der schweizerischen Neutralität seit dem Wiener Kongress 1815 gegeben war und die am Seekriege beteiligten Nationen zum Teil ihre Schiffe requirierten, erweckte bei vielen Schweizer Handelsleuten den Wunsch nach einer eigenen schweizerischen Flagge zur See.

In einer von 53 Mitgliedern der Schweizerkolonie in Triest unterzeichneten Petition vom 10. August 1864[49] an den Bundespräsidenten J. Dubs wurde die Bewilligung zum Führen der Schweizerflagge auf den Meeren gefordert.

Originaltext der Petition:
„*Les soussignés, citoyens suisses, constructeurs et armateurs de navires, ingénieurs et négociants, demeurant à Trieste, se font un devoir pressant, d'en appeler au Conseil Fédéral pour*

qu'il obtienne par démarches promptes et opportunes, que la neutralité de la Suisse soit consacrée par toutes les puissances, aussi sous son propre pavillon sur mer, comme elle l'est de fait sur terre et sur ses lacs.

Notre époque, où les intérêts internationaux se resserrent journellement par des traités de commerce, où la civilisation et le progrès font sentir au milieu des récentes complications politiques la nécéssité de garantir la propriété particulière, offre à ces démarches un terrain favorable.

La neutralité de la Suisse sur mer sous son propre pavillon est une mesure de justice et de droit pour tout citoyen suisse et une sécurité de plus pour le commerce du monde entier ; l'opinion publique la sanctionnera.

Jusqu'à cette heure le suisse à l'étranger, comme constructeur et armateur de navires se trouve en face de l'impossibilité absolue de faire constate légalement ses droits de propriété totale ou partielle. Apparement la Suisse n'a pas de marine; mais ses citoyens dans tous les ports du monde ont des intérêts considérables engagés sur mer dans de nombreuses compagnies de navigation à vapeur et dans une multitude de navires à voile.

Le jour où le pavillon suisse flottera sur mer on pourra constater, non sans surprise, la masse d'éléments, qui concourriront rapidement à développer notre industrie maritime nationale éléments dispersés aujourd'hui sous des pavillons étrangers, et par conséquent exposés aux dangers de capture, lorsque les nations, auxquelles forcément ils appartiennent, se font la guerre.

Pourquoi le suisse pacifique et commerçant n'aurait-il pas droit de faire naviguer sous son pavillon fédéral neutre sa propriété ainsi abritée contre toute commotion politique? Pourquoi ce pavillon ne serait-il pas reconnu à l'instar de ceux de Jérusalem, de la Moldo-Valachie et de las Serbie, qui aussi n'ont pas de port de mer?

La Suisse est en communication directe avec quatre mers par le Rhône, i'Inn, le Rhin et le Tessin. Son pavillon est salué neutre et indépendant sur les lacs de Genève, de Constance et sur le Lac Majeur, par la France, le Wurtemberg, Baden, la Bavière, l'Autriche et l'Italie.

Le Conseil Fédéral dans sa haute sagacité, embrassera les avantages considérables, qui en découleraient pour la Suisse et ses citoyens.

Marins suisses disséminés parmi les équipages de toutes les nations, mécaniciens capables, sortant de nos propres ateliers, compatriotes, qui jadis cherchaient dans un service militaire étranger ou dans l'émigration une ressource et un aliment à leur activité, formeront l'élément pricipal de notre marine marchande.

Les intérêts suisses en particulier et le commerce du monde entier y gagneront une sauvegarde de plus en temps de guerre.

La neutralité de la Suisse sur mer hâtera l'inauguration de respect de la propriété particulière par les gouvernements belligérants.

Bien que sans marine de guerre le gouvernement suisse accordera à son drapeau sur mer la même protection qu'il n'a jamais cessé d'étendre en tous occasion sur le moindre de ses citoyens à l'étranger; nos capitaines sauront acquérir la sympathie de tout le monde, une fois, que nos navires assimilés à ceux des nations les plus favorisées, pourront entrer dans tous les ports sous leur pavillon universellement reconnu et y trouveront l'appui de nos consuls, chargés de leur délivrer les expéditions et autres papier de bord.

Les soussignées jugent superflu de faire ressortir davantage l'importance de la question et d'entrer dans des détails d'une portée secondaire, confiant dans le patriotisme et la haute sagesse du Conseil Fédéral, ils forment le vœu, que leur idée soit chaudement accueillie, convaincus, que les représentants de la Suisse n'hésiteront pas d'en voter l'opportunité, ils se déclarent avec la considération la plus distinguée.

Trieste, le 10 Août 1864
(Es folgen 53 Unterschriften)

Fälschlicherweise erwähnten sie im Gesuch, dass Schweizer im Ausland keine Möglichkeit erhalten, Schiffe zu besitzen oder daran beteiligt zu sein. Dies ist nicht ganz richtig. Ausländer durften höchstens das Drittel eines österreichischen Schiffes besitzen; in Österreich registrierte Aktiengesellschaften waren aber diesbezüglich den heimischen Staatsbürgern gleichgestellt. In den Registern der Zentralseebehörde (Governo Marittimo Trieste) kommen fremde Staatsbürger als Teilhaber mehrerer österreichischer Schiffe vor.[50]

Beim damaligen Vorsteher des politischen Departements Dr. Jakob Dubs löste das vom 19. August 1866 datierte Begleitschreiben von Konsul Cloetta, in dem er darauf hinwies, dass schweizerische Schiffsbesitzer oder Teilhaber an Reedereien durch das Fehlen einer schweizerischen Flagge auf das Schweizer Bürgerrecht verzichten müssten, um weiterhin ihr Gewerbe ausüben zu können, positive Reaktionen aus. Dubs hatte ohnehin beabsichtigt, zu Beginn seines Urlaubes eine private Reise nach Wien zu machen. Angeregt durch die Triester Petition reiste er zu Gesprächen mit den Gesuchstellern nach Triest. Konsul G. Cloetta, Edmund Bauer vom Österreichischen Lloyd und die teilnehmenden Schweizer Geschäftsleute vermochten daher, Dubs für den Plan einer schweizerischen Seeschifffahrt zu gewinnen.

Das Triester Rundschreiben an einige Schweizerkolonien in europäischen Seehäfen – mittels Aufforderung, dem Bundesrate Petitionen zwecks Gewährung der Flaggenführung einzureichen – fruchtete. Anfang Oktober meldeten sich

Schweizer aus Smyrna, später aus St. Petersburg und Hamburg beim Bundesrat.

Dubs' utopischer Traum: Seemacht Schweiz!

Bundesrat Dubs' Überlegungen gingen weit über den bloßen Gedanken einer Schweizerflagge zur See hinaus. Er wollte schweizerische Häfen am Mittelmeer, wobei er an Nizza, Genua und Venedig dachte. Die Inbesitznahme sollte nicht durch Krieg, sondern durch freundliche Anschlüsse erfolgen. Eine Erweiterung des Bundesstaates mit den italienischen Provinzen![51]

Dubs' Träumereien waren nicht allzu weit hergeholt. In den Bestimmungen der Schlussakte des Wiener Kongresses vom 9. Juni 1815 waren die an den Kanton Genf grenzenden savoyischen Gebiete Chablais und Fauçigny in die schweizerische Neutralitätszone einbezogen worden. Die Schweiz hätte auch das Recht, deren Neutralität militärisch zu sichern.
Im Artikel 92 der Akte ist Folgendes nachzulesen:
„Les provinces de Chablais et du Fauçigny et tout le territoire de Savoie au nord d'Ugine, appartenant à S.M. le Roi de Sardaigne, feront partie de la neutralité de la Suisse, telle qu'elle est reconnue et garantie par les puissance."
Als 1860 der König von Sardinien in die Vereinigung Savoyens mit Frankreich einwilligte, drohten die schweizerischen Rechte zu verfallen und somit auch eine mögliche expansive Ausdehnung zum Mittelmeer, wie sie einigen politischen Köpfen vorschwebte. Die Schweiz berief sich stets auf den Vertrag von 1564 mit Savoyen, in dem festgehalten war, dass das Südufer des Genfer Sees ohne Zustimmung der Schweiz nie an ein anderes Land, außer an die Schweiz selbst, abgetreten werden darf.
Mit der Volksabstimmung vom 22. April 1860 entschieden sich die Savoyer zum Anschluss an Frankreich und die Schweiz verlor somit ihr Servitutrecht in diesen Gebieten.[52]
Dubs' Träumereien waren begraben, jedoch nicht sein kämpferischer Einsatz in Bezug auf die Verwirklichung der Flaggenfrage.

Diskussionen im Parlament

Die Triester Reise und auch die nachfolgenden Korrespondenzen boten für Dubs genügend Motive, um mit Idealismus und Überzeugungskraft vor der Bundesversammlung für eine eidgenössische Flagge zur See zu referieren.
Die Flaggenfrage stand auf der Traktandenliste vom 18. November 1864, die der Bundesrat zu Händen der Bundesversammlung für die Dezembersession zusammengestellt hatte. Nur schon das Bekanntwerden von Traktandum 8 löste die unterschiedlichsten Reaktionen sowohl in der Schweizer Presse als auch unter den eidgenössischen Räten aus.
Am 25. November 1864 veröffentlichte der Bundesrat die Botschaft „betreffend Ermächtigung zum Gebrauch der eidgenössischen Flagge". Im Bundesblatt vom 26. November 1864 finden sich auf 21 Seiten Dubs' Argumente zugunsten einer „schweiz. Flagge auf dem Meere".[53]

Hier einige Original-Zitate:
„Es gibt keinen völkerrechtlich so allgemeinen anerkannten Saz, wie den, dass das Meer Gemeingut ist, ‚Mare liberum'. Aus diesem durch Hugo Grotius entwickelten Saze der Freiheit des Meeres folgt insbesondere, dass das Meer auch nicht bloß den angränzenden Staaten zugehört. [...] Der Ozean kann so wenig wie die Luft und das fließende Wasser von Jemanden ausschließlich okkupiert werden [...] Der Ozean ist Gemeingut aller Nationen, und es ist die Flagge jedes Staates auf ihm gleich- und vollberechtigt. [...] Die Schweiz hat daher so gut das Recht, ihre Flagge auf dem Ozean zu führen, wie jede andere selbständige Nation. Sie bedarf hierfür von keiner andern Macht Erlaubnis.
[...] Die Bedingung, unter welcher einem Schiffe die Naturalisation zugestanden wird, ist und bleibt eine Frage des innern Staatsrechtes und der inneren Gesezgebungspolitik. Die Schweiz kann dermalen unmöglich Bedingungen für die Naturalisation eines Schiffes aufstellen, wie solche in einem Theile der andern Staaten üblich sind. Für den Anfang wenigstens wird sie von allen Bedingungen abstrahieren müssen bezüglich der Nationalität der Schiffsmannschaft und des Kapitäns, was übrigens auch von einer Anzahl anderer Staaten schon gesehen ist [...] Dagegen wird die Schweiz dann um so strenger an dem Nachweis festhalten müssen, dass das zur Flagge berechtigte Schiff schweizerisches Eigenthum sei, denn die Autorisierung der schweizerischen Flagge an nicht schweizerische Schiffe wäre eine Illoyalität und zugleich eine Gefahr für die Schweiz."

Gleich zu Beginn der Botschaft referiert Dubs über das Recht zur Benutzung einer eigenen Flagge. Nicht korrekt ist seine Darstellung, dass das Schiff mit dem schweizerischen Gesandten A. Humbert an Bord auf der Fahrt nach Yokohama die Schweizerflagge gehisst haben soll. Das Schweizer Kreuz wehte lediglich am Topp, am Heck flatterte die niederländische Flagge. Als stichhaltiges Argument kommentierte er die Unterzeichnung der Pariser Seerechtsdeklaration von 1856, in der auch die Rechte und Pflichten der neutralen Flagge Erwähnung fanden. Den Mangel einer eigenen Kriegsmarine erachtete Dubs nicht als Hindernis, da auch andere Staaten wie Hamburg, Lübeck oder Bremen keine Kriegsmarine besaßen. Angesprochen wird auch die Frage,

Die Schweizer Fahne am Vormast, die niederländische Flagge am Heck. Mit an Bord am 28. Mai 1863 die erste schweizerische Gesandtschaft in Japan unter Führung von Aimé Humbert.

welche Schiffe dazu autorisiert werden sollen, die Schweizerflagge zu führen.

Auch über die künftige Organisation, wie Registrierung der Schiffe, Justizhoheit, Disziplinarstrafgewalt und die Besteuerung, äußerte Dubs Vorschläge. Mit kluger Weitsicht formulierte er die Bedeutung der neutralen Flagge in Kriegszeiten. Einen möglichen Missbrauch der Flagge schloss Dubs nicht aus, sah jedoch zum Schutze der Handelsschiffe keinen Bedarf einer eigenen Kriegsflotte.

Die schweizerische Flagge erachtete er als ein Geschenk zur Unabhängigkeit im Welthandel, vor allem in politischen Wirren. Etwas allzu pessimistisch – oder eine geschickt gewählte Formulierung – vertrat er die Ansicht, die Schweiz werde bald das einzige europäische Land ohne eigene Handelsmarine sein.

Das Bestreben zur Gründung schweizerischer Kolonien in fremder Welt rufe nicht nur nach vorteilhafter Organisation der Auswanderung, sondern es wäre wünschenswert, wenn die Auswanderer unter der Flagge des Heimatlandes an ihren neuen Bestimmungsort transportiert werden könnten.

„Mit Rücksicht auf die Neuheit des Gegenstandes und das Bedürfnis nach einigen weitern Erfahrungen" stellte Bundespräsident Dubs noch keinen Gesetzesantrag an das Parlament, sondern suchte um die Erteilung einer Vollmacht, *„um über alle einschlägigen Verhältnisse von sich aus verfügen zu dürfen."*

Die bundesrätliche Botschaft endete mit dem Antrag zur Annahme folgenden Beschlusses:

1. *Der Bundesrath wird ermächtigt, den Gebrauch der schweizerischen Flagge auf dem Meere an schweizerische Schiffe zu bewilligen.*
2. *Der Bundesrath erhält die allgemeine Vollmacht, bis auf weitern Beschluss der Bundesversammlung alle für die Ausführung dieses Beschlusses zweckdienlichen Massregeln anzuordnen.*

Im Nationalrat wurde am 13. Dezember 1864 die zweitägige Diskussion über die Flaggenfrage mit der Verlesung des Kommissionsberichtes eingeleitet. Die Kommission, bestehend aus den Herren Delarageaz, Fierz, Bernold, Friderich und von Graffenried, unterstützte in allen wesentlichen Punkten die Ansicht des Bundesrates, auch wenn sie gleich zu Beginn ihres Berichtes die Verschiebung der Beratungen in die nächste Session vorschlugen. Die Verschiebung werteten sie nicht etwa als ein Nichteintreten in der Flaggenfrage, sondern lediglich als ein Einräumen von ausreichend Zeit für den Bundesrat für Unterhandlungen mit den Seemächten.

Folgenden Antrag unterbreiteten sie der Bundesversammlung:
1. *Die Berathung über die Vorschläge des Bundesrathes wird, mit Rücksicht auf die Wichtigkeit der Frage und auf die vorgerückte Zeit der gegenwärtigen Session, auf die nächste Sizung der Bundesversammlung verschoben.*
2. *Der Bundesrath wird beauftragt, von nun an Unterhandlungen mit den Seemächten zu eröffnen zur Sicherung der freien Ausübung des der schweizerischen Eidgenossenschaft zustehenden Rechte der Ermächtigung zum Gebrauch der schweizerischen Flagge auf dem Meere für schweizerische Schiffe, und über das Resultat dieser Unterhandlungen Bericht zu erstatten.*
3. *Der Bundesrath wird zugleich eingeladen, bei Unterhandlungen, die er mit andern Staaten zum Behuf des Abschlusses von Handelsverträgen fortzusezen oder neu zu eröffnen in den Fall kommen könnte, dieser Frage alle diejenige Aufmerksamkeit zu widmen, welche dieselbe verdient.*

Bern, den 13. Dez. 1864

Dubs stellte umgehend einen Gegenantrag auf Diskussion, dem in der Folge auch stattgegeben wurde. Die Fülle an Reaktionen, Anregungen und Gedanken im Verlaufe der Diskussionen war vielfältig.

Auszüge Nationalratsdebatte

Herr Fierz: *„Er sei durch diese Frage ebenfalls überrascht worden, und wenn daher nicht sofort der Antrag auf Genehmigung gestellt werde, so geschehe es, um dem handeltreibenden Publikum, sowie auch dem Bundesrathe selbst noch mehr Zeit zu lassen zur weitern Prüfung. Die erste Frage sei, ob die Eidgenossenschaft das Recht habe, ihre Flagge auf dem Meere aufzupflanzen. Dieses Recht sei ein anerkannter Grundsatz. Die Nothwendigkeit der Ausübung desselben aber mache sich besonders geltend im Interesse unseres Handels und unserer Ansiedelungen, sowie hauptsächlich zur Zeit eines Krieges, wo oft großer Mangel an neutralen Flaggen eintreten könne. Gegenüber dem Einwurf, dass man sich wie bisher fremder Flaggen bedienen könne, sei eben zu bemerken, dass unsere Schiffsbesizenden Landsleute zu der demüthigenden Formalität gezwungen seien, ihr Eigentum auf den Namen eines Angehörigen desjenigen Landes eintragen zu lassen, dessen schüzender Flagge sie sich bedienen wollen. Ebenso müssen die Kapitäne und ein Theil der Mannschaft dem betreffenden Lande angehören. Bei unsern guten Schulen würde sich für unsere strebsame Jugend eine neue Karriere eröffnen. Nun habe man aber auch ferner noch die Frage einer Kriegsmarine unter eidgenössischer Flagge zu erörtern. Ebenso entschieden, wie für eine schweizer. Handelsmarine, spreche sich die Kommission gegen eine eidgenössische Kriegsmarine aus. Zu der erstern haben wir durchaus keine eigenen Häfen nöthig. Früher sei allerdings dem Bundesrath auf bezügliche Anfragen von schweizerischen Konsulaten von der Sache abgerathen worden; jetzt dagegen seien zahlreiche Gesuche dafür eingelangt. Die Sache werde übrigens nicht so großen Schwierigkeiten begegnen. Was den befürchteten Missbrauch betreffe, so seien ja so viele unserer Landsleute überall zerstreut, und doch selten vernehme man von Beleidigungen gegen sie. Warum sollten sie nicht auch zur See jeder Anmaßung sich enthalten und die Achtung der seefahrenden Völker erobern."*

Herr Demieville: *„Es handle sich hier um eine ungemein wichtige Frage, von der er sehr überrascht worden sei, wie ein großer Theil der Bevölkerung, wenn er auch das vollkommenste Vertrauen in die Absichten des Hrn. Bundespräsidenten setze. Man solle nicht mit Enthusiasmus in einer materiellen Prinzipfrage vorgehen, auch sei die Bevölkerung noch nicht mit der Frage vertraut. Er beantrage daher einfache Zurückweisung, ohne sich dafür oder dagegen auszusprechen."*

Herr Schneider: *„Er könne bei all seinem Enthusiasmus diesem Fluge des Bundesraths nicht folgen; er sei dadurch eigentlich verduzt geworden. Es handle sich um die wichtigste aller unserer internationalen Fragen. Ein Bedürfnis sei mit drei Petitionen nicht konstatirt. Was dann die Anerkennung der Flagge betreffe, gebe es nur zwei Wege, dieselbe zu erreichen. Der eine sei der der Kanonen und der andere der der Diplomatie. Wenn unsere Handelsschiffe andern Nationen Konkurrenz machen, dann werde es mit der diplomatisch zugesicherten Freundschaft bald vorbei sein. Weitere Verhandlungen halte er für nutzlos und gefährlich und stelle daher den Antrag auf Nichteintreten."*[54]

Herr Jäger: *„Die realistische Seite der Frage seien die kommerziellen Interessen, die enthusiastische die theilnehmende Fürsorge des Vaterlandes für seine in der ganzen Welt zerstreuten Kinder."*

Bundesrat Dr. Dubs: *„Er könne nicht finden, dass § 2 des Kommissionsantrages präjudizirlich für die Frage selbst sei, sondern glaube vielmehr, die Kommission habe damit nur Vervollständigung des Aktenmaterials gewollt. Die Sache selbst solle durchaus nicht in dieser Sitzung entschieden werden. Er gebe zu, dass allerdings schon in einer Richtung präjudizirt werde, dass nämlich die Schweiz das Recht zum Gebrauch einer Flagge habe. Das aber müsse der Bundesrath wünschen, dass der Nationalrath dieses Recht nicht bezweifeln möge. Den andern Staaten stehe natürlich frei, zu thun, was sie für gut halten. Daher sei von vornherein klar, dass wenn die Räthe selbst das*

Recht der Schweiz anzweifeln, dies andern Staaten die beste Gelegenheit gebe, demselben entgegen zu sein. Nicht bloß negativ, wie Herr Schneider sage, habe Hugo Grotius die Freiheit des Meeres nachgewiesen, sondern als spezielles Recht aller Nationen. Seither haben alle Schriftsteller und alle Staaten dieses anerkannt. Daher habe man auch im Jahre 1856 die Schweiz zur Unterzeichnung der vier Pariser Konferenzpunkte über die Stellung der Neutralen zur See eingeladen, dem sie auch entsprochen. Das Recht der Schweiz sei unbestreitbar. Eine andere Frage sei allerdings, ob nicht demselben Schwierigkeiten gemacht werden wollen und da müsse man eben abwarten, was komme. Was die Gegenleistungen betreffe, so habe man jetzt schon die Gewissheit durch eingelangte Aktenstücke, dass eine Reihe von Staaten gar keine solchen verlange. Dem Wunsche des Herrn Demieville nach vorherigen offiziösen Erkundigungen sei schon entsprochen, indem der Bundesrath alle Vertreter der Schweiz im Ausland damit beauftragt habe und demzufolge auch offiziöse Antworten eingegangen seien. In diesen Aktenstücken könne man finden, dass z.B. die nordamerikanische Regierung erklärt habe, sie werde die schweizer. Flagge mit Freude begrüßen.

Der Gedanke, dass die Schweiz nun auch auf dem Ozean auftreten solle, habe allerdings eine gewisse Größe, aber durch bloßen Enthusiasmus hätte der Redner sich doch nicht bestimmen lassen."

Herr Klein: *"Die Zulassung von schweizerischen Schiffen in den Seehäfen könnte durch die Gesetzgebung der betreffenden Staaten vollständig illusorisch gemacht werden. Im Weitern erlaube er sich noch zu zweifeln, ob man genug schweizerische Kapitäne und Matrosen erhalten werde."*

Herr Bernold: *"Wenn man bisher Landpässe ausgegeben, warum könne man nicht auch Seepässe ausgeben? Wenn man vielleicht Basel zu einem Seehafen machen könnte, dann würde gewiss auch Hr. Klein einverstanden sein. Übrigens wenn England die Stadt Frankfurt als seefahrenden Staat anerkannt habe, warum nicht auch die Schweiz?"*

Herr Planta: *"In Nichtgestattung der Flagge liege ein bedeutendes Hindernis für den Handel."*

Herr Hoffmann: *"Er sehe keine Urgenz zu augenblicklicher Lösung. Es sei eine sehr schwierige Frage, ob man von einem Rechte Gebrauch machen solle, zu dessen Vertheidigung man nur eine Hand habe. Die Materie scheine ihm noch zu wenig aufgeklärt."*

Herr Peyer-Imhof: *"Es sei unmöglich, die vorliegende Frage zu behandeln, ohne auch auf das materielle Gebiet zu übertreten. Von keiner Seite werde das Recht, eine Flagge zu führen, ernstlich mehr bestritten. Dagegen werde als erstes Bedenken geltend gemacht, ob die im Besitz von Seehäfen befindlichen Staaten unsern Schiffen das Domizil gewähren werden, wobei man auf die, zufolge der Konkurrenz entstehende Eifersucht hingewiesen. Als zweites Bedenken werde geltend gemacht, dass kein Bedürfnis für eine schweizer. Handelsmarine vorhanden. Das dritte Bedenken beziehe sich auf die Bestrafung von Vergehen. Was den Einwurf des Hrn. Hoffmann bezüglich des Schutzes und der Sicherheit der Waaren betreffe, so frage er, ob derselbe wohl auf Hamburger, Bremer etc. Schiffen, denen auch keine Kriegsmarine zur Seite stehe, weniger gefährdet wäre?"*[55]

Herr Joos: *"Er wolle nur aufmerksam machen auf die außerordentliche Wichtigkeit des Durchsuchungsrechtes, das nur von den Vereinigten Staaten nicht anerkannt sei. Bei Annahme dieses Grundsatzes sei aber Missbrauch unserer Flagge zum Sklavenhandel zu befürchten. Daher stelle er den Antrag, der Bundesrath wird eingeladen, in seinen Unterhandlungen mit den Seemächten den Grundsatz auszusprechen, dass der Transport von Sklaven auf Schiffen mit schweizerischer Flagge, sowie der Sklavenhandel jedem Schweizer bei Strafe untersagt sein solle."*

Herr Fierz: *"Man solle sich nicht zum Nichtsthun verurtheilen, sondern trotz der Schwierigkeiten den Fortschritt erstreben."*

Herr Kaiser: *"Als er zuerst von einer Flagge habe sprechen hören, habe er geglaubt, es sei nicht Ernst. Verwundert sei er daher gewesen, dass, während man früher eine Flotte ohne Flagge gehabt, man jetzt eine Flagge ohne Flotte wolle. Verwundert sei er, dass, während man früher auf dem Genfersee die Flagge gestrichen, sie jetzt auf dem Ozean wieder aufpflanzen wolle. Verwundert sei er auch über den Gang der Diskussion."*

Herr Klein: *"Zuerst müsse man untersuchen und dann entscheiden, nicht umgekehrt. Ausdehnung der Flagge involvire Ausdehnung der Neutralität auf ein Gebiet, wo wir dieselbe nicht mehr vertheidigen können. Der Vertrag von 1856 betreffe nur das europäische Seerecht. Man könnte den Gebrauch der Flagge zuerst im adriatischen Meere, in der Nordsee und Ostsee etc. gestatten und erst im letzten Stadium nach erfolgter Anerkennung auf dem Ozean auftreten."*[56]

Von den 17 Referenten zur Flaggenfrage befürworteten derer 11 die Botschaft des Bundesrates und 6 Redner hielten auf Oppositionskurs. In der Schlussabstimmung vom 14. Dezember 1864 unterstützte die Versammlung mit 60 zu 31 Stimmen den Vorschlag des Schaffhauser Nationalrates Peyer-Imhof, der Bundesrat solle vorerst die in der Diskussion zum Vorschein gekommenen Unklarheiten mit den Seemächten abklären.

Drei Tage später, am 17. Dezember, stimmte der Ständerat dem nationalrätlichen Beschluss diskussionslos zu.

Wenn auch Dubs das Recht zur Flaggenführung von keiner Seite bestritten wurde, so merkte man doch bei der Mehrzahl von Einwänden das Missbehagen über die unbekannten Faktoren.

Der Vorsteher des politischen Departements, Dr. J. Dubs, handelte rasch. Er sandte ein Schreiben an sämtliche in größeren Seehäfen akkreditierten schweizerischen Konsulate, die wiederum gebeten wurden, die in ihrem Konsularbereich niedergelassenen Schweizer um deren Ansichten zur Flaggenfrage zu ersuchen. Weiter versuchte Dubs mit Schreiben an 17 Regierungen – auf dem diplomatischen Weg – die Meinung zu erfahren, ob ihr Land die Schweizerflagge in ihren Häfen zulässt und Reedereibetrieb von Schweizer Bürgern akzeptieren würde.

Die Antworten der meisten Konsulatsberichte verfingen sich in Schilderungen möglicher auftretender Schwierigkeiten, wohl auch wegen mangelnder Sachkenntnisse und laienhafter Beurteilung der Fragen (Ausnahme Konsul Koch in Rotterdam).

Amüsant ist das Schreiben des schweizerischen Konsuls in Philadelphia, der vorschlug, zum Bau von Häfen und zur Einrichtung von Seefahrtschulen die Insel Zypern zu erwerben. Zudem liege die Insel sehr vorteilhaft für den Handel nach der Levante!

Die Antworten der Hansestädte Bremen und Hamburg sowie jene aus Brüssel erklärten übereinstimmend, das Meistbegünstigungsrecht könne nur mit einem eigenen Hafen zugestanden werden. Staaten, die nicht Gegenrecht hielten, könne man durch Retentions- und Embargorecht entgegenwirken.

Auch das Ergebnis der Umfrage bei den Regierungen der siebzehn Staaten stimmte Dubs keinesfalls zuversichtlich. Die meisten Stellungnahmen brachten Bedenken infolge Fehlens eines eigenen Hafens vor.

Das dringlichste Problem der Schweiz: Erwerb eines eigenen Hafens!

Der Bundesrat durfte nun die Bemühungen in der Flaggenfrage nicht ohne Auseinandersetzung mit der „Hafenfrage" fortsetzen.

Die schon weit ausgereifte Idee, sich am Hafenprojekt des Schweizer Carlé in Helsingör zu beteiligen (mit Schweizer Mehrheitsbeteiligung), schlug aus unbekannten Gründen fehl.[57] Der Vorschlag von Freiherr von der Hoeven, zwischen Nizza und Livorno einen eidgenössischen Hafen zu bauen, scheiterte aus finanziellen Gründen. Erst anlässlich der Handelsvertragsverhandlungen im Jahre 1868 mit Italien rückte die Verwirklichung der Dubs'schen Pläne näher. Am 31. Oktober 1868 schrieb Dubs in sein Tagebuch: *„Italien gibt nur den Schlüssel zum Ozean."*[58] Aber als der italienische Gesandte Graf Melegari die schweizerischen Schiffe nachweislich unter die Schutzherrschaft Italiens zu stellen beabsichtigte, blieben die Unterhandlungen stecken und Dubs' großangelegte Pläne zerrannen.

Doch eines gilt als sicher: Ohne die tiefen utopischen Beweggründe Dubs' (Konföderation neutraler Staaten unter Führung der Schweiz) wäre die Auseinandersetzung zum Thema Schweizer Seeschifffahrt nie so weit gekommen.

Keine Chance für weitere Gesuche

Mit der Eingabe des Gesuches[59] des deutschen Kapitäns Karl Messing um Verleihung der Schweizerflagge hatte sich der Bundesrat erneut mit dem Fragenkomplex zu befassen. Nicht etwa, dass zwischenzeitlich keine Anfragen bezüglich Flaggenverleihung in Bern eingegangen wären, doch die Eingabe Messings erhielt wirksame Unterstützung durch sechs namhafte Versicherungsgesellschaften.

Messing beabsichtigte, zwei englische Schnelldampfer zu erwerben und diese unter Schweizerflagge zu stellen. Da die englischen Verkäufer geneigt waren, einen Teil der Kaufsumme als ihr Miteigentum in die Schiffe zu investieren, mussten Befürchtungen auftreten, der Flaggenwechsel sei lediglich aus wirtschaftlichen Gründen geplant gewesen. Als Messing auf die größte Hürde, dem Fehlen eines eigenen Hafens, aufmerksam gemacht wurde, reichte er umgehend am 18. August 1889 ein neues Gesuch zum Erwerb des Hafens Nordenham ein. Bevor Messing das Kapital für den Haufenausbau zusammenzutragen begann, antwortete ihm am 17. November 1889 der Bundesrat: *„Ganz abgesehen davon, dass die Beteiligung schweizer. Kapital an für sich die zur Führung der schweiz. Flagge nötige Legitimation noch nicht zu schaffen vermöchte, sondern dazu der weitere Nachweis erforderlich wäre, dass der Schiffseigentümer schweiz. Nationalität sei, [...] so stellen sich der Ausführung der von Ihnen angeregten Idee [...] ernstliche Bedenken entgegen, dass Gesuche z. Zt. wenigstens nicht entsprochen werden kann [...]."*[60]

Der Brief wurde zur Kenntnis weiterer möglicher Interessenten in seinen wichtigsten Teilen mehrmals im Bundesblatt veröffentlicht.

In der Folge stießen Flaggengesuche, Schiffe unter der Schweizerflagge zu registrieren, bis zum Jahre 1941 auf Ablehnung der Bundesbehörden.

Dies wiederum soll nicht heißen, dass Schweizer im In- und Ausland keine Mittel und Wege fanden, sich als Schiffseigner im Reedereigeschäft zu betätigen. Die Gesetzgebung in manchen Ländern erlaubte Ausländern umgehend den „schwimmenden" Besitztum und anderen wiederum nach einer gewissen Niederlassungsfrist oder Einbürgerung. Fanden die Interessenten strengere Bedingungen vor, bedienten sie sich eines „Strohmannes".

Die Reeder im Porträt

Thomas Johannesen Heftye & Søn, Kristiania

Zur Zeit der ersten Auswanderer nach Norwegen in der zweiten Hälfte des 18. Jahrhunderts hatte das Land etwa 720 000 Einwohner und Kristiania nur 8000 Bewohner. Obwohl die Möglichkeiten, durch Handel hier viel Geld zu verdienen, begrenzt waren, muss Norwegen für etliche Glarner ein verlockendes Land gewesen sein. Immer wieder wanderten aus dem Glarner Hinterland stammende Personen nach Süd-Norwegen aus und bauten hier beachtliche Existenzen auf. Worin lag das Geheimnis ihres Erfolges? Die Herkunft aus dem kleinbürgerlich-bäuerlichen Schweizer Milieu bestimmte ohne Zweifel ganz wesentlich manche Eigenschaften, die die späteren erfolgreichen Handelsleute auszeichneten. Ihr soziales Empfinden und nüchterner Geist, aber auch ihre Entschlusskraft und Drang zur Selbstständigkeit scheinen einige ihrer Vorteile gewesen zu sein. Die Einwanderer waren nicht arm, brachten genügend Kapital, Enthusiasmus und Geschäftssinn mit, was den Start ihres Vorhabens sicherlich begünstigte.

Der erste Hefti, der aus Hätzingen/GL nach Kristiania[61] kam, war Johannes Hefti (1730–1801).
Ehe er nach Norwegen emigrierte, betätigte er sich in der Landwirtschaft und im Holz-Export. Die Hölzer beförderte er durch die kleine Linth, dann den Rhein hinunter nach Holland. Mit der Zeit erkannte er, dass die Norweger dasselbe Gut günstiger nach Holland lieferten als er und die vielen anderen Glarner.[62] Unternehmend wie er war, reiste Hefti nach Norwegen, erhielt am 26. Juni 1769 das Bürgerrecht in Kristiania und etablierte sich auch hier im Holzhandel. Nach Vater Johannes änderten später alle Familienmitglieder die Schreibweise des Namens mit „ye" am Schluss und passten zuzüglich auch die Vornamen norwegischem Brauch an (Beispiel: Von Johannes zu Johannesen). Von Zeit zu Zeit kehrte Johannes Hefti nach Hause zurück, nahm dann sukzessive seine Söhne Thomas, Fridolin und Heinrich mit nach Norwegen, verblieb jedoch später endgültig im Glarnerland, während die Söhne Thomas (1767–1827), Fridolin (1774–1825) und Heinrich (1780–1850) sich endgültig in Kristiania etablierten.[63]

Vom einfachen Handelshaus zur größten Privatbank Norwegens

Nebst dem Export-Holzhandel importierte Johannes Hefti Manufaktur-, Kolonialwaren und Wein aus der Schweiz wie auch Textilien aus England und Hamburg. Anfänglich mitbeteiligt am Handelshaus waren seine Brüder David (1738–1803), Thomas (1741–1799) und Jacob (1743–1807) wie auch für nur eine kurze Zeit der nicht verwandte Fridolin Hefti (1738–1790).[64] Das Handelshaus florierte derart erfolgreich, was dank wachsenden Geldmitteln aus dem Handel seinem Sohn Thomas Johannesen Heftye (1767–1827)[65], gemeinsam mit seinen Brüdern und Cousins, 1800 auch den Einstieg in das Schifffahrtsgeschäft und im Januar 1818 die Gründung der Firma Thomas Johannesen Heftye & Søn erlaubte.[66] Die Heftyes trieben nun nicht nur Handel und Reederei, sondern begannen auch mit Bankgeschäften Geld zu verdienen. Ihre Privatbank spielte während beinahe 100 Jahren eine führende Rolle im norwegischen Wirtschaftsleben, bis sie sich 1900 mit den Centralbanken for Norge zusammenschloss.

Nach dem Tode seines Vaters Thomas Johannesen führte Konsul Johannes Thomassen Heftye (1792–1856) die Unternehmen mit seinem Bruder Henrik Thomassen (1804–1864), der 1829 in die Bank eintrat, weiter. Der Sohn von Joh. Thos., Thomas (1822–1886), welcher bereits als 26-Jähriger Verantwortung in der Bank innehatte, übernahm 1851 das Handels- und Bankhaus und machte das Unternehmen mit Initiative und Weitsicht – gemeinsam mit seinem Bruder Georg (genannt Jørgen Haslef) (1818–1900) und dessen Sohn und späteren Bankchef Johannes Georg (1857–1931) – zur größten Privatbank Norwegens.[67] Thomas Heftye spielte auch eine wichtige Rolle im alten Christiania[68] – wie Oslo bis 1925 hieß – sowohl im Wirtschafts- als auch im gesellschaftlichen Leben. Kamen hohe Gäste nach Kristiania, schwedische Prinzen oder Präsidenten europäischer Staa-

Thomas J. Heftye (1822–1886) gehörte zu den bedeutendsten Persönlichkeiten im alten Kristiania.

Villa Frognæs, vom deutschen Architekten Heinrich Ernst Schirmer (1814–1887) zwischen 1856 und 1859 für Thomas J. Heftye erbaut. Heute Sitz der englischen Botschaft.

ten, so war es eine Selbstverständlichkeit, dass sie bei Thomas Heftye zu Gast waren. Nicht nur in seinem Haus in Kristiania, der heutigen Residenz des britischen Botschafters, sondern auch auf seinen Landsitzen im Winter auf Frognersaeteren und im Sommer auf Sarabraten empfing der reiche Glarner seine Gäste. Thomas H. hatte Einsitz in verschiedene Arbeitskreise der Behörden, war Mitglied wichtiger Wirtschaftsunternehmen, Vorsitzender der Handelskammer Kristiania, gründete 1868 die „Norske Turistforening" (Norwegische Touristunion), schrieb Bücher über Geldpolitik und betätigte sich sehr generös als Wohltäter. Auf Frognersaeteren baute er das erste Freiluftmuseum Norwegens und machte zur Freude der Osloer Bevölkerung seine großen Besitztümer Sarabraten und Frognersaeteren der Allgemeinheit zugänglich. Der Stadt Oslo vermachte er das ganze Gebiet um die Tryvasshøgda, wo heute der Fernsehturm steht. Thomas Heftye war auch ein großer Kunstliebhaber mit einer beeindruckenden Sammlung.[69]

Nach Thomas Heftyes Tod kaufte 1889 die Stadt Kristiania von Heftyes Witwe Frognersaeteren samt umliegendem Wald.

Die Stadtbehörde von Oslo benannte eine Straße zu Ehren von Thomas Heftye: Thomas Heftyes gate.

Thomas Heftye wird Verteidigungsminister

Ein Sohn von Thomas Heftye, Thomas Thomassen (1860–1921), avancierte ebenso zu einer nationalen Berühmtheit. Er hegte kein Interesse daran, im väterlichen Handels- und Bankhaus Karriere zu machen, sondern er zeichnete sich auf ganz anderen Gebieten als sein Vater aus. Zunächst ergriff er die militärische Laufbahn, wurde 1895 Hauptmann, war von 1900 bis 1902 Militärattaché in Paris, wurde 1903 Oberstleutnant und bekleidete 1903 bis 1905 bei der norwegischen Regierung in Stockholm das Amt eines militärischen Konsulenten. 1903 war er unter der Regierung von Otto Albert Blehrs Verteidigungsminister und 1908 war er erneut unter Premierminister Gunnar Knudsen verantwortlich für dasselbe Amt. Thomas Thomassen leistete zwischen 1905 und 1921 einen hervorragenden Einsatz als Telegrafendirektor, war es doch sein Verdienst, die ersten drahtlosen Verbindungen vom Festland in die USA einzurichten. Der in Vestre Aker geborene Thomas gehörte auch zu den Gründern des Internationalen Olympischen Komitees (IOC).[70]

Der ebenfalls in der Unternehmensführung von Thos. Joh. Heftye & Søn mitwirkende Jurist Johannes Georg gehörte nach der Fusion mit der „Centralbanken for Norge" von 1900 bis 1921 dem Verwaltungsrat an.

Heftye-Insel

Bankdirektor Johannes Georg Heftye hätte wohl keine Sekunde im Traum daran gedacht, dass eines Tages eine Insel den Namen seiner Familie tragen würde. Der Grund hierfür

39

Das Expeditionsschiff ANTARCTIC. Die von Heftye mitfinanzierte Bark mit 45-PS-Antrieb scheiterte auf der Suche nach Bartenwalen in der Antarktis.

liegt einerseits in der Person des umtriebigen Tønsberger H. J. Bull und andererseits im finanziellen Engagement der Bank Thos. Joh. Heftye & Søn bei der ersten norwegischen Expedition in die Antarktis. Wie kam es dazu? Angeregt durch Reisebeschreibungen von Sir James Ross' Werke glaubte der sich 1890 in Melbourne aufhaltende Bull, dass im Südlichen Eismeer große Vorkommen der Bartenwale sein müssten. Die Preise für diese Walart standen dazumal derart hoch, dass selbst der Fang von nur wenigen Walen die Ausrüstung eines Walfängers deckte! Bull war überzeugt, der Robben- und Walfangindustrie einen neuen Weg zu erschließen. Der erste Versuch, die erforderlichen 15 000 Pfund für die Expedition aufzutreiben, scheiterte, zumal die Finanzkrise 1892 in Australien jede Aussicht auf das Zustandekommen eines solchen Unternehmens vereitelte.

Enttäuscht verlässt Bull im Februar 1893 Melbourne in Richtung Norwegen. In Tønsberg angekommen, besucht er seinen 84-jährigen Freund und Kapitän Svend Foyn. Bull erzählt ihm enthusiastisch von Ross' Reiseschilderungen aus dem Jahre 1841 und den möglichen Gewinnaussichten einer solchen Expedition in die Antarktis. Foyn muss wohl Feuer gefangen haben, fragt er doch Bull: „Haben Sie Lust, dorthin zu gehen, so besorge ich Ihnen ein Schiff, falls ich einen tüchtigen Schiffer auftreiben kann."

Der Mann, der die Kosten der Expedition übernahm, war gefunden! Auch das hierfür passende Schiff war schnell angekauft. Foyn erwarb den in Sandefjord aufgelegten Seehundefänger KAP NOR und nannte ihn sinnigerweise ANTARCTIC. Die 1871 bei Jørgensen und Knudsen in Drammen gebaute Bark vermaß 226 Registertonnen und besaß zusätzlich einen Motorantrieb von 45 PS. Dem moderaten Ankaufspreis von 36 000 Kronen standen große Investitionen für die Indienststellung gegenüber. Das Schiff erhielt zusätzlich Oberkreuzbramsegel, um so auch bei leichten Passatwinden die Segelkraft zu erhöhen und damit auch Kohlen zu sparen. Ausgerüstet mit 11 Kanonen zum Abschießen der Harpunen mit Explosivbomben, Proviant für neun Monate und 31 Mann Besatzung, 210 Tonnen Kohle und mit der Vorauszahlung der Heuer der Mannschaft beliefen sich die Gesamtkosten auf stolze 90 000 Kronen. Als Kapitän für die Expedition gewannen sie L. Kristensen aus Tønsberg, aber was noch viel wichtiger war, die Firma Thos. Joh. Heftye & Søn als Mitfinanzierer der Antarktis-Reise. Vater Georg und Sohn Johannes Georg beteiligten sich mit 10 000 Kronen an der Expedition in das Südliche Eismeer. Das restliche finanzielle Risiko trug alleine Foyn.

Kapitän Svend Foyn trug das Hauptrisiko der Antarktis-Expedition 1893–1895.

Am 20. September 1893 war es dann so weit: Die ANTARCTIC läuft aus Tønsberg aus. Einen Monat später bunkern sie in Las Palmas 41 Tonnen Kohle, am 24. November passieren sie Tristan da Cunha und am 19. Dezember erreichen sie die Kerguelen-Inseln, wo sie binnen zwei Tagen 350 Seeelefanten schossen. Für die 95 Tonnen Tran lösten sie in Melbourne £ 1775 und für die schlechte Qualität der Felle (sie wurden dummerweise in der Zeit ihres Haarwechsels gefangen) bezahlte man ihnen nach der Verschiffung nach London lediglich £ 200. Nach dieser ersten finanziellen Enttäuschung liefen sie am 12. April 1894 in Melbourne aus zum Walfang bei der Campell-Insel. Dieser bis zum 21. August dauernde und frustrierende Ausflug gipfelte in der Rückkehr nach Melbourne mit nur einem kleinen Bartenwal im Wert von £ 170 und einer starken Havarie nach dem Auflaufen auf ein Riff bei Campell. Die Reparatur des Schiffes, die Verproviantierung sowie die Ausrüstung für die nun folgende eigentliche Expedition in das Süd-Victoria-Land verschlangen £ 2000.

Genau ein Jahr nach dem Auslaufen in Tønsberg zogen sie am 26. September 1894 die letzten Landtrossen in Melbourne ein, gingen vor Anker, um alles in Seezustand zu setzen, und starteten dann am Freitag, den 28. September, ihre Reise gen Süden. Als sie glaubten, am Nachmittag des 6. November ein neues Land entdeckt zu haben, tauften sie es Svend Foyn-Insel. Doch ihre Enttäuschung war nicht gering, als sich diese angebliche Insel als eine riesige Eisfläche entpuppte. Am 25. November zwangen sie Reparaturarbeiten am Propeller, Port Chalmers anzulaufen. Auf ihrem Kurs Richtung Stewartinseln sichtete die Besatzung ab dem 6. Dezember ringsherum nur Eisberge. Neun Tage später erblickten sie die Balleny-Inseln, saßen zwischendurch im Packeis fest und kamen nur sehr langsam, immer noch ohne große Beute voran. Bei 69°16S und 177°30E nimmt die ANTARCTIC Kurs Richtung Possessions-Inseln. Am 16. Januar 1895 sehen ihre Augen erstmals den antarktischen Kontinent. Nach weiteren drei Tagen langsamer Fahrt benannte Bull die nördlichste Insel der Possessions-Gruppe als Svend Foyn Island und am 21. Januar taufte er die südlichste Insel der Possessions-Gruppe nach dem Partenreeder der ANTARCTIC, Heftye Island. Die einzige nach einem Schweizer benannte Insel liegt somit bei 71°59S und 171°06E! Da sich auch hier keine Bartenwale sichten ließen, entschlossen sie sich, schon wegen des nur noch geringen Kohlenvorrates, aber auch mit dem Gefühl, die ersten Menschen gewesen zu sein, die ihren Fuß auf das antarktische Festland setzten, die Rückreise am Morgen des 22. Januar bei 73°49S anzutreten.

Nach fünfeinhalb Monaten Eismeerfahrt lässt die ANTARCTIC am 12. März 1895 – nach einer teuer erkauften Erfahrung – die Anker in Port Philips fallen. Mit nur 120 Seehundfellen, Speck und Walratöl erreichte die Besatzung mit Kapitän Kristensen und Expeditionsleiter Bull nach weiteren vier Monaten wieder Norwegen. Inzwischen verstarb in Tønsberg Svend Foyn, der Mann mit dem Mut zum unberechenbaren Risiko, dem unerschütterlichen Glauben an ein kommerzielles positives Gelingen und dem Vertrauen in eine zukunftsweisende Richtung. Foyn war es nicht mehr vergönnt, aus Bulls Mund den gescheiterten Verlauf der Expedition zu erfahren. Bull seinerseits muss von Ross' Reiseberichten gewaltig enttäuscht gewesen sein, hatten sie doch keinen einzigen seiner von ihm euphorisch beschriebenen in großer Menge vorkommenden Bartenwale gefangen.[71]

100 Jahre im Schifffahrtsgeschäft

Leider gibt es weder archivierte Dokumente noch gedruckte Publikationen über die Schifffahrtsaktivitäten des Handels- und Bankhauses Heftye. Deshalb ist eine Auflistung ihrer im Besitz gestandenen Fahrzeuge schwer konstruierbar und mit Vorbehalt auf ihre Vollständigkeit zu verstehen.

Mit dem Ankauf der Galiot EMILIE und der Brigg AMERICA (78 CL) entstand 1800 eine erste Reedereiwirksamkeit. Am 3. Mai 1803 lesen sich als Miteigner der AMERICA folgende Namen: Thomas (de) David Hefty, Ths. Johs. Heftye, Friderich Joh. Hefty, Petter Hefty und Reeder Hans Thom. Thoresen.[72] Erst 15 Jahre später kaufte die neu umbenannte Firma Tho. Joh. Heftye & Søn ihre nächste Einheit, das Vollschiff ALIDA (122 CL) aus Trondheim. Ein gewaltiger Kaufakt mit nicht unerheblichen finanziellen Investitionen tätigten sie 1829 mit dem Ankauf von fünf Fahrzeugen: der Brigg CLARA MARIA (54 CL) und MINERVA (57,5 CL), dem Vollschiff DE 2DE BRØDRE (136,5 CL), der Galiot FORTUNA (40 CL) und der Schaluppe LØVEN (14,5 CL). Mit Ausnahme der Brigg MINERVA und der Schaluppe LØVEN stießen 1833 die Heftyes alle ihre übrigen Segler ab und kauften hierfür im selben Jahr neu dazu die Schaluppe HJORTEN (21 CL) und 1834 die Brigg WILHELMINE (142,5 CL).

In den 1840er-Jahren erweiterten sie die Flotte mit der Galiot ELISABETH (32,5 CL), die sie 1847 zum Schoner umriggten und 1848 nach Hvitsten weiter veräußerten. Es folgten die Brigg THOMAS (63 CL), die Schaluppe LEKAREN (19,5 CL) und die Bark SKIEN (235 CL).

Nach dem Verkauf der Schaluppe HJORTEN 1850 zu Diedriken & Sørensen in Sarpsborg und der Brigg WILHELMINE zu Fredrik Christian Olsen in Hvitsten zählte ihr Flottenbestand 1851 fünf Einheiten.

Zwischen 1852 und 1860 verkauften die Heftyes vier Segler und erwarben gleichzeitig fünf Zweithand-Schiffe.

41

Die kleine Brigg MINERVA (57,5 CL) wurde 1829 auf Bestellung der Gebrüder Heftye in Risør gezimmert.

Die Brigg THOMAS (63 CL) hatte während 18 Jahren im Eigentum der Heftyes vier verschiedene Kapitäne.

Die Bark SKIEN (235 CL) hatten Thos. J. Heftye & Søn 1846 als vierjähriges Schiff von L. B. Barnholdt aus Skien angekauft.

Die Bark HERMANOS (263 CL) lief 1834 in Vegesack als Vollschiff GUSTAV vom Stapel.

An der Bark FREDERIKSTAD (280 CL), hier als SCHOUWEN abgebildet, waren Thos. J. Heftye & Søn finanziell mitbeteiligt.

Die 51 Meter lange Bark SCHWANDEN lief 1879 auf Bestellung der Heftyes in Fredrikshald vom Stapel. Am 15. April 1916 wird sie vom deutschen U-Boot U 69 südlich von Irland versenkt.

Thos. J. Heftye & Søn kaufte die 1834 als Vollschiff in Boston/USA konstruierte Bark JOHAN SMIDT als 50-jähriges Schiff an.

Die 1860er-Jahre waren geprägt durch den Verkauf weiterer vier Schiffe. So verfügten sie 1868 mit der 34-jährigen bei Johann Lange in Vegesack konstruierten Bark HERMANOS (263 CL) nur noch über ein einziges Fahrzeug. Zwei Jahre später erwarben sie aus Tønsberg das Vollschiff ATLAS, ließen das 650-Bruttoregistertonnen- und 44,5 m lange Schiff in eine Bark umtakeln und veräußerten den Segler 1879 an Hans Chr. Seeberg in Tønsberg. An der im April 1873 von J. Thiis & Niels Hjorth aus Frederikstad angekauften Bark FREDERIKSTAD (280 CL) sollen auch die Heftyes mitbeteiligt gewesen sein.

Der Herbst 1879 war für das Handels- und Bankhaus ein besonderes Jahr, gelangten doch gleich zwei Neubauten in ihr Eigentum. Im September lieferte die Werft von Georg Lorange in Fredrikshald die 884-Tonnen-Bark SCHWANDEN und im Oktober kamen sie in den Besitz der bei O. O. Haugen in Risør gebauten Bark GILEAD (449 BRT). Die SCHWANDEN mit ihren 817 Netto-Tonnen und 58,4 m Länge war die größte je in ihrem Besitz gestandene Einheit.

Als ein spezielles Ereignisjahr für Thos. J. Heftye & Søn gilt sicherlich auch 1883. Bei E. Burchard & Co. in Rostock bestellten sie einen Dampfer von 580 Bruttoregistertonnen, angetrieben von einer Maschine mit 100 PS, die der STÆRKODDER eine Reisegeschwindigkeit von 9 Knoten erlaubte.

Als die Firma ihren letzten Ankauf eines Schiffes tätigte, zeigte der Kalender den Monat November im Jahre 1884. Von Jens Thiis & Co. in Fredrikstad erwarben sie die 1834 in Boston gebaute Bark JOHAN SMIDT. Mit ihren 781 Tonnen war sie bis 1886 der zweitgrößte Segler ihrer Flotte, ehe sie die 43,4 m lange Bark zu N. S. Hjorth und C. Thiis veräußerten. Nach dem Verkauf der GILEAD im selben Jahr nach Kragerø verblieben nur noch die HERMANOS, die SCHWANDEN und der Dampfer STÆRKODDER in Heftyes Eigentum. 1890 stießen sie die SCHWANDEN ab, J. N. Sørensen in Kristiania kaufte sie. Nach 40 Jahren Dienst für Thos. J. Heftye & Søn übergaben sie 1895 die HERMANOS an H. N. Wiborg in Kristiania und als letztes in ihrem Besitz stehendes Fahrzeug war es 1896 auch um den Dampfer STÆRKODDER geschehen. Am 26. September auf der Reise von Ishavet nach Tønsberg fiel er bei Kjöbandsskjaer dem Feuer zum Opfer und galt als Totalverlust.

Nach beinahe 100 Jahren Reedereitätigkeit und vier Jahre bevor sie als die größte Privatbank Norwegens mit der „Centralbanken for Norge" fusionierten, schied die Thos. Joh. Heftye & Søn aus dem Kreis der Schiffsbesitzer aus.

Samuel Otto & Co., Kristiansand

Es war Dänenkönig Christian IV., der 1641 auf einer Sandebene den Bau von „Christians Sand" veranlasste. Neben Akerhus (Oslo) und Bergenhus (Bergen) sollte mit Christiansholm eine dritte Festung die norwegischen Küsten sichern. Noch heute ist Kristiansand Militärstadt mit Offiziersschule und Garnison.

Der gut ausgebaute und leicht zugängliche Hafen von Kristiansand wurde von den Schiffen bei Stürmen gern aufgesucht. Bereits im 19. Jahrhundert war die Ausbesserung vorbeisegelnder und vom Sturm beschädigter Segelschiffe ein bedeutender Wirtschaftszweig in Kristiansand. Aber erst die Erfindung der Dampfschifffahrt bescherte der Stadt wirtschaftlichen Aufschwung. 1839 wurde der Hafen an die Route London – St. Petersburg angebunden. Und mit dem Verkehr kam die Industrie. Textil- und Tabakfabriken machten den Anfang, doch besonders die Erzverarbeitung aus Nickelgruben von Evje im Setesdal brachte Kristiansand den Durchbruch zum Industriestandort.

Firmengründer Samuel Otto

Vermutlich veranlasst durch die ihm verwandten Holzhändler und Hollandfahrer Jesaias Blumer und Caspar Wild begab sich Hauptmann Melchior Ott (1686–1779) im zweiten Viertel des 18. Jahrhunderts, in einer Zeit politischer und sozialer Unruhen, von Nidfurn/GL nach Horsens in Jütland. Hier begann er mit dem Verkauf verschiedener Glarner Artikel (u.a. Baumwolltücher) und dehnte später mit seinen Söhnen Adam (1717–1771), Balthasar (1720–1757) und Samuel (1730–1802) den Handel nach Norwegen aus.[73]

Während Balthasar im jungen Alter von nur 37 Jahren im Laufe von Handelstätigkeiten in Bergen verstarb, ist über Adams Geschäftstätigkeit nichts bekannt.

Es war Sohn Samuel, der 1759 als Erster nach Kristiansand[74] übersiedelte und hier mit der nach ihm benannten Firma „Samuel Otto & Co." eine Gemischtwarenhandlung betrieb. Warum sich die Glarner Ott mit der Niederlassung in Norwegen Otto nannten, ist nicht bekannt. Zu Beginn seiner Handelstätigkeit verkaufte Samuel ausschließlich Baumwolltücher und Textilien, später vergrößerte er sein Sortiment auf Haushaltsartikel.

Ein Jahr nach seiner Niederlassung in Kristiansand erwarb er sein erstes Haus an der Ecke der Holbergsgate 11 und der Tollbodgaten 46. Als Junggeselle beschäftigte er 1762 zwei Dienstpersonen und seine Immobilie schätzte man 1768 auf 700 Riksdaler (Rdl.). In den 1780er-Jahren baute er sein Eigenheim auf 14 Zimmer aus, verkaufte dieses 1792 aber für 1000 Rdl. an Kapitän Just Bruno und erwarb hierfür an der Ecke der Markensgaten und Østre Strandgate ein Wohnhaus mit Büroräumlichkeiten sowie Grundstücke am Strand.[75]

Ausschließlich Glarner als Besitzer

In 1769 trat sein Vater Melchior Ott als Teilhaber in die Firma ein. Nach dessen Tod und Samuels Hinschied übernahm sein Bruder Hans Jakob Ott (1768–1808) das inzwischen gut florierende Geschäft.

Als 1808 sowohl Hans Jakob als auch seine Frau und die einjährige Tochter verstarben, führte ein Schwager der Fa-

Kristiansand im Jahre 1885. Die Brücke nach Lahelle wurde 1810 erbaut.

46

Caspar Wild (1790–1855), von 1839 bis 1852 alleiniger Besitzer der Sam. Otto & Co.

Johan Heinrich Wild (1820–1873).

Marcus Wild sen. (1824–1903) war auch holländischer Konsul.

Sibille Wild-Luchsinger (1831–1895).

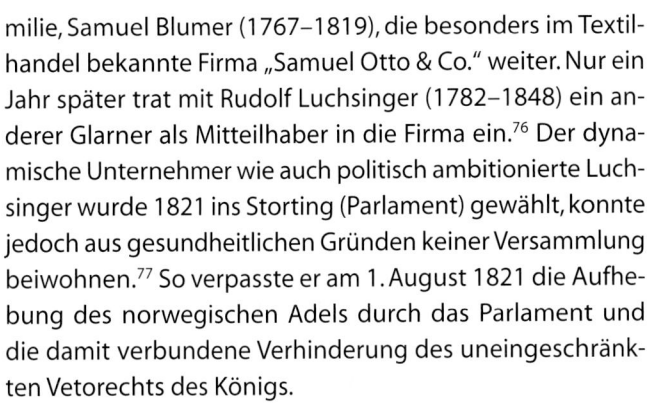

Marcus Wild jun. (1839–1898), der letzte Eigner der Sam. Otto & Co.

milie, Samuel Blumer (1767–1819), die besonders im Textilhandel bekannte Firma „Samuel Otto & Co." weiter. Nur ein Jahr später trat mit Rudolf Luchsinger (1782–1848) ein anderer Glarner als Mitteilhaber in die Firma ein.[76] Der dynamische Unternehmer wie auch politisch ambitionierte Luchsinger wurde 1821 ins Storting (Parlament) gewählt, konnte jedoch aus gesundheitlichen Gründen keiner Versammlung beiwohnen.[77] So verpasste er am 1. August 1821 die Aufhebung des norwegischen Adels durch das Parlament und die damit verbundene Verhinderung des uneingeschränkten Vetorechts des Königs.

Inzwischen baute die Firma ihre Aktivitäten mit dem Handel von Korn und Mehl aus, trennte sich jedoch vom Kleinladen mit Allgemeingütern. 1833 erwarben sie das Vigeland-Sägewerk, später das von Fiska. Bevor Mitbesitzer Blumer zurück in sein Heimatland reiste[78], verkaufte er seinen Anteil an seinen im Jahre 1810 nach Kristiansand eingewanderten Freund Caspar Wild (1790–1855). Als dann Wild 1839 auch Rudolf Luchsingers Anteil erwarb, wurde er zum alleinigen Inhaber der „Samuel Otto & Co.", und dies bis in das Jahr 1852. Im 62. Lebensjahr übertrug Wild das Geschäft – mit Ausnahme von Vigeland, auf dessen Grundstück er für sich ein neues Haus baute – seinem Halbbruder Johan Heinrich Wild (1820–1873) und dem Sohn seiner Schwester, Marcus Wild (1824–1903). Beide jungen Männer arbeiteten schon zuvor längere Zeit für die Firma.[79]

Caspar Wild seinerseits verbrachte die Sommer stets auf seinem Gut in Vigeland und im Winter dislozierte er gern in sein Haus in Mitlödi im Kanton Glarus.

Beim Tod von Johan Heinrich 1873 wurde Marcus, der 1856[80] nach Kristiansand gekommen war, alleiniger Besitzer des Unternehmens. Gleichzeitig wurde er auch holländischer Konsul. Marcus Wild war sowohl reich als auch tüchtig und energisch und spielte eine bedeutende Rolle in der Gesellschaft der Stadt. Gemeinsam mit seiner Frau Sibille vertrat

Links das Wohnhaus von Marcus (auch Max genannt) und Sibille Wild-Luchsinger in der Vestre Strandgate. 1882 schenkten sie ihr großzügiges Haus der Stadt, die es als Schule verwendete.

er humanitäre und soziale Interessen, stets mit einer helfenden Hand für alle Bedürftigen. Als er 1882 als Geschäftsführer aus der Firma austrat, übernahm der Bruder seiner Frau, Marcus Wild jun. (1839–1898), die Leitung der Sam. Otto & Co. Wenige Monate vor seinem überraschenden Tod am 26. Mai 1898 verkaufte er sukzessive einige seiner Eigentümer wie auch das Werk Vigeland. Der vormalige Besitzer Marcus Wild sen. – der inzwischen das von C. Wild in Mitlödi erbaute Haus bewohnte – reiste zur Beerdigung des an Gelbsucht verstorbenen letzten Eigners des Traditionsunternehmens Sam. Otto & Co. nach Kristiansand und begann mit dem Bevollmächtigten Bernt Balchen (1832–1914) die Liquidation vorzubereiten.

Beginn der Segelschifffahrt

Wann das Unternehmen mit Schifffahrt begann, kann nicht genau eruiert werden. Doch schon 1812, also noch vor der Niederlage Napoleons I. und vor der Verpflichtung des Dänisch-Norwegischen Königs Frederik VI. im Jahre 1814, gemäß Kieler Friedensvertrag Norwegen an Schweden abzutreten, kaufte sich Sam. Otto & Co. aus Farsund die 1806 in Danzig gebaute CAROLINA.[81] 1815 besaßen sie bereits drei Schiffe: die CAROLINA, die PATENTIA und die MARGARETHE BENJAMINE. Die CAROLINA mit ihrer Netto-Tonnage von 147 t veräußerte Sam. Otto & Co. 1819 an Peter Isaachsen in Kristiansand. Die in Lillesand konstruierte und mit 16,5 CL vermessene Galiot PATENTIA war bis 1842 im Besitz von Sam. Otto & Co., bevor sie Hans Johnsen aus Kristiansand erwarb. Von der Galiot MARGARETHE BENJAMINE ist lediglich Holland als Bauort bekannt.

Erste Neubauten auf eigener Werft

Caspar Wild und Rudolf Luchsinger hatten derart erfolgreich und umsichtig ihr Unternehmen geführt, dass sich ihnen 1824 die Möglichkeit bot, die vom Konkurs betroffene Schiffswerft von Georg Just Moe auf einer Auktion anzukaufen.[82] Bis 1839 verließen auf eigene Rechnung gebaut fünf Einheiten die Helgen der Otto-Werft. 1827 war es die Brigg CONSTANTIA, zwei Jahre später die Bark RESOLUTION und 1830 die Brigg MARGARETHE. Der Bau der Brigg SIBILLE folgte 1832 und 1839 jener der Bark INDUSTRIE, dem damals größten Segler Kristiansands. Selbst 50 Jahre danach konnten sich ältere Leute an den imposanten Anblick ihres Stapellaufes am Vorabend von Ostern 1839 erinnern. Als im Jahre 1840 eine Wasserflut die Lundsbrücke mitriss, beschloss die Regierung vor ihrem Wiederaufbau, dass jener Teil der Brücke, der für die Schiffe geöffnet werden konnte, nicht breiter sein soll, als für die Passage der INDUSTRIE nötig sei. Denn „ein größeres Ding als die INDUSTRIE werden wir in Kristiansand wohl kaum haben", lautete der verbreitete Tenor.[83]

Qualität bürgt für langes Leben

Mit der 1827 auf der eigenen Werft und auch für den Eigengebrauch konstruierten CONSTANTIA gelang den Zimmerleuten ein überaus gelungener Wurf. Mit ihren 97,5 CL und den Maßen 24,7 x 7,2 x 4,4 m war sie für ihre verschiedenen Eigentümer ein robustes und zuverlässiges Schiff. Bis 1851 stand die Brigg in Diensten der Sam. Otto & Co., bevor sie das 235-BRT-Schiff nach Halden zu N. J. Nielsen & A. M. Wiel verkauften. Erst nach 70 Jahren Einsatz – und dies stets unter dem gleichen Namen – wurde die CONSTANTIA 1897 abgeriggt und zum Leichter umgebaut.[84]

Mit der 1829 von Luchsinger und Wild angekauften Galiot EMILIE besaßen sie 1830 fünf Schiffe in ihrer Flotte. Bekannt ist, dass die Galiot in Rostock erbaut wurde. Das Baujahr ist

Links abgebildet die Werft von Sam. Otto & Co. um 1870.

Die Bark INDUSTRIE (156 CL) galt 1836 bei ihrem Stapellauf als „das Maß aller Dinge". Mehr als 20 Jahre stand sie im Eigentum der Sam. Otto & Co.

unbekannt, ihre Vermessung jedoch wird mit 69 CL angegeben. Die EMILIE war mit 23,1 m Länge etwas kürzer als die CONSTANTIA. Nach 24 Jahren Dienst bei Sam. Otto & Co. erwirbt sie M. Petersen & Søn in Moss. Ob die Neuvermessung von 82 CL im Jahre 1860 mit der im selben Jahr erfolgten Reparatur zusammenhing, ist anzunehmen.

Im Sog des Erfolges

Im gleichen Jahr wie die EMILIE kauften die Reeder auch die Bark RESOLUTION. Mit ihren 111 Lasten und 350 Netto-Tonnen war die RESOLUTION in den 1830er-Jahren das größte Schiff der Stadt und dies begründete ihr Renommee über Jahre hinaus. Sogar noch in den 1890er-Jahren konnten sich Leute an die Bark erinnern. Einer von ihnen erzählte, dass in seiner Jugend die Bark mit ihren drei Masten aufgrund ihrer Größe geradezu als riesig galt.[85] Wie lange die beiden Eigner Sam. Otto & Co. und Statsraad Hegemann das Schiff in ihrem Besitz hatten, ist nicht belegt. Als Kapitäne führten C. F. Bergfeldt und Gabriel Bergfeldt das 167-Tonnen-Schiff.

In der Vermessung ähnlich wie die Galiot EMILIE erstellte Otto 1830 auf der „Oberen Werft" und auf eigene Rechnung ihren dritten Neubau: die Brigg MARGARETHE. Das 85-CL-Schiff blieb bis zu ihrem Verkauf 1841 an einen anderen Glarner in Kristiansand, Melchior Blumer, in Ottos Eigentum. Die MARGARETHE trug die Identifikation HPVQ, wurde mit 193 Netto-Tonnen vermessen und besaß eine Länge von 22,7 m, eine Breite von 6,9 m und eine Tiefe im Raum von 4,3 m. Bis im Mai 1862 blieb die Brigg in Kristiansand registriert, ehe sie Blumer nach Porsgrunn zu Kapitän Jørgen Linaae verkaufte.[86]

Welche Werft 1832 die Sam. Otto & Co. gehörende Brigg SIBILLE baute, ist nicht belegt. Mit großer Wahrscheinlichkeit konstruierte Otto die 47,5 CL und mit 99 Netto-Tonnen vermessene SIBILLE auf der eigenen Werft. Als Namensgeberin könnte die im Dezember 1831 geborene Sibille Luchsinger gedient haben. Erster Kapitän des Schiffes wird Daniel Leire. 1842 veräußert Wild das Schiff an seinen Landsmann Melchior Blumer. Wie viele Schweizer Kaufleute in der Fremde pflegten sie untereinander ein kantonales Bewusstsein. Die Kantonszugehörigkeit war wichtiger als der Schweizer Pass!

Caspar Wild: Alleiniger Besitzer

Mit dem Ankauf von Rudolf Luchsingers Geschäftsanteilen im Jahre 1839 wurde Caspar Wild zum alleinigen Besitzer der Sam. Otto & Co. Den Laden, den Korn- und den Holzhandel, die Schiffsreederei und die Werft, aber auch die 1833 angekaufte Sägerei Vigeland, alle diese Bereiche leitete er mit fester Hand. Caspar Wild hatte auf seine Weise ein barsches Wesen. Doch dies war nur eine Maske, die ein gutes, warmes und wohltätiges Herz verbarg.[87] Wilds Übernahme fiel exakt mit einem von Karl III. Johan sanktionierten Gesetz zusammen, welches das Handelsmonopol der Städte und den Zunftzwang beseitigte.

Am Vorabend von Ostern 1836 lief die 352-Tonnen-Bark INDUSTRIE, gebaut von Schiffsbaumeister Nils Syvertsen, auf der Otto-Werft vom Stapel. Mit ihren 156 CL und 367,6 Brutto-Tonnen sowie einer Länge von 30,2 m, einer Breite von 8,2 m und einer Tiefe mit 5,0 m galt sie damals in Kristiansand als „das Maß aller Dinge". Mehr als 20 Jahre bis zu ihrem Verkauf im Dezember 1860 an O. A. Strømme in Kristiansand verblieb sie in wertvollen Diensten der Sam. Otto & Co. Am 23. Oktober 1885 versank das Schiff in den Tiefen des Atlantiks; die Crew wurde gerettet.[88]

Der Not der Zeit gehorchend

Wenn auch der Bau von Holzschiffen keine nennenswerten technischen Umwälzungen brachte, so gingen doch in den 1840er-Jahren einige ökonomisch-soziale Experimente in den Werften der Stadt vor sich. Als zu Beginn der 1840er-Jahre Arbeitslosigkeit unter den Zimmerleuten der Otto-Werft herrschte, trachteten einige an der Gesellschaft interessierte und vermögende Bürger danach, dieser Not abzuhelfen, indem sie den Schiffsbau in der Otto-Werft vorantrieben. Bis zu 50 Leuten wurde auf diese Weise Arbeit verschafft. Bevorzugt wurden diejenigen, die eine Familie zu versorgen hatten. Dieses Unternehmen war als Aktiengesellschaft eingerichtet und jeder Anteilschein kostete 50 Speciedaler. Dieselben Bürger waren es auch, die 1849 mithalfen, die Arbeiter-Gewerkschaft in der Stadt zu gründen. Durch den Versand von Einladungen, Aktien für die Schiffswerft zu zeichnen, erhoffte sich der Vorstand der Gewerkschaft, den Zimmerleuten die Gelegenheit zu geben, sogenannte „Arbeiteraktien" zu erwerben. Da leider keine Baulisten existieren, kann nicht bestätigt werden, ob dadurch der Werftbetrieb positiv beeinflusst wurde. Wenn auch im Jahre 1850 nur noch vier Werften in Kristiansand in Betrieb waren, erstellten diese zwischen 1846 und 1850 14 Schiffe, wobei sie in der gleichen Zeit 236 Schiffe reparierten – also durchschnittlich 47 pro Jahr.[89]

Die vier Arbeitgeber Reinhardt, Moe, Matthiessen und Otto beschäftigten in dieser Zeit 80 Festangestellte. Außerdem konnten sie je nach Bedarf 400 Personen anheuern und bei schrumpfendem Arbeitsvolumen wieder verabschieden. Diese Werftarbeiter bildeten das eigentliche Proletariat der Stadt. Sie waren zwar arm, aber selbstbewusst und nicht von der niedrigsten Gesellschaftsstufe. Sie kannten ihren Wert, wenn der Sturm „eine geplagte Seglertruppe" in den Hafen trieb. Die Verwaltungsbeamten der Stadtbehörden meinten jedoch, dass die großen Ausgaben für die sozial Schwachen ausgerechnet diese Gesellschaftsklasse verursachte. Man könnte die Verhältnisse auch so umschreiben: In weniger betriebsamen Zeiten auf den Werften hatte die Stadt für die Einkommensverluste der Arbeiter aufzukommen, da die Unternehmer eine solche Bürde nicht tragen konnten oder hierzu nicht willens waren.[90]

Während dieser Zeiten des sozialen Umbruchs in Kristiansand befand sich auch die Schweiz in einer Phase des nationalen Aufbruchs. Im Gefolge der Industrialisierung, begleitet von großen Veränderungen in der Landwirtschaft, kam es zur fortschreitenden Verarmung der Bevölkerung. Verstärkte innere Spannungen führten 1847 zum Sonderbundskrieg und im europäischen Revolutionsjahr 1848 zur Verabschiedung der neuen Bundesverfassung, welche bürgerliche Gleichheit, das allgemeine und gleiche Wahlrecht für Männer sowie liberale Grundrechte garantierte.

Zwei Neubauten auf eigene Rechnung

In der Krisenzeit der 1840er-Jahre liefen auf der Otto-Werft zwei Neubauten für den Eigenbedarf vom Stapel, so 1841 die 114 CL große Bark NORVEGIA und 1843 die ähnlich große Brigg PHØBUS.

Die NORVEGIA vermochte 676 Tonnen zu laden, trug die Flaggennummer P66 und deren erster Führer, Kapitän G. Berge, kommandierte das Schiff bis 1845, ehe ihn Carl Steiner ablöste. Am 12. November 1847 verkaufte Sam. Otto & Co. die Bark nach Hamburg zu J. C. & F. Cordes, die sie in AUGUSTE & BERTHA umbenannten. Knapp fünf Jahre später, am 29. September 1852, fand der Segler in F. Blass & Schomburgk in Hamburg einen neuen Eigner, ehe sie die Bark am 6. Mai 1858 weiter zu Johann Heinrich Jorjan, ebenfalls in Hamburg, veräußerten. Doch die AUGUSTE & BERTHA bescherte Jorjan kein langes Glück: Am 28. Februar 1859 strandete sie in der Eidermündung und galt als Totalverlust.

Der 116,5 CL großen PHØBUS war ein bedeutend längeres Leben beschieden. Mit ihren Maßen von 27,7 m Länge, 7,9 m Breite und einer Tiefe von 4,1 m vermochte die Brigg 660 Tonnen Fracht zu laden. Bis zum März 1865 blieb sie im Besitz von Sam. Otto & Co. und machte Reisen nach Westindien und Südamerika. Nach 22 Jahren in ihren Diensten erwarb sie D. Christensen in Lillesand.[91]

Caspar Wild geht von Bord

Die Unternehmen von Caspar Wild florierten, so war er vier Jahre vor seinem Rückzug aus der Firma bester Steuerzahler der Stadt. Sein Nachfolger und Halbbruder Johan Heinrich Wild (1820–1873) sollte ihm später in nichts nachstehen und avancierte auch zum reichsten Bürger Kristiansands. Doch bevor Caspar Wild 1852 von Bord ging, ließ er 1850 auf der eigenen Werft das bis anhin größte von seinen Zimmerleuten gebaute Schiff vom Stapel: die 378 Tonnen große Bark OCEANUS. Gesteuert vom damaligen Premier-Leutnant Herman Roosen Smidt machte sie 1851 ihre erste Fahrt nach Ostindien. In einem Brief vom 10. September 1851 an einen Freund schilderte Smidt die 3 Monate und 12 Tage dauernde Reise von England nach Aden und erwähnte, dass einige Crew-Mitglieder an Skorbut erkrankten.[92] Doch der mit 180 CL vermessenen Bark blieb ein äußerst kurzes Dasein auf dem Wasser vergönnt. 1852 sank sie nach einer Kollision im Englischen Kanal.

Das Jahr 1852 war auch geprägt durch die Stabsübergabe von Caspar Wild an Johan Heinrich und an den Sohn von Caspars Schwester, Marcus Wild. Johan Heinrich Wild avancierte nun zum geschäftsführenden Chef und vertrat das Unternehmen nach außen. Er wird als „eine warmherzige und noble Persönlichkeit" bezeichnet und auch als einer der Stifter des Kunstvereins der Stadt genannt.

Die Geschäfte liefen weiter wie bislang, außer dass sie den übrigen Warenhandel stoppten und sich alles Interesse auf den Holzhandel, die Schiffsreederei und die Werften konzentrierte. Beim Besuch des Vizekönigs von Schweden und des Kronprinzen von Holland in Kristiansand empfing J. H. Wild am 16. und 17. Juli 1856 nicht nur den 16-jährigen Kronprinzen, sondern war auch beim abendlichen Fest der Exzellenzen geladen. Die Wertschätzung gegenüber dem 36-jährigen Wild fand mit ihrer Anerkennung vom holländischen König mit dem „Ritterorden der eichenen Krone" einen Höhepunkt in Johan Heinrich Wilds jungem Leben.[93]

Reform im Holzhandel

Ihre Holzladungen erhielten die Schweizer von ihrem Sägewerk in Vigeland. Das große Gut, am Fluss Torris gelegen, bewohnten etwa 40 Familien, die alle für die Herrschaften der Wilds arbeiteten. Für die Kinder der Arbeiterfamilien stand ein eigener Lehrer zur Verfügung. Dreißig Sägen standen den Tagelöhnern für die Verrichtung ihrer Arbeit bereit. Der Holzeinkauf von den 150 bis 200 Bauern erfolgte allerdings für die Verkäufer auf teilweise recht unglückliche Art. Bis zu 75 % aus dem eigentlichen Erlös des Holzverkaufes hatten die Bauern im Gegenwert Warenbezüge vom Lager der Firma Sam. Otto & Co. zu machen. Und da hielt man die Preise steif durch. Ein Teil der Bauern wurde dadurch wirtschaftlich so abhängig, dass sie Waren gegen Pfand auf ihren Wald beziehen mussten. Diese für die Bauern so unglücklichen Geschäftsbeziehungen wurden erst durch das kräftige Eingreifen des Grossisten Anders Olsen in den 1860er-Jahren abgeschafft. Man weiß auch, dass auf diese Weise viele der im Büro und auf den Werften beschäftigten Leute durch lange Jahre hindurch an die Schweizer gebunden waren. Trotzdem wurde es als Vorrecht betrachtet, in einer so großen und sicheren Firma angestellt zu sein. Diejenigen, die bei Sam. Otto & Co. eine feste Anstellung hatten, wurden auch als Glückspilze betrachtet. Dieses mitbürgerliche Vertrauen hatte seine Auswirkungen auch darin, dass sie Johan Heinrich Wild in die Stadtbehörde wählten, der er bis zu seinem Tod im Jahre 1873 angehörte.[94]

Angesichts des vielen für den Schiffbau benötigten Holzes und auch als große Sägereiwerk-Besitzer und Holzhändler waren Sam. Otto & Co. auf Transportfahrzeuge angewiesen. Ein unabdingbares Faktum für den Transport auf den Flüssen war ihre Reinhaltung. So hatten für die Flussreinigungen die Eigentümer der Wälder aufzukommen, während die Holzhändler eine Aktiengesellschaft gründeten und sich Dampfschiffe für den Transport ihrer benötigten Hölzer beschafften. Max Wild hatte im Verbund der Holzhändler in Kristiansand beinahe alle Macht auf sich vereint und war mit seinem großen Betrieb in Vigeland und Kvarstein auch Haupteigner an den Binnenseeschiffen. Zudem war sein Bevollmächtigter Sven Olaus Stray (1809–1869) Vorsteher in der Direktion der Flussreinigung und verhandelte mit den Waldbesitzern über ihre Abgaben. Die Willigkeit der Waldbesitzer, auf die Hölzer eine Abgabe für die Flussreinigung zu bezahlen, muss vor dem Hintergrund einer revolutionierenden Reform im Holzhandel betrachtet werden. Diese im April 1866 durch Sam. Otto & Co. initiierte Reform ging mit einem Rundschreiben an alle Kontakte in Torridal und Setesdal. Um die Flussreinigung vermehrt zu fördern und auch die Situation der Waldbesitzer zu verbessern, beschloss die Firma, ab dem Frühjahr 1867 das Holz nur noch gegen Barzahlung anzukaufen. Der Preis der Hölzer sollte vorläufig unverändert bleiben. Wünschten die Waldbesitzer Ware auf Vorschuss, so sollten ihnen diese zu Barkonditionen und ohne den früheren Zuschlag von 50 % geliefert werden.[95] Nachhaltig betrachtet mag diese „Reform" damals als fortschrittlich gegolten haben. Aus heutiger Sicht beseitigte sie einen Missstand gegenüber den unterdrückten und abhängigen Waldbesitzern.

Bark HELVETIA (190 CL): Zwischen 1863 und 1874 in der Guanofahrt eingesetzt. Die letzten zwei Jahre vor ihrer Veräußerung 1886 an O. C. Reinhardt kommandierte der Schweizer H. Zopfi das Schiff.

Initiative Nachfolger

Die zwei jungen Männer starteten ab 1855 eine rege Schiffsbautätigkeit. Mit dem Bau der Bark HELVETIA begann nun eine Serie von fünf Neubauten binnen fünf Jahren auf eigene Rechnung.

Die HELVETIA war mit ihren Ausmaßen von 35,7 m Länge und 8,5 m Breite ein stattliches Schiff. Ihre Tonnagen lesen sich wie folgt: 190 CL, 406 Brutto-Tonnen und 395 Netto-Tonnen. Von 1855 bis 1886 verblieb der Segler im Eigentum der Sam. Otto & Co. und soll vorwiegend im Ostindien-Verkehr eingesetzt worden sein. Kapitän Steinert lief 1858 mit der HELVETIA auch Cochin an. Nach acht Jahren Dienst wird die Bark 1863 auf der eigenen Werft umgebaut und in der Guanofahrt (Transport von Vogelmist) zwischen Callao und den Chincha-Inseln nach Europa eingesetzt. Als jedoch die Vogelmist-Vorkommen um 1874 ausgingen, waren die HEL-

Es war Freiherr Justus von Liebig (1803–1873), der 1840 als Professor für Chemie an der Universität Gießen die Einführung des künstlichen Düngers propagierte und die Agrikultur begründete. Liebigs Erfindung hat das Emporwachsen einer ganz neuen Industriesparte bewirkt. Die Kunstdüngerindustrie benötigte zur Herstellung von Stickstoffdünger jenes farblose, hygroskopische und oxydierende Salz, für das Chile wegen seiner natürlichen Vorkommen ein Weltmonopol besaß: Natriumnitrat oder Natronsalpeter. Dieser chilenische Salpeter kam in der Atacama-Wüste in dem Rohstoff Caliche vor.

VETIA und auch andere Einheiten der Otto-Flotte gezwungen, andere Routen zu befahren. Unter anderem transportierten sie auch Salpeter von Iquique in Chile via Kap Hoorn nach Europa. Erst 1886 erwarb die HELVETIA ein anderer großer Reeder in Kristiansand: O. C. Reinhardt.[96] Dieser wiederum veräußerte die HELVETIA noch im selben Jahr an Anders Sveaas in Drammen. Für das Jahr 1890 liest man die Notiz, die Bark sei im Nordatlantik in große Schwierigkeiten geraten, geborgen und später repariert worden, wobei der Eigner sie dann 1897 definitiv außer Dienst stellte.

Größtes Schiff der Flotte

Mit der im Juni 1856 nach 14-monatiger Bauzeit vom Stapel gelassenen Bark NOR verfügte Sam. Otto & Co. über vier seefähige Schiffe – drei Barken und eine Brigg – mit insgesamt 688 CL. Die NOR war mit ihrer Länge von 49 Metern und 225,5 CL noch imposanter als die HELVETIA und gehörte zu den größten je in Kristiansand gebauten Schiffen. Doch der auf der eigenen Werft gezimmerten NOR blieb unter Führung von Kapitän Jacob Natvig und weiteren 15 Besatzungsmitgliedern nur eine sehr kurze Zeit auf dem Wasser vergönnt. Im November 1858 strandete die 80 000 Speciedaler teure Bark bei Odessa und galt als Totalverlust. Zuvor steuerte Natvig die NOR mit einer Ladung Kohle von England nach Peru.

Einen weiteren Neubau, diesmal eine Brigg, erstellte die Otto-Werft 1857. Mit 80 CL und 28,3 m Länge gehörte die EINAR zu den kleineren Einheiten. Sie wurde mit 168 Netto-Tonnen vermessen, verfügte über eine Breite von 7,4 m

Brigg CASPAR WILD (105 CL): 1859 auf eigener Werft erbaut und zu Ehren nach ihrem Patron benannt.

und eine Tiefe von 3,5 m. Bereits 1862 verkauften die Schweizer die EINAR nach Kristiania zu P. Dührendahl & Co., der sie bis 1877 sein Eigen nannte.

Zu Ehren des 1855 verstorbenen Caspar Wild erstellten sie 1859 die nach ihrem ehemaligen Patron benannte Brigg CASPAR WILD. Der 105 CL vermessende Segler, konstruiert unter Leitung des Schiffbaumeisters Joh. N. Tønnesen, trug die Flaggennummer P52 und das Unterscheidungssignal JCRG.

Nebst Weizenfahrten war in den 1860er-Jahren Petroleum die wichtigste Exportware aus New York. Bekannt ist von der CASPAR WILD, dass sie im Juli 1864 mit einem Auftrag für 1600 Fass Petroleum nach Cork fuhr.[97] Die CASPAR WILD ging im Juli 1873 verloren, jedoch nicht die Namen ihrer früheren Kapitäne. Erster Führer des Schiffes bis 1866 war P. E. Torjussen, ihm folgte bis 1867 A. Gundersen, danach übernahm erneut Torjussen für ein Jahr das Kommando, abgelöst wurde er von G. F. Muller, der bis 1872 auf der Brigg verblieb, ehe bis 1873 F. Gill die CASPAR WILD steuerte.

Stillstand auf der Otto-Werft

Nach dem Neubau der CASPAR WILD 1859 ruhten unbegreiflicherweise für 11 Jahre die Arbeiten auf der Otto-Werft. Nicht etwa dass sie in dieser Zeit ihre Schifffahrtstätigkeiten aufs Eis legten, im Gegenteil, sechs weitere Einheiten gelangten in ihr Eigentum. Zudem gehörte das Unternehmen zu Beginn der 1860er-Jahre zum besten Steuerzahler der Stadt, wobei sich das Vermögen der Wilds bis 1875 auf die enorme Summe von 230 000 Speciedaler (heutiger Wert: Fr. 15,6 Mio.) häufte.[98]

Kurz nach der Fertigstellung der CASPAR WILD kauften Sam. Otto & Co. im März 1860 von Kapitän A. M. Schelderup aus Bergen die Schonerbrigg FAVORIT.[99] Mit ihren 84,5 CL hatte der 1855 auf der Flageverftet Laksevag in Bergen erbaute Segler eine Länge von 29,4 m und gehörte zu den kleinsten Einheiten der Otto-Flotte. Vor ihrem ersten Einsatz ließ Wild die FAVORIT in eine Brigg umtakeln, doch neun Jahre später glaubte man, eine Schoner-Besegelung sei doch effizienter. 1870 erwarben F. Berven & Th. Heyerdahl in Kristiania den Schoner und im September 1872 ließ sich F. Berven als einziger Eigner registrieren. Nach zweieinhalb Jahren in seinen Diensten verkaufte er sie im März 1875 an B. C. Hagemann in Kristiania.

Bemerkenswert ist die Auftragserteilung 1863 an A. Dekke in Bergen für den Bau einer großen Bark. Die Gründe für die Bauvergabe nach Bergen und die Nichtberücksichtigung einheimischer Schiffsbauer sind nicht bekannt. So lieferte also Dekke im Mai 1864 die 243 CL große Bark DIVICO an Sam. Otto & Co. Knapp dreißig Jahre bis zu ihrer Umrüstung als Leichter im März 1893 stand sie im Besitz von Sam. Otto & Co. Mit ihren 520 Brutto-Tonnen war die DIVICO bestens geeignet für die Guanofahrten. Es darf angenommen werden, dass die 29,6 m lange Bark später auch Salpeter von

Schonerbrigg FAVORIT (84,5 CL), erbaut 1855 von der Flageverftet Laksevag in Bergen.

Die Bark DIVICO (243 CL) stand knapp 30 Jahre im Dienste der Sam. Otto & Co.

Chile aus transportierte und möglicherweise auch Petroleumfahrten machte.
Die ersten fünf Jahre bis 1869 steuerte H. Natvig das Schiff, danach bis 1871 Kapitän A. Bock, die folgenden zehn Jahre bis 1881 P. Jørgensen und die verbleibenden zwölf Jahre bis zu ihrer „Abriggung" und Verwendung als Lastkahn führte W. Møller die DIVICO.

Lange war man der Meinung, die Vogelmist-Vorräte seien unerschöpflich. Im Zuge dieser vorläufigen Erkenntnis kauften Sam. Otto & Co. 1865 die Bark EVENING STAR, die Vollschiffe FREYDIS und EXCHANGE.
Mit der 1863 bei J. J. Jewksbury in Brewer, Maine (USA), erbauten 328,5 CL vermessenen Bark EVENING STAR kam im Februar 1865 ihr bis anhin größtes Schiff in der Guanofahrt

Schonerbrigg TELL (139 CL): 1877 ließ Sam. Otto & Co. das Schiff in einen Schoner umriggen, aber im November 1880 erhielt es wieder seine ursprüngliche Betakelung.

zum Einsatz. Ihre 702 Netto-Tonnen erlaubten den Besitzern eine viel gewichtigere Ladung als bei den ebenfalls in der Guanofahrt eingesetzten DIVICO und HELVETIA. Die Vermessung der Bark mit einer Länge von 42,1 m, einer Breite von 9,3 m und mit 5,5 m Tiefe lässt ein imposantes Fahrzeug vermuten.[100] Ausgerechnet dem fachlich ausgewiesenen Nørbeck geschah das Missgeschick: Am 10. Januar lief das Schiff mit einer Ladung Langholz auf der Reise von Little Bay/Jamaica nach Savannah nahe St. Johns Point/Jamaica auf Grund. In Savannah wollten sie die Ladung Langholz ergänzen.

Im Juni 1865 erwarben J. H. Wild und Marcus Wild das 48,6 m lange Vollschiff FREYDIS. Beim Ankauf des mit 717 Netto-Tonnen und 1864 in Boston erstellten Schiffes handelte es sich um das größte jemals im Besitz der Sam. Otto & Co. gestandene Fahrzeug. Auf einer Reise von Kristiansand nach Cardiff ging das Schiff 1882 unter der Führung von Kapitän Johan Iversen verloren.

Die zehnjährige EXCHANGE erwarben die Wilds von J. P. Morse in Bath. Über nähere Informationen von dem bei H. & R. Hitchock, Bath/Maine, gebauten Vollschiff tappen wir im Dunkeln.

Auftrag für die Konkurrenz

Der Grund für die Vergabe des Baus der Schonerbrigg TELL an seinen Werftnachbarn Mathiesens ist leider nicht belegt. Doch möglicherweise liegt die Ursache in der 1870 von L. Lømsland, G. Rosenkilde, H. Natvig und Schiffbaumeister M. Knudsen gegründeten „Interessengemeinschaft Otto-Werft", mit Sitz bei Lahelle in Lund.[101] Bis in die 1890er-Jahre hinein zimmerten sie 12 Klipper, Schoner und Barken, wobei die größte die SVERRE war, gebaut für die Weizenfahrt nach Baltimore. Die Interessengemeinschaft hat einen Teil der Schiffe selbst behalten, da sie gleichzeitig Schiffsreederei betrieb. Wahrscheinlich hat Sam. Otto & Co. seine Helgen dieser „Interessengemeinschaft Otto" vermietet, was sich auch in der Namensgebung findet. Ob alle die unter der Leitung von Henrik Natvig erstellten Segler auf der „Oberen Werft" oder vereinzelt auf der ebenfalls zentral gelegenen „Unteren Werft" vom Stapel liefen, ist nirgends festgehalten.

Im September 1870 ließ Sam. Otto & Co. die 139 CL und 32,9 m lange TELL als sein Eigentum im Register eintragen. Die im Oktober 1877 in einen Schoner umgeriggte TELL trug das Unterscheidungssignal JCSM. Im November 1880 glaubte man, das 287-Tonnen-Schiff sei mit der Takelung einer Schonerbrigg doch besser zu führen, und so verliehen sie dem Schiff wiederum ihre ursprüngliche Beriggung. Überliefert ist – jedoch ohne Datum –, dass sie eine Reise Palermo – New York mit Früchten absolvierte. Erst im Oktober 1893 verkaufte Marcus Wild jr. die Einheit an K. F. Langfeldt & Söhne in Kristiansand. Nur wenige Wochen später in ihrem Besitze strandete die TELL am 19. November mit einer Ladung Langholz auf der Reise von Kristiansand nach Cardiff in den Goodwin Sands bei Herne Bay.

Die auffallend schöne Bark ATHLET (340 CL): Im Juli 1875 erfolgte der Stapellauf auf der eigenen Werft.

Als Kapitäne der TELL lesen wir folgende Namen: J. Natvig (1870–1872), L. Mortenesen (1872–1878), B. Olsen (1878–1883), O. Iversen (1883–1887), Fr. A. Olsen (1887–1893) und M. Holum in 1893.

Letzter Neubau auf eigener Werft

Als ein solides Schiff mit schöner Konstruktion und gezeichnet von Paul van der Lippe wurde die am 22. Juli 1875 vom Stapel der Otto-Werft gelassene ATHLET beschrieben. Mit ihren 340 Lasten, 709 Brutto-Tonnen und 682 Netto-Tonnen war die Bark insbesondere mit ihren Dimensionen ein imposantes Schiff. Der Bau soll in Akkord ausgeführt worden sein, wobei die Zimmerleute an diesem Neubau recht gut mitverdienten. Die ATHLET kostete stolze 180 000 Kronen. Sam. Otto & Co. waren für ihre qualitative, jedoch auch teure Baukunst bekannt. Im September 1875 stellten Sam. Otto & Co. die 47,2 m lange ATHLET in Dienst. Im März 1885 ließ Marcus Wild jr. die Bark unter dem Eignernamen Sam. Otto & Co. & Andere registrieren und im Juni 1888 findet man wieder den ursprünglichen Namen Sam. Otto & Co., wobei im selben Jahr die Bark einen neuen Metallbeschlag erhielt. Mit Jacob A. Natvig als Kapitän erlitt die ATHLET im August 1889 in der Südsee bei den Karolinen-Inseln Schiffbruch, fing Feuer und ging wrack. Die ersten sieben Jahre seit ihrer Indienststellung führte J. Nørbeck die Bark, danach bis zu ihrem Untergang J. Natvig.

Nur ein Jahr nach der ATHLET lief am 9. Mai 1876 auf der „Oberen Werft" die letzte auf der eigenen Werft konstruierte und für Eigenbedarf gebaute Einheit vom Stapel: die 200-Tonnen-Schonerbrigg RESOLUT. Das Schiff erhielt mit E. O. Hottinger bis 1880 und dann wieder ab 1882 einen schweizerischen Führer. Zwischen 1880 und 1882 kommandierte N. O. Iversen die RESOLUT. Im Februar 1885 strandete das Schiff in der Penedo Bar in Brasilien.

Bevor sie 1875 die ATHLET zu Wasser ließen, bauten sie 1874 für Ole Olsen die 205-Tonnen-Schonerbrigg NOR. Olsen setzte die NOR für Fruchtfahrten ein, ehe sie 1878 strandete. Vier Jahre später erstellte M. Knudsen auf der Otto-Werft wiederum eine NOR. Besteller der 604-BRT-Bark war der geschäftstüchtige H. Natvig.

Die 1870er- und 80er-Jahre waren eine schwierige Zeit für das Unternehmen. Die Preise im Holzhandel verfielen, was auch Sam. Otto & Co. beträchtlich spürten. Zudem hatte die Firma im Grunde einen zu großen Arbeitsvorrat und zu viele Büroangestellte im Verhältnis zur Betriebsgröße. 1876 erfasste die von England ausgehende „große Depression" Norwegen und hielt bis 1887 an.

Naturgemäß konnte Norwegens Außenhandel nicht anders als über See erfolgen, und doch war es nicht der Export allein, der die Entwicklung der Schifffahrt in dieser Zeit bestimmte. Nach 1825 übernahm die norwegische Handels-

Schonerbrigg RESOLUT: Das letzte auf der eigenen Werft konstruierte Schiff.

flotte den gesamten schwedischen Holzexport und ab 1849, nach Aufhebung der britischen Navigationsakte, auch den größten Teil der kanadischen Holzlieferungen nach England. Mit dem eigenen Außenhandel hatte Norwegens Handelsflotte nur noch wenig zu tun. 1850 zählte die norwegische Flotte bereits 3700 Schiffe und nahm mit 284 000 Nettoregistertonnen den achten Platz unter den Handelsflotten der Welt ein. Bis 1875 wurden etwa 5500 Schiffe im Land gebaut und etwa 2300 aus dem Ausland gekauft. Obschon die norwegische Handelsflotte in diesen 25 Jahren einen Abgang von über 3700 Schiffen zu verzeichnen hatte, war sie 1875 mit über 7800 Schiffen und 1,3 Millionen NRT die drittgrößte der Welt. Norwegens Reeder begnügten sich fast ausschließlich mit billigen hölzernen Segelschiffen. Die von den Reedern aus dem Ausland gekauften Schiffe waren zumeist keine Neubauten und wurden lediglich neu getakelt, um Mannschaft zu sparen – nicht zuletzt deshalb gab es hohe Verluste.[102]

Eine überaus vertrauenswürdige Stellung bei den Wilds hatte der seit 1850 bei Sam. Otto & Co. tätige langjährige Bürochef und Prokurist Bernt Balchen (1832–1914). 1882 übertrug Wild in Anerkennung dessen unverzichtbarer Dienste ein Viertel des Firmengewinns auf Balchen.

Ottos Flottenbestand zählte 1884 vier Barken und zwei Schoner. Doch sie wollten mehr: Im selben Jahr erteilen sie zwei Neubauaufträge und kauften zudem 1885 aus London eine weitere Bark an. So orderte M. Wild 1884 und 1885 bei H. P. Larsens Odderøens-Werft in Kristiansand eine Bark und einen Schoner sowie 1884 bei P. Svendsen in Drammen eine Bark. Larsen und Svendsen bauten anscheinend billiger als die eigene Werft.

Auf der „Oberen Werft" entstanden zwar noch einige Schiffe in den 1880er-Jahren, jedoch einzig für die Reederei von Henrik Natvig, ehe sich das „Obere Werk" ganz zu einer Holzverarbeitungsanlage wandelte.

Den ersten dieser Neubauten lieferte Svendsen im Februar 1885. Den Namen für die 535-Brutto-Tonnen-Bark lieferte ein Schweizer Berg: RIGI. Zudem führte bis zum Verkauf des Schiffes 1898 ebenso ein Schweizer das Schiff: Kapitän H. Zopfi.

13 Jahre lang steuerte der Glarner Kapitän H. Zopfi die in Drammen erbaute Bark RIGI.

Mitbeteiligt am Schoner CORREO war auch der Prokurist Bernt Balchen von Sam. Otto & Co.

Mit ihren Dimensionen von 44,7 m Länge, 9,7 m Breite und 5,2 m Tiefe gehörte sie zu den stattlichsten Einheiten der Otto-Flotte. Zwei Jahre vor dem Jahrhundertwechsel erwarb J. C. Svendsen & Söhne in Kristiansand die 499-Netto-Tonnen-RIGI. Kapitän wurde M. Christensen. Als die RIGI mit einer Ladung Langholz auf der Reise von Haiti nach Le Havre eine Havarie erlitt, wurde sie im Februar 1902 in Madeira vorläufig außer Dienst gestellt, dann aber doch heimgebracht, repariert und 1903 für 27 000 Kronen an P. Jacobsen in Porsgrunn verkauft. Keine drei Jahre sollte er ihr stolzer Besitzer sein: Am 13. März 1906 startete die RIGI mit unbekannter Ladung in Le Havre gen Porsgrunn, strandete bei Borkum und musste von der Mannschaft am 13. März verlassen werden. Sechs Crew-Mitglieder kamen dabei ums Leben. Die restlichen Seeleute wurden vom holländischen Trawler HOLLAND III aufgefischt und gerettet. Der Versicherer Norske Veritas taxierte den Verlust mit 37 500 Kronen. Für das Unternehmen von Wild baute Larsen von der Od-

Die Bark OTRA war das letzte von Marcus Wild georderte Schiff.

derøens-Werft 1884/85 den 309-Brutto-Tonnen-Schoner CORREO für die Holzfahrt nach Westindien. Seine Maße waren 38,5 m Länge, 9,1 m Breite und 3,7 m Tiefe. Die Netto-Tonnage beziffert sich auf 295 Tonnen. Im April 1885 lassen Sam. Otto & Co. und Mitbesitzer Bernt Balchen das Schiff auf ihre Namen registrieren. Dreizehn Jahre später, im August 1898, veräußerten sie den Schoner nach Arendal zu P. N. Dannevig. Nur wenige Monate später, am 30. März 1899, strandete die CORREO bei Cap de la Hague. Geladen hatte sie Langholz und Mahagoniholz in Laguna für den Transport nach Le Havre.[103]

Nur 14 Monate nach der Fertigstellung der CORREO lieferte H. P. Larsen im Juni 1886 an Sam. Otto & Co. das letzte vom Schweizer Unternehmen georderte Schiff, die OTRA. Die Bark wurde mit 333 Brutto-Tonnen und 299 Netto-Tonnen vermessen und verfügte über eine Länge von 39,3 m. Im März 1897 verkaufte Wild den Segler an P. N. Dannevig in Arendal, der die Bark im Juni 1899 unter dem Namen der Partenreederei A/S Otra & Correro eintragen ließ. Im Folgejahr hieß der neue Eigner Jules Pannier in Granville/Frankreich, der das Schiff in FRANÇOIS CHARLES umbenannte. Mit P. Hervot aus St.-Malo erhielt die Bark 1909 einen neuen Besitzer. Fünf Jahre später nannte sich der Eigner der FRANÇOIS CHARLES J. Huret in St.-Pierre-et-Miquelon. Die letzte Handänderung fand 1920 statt: Geo. Leridon in La Rochelle erwirbt die Bark. 1923 erlischt in den Registern das inzwischen 36-jährige Schiff.

Die FRANÇOIS CHARLES (Ex-OTRA) ausfahrend Granville. Foto um 1906.

„Diese Frauen machen mich noch verrückt"

Die OTRA war also der allerletzte Kauf eines Schiffes für das Unternehmen von Marcus Wild. Doch zuvor, im Oktober 1885, kam es zu einem Ankauf einer Bark aus England und dies aufgrund einer vergnügsamen Unterhaltung zwischen Wild und Kapitän Nørbeck. Wild galt bekanntlich als nobler und feiner Herr mit außergewöhnlichen Charakterzügen, wie folgendes Beispiel erläutert: Als im Winter 1885 Jacob Nørbeck in seinem 75. Lebensjahr mit der EVENING STAR

Schiffbruch erlitt und heimkehrte, offerierte ihm Wild, er solle sich in den längst verdienten Ruhestand setzen und er werde jährlich 1200 Kronen Pension erhalten. Nørbeck war während 50 Jahren für die Firma tätig und hätte seinen Ruhestand auch verdient. Doch Nørbeck hatte Mühe mit der Vorstellung, Geld für keine Arbeit zu nehmen. Trotzdem willigte er ein. Er soll sich jedoch so elend gefühlt haben, dass er nur noch auf den Straßen umherstreifte. Eines Tages wurde es ihm zu viel und er ging zu Wild. „Das halte ich nicht aus, Wild. Diese Frauen, die sich zu Hause über mich beschweren, machen mich noch verrückt. Du musst mir ein Schiff kaufen, sodass ich wieder hinauskomme!" „Aber mein Lieber, wenn du mit den 1200 Kronen nicht genug hast, sollst du selbstverständlich mehr bekommen." „Nein, ich muss dafür arbeiten."[104]

So geschah es, dass Wild im Oktober 1885 von J. M. Kirby in London die Bark GLAMORGANSHIRE ankaufte und sie in SOLA umbenannte. Aber da Nørbeck schon betagt war, sperrte sich Wild, ihn allein zur See zu schicken. Der Reeder ordnete das Problem auf eine praktische und taktvolle Weise: Er sandte Kapitän Knudsen mit als Steuermann. Die Absprache zwischen Wild und Knudsen lautete dahingehend, dass jeder den Lohn eines Kapitäns erhalte. Auf diese Weise wurden beide Parteien zufriedengestellt. Nørbeck starb im Frühling 1888 79-jährig in Rio de Janeiro.

Die GLAMORGANSHIRE seinerseits bestellte die Shire Line bei Goddarn in Neyland, Pembroke. Die Bark wurde im März 1869 fertiggestellt und machte ihre Jungfernreise mit einer Ladung Kohle nach Karachi, anschließend segelte sie weiter nach China und Japan mit indischer Jute, bevor sie von hier mit Tee und Seide heimkehrte. Mit ihren 1887 vermessenen 467 Brutto-Tonnen hatte die Bark eine Länge von 45,2 m. Nach 15 Jahren Dienst in der Shire Line verkauften sie das Schiff an J. M. Kirby.

Sam. Otto & Co. takelten die SOLA 1891 in einen Schoner um. Im Februar 1898 veräußerte er seinen letzten im Besitz stehenden Segler an J. Chr. Nielsen in Kristiansand. Keine zwei Jahre in seinem Eigentum strandete sie am 6. Dezember 1900 in der Nähe San Louis/Maranhao, Brasilien. Zuvor segelte sie am 3. November mit einer Ladung Kohle von Cardiff über den Atlantik Richtung Brasilien.

Unter der Flagge der Sam. Otto & Co. führte bis 1888 Jacob Nørbeck die SOLA, bis zu ihrem Weiterverkauf 1898 befehligte I. Knudsen den Segler. Danach im Besitz von J. Chr. Nielsen finden wir M. Nielsen als Kapitän.

Das Ende einer traditionsreichen Reederei

Reduzierte sich 1895 die Zahl ihrer Schiffe auf einen Schoner und drei Barken, benutzte man bereits in der damaligen Zeit die Bauten der „Oberen Werft" vollständig für den Holzhandel.[105]

Mit dem Verkauf der SOLA und dem Tod von Marcus Wild drei Monate später am 26. Mai 1898 schloss ein über 130-jähriges, über drei Generationen geführtes Traditionsunternehmen in Kristiansand seine Pforten und beendete so seine Schifffahrtstätigkeiten wie auch sein einträgliches Standbein, den Groß-Holzhandel.

Der vormalige Besitzer Marcus Wild sen. reiste von der Schweiz zur Beerdigung nach Kristiansand und begann mit dem in Vennesla geborenen Bürochef der Sam. Otto & Co., Bernt Balchen, die Firma zu schließen und zu liquidieren. Die Wilds hielten vormals stets treulich an ihren Angestellten fest und ermöglichten allen Söhnen ihrer Vorarbeiter der Werft den Besuch der Bürgerschule, um sie später als Schiffsoffiziere zu rekrutieren. Das Versprechen der Firma gegenüber einer Schar von leitenden Angestellten und Arbeitern auf eine Pension auf Lebenszeit konnten sie nicht einhalten. Als Marcus Wild nach einer längeren Aufenthaltszeit in Kristiansand in die Schweiz heimkehrte, übertrug er die Vollmacht des gesamten Verkaufes auf Balchen. Noch vor seiner Rückkehr ins Glarnerland ließ Marcus Wild eine Menge Dokumente auf die „Fiskaholmen" hinausrudern, um vieles in einem Feuerhaufen verschwinden zu lassen. Auf einige Papiere hatte glücklicherweise Balchen Acht gegeben, sodass sie heute noch zugänglich sind.

Das Grundstück Vigeland samt Wald und Fluss hatte Wild der Stadt Kristiansand für äußerst preiswerte 60 000 Kronen angeboten, dies als Dank für die mehr als 100-jährige gute Zusammenarbeit und Präsenz in der Stadt. Die Stadtregierung schlug sein Angebot aber aus, auch wenn wenige leitende Personen wünschten, die Besitztümer zu kaufen, um bei den Vigeland-Wasserfällen ein Elektrizitätswerk zu bauen. Wilds Kommentar: „Wenn die Stadt nicht will, kann sie mich am ..... lecken." Alle seine Herrlichkeiten verkaufte Balchen für Wild im Sommer 1898 dem englischen Geschäftsmann I. C. Hawkshaw für den immer noch günstigen Preis von 350 000 Kronen! Da jedoch Grundstücks- und Immobilienverkäufe an Ausländer aufgrund eines Gesetzes von 1888 eine Konzession vom Staat voraussetzte, musste vorerst die Stadtverwaltung darüber befinden, was sie auch im positiven Sinne tat. 1901 galt die Liquidation als vollständig abgeschlossen.[106]

Frid. Otto & Søn, Farsund

In den letzten Jahren des 18. Jahrhunderts ließ sich der am 5. November 1749 in Nidfurn/GL geborene Fridolin Ott in Farsund nieder und begann hier mit dem Handel von Waren aller Art. Seine Frau und seine Kinder ließ er vorerst im Glarnerland wartend zurück. Fridolin war das vierte Kind aus erster Ehe des Adam Ott (1717–1771) und somit der Neffe des Firmengründers von Sam. Otto & Co. in Kristiansand. Bei der Volkszählung 1801 stand Fridolin Ott als Kleinhändler vermerkt, wohnte in der „Kirkegaten" (Kirchenstraße) und engagierte Frau Martha Ørbech als Haushälterin.

Ott arbeitete hart, lebte spartanisch und verdiente so gutes Geld für spätere Großinvestitionen.

Im Jahre 1808 nahm er die Bürgerschaft von dem 1795 als Handelsort gegründeten Farsund an, um „Kaufmännischen Handel und Verkauf" zu betreiben.[107]

Mit der Niederlassung in Südnorwegen änderte Fridolin Ott, wie später alle seine Nachfahren, seinen Namen in Otto.

Erst im Jahre 1811, als seine beiden Söhne ihre Ausbildung in Zürich beendet hatten, hieß er sie nach Norwegen kommen. Es dauerte nicht lange, dann überließ Fridolin den beiden jungen Söhnen Peter und Adam seine solide Handelsfirma Frid. Otto & Søn[108], kehrte heim nach Nidfurn und verstarb hier 1817.

Sowohl Peter (1794–1844)[109] als auch Adam (1796–1826) versprachen ihrer Mutter, dass abwechselnd jedes Jahr einer von ihnen sie im Glarnerland besuchen komme, was sie auch einhielten. Auch Vater Fridolin reiste zuvor jedes zweite Jahr in die Schweiz, um sie zu besuchen.

Warum seine Frau und Tochter Agatha im Glarnerland verblieben, ist nicht bekannt.[110]

Als sich die Gebrüder Otto im Jahre 1825 am selben Tag mit den Töchtern des Richters und Polizeidirektors Bøckmann verheirateten, galten sie nach dem Maßstab der damaligen Zeit als reiche Männer. Peter Otto, der von seinem Neffen als wohlbeleibt, groß, wortkarg und als kein leicht umgänglicher Mann umschrieben wurde, hatte acht Kinder. Zu den Freunden von Peter gehörten der Kaufmann P. C. Ohlsen, Konsul Larsen und der Geschäftsmann P. A. Sundt.[111]

Bruder Adam hingegen verstarb nur ein Jahr nach seiner Eheschließung an einer Lungenentzündung und hinterließ einen Sohn: Fredrik (1826–1909).

Peters Sohn Fredrik (1826–1886) kehrte als 18-Jähriger gerade von einem längeren Aufenthalt an einer Handelsschule in Ottensen, in der Nähe Hamburgs, heim und übernahm nach seines Vaters Tod mit Konsul Larsen die Leitung der

Gruppenbild der Söhne von Peter Otto:
Hinten von links:
Jakob Otto (1835–1855),
Agaton Otto (1833–1904) und
Peter N. Otto (1830–1898).
Vorne von links:
Adam Otto (1827–1860),
Søren Gottfr. Otto (1828–1914)
und Fredrik P. Otto (1826–1886).

Farsund im Jahre 1835 (Zeichnung von Peter Christian Frederik Wergmann).

Frid. Otto & Søn. Wie lange Larsen aktiv im Geschäft mitwirkte, ist ungewiss. Es darf angenommen werden, sein Mitspracherecht endete mit der Rückkehr von Fredriks Bruder Adam (1827–1860) aus Kristiania, der hier Jura studierte. Von nun an führten die beiden Brüder gemeinsam alle geschäftlichen Belange. Doch Adam verblieb nicht lange in der Unternehmungsführung: Er verstarb 1860 – im selben Jahr wie auch seine Mutter – an einer Lungenentzündung und Fredrik[112] wurde somit alleiniger Besitzer der nicht minder großen Firma.[113]

Vorausblickende Investoren

Norwegen kämpfte in den ersten Dezennien des 19. Jahrhunderts mit wirtschaftlichen Problemen, und in dieser Periode fand auch ein Hegemoniewechsel in Farsund statt: Die Lund-Dynastie ging zu Ende und das Handelshaus Frid. Otto & Søn nahm neu die dominierende Stellung in Farsund ein. Doch im Gegensatz zu den Glanzzeiten von Lund waren die Geschäftstätigkeiten von Otto mehr ausgeglichen und die wirtschaftliche Wirksamkeit später klugerweise in mehrere Hände diversifiziert.

Dank genügend disponiblem Geld kauften die beiden Brüder ab 1821 sukzessive die Latifundien der Familie Lund: Gutshöfe, Lagerhäuser und auch Werften. Besonders der Erwerb der Werft Gaaseholmen offerierte ihnen kohärente und nachhaltige Geschäfte im Bereich der Seeschifffahrt, wie Reparaturen, Havariegeschäfte und Verproviantierungen.[114]

Das Auskonkurrieren der Lunds eröffnete der Frid. Otto & Søn etliche Monopolstellungen, die die Basis zu späteren hohen Investitionen in eigene Fahrzeuge bildeten.

Insbesondere im Bereich der Havariegeschäfte profitierten ihre Werkstätten von den unzähligen vorbeisegelnden reparaturbedürftigen Schiffen. Die Liste der von ihnen wieder flottgemachten Einheiten ist lang: ANNA MARIE, ANNE GINE, FRANTS, ELISABETH, CAROLUS MAGNUS, WANDMANDEN, ENIGHEDEN, BEATHE CATHARINA etc.

Nach der Übernahme von Lunds Schiffswerften in Farsund, auf Gaaseholmen und in Eikvag gelangten sie 1830 auch in den Besitz von Nøtlands Werft in Spind.

Auf jeder Werft waren ein Meister und 12 bis 16 Arbeiter beschäftigt. Doch keiner der Arbeiter hatte eine feste Anstellung. Wenn der Werftbesitzer für sie Gebrauch hatte, ließ er sie rufen.[115]

Erfolgreiche Sild-Fischerei

Mit dem Kauf der Schaluppe FORTUNA (18 CL) 1820 und der Brigg ANNE DOROTHEA (48 CL) 1821 entstand nun auch eine Reederei-Wirksamkeit.

Die FORTUNA setzten sie in der Sild-Fischerei ein, aber über die Verwendung der ANNE DOROTHEA ist nichts bekannt. Als die Brigg jedoch 1822 an der französischen Westküste Schiffbruch erlitt, wrackten sie in Farsund auch die FORTUNA zu Kleinholz.

Als Ersatz für die kleine Schaluppe ließen sie 1823 den Kutter HAJEN (10 CL) und eine neue Schaluppe namens FORTUNA

Die Schaluppe FORTUNA (18 CL) stellten Frid. Otto & Søn 1822 außer Dienst (Zeichnung von 1816).

See-Pass der Schaluppe FORTUNA (Baujahr 1823) für eine Ladung Roggen aus Königsberg.

(19 CL) bauen und beschäftigten beide Einheiten vorwiegend in der Heringsfischerei und im Hummerfang. Von der FORTUNA ist bekannt, dass sie 1840 für Ole Johannes Sundt Kolonialwaren von Altona nach Farsund transportierte. Vermutlich blieb die Schaluppe bis 1842 in Ottos Eigentum, ehe sie auf Gaaseholmen eine neue Schaluppe namens FORTUNA (26 CL) wasserten.

Ebenso lange wie die 1823 gebaute FORTUNA hatten sie den Kutter HAJEN in Fahrt. 1842 veräußerten sie ihn an R.T. Olsen in Farsund.

Wenn auch die Ottos nur einen begrenzten Küstenstreifen in der Sild-Fischerei, nämlich die Strecke zwischen Lindesnes und Vest-Listen, kontrollierten, müssen sie insbesondere als Hummerexporteure gut gewirtschaftet haben, erlaubte ihnen dies doch 1824 den Ankauf eines weiteren Kutters namens SØERIDDEREN.

Frid. Otto & Søn beteiligten sich in den 1820er-Jahren wie auch Gabriel und Ebbe Lund im Transport von Steingut aus Farsund zum vorwiegend wichtigsten Markt nach London. Der Handel mit Steingut war zu jener Zeit eine Goldgrube, begann jedoch in den 1830er-Jahren zu schrumpfen und hörte später ganz auf.[116]

Im Jahre ihrer Vermählung 1825 gaben die beiden Otto-Brüder ihrer eigenen von Lund übernommenen Werft den Auftrag zum Bau einer Brigg namens WILHELM TELL. Das mit 54 CL vermessene und in Farsund konstruierte Schiff war das größte in der Sild-Fischerei beschäftigte Farsunder Fahrzeug. An Details überliefert ist, dass im September 1834

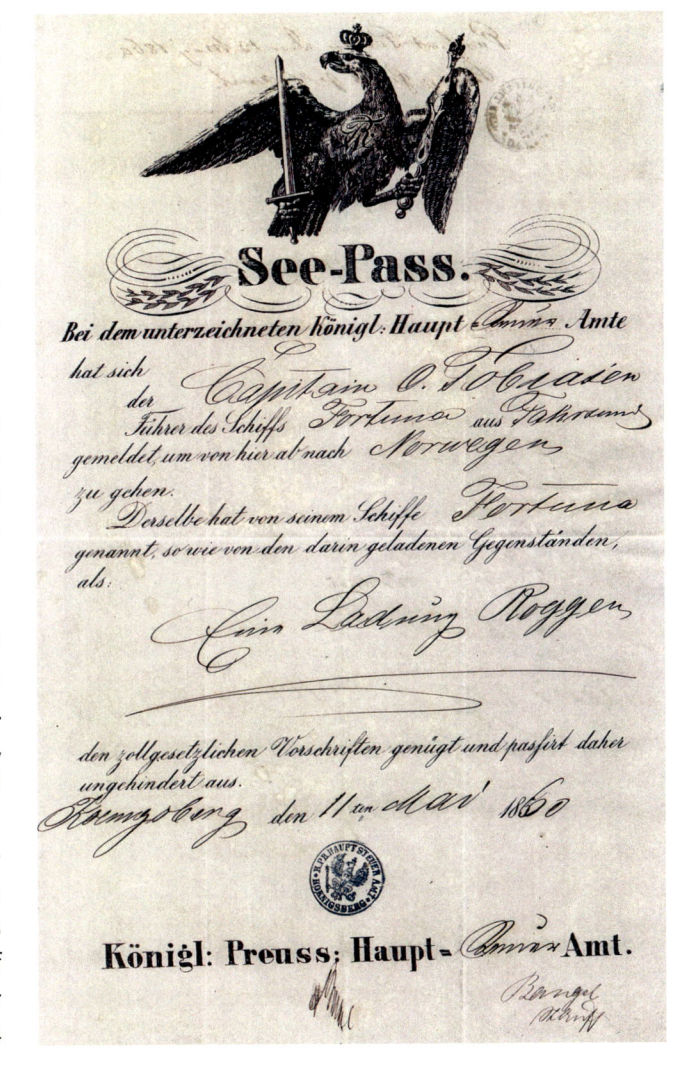

Die Brigg WILHELM TELL setzten Frid. Otto & Søn sowohl in der Sild-Fischerei als auch in Atlantik- und Mittelmeer-Fahrten ein.

die WILHELM TELL mit einer Ladung Salz aus Porto zurückkam und im März des folgenden Jahres eine Fahrt nach Pärnu mit 500 Tonnen gesalzenem Sild machte. Von hier segelte Kapitän Hans Christian Tønnesen wiederum nach Porto, um eine neue Ladung Salz zu holen. Keine andere Gesellschaft in Farsund schickte ihre Schiffe so weit nach Süden bis Spanien und Portugal, um Salz zu laden. Die Gründe ruhen sicherlich in den beträchtlichen Importzöllen auf Salz und im Investitionsbedarf für größere Schiffe. Lag früher der Salzimport in der Hand des mächtigsten Handelshauses in Farsund, bei Gabriel & Ebbe Lund, hatten in den 1830er-Jahren Frid. Otto & Søn sichtbar die finanzielle Kraft, den Import der wichtigsten Ware in der Sild-Produktion zu übernehmen.

Die WILHELM TELL segelte ebenfalls viel im Mittelmeer: Als Kapitän Tønnesen im Februar 1831 in der Amtsstube in Farsund auftauchte, um einen türkischen Seepass zu beantragen, berichtete er, das Schiff sei auch mit drei Kanonen ausgerüstet![117]

Sporadisch setzten sie die WILHELM TELL auch in der Atlantik-Fahrt ein, so segelte sie 1845 nach St. Thomas in Westindien.

Mit dem Bau des Schoners PHOENIX (28,5 CL) im Jahre 1829 auf eigener Werft führten sie der Reederei ein weiteres Schiff zu. Bis 1837 verblieb sie im Besitz von Otto, ehe Jonas Lund den Schoner ankaufte.

Im selben Jahr wie die PHOENIX baute Otto & Søn ein weiteres Schiff, die Schaluppe SØEBLOMSTEN (33,5 CL). Mit großer Wahrscheinlichkeit setzten sie diesen Neubau ebenso in der Sild-Fischerei ein. Nach nur vier Jahren erlischt der Eintrag der Schaluppe in norwegischen Registern.

Als die Risse in der Hegemonie der Familie Lund sich ständig mehr erweiterten, erwarben 1832 Frid. Otto & Søn von Gabriel & Ebbe Lund die FAHRSUNDS HAAB. Die 1819 in Køningsberg mit 69,5 CL gebaute Bark befand sich zwischen

Die Bark FAHRSUNDS HAAB, gebaut 1819 in Königsberg (Zeichnung von 1821).

ihrem Baujahr und ihrem Verkauf an Otto stets im Besitz der Familie Lund. Nach nur zwei Jahren in Ottos Eigentum veräußerten die Schweizer den Segler 1834 weiter nach Drammen.

Expedition ins Eismeer

Mit dem Verkauf der PHOENIX 1837 schrumpfte der Reedereibestand auf nur noch zwei Einheiten: die Schaluppe FORTUNA und die Brigg WILHELM TELL. Acht Jahre nach ihrem letzten Ankauf, der FAHRSUNDS HAAB, ließ das Unternehmen 1840 einen Neubau in Auftrag geben. Auf der Werft Gaaseholmen konstruierten sie den kleinen Schoner HELVETIA (28,5 CL). Beachtliche 21 Jahre stand das 16,5 m lange Schiff im Service von Frid. Otto & Søn.

Zusammen mit dem Schoner CICILIA war die HELVETIA 1846 Teilnehmerin einer größeren Expedition nach Jan Mayen und Island. Am 2. März liefen beide Fahrzeuge aus Farsund zum Fang ins Eismeer aus. Die gesamte Expedition finanzierte Otto. Anfang Juli kehrte die HELVETIA mit 515 Seehundfellen nach Farsund zurück. Im folgenden Jahr soll sie mit der MARGRETHE CHRISTINE (20 CL) erneut in den kalten Norden ausgesandt worden sein.[118] Wiederum ein Jahr später, am 7. August 1848, lief sie unter Kapitän Petersen New

Den Schoner HELVETIA bauten Frid. Otto & Søn auf der eigenen Werft auf Gaaseholmen (Zeichnung Hans Gude, 1872).

York an. Entweder bereits auf der Weiterreise nach Burin in Neufundland oder noch in New York erkrankten sowohl Petersen als auch sein Stellvertreter Syvertsen, wobei Petersen auf der HELVETIA verstarb. 1864 gelangte der kleine Schoner in den Besitz von J. E. Michaelsen in Farsund.

In der Periode 1841 bis 1850 wurde in Farsund lediglich ein Fahrzeug gebaut. Frid. Otto & Søn investierte in eine neue Schaluppe namens FORTUNA mit 26 CL, welche sie 1842 auf Gaaseholmen wasserten.

Während dieser Zeit, in der die Werften in Farsund, Eikvag und Gaaseholmen ausschließlich Reparaturen ausführten, lag die Werft in Spind während des ganzen Jahrzehnts brach.[119]

Ausbau der Flotte

Die Reederei kaufte oder baute die Schiffe nicht mehr, um Waren wie Steinmose, Hummer oder gesalzenen Sild-Fisch zu den Märkten in England oder an der Ostsee zu verfrachten, sondern um an der internationalen Fracht-Seefahrt teilzuhaben. Aus England transportierten sie Manufakturwaren, Leinen, Baumwollgarn, Segeltücher, Seile und vieles mehr. In Italien und Frankreich luden sie Wein und Spirituosen für russische Barone. Aus Afrika und dem Mittelmeerraum gelangen Palmöl, Speiseöl und Kleider zum Verladen nach Skandinavien. Obst und Genever kauften sie in Holland ein, während in Dänemark Butter eine gefragte Exportware war. Russische Handelsware transportierten sie nach Farsund wie auch amerikanische Petroleumfässer, isländische und finnische Heringstonnen, Hölzer jeglicher Art und, besonders wichtig für ihre Werft, auch Schiffsinventar.

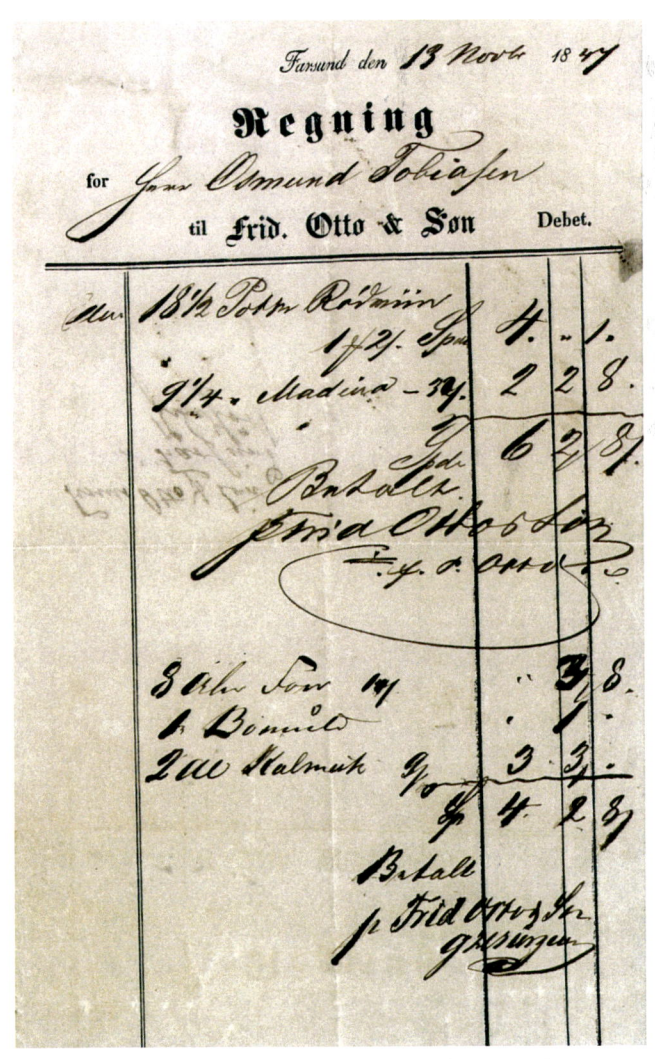

Rechnung der Frid. Otto & Søn aus dem Jahre 1847 für Kapitän Osmund Tobiassen.

Die Bark BETTY stand 12 Jahre im Dienste der Partner P. C. Ohlsen und Frid. Otto & Søn.

Gemeinsam mit seinem Freund Peder Christian Ohlsen erwarb F. P. Otto 1850 die havarierte Bark BETTY. Die 1833 in Gefle/Schweden für Nils Jacob Sehlberg und Eric Dahl gebaute Dreimast-Bark mit den Dimensionen von 25,9 m Länge, 7,5 m Breite und mit einer Tiefe von 4,1 m war ursprünglich mit 95 CL vermessen und vermochte so um die 300 Tonnen Fracht zu laden. Ihr erster Führer bis 1842 hieß Eric Gustaf Douhan, ihm folgte bis zur Strandung des Schiffes 1849 bei Lindesnes (infolge starken Nebels, auf der Reise mit allgemeiner Fracht von Amsterdam nach Gefle) Johan Martin Kraeft. Das Schiff fuhr mit einer Besatzung von 11 Mann.

Otto und Ohlsen ließen die beschädigte Bark reparieren, und so segelte sie im Juli 1850 mit Ballast nach Newcastle. Ein Dutzend Jahre betrieben die Partner den Segler und verkauften ihn 1862 an Ole Olsen & Søn in Arendal.

Zwei Jahre nach der BETTY kaufte sich Otto 1852 von A. Larsen & H. Svege in Flekkefjord die 1834 in Kristiansand gebaute Brigg DUO FRATRES und setzte sie in der Emigrantenfahrt von Farsund nach New York ein. Mit ihren 55 Handelslasten gehörte sie zu den kleinsten Emigranten-Schiffen. Nur um die 60 Passagiere fanden Platz auf der Brigg. Otto verkaufte sie dann 1860 noch vor der großen eigentlichen Auswanderungswelle an Christian E. Busch nach Bergen. In seinem Eigentum stand sie vorerst nur kurz: Brunchorst & Dekke in Bergen erwarben sie 1861, bevor sie den kleinen Segler mit 4,2 m Raumtiefe 1864 wiederum an C. Busch & Søn zurückveräußerten. 1868 strandete das Schiff auf der „South Bank of the Tag".

Nachdem die Nøtland-Werft in Spind lange Jahre stillstand, investierte hier Frid. Otto & Søn 1854 in ein neues Schiff. Es sollte das größte bis anhin in seinem Besitz gestandene Fahrzeug werden. Das Vollschiff MERCATOR hatte 196 CL, wurde von Syvert Smith und D. Olsen gesteuert und nannte bis zu seinem Verlust 1864 Fredrik Otto als Eigner. Bekannt ist, dass die MERCATOR während des Krimkrieges im Mittelmeer unterwegs war.[120]

Die prosperierenden Jahre 1857–1866

1857 ließen Otto & Søn als Ersatz für die nach Bergen verkaufte DUO FRATRES wieder einen Neubau auf eigene Rechnung vom Stapel. Die damals herrschende Hochkonjunktur hatte die Reederei zu weiterer Expansion angespornt. Auf der „Bankestokkens Verft" von P. C. Ohlsen in Farsund wasserten sie im Juni die 100,5 CL große Brigg GYLLER. Im selben Jahr verließ auch die Bark NOR (184,5 CL) und kurze Zeit später, im Januar 1858, als letztes für ihren Cousin F. A. Otto in Farsund gebautes Schiff, der Schoner RAP (45,5 CL) die Hellinge.

Die 34,9 m lange GYLLER blieb bis 1869 im Eigentum von Frid. Otto & Søn, bis sie in Samuel Fedde aus Farsund einen neuen Besitzer fand.

Mit der Auslieferung des Schoners RAP im Januar 1858 wur-

Die Brigg GYLLER (100,5 CL) vollführte während 12 Jahren Reisen für Frid. Otto & Søn (Zeichnung aus dem Jahre 1865).

Alle Segel gesetzt: die Bark FARSUND (Bj. 1866).

de – abgesehen von einigen kleinen Einheiten – der Schlusspunkt im Segelschiffbau in Farsund gesetzt.[121]

Im Jahre 1866 unternahmen Frid. Otto & Søn ihren letzten großen Kraftakt und beschafften sich gleich drei Fahrzeuge: Die Bark LINDESNÆS (207 CL) und die Bark FARSUND (214,5 CL) wurden als Neubauten aus Drammen resp. Grimstad geliefert und die Brigg FRAMNÆS (69,5 CL) kauften sie als 16-jähriges Schiff von Bergen.

Der Neubau LINDESNÆS war mit seinen 414 Netto-Tonnen und 5,2 m Raumtiefe das zweitgrößte je in ihrem Besitz gestandene Schiff. Erster Kapitän des Schiffes wurde D. Olsen. 1871 veräußerten sie die Bark an P. C. Nøtland in Farsund. Doch nicht lange in seinem Dienste, ging die LINDESNÆS 1872 unter Kapitän Samuelsen auf dem Nordatlantik mit der gesamten Besatzung verloren.

Die 1850 in Bergen gebaute FRAMNÆS nannte nur zwischen September 1865 und 1867 Frid. Otto & Søn als Eigner, ehe Fredrik Otto sie an O. M. Abrahamsen veräußerte.

Der Kulminationspunkt der geschäftlichen Erträge war er-

Die Brigg FRAMNÆS stand nur von 1865–1867 in Ottos Besitz. 1880 strandete sie bei Middletons Sands.

reicht, als die Reparaturaufträge zurückgingen und die Dampfschiffe langsam begannen, die Tiefwassersegler zu verdrängen.

Hatte sich Otto mit dem Erwerb dreier Schiffe nicht zu viel zugemutet?

Analog zu den prosperierenden Jahren der Frid. Otto & Søn fand auch der rasche industrielle Aufstieg von Ottos Heimatkanton Glarus statt. Glarus entwickelte sich mit seiner Baumwollindustrie 1860 zum höchstindustrialisierten Kanton der Schweiz. 1865 arbeiteten mehr als die Hälfte der Erwerbstätigen in den Fabriken des Kantons. Aber der einsetzende Niedergang verlief im selben Tempo. Das Ende der Geschichte kann man der raschen Abnahme der Industriearbeitsplätze und der Auswanderungsstatistik unschwer entnehmen.[122]

Fünfzig Jahre Schifffahrtsgeschäft

Die FARSUND als einzig übrig gebliebenes und größtes Schiff während Ottos Reederei-Wirksamkeit verkaufte er wohl gezwungenermaßen 1872 an O. Olsen in Kragerø. Somit endete 1872 eine länger als 50 Jahre dauernde Reedereitätigkeit.

Nach dem Verkauf seines letzten Seglers betätigte sich Fredrik P. Otto lediglich noch in Havarie- und Kommissionsgeschäften. Mittlerweile wurde er zwar von Peter Sundt verdrängt, und zehn Jahre, nachdem Cousin Fredrik A. Otto Konkurs ging, war es auch mit ihm so weit. Im Jahre 1883 ersuchte er vergeblich um ein Darlehen bei der Farsunds Sparebank. Ein Jahr danach gelangten anlässlich einer Auktion sein Lagerhaus und das Gewerbe auf Gaaseholmen unter den Hammer. Peter Sundt kaufte das Gewerbe auf der Gänseinsel und die Sparebank sicherte sich sein Wohnhaus, da es sich anscheinend bestens als neues Banklokal eignete.[123]

Noch bevor in den 1880er-Jahren Norwegen einen beachtlichen wirtschaftlichen Aufschwung erleben sollte, nahm die Epoche der Frid. Otto & Søn ihr trübes Ende. Fredrik P. Otto übersiedelte nach Kristiania, wo er in seinen letzten Lebensjahren im Geschäft seines Schwagers Chalmer mitarbeitete und am 19. Juli 1886 hier seine letzte Ruhestätte fand.

Jacob Trümpy & Søn, Bergen

1833–1869: Jacob Trümpy
1869–1894: Jacob Trümpy & Søn

Als der Glarner Schiffsbaumeister Hans Jacob Trümpy (1805–1874) 1837 die Schiffswerft „Bradbenken", gelegen neben dem Schloss Bergenhus in Bergen, von seinem Vorgänger Tønnes Rolfsen übernahm, hatte er bereits viele wertvolle Erfahrungen im Schiffsbau gesammelt. Trümpy lernte zuvor sein Handwerk bei Westervelt in New York, ehe er anfangs der 1830er-Jahre nach Bergen heimkehrte und 1833 auf dem Grundstück von Madame Montclair in Møhlenpris sein erstes Schiff zimmerte.[124]

Die Geschichte der Werft Bradbenken findet ihren schriftlich überlieferten Beginn 1602, als neben dem Schloss Bergenhus eine Reparaturwerft für Schiffe entstand, deren Aktivität erst 1878 mit dem Wegzug von Trümpy nach Jekteviken ihr endgültiges Ende fand. Während beinahe drei Jahrhunderten wurden hier nicht nur Schiffe wieder instand gesetzt, sondern auch viele Neubauten von Segel- und Dampfschiffen konstruiert.

Gehörte die Werftanlage mit allen ihren dazugehörenden Gebäuden vollumfänglich H. J. Trümpy, hatte er wie auch alle seine Vorgänger der „Almshousefoundation" einen Teil seines erwirtschafteten Gewinns abzuliefern. Die „Almshousefoundation" besaß seit jeher das Monopol und Privileg der Gerichtsbarkeit der Region Bergen. Während zwei Jahrhunderten war Bradbenken die einzige vor Ort ansässige Werft, ehe 1786 auch die Georgernes-Werft das Privileg zum Schiffsbau zugesprochen erhielt.

Für die Benutzung des Hafendamms, Arbeiten am Takelwerk, das Aufheizen von Teer usw. hatte jedes Schiff der Foundation einen fixen Betrag zu entrichten. Den Preis legten nach Rücksprache mit dem Schiffsbaumeister der Stadt die lokalen Behörden fest. Auch die Anstellungsbedingungen und Verordnungen für den Zimmermann-Meister diktierten die Behörden, während die Stellung des Schiffsbaumeisters normalerweise ererbt war. Die Inpflichtnahme weiterer Zimmerleute lag in der Obhut des Meisters, der von den Behörden die Direktive für eine tägliche Inspektion auf der Werft auferlegt erhielt. Für alle diese Aufgaben erhielt der Meister von der Foundation ein bescheidenes Salär. Das Haupteinkommen jedoch erzielte er mit täglichen Nebeneinkünften von den für die Reparatur benötigten Hölzern sowie von einem Teil der Arbeiterlöhne.

Die Aktivität in Bradbenken beschränkte sich mehrheitlich auf die lokale Handelsflotte, hatten ausländische Schiffe und auch Fahrzeuge außerhalb Bergens doch einen um $1/3$

Jacob Trümpy (1805–1874), Schiffsbaumeister mit Glarner Wurzeln.

höheren Tarif zu zahlen. Wurden ausländische Schiffe gedockt, so handelte es sich hauptsächlich um Segler aus Dänemark.

Erst mit dem Wechsel von Meister Rolfsen zu Jacob Trümpy im Jahre 1837 begann in Bradbenken eine organisierte Schiffsbautätigkeit. Der Weggang von Rolfsen soll durch seinen Kreditgeber, dem Handelshaus Konow & Co., provoziert worden sein. Trümpy akzeptierte eine viel höhere, aber dennoch angemessene Steuer an die „Almshousefoundation".[125]

Vom Glarnerland via Altona nach Bergen

Die Wurzeln der nach Norwegen ausgewanderten Linie der Trümpys finden sich in Schwanden im Kanton Glarus. Es war Hans Jacob Trümpy (1724–1792), der als Erster nach Bergen kam und hier am 23. Juni 1757 das Bürgerrecht erhielt. Davor betätigte er sich in Altona als Kaufmann, verheiratete sich hier 1760 zum ersten Mal und 1773 ehelichte er Helena Valentinsen in Bergen.

Eines seiner neun Kinder hieß Caspar (1775–1823), der sich ebenfalls zweimal verheiratete und insgesamt 12 Kinder zeugte. Caspar war Kapitän auf Handelsschiffen. Sein dritter Sohn (das zweite Kind aus zweiter Ehe) hieß Hans Jacob (1805–1874). Er war nicht nur Familienvater von 16 Kindern, sondern auch der Begründer der angesehenen Schiffswerft

*Familie Trümpy in Jekteviken.
Von links nach rechts:
Herman Trümpy (1882–1961),
Anna M. Grieg
(geb. Trümpy, 1872–1955),
Johan Trümpy (1879–1963),
Inga Trümpy,
Georg Trümpy,
Caspar Trümpy (1876–1944),
Sigrid Westergaard
(geb. Trümpy, 1880–1946).*

J. Trümpy in Bradbenken. Hans Jacob heiratete am 10. August 1835 Anna Paasche (1812–1876) und ihr erstes Kind war der spätere Schiffsbaumeister Caspar (1836–1894). Wie schon sein Vater Hans Jacob erlernte auch Caspar sein Handwerk bei Westervelt in New York.

Sein jüngerer Bruder Herman (1837–1910) avancierte später in Livorno zum erfolgreichen Schiffsmakler, während Bruder Alfred August (1841–1911) als Ingenieur im Unternehmen seines Vaters wertvolle Ideen einbrachte.

Caspar seinerseits heiratete 1863 Anna Harmens (1840–1913) und hatte mit ihr 11 Kinder, wobei drei im Säuglingsalter verstarben. Der 1879 geborene Sohn Johan wählte später ebenso den Beruf des Schiffsbauers.[126]

Trümpys Schiffsbauaktivitäten

Gäbe es nicht drei kürzlich überraschend aufgefundene Bielbriefe aus den Jahren 1833 und 1834, hätte man Trümpys Beginn seiner Schiffsbautätigkeit auf das Jahr 1837 setzen müssen.

Doch die alten im Bergen Byarkiv zutage gekommenen Dokumente geben uns nicht nur Aufschluss über seine ersten Neubauten, sondern liefern hierzu interessante bis anhin

Signatur von Jacob Trümpy unter einem Bauvertrag.

unbekannte Details. Für ein Konsortium um Kapitän Johan Friele erstellte Jacob Trümpy im November 1833 die Brigg BERGENSEREN auf einem von Madame Montclair gehörenden Grundstück in Møhlenpris bei Bergen. Im April des folgenden Jahres konstruierte er für D. H. Mathias Otzen aus Bergen die Schonerbrigg ØRNEN (55 CL). Nur vier Monate später, im August 1834, stellten die Behörden einen Bielbrief für den Schoner EXPEDIT (37,5 CL) aus. Das 21,8 m lange Schiff zimmerte Trümpy für die fünf Besteller A. Mohn, J. Reimers, R. Wesenberg, L. Wesenberg und M. Wesenberg. Über die Aktivitäten von Trümpy nach dem Bau der EXPEDIT bis zur Übernahme der Werft in Bradbenken ist leider nichts bekannt.

Die Werftanlagen in Møhlenpris – der Ort ist heute ein Teil des Zentrums von Bergen – lagen im südlichen Teil von Jekteviken. Der nicht minder große Grundstücksbesitz stand im Eigentum der Witwe Montclair, deren Familie bekannte Seilmacher waren. Peter Meyer Montclair verstarb 1820, seine Frau 1834; die Seilmacherei führte ihr Sohn weiter.[127]

Das erste von Jacob Trümpy in Bradbenken gezimmerte Schiff war die 1837 konstruierte Brigg PRECIOSA (75 CL). Die sieben Besteller und Mitteilhaber hatten 2600 Speciedaler (spd.) für das 24,2 m lange Schiff zu zahlen. Im zweiten Jahr seiner Schiffsbautätigkeit liefen eine Bark und zwei Schoner vom Stapel der noch jungen Werft. Bis 1860 hatte der Schweizer insgesamt 25 Schiffe von den Hellingen ins Wasser gelassen, wobei die Bark PROFESSOR SCHWEIGAARD mit 163,5 CL das größte war.

Die Bark AUGUSTA (111 CL) vollendete Trümpy 1841 für C. S. Ameln in Bergen.

Am 17. November 1847 unterzeichneten 10 Teilhaber – darunter auch David und Jacob Trümpy – den Bauvertrag für die Brigg HENRIK WERGELAND (100,5 CL).
1849 lieferte Trümpy den Segler an C. E. Busch & Søn.

Mit 65 Speciedaler pro Last im Baukosten-Voranschlag gehörte 1859 die Schonerbrigg CZAR (61 CL) zu den teuersten Neubauten von Jacob Trümpy.

Die Schaluppe ACTIV (34,5 CL) lieferte Trümpy 1861 an W. Konow & Co., Bergen.

Am 31. Mai 1864 taufte Pastor Carl Daniels das Missionsschiff ELIEZER (141,5 CL). Die Bark machte ihre erste Reise ins Mittelmeer.

Insgesamt 12 Teilhaber – darunter auch Jacob Trümpy – hatte die im Juli 1867 fertig gestellte Bark LUDVIG HOLBERG (417 NT).

Am 30. Mai 1868 unterzeichneten in Trümpys Büro 11 Teilhaber einen Bauvertrag für ein 250-Lasten-Bark-Schiff. Zwei Jahre später lieferte Jacob Trümpy die 42,1 Meter lange PROFESSOR SCHWEIGAARD an Korrespondentreeder Chr. Irgens in Bergen.

Der erste im Februar 1872 von Trümpy fertig gestellte Dampfer ALPHA hatte zusätzlich zu seinem 25-PS-Antrieb auch eine Galiot-Besegelung.

Nach nur sechs Monaten Bauzeit lieferte Trümpy im Juni 1872 den 35 Meter langen Dampfer IDRAET (246 NT) an M. G. Hansen in Stavanger.

Bei der Vertragsunterzeichnung im Mai 1872 für die stattliche Bark JOHAN IRGENS (804 BRT) legte Trümpy eine seiner günstigsten Bauofferten vor. Im September 1873 übernahm Harald Irgens die 49 Meter lange Bark.

An der im Juni 1874 an A. Behrens & Co. in Bergen abgelieferten Brigantine ITALIA (268 NT) war auch Caspar Trümpy finanziell mitbeteiligt.

Die 1875 erstellte Bark PROFESSOR MOHN war das größte jemals von Caspar Trümpy gewasserte Schiff. Mit ihren 955 Nettotonnen und den Dimensionen von 54,0 x 11,2 x 5,7 m präsentierte sie pure Eleganz.

Der letzte von Caspar Trümpy in Bradbenken gewasserte Segler: das Vollschiff JACOB TRUMPY. Mit seinen 921 Nettotonnen und 56,5 Metern Länge gehörte das im September 1876 an T. Svanøe übergebene stolze Vollschiff zum zweitgrößten Typ von Trümpy konstruierten Tiefwasser-Seglern.

Das letzte von Caspar Trümpy gezimmerte Schiff: Den Bau der mit 491 Bruttotonnen vermessenen Bark CARL KONOW begann Trümpy 1877 in Bradbenken und beendete ihn erst 1879 in Jekteviken.

Im November 1865 vereinbarte Trümpy mit G. Thomsen und weiteren 15 Teilhabern in einem Vertrag den Bau einer 250- bis 260-Lasten-Bark mit 45,0 m Länge im Kiel. Im Mai 1868 übergab Trümpy das 593-Tonnen-Schiff VALKYRIEN den Eignern. Die Bark war bis dahin das größte von ihm erbaute Fahrzeug.

Dann wagte sich Trümpy 1871 erstmals an den Neubau eines Dampfers. Wie stolz müssen er und sein 1869 als Partner in die Firma eingetretener Sohn Caspar (1836–1894) nach der Fertigstellung der ALPHA (303 t) gewesen sein. Möglicherweise trat zur selben Zeit auch sein Bruder Alfred (1841–1911) als Ingenieur in das Familienunternehmen ein.

Nur vier Monate nach der ALPHA lief ein zweiter von ihnen erbauter Steamer vom Stapel, die etwas kleinere IDRAET (246 t). Im September 1873 wasserten sie für W. Konow und weitere Teilhaber mit der ZARITZA (433 t) ihren dritten und letzten erbauten Dampfer.

Das größte in Bradbenken von den Hellingen gelassene Schiff konstruierte Caspar Trümpy 1876. Zu Ehren seines Vaters trug das 922-Netto-Tonnen-Vollschiff den Namen JACOB TRUMPY. 1877 begann Caspar mit dem Neubau seines letzten in Bradbenken erbauten Seglers. Die lang anhaltende Konstruktion der Bark CARL KONOW beendete er erst 1879 in Jekteviken auf seiner neuen, moderneren Werft.

Nachdem 1878 die Stadt Bergen das Werftgelände ankaufte, siedelte Caspar Trümpy nach Jekteviken, in den westlichen Teil Bergens. Seine Haupttätigkeit beschränkte er nun auf Reparaturarbeiten und Kielreinigungen, wobei nur noch wenige kleine Neubauten vom Stapel liefen. Der Fünfjahres-Wirtschaftsbericht der Regierung für die Periode 1891–

Der Hafen mit der Festung Bergen.

Trümpys Werft in Jekteviken in den 1880er-Jahren.

1895 erwähnt den endgültigen Stillstand von Schiffsneubauten in Jekteviken. Mit dem Tod von Caspar Trümpy am 16. Oktober 1894 endete eine mehr als 60-jährige Werfttätigkeit von J. Trümpy & Søn. Da für die Stadtregierung der Bau einer Straße durch Jekteviken und gleich neben der Schiffswerft ein Gaswerk in Planung standen, war die Zukunft für ein Weiterbestehen der „Schweizer-Werft" ohnehin nicht mehr gegeben.[128]

In Bradbenken zimmerten J. Trümpy & Søn insgesamt 47 Einheiten, davon 19 Barken, 13 Briggs, sieben Schoner, vier Schaluppen, drei Dampfer und ein Vollschiff. Warum J. Trümpy 1838 die Bark HVALFISKEN (94 CL) in Møhlenpris und

Die Villa von Jacob Trümpy in Jekteviken.

nicht in Bradbenken vom Stapel ließ, findet seine Begründung darin, dass auf den Helgen in Bradbenken im selben Jahr zwei weitere Neubauten in Konstruktion standen.

Erfreulicherweise sind mehr als 30 Verträge für Neubauten aus der damaligen Zeit erhalten geblieben. In keinem der erstaunlich kurz abgefassten Verträge von zwei bis vier Seiten (!) im A3-Format ist der Name des zu bauenden Schiffes erwähnt. Aufgelistet sind lediglich die Vorgaben der Größe in Lasten des Fahrzeuges, dessen Länge im Kiel, wenige Detail-Spezifikationen, die Kosten und auch die Eigentümer-Namen mit ihren Parten-Anteilen. In etlichen Verträgen ist nicht auszumachen, welches Schiff wirklich gemeint ist und wer die Teilhaber sind.[129]

Die Lasten-Vorgaben wurden überraschend gut eingehalten und die Zahl der während dem Bau unterzeichneten Zusatzverträge ist gering. Die Kosten wurden in Speciedaler angegeben, und zwar pro Lasteneinheit. Nur in wenigen Ausnahmen vereinbarten die Besteller mit der Werft einen Pauschalbetrag. Eine Bark in der Größe von 200 Lasten kostete mindestens 10 000 Speciedaler. Für den 1873 konstruierten Holzdampfer ZARITZA hatten die Eigentümer insgesamt 40 000 Speciedaler aufzubringen.

Der registrierte Eigner des Schiffes war oftmals nicht etwa der größte Part-Inhaber, sondern fungierte seiner Stellung wegen als Korrespondentreeder. Recht unterschiedlich lesen sich die Parten-Anteile, die von Alleinbesitz bis zu $1/48$-Anteilen reichen. Bei kleineren Fahrzeugen wirkten durchaus nur fünf oder sechs Personen als Miteigentümer, bei größeren Schiffen zählte man bis zu 19 Geldgeber. Zu den finanzstärksten Investoren (Trümpy nicht mit einberechnet) gehörten die Familien Mohn und Irgens. An vielen Bauprojekten beteiligten sich auch Ege, Martens, Svanøe, Føye und von Tangen, allesamt aus Bergen. Trümpy seinerseits beteiligte sich – oft auch gezwungenermaßen, um den Bau mangels Investoren zu verwirklichen – an schätzungsweise einem Drittel aller von ihm und seinem Sohn konstruierten Schiffe. Die Miteigentümer-Anteile der Trümpys sind so zu verstehen, dass bis 1869 Firmengründer Jacob, später das Unternehmen J. Trümpy & Søn als Anteilshaber wirkte.

Von anderen Familienmitgliedern der Trümpys finden wir 1849 David, der $1/8$ an der Brigg HENRIK WERGELAND besaß, und 1854 Hans Jacobs Bruder, Kapitän Johan Trümpy (1820–1855), der sich mit $1/8$ am Bau der Schonerbrigg AMALIA beteiligte. Schiffsmakler Herman Trümpy zeichnete im Vertrag vom 8. März 1875 für das Vollschiff JACOB TRUMPY einen $1/32$-Anteil.

Aber auch Hans Jacobs Sohn, Ingenieur Alfred Trümpy, beteiligte sich an einem Schiff. 1882 kaufte eine Interessen-Gesellschaft um A. Trümpy das 1868 in Bergen konstruierte Dampfschiff LAURVIG (198 BRT). Fünf Jahre später veräußerten sie das Fahrzeug weiter an M. Krohn in Bergen.

Blumer & Tschudy, Tønsberg

Am 22. August 1831 gelangte das Handelshaus Blumer & Tschudy aus Kristiania in den Besitz des Salzwerkes in Vallø. Der Staat, als größter Kreditgeber der vormaligen in Konkurs gegangenen Besitzer, gab den Schweizern anlässlich einer Auktion für lediglich 7100 Speciedaler (spd.) den Zuschlag.[130]

Peter Blumer (1783–1863) und sein Schwager Melchior Tschudy (1788–1852) zogen erst nach dem Kauf des Salzwerkes von Kristiania nach Vallø bei Tønsberg. Leider ist nicht belegt, wann die beiden Glarner von Schwanden nach Norwegen auswanderten. Wollten sie sich hier als Kaufleute betätigen, waren sie abhängig von der Zubilligung des Bürgerrechtes, nicht zu verwechseln mit der Staatsbürgerschaft. Am 4. Januar 1814 erhielt der 31-jährige Peter Blumer als Erster das Bürgerrecht von Kristiania und Melchior Tschudy kam am 16. August desselben Jahres in den Genuss dieses „formalen" Privilegs.

Ihre Familie ließen sie vorerst im Glarnerland zurück, wie viele andere Ausgewanderten dies auch taten. Schließlich mussten erst die Handelsmöglichkeiten eruiert werden, um dann später die jahrelang Daheimgebliebenen nachzuholen.

In Kristiania betreiben sie ein Importgeschäft mit Schweizer Manufakturen, später handelten sie auch mit Kaffee, Zucker und Häuten.[131]

Gewinnbringende Salzproduktion

Als Verwalter ihres angekauften Salzwerkes ernannten sie U. J. Høst. Ihm standen drei weitere Büroangestellte zur Seite. Im Werk arbeiteten acht Meister und 101 fest angestellte Arbeiter sowie etliche Tagelöhner.
Im Jahre 1831 bezahlte der Käufer bei Blumer & Tschudy für ein Fass Salz (250 Pfund) acht Ort.[132]
Bekannt sind erfreulicherweise einige wenige Produktionszahlen des Salzwerkes für die Jahre 1832 bis 1835:

1832	52 713 Fässer
1833	42 825 Fässer
1834	47 553 Fässer
1835	ca. 50 000 Fässer

In den Jahren 1831 bis 1839 wurden vom Zollbezirk Tønsberg folgende Mengen Salz ausgeführt, wobei den Hauptanteil in Vallø Tschudy & Blumer produzierten:

1831	5001 Fässer
1832	9927 Fässer
1833	13 081 Fässer
1834	10 580 Fässer
1835	12 790 Fässer
1836	12 112 Fässer
1837	15 388 Fässer
1838	12 430 Fässer
1839	9887 Fässer

Der größte Abnehmer im Jahre 1835 hieß Dänemark (8487 Fässer), gefolgt von Schweden mit 2123 Fässern. Den Rest exportierten sie nach den norddeutschen Häfen Altona, Hamburg, Bremen wie auch nach Mecklenburg. Im gleichen Zeitraum importierte Norwegen lediglich 330 Fässer aus den Mittelmeerländern. Diese Zahlen widerspiegeln die bedeutende Stellung der Firma Blumer & Tschudy.

War die Salzproduktion bis 1840 noch gewichtig, ging sie in den Folgejahren immer mehr zurück. Betrug die jährliche Produktion in den Jahren 1851 bis 1853 lediglich noch ca. 4500 Fässer, so musste 1853 der Betrieb gar eingestellt werden.[133]

Doch bevor es so weit war, verkaufte Melchior Tschudy 1851 seinen Anteil für 41 500 spd. an seinen Partner Peter Blumer. Peter Blumer und Melchior Tschudy führten zuvor den Betrieb über viele Jahre hinweg mit gutem Erfolg. Für das Gedeihen ihrer Firma lagen die Gründe auch darin, dass sie das Werk günstig erwarben, ein großes Betriebskapital besaßen und die Investitionen in einem überschaubaren Rahmen lagen.

Die innovativen Blumer und Tschudy diversifizierten ihr Unternehmen mit Betrieben wie Windmühlen (Mehl- und Grützenmühlen), Destillerie (Branntweinbrennerei), Käsefabrik und Ende der 1840er-Jahre begannen sie mit der Malzproduktion.

Im Jahre 1844 errichteten sie eine Baumwollweberei mit 40 Webstühlen, die von mehr als 60 Jugendlichen – vornehmlich im Alter von 14 bis 18 Jahren – bedient wurden. Die jährliche Produktion betrug 110 000 Ellen Stoffe, 1260 Baumwolltücher und 1200 Paar Strümpfe. Im Zusammenhang der Weberei errichteten die Glarner 1850 auch eine Färberei.

Mit der 1855 neu angelegten mechanisierten Baumwollspinnerei – die alte Baumwollfabrik wurde teils mit Handkraft und teils mit Dampf betrieben – betrug die Produktion 1855 40 000 Pfund Baumwoll-Faden und die Färberei mit

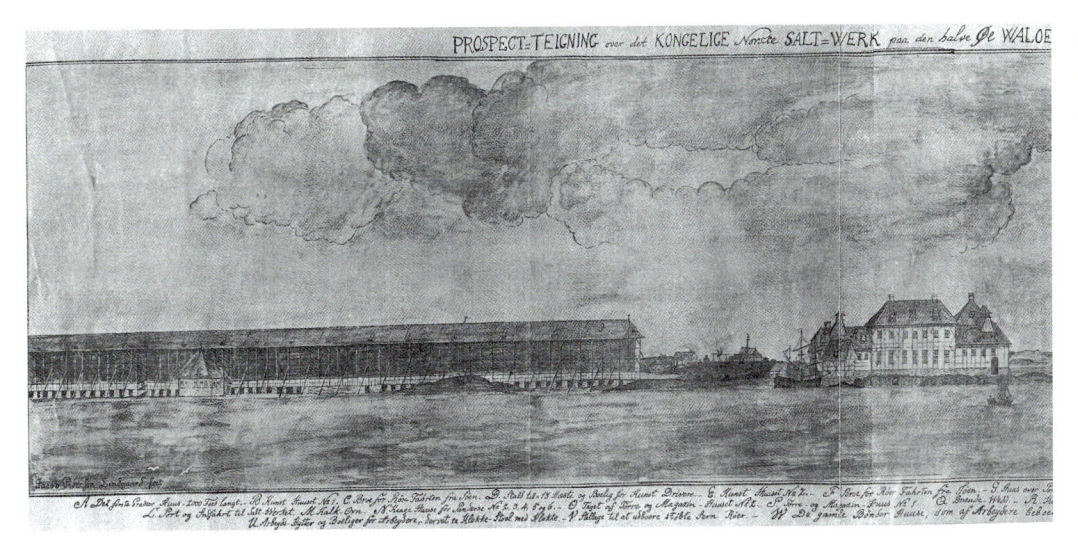

Das Salzwerk in Vallø von der Westseite um 1800 (Zeichnung von J. P. Lindgaard).

vier Angestellten bearbeitete im selben Jahr 65 500 Ellen Leinwand und 5000 Pfund Faden. Doch 1861 mussten jegliche Betriebe in Liquidation. Zehn Jahre später setzte Peter Blumer (1828–1899; Sohn des Firmengründers) die Baumwollweberei wieder in Betrieb, beschäftigte 10 Personen und produzierte 1870 1200 Pfund Woll- und Baumwollstoff. Aber 1873 war dann endgültig Schluss.[134]

Tragisches Ende: Insolvenz

Als im Sommer 1861 die Firma Blumer & Tschudy mit Alleinbesitzer Peter Blumer Zahlungsunfähigkeit meldete, war dies nicht nur ein harter Schlag für Vallø und dessen 400 Seelen, sondern auch für die Kreditoren. Die Aktiva betrugen zur Zeit der Insolvenz im Jahre 1865 35 104 spd. und die Passiva 74 866 spd. Durch Los wurde den nicht priorisierten Geldgebern eine Dividende von 17 % zuerkannt.[135]

Doch bevor Blumer & Tschudy 1865 freiwillig Konkurs anmeldeten, erwarb 1863 Peter Tschudy (1812–1900), Sohn des Firmengründers Melchior, von Polizeipräsident Magelsen und Obergerichtsanwalt P. Koss ihre Anteile an der Salzfabrik für 10 000 spd. und ersteigerte sich gleichzeitig mit weiterem geliehenem Geld anlässlich einer Auktion die Salzwerke mit etlichen dazugehörenden Höfen für insgesamt 20 912 spd. Nach nur kurzer Zeit in seinem Besitz veräußerte er seine Latifundien für 24 500 spd. weiter an seinen Sohn Anton (1848–1914).[136]

1868 war in Vallø der Beginn zur Aufteilung vieler Parzellen in neu nummerierte Grundstücke. Die Folge waren Dutzende Verkäufe von Objekten und somit viele Handänderungen. So trat auch P. Tschudy die Dampfweberei an Peter Blumer (1828–1899) ab, der seinerseits die Wollfabrik 1891 für 3000 Kronen an Eduard Fett und die zur Dampfweberei gehörenden Gebäude 1897 an S. Wilhelmsen verkaufte.

Wie bereits erwähnt, ging 1873 die Ära der Schweizer als Salzwerk-Eigentümer zu Ende: Anton Tschudy verkaufte das Salzwerk mit dem alten Hauptgebäude, dem Blumer-Hof, Nebengebäuden, Wirtschaftsgebäuden, Park und die Lachs-Fischerei im Dezember 1873 an Ernest Christopher Frølich aus Kristiania für 15 000 spd.[137]

Zwischen 1874 und 1891 gab A. Tschudy weitere Landparzellen ab, wobei er seinen Hauptbesitz 1880 an Caspar H. Madsen verkaufte und nach Kristiania umsiedelte.

Die Schifffahrt: Ein weiteres Standbein

Noch in der Hochkonjunktur ihrer Salzproduktion kauften Blumer & Tschudy 1838 von Laué Bödecker in Hamburg die Brigg JULIANA ELISABETH und ließen sie als JULIANE ELISABETH (H118) in Tønsberg registrieren. Die ursprünglich 1806 als Brigantine bei Eric Poulsen in Aabenraa/Dänemark für Mitbesitzer Hans Kopperholdt gebaute VENUS hatte 67 CL. Der hölzerne Segler soll 1829 in Kristiansand mit einer größeren Reparatur wieder instand gesetzt und gleichzeitig in eine Brigg umgebaut worden sein. Am 26. Juli 1834 verkaufte Kopperholdt die VENUS – die inzwischen 86 CL vermisst – nach Hamburg zu L. Bödecker. Vier Jahre später, 1838, erwarben Blumer & Tschudy den 24,3 m langen, 7,7 m breiten und 4,4 m tiefen Segler. 1847 verkauften sie das Schiff an H. H. Bollæren in Tønsberg und er wiederum verkaufte die JULIANE ELISABETH 1864 an J. Eckersberg & Søn, ebenfalls aus Tønsberg. Als die Brigg in der Ljusmars-Bucht an der schwedischen Ostküste strandete, kaufte sie am 9. November 1864 in einer Auktion der Handelsmann Carl Petter Wennström aus Söderhamn. Der halbe Part ging später an Johan Brolin & Son und 1867 fand das 62-jährige Schiff einen Käufer in Härnösand. Vermutlich wurde es anschließend ausgemustert.

Auf dem Gelände der Salzfabrik erstellten Blumer & Tschudy 1850 eine Helling, auf der der Schiffsreeder Anders Berg Bull aus Tønsberg im selben Jahr auf eigene Rechnung eine Brigg konstruierte, die am 25. April 1851 den Namen WILHELM TELL (131,5 CL) erhielt und später in der Emigrantenfahrt eingesetzt wurde. Wie das „Morgenbladet" vom 8. Mai 1851 berichtete, waren beim Stapellauf eine große Menge Zuschauer und Interessierte anwesend. Wehte am Heck die norwegische Unionsflagge, grüßte am Topp die Schweizer Flagge. Blumer und Tschudy sollen sehr überrascht über diese gelungene Geste von Bull gewesen sein. Ihre erste Reise führte die WILHELM TELL nach Kristiania, um via London, Newcastle nach Alexandria zu gelangen. Ab 1853 setzte sie Bull erstmals in der Emigrantenfahrt von Kristiania nach Kanada ein.

Die 20 bis 30 auf der Werft beschäftigten Arbeiter bauten im Zeitraum 1856 bis 1859 lediglich ein Fahrzeug, nämlich die 1856 für A. B. Bull erstellte Bark TRE BRØEDRE. Die Hauptarbeit der Schiffswerft bestand ansonsten in der Ausführung von Reparaturen.[138] 1861 dislozierte Bull nach Notterøy und baute hier bis 1877 viele Segler, wie eine weitere WILHELM TELL und auch einen Schoner namens GLARUS.[139]

Schiffsreeder Anders Berg Bull beschäftigte bis zu 60 Arbeiter auf seiner Werft in Notterøy.

Ihre erste Fahrt mit Emigranten startete die A. B. Bull gehörende WILHELM TELL am 2. Mai 1853 in Kristiania und erreichte am 21. Juni Quebec.

Melchior Blumer, Kristiansand

Nach dem vergeblichen Versuch von Gustav IV. Adolf, die Oldenburger zu zwingen, Norwegen im Austausch gegen den schwedischen Teil Vorpommerns einschließlich der Insel Rügen an Schweden abzutreten, schloss Schweden 1805 ein Bündnis mit England. Mit brachialer Gewalt beraubten sie 1807 die Flotte der neutralen Oldenburger, was wiederum die Norweger zum fatalen Entschluss veranlasste, ihrerseits ein Bündnis mit Napoleon einzugehen und an der Kontinentalsperre teilzunehmen. Für das auf die Seefahrt angewiesene Norwegen begann eine der schwersten Krisen seiner Geschichte. Der Export kam fast völlig zum Erliegen und die lebensnotwendige Getreideeinfuhr aus Dänemark ging ebenfalls markant zurück. Weil britische Kriegsschiffe die Handelsschifffahrt zu unterbinden suchten, drangen sie bis an die Küste vor, griffen Kristiansand an und zerstörten die Festung von Flekkerøy.[140]

Genau in dieser Zeit reiste im jugendlichen Alter von 15 Jahren Melchior Blumer (1791–1867) aus Nidfurn/GL, Sohn des Paravicin Blumer (1773–1838) und der Barbara Luchsinger, zu seinem Onkel Rudolf Luchsinger nach Kristiansand.
Hier besuchte er bis 1826 die Handelsschule und startete anschließend seine Karriere als Handelsmann in der Firma Sam. Otto & Co., an der sein Onkel Luchsinger mitbeteiligt war.
Blumer erreichte schnell den Status eines vertrauensvollen Mitarbeiters und galt zweifelsohne als Triebkraft im Unternehmen Sam. Otto & Co.[141]
Nach Erhalt der Staatsbürgerschaft im Jahre 1841 machte er sich selbstständig und heiratete am 27. Dezember 1841 Augusta Dorothea Budde (1820–1913), die Tochter des Kaufmanns Hans Budde von Altona.
Als Ladenbesitzer, Betreiber einiger Sägemühlen und Eigner von zwei Schiffen betätigte sich Melchior Blumer vornehmlich im Holzexport nach Dänemark.[142]

Als Reeder bevormundet

Seine Schifffahrtsinteressen begannen 1841 mit dem Erwerb der Brigg MARGARETHE und 1842 mit der SIBILLE, angekauft von seinem ehemaligen Arbeitgeber Sam. Otto & Co. Somit waren die beiden Segler Blumers bestens bekannt.
Ob Melchior Blumers Entscheid zum Ankauf zweier Schiffe mit dem Handelsgesetz von 1842 zusammenhing, bleibt

Melchior Blumer (1791–1867), Holzhändler und Schiffsbesitzer.

offen. Die schrittweise Beseitigung des Handelsmonopols der Städte und der Wegfall der Zölle für die Ausfuhr von Säge- und Bergwerksprodukten führte zur Abschaffung der Privilegien des Handels- und Handwerksstandes.
Die mit 47,5 Lasten vermessene SIBILLE stand zuvor zehn Jahre im Eigentum der Sam. Otto & Co. In Blumers Besitz wurde L. Friedrichsen neuer Kommandant, welcher später durch M. Balchen abgelöst wurde. Bis 1848 befand sich die Brigg in norwegischen Registern, danach verliert sich ihre Spur.
Die MARGARETHE (HBVQ) baute 1830 Sam. Otto & Co. und stand bis zu ihrem Verkauf an Blumer ein Dutzend Jahre in ihrem Besitz. Mit der Tragfähigkeit von 85 CL und 193 Nettoregistertonnen hatte die Brigg eine Länge von 22,7 m, eine Breite von 6,8 m und 4,9 m Tiefe im Raum. Im Mai 1862

verkaufte die Vormundschaftsbehörde das Schiff an Jørgen Linaae in Porsgrunn. Im September 1879 veräußerte Linaae die MARGARETHE nach Skien an S. T. Kragenæs, ehe sie 1885 ohne Verlust an Menschenleben verloren ging.[143]

Melchior Blumer seinerseits musste 1853 infolge fortschreitender Krankheit (verminderte Zurechnungsfähigkeit) von allen seinen geschäftlichen Tätigkeiten als leitender Unternehmer durch die Vormundschaftsbehörde entbunden werden. Diese führte dann während 12 Jahren gezwungenermaßen jegliche Geschäfte des Glarners, da seine Söhne noch minderjährig waren. Erst als der älteste Sohn des Firmengründers, Alfred Julius Paravicin (1842–1903), das 23. Lebensjahr erreichte, übernahm dieser 1865 von der Vormundschaftsbehörde das väterliche Geschäft in alleiniger Verantwortung. Zwei Jahre später verstarb am 1. Juli 1867 Melchior Blumer auf seinem weit herum beachteten Landsitz an der Østre Strandgate 5.[144]

Der immer geringer werdende Erlös aus dem Holzhandel sowie möglicherweise unversicherte Schiffsladungen von gesunkenen Schiffen mögen 1882 die Hauptursache für den Firmenbankrott von Blumer sein.

Nachdem der norwegische Holzexport 1873 mit 2,3 Mio. Kubikmeter seinen absoluten Höhepunkt erreichte – 47 % des Anteils am Wert der Gesamtausfuhr –, traf die 1876 von England ausgehende große Depression Norwegen wesentlich stärker als viele andere Länder Europas. Betroffen waren die traditionellen Bereiche der norwegischen Exportwirtschaft und die Schifffahrt. Den für Sägewerke ruinösen Preisverfall bei Holz konnten viele kleine Unternehmen nicht verkraften, so auch Alfred Blumer.

Alfred Blumer startete 1891 eine neue Geschäftstätigkeit als Besitzer eines Tee-Ladens und war dies bis zu seinem Tode 1903.[145]

Abegg & Co., Bremerhaven

Als Franz Tecklenborg (1807–1886), Mitglied einer seit Jahrhunderten in Bremen ansässigen Familie, nach dem Tode seiner Mutter 1830 die Leitung der väterlichen Firma übernahm, ließ er nicht nur auf eigene Rechnung Schiffe fahren, sondern entschied sich dazu, die eigene Flotte auf eigener Werft zu bauen. So unterzeichnete er mit seinen zwei Partnern Johann Simon Abegg aus Bremen und P. H. Ulrichs aus Bremerhaven am 16. Juli 1841 einen Vertrag zur Gründung einer Werft, die als Abegg & Co. fungierte.[146]

Der Schiffsbaubetrieb des in Bremen am 2. April 1809 geborenen Johann (Jan) Simon Abegg, Sohn des Georg Ludwig (1758–1820) und dessen zweiter Ehefrau Adelina Iken (1781–1861)[147], befand sich direkt neben dem Rickmers'schen Bauplatz, im Außendeichbereich am rechten Geesteufer und umfasste 99 100 Quadratfuß (9206 m²). Die finanziellen Mittel für den Betrieb der Werft Abegg & Co. erhielt der Zimmerbaas Abegg von seinem Freund Franz Tecklenborg, dem ältesten Sohn des Bremer Kaufmannes, Reeders und Segelmachers Franz Tecklenborg (1780–1821).[148]

Die aus Wiedikon/ZH stammende Familie Abegg verpflanzte sich durch Pfarrer Johann Jakob Abegg (1685–1744), der in Zweibrücken und Heidelberg wirkte, nach Deutschland, wo zahlreiche Pfarrer und Kaufleute unter seinen Nachkommen zu finden sind.[149]

Der Mietvertrag zwischen der Deputation zur Verwaltung der öffentlichen Grundstücke und Jan Simon Abegg wurde am 30. September 1841 in Bremen unterzeichnet. Das Pachtabkommen galt für die Dauer von 13 Jahren und den jährlichen Mietzins vereinbarten sie auf 100 Taler Gold. Abegg

Das Vollschiff ADLER (200 CL) war das zweite von Jan Simon Abegg konstruierte Schiff.

bezahlte für seinen Bauplatz doppelt so viel Miete wie Rickmers. Der Vertrag hielt auch fest, dass er den Helgen für Schiffe von 150 Lasten innerhalb drei Jahren zu errichten habe, und außer eines Lagerschuppens durften keine weiteren Gebäude errichtet werden.

Im August 1842 erteilten die Behörden ihm trotzdem die Bewilligung zur Konstruktion einer kleinen Schiffsschmiedewerkstatt von 11,6 m Länge und 6,4 m Breite.

Für die von ihm benötigte Fläche zur Holzlagerung und zu Schiffszimmerarbeiten mietete Abegg zwei Jahre später im Dezember 1844 an der nördlichen Seite seines Werftgeländes einen Platz im Außendeichgebiet für jährlich 15 Taler Gold Pachtzins. Zudem erwarb Abegg für jährlich 40 Taler Gold am Kleinen Hinterhafen, gegenüber dem Zimmerplatz von Johann Lange, einen 20 000 Quadratfuß (1858 m²) großen Zimmer- und Holzlagerplatz.

Dem Schiffsbauer Abegg blieb der unternehmerische Erfolg nicht lange hold, vermochte er doch die Anfangsschwierigkeiten nicht zu überwinden und war so gezwungen, 1843 die Werft seinem Teilhaber Franz Tecklenborg zu überlassen.[150] Dieser wiederum gewann seinen Bruder Johann Carl als neuen Schiffszimmerbaas, der per 20. Januar 1845 die Mietverträge von Jan Simon Abegg übernahm und den Schiffsbaubetrieb zu einer weltbekannten Werft ausbaute.[151]

Abegg baute fünf Schiffe

1843 konstruierte Abegg sein erstes Schiff, den Lotsenkutter DER KLEINE BREMER LOOTSEN KUTTER für die Bremische Lootsen-Gesellschaft in Bremerhaven. Der am 8. August 1843 vom Stapel gelassene Kutter wurde schlussendlich von den Lotsen wegen schlechter Segeleigenschaften nicht abgenommen und an Abegg zurückgegeben![152] Als 1845 Johann Carl Tecklenborg (1820–1873) das Fahrzeug in einen Schoner umtakelte, ließ er das seinerseits von Abegg gezimmerte Schiff auf seinen Namen registrieren und neu NORDSEE nennen. Sowohl die Registrierung wie auch der Bielbrief und der Seepass für die NORDSEE (13 CL) tragen das Datum vom 11. Juni 1845. Der erste Kapitän des 13,2 m langen und 5,1 m breiten Schiffes mit einer Tiefe im Raum von 2,3 m wurde Jacob Köhler aus Vegesack.

Nur zehn Wochen nach der Wasserung des Lotsenkutters ließ Abegg am 23. Oktober 1843 das 200 Lasten und 493 Registertonnen große Vollschiff ADLER für Carl L. Brauer & Sohn, Handlungshaus in Bremen, vom Stapel. Der Bielbrief des 35,5 m langen und 9,0 m breiten Schiffs mit einer Tiefe im Raum von 5,8 m trägt das Datum des 18. November 1843 und der Seepass an Kapitän Carl Hohorst aus Vegesack wurde am 23. Dezember 1843 ausgestellt.

Das dritte von den Helgen gelassene Schiff war der von der Bremischen Lootsen-Gesellschaft bestellte 15,8 m lange und 5,4 m breite Lotsenkutter BREMERHAVEN.

Das nächste von ihm konstruierte Schiff war die Brigg JENNY für August Joseph Schön in Hamburg. Der Stapellauf fand am 31. August 1844 statt und der Bielbrief vom 11. September 1844 erwähnt die Brigg mit 89 Commerzlasten und 220 Registertonnen. Ihre Dimensionen werden mit 29,6 m Länge, 7,5 m Breite und 4,5 m Tiefe angegeben.[153]

Mit dem Vollschiff FRIEDRICH LEO (190 CL) zimmerte Abegg 1844 für Friedrich Leo Quentell in Bremen sein letztes Fahrzeug auf Tecklenborgs Werft. Seine Dimensionen waren 35,5 m Länge, 9,0 m Breite und die Tiefe im Raum maß 5,8 m. Vom Stapel lief der Dreimaster am 13. September 1844. Der Bielbrief trägt das Datum des 4. Oktober. Der Registereintrag erfolgte fünf Tage später. Der Seepass an Kapitän Ratje Siedenburg aus Bremerhaven wurde am 29. Oktober 1844 ausgestellt.

Nicht einmal sieben Jahre später, am 11. Februar 1851, verstarb der 41-jährige Vater von vier Kindern in Bremerhaven. Seine Frau Inger Marie Gryderup überlebte ihn um 32 Jahre.[154]

White Cross Line (Daniel Steinmann), Antwerpen

1852–1854: Steinmann, Leroy & Renner
1854–1870: Steinmann & Co.
1870–1889: Steinmann & Ludwig
1889–1894: Steinmann & Co.

Seine ersten maritimen Erfahrungen machte Daniel Steinmann noch zu der Zeit als er in der Schweiz tätig war, und zwar durch Geschäftsbeziehungen mit Adolf Strauss, Schiffsagent in Antwerpen. Dieser hatte sich seit vielen Jahren auf die Organisation von Emigrantenüberfahrten zwischen Antwerpen und New York spezialisiert. Zu seinen ausländischen Vertretern gehörten in der Schweiz Daniel Steinmann und in Deutschland Hermann Ludwig.[155]

Doch der junge St. Galler wollte mehr: Die lokalen Entwicklungsmöglichkeiten waren durch die vorgegebenen Strukturen beschränkt. So wanderte der dem Geist des Fortschritts hingewandte Daniel Steinmann (1825–1903), Sohn einer kinderreichen Familie des Kaufmannes und städtischen Unterwaagmeisters Johann Jakob Steinmann (1791–1854), 1852 nach Antwerpen aus und arbeitete hier sowohl auf eigene Rechnung als auch für die Auswanderungs-Agentur Steinmann, Leroy & Renner, bevor er im Juli 1854 sein eigenes Unternehmen Steinmann & Co. am Marché au Blé de Zélande, 2449/1, gründete.[156]

Gesellschafter Renner dürfte sich mit großer Wahrscheinlichkeit als Erster von Steinmann getrennt haben, ehe dann kurze Zeit später auch Henri Leroy aus dem Sozietätsvertrag ausstieg.

16 Jahre führte Steinmann in alleiniger Regie sein Unternehmen, ehe im Dezember 1870 der deutsche Hermann Ludwig zu seinem Partner avancierte. Bekannt ist von Ludwig, dass er bereits seit 1862 in Antwerpen wohnhaft und mit Daniel Steinmann befreundet war.

Zu Beginn der Partnerschaft mit Ludwig besaß Steinmann lediglich zwei Segelschiffe. Der prosperierende Reederei-Betrieb erreichte zwischen 1874 und 1877 mit fünf Einheiten seinen maximalen Schiffsbestand, wenn auch die Flottenliste bis 1894 insgesamt 12 Fahrzeuge aufzählt. Beim Ausscheiden von Ludwig aus dem Unternehmen im Jahre 1889 betrieb Steinmann nur noch einen Dampfer.

Der kleine Hafen Antwerpen im 19. Jahrhundert

Als Mitte der 1850er-Jahre in Antwerpen der Überseehandel blühte, nutzte König Leopold I. jede Gelegenheit, die Vergrößerung der kleinen belgischen Handelsflotte zu fördern, mit der Folge, dass in jenen Jahren viele neue Schifffahrtsgesellschaften entstanden. Nicht nur einheimische Unternehmer, sondern auch einige junge nach Belgien ausgewanderte Ausländer avancierten später zu erfolgreichen Schiffseignern. Genannt seien hier John Pickard Best (1832–1898) aus Patrington und Adolf Deppe aus Lippstadt/D. Auch Daniel Steinmann nahm die Gelegenheit wahr und gründete 1854 in Antwerpen seine eigene Firma.

Antwerpen war 1854 eine kleine Hafenstadt und verfügte nur über zwei alte Docks aus den Jahren 1811 und 1813. Erst mit der Inbetriebnahme des 350 m langen Kattendyck-Docks am 22. Oktober 1860, wo auch Steinmanns Schiffe anlegten, und mit dem Bau weiterer fünf Docks bis 1887 stiegen die Schiffsankünfte und der Frachtenumschlag. Zählte man 1854 308 000 Tonnen Fracht, erhöhte sich die Zahl

*Daniel Steinmann (1825–1903). Zwei Tage vor seinem 78. Geburtstag verstirbt der St. Galler am 14. November 1903 in Antwerpen.
Aus seiner 1857 mit Johanna Wilhelmine Greve aus Enschede eingegangenen Ehe hinterließ er fünf Kinder.*

Das Kattendyck-Dock zu Beginn des 20. Jahrhunderts.

im Jahre des Deutsch-Französischen Krieges (1871) auf 1,5 Millionen und fünf Jahre später gar auf 2 Millionen Tonnen Fracht.

Bestimmten in der ersten Hälfte des 19. Jahrhunderts Kolonialwaren aus Zentralamerika und Westindien die Palette der Import-Produkte, kamen ab 1852 Guano aus Peru und 1884 Nitrat aus Chile hinzu. Doch Wolle und Getreide aus Süd- und Nordamerika blieben bis 1900 – mit einem Import-Anteil von 40 % – die wichtigsten Fracht-Umschlagsprodukte.

Für die wachsende Zahl der sich niedergelassenen Schifffahrtsunternehmen bildete vor allem der Emigranten-Transport den Hauptteil ihrer finanziellen Existenz. Viele in der Auswanderung tätige Gesellschaften profitierten zwischen 1843 und 1900 von insgesamt 857 582 auswanderungswilligen Personen. Zudem lockte die Stadt Antwerpen die Schifffahrtsunternehmen mit günstigen „Liegegebühren". In einem Regulativ vom 22. Juni 1861 wurden die Taxen für anlegende Schiffe festgehalten. Beispiel: Ein Fahrzeug einer „regulären" Linie – wozu auch die White Cross Line von Steinmann gehörte – zahlte für die ersten zehn Besuche in Antwerpen 0,22 Francs pro Tonne und Tag. Für 11 bis 20 Ankünfte wurden noch 0,15 Francs erhoben und ab dem 21. Besuch reduzierte sich die Taxe auf nur noch 0,10 Francs, wobei die Behörden jährlich abrechneten.[157]

Erste Erfahrungen mit gecharterten Segelschiffen

Mit gecharterten Segelschiffen fing Steinmann an, einen Emigrantendienst nach New York zu organisieren; vorerst noch in Zusammenarbeit mit Adolf Strauss. Sein Geschäftseifer führte ihn bald einmal nach Südamerika, um hier die Aussichten für die Niederlassungen von Auswanderern zu prüfen. Nach erfolgreichen Abklärungen und Vereinbarungen mit den brasilianischen Behörden, einreisewillige Emigranten in die Provinzen Santa Catarina und Rio Grande do Sul zu transportieren, eröffnete er nach seiner Rückkehr nach Antwerpen einen regelmäßigen Dienst nach Brasilien. Bald darauf erweiterte er seinen Service – immer noch mit gecharterten Segelschiffen – nach Montevideo und Buenos Aires.

Soweit feststellbar, erschien der Name White Cross Line (WCL) erstmals 1857, also bevor die Firma eigene Schiffe besaß. Zur Ehrerweisung gegenüber seinem Heimatlande übernahm Steinmann das schweizerische Hoheitszeichen als Hausflagge auf sämtliche gecharterten Schiffe.
Vermutlich weil auf alten Gemälden und Schiffsmodellen belgische Schiffe die Flagge der WCL zeigten, wurde irrtümlich angenommen, es seien Schiffe aus dem Besitz von Steinmann & Co. Hierzu gehörte auch die 3-Mast-Bark DUC DE BRABANT (1857/824 t). Obschon 1860 im Eigentum von Baron P. de Terwagne in Antwerpen, wurde auch diese Bark fälschlicherweise als ein Schiff in WCL-Besitz erwähnt. In der Tat war die DUC DE BRABANT nur gechartert und segelte fast acht Jahre im Brasiliendienst der WCL.

Zu den angemieteten Seglern gehörte auch die dänische EXPRESS, die unter Kapitän von Ehren im Februar 1860 mit Emigranten und Fracht Antwerpen in Richtung Porto Alegre verließ. Der belgische Schoner OCTAVIE (1837/138 t) im Besitz von E. van Regemartel segelte in den Jahren 1863/64 regelmäßig für die WCL nach Rio de Janeiro.

Mit welcher Dynamik und welchem Geschäftssinn der umtriebige Steinmann wirkte, zeigt folgendes Beispiel: Als der belgische Konsul in Chicago Dr. Henrotin empfahl, belgische Kohlenbergwerkarbeiter für die Minen in Illinois zu rekrutieren, ersuchte der St. Galler – gemeinsam mit Louis Dochez – bei den Behörden der Städte Jemmapes und Cuesmes im August 1863 um eine Bahn-Tarifvergünstigung für 400 bis 500 Arbeiter für die Reise zum Hafenbecken Mons bei Antwerpen. Nach Rücksprache mit dem Auswärtigen Amt willigten die städtischen Behörden ein und so verließen an Bord der JOANA KEPLER am 13. August 1863 82 Minderjährige Antwerpen und landeten am 5. Oktober in New York. Ein zweites Schiff, die ADELE, lief am 17. September aus und erreichte mit 171 Personen an Bord New York am 3. November.

Fast gleichzeitig mit der Ankunft der ADELE in New York entschloss sich Steinmann, selbst Schiffseigner zu werden.

Sein erstes Eigentum: Die HELVETIA

Erst mit der Ablösung des seit 1839 den Holländern zugestandenen Scheldezolles begann 1863 mit der definitiven freien Durchfahrt ein neues Zeitalter. Mit dem Beginn der großen Blütezeit Antwerpens kaufte Steinmann im November 1863 von Kapitän J. Le Couteur in Jersey die 1857 auf Prince Edward Island gebaute Brigantine HOMER und nannte sie seiner Staatsangehörigkeit entsprechend HELVETIA. Als Hausflagge führten die HELVETIA und alle künftigen Schiffe der WCL die Schweizer Flagge am Topp. Bis zum Eintritt von Hermann Ludwig am 2. Dezember 1870 als Partner in das Unternehmen von Steinmann war die HELVETIA unter dem Namen Steinmann & Co., danach bis zu ihrer Veräußerung 1871 unter Steinmann & Ludwig registriert.

Unter Kapitän P. Knudsen vollführte die HELVETIA zwischen 1863 und 1868 fünf Übersee-Reisen, zweimal nach Rio Grande und dreimal nach Buenos Aires, wobei einmal via Boston und New York. Bis zum Verkauf 1871 befehligte dann Kapitän G. Neyt das Schiff, der den Segler je einmal nach Rio Grande,

Die Brigantine HELVETIA war 1863 das erste von Daniel Steinmann angekaufte Schiff.

nach Bahia und nach Rosario führte. Am 19. Juni 1871 in Antwerpen ankommend, wehte zum letzten Mal die WCL-Flagge an der Brigantine, ehe die Eigner sie im Juli desselben Jahres für 20 000 Belgische Franken an Kapitän E. Krüger in Stettin verkauften. Unter Ballast und neu mit deutscher Flagge, machte die HELVETIA – der Name wurde beibehalten – ihre erste Reise am 3. August 1871 nach Shields.

Den Silvestertag 1874 hätten die acht Mann Besatzung der Brigantine gerne anders in Erinnerung behalten: Mit einer Ladung Roggen auf der Reise von Paimbœuf nach Bergen sank die HELVETIA vor Oûessant. Die Besatzung konnte gerettet werden.[158]

Die Bark LUDWIG

Im Mai 1865 erwarb Steinmann die argentinische Bark RIVADAVIA, die in Antwerpen einer Generalrevision harrte und am 14. Juli 1865 mit dem Namen LUDWIG (Name seines Freundes Hermann Ludwig) ihren Eintrag im belgischen Register fand. Gebaut hatte die 313-Tonnen-Bark im Jahre 1857 die Belfast Yard, Belfast Ship Building, Maine/USA, für die Besteller Casares & Son in Buenos Aires.

Unter belgischer Flagge gelangen ihr 13 Reisen vor allem nach Süd-, aber auch nach Nordamerika.

Kapitän R. Arfsten führte sie 1865 bis 1868 viermal nach Buenos Aires, wobei er bei der vierten Ankunft in der argentinischen Stadt an Cholera verstarb. Das Kommando auf der Rückreise nach Antwerpen übernahm H. Divoort. Unter neuer Führung von P. Knudsen machte die LUDWIG bis 1872 weitere vier Reisen nach Buenos Aires und einmal nach Rio de Janeiro, Hampton Roads und New York. In den folgenden drei Jahren bis 1875 befehligte J. Peeters die Bark. In seiner Dienstzeit vollführte sie zwei Reisen nach Buenos Aires und bei einer dritten Fahrt liefen sie sowohl Buenos Aires als auch Rio de Janeiro an. 1875 wird G. Eyler neuer Kapitän des Schiffes. Nach lediglich einer weiteren Reise nach Rio de Janeiro und Bahia veräußerten Steinmann & Ludwig die Bark an Repko & Co. in Harlingen/Holland. Unter niederländischer Flagge mit dem Unterscheidungssignal PMRF und Kapitän J. K. Burghout lief sie am 14. April 1876 von Antwerpen in Richtung Riga aus. Erst im Folgejahr wurde sie in NICOLAAS umbenannt. Infolge einer Kollision in der Nähe Helsingör sank sie 1893 nach 37 erfolgreichen Dienstjahren. Das Wrack verkauften die Eigentümer für nur 3787 Niederländische Gulden.[159]

Die Kalamität der PRINCESS ROYAL

Das dritte Schiff der WCL war die 1865 angekaufte deutsche Brigg PRINCESS ROYAL. Im Juni 1865 verließ sie Antwerpen und segelte mit Emigranten und Warenfracht nach Rio Grande do Sul. 1867 erlitt sie auf der Reise von Buenos Aires

Steinmann setzte die Brigg PRINCESS ROYAL vorwiegend im Südamerika-Dienst ein.

nach Stockholm mit einer Fracht von Fellen und Talg schwere Schäden an Rumpf und Fracht und musste in Rio de Janeiro Halt machen. Nach notdürftigen Reparaturen musste sie auf der Heimreise in der Nordsee unter Kapitän A. Witdoeck weitere Schäden hinnehmen, was sie veranlasste, am 26. Dezember 1867 Egersund anzusteuern. Mit Beschädigungen an der Takellage und an der Fracht drohte sie leck zu werden. Endlich am 5. Mai 1868 in Stockholm eintreffend, fand sie in Kapitän Johan Löf aus Härnösand einen neuen Besitzer, der die Brigg anlässlich einer Auktion am 3. September 1868 erwarb. Der Umstand, warum die PRINCESS ROYAL durch die Verpfändungsbeamten L. E. Bergström und P. Nilsohn aufgrund von Forderungen des Großhändlers Lars Johan Hjertas (Hylin & Co.) und des Fabrikanten Anders Wilhelm Lundins verpfändet wurde, geht aus dem am 3. September 1868 in Stockholm verfassten Protokoll nicht hervor. Das Schiff mit allen dazugehörenden Segeln und Inventar ersteigerte für 9500 Reichstaler wie erwähnt Kapitän Löf. Der Fribrev des Kommerskollegiums in Stockholm trägt die Nummer 243. Doch dem neuen schwedischen Eigner brachte die PRINCESS ROYAL kein langes Glück. Auf einer Reise zwischen Härnösand und West Hartlepool kollidierte die mit Holz beladene Brigg am 30. September 1869 in der Nordsee mit einem anderen Schiff. Die Mannschaft musste das Fahrzeug aufgeben und wurde von den Rettern in London an Land gesetzt.[160]

Unter der Steinmann-Flagge machte die PRINCESS ROYAL insgesamt drei Reisen: zweimal nach Buenos Aires und einmal nach Rio Grande do Sul.

Neben seinen eigenen Seglern charterte Steinmann weitere Schiffe für seinen Nord- und Südamerikadienst. Eines dieser angemieteten Schiffe kam während des Deutsch-Französischen Krieges unerwartet zu Bekanntheit. Der deutsche Schoner CONCORDIA[161] (1853/205 t) von Besitzer T. Wiarda in Emden fuhr am 8. Juni 1870 von Antwerpen mit Kurs Brasilien und wurde im Südatlantik vom französischen kleinen Geleitschiff HAMELIN gekapert. Kurz darauf kaperte die HAMELIN auch noch das deutsche Schiff LUCIE, beladen mit Kohle aus Wales. HAMELIN begleitete die beiden Prisenschiffe nach Rio de Janeiro, wo sie am 14. September einliefen. Am 19. Oktober 1870 führte das Kanonenboot LE BRIEUX die CONCORDIA auf See, steckte sie in Brand, sodass der Schoner mitsamt der Ladung sank.

Großsegler mit explosiver Fracht

Der letzte und zugleich größte Windjammer in der WCL-Flotte, gekauft im November 1872, war das amerikanische Vollschiff FREE TRADE (1188 t), gebaut 1854 bei Currier & Townsend, Newburyport. Die ersten amerikanischen Besitzer waren R. P. Buck & Co. in New York, später hießen die Eigner Samuel G. Reed & Co., New York.

Das Vollschiff EDVARD, von Steinmann & Ludwig 1872 als FREE TRADE angekauft und 1878 als HELVETIA nach Hudiksvall/ Schweden veräußert.

Steinmann & Ludwig nannten den 58,2 m langen Großsegler HELVETIA und setzten ihn für zehn Jahre auf der USA-Route ein. Mit Emigranten und Fracht lief er New York an und kehrte mit Benzinfässern aus Philadelphia zurück. Unter Kapitän G. Greve (1872–1874) machte die HELVETIA drei Reisen nach New York, während P. Nielsen sie bis zu ihrem Verkauf 1878 insgesamt sieben Mal nach New York dirigierte. Ein Ereignis bei einer diesen Überfahrten sei hier erwähnt: Auf dem Rückweg von Philadelphia – die HELVETIA stand unter dem Kommando von Kapitän Nielsen –, beladen mit 10 000 Fässern Benzin, lief sie in der Nacht vom 17. auf den 18. Februar 1876 an der belgischen Küste zwischen Dünkirchen und Ostende auf Grund. Obschon das Schiff sich in keineswegs bedrohlicher Gefahr befand, verließen sieben Männer in Dunkelheit mit dem Beiboot – gegen den Befehl des Kapitäns – die HELVETIA. Ein weiterer Mann sprang über Bord und ertrank dabei. Das Beiboot der Unfolgsamen lief voll Wasser. Doch das Glück war ihnen hold: Die ASTARTE sichtete die in Not geratenen Männer und überbrachte sie nach Antwerpen. Am Folgetag ihres Malheurs konnte die HELVETIA flottgemacht werden und erreichte am 20. Februar Antwerpen ohne Schäden. Einen Monat später hatten die Deserteure vor Gericht zu erscheinen. Der Bootsmann erhielt eine Gefängnisstrafe von acht Monaten, die restlichen Seemänner je sechs Monate zugesprochen.[162]

Auf ihrer letzten Reise unter der WCL-Flagge lief die HELVETIA am 2. März 1878 aus Philadelphia kommend in Antwerpen ein und gelangte am 12. Juni in den Besitz von P. C. Ahlbom, Hudiksvall/Schweden. Dieser taufte das Schiff EDVARD, nach dem Vornamen des Geschäftsmannes Edvard Frisk. Im Winter 1893/94 lag die EDVARD in Värtahamnen bei Stockholm auf und fand per 30. März 1894 in Kapitän Karl Johan Robert Holmström aus Abo/Finnland einen neuen Eigner. Holmström hielt einen 50 %-Anteil am Segler. Die restlichen Besitzverhältnisse ordnen sich wie folgt: M. H. Martenson $4/10$ und Starck & Bähr $1/10$. Starck & Bähr übernahmen auch das Management des Holzschiffes und stellten den 10 000 Schwedische Kronen teuren Segler gleichzeitig unter russische Flagge.[163]

Auf einer Reise von Hamburg nach Callao der MIMI der Hamburger Reederei J. H. Soost fischte Kapitän E. P. Bruhin am 12./13. Februar 1896 bei schweren Südweststürmen im Nordatlantik die Mannschaft der sinkenden russischen Bark EDVARD mit Kapitän Holmström auf. Auf der Höhe von Pernambuco übergab er sie einem Hamburger Viehdampfer. Die EDVARD befand sich mit Stückgut auf der Reise von Nantes nach Trinidad und Barbados.[164]

Missstände auf Steinmann-Schiffen

Zu hart ins Gericht geht Dr. Alfred Erhart in seiner Dissertation[165] mit der White Cross Line, wenn er schreibt, die Steinmann-Schiffe schienen sich durch besondere Primitivität ausgezeichnet zu haben. Die Klagen zahlreicher Kolonisten über die Missstände auf diesen Schiffen bewogen den damaligen außerordentlichen schweizerischen Kommissionär

Johann Jakob von Tschudi (1818–1889) erhebt in einem Schreiben vom 28. Dezember 1860 harte Anschuldigungen ob der unhaltbaren Zustände auf Steinmanns Auswandererschiffen.

in Brasilien, Johann Jakob von Tschudi, dem Bundesrat sowie dem belgischen Geschäftsträger in Rio de Janeiro, dem Grafen P. de Borchgrave, Bericht zu erstatten.

Klagen einzelner Reisender, wenn bestimmt zum Teil auch berechtigt, gehörten zur Tagesordnung und dürfen nicht überbewertet werden.

Im Falle der „Steinmann-Schiffe" ist anzumerken, dass diese beiden von Tschudi erwähnten Segler von Steinmann lediglich gechartert wurden.

Am 20. August 1860 habe Steinmann, so Tschudi, die Brigg EMMA ARVIGNE unter Kapitän Wulff mit 47 Passagieren nach Rio de Janeiro expediert. Die Crew bestand lediglich aus drei Matrosen und einem Schiffsjungen. Wenn auch der Kapitän guten Willen zur allgemeinen Hilfeleistung bei den Emigranten zeigte, war er brutal und grob. Tschudi weiter: Der ihnen zugestandene Platz sei sehr eingeschränkt gewesen. Für das Reisegepäck gab es kaum genügend Raum, nicht mal Kleiderhaken waren vorhanden. Es bestand keine Möglichkeit, die Kleider zu wechseln. Die Lebensmittel waren verdorben, das Fleisch und die Kartoffeln verfault und das Wasser schlecht und kaum trinkbar.

In einer weiteren Aufzählung der Missstände auf Steinmann-Schiffen erwähnt er die Geschehnisse der am 25. Juli 1860 ausgelaufenen belgischen Brigg FENELON unter dem Kommando von Kapitän Arends. Für die Überreise nach Rio de Janeiro schifften sich 40 Passagiere ein. Die Leute im Zwischendeck erhielten nur ein Pfund Speck und ein Pfund gesalzenes Rindfleisch. Einige Wochen nach der Ausfahrt sei der Speck aufgebraucht gewesen, das Fleisch im Zustand der Verwesung und die Biskuits voller Insekten. Etliche auf dem Reisevertrag festgehaltenen Lebensmittel, wie z.B. auch Sauerkraut, wurden ihnen nicht vorgesetzt. Den für einen Passagier zugeordneten Platz mussten gleich zwei Personen teilen, zitierte Tschudi einige Klagen. Die für 40 Personen zugestandenen zwei Räume bezifferte er auf 1,5 x 1,7 m und 1,7 x 7,3 m.

Verbittert protokollierte Tschudi weiter, dass bei Ankunft der Reisewilligen in Antwerpen unter dem Vorwand der Aufforderung der Polizei die Wegnahme aller Papiere und Verträge geschah, dies mit dem Versprechen, diese beim Kapitän in Verwahrung zu bringen. Doch die Passagiere haben die Dokumente nie zurückerhalten. Abschließend hält Tschudi fest, es dürfe den Antwerpener Behörden nicht an

Der Hafen von Rio de Janeiro im Jahre 1870.

Ein Wald von Masten an der South Street im Herzen des Hafens New York (Aufnahme von 1885).

vermehrter Aufmerksamkeit an der mit betrügerischer Weise agierenden Firma Steinmann fehlen. Es gehe nicht an, dass dieses Haus weiter ungestraft für Verbrechen an Auswanderern agieren könne.

Eine hierzu erwählte belgische Kommission prüfte in Antwerpen die von Tschudi erhobenen Vorwürfe. Doch dieser Ausschuss konstatierte dem Unternehmen einwandfreies Wirken.

Inwieweit die Anschuldigungen tatsächlich zutrafen und die belgischen Behörden die Firma Steinmann in Schutz nahmen, ist nicht mehr eruierbar.[166]

Wagnis Dampfschifffahrt

Fast 20 Jahre blieben die Besitzer der Segelschifffahrt treu und sammelten in dieser Zeit enorme Erfahrungen im Auswanderungsgeschäft. Dann entschlossen sie sich, auf Dampf umzustellen und einen Passagier- und Frachtdienst nach New York einzurichten. Steinmanns und Ludwigs Entschluss folgte erst nach reichlicher Überlegungen und sorgfältiger Planung, nachdem andere Dampfschifffahrtslinien unter britischer Flagge dies in Antwerpen bereits ohne Erfolg versucht hatten.

Es ist angebracht, auf diese erfolglosen Versuche kurz einzugehen:

Bereits 1842 existierte ein Service unter belgischer Flagge zwischen Antwerpen, Southampton und New York und dies mit der Besonderheit, erster nicht englischer Schiffsservice auf dem Nordatlantik gewesen zu sein. Doch nach nur drei Rundreisen wurde der Holz-Raddampfer BRITISH QUEEN zurückgezogen.

Im Mai 1867 erschienen in lokalen Zeitungen Annoncen, dass Hiller & Co., New York, und Adolf Strauss, Antwerpen, beabsichtigen, gemeinsam unter britischer Flagge eine Linie von Antwerpen nach New York zu eröffnen. Strauss charterte die Schiffe, u.a. auch einige der British Colonial S.S. Co., und wurde zugleich Agent der Hiller-Schiffe in Antwerpen und bearbeitete die Passagierabteilung. Die Frachtabteilung übernahm Van den Bergh Fils in Antwerpen. Strauss glückte der Abschluss eines Postvertrags mit der belgischen Regierung und er erhielt somit eine teilweise Zurückerstattung der Hafengebühren.

Der Dienst wurde mit der OTTAWA (1865/1810 t) eingeführt, die am 8. Mai 1867 Antwerpen mit Kurs New York verließ. Zu den bekannten Hiller-Schiffen gehörten die ACHILLES, IRON AGE, CLEOPATRA, THAMES und MEDWAY.

Schon die Auflistung dieser Dampfer zeigt, dass der Anfang ihres Dienstes verheißungsvoll schien. Aber nach nur einigen Monaten kündigte auch die INMAN-Linie regelmäßige Fahrten von Antwerpen nach New York an. Im Vergleich zu den

„Strauss-Schiffen" versprach sie reduzierte Preise. Bei der INMAN-Linie bezahlte ein 1.-Klasse-Passagier Frc. 420 (inkl. Mahlzeiten) und Frc. 150 für die Reise im Zwischendeck. Strauss verlangte Frc. 500 für die 1. Klasse und Emigranten im Zwischendeck bezahlten Frc. 200.[167]

Die erste Ausfahrt von Antwerpen erfolgte am 7. September 1867 mit der CITY OF CORK (1863/1547 t). Während die Schiffe der Strauss-Linie direkt von Antwerpen nach New York reisten, machten die INMAN-Schiffe Zwischenhalte in Liverpool und Halifax.

Doch keine der neuen Linien konnte ihren Service über längere Zeit aufrechterhalten. Innerhalb Jahresfrist verschwanden sowohl Hiller als auch Strauss und noch vor 1869 hatte auch die INMAN-Linie Antwerpen als Zielhafen aufgegeben.

Aber mit den 1870er-Jahren folgten die fruchtbarsten in der Geschichte der Nordatlantik-Dampffahrten. Dafür gab es mehrere Gründe:

a) Die enorme Zunahme Auswanderungswilliger von Europa nach den USA und Kanada.
b) Der Handelsaufschwung nach dem Deutsch-Französischen Krieg.
c) Nicht unerwähnt bleiben darf die Einführung der „Kompressionsmaschine", welche für eine Halbierung des Kohlenverbrauches bei Dampfschiffen verantwortlich war.

Somit war die Zeit für die WCL günstig, ihren Dampfschiffsdienst nach New York einzuführen. Antwerpen war zwar 1870 nach wie vor ein überwiegend von Segelschiffen frequentierter Hafen: Belief sich 1860 deren Anteil noch auf 84 %, so zählte man 1870 immer noch stolze 63 % Segler und nur 37 % Dampfschiffe. Steinmann und Ludwig entschieden richtig und vorausblickend, nun auf Pferdestärken zu setzen.

Der neue Dienst der WCL mit Dampfschiffen nach New York startete im Juni 1872. Nach gelungener Jungfernfahrt ins Schwarze Meer des Dampfers SELICA (1871/908 t) des Antwerpener Schiffseigners F. J. Servais charterte die WCL den Steamer, der unter Kapitän Hinse am 13. Juli in New York einlief.

Erster Neubau für die Gesellschaft

Schon einige Monate zuvor hatte die WCL einen Eisenschraubendampfer bei Wigham Richardson in Newcastle bestellt, den allerersten Neubau für die Gesellschaft. Das Schiff hatte 1263 Tonnen bei 68 m Länge und 12 m Breite und wurde mit einer Zweifach-Kompressionsmaschine (Erbauer: Thompson, Boyd & Cie.) mit Zylinderdurchmessern von 68,5 cm und 1,34 m bei 91,5 cm Hub angetrieben, was ihm eine Reisegeschwindigkeit von 10 Knoten erlaubte.

Diesen Dampfer, mit zusätzlich einer Brigantine-Betakelung belegt, lieferte Richardson im September 1872 als STEINMANN. Auf ihrer Jungfernfahrt unter Kapitän Knudsen schipperte sie am 10. Oktober 1872 mit 85 Passagieren und Fracht von Antwerpen nach New York, wo sie am 31. Oktober eintraf. Die Rückfahrt fand bei sehr stürmischem Wetter statt und dauerte 18 Tage. Beschädigt an Deckinstallationen und Tauwerken kam sie am 1. Dezember in Antwerpen an. Trotz diverser Schäden war es ihr unter großen Anstrengungen während eines Sturmes möglich gewesen, die 12-köpfige Mannschaft der norwegischen Bark GRONEN zu retten. Einige Monate später erhielt Kapitän Knudsen für seine Tapferkeit vom König von Norwegen als Auszeichnung eine Silbermedaille des Zivildienstordens. Die fünf Seemänner, die das Rettungsboot bemannten, bekamen 150 belgische Goldfranken als Anerkennung.

Ihre zweite Reise ab Antwerpen startete die STEINMANN am 17. Dezember. Kurz nach Erreichen der offenen See geriet sie in einen derart schweren Sturm, dass sie Queenstown für Reparaturen anzulaufen hatte. Erst nach Instandsetzung verließ sie den Hafen wieder am 18. Februar 1873 Richtung USA. Doch am 4. März geriet sie infolge eines noch härteren Sturmes erneut in Schwierigkeiten, mit dem Resultat starker Beschädigungen der Rettungsboote und des Ruderhauses. Erst 82 Tage nach ihrer Ausfahrt in Antwerpen erreichte die STEINMANN endlich am 9. März New York. Ihre dritte Reise verlief um einiges sanfter, so schaffte sie die Überquerung mit 338 Passagieren in 19 Tagen. Bis 1873 befehligte Kapitän P. Knudsen das Schiff, ihm folgte F. Lechère und auf der letzten Fahrt vor ihrer Veräußerung hatte G. Eyler das Kommando.

Die letzte Rundreise der STEINMANN fand ihren Start am 8. Februar 1877 in Antwerpen. Nach ihrer Rückkehr kaufte sie Alexandre Smyers & Co., die das Schiff gleichzeitig in ALEXANDRE SMYERS umbenannten. Sie machte während der folgenden fünf Jahre regelmäßige Handelsfahrten in der Ostsee, bis sie am 17. Oktober 1881 bei Hanstholm/Dänemark mit einer Ladung Kohle auf der Reise von Newcastle nach Göteborg in Schwierigkeiten geriet und im Schlepptau der ORLANDO im Skagerrak sank.[168]

Investitionen dank Fremdgeldern

Nur ein halbes Jahr nach der Indienststellung der STEINMANN erwarben Steinmann & Ludwig im März 1873 den 1501-Tonnen-Eisendampfer ALPS.
Der Stapellauf des bei J. Key & Sons in Kinghorn (Schottland) konstruierten Schiffes trägt das Datum des 9. Januar 1871. Nach zwei Jahren Dienst mit Fahrten ins Mittelmeer lieferte

sie der Erstbesitzer, die Glasgow & South American S.S. Co., am 4. April 1873 in Antwerpen an Steinmann & Ludwig. Umbenannt in C. F. FUNCH lief der Dampfer mit seinen als Bark getakelten drei Masten, mit Fracht und 256 Passagieren an Bord am 15. Mai 1873 von Antwerpen nach New York aus. Sowohl die STEINMANN als auch die C. F. FUNCH machten jeweils im Harbeck' Stores in Brooklyn fest.[169]

Erste Klasse fahrende Passagiere zahlten für die Reise New York – Antwerpen auf der STEINMANN $ 70 und auf der C. F. FUNCH $ 75, Zwischendeck-Passagiere hatten $ 30 zu zahlen. Ein Grund für die Namensgebung C. F. FUNCH oder später auch für die HENRY EDYE und AUGUSTE ANDRE war die Tatsache, dass die Firma über zu wenig finanzielle Mittel verfügte, um beinahe alljährlich ein Schiff anzukaufen oder neu zu ordern. So wurden Steinmanns Agenten in New York wie auch sein Ladungshändler Auguste André in Antwerpen Miteigner einiger WCL-Schiffe:

C. F. FUNCH: $1/3$ Steinmann & Ludwig; $1/3$ Funch, Edye & Co.; $1/3$ Auguste André
HENRY EDYE: $1/2$ Steinmann & Ludwig; $1/2$ Funch, Edye & Co.
AUGUSTE ANDRE: $1/2$ Steinmann & Ludwig; $1/2$ Auguste André

Die Südamerikafahrten der WCL gingen immer noch mit Erfolg voran. Am 25. April 1873 verließ die von Steinmann & Ludwig gecharterte deutsche Brigg AURORA (Kapitän Horstmann) den Hafen von Antwerpen und fuhr mit 266 Auswanderern nach Bahia. Aufgrund der enorm hohen Zahl der Auswanderungswilligen nach Südamerika mussten sie vorübergehend die C. F. FUNCH von der New York-Route abziehen. So fuhr sie am 6. April 1875 von Antwerpen mit 812 Emigranten nach Santa Catarina (Brasilien) und von hier weiter nach Buenos Aires, um eine Ladung Fracht für Antwerpen zu holen.

Experiment Baltischer Lloyd

Im Oktober 1873 erfolgte eine neue Initiative der WCL. Steinmann und Ludwig vereinbarten mit dem Baltischen Lloyd in Stettin, einen gemeinsamen Dienst Antwerpen – New York einzurichten. Die deutsche Firma besaß schon einen Emigrantendienst aus Stettin, mit Zwischenhalt in Kopenhagen, Le Havre und London. Nun beabsichtigten die beiden Unternehmen wöchentliche Fahrten ab Antwerpen mit den beiden WCL-Schiffen STEINMANN und C. F. FUNCH sowie vier Einheiten des Baltischen Lloyd. Mit dieser Zusammenarbeit erhofften sich beide Firmen einen größeren Anteil von Auswanderungswilligen aus Deutschland, reiste doch damals die Mehrzahl von Emigranten ab Le Havre.

Am 15. November 1873 verließ der deutsche Dampfer FRANKLIN (1871/1878 t) unter Kapitän Dehnike mit insgesamt 168 Emigranten Antwerpen mit Kurs New York. 130 Emigranten stiegen in Stettin an Bord und nur derer 38 in Antwerpen. Die zweite Abfahrt erfolgte am 28. November 1873 mit der HUMBOLDT (1871/1807 t) unter dem Kommando von Kapitän Blanck. Die darauffolgenden Reisen erfüllten die Hoffnungen des Konsortiums keineswegs. Mit diesem kurzfristigen Versuch endete die Kollaboration mit den belgischen Eignern.

Expansion durch weiteren Neubau

Den dritten Dampfer für die WCL, AUGUSTE ANDRE (1670 t), gaben sie bei Forges et Chantiers de la Mediterranée in La Seyne (Toulon) in Auftrag. Die Namensgebung basiert auf der Person des Frachtenmaklers A. André, der seit 1870 enge Geschäftsbeziehungen zu Steinmann pflegte.

Die Jungfernfahrt startete am 29. Mai 1874 in Marseille nach New York. Mentone passierte er am 2. Juni, Gibraltar am 6. Juni und New York erreichte er am 21. Juni. Soweit bekannt, führte er lediglich Fracht und keine Passagiere. Auf ihrer Rückfahrt nach Antwerpen schloss er sich den beiden anderen WCL-Schiffen an. Auf seiner zweiten Heimreise steuerte er nicht wie gewohnt direkt nach Antwerpen, sondern machte am Millwall Dock in London fest.

1876 sichtete die AUGUSTE ANDRE auf der Fahrt nach New York die norwegische Bark TEMPLAR in Seenot. Ihre Großbramstenge und der Fockmast waren weggeschleudert sowie die Kornladung verschoben. Pockenfälle wurden festgestellt, ein Matrose starb daran. Die AUGUSTE ANDRE nahm die TEMPLAR ins Schlepptau nach Halifax, wo sie am 15. September ankamen.[170]

Die ersten Jahre ihres New York-Dienstes waren für die WCL äußerst erfolgreich. Eine andere belgische Gesellschaft, die Red Star Line, galt damals noch nicht als ernsthafter Konkurrent, hatte sie doch nur die VADERLAND und NEDERLAND nach Philadelphia im Dienst.

Neben der Charterung von Segelschiffen für die Brasilienfahrten waren Steinmann & Ludwig gezwungen, zusätzliche Fahrzeuge für die New York- und Montreal-Route zu chartern. So zum Beispiel 1874 die italienische Brigg ILIADE (1862/400 t; Kapitän Ghiglione) aus dem Besitz von F. Coxiola, Genua. Doch unterwegs von Antwerpen nach Montreal ging sie im Eis bei Neufundland am 20. Juli 1874 verloren.

Das ebenfalls gecharterte Schiff NELUSKO (1873/2279 t; Kapitän Falk) im Besitz von F. J. Servais verließ mit Emigranten und Fracht Antwerpen am 10. Juli 1874 mit Ziel New York.

Ein gewichtiger Grund für die Anmietung der NELUSKO war ihre große Ladungskapazität.

Ende 1874 bestand die WCL-Flotte aus fünf Einheiten. Im Einsatz standen die Bark LUDWIG, das Vollschiff HELVETIA sowie die drei Dampfer STEINMANN, C. F. FUNCH und AUGUSTE ANDRE.

Dampfer C. F. FUNCH: Ein Opfer der Flammen

In 1876 erlitt die WCL ihren ersten Verlust. Die C. F. FUNCH verließ am 10. August 1876 New York mit Ziel Antwerpen, als am 24. August in den Vlissingenstraßen in einem ihrer Laderäume Feuer ausbrach. Durch Schlepperboote musste sie bei Rammekens in der Kaloot-Bucht an der Scheldemündung auf Grund gesetzt werden, wo sie total ausbrannte und zwei Tage später auseinanderbrach. Die Crew und der einzige Passagier konnten sich retten.

Während ihrer dreieinhalbjährigen Dienstzeit unter der WCL-Flagge kommandierte P. Knudsen die C. F. FUNCH. Das Wrack gelangte später in den Besitz von Louis Huygens in Antwerpen.

Auf ihrer letzten und verhängnisvollen Reise hatte die C. F. FUNCH folgende Fracht geladen:

20 300	Säcke Getreidekörner
19 985	Säcke Weizenkörner
3630	Fässer Schweinefett
58	große Fässer Tabak
29	Tabakbehälter
119	Schachteln geschnittenen Tabak
250	Säcke Kakao
75	Säcke Kaffee
285	Fässer Mehl
40	Kisten gesalzenes Trockenfleisch
161	große Fässer Talg
6	Schachteln Zigarren
19	Ballen Felle
14	Ballen Leder
11	Pakete Verschiedenes
8	Fässer Gusswaren
6000	Stäbe (oder Stöcke)

Nur wenig später nach dem Verlust der C. F. FUNCH schnupperte auch die AUGUSTE ANDRE am nassen Tod. Am 17. Dezember 1876 verließ sie Antwerpen. In stark beschädigtem Zustand soll sie unterwegs von einem Konkurrenzdampfer der Red Star Line am 17. Januar 1877 ins Schlepptau genommen worden sein. Reparaturen hielten das 82 Meter lange Schiff bis zum 25. März in Halifax zurück, ehe es 101 Tage nach seiner Abfahrt in Antwerpen den Bestimmungshafen New York am 28. März erreichte.[171]

Steinmann auf Einkaufstour

Den Verlust der C. F. FUNCH ersetzte die Firma im Januar 1877 mit dem Erwerb der ANDES. Das 1870 bei Key in Kinghorn gebaute 1505-Tonnen-Schiff übernahmen sie von der Glasgow & South American Steam Shipping Co. in Glasgow und ließen das Schwesterschiff der C. F. FUNCH HERMANN LUDWIG nennen. Kapitän W. Greve hieß der erste Führer des 82,8 m langen Schiffes.

Nach nur 1½ Jahren Fahrten für Steinmann & Ludwig verschwindet die HERMANN LUDWIG im Oktober 1878 in den Tiefen des Nordatlantiks.

Statt wie üblich ihre erste Fahrt nach New York via Antwerpen zu machen, lief sie direkt von Glasgow nach Buenos Aires, wo sie am 12. März 1877 ankam.
Bekannt ist, dass sie am 12. Mai 1877 Rio de Janeiro verließ, danach bis zum 7. Juni in Norfolk/Virginia Kohle bunkerte und am 9. Juni in New York einlief. Hier schifften sich Passagiere ein, Fracht wurde geladen und den Hafen verließ sie erst wieder am 20. Juni. Die Ankunft in ihrem Heimathafen ist auf den 7. Juli 1877 datiert. Etwas mehr als ein Jahr später hieß es, die HERMANN LUDWIG mit Kapitän J. Durt sei vermisst: Sie hatte New York am 28. September 1878 mit zwei Passagieren, 34 Crewmitgliedern und Fracht verlassen und sei vermutlich um den 15. Oktober in einem starken Sturm gesunken. Eine weitere Quelle berichtet: Am 15. des Monats hatte der Red-Star-Dampfer NEDERLAND „a three-masted steamer, schooner rigged and funnel painted black, making four miles an hour" gesichtet. Man vermutete, es handle sich um die HERMANN LUDWIG mit Maschinenschaden. Bonsor jedoch erwähnt, dass sie am 23. Oktober die Scilly Isle anlief, wieder flottgemacht wurde, aber dennoch ihren Dienst nicht mehr aufnahm.[172]

Im Februar 1877 kaufte die WCL von A. Smyers & Co. in Antwerpen den Dampfer KHEDIVE. Sie war ein Schiff von 1790 t, mit einer Schoner-Beriggung versehen und 1875 von J. Cockerill in Hoboken gebaut. Als KHEDIVE gehörte sie nur 16 Monate lang der Smyers-Flotte an. Obwohl sie und ihr Schwesterschiff EGYPTE für den Handel im Nahen Osten geplant waren, setzte man beide im Ostsee-Dienst ein. Von Anfang an war die KHEDIVE ein Unglücksschiff: Am 20. Oktober 1875 von ihrer Probefahrt in der Nordsee nach Antwerpen zurückkehrend, versenkte sie bei Bath an der Schelde den belgischen Trawler CORNELIA. Zweites Missgeschick: Auf der Heimreise von ihrer Jungfernfahrt von Reval nach London und Antwerpen strandete sie am Weihnachtstag 1875 mit einer Ladung Hafer und Wolle bei Ameland (holländische Küste). Mit Schaden am Boden und an der Schraubenwelle schleppte die CAMBRIA sie am 31. Dezember für Reparaturen nach London.
Drittes Ungemach: Auf einer späteren Fahrt blieb sie im Winter 1875/76 in Kronschtadt (Leningrad) eingefroren liegen.
Weder die KHEDIVE noch die EGYPTE konnten die Ostseefahrten zur Zufriedenheit ausführen. Bei der ersten Gelegenheit verkauften Smyers & Co. beide Schiffe: EGYPTE an Best, Barber & Co. in Antwerpen (JOHN P. BEST) und KHEDIVE an die WCL (DANIEL STEINMANN).
Die erste Ausreise für die WCL startete sie in Antwerpen am 9. März 1877 mit Ziel New York.

Partnerschaft mit der Engels Line

1878 charterte die WCL mit der MERCATOR (1877/1958 t) erstmals ein Schiff der T. C. Engels Company in Antwerpen. Der Dampfer verließ am 7. April 1878 Antwerpen in Richtung New York.
Die Engels Line bot seit 1871 einen eigenen Passagierdienst nach New York an und unterhielt gleichzeitig einen Service nach Buenos Aires. Weiter war sie mit einer Flotte Segelschiffen seit 1859 im Nitrathandel zwischen Chile und Europa engagiert.

Um eine unfruchtbare Konkurrenz zwischen der WCL und den Engels-Linien zu vermeiden und natürlich in der Hoffnung, sich gegen den Rivalen Red Star besser zu behaupten, gab Daniel Steinmann im Juni 1879 bekannt, dass von nun an beide Firmen (WCL und Engels) ihren New York-Dienst gemeinsam betreiben würden. Viele Artikel über diese Zusammenarbeit erschienen in der Presse, doch in Wirklichkeit haben sich beide belgischen Unternehmen nie zusammengeschlossen. Theodore Engels blieb Eigner seiner Flotte, stellte jedoch seine Dampfschiffe der WCL zur Verfügung. Ab 1879 betrieb also Steinmann beide Flotten (die Schornsteinfarben wurden geändert in ein breites rotes Band mit einem weißen Kreuz auf dem schlichten schwarzen Kamin). Der Engels-Service zum Rio de la Plata und auch seine Nitratschiffe waren übrigens keine Bestandteile des Abkommens mit der WCL. Diese beiden Linien blieben bis 1894 ganz unter der Kontrolle von T. C. Engels, bis die Firma sich entschloss, ihre Aktivität als Eigner aufzugeben.[173]

Das Jahr 1879 wurde für die WCL zu einem ersten Wendepunkt, der mehrere Änderungen im Unternehmen brachte. Im Mai 1879 beendete Auguste André seine Mitarbeit als Ladungshändler. Mit der Aufkündigung als Makler der WCL änderte das Schiff AUGUSTE ANDRE gleichzeitig seinen Namen in HELVETIA.
Einen Monat später erschien in der Antwerpener Presse die erste Fahrtenliste des neuen Dienstes WCL/Engels. Vorgesehen waren Abfahrten alle 10 Tage nach New York, und zwar jeweils am 5., 15. und 25. des Monats. Als Schiffe nannten sie die HELVETIA (ex AUGUSTE ANDRE), die DANIEL STEINMANN, die beiden Engels-Schiffe DE RUYTER und MERCATOR sowie zwei neue Dampfer, die sich in britischen Werften ihrer Fertigstellung näherten.
Für die WCL war dies die HENRY EDYE mit 2417 Tonnen. Der Dampfer mit einer Schoner-Beriggung lief am 25. März 1879 bei Wm. Doxford & Sons in Sunderland vom Stapel. Unter Kapitän G. Eyler verließ sie Sunderland am 2. Juni mit Kurs New York, wo sie 12 Tage später einlief. Die Rückreise

Die HENRY EDYE stand je zur Hälfte im Eigentum von Steinmann & Ludwig und ihren New Yorker Agenten Funch, Edye & Co.

Rares Dokument: der Rigging-Plan mit Seitenriss und Deckplan der 1879 in Sunderland konstruierten HENRY EDYE.

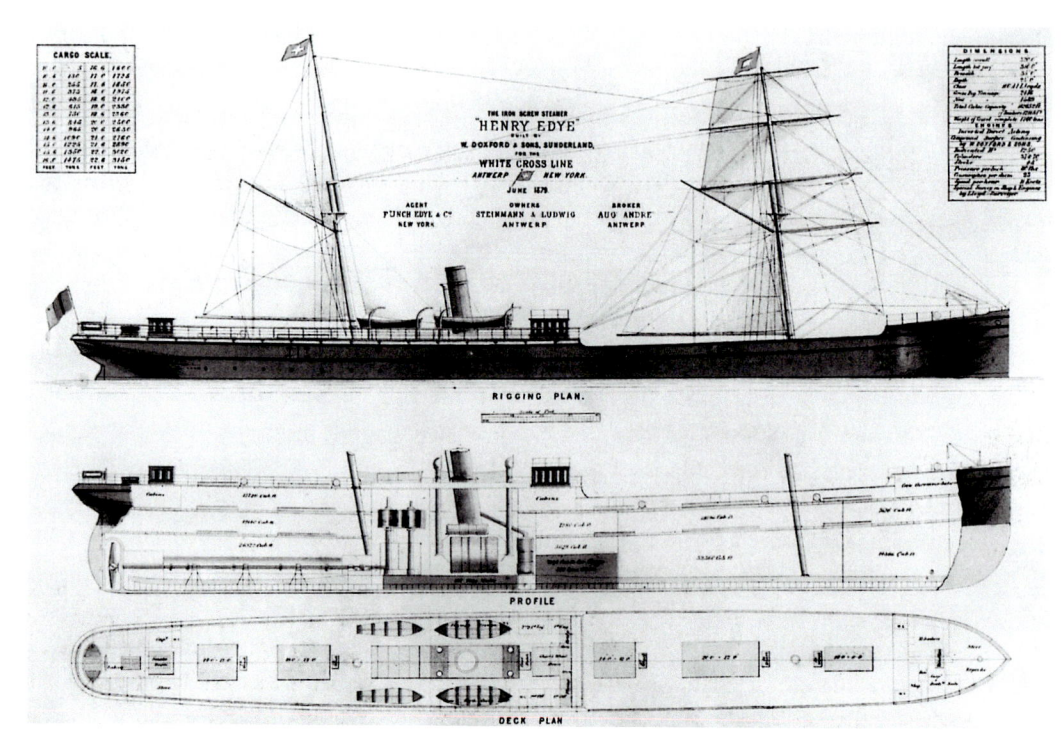

nach Antwerpen startete sie am 21. Juni mit einer Ladung von allgemeinen Gütern sowie Rindern und Pferden. Ihre zweite Reise begann am 15. Juli in Antwerpen.

Das zweite von der Engels Line bestellte Schiff lief am 17. September 1879 als PLANTYN (2328 t, Kapitän Falk) bei A. Stephen & Sons in Glasgow vom Stapel. Ihre erste Fahrt erfolgte von Glasgow direkt nach New York und dies am 1. Oktober 1879.

Kurz darauf kamen zwei weitere neue Schiffe der Engels-Flotte zur WCL: im August 1880 die JAN BREYDEL (3414 t, Kapitän Meickle) und die PIETER DE CONINCK (3309 t, Kapitän Falck).

Ab 1879 liefen nach der Ausfahrt von Antwerpen gewisse Dampfer auch London an, ehe sie weiter nach New York steuerten. Im Zuge der aufkommenden Konkurrenz reduzierten sie gleichzeitig die Fahrtkosten London – New York in der 3. Klasse auf £ 4,18 pro Passagier.

Dampfer der Engels Line im Service mit der WCL
1879–1894: DE RUYTER
1879–1880: MERCATOR
1879–1883: PLANTYN
1880–1888: JAN BREYDEL
1881–1889: PIETER DE CONINCK

Wechselvolles Jahr 1881

Ein ursprünglich von der D. G. Pinkey & Sons bei der Sunderland Shipbuilding Co. in Auftrag gegebener 2879-Tonnen-Eisen-Dampfer befand sich noch im Bau, als ihn die WCL ankaufte. Mit ihren drei Masten als Schoner getakelt und einer von G. Clark in Sunderland konstruierten 203-NHP-Maschine erreichte die HERMANN eine Geschwindigkeit von 11 Knoten. Nach ihrem Stapellauf vom 28. April 1881 unternahm sie am 30. Juni ihre erste Reise von Antwerpen nach New York. Auf einer weiteren Reise verließ sie Antwerpen mit Fracht und 121 Passagieren am 15. Februar 1882 und erreichte nach 21 Tagen den Bestimmungshafen New York. Diese Tat wird schon dadurch aufgewertet, weil sie bereits in der ersten Streckenhälfte in hoher See zwei Blätter ihres Propellers und am 4. März in einem erneuten schweren Sturm auch noch das letzte Blatt ihrer Schraube verlor. Die 220 Meilen bis zum Feuerschiff, ab da sie zwei Bugsierdampfer in den Hafen schleppten, machte sie unter Segeln. Ihre letzte Atlantiküberquerung vor ihrer Veräußerung startete sie am 3. Dezember 1893 in Antwerpen, mit Ziel Boston und New York.

Mit dem Verkauf am 14. April 1894 nach Norwegen zu Otto Isaachsen in Bergen fand der Dampfer nach mehr als einem Dutzend Jahren Dienst für die WCL einen neuen Eigner. Mit der Registrierung als Nr. 389 am 23. Juni 1894 in Bergen wurde das 2879-Tonnen-Schiff gleichzeitig in HERO (JTSG) umbenannt. Kapitän bis zu ihrer Weiterveräußerung 1900 blieb ununterbrochen E. Wulff jr.

Der norwegische Besitzer verkaufte sie im Mai 1900 an Kjær & Isdahl in Bergen und ihr neuer Führer hieß C. A. Pettersen. Den Jahresausklang 1901 hatte sich die Besatzung der HERO bestimmt gemütlicher vorgestellt: Bevor sie ihre Ladung Kohle im Hafen von Colón/Panama löschen konnten, trieben sie am Silvester 1901 an Land und kamen erst am 11. Februar 1902 wieder flott. Exakt zwei Monate später lief die HERO New York an und die anschließende Reparatur in Baltimore soll bis August gedauert haben. Kjær & Isdahl suchten inzwischen einen Käufer für das über 20-jährige Schiff und so gelangte sie in die Hände des New Yorkers J. W. Chittenden. 1907 veräußerte er sie an Luckenbach Transport & Wrecking Co., New York, die den Dampfer in SUCCESS umbenannten. Jedoch noch im selben Jahr wurde das Schiff unter dem Namen von Edgar F. Luckenbach in New York registriert. Luckenbach besaß im Jahre 1910 16 Segelschiffe und 13 Dampfer.

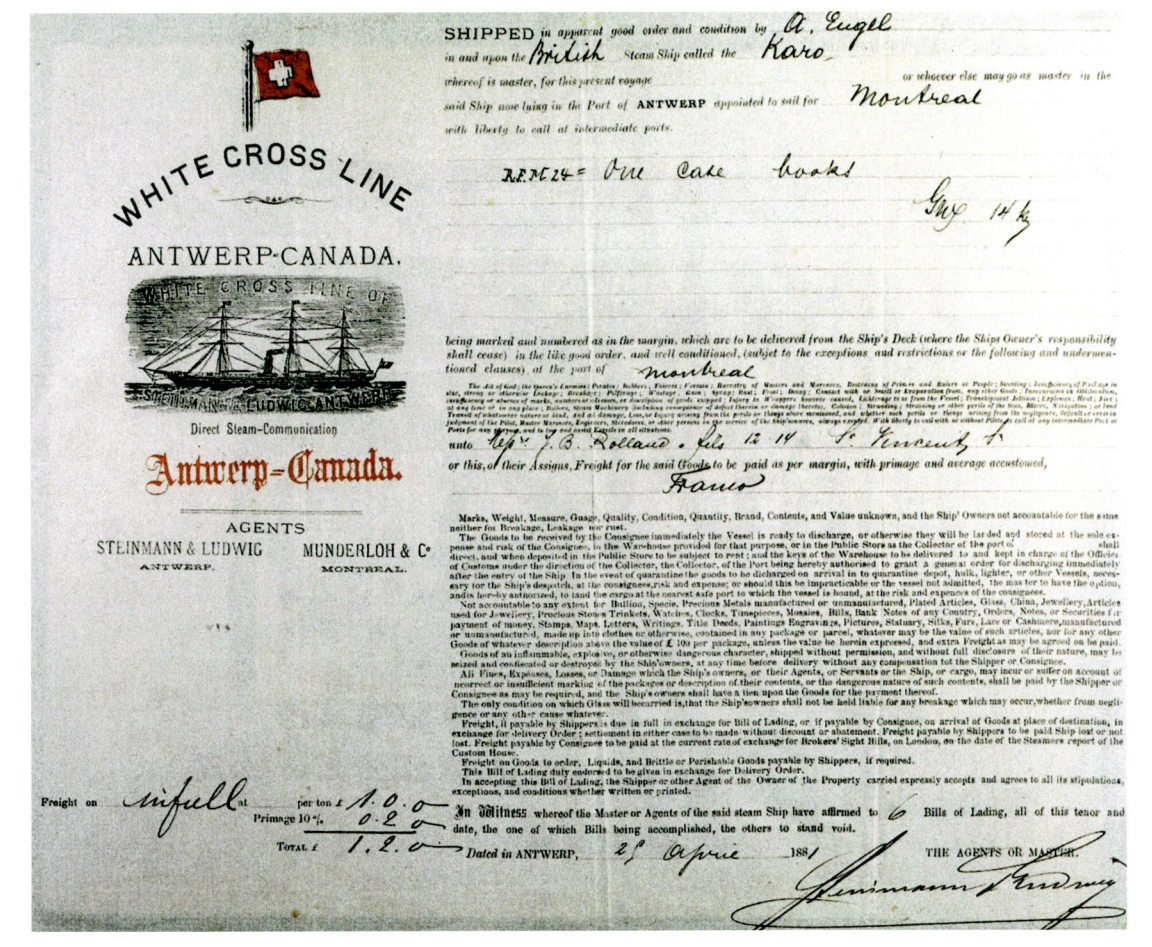

Ladungs-Konnossement der White Cross Line aus dem Jahre 1881.

Auf der Reise von San Francisco nach Leith mit einer Ladung Gerste sank die SUCCESS am 5. Juli 1916 im Englischen Kanal nach einer Kollision mit der EDDYSTONE.[174]

Äußerst unerfreulich endete das Jahr 1881 auch für die WCL: Am 20. November verließ die HENRY EDYE Antwerpen mit Kurs Boston; zwei Tage später passierte sie die Isle of Wight und wurde seither nie mehr gesehen.

Einen Monat nach ihrer Abfahrt von Antwerpen mit Passagieren, 40 Besatzungsleuten und 940 Tonnen Zuckerrüben kam selbstverständlich Unbehagen auf. Sie war längst überfällig. Die befürchteten Vorahnungen bewahrheiteten sich, die HENRY EDYE blieb verschwunden. Es wurde angenommen, dass sie in einem starken Sturm am 27. November 1881 sank.

Somit bestand die vereinte Flotte der WCL und der Engels Line aus sieben Einheiten.

Liniendienst Antwerpen – Kanada

Am 4. Juli 1882 ersuchten Steinmann & Ludwig die „Administration de la Marine" im Ministerium für Verkehr in Brüssel um eine Bewilligung für die Einrichtung einer regelmäßigen Linie von Antwerpen nach Kanada (Quebec und Montreal). In diesem eher kurz gehaltenen Schreiben machen sie die Verwaltungsbehörde deutlich darauf aufmerksam, dass *„les avantages accordés à d'autres lignes étrangères, c'est-à-dire d'être exempts des taxes de pilotages, de feux et famaux pour l'entrée et la sortie de nos bâteaux employés dans cette navigation"*. Geplant war, im Sommer die Linie Antwerpen – Montreal und im Winter Antwerpen – Halifax zu bedienen. Steinmann & Ludwig wollten selbstverständlich wie auch andere Linien kostenlosen Lotsendienst und Befreiung von der Leuchtfeuerabgabe. Zudem erwarteten sie über 100 000 Francs Subventionen pro Jahr. Trotz ihrem Lobbyisten Generalkonsul Janssen in Kanada erteilte Brüssel ihnen am 11. August 1882 eine negative Antwort. Am 9. März 1888 gelangten Steinmann & Ludwig mit einem erneuten Gesuch an die „Administration de la Marine". Nicht etwa, dass sie keine Schiffe im Kanada-Service hatten: Im Sommer 1887 fuhren acht Schiffe nach Quebec und Montreal und im Winter bedienten vier Einheiten Halifax. Die beiden Reeder wollten nun endlich die Haltung der belgischen Behörden erfahren. Als sie vergebens zwei Monate auf Antwort warteten, erinnerten sie am 25. Juli das Ministerium an das Ausbleiben einer Nachricht. Daraufhin bemängelte die zuständige Verwaltungsbehörde die Tatsache, dass keine einzige von Steinmann & Ludwig im Ka-

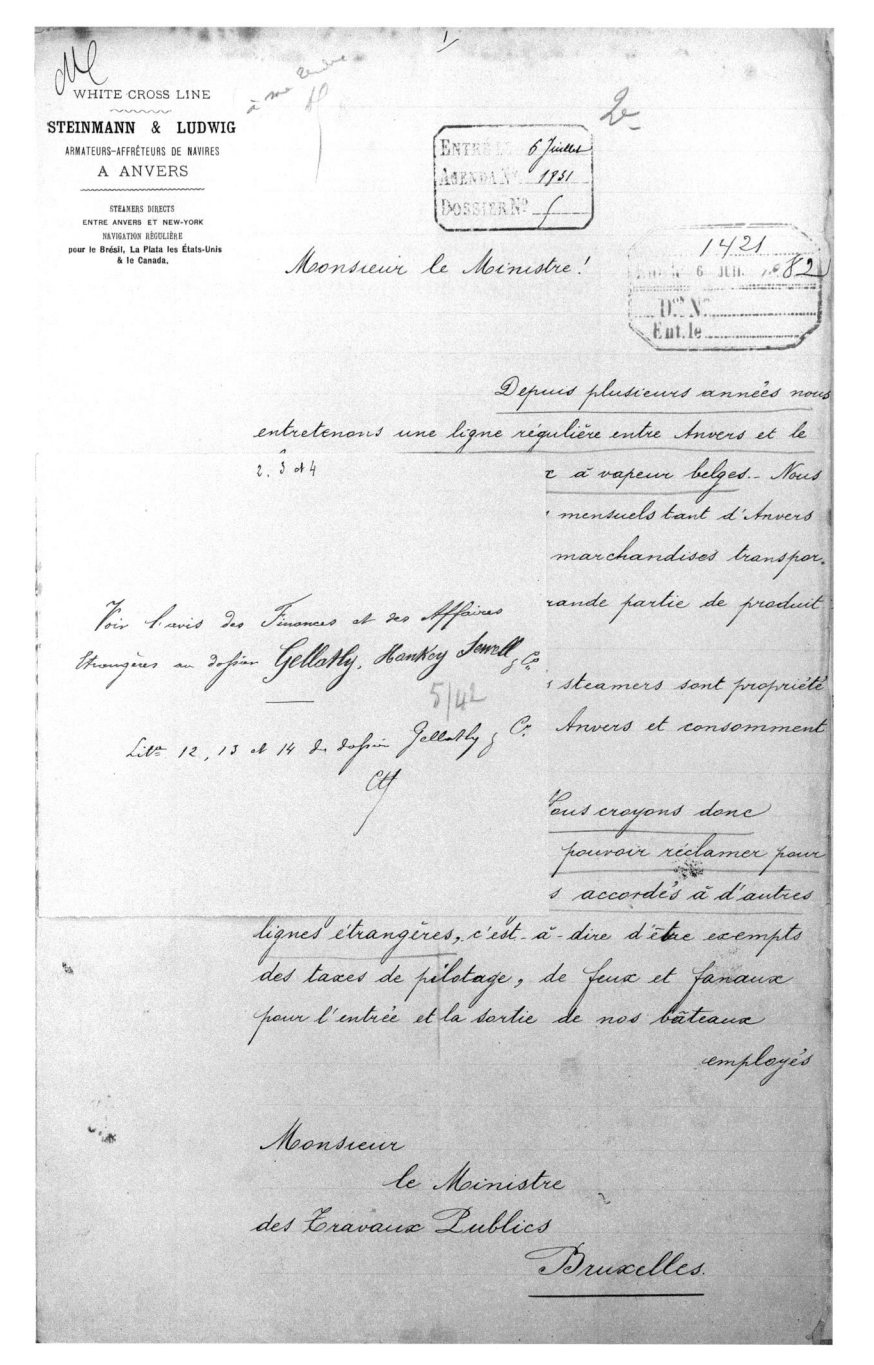

Gesuch der White Cross Line vom 4. Juli 1882 für die Einrichtung einer Linie von Antwerpen nach Kanada.

nadaverkehr eingesetzte Einheit die belgische Flagge führe. Eine Auflistung der von ihnen gecharterten Schiffe zwischen dem 1. Januar 1887 und dem 30. Juni 1888 bestätigte dies. Auf der Fahrt von Antwerpen nach Kanada setzten sie fünf norwegische und ein englisches Schiff ein. Die Reise von Kanada nach Antwerpen bedienten in derselben Zeit vier deutsche Schiffe. Eine eigens von den Behörden hierfür eingesetzte Spezialkommission konnte trotz mehreren Sitzungen nie positiv für Steinmanns Linie votieren. Der Wahlbelgier insistierte nicht mehr und so schlossen die Behörden 1890 das „Dossier Steinmann & Ludwig".[175]

Das größte Schiff ihrer Flotte

Als Ersatz und letzte Akquisition des Unternehmens folgte 1883 der Kauf der HANSA. Die HANSA – der erste von drei mit diesem Namen für den Norddeutschen Lloyd (NDL) gebauten Dampfern – konstruierte Caird & Co. in Greenock für die Vertragssumme von £ 66 000. Der Stapellauf des 2992-Tonnen-Schiffes ist auf den 23. August 1861 datiert und am 8. November konnte der Dampfer unter der Führung von Kapitän H. J. von Santen von Greenock nach Bremerhaven überführt werden. Das 106,7 Meter lange und 12,9 Meter breite Eisenschiff, versehen mit einem Klipper-Bug und 3 Masten, wurde von einem Schraubenantrieb mit 750–1500 PS (Zwillingsmaschine) angetrieben, was ihm eine Reisegeschwindigkeit von 11,5 Knoten erlaubte. Ausgestattet war sie mit 76 1.-Klasse-Kabinen, 107 Kabinen der 2. Klasse und hielt Platz für 480 Zwischendeckpassagiere. Der Crewbestand bewegte sich um 100 Personen.

Ihre Jungfernfahrt startete sie am 24. November 1861 in Bremen, machte in Southampton Halt und schipperte dann weiter nach New York.

In Kopenhagen lud sie am 13. Juni 1868 630 Mormonen nach Hull und New York. Im selben Jahr, unterwegs von Southampton nach New York, fiel am 28. November ihre Maschine aus. Unter Segeln erreichte sie St. John am 18. Dezember. Nach minimalen Reparaturen setzte sie ihre Reise nach einem fünftägigen Aufenthalt nach New York fort.

Ihre letzte Fahrt für den NDL von Bremen nach New York startete sie am 12. November 1878 und wurde anschließend im Oktober 1879 an Oswald, Mordaust & Co. in Southampton verkauft (in Teilzahlung für HANSA II). Diese wiederum veräußerten sie umgehend an die Liverpooler Schiffsmakler E. Bates & Sons. 1880 war die HANSA für T. R. Oswald & R. Gibbs in Liverpool registriert; im Folgejahr fungiert R. Gibbs als alleiniger Besitzer. Im Mai 1881 wird sie mit einer von J. Howden & Co. in Glasgow konstruierten Compoundmaschine ausgerüstet und an Adamson & Ronaldson vermietet. Zwischen Mai 1881 und März 1882 machte sie insgesamt sechs Rundreisen London – Boston.

Der nun von Steinmann 1883 angekaufte und in LUDWIG umbenannte Dampfer war nicht nur die älteste der vier Einheiten zählenden WCL-Flotte, sondern das größte jemals in ihrem Besitz gestandene Schiff. Noch vor ihrem ersten Einsatz für die WCL wurde sie umgebaut und neu mit 3087

Rarität als Foto: der Dampfer HANSA des Norddeutschen Lloyd. 1883 von Steinmann & Ludwig aus Liverpool angekauft und in LUDWIG umbenannt.

Tonnen vermessen, ehe sie am 3. Mai 1883 mit 22 Passagieren nach Montreal dampfte. Nicht lange wehte am Hauptmast der LUDWIG (Kapitän E. Kiel) die WCL-Flagge, wurde doch am 25. Juli 1883 in Quebec vermeldet, dass 23 Tage nach ihrer zweiten Ausfahrt von Antwerpen nach Montreal die LUDWIG überfällig sei. An Bord befanden sich nebst den 22 Passagieren auch 43 Mannschaftsmitglieder sowie als Fracht 444 Zuchtrinder. Letztmals sah man sie am 7. Juli beim Prawle Point, 20 Meilen südöstlich von Plymouth. Das Schiff inklusive Fracht war für $ 500 000 versichert. Das Rätsel der LUDWIG wurde nie gelöst, doch glaubt man, sie sei nach einer Kollision mit einem Eisberg gesunken.

Der nasse Tod für 120 Personen

Doch war dies weder die letzte noch die schlimmste Katastrophe, die die WCL erlitt. Das fünfte Desaster eines WCL-Dampfers ereignete sich am 3. April 1884, als die DANIEL STEINMANN unter dem Kommando des 26-jährigen Kapitäns Henry Schoonhoven in der Nähe von Halifax, N.S., unterging.

Nachdem die DANIEL STEINMANN einige Zeit im Trockendock verbrachte und die folgende Kontrolle gut bestand, nahm sie am Nachmittag des 20. März 1884 auslaufend Antwerpen mit 91 Passagieren, 38 Crew-Mitgliedern und 1100 Tonnen Fracht bestehend aus Eisendraht, Gusswaren und gleichartige Ladung Kurs Richtung Halifax und New York. Bis vor Neufundland verlief die Reise ohne jegliche denkbare Hindernisse. Doch von hier bis zur Küste von Neu-Schottland regnete es ununterbrochen und dichter Nebelschleier herrschte vor. Seit zwei Tagen konnten keine Observationen gemacht werden. Abends um 21:25 Uhr des 3. April 1884 beobachtete der Kapitän durch den Nebel ein schwaches Licht, welches jeweils für vier bis fünf Minuten sichtbar wurde und wieder verschwand. In der Annahme, es handle sich um ein Licht von Chebucto Head, steuerte er darauf zu. Zur selben Zeit lotete der Zweite Steuermann eine Wassertiefe von 55 Metern. Zwanzig Minuten später waren es noch 47 m. Gleichzeitig entdeckte Kapitän Schoonhoven, der zuvor bereits zweimal Halifax ansteuerte, eindeutig identifizierend das Licht von Sambro. Aber im selben Moment glaubte er leicht steuerbord einen schwachen Schimmer des Lichtes von Chebucto zu sehen. Das ihn irreführende Licht zwingt ihn, das Ruder hart Backbord einzuschlagen; doch es war zu spät. Der Signalmann von Sambro Island gab später einem Korrespondenten der New York Times zu Protokoll, dass am Abend kaum Nebel herrschte und das Licht von Chebucto Head weit sichtbar war. Er habe viele Schreie von Frauen und Männern an Bord gehört.

Der Rumpf schlug auf einen Felsen im Mad Rock Shoal an der Treacherous Coast und dies, bevor die Mannschaft zweimal ein Nebelsignal von Sambro vernahm. Die erste Erschütterung war leicht, der zweite Schlag derart hart, dass gleich die Ruderanlage weggerissen wurde. Die Maschine stand somit außer Betrieb. Die Anker wurden geworfen und der Kapitän ordnete dem 1. und 2. Offizier die Evakuierung der Kinder und weiblichen Passagiere an. Plötzlich bemerkte er, dass sie zur Brandung treiben. Er rannte Richtung Bug, um nachzusehen, ob die Ankerkette gerissen sei. Noch bevor er das Vorhaus erreichte, bricht eine immense See über das

Der Dampfer DANIEL STEINMANN lief am 3. April 1884 infolge eines Navigationsfehlers des Kapitäns auf einen Felsen bei Sambro Island/Halifax. Dabei fanden 120 Personen den Tod.

Heck. Im Nu wurde jeder sich an Deck befindende Passagier vom Brecher umgerissen. Danach folgte mittschiffs ein drittes hartes Aufschlagen und das Heck des Schiffes begann zu sinken. Vom ersten Aufschlagen bis zum Sinken der DANIEL STEINMANN vergingen etwa 1½ Stunden. Der Mannschaft gelang es zuvor, einigen Passagieren in die Beiboote zu helfen, aber in der Dunkelheit – es war kurz vor Mitternacht – und im orkanartigen Sturm zerschellten sie an den Felsen. Die restlichen Personen, darunter auch Schweizer, die sich an Deck und auf der Brücke aufhielten, gingen mit dem Schiff unter. Der Kapitän seinerseits kletterte auf die vordere Takelage, wurde jedoch auf halbem Wege „weggewaschen". Später erklomm er, wenn auch mit großen Schwierigkeiten, die Marssegel-Rahe, welche nur noch wenige Meter aus dem Wasser ragte. Frühmorgens um 05:00 Uhr sah er einige hundert Meter entfernt die Küste. Als er sich teilweise der Kleider entledigte und an Land schwimmen wollte, sah er eines der Rettungsboote der DANIEL STEINMANN von Land Richtung Schiff rudern. Ein Gedankenblitz sagte ihm, dass wohl ein Teil der Crew an Land in Sicherheit gebracht worden sei, was sich tatsächlich auch bewahrheitete. Sowohl der italienische Passagier Saco Nikolo als auch Schoonhoven, die eine gefahrvolle Nacht auf der Rahe verbracht hatten, wurden von ihren Rettern auf die Insel Sambro überführt. Traurigerweise konnten lediglich zwei weitere Passagiere und fünf Seemänner aus einem der nicht gesunkenen Beiboote gerettet werden. Der morgens um 08:00 Uhr beim Wrack eingetroffene Dampfer NEWFIELD überbrachte die Geretteten, mit Ausnahme von Kapitän Schoonhoven, der auf der Insel Sambro verblieb, nach Halifax. Von den insgesamt 129 Menschen an Bord überlebten nur derer neun: der Kapitän, der Bootsmann, zwei Matrosen, zwei Heizer und drei Passagiere, darunter auch der 26-jährige Schweizer Johann Niedermann aus Niederbüren.

14 Auswanderer-Passagiere des Unglücksschiffes besaßen ein Ticket nach Sherbrooke/Quebec, die restlichen beabsichtigten, in New York ihre Reise zu beenden.

Die 1100 Tonnen Fracht mit Entlade-Hafen Halifax waren für die Destinationen Halifax, St. John, Amherst, Quebec, Montreal und Toronto bestimmt gewesen.

Die Überlebenden der DANIEL STEINMANN wurden einige Tage später in Halifax von der HERMANN aufgenommen und zurück nach Antwerpen befördert. Der neunjährige Dampfer war für $ 100 000 in Paris versichert.[176]

Die Tragödie HELVETIA

Ein Jahr später ging mit der HELVETIA das zweitletzte Schiff der WCL verloren. Unter Kapitän Schoonhoven verließ sie Antwerpen am 21. April 1885 mit Kurs auf Quebec und Montreal. An Bord befanden sich keine Passagiere, jedoch eine auf $ 400 000 geschätzte Fracht. Am 8. Mai erlitt sie schwere Schäden im Eis vor der kanadischen Küste. Noch im Schlepptau der ACADIAN (Allan Line) sank sie in der Nähe von Scatarie Island (Ostküste von Cape Breton Island, N.S.). Verletzte gab es keine, die ACADIAN nahm die Mannschaft auf und überbrachte sie nach Port Hawkesbury.

Das erste Kommando der AUGUSTE ANDRE hatte bis 1876 W. Greve inne, ihm folgte P. Knudsen (1876–1877) und bis zur Namensänderung befehligte G. Eyler den Dampfer. Unter

Der mit einer Schoner-Besegelung ausgerüstete Dampfer HELVETIA (Ex-AUGUSTE ANDRE) sank im Mai 1885 in der Nähe von Scatarie Island. Mit täglich 15–18 Tonnen Kohle mussten die Feuerlöcher der Dampfkessel gefüttert werden.

ihrem neuen Namen HELVETIA führte G. Mecklenburg bis 1881 das Schiff, danach Kapitän Keil (1881–1883), Kapitän Smith (1883–1884), Kapitän Husselmann (1884) und zuletzt H. Schoonhoven.[177]

Konkurrenz durch NDL-Dampfer

Der einzige verbliebene Dampfer der WCL – die HERMANN – hielt seinen Frachtdienst gemeinsam mit den drei Engels-Schiffen DE RUYTER, JAN BREYDEL und PIETER DE CONINCK nach New York und Boston aufrecht.

Als die deutsche Reichsregierung Antwerpen als Anlaufhafen mit in den Linienfahrplan der Reichspostdampfer einbezog, freute sich der belgische König Leopold II. besonders. Die Norddeutsche Volkszeitung berichtete hierzu am 23. Dezember 1885 wie folgt: *„Die Nachricht, dass Deutschland Antwerpen als Anlaufhafen seiner neuen Dampferlinien bestimmt, hat in Belgien einen ausgezeichneten Eindruck gemacht; nicht wegen der materiellen Vortheile, die sich daraus für das Land ergeben könnten, sondern weil die Belgier in dieser Entscheidung einen Beweis politischer Sympathie erblickt haben. König Leopold hat sogleich an den Fürsten Bismarck ein Schreiben gerichtet und seiner Genugthuung, sowie dem Wunsche Ausdruck gegeben, dass Deutschland mit seinem neuen Unternehmen Erfolg haben möchte. Bei der ersten Abfahrt in Antwerpen soll eine besondere Feier veranstaltet werden."* Der belgische Staat subventionierte die Reichspostdampfer des NDL jährlich mit einer Summe von 80 000 Francs.[178]

Im Oktober 1888 endete die neunjährige Zusammenarbeit zwischen Daniel Steinmann und Theodore Engels. Engels verkaufte im September 1888 die beiden Dampfer JAN BREYDEL und PIETER DE CONINCK an die dänische Thingvalla Line. Das dritte Engels-Schiff wurde in die „Société Anonyme du Steamer De Ruyter" überführt; blieb aber im Besitz von T. C. Engels & Co. und wurde weiterhin von der WCL bereedert.

Die letzte Folge der Umgestaltung und Reorganisation der WCL war das Ausscheiden des Mitbesitzers und langjährigen Freunds von Daniel Steinmann, Hermann Ludwig. Mit der Beendigung seiner Mitarbeit 1889 erhielt das Unternehmen wieder seinen ursprünglichen Namen Steinmann & Co.

Passagierbeförderung

Es ist angebracht, sich mit einigen Details der Passagierbeförderung der WCL zu befassen. Verfügbare Informationen sind leider sehr limitiert.

Bekannt ist, dass die DANIEL STEINMANN in ihren Zwischendecks bis zu 900 Personen beherbergen konnte, wobei ihre Kabinen als geräumig galten.

Die 1892 vom Norddeutschen Lloyd publizierten Zahlen gelandeter Passagiere in New York zeigen für die WCL folgende Ziffern:

Jahr	Passagiere in Kabinen	Zwischen- deck	Anzahl Reisen
1881	48	6576	27
1882	54	6787	31
1883	67	3157	30
1884	16	511	11

Das Fehlen von Ziffern nach 1884 könnte durchaus damit erklärbar sein, dass die WCL nach dem Verlust der DANIEL STEINMANN keine Überseereisenden mehr nach New York transportierte.

Jedoch gab es 1880 mindestens 17 Ankünfte in New York. Davon entfielen je sieben auf DANIEL STEINMANN und HENRY EDYE sowie mindestens derer drei auf die HELVETIA. Selbst die Zahl 27 Ankünfte in 1881 muss angezweifelt werden, da die HELVETIA im erwähnten Jahr einige Reisen nach Montreal ausführte. Die vom NDL publizierten Zahlen sind somit mit Vorsicht zu genießen.

Es ist hingegen durchaus möglich, dass die Ziffern sowohl die der WCL als auch jene der Engels Line beinhalten, da beide Gesellschaften bekanntlich einen gemeinsamen Service betrieben. Zudem erscheint die Engels Line nicht auf der NDL-Liste, was die Vermutung wiederum bestätigen könnte.[179]

Anzumerken gilt, dass im Nordatlantikverkehr nicht etwa die WCL Belgiens Nummer eins, sondern dies die Red Star Line war.

Beispiel: 1882 transportierte die Red Star Line mit ihren wöchentlichen Abfahrten nach New York und gelegentlichem Service nach Philadelphia 1939 Kabinen-Passagiere sowie 23 872 Zwischendeck-Passagiere. Die WCL fuhr durchschnittlich etwa alle drei Wochen nach New York. Dabei unternahm sie nie Anstrengungen, die Intervalle zu verkürzen.

Ende eines Traditionsunternehmens

Der Verkauf der HERMANN 1894 an norwegische Besitzer war gleichbedeutend mit dem Ende des Unternehmens White Cross Line. Ihre Segelschiffe und Dampfer gerieten bald in Vergessenheit, obwohl sie fast 40 Jahre lang den Nord- und Südatlantik überquerten und immer wieder am Kai 17 im alten Kattendyck-Dock zu sehen waren.

Das letzte Schiff im Besitz der White Cross Line: Der Dampfer HERMANN verließ zum letzten Mal Antwerpen am 3. Dezember 1893, ehe Steinmann ihn Anfang 1894 nach Bergen verkaufte.

Der Name Steinmann & Co. in Antwerpen blieb noch lange existent, wenn auch nicht als Schiffseigner, sondern als Schiffsagenten und Spediteure. Während Steinmann sen. die Geschäfte der WCL bis zum Verkauf seines letzten Dampfers leitete, entschied sich Sohn Daniel (1861–1911) bereits 1889, auf eigene Rechnung als Agent für verschiedene Gesellschaften tätig zu sein, und gründete die Société pour le Déchargement des Céréales, die an der Lange Nieuwstraat 30 ihren Sitz hatte und die er unter dem Namen Daniel Steinmann-Haghe betrieb. Doch ab 1895 übernahm er wieder den „alten" Firmennamen Steinmann & Co. 1904 repräsentierte er neun Schifffahrtslinien. Daniel Steinmann-Haghe war 1901 auch Gründungs-Präsident der Antwerpse Scheepvaartvereniging, der er bis 1903 vorstand, wobei sie ihn 1907 erneut an die Spitze dieser Vereinigung wählten. Sein Bruder Louis und seine Söhne Paul und George führten nach seinem Tode 1911 die Firma weiter, die 1954 ihr 100-jähriges Bestehen in der Schuttershofstraat 9 feierte. Sie unterhielten Filialen in Rotterdam, Hamburg, Gent und Brüssel und waren weiterhin als Schiffsagenten und in der Expedition tätig, und dies bis zum Tode von George Albert Steinmann im Juni 1963.

Die WCL ist nicht nur eine Erfolgsgeschichte. Während kein einziger Segler den Gefahren der Ozeane zum Opfer fiel, verloren sie gleich sechs ihrer acht Dampfschiffe. Durchschnittlich behielten sie ein Segelschiff sieben Jahre, wobei die PRINCESS ROYAL nur drei Jahre in ihrem Eigentum

Daniel Steinmann jun. (1861–1911) war 1901 Gründungspräsident der Antwerpse Scheepvaartvereniging und Agent für verschiedene Schifffahrtslinien. Er war verheiratet mit Hélène Françoise Haghe und verstarb am 29. Juli 1911 in Bonn.

stand. Die Bark LUDWIG hingegen vollführte lange 11 Jahre gute Dienste unter der WCL-Flagge.

Die kürzeste Lebensdauer mit weniger als einem Jahr musste das größte jemals in ihrem Besitz gestandene Schiff, die LUDWIG, erfahren. Hingegen stand die HERMANN bis zu ihrem Verkauf stolze 13 Jahre lang im Service von Steinmann & Ludwig.

Da im Zweiten Weltkrieg Bombardierungen das 1904 von Steinmann jun. erbaute „Helvetiahuis" an der Jordaenskaai 24 vollständig zerstörten, gingen insgesamt sechs Tonnen Akten der WCL verloren und somit alle Dokumente, die uns nachweislich interessante Einblicke in die Betriebsführung und Buchhaltung gegeben hätten.

Briefkopf von Daniel Steinmann-Haghe aus den 1890er-Jahren.

Annonce im Lloyd Anversois aus dem Jahre 1921.

Gebr. Greuter & Rieter, Jakob & Andreas Bidermann & Cie., Georg Heinrich Biedermann & Cie., Winterthur

In vielen Büchern und Artikeln war immer wieder die Rede von einem Konsortium von Winterthurer Industriellen und Handelsleuten, die den Bau der Schiffe IDA ZIEGLER, WINTERTHUR und PRESIDENT FURRER in Auftrag gaben und auch als Eigentümer für gemeinschaftliche Rechnung verwendet haben. Hierbei wurden durchweg die Firmen Gebr. Volkart in Winterthur und die Rotfärberei Ziegler in Neftenbach genannt. Nachforschungen in verschiedenen Archiven ergeben nun eindeutig andere Besitzverhältnisse.

Der erste Gedanke an die Reederei von Handelsschiffen liegt wörtlich in einem Brief vom 18. Februar 1849 von Emil Ziegler (1827–1900) an seine Eltern vor. Ziegler hielt sich damals zur Erlernung des Kaufmannsberufes in New York bei Boiceau & Rusch auf.

„Bald wird die ganze Marine für Menschen- und Waaren-Transporte nach diesem El Dorado [gemeint ist der Goldrausch in Kalifornien] in Anspruch genommen sein, und es ist zu befürchten, dass sich bald die Ansprüche der Schiffs-Eigenthümer für die Fracht nach Europa erheben werden."[180]

In einem weiteren Brief vom 6. Dezember 1850 an seinen Großvater, Ludwig Greuter-Reinhart, berichtete Ziegler, er gedenke nach Valparaíso und Lima zu reisen, da dort gute Aussichten für bedeutende Geschäfte bestünden.

Wenn auch seine Reiseabsichten keine Zustimmung seines Vaters fanden, sticht aus diesen beiden brieflichen Äußerungen die Wichtigkeit des Überseehandels derart offensichtlich hervor, sodass die steigenden Frachtpreise die Beteiligung an Seeschiffen aktuell werden ließen.

Als Emil Ziegler 1851 auf seiner Rückreise von New York in die Schweiz auch in London bei Wattenbach, Heilgers & Co. (WH) Halt machte, erhielt er bestimmt von Herrn Wattenbach eindringliche Empfehlungen an seinen Vater zugunsten lukrativer Beteiligungen an Schiffen.

Im September 1852 wird auch Georg Heinrich Biedermann durch die Firma Baour & Cie. in Bordeaux, in deren Büro sein Sohn Karl arbeitete, auf die Möglichkeit einer Reederei aufmerksam gemacht. Doch Biedermann konnte sich für eine Beteiligung vorgesehener Reisen nach Kalifornien und Indien nicht entscheiden. Er befürchtete, dass bei einem möglichen Seekriege die französische Flagge zu sehr „exportiert" sei: „Je me réserve d'y réflechir."[181]

Erst das englische Unternehmen Wattenbach, Heilgers & Co. vermochte als einflussreichster Initiator Winterthurer Firmen für Schiffsbeteiligungen zu bewegen.

Dies war der Beginn einer langjährigen und fruchtbaren Zusammenarbeit zwischen den Engländern und vor allem der Gebr. Greuter & Rieter, aber auch mit J. & A. Bidermann und G. H. Biedermann aus Winterthur. Wenn auch alle Segelschiffe mit Winterthurer Beteiligung jeweils unter dem Eignernamen von Wattenbach, Heilgers & Co. die Meere befuhren, hatten die Eulach-Städter mit ihren Investitionen doch einen enormen Anteil an der Verwirklichung resp. Finanzierung von Schiffsbau-Projekten. Die Leitung des operativen Schiffsbetriebes oblag stets den Händen von Herrn Wattenbach.

Firmenpräsentationen des Konsortiums

Gebr. Greuter & Rieter

Die Greuter'sche Indiennes-Fabrik entstand zwischen 1777 und 1808 zu Beginn der industriellen Revolution und entwickelte sich unter ihrem Gründer, Bernhard Greuter (1745–1822), zur Weltfirma für gefärbte und bedruckte Textilien mit schließlich 3300 Mitarbeitern.

Bereits 1763 betrieb der in Wattwil geborene Sohn eines Reisläufers eine kleine Blau-Färberei in Kefikon. 1777 verlegte er sein Druckergewerbe in neue, etwas größer angelegte Fabrikräume. Durch weitere Bautätigkeit entstand mehr und mehr der an ein Kloster erinnernde Gebäudekomplex. Bis 1796 betrieb er erfolgreich eine Kattundruckerei und ein Handelshaus, als er als Associé mit einer Kapitalbeteiligung von $1/3$ (30 000 Louisdor) der Firma Gebr. Bernhard und Jacob Rieter beitrat. Diese neue Verbindung

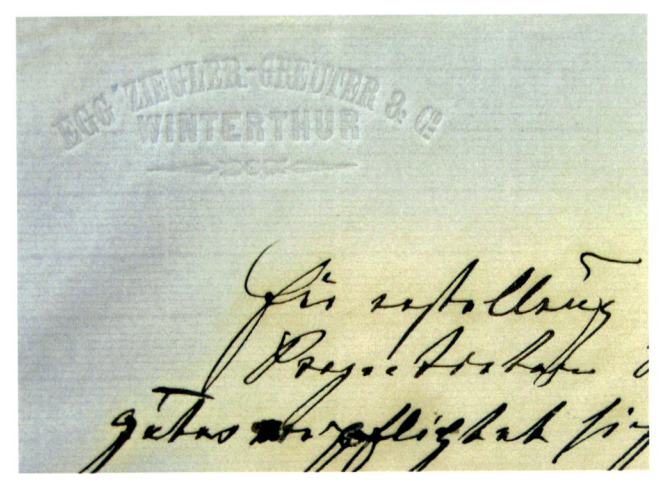

Briefkopf von Egg, Ziegler-Greuter & Co., Winterthur, aus dem Jahre 1864.

Johann Ulrich Egg-Greuter (1801–1878).

Heinrich Ziegler-Greuter (1802–1878).

Heinrich Rieter-Ziegler (1814–1889).

Jacob Andreas Bidermann (1823–1890).

befasste sich mit Handel von rohen und gedruckten Baumwolltüchern, während in Islikon das Fabrikationsgeschäft weiterhin unter dem Namen Bernhard Greuter Bestand hielt. Aufgrund einer Mehrheitsbeteiligung der Familie Greuter und einer Neustrukturierung der Gesellschaft wurde 1824 die Firma in Gebr. Greuter & Rieter umbenannt. 1849 hießen die Mitinhaber: J. U. Egg-Greuter (1801–1878), Heinrich Ziegler-Greuter (1802–1877) und Heinrich Rieter (1814–1889). Fünf Jahre später trat der junge Emil Ziegler-Egg in die Firma ein. Als sich im Mai 1864 Heinrich Rieter aus dem Geschäft zurückzog, trat an seine Stelle Gustav Egg-Wäffler (1836–1891), wobei sie die Firmenbezeichnung in Egg, Ziegler-Greuter & Cie. änderten. Per 1. Mai 1875 schieden die beiden Senioren Egg-Greuter und Ziegler-Greuter aus dem Unternehmen, welches nun ihre Söhne G. Egg und E. Ziegler leiteten. Als im Mai 1877 G. Egg als Beteiligter ausschied, führte das Geschäft E. Ziegler auf alleinige Rechnung.

1880 wurde die Firma wegen großer Strukturveränderungen in der Textilveredelung, die zu starkem Konkurrenzdruck führte, nach 103-jähriger Blütezeit geschlossen.[182]

J. & A. Bidermann & Cie.

Winterthur galt schon im 18. Jahrhundert als bedeutendes Zentrum der Baumwollindustrie. Zu den führenden Firmen auf diesem Gebiet gehörte „Jacob Bidermann & Cie. zur Liebe", die erstmals 1764 erwähnt wird. Ihr Chef, Ratsherr Jacob Bidermann-Steiner (1715–1795), war Gründer des Hauses Jacob & Andreas Bidermann & Cie. und galt als Pionier des Winterthurer Rohgewebehandels.

1784 wurde die Firma Jacob Biedermann & Cie. in Jacob & Andreas Bidermann & Cie. umbenannt. Der Name Andreas bezieht sich auf Jacobs Sohn Andreas Bidermann-Peyer (1745–1829), der vermutlich schon 1769 ins väterliche Geschäft aufgenommen wurde und bald die Leitung der Firma übernahm. Ein Grund für die Firmenänderung von 1784 war nicht der Eintritt des Sohnes in das Geschäft, sondern ein ganz anderer. Der langjährige Angestellte bei J. Bidermann Hans Jacob Biedermann-Geilinger machte sich 1781 selbstständig und eröffnete unter dem Namen Jacob Biedermann & Cie. ein Konkurrenzgeschäft. Um die Kundschaft der praktisch gleichlautenden Firmen nicht allzu sehr zu verwirren, diente die Firmenänderung in Jacob & Andreas Bidermann & Cie. zur besseren Unterscheidung gegenüber der Konkurrenzfirma.

Als Garnhändler und Gewebe-Exporteure gehörten J. & A. Bidermann zu den marktbeherrschenden in Winterthur.

Als 1830 die Weberei von der Mechanisierung erfasst wurde und somit der Zwischenhandel ausfiel, wandten sie sich der Fabrikation zu.

Nach dem Tod von Andreas 1829 übernahm sein Sohn Jacob Bidermann-Blum (1787–1856) das Geschäft auf alleinige Rechnung. 1840 gehörte er mit anderen Industrie- und Handelsfirmen zu den Sponsoren, die unter der Federführung des Basler Bankhauses Ehinger den jungen Glarner Konrad Blumer auf eine Prospektionsreise nach Ostindien schickten. Als ein überaus unternehmender Mann beteiligte sich auch Bidermann an der Finanzierung der beiden Segler WINTERTHUR und IDA ZIEGLER.

Nach dem Tode von Jacob Bidermann 1856 vererbte sich das Geschäft vom Vater auf den Sohn. Jacob Andreas (1823–1890), der bereits zehn Jahre in der Firma mitarbeitete, führte das Unternehmen alleine weiter. Bei dessen Tode musste sein erst 24-jähriger Sohn Jacob Bidermann-Sulzer (1866–1958) die Leitung des väterlichen Geschäftes übernehmen. Die seit 1784 unverändert beibehaltene Firmenbezeichnung hielt bis zum 1. Januar 1893 stand, bis das Obligationenrecht einen grundlegenden Entscheid zur Unternehmungsform forderte. Jacob entschloss sich für die Bezeichnung „Aktiengesellschaft der Spinnereien von Jb. & And. Bidermann & Cie".

1931 gab er seine unternehmerische Selbstständigkeit auf. Seine Spinnereien wurden in jene der Firma Streiff integriert.[183]

Georg Heinrich Biedermann & Cie.

Die ursprünglich aus dem Handelshaus „Jacob Biedermann zum blauen Trauben" entstandene Firma Heinrich Biedermann & Cie. ist erstmals 1781 feststellbar. Als Napoleon die Einfuhr von Baumwollfabrikaten in sein Kaiserreich untersagte, war H. Biedermann vermutlich bis 1834 Kommanditär der Müllhauser Handelsfirma und Druckerei J. Thierry-Mieg. Es ist durchaus denkbar, dass er das elsässische Unternehmen mit Rohwaren belieferte. Von späteren industriellen Engagements hielt sich Biedermann fern. Außer dass seine

Georg Heinrich Biedermann (1796–1876).

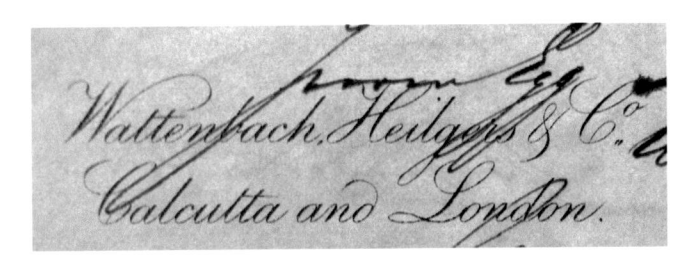

Briefkopf von Wattenbach, Heilgers & Co., Calcutta and London, aus dem Jahre 1860.

Firma „Schweizer Manufakturen nach Übersee exportierte", ist von einer Exporttätigkeit nichts bekannt. Um 1871/72 schränkte sie ihre Tätigkeit stark ein und nach dem Tode des Seniorchefs G. H. Biedermann-Frey (1796–1876) verschwand sie vollends.[184]

Wattenbach, Heilgers & Co.

1851 übersiedelte A. H. F. Wattenbach vom Handelshaus Wattenbach, Heilgers & Co. in Kalkutta nach London und eröffnete hier ein Büro mit dem gleichlautenden Namen. Friedrich Wilhelm Heilgers[185] verblieb in Indien, bis Wattenbach 1872 in den Ruhestand trat. Als Wattenbach sich aus dem Geschäft zurückzog, übersiedelte Heilgers nach London, übernahm die Firma und nannte sie fortan F. W. Heilgers & Co. Heilgers war eine sehr respektvolle Person mit britischem Auftreten. In seiner Firma arbeiteten ausschließlich deutsche Staatsangehörige. Zwischen 1872 und 1885 saß er im Verwaltungsrat der Chartered Bank. 1886 wurde die F. W. Heilgers & Co. in Kalkutta geschäftsführender Vertreter der Titaghur Paper Mills. Am 1. Januar 1917 kaufte die Bird & Co. in Kalkutta das immer noch florierende Geschäft von Heilgers & Co.[186]

Schiffsbeteiligungen der Winterthurer

Vollschiff WINTERTHUR

Gemäß Bielbrief lief die WINTERTHUR am 13. Mai 1853 als Baunummer 23 bei Rickmer C. Rickmers in Bremerhaven vom Stapel und wurde zehn Tage später interessanterweise für den Hamburger Kapitän Eduard Friedrich Christian Kersting registriert.[187]

Die wirklichen Teilhaber von Anbeginn waren jedoch G. H. Biedermann, J. & A. Bidermann sowie das Unternehmen Wattenbach, Heilgers & Co., die sich mit je 1/3 am Bau der WINTERTHUR beteiligten.

Der Brief von G. H. Biedermann vom 8. August 1853 an seinen Sohn Karl belegt dies eindeutig: *„Ms Wattenbach Heilgers et C à Londres ont engagé ma maison d'acheter un navire en*

Im Formular zum Messbrief vom 15. Juni 1853 sind die Dimensionen und die berechnete Last der WINTERTHUR aufgeführt.

compte à ¹/₃ avec eux et Ms J. et A. Bidermann et C. C'est ce qui a été exécuté à Brême, ou on fit l'acquisition d'un navire en construction mais presqu'achevé." Es habe eine Tragfähigkeit von 800 bis 900 Tonnen und koste £ 8500,–.[188]

Die Besitzverhältnisse waren also vor dem Stapellauf geregelt. Mutmaßlich fuhr das Schiff aus Gründen der Zollbestimmungen für die erste Zeit unter deutscher Flagge, ehe 1855 am Heck die englische Fahne wehte.

Das Schreiben vom 9. Oktober 1853 von Biedermann an seinen Sohn Karl erwähnt erstmals den Namen des Vollschiffs WINTERTHUR: *„Le navire dans lequel ma maison est interessé pour un tiers s'appelle Winterthur."*[189]

Das für die erste Reise unter Hamburger Flagge segelnde Schiff wurde im Juni 1853 in Bremen wie folgt vermessen: die Länge zwischen den Steven 38,0 m, Breite des Schiffes 9,0 m und die Tiefe im Raum 6,5 m. Der Lastengehalt wird mit 390,2 Lasten berechnet.

Reisen der WINTERTHUR

Nachdem das Schiff seefertig wurde, führte es seine erste Reise unter Hamburger Flagge nach England, wo die Einnahme einer für Kalkutta bestimmten Salzladung erfolgen sollte. Mit an Bord war auch der bis Helgoland mitsegelnde Schiffsbaumeister Rickmer Clasen Rickmers. Die Weser-Zeitung vom 23. Juni weiß hierzu Folgendes zu berichten: *Helgoland, den 19. Juni. Heute kam das neue Hamburger Fregattschiff „Winterthur", Capt. Kersting, von der Weser (woselbst es erbaut) nach Liverpool und Indien bestimmt, hier vorbei und setzte den Erbauer, Hr. Rickmers, der von Bremerhaven aus mit in See gegangen, um sein Werk auf dem Element selbst zu prüfen, hier an's Land. Derselbe wird gewiss die Überzeugung gewonnen haben, dass er ein ausgezeichnetes Schiff geliefert, indem die Lootsen, welche an Bord gewesen, behaupten, nie ein schöneres Schiff gesehen zu haben, und dasselbe, nach Aussage des Capitains sich auch als vorzüglicher Segler gezeigt hat, indem es in 2½ Stunden von der Wesermündung bis hierher gelangte, ungeachtet es mit nur schwachem östlichem Winde heute Morgen die Weser verlassen hatte."*[190]

Die Arbeit der Besatzung in Liverpool wurde plötzlich durch einen Gegenbefehl unterbrochen, der sie anwies, das bisher eingeschaufelte Salz wieder zu löschen. Eine Kursänderung war der Grund: Für ein Liverpooler Handelshaus luden sie nun Stückgut – Fracht bestehend aus Holz und Ziegelsteinen – für Melbourne, wo sie am 22. Dezember 1853 einliefen, um später via Kalkutta nach London heimzukehren. Zum Fahrtpreis von 4000 Pfund nach Australien meinte Biedermann, *wenn alles so verläuft wie vorgesehen, werden wir in einem Jahr 30–40 % Gewinn erzielen und das Schiff wird uns in drei Jahren nichts mehr kosten.*

Die WINTERTHUR lag fast segelfertig im Princess Dock in Liverpool, als für die erforderliche Zahl der Schiffsmannschaft zwei Männer fehlten. Der Kapitän wies den jungen deutschen Matrosen Alfred Tetens an, er solle zwei Matrosen für das Schiff ausfindig machen. In einer der zahlreichen Kneipen Liverpools fand er zwei Landsleute und so konnte Kapitän Kersting mit einer vollständigen Mannschaft die Reise nach Melbourne antreten.

Nach 106 Tagen Überfahrt kam das Schiff unversehens in Port Philippe an und am 1. Mai 1854 nach 45-tägiger Reise lief es in Kalkutta ein. Die Freude von Biedermann auf *„un magnifique voyage de retour à Londre"* gab er in einem Brief vom 19. August 1854 an Sohn Karl zum Ausdruck: *„Le navire ,Winterthur' est parti de Calcutta pour Londres avec un frêt brut de £ 6500. C'est une trés belle affaires."*

Am 8. Januar 1855 konnte Biedermann den Erfolg der Reise bestätigen. *„Die gesamte Reise hatte 13 bis 14 Monate gedau-*

ert und Fr. 140 000 netto eingebracht, wobei ein Drittel unserem Hause zusteht."[191]

Das Schiff landete auf seiner ersten Reise in einer denkwürdigen Zeit in Melbourne, hatte doch das Goldfieber seinen Höhepunkt erreicht. Die Quintessenz war, dass bei Nacht und Nebel fast die ganze Schiffsmannschaft von Bord verschwand und ihr Heil in den nahen Goldminen suchte! Im Hafen lag zu jener Zeit manches verlassene Schiff, dessen Kapitän und Mannschaft der Goldbegierde nicht hatten widerstehen können. Mit einer aus vielen Nationen zusammengewürfelten Mannschaft gingen sie abermals unter Segel mit Kurs Kalkutta. Hier wurde das Schiff ins Trockendock geschleppt und neu gekupfert. Nach beendeter, ziemlich kostspieliger Reparatur erhielten sie eine Ladung Zucker und Jute für London.[192]

Doch bereits bei der zweiten Fahrt nach Kalkutta[193] war die Fracht ungenügend, sodass die Reeder auf eigene Kosten den Laderaum mit 500 Fässern Teer und 1000 Kisten Zinnplatten füllten. *"Bleibt abzuwarten, wie wir diese Artikel in Indien zu Geld machen"*, fügte Biedermann skeptisch in seinem Brief vom 8. Januar 1855 an seinen Sohn an. In Melbourne angekommen, erfolgte dann der offizielle Verkauf an WH und damit auch die Umflaggung nach London. Die WINTERTHUR verblieb in der Fahrt von England nach Australien, später kreuzte sie auch Neuseeland und Indien. So passierte sie von Kalkutta kommend Deal am 4. Dezember 1856 nach Antwerpen. Auf der Heimreise von Akyab nach London erreichte sie Gravesend am 5. Oktober 1857.[194]

In späteren Jahren war sie fast ausschließlich ein Auswandererschiff von England nach Australien und Neuseeland. So versegelte sie am 25. Mai 1863 von London nach Brisbane, lief folgend Bombay an und kehrte am 24. Oktober 1864 heim nach London.

Mit 126 Passagieren an Bord führte Kapitän William Goudie die WINTERTHUR am 23. Januar 1865 von London zum ersten Male nach Auckland, wo sie am 23. Mai festmachte.[195]
Auf dieser Reise stoppte das Schiff vom 5. bis 8. April in Kapstadt, um den ausgefallenen Kondensationsapparat zur Frischwasseraufbereitung zu reparieren. Von Auckland klarierte die WINTERTHUR am 16. August 1865 in Ballast nach Guam/Marianen-Inseln. Von Guam verschiffte sie nach Singapur, um Ladung für London aufzunehmen.

Auf ihrer zweiten Reise nach Auckland – das Kommando hatte nun Kapitän Edwin R. Hunt – verließ sie Gravesend am 24. Juni 1866 und erreichte mit nur 59 Reisenden Auckland am 19. Oktober. Eine Geburt, aber auch den Tod eines an Hirnhautentzündung verstorbenen Matrosen hatte der Kapitän zu berichten. Nach viermonatiger Liegezeit startete die WINTERTHUR in London am 1. August 1867 eine weitere Fahrt nach Brisbane und beendete die Reise am 15. April 1868. Am 26. August 1868 machte sie ein weiteres Mal in London ihre Taue los und versegelte nach Brisbane und kehrte erst wieder nach elf Monaten am 20. Juli 1869 nach London zurück. Vermutlich vollführte die WINTERTHUR eine weitere Reise nach Neuseeland, ehe WH das Vollschiff zu S. Decandea in Cardiff veräußerte. Die letzte Reise unter britischer Flagge startete sie am 19. März 1873 in Batavia nach Rotterdam mit einer Ladung Zucker. Nur wenige Tage nach ihrem Auslaufen strandete sie auf Menseneters Eiland. Der Dampfer VICE PRESIDENT PRINS der Ostindischen Gesellschaft konnte die WINTERTHUR wieder abbringen und am 26. März 1873 nach Batavia einschleppen. Das Vollschiff wurde als reparaturunwürdig taxiert und am 24. Mai 1873 dem Inder Mohamed bin Aboebakar Aydiet für 23 909,25 holländische Gulden verkauft. Der neue Eigner setzte das Schiff unter dem Namen SO-OTBAN unter Führung von Kapitän H. C. Hiddink wieder in Fahrt. Im Mai 1877 wurde dann die SO-OTBAN in Soerabaja zum Abbruch verkauft.[196]

Klipper CALCUTTA

Bereits im „Hauptbuch 1853" der Firma Gebr. Greuter & Rieter (GGR) finden sich Buchungen von Fr. 57 171,37 für ein Schiff CALCUTTA. Dieser hohe Betrag weist höchstwahrscheinlich auf eine Mitbeteiligung hin, wenn auch hierfür später keine weiteren Buchungen ausfindig gemacht werden konnten.

Die CALCUTTA wurde 1852/53 auf der neu eingerichteten Werft des Apenrader Schiffsbauer Jørgen Bruhn auf Kalvø nach dem Modell des berühmten amerikanischen Klippers SOVEREIGN OF THE SEAS gebaut. Der Stapellauf des 468 CL tragenden Schiffes mit den Dimensionen von 59,1 m Länge, 11,8 m Breite und 5,9 m Tiefe erfolgte am Sonntag des 30. Juli 1853. Ein Schiff dieser Größenordnung zu bauen erforderte auch ein entsprechend hohes Kapital. In Wattenbach, Heilgers & Co. in London fand Bruhn einen Geldgeber, der sich zur Hälfte – mithilfe von GGR und eventuell weiteren Winterthurern – am Klipper mitbeteiligte. Das Schiff ließen sie in Hamburg für 80 000 Reichsbanktaler ($^2/_3$ ihres Gesamtwertes) versichern. Doch dem großartigen Segler sollte nur eine kurze Lebensdauer vergönnt sein.

Nachdem am 6. September 1853 die CALCUTTA mit 31 Mann Besatzung unter dem Kommando von Kapitän Joachim Adolph Bruhn (Sohn des Jørgen Bruhn) aus Kalvø auslief, steuerte sie am 1. Oktober Helsingör an, um die Leuchtfeuer-Abgabe zu zahlen. Gleichen Tags nach Erledigung der Formalitäten lief sie wieder aus und geriet in der Nacht zum 4. Oktober 1853 auf Kobbergrunden bei Læsø (im nördlichen Kattegat) auf Grund.

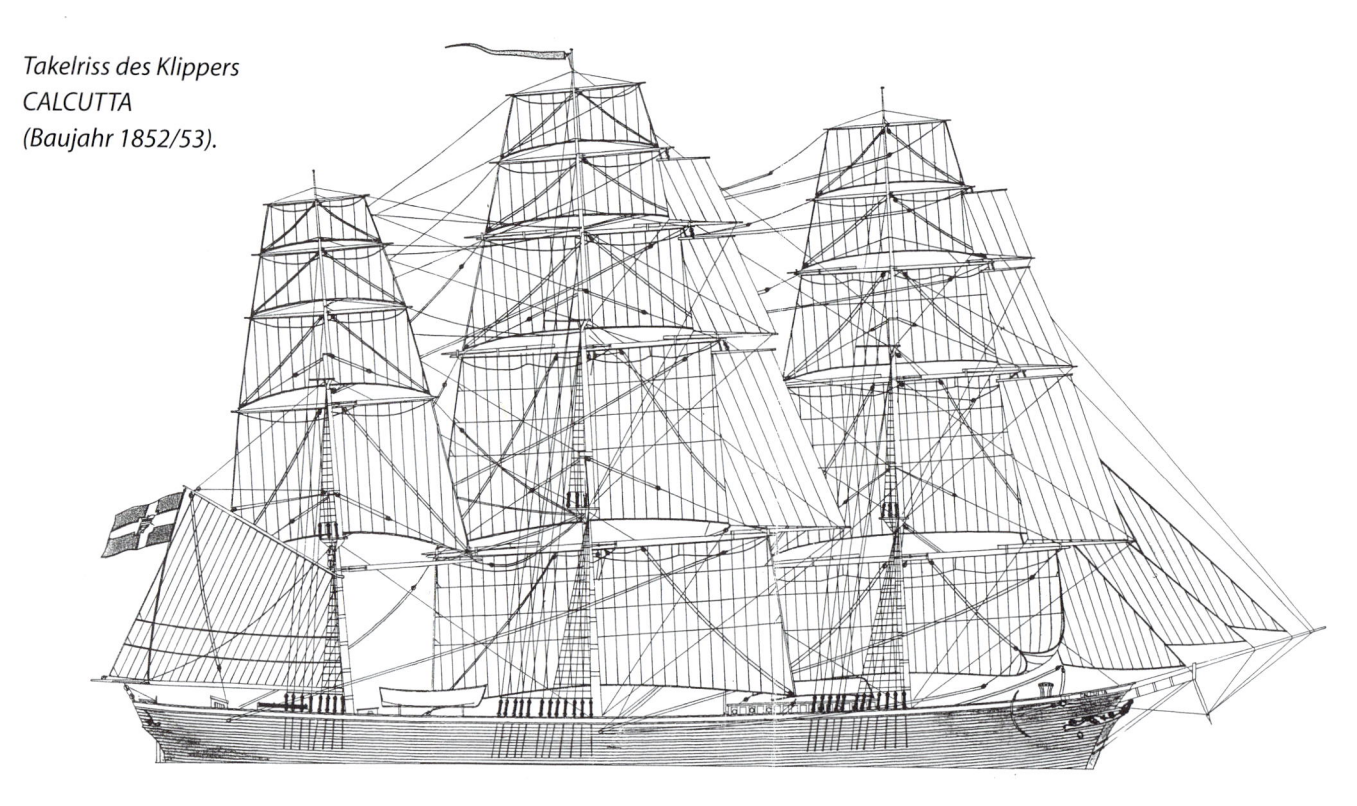

Takelriss des Klippers CALCUTTA (Baujahr 1852/53).

Das Schiff war mit Ballast und Ziel London unterwegs. In England beabsichtigte es, Fracht im Wert von £ 8000 zu laden, um diese nach Australien zu transportieren.[197]

Der Grund für die Strandung lag nach Aussage des Kapitäns in der Verwechslung des Leuchtturmes Trindel mit den Türmen in Kobbergrunden. (Die drei Türme erschienen ihm im Nebel als ein einziger Turm.)

Bis zum 15. Oktober konnte infolge stürmischen Wetters keine Hilfeleistung getätigt werden. Erst dann versuchten einhundert Mann und etliche Dampfer, die leckgeschlagene CALCUTTA aus ihrer Lage zu befreien. Doch am 26. Oktober kapitulierten die Retter endgültig. Jegliche Versuche wie auch das Kalfatern unter Wasser und die Anstrengungen, das Schiff mit Pumpen leerzukriegen, scheiterten. Die CALCUTTA wurde aufgegeben und als Wrack deklariert. Als am 2. März 1855 Eisbewegungen das Wrack näher an die Küste schoben, gelang es, einiges Schiffsinventar wie auch die Schiffsglocke und die Galionsfigur zu bergen.[198]

Klipper MATILDA WATTENBACH

Im „Hauptbuch 1854–1890" von GGR findet man neben dem Titel „Mathilde Wattenbach" die Anmerkung ⅛ *Antheil*. Für den 30. August 1854 liest man: *„geleistete Zahlungen bis heute Fr. 50 017,50"*. Am selben Tag wird als Dividende von WH der Betrag von Fr. 9375,– verbucht. Als Anteil für den Verkauf des Schiffes notierten sie am 26. Juni 1863 als Gewinn Fr. 18 506,25. Abgeschlossen wurde das Konto am 30. April 1864 mit der positiven Bilanz von Fr. 8929,05.

Der 1853 bei Frederick C. Clarke in St. Heliers/Jersey unter spezieller Aufsicht eines Lloyds Inspektors vollständig aus Holz erbaute 1058-Tonnen-Klipper, belegt mit einfachem Marssegel, einfachem Bramsegel, Oberbramsegel und Royals, erhielt das Unterscheidungssignal NQJB und in Liverpool die Registernummer 23131. Die Länge der MATILDA WATTENBACH betrug 64,5 m, die Breite 10,8 m und die Tiefe 6,2 m. Als 1856 die bis anhin größten Teilhaber J. J. Melhuish in Liverpool und Wattenbach in London nach weiteren Anteilseignern suchten, ließ Wattenbach das Schiff unter seinem Namen in London registrieren und neu vermessen.[199]

Wattenbach, Heilgers & Co. übertrugen nach dem Bau das Operating den Miteignern Melhuish & Co. in Liverpool. Ihre ersten Reisen vollführte der Klipper zwischen Liverpool, Australien und Kalkutta unter den Kommandos der Kapitäne John Clare und James Berryman. Vermutlich war die am 6. Dezember 1853 in Liverpool gestartete Reise Richtung Australien ihre Jungfernfahrt, die angeblich nicht ohne Zwischenfälle vonstatten ging.[200] Infolge eines Mastbruches lief sie mit 56 Passagieren an Bord Lissabon als Nothafen an. Die Ankunft in Melbourne ist auf den 27. April 1854 datiert.[201]

1856 charterte Mackinnon, Mackenzie & Co. in Kalkutta die MATILDA WATTENBACH für Transporte nach Europa. Jahre später in Charter von Shaw, Savill & Co. verließ sie mit Kapitän W. Goudie am 29. Mai 1862 die East India Docks in London und lief am 8. September mit 352 Personen, alles Nonkonformisten-Auswanderer, in Auckland ein. Die neuseeländische Regierung sicherte jedem zahlenden Passagier 40 Acre

Der 1853 bei F. C. Clarke in St. Heliers erbaute Klipper MATILDA WATTENBACH.

Der Klipper MATILDA WATTENBACH in den East India Docks in London.

(4047 m²) Land zu, wobei weiteren Familienmitgliedern eine ihnen proportionierte Fläche zugestanden wurde. Auswanderungs-Organisator W. R. Brame, der die Reise mitmachte, verfuhr bei der Aufnahme der reisewilligen in London sehr selektiv. Entweder mussten sie im Besitze größeren Kapitals sein, handwerklich sehr geschickt oder anderweitige der Kolonie dienenden Qualifikationen besitzen.[202] Bis 1863 führten die Kapitäne T. Denkin und W. Goudie die MATILDA WATTENBACH auf den Routen nach Australien, Neuseeland, Indien und Südafrika, ehe sie Philip Blyth aus London ankaufte. Er wiederum veräußerte binnen kurzer Zeit den Klipper ins Ausland und nach nur wenigen Tagen im November 1863 kaufte Alexander Fotheringham (Partner von John Smurthwaite, Sunderland) das Schiff zurück. Smurthwaite & Co. ließen das Schiff in RACEHORSE umbenennen und setzten es im China-Handel ein. Da das englische Gesetz zwischen 1786 und 1871 verbot, bei Veräußerungen von britischen Schiffen den Namen zu wechseln, konnte dieser Umstand ausschließlich nur durch Verkauf ins Ausland und wieder Rückkauf umgangen werden.

Ihre erste Ausfahrt als RACEHORSE machte sie von Sunderland nach Hongkong. In den Jahren 1864/65 führten die Kapitäne A. J. Mann und Matthews die Kommandos. In den folgenden Jahren machte sie Fahrten von London nach Swan River und Madras, nach Syndey und Demerara, nach Auckland und Sydney. Überliefert ist, dass der Klipper am 26. Mai 1865 von London via Portsmouth mit 278 Strafgefangenen nach Freemantle/Westaustralien segelte, wo er nach 76-tägiger Überfahrt am 10. August eintraf. 1866 nannte sich A. Fotheringham & Co., London, als registrierter Eigner. Unter Kapitän M. H. Seward lief sie am 9. Juli 1868 nach 104-tägiger Reise mit 54 Passagieren von London kommend entmastet in Auckland ein. Denn in einem heftigen Sturm verlor sie am 16. Juni den Hauptmast, das Bramsegel und das Kreuzbramsegel.

Im folgenden Jahr kaufte Schiffbauer Thomas Ridley Oswald in Sunderland die RACEHORSE und setzte sie in der Chinafahrt ein. 1872 fand sie in William Wilkinson, London, einen neuen Besitzer, der den Klipper jedoch nur einen Monat später an Thomas Redway veräußerte. Ihre letzte Fahrt unter britischer Flagge machte sie 1871 von Sunderland nach Hongkong und zurück nach London, ehe sie Redway nach Fernost verkaufte. 1874 sei die RACEHORSE von Bangkok kommend unter siamesischer Flagge bei Paracels gestrandet (vermutlich ohne größere Schäden) und am 26. November 1874 in Hongkong eingelaufen. 1875 wird sie von einem Kapitän Conlin in Chile angekauft. In einem Sturm ging sie 1884 am nördlichen Ende der Insel Mocha/Chile verloren.

Vollschiff HELEN HEILGERS

Bei Greuter & Rieter findet man unter den Debitoren auch die Position *„Helen Heilgers ⅛ Antheil"*; darunter den Eintrag vom 30. April 1854: *„geleistete Einzahlungen Fr. 14 249.99"*[203]. Bis Ende Dezember 1854 folgten weitere fünf Einzahlungen zwischen Fr. 5505,– und Fr. 8333,–. Am 9. Dezember 1855 notierte der Kassierer den Betrag von Fr. 10 386,65 als Frachtdividende der ersten Reise. Das Konto HELEN HEILGERS wurde am 14. November 1856 mit einer „Assecuranz Vergütung" (Entschädigung für Untergang) von Wattenbach, Heilgers & Co. von Fr. 44 069,76 abgeschlossen, wobei sie einen resultierenden Überschuss von Fr. 232,95 verbuchten.

Das 1100-Tonnen-Schiff baute 1854 die Schiffswerft von Frederick Charles Clarke in St. Heliers auf der Insel Jersey. Das Schicksal bescherte ihr nur ein kurzes Leben, sank sie doch infolge einer Kollision mit dem Vollschiff YEOMAN (1846/955 t) am 25. September 1856. Gegen 03:00 Uhr nachts kollidierte die HELEN HEILGERS mit Kapitän William Humphrey Harris die YEOMAN steuerbordseits auf der Höhe des Fockmastes und versenkte das solide Schiff unter der Führung von Master William Calhoun. Das Unglück geschah bei dichtem Nebel, Regen und starkem Nordwestwind im Irischen Kanal, etwa 40 Meilen westlich von Tuskar.[204]

Bedauerlicherweise sind von ihr weder Angaben zur Ausrüstung noch sonstige Informationen zugänglich. Bekannt ist lediglich, dass Kapitän Humphrey Harris 1855 die HELEN HEILGERS von Liverpool nach Kalkutta führte. Bereedert hatte dieses Schiff, wie auch die MATILDA WATTENBACH,

Das Vollschiff HELEN HEILGERS sank nach einer Kollision mit dem Vollschiff YEOMAN am 25. September 1856 im Irischen Kanal.

das Unternehmen Melhuish & Co. in Liverpool. Auch für die in derselben Stadt ansässige Firma Holzberg & Co. managte Melhuish & Co. die Schiffe.

Mit großer Wahrscheinlichkeit gehörte GGR zum Hauptanteilseigner der HELEN HEILGERS, liest sich die Liste der weiteren Mitteilhaber doch ziemlich lang. Da ausländische Parten dem Gesetze nach nicht erlaubt waren, verbirgt sich der 1/8 Anteil von GGR in den Namen von Wattenbach und Heilgers. Folgende Personen nannten sich beim Untergang als Miteigentümer: Tate Herman, Augustus Wattenbach, Frederick William Heilgers und Phillip Holzberg aus London, John James Melhuish und Thomas Stanton Eddowes aus Liverpool, Charles Gardner von Jersey, William Howell Essery aus Swansea, John Mowlem aus Swanage, Thomas Garett von der Isle of Man, William Neville von Jersey sowie Charles und John Day aus Walsall.

Interessant ist der Grund für die Vergabe der Bauaufträge nach Jersey: Die hier ansässigen Werften beschafften sich Riesenmengen an Mahagoni-Holz aus Zentralamerika und senkten so die Baukosten zwischen £ 2–3 pro Tonne. Ferner hatte die Kanalinsel das noch aus dem Mittelalter stammende Privileg, keine Abgaben zu zahlen, wenn die Schiffe an die Hauptinsel (Großbritannien) geliefert wurden.

Klipper IDA ZIEGLER

Als die Firma Wattenbach & Heilgers in London durch die MALVINA VIDAL, die Rickmers 1852 für die Hamburger Firma Ross, Vidal & Co. zimmerte, auf die Bremerhavener Schiffswerft aufmerksam geworden ist, bestellte sie bei ihr 1852 die WINTERTHUR, 1853 die IDA ZIEGLER und 1854 die AUGUSTUS WATTENBACH.

Somit erhielt zum ersten Male in der Geschichte des bremischen Schiffsbaus eine deutsche Werft Aufträge einer ausländischen Firma.[205] Der gebürtige Helgoländer Schiffsbaumeister Rickmer Clasen Rickmers (1807–1886) gründete 1834 in Bremerhaven eine Werft, die bald eine führende Stellung unter den deutschen Werften einnahm und Großes im Bau von hölzernen und später eisernen Segelschiffen geleistet hat.

Die in Amerika gebauten Klipper waren schlanke Schnellsegler, die sich hauptsächlich für die langen amerikanischen Küsten eigneten. Es zeigte sich jedoch, dass die amerikanische Klipperform zwar bestechend schön, aber wenig solide war. Eingedrungenes Seewasser beschädigte oft die Fracht und der Kredit amerikanischer Klipper begann merklich zu sinken. Auch die Mehrzahl der in England und Deutschland nachgebauten Klipper entsprach bei Weitem nicht den Erwartungen. Es wurde nun eine Form mit soliderer Bauart und größerer Ladefähigkeit – die trotzdem ein schnelles

Bielbrief der IDA ZIEGLER

„Der Senat der Freien Hansestadt Bremen beurkundet hiermit, dass persönlich erschienen ist der Schiffsbaumeister Rickmer Clahsen Rickmers, Einwohner unseres Hafens Bremerhaven, welcher wegen des von ihm neu erbaueten Seeschiffes benannt Ida Ziegler, mittels körperlicher Eidesleistung aussagte und bekräftigte: dass er mit Beihülfe der unter seiner Direction stehenden Schiffszimmerleute, das Seeschiff benannt Ida Ziegler, von Bauart ein Clipper-Fregatt-Schiff auf seiner zu Bremerhaven am Ufer der Geeste nahe deren Einmündung in den Weserstrom belegenen Schiffszimmerwerfte im gegenwärtigen Jahre nach folgenden in zwölfzölliger Bremer Fussmaasse von ihm genommenen Dimensionen, nemlich: lang im Kiele Einhundert drei und achtzig Fuß, breit über den Berghölzern fünf und dreißig Fuß vier Zoll, tief im Raume von den Baudielen bis unter Deck drei und zwanzig Fuß, – laut hiesigen Messbriefe vom 17ten Juli 1854 zu einem Lastengehalte von Fünfhundert neun und neunzig achtzehntel Lasten Bremer Maasse, berechnet – von gutem gesunden Holze von Kiel auf neu aufgesetzt, gezimmert und erbauet, auch am 13ten vorigen Monats vom Stapel gelassen und völlig fertig geliefert habe; dass dieser Clipper-Fregatt-Schiff für seine der Comparenten Rechnung erbaut und verfertigt worden und sein alleiniger Eigenthum sei.

So wahr helfe ihm Gott!

Ueber welche geschehene eidliche Erklärung gegenwärtiger öffentlicher Bielbrief mit der eigenhändigen Unterschrift des Präsidenten des Senats, unter Beidrückung des Bremischen Staats Siegels, ertheilt worden ist.

Bremen den sechzehnten August Tausend Achthundert vier und fünfzig.

Der Präsident des Senats
gez. D. Meier"

Segeln erlaubte – gesucht. Dem Werftbesitzer Rickmers gelang dies besonders gut. Die von ihm gebauten Schiffe waren nicht bloß der amerikanischen Form nachempfunden, sondern nach eigenen Plänen konstruiert, wobei die Vorteile der amerikanischen Klipper nicht unberücksichtigt blieben.

Im Bielbrief[206] der IDA ZIEGLER wird vorerst festgestellt, dass das Schiff für die Rechnung von Rickmer Clasen Rickmers gebaut wurde. Aber in der Liste der von Rickmers erbauten Schiffe figuriert als Reeder die Firma Wattenbach, Heilgers & Co. in London. Tatsache ist, dass der Klipper IDA ZIEGLER

Der Klipper IDA ZIEGLER war ein komfortabler Passagiersegler. Auf seinen insgesamt 14 Reisen erwirtschaftete das stolze Schiff auf zehn Fahrten gute Gewinne.

am 13. Juli 1854 als Baunummer 26 vom Stapel lief und offiziell am 30. August 1855 an Wattenbach, Heilgers & Co. nach London veräußert wurde.[207]

Verwirrend ist dennoch die Bemerkung von Georg Heinrich Biedermann in einem Brief vom 13. Februar 1854 an seinen Sohn Karl nach New York: *„Ms Wattenbach Heilgers & C de Londres font construire dans ce moment un Clipper de 1000 à 1200 tonneaux à Bremerhafen qui pourra prende la mer en 7bre prochain. Il coutera environ £ 1200 et appartiendra à*

    Ms Wattenbach Heilgers & Co pour ¼
    Greuter Rieter & C pour ¼
    J.A. Bidermann & C pour ¼
    à nous pour ¼

Il recvera le nom, Ida Ziegler ..."

Im Hauptbuch der Firma Greuter & Rieter findet sich bereits am 30. April 1854 eine erste Zahlung für den Klipper von Fr. 9375,– und bis zum 4. November 1854 folgten weitere drei Einzahlungen von insgesamt Fr. 112 685,–.

Die Besitzverhältnisse mussten demnach bereits Ende 1853 geregelt sein.

Des Rätsels Lösung wird wohl sein, dass der Klipper zunächst im Auftrage der Firma Wattenbach, Heilgers & Co. in London von Rickmers selbst bereedert wurde.

Der schönste Schiffskörper jener Schiffsbauerepoche

Schifffahrtshistoriker Otto Höver (1889–1963) beschrieb das Schiff folgendermaßen: *„Der Segler ist als Vollschiff mit einfachen Marssegeln, Bramsegeln und Reuels getakelt. Die Masten zeigen einen guten Fall nach achtern. Das Vorgeschirr ist sehr lang. Der Rumpf liegt schlank und niedrig zu Wasser ohne größeren Sprung in der Decksline. Der Bug erscheint lang und scharf ausgezogen. Der Fockmast steht weit zurück, wie es auch bei den neuen Yankeeschiffen üblich war."*[208]

Nach der Kiellegung am 25. März 1854 und dem Stapellauf vom 13. Juli wurde am 18. August 1854 der Seepass an Kapitän Joachim Adolph Bruhn von Apenrade in Schleswig ausgegeben. Das Schiff wurde mit 955 Bruttoregistertonnen vermessen und hatte eine Tragfähigkeit von ca. 1500 Tonnen.

Die Länge des Schiffsrumpfes betrug 52,9 m, die Breite 10,2 m und die Tiefe im Raum 6,7 m.

Die IDA ZIEGLER war nicht nur ein schnelles und zuverlässiges Schiff, sie war auch im Innern gut, ja luxuriös ausgestattet.

In der „Illustrirte Zeitung" aus Leipzig vom 8. Dezember 1855 wird der Segler wie folgt beschrieben: *„Betreten wir nun das Deck, so fallen unsere Augen unwillkürlich zuerst auf*

Takelriss des Klippers IDA ZIEGLER.

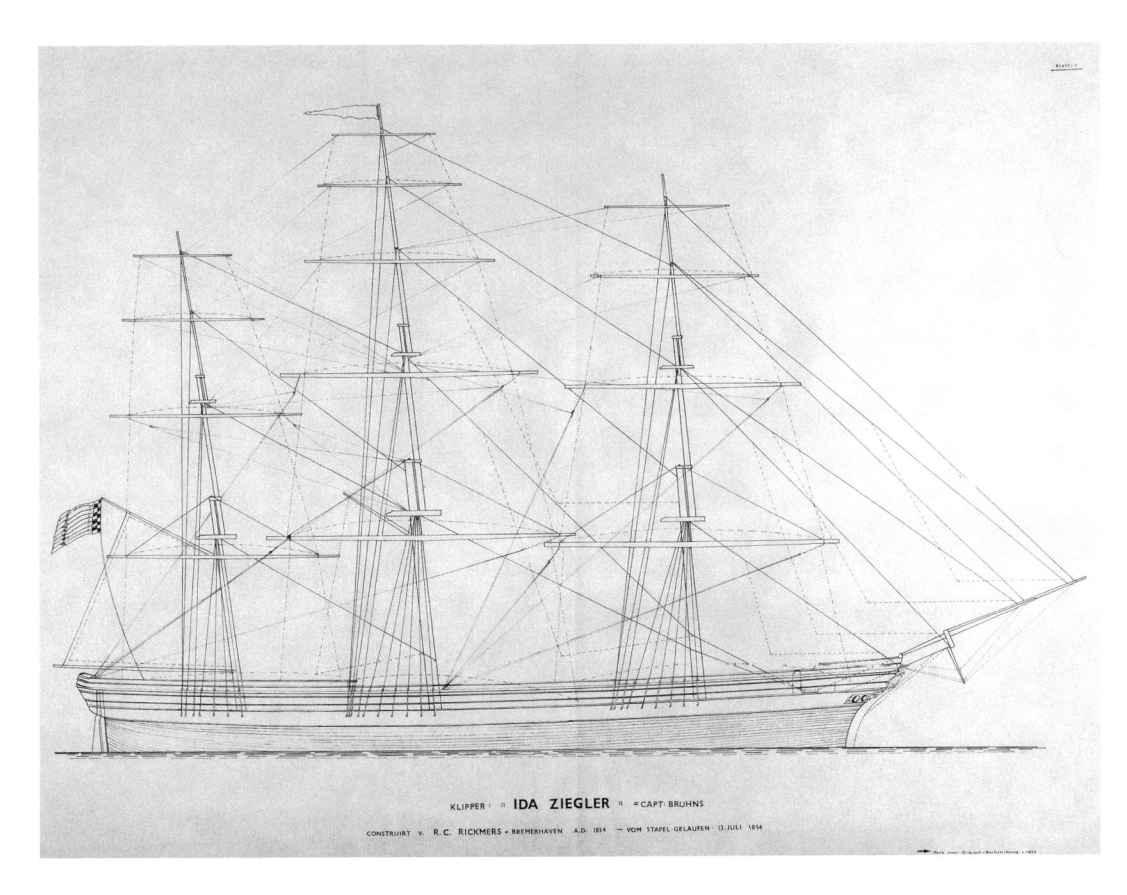

die schweren Masten, einen Haupt- und Fockmast, 34 Zoll im Durchmesser haltend; so schwere Bäume können unsere Wälder nicht liefern und daher sind diese Masten aus mehren Stücken sehr kunstvoll zusammengesetzt und mit schweren eisernen Bändern umlegt."* Die Länge des Hauptmastes vom Fuß bis zum Topp beträgt 84 Fuß und deren Gewicht wird auf 27 000 Pfund beziffert. Die Höhe vom Deck bis zum obersten (Royal-)Topp wird mit 44,5 m angegeben und die größte Rah sei 23,1 m lang. Für die Gesamtsegelfläche von 2780 m² (inkl. Reservesegel) wurden 16 000 Ellen Segeltuch verwendet. Die Wanten, welche die Masten stützen, sind 26,7 cm dick. Auf dem Schiff befinden sich insgesamt 49 817 Pfund Taugut. Die beiden Anker haben ein Gewicht von 9611 Pfund, wobei deren Ketten je 500 m lang sind (4,5 cm dick) und total 41 090 Pfund wiegen.

Das Gewicht für die am Schiff verbrauchten Eisen betrage 161 960 Pfund und für 35 516 Pfund wurde Kupfer verbraucht.

Weiter heißt es im Bericht: *„Die Kajüte, welche auf dem Deck gebaut ist, zieht sodann unsere Aufmerksamkeit auf sich. Links vom Eingange (an Steuerbordseite) ist zuerst die Kammer des Kapitäns, sehr geräumig und niedlich eingerichtet, rechts das Lokal des Stewards (Pantry), wo das feine Geschirr der Kajüte aufbewahrt und der feinere Bedarf für die Kajüte zubereitet wird. An Backbordseite ist die Kammer der Steuerleute, geräumig und hübsch. Wir treten nun in den Salon der Kajüte und staunen, so viel Pracht in einem Schiffe zu finden. Die Seiten sind ganz von schönem massivem Mahagoniholze, alles in geschmackvoller Zierform eingetheilt, mit dazwischenstehenden Säulen (deren Kapitäler reich vergoldet) vom schönsten amerikanischen Moplenholze, alles sehr sauber gearbeitet und lackirt."* Die Passagierkammern werden wie folgt beschrieben: *„In der Mitte der Kajüte steht ein langer Mahagonitisch mit gepolsterten Sitzen zu beiden Seiten. Schwellende Sophas mit rothem Plüsch überzogen und kostbare Teppiche unter unseren Füssen lassen uns vergessen, dass wir auf einem Schiffe uns befinden."* Dann die Damenkajüte: *„… ein so allerliebstes Kabinet, wie sich nur denken lässt, nicht zu groß und so recht gemüthlich. Die Wände sind sauber, meist lackirt mit Goldverzierungen, in der Mitte der Thürfüllungen Ansichten der schönsten Theile Bremens in Goldeinfassung angebracht, die sich ganz allerliebst ausnehmen, ein hübsches Sopha mit blauem Plüsch, reiche Fussteppiche, ein runder Mahagonitisch und hübsche leichte Stühle bilden das Mobiliar dieser freundlichen Abtheilung, zu welchem, wie wir hören, noch ein Flügel hinzukommen soll."* Die Logis der Schiffsmannschaft werden als bequem, sehr geräumig und die Kombüse mit vortrefflicher Kocheinrichtung beschrieben. Der Artikel endet mit erneuten Hinweisen auf die äußerst solide Bauart des Klippers: *„… dass die Inhölzer (Rippen) da, wo sie auf dem Kiel stehen, 20 Zoll Dicke haben und dass der Kielschweif 24 Zoll hoch ist. Diese schweren Hölzer sind miteinander und dem Kiel durch*

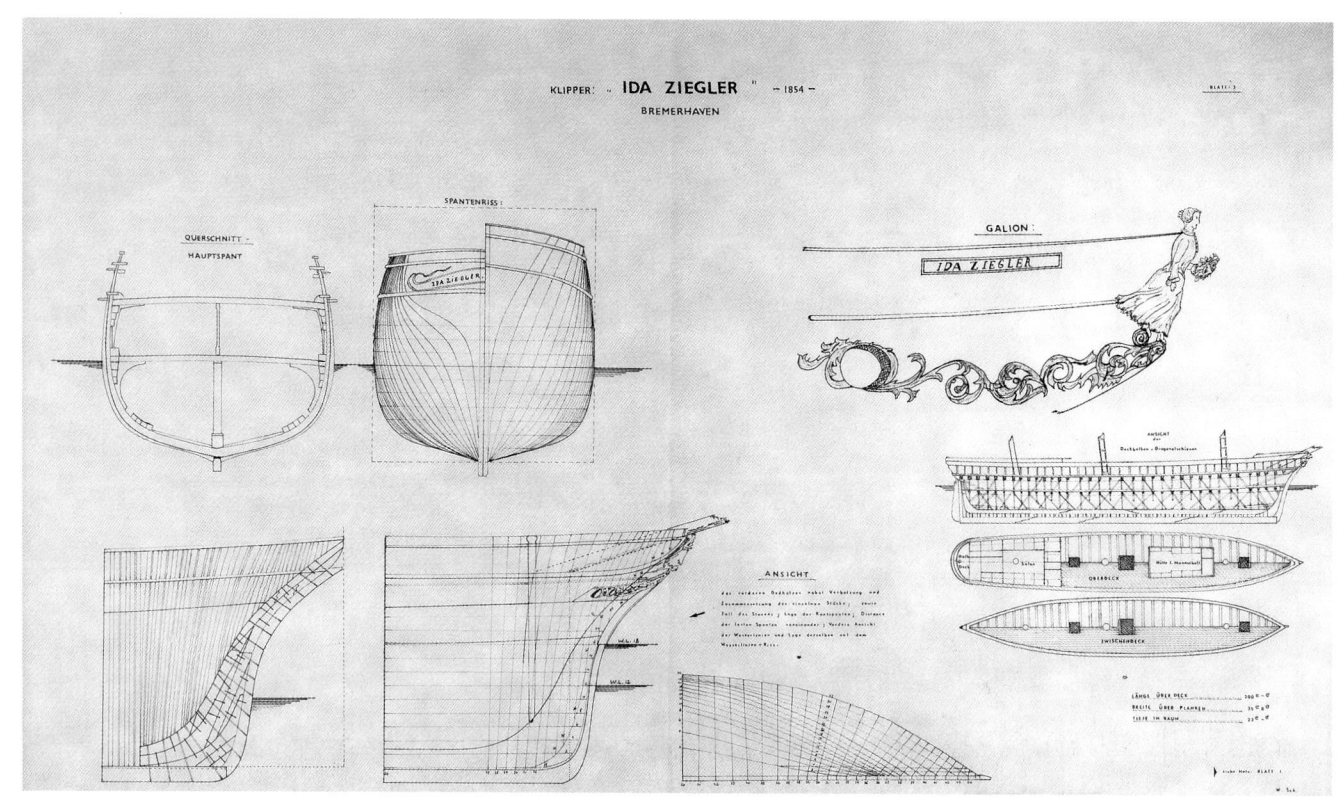

Querschnitt, Hauptspant-Spantenrisse von vorn und achtern – Vorstevenkonstruktion – Maße – Deckspläne – Galion – Decksbalken und Diagonalversteifung.

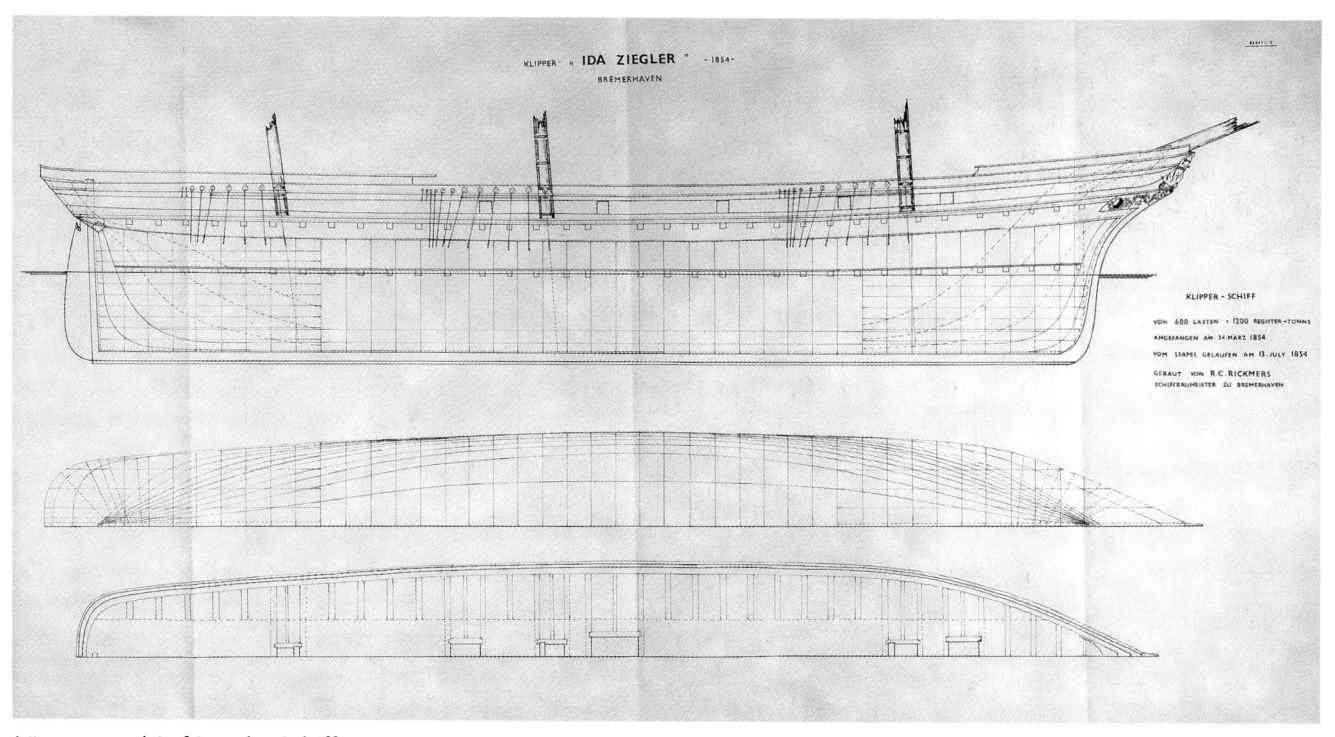

Längen- und Aufrisse des Schiffes.

1 1/2 zöllige kupferne Bolzen verbunden; die Binnenkimmingsplanken sind 10 Zoll dick; die Balkwäger, worauf die Balken des Haupt- und Zwischendecks ruhen, sind 12 Zoll dick, sogenannte Schlangen, d.h. von dem Kielschweif bis unter die Balkwäger diagonal hinaufgehende schwere eiserne Balken, sind am Vorder- und Hintertheil angebracht; eiserne Schienen diagonal über die Inhölzer gehen und auf diese gebolzt, tragen sehr zur Verstärkung bei; jeder Haupt- oder Zwischendeckbalken ist mit einem hängenden, eisernen oder hölzernen Knie versehen und außerdem durch starke eiserne Bänder, welche um die Inhölzer gehen, mit diesen verbunden."

Bekannt ist auch das Vorhandensein von vier Modellen der IDA ZIEGLER. Ein Modell dieses Schiffes wurde auf der Pariser Weltausstellung 1855 mit einer Medaille zweiter Klasse ausgezeichnet, worüber R. C. Rickmers ein von Napoleon III. unterzeichnetes Diplom erhielt. Dieses Modell befindet sich im Nationalen Schifffahrtsmuseum in Antwerpen. Ein anderes, von Kurt Hollmann erstelltes Modell ist im Deutschen Schiffahrtsmuseum in Bremerhaven ausgestellt. Ein drittes ist ein Halb- oder Kielmodell und steht im „Club zur Geduld" in Winterthur. Das wohl detailgetreueste Modell im Maßstab 1:75 baute der Basler Modellbauer Hans Zeller für das Naturhistorische Museum in Winterthur.

Reisen der IDA ZIEGLER

Die spärlich vorhandenen Briefe geben nur bedingt Aufschluss über Reiserouten des Klipperschiffes. Dennoch sind einige interessante Details ihrer Fahrten überliefert.
Mit der am 16. August angemusterten 36-köpfigen Mannschaft verließ der Klipper – nachdem ihn der Schleppdampfer SIMSON in See brachte – am 23. August Bremerhaven zu seiner Jungfernfahrt nach Cadiz, hier traf er am 13. September ein und segelte am 12. Oktober 1854 mit einer Salzladung weiter nach Kalkutta.[210] „Es werde Calcutta in einem sehr günstigen Augenblick erreichen, da die Frachtpreise auf 6–8 £ pro Tonne ständen, je nach Warengattung", schrieb Biedermann an seinen Sohn Karl.[211]
Nach einer Fahrt von 3 1/2 Monaten lief die IDA ZIEGLER am 29. Januar 1855 in Kalkutta ein, wohl „14 Tage zu spät, um die höchsten Frachten zu machen, indessen wird die Reise doch günstig ausfallen, da dasselbe eine Fracht von beyläufig £ 9000 brutto nach London abwerfen wird. Es ladet 1400 Tonnen zu 6 bis 7 £."[212] Auf der Rückreise lief sie am 1. Juli St. Helena an, um ihre Wasser- und Lebensmittelvorräte zu ergänzen, ehe sie am 15. August 1855 das East India Dock in London erreichte.[213]
Mit Kapitän Deichmann startete sie am 1. Oktober 1855 ihre zweite Reise nach Kalkutta. Die in einem heftigen Sturm er-

Die Namensgeberin Ida Ziegler

Der Name der IDA ZIEGLER lässt keinen Zweifel daran zu, welche Winterthurer Firma das erste Interesse am Klipper bekundete. Die engen gesellschaftlichen und freundschaftlichen Beziehungen zwischen den Familien Ziegler, Egg, Greuter einerseits und Wattenbach, Heilgers anderseits bestätigen die gemeinsame Beziehung zum Schiff.
Im gleichen Zeitraum bahnte sich auch eine andere Verbindung an: die Verehelichung am 17. Mai 1853 von Emil Ziegler (1827–1900) mit Ida Egg (1834–1915).
Ihr Vater J. U. Egg-Greuter hatte bei der Namensgebung des Seglers ein gewichtiges Wort mitzureden, war er doch im Jahre 1853 an der Firma mit einem Kapital von 240 000 Zürcher Gulden zu 60 % beteiligt. Ein weiterer Anlass der Namensgebung könnte Idas 20. Geburtstag am 18. Juni 1854 gewesen sein. Ida Ziegler-Egg hatte eine nicht allzu starke Gesundheit, musste immer wieder viele Bäder aufsuchen. Aber im hohen Alter von 81 Jahren starb sie am 4. November 1915.[209]

Die Namensgeberin des Klippers IDA ZIEGLER, Ida Ziegler-Egg (1834–1915).

Zeichnung von Kalkutta um 1900.

littenen Schäden an Segeln und Takelage veranlassten den Kapitän aber am 17. Oktober Portsmouth anzulaufen. Erst am 8. Februar 1856 erreichte die IDA ZIEGLER Kalkutta.

Zu dieser Indienfahrt notierte E. Ziegler am 14. September 1856 in seinem Kopierbuch: Die Spesenrechnung „*sei wieder bedeutend höher als die vorhergehende*" ausgefallen.

Georg Heinrich Biedermann spekulierte für 1857 mit erhöhten Frachtraten nach Indien, zumal infolge indischer Rebellion in Bengalen die Militärtransporte von England in das aufständische Gebiet einsetzen müssten. Skeptisch fügte er an: „*Von Calcutta nach London stehen dieselben £ 4 bis £ 4.10. Werden sie halten?*" Möglicherweise taten sie dies, vermeldete sein Sohn Heinrich in einem Brief vom 3. November 1860 an Karl Biedermann doch, „*dass die Schiffe jetzt besser rentieren als noch vor einem Jahr*".

Der Klipper war bis 1861 zwischen London und Kalkutta in Fahrt, ehe das Schiff in langjährigen Charter für Shaw, Savill & Co. ging. Die Londoner Reederei setzte die IDA ZIEGLER in der Passagier- und Paketfahrt von England nach Neuseeland ein.

Ihre erste Reise nach Auckland startete sie am 21. Mai 1861 in London und beherbergte neben einer großen Stückgutladung auch 63 Passagiere. Am 2. Oktober segelte sie weiter nach Kalkutta, um hier Fracht für Europa zu laden.[214]

Bei der nächsten Ausreise von London befanden sich 93 „Nonkonformisten" und 19 Kajütenpassagiere an Bord. Das Auslaufen trägt das Datum des 17. August 1862 und die Ankunft in Neuseeland wird mit dem 21. November angegeben.

Nach langer Lösch- und Ladezeit in Auckland reisten am 3. Februar 1863 neben 12 Passagieren Erster Klasse, 98 Unteroffizieren und Soldaten mit acht Frauen und 15 Kindern auch 15 außergewöhnliche Passagiere mit der IDA ZIEGLER nach London, wo sie die East India Docks am 19. Mai 1863 erreichten. Die besonderen Mitreisenden waren 15 Eingeborene der Maori und davon 11 Häuptlinge, die in England Königin Victoria, Prinz und Prinzessin of Wales, Lord Mayor and Lady Mayoress wie auch den Duke of Newcastle und viele angesehene Persönlichkeiten aus Londons Elite besuchten. Während ihres mehrmonatigen Aufenthalts in London erregten sie insbesondere wegen ihrer Bekleidung großes Aufsehen in der Bevölkerung der Themse-Stadt.[215]

Auf der nächsten Ausreise des Klippers, die ihren Beginn am 25. Juni 1863 in London fand, waren 115 Passagiere an Bord, davon 110 Passagiere im Zwischendeck. Die Passage von Plymouth nach Auckland dauerte 92 Tage und endete am 4. Oktober. Nach beinahe vier Monaten Aufenthalt in Neuseeland startete sie am 25. Januar 1864 mit 52 Passagieren und einer Fracht im Wert von £ 34 756 ihre Heimreise.

Nach einer relativ kurzen Liegezeit in London startete die IDA ZIEGLER am 17. Juli 1864 zu ihrer vierten Fahrt nach Auckland. Nach anfänglich schwachen Winden erzielte sie nach Passieren des Kaps der Guten Hoffnung bis nach Auckland eine der schnellsten Fahrten bislang.

Auf ihrer flotten fünften Reise nach Auckland verließ sie London am 17. Juli 1865, zwei Tage später verließ sie Plymouth mit 107 Passagieren (85 im Zwischendeck, 13 Salonpassagiere und 9 Fahrgäste Erster Klasse) und Fracht, am 5. August passierte sie Kap Verde und ihre Ankunft in Neuseeland ist auf den 14. Oktober datiert. Eine weitere exzellente Leistung erzielte sie auf einer Heimreise von Auckland nach London in sehr schnellen 74 Tagen! Bewundernswert ist diese Leistung schon deshalb, weil selbst 40 Jahre später Dampfer für die Distanz Europa – Australien zwischen 70 und 80 Tagen benötigten.

Wenn auch gewisse kleine Zweifel vorhanden sind, könnte es sich hier durchaus um das einzig existierende Foto des Klippers IDA ZIEGLER handeln.

Anfang Januar 1866 transportierte sie von Auckland nach Plymouth 346 Passagiere, wobei die Mehrzahl der Reisenden aus dem königlichen 70th Regiment, unter dem Kommando von Colonel Muldoch, bestand.

Die sechste Reise begann am 24. Juli 1866 in Plymouth und endete mit dem Ankerfallen in Auckland am 22. Oktober. Welche Überraschung für die IDA ZIEGLER, lag auch das andere Reedereischiff, die WINTERTHUR, im Hafen! Am 27. November waren beide Segler mit Flaggen dekoriert. Anlass war die Hochzeit von Mr. Mann, des Ersten Offiziers der IDA ZIEGLER.[216]

Vor der Abfahrt der siebten Reise am 11. Juli 1867 richteten die Charterer Shaw, Savill & Co. unterhalb des Salons im Zwischendeck weitere Kabinen ein. Zudem luden sie eine Milchkuh und nahmen auch einen erfahrenen Arzt sowie eine Stewardess mit an Bord. Leider verstarben auf dieser 97 Tage dauernden Fahrt vier Kinder an Masern. Ein Mädchen erblickte das Licht der Welt.[217]

Vor ihrer letzten Reise nach Neuseeland übernahm am 15. Juli 1868 Kapitän George Sellars das Kommando des Seglers. Das durchaus schöne Wetter mit nur leichten Winden bescherte der zuverlässig schnell segelnden IDA ZIEGLER die bisher mit 126 Tagen längste Reisedauer.

Bekannt sind folgende Daten ihrer Paketfahrten von Plymouth nach Auckland:

Abfahrt	Ankunft	Kapitän	Reisetage
23. Mai 1861	21. August 1861	Abraham Lewis Reynolds	90
24. August 1862	21. November 1862	dito	89
03. Juli 1863	04. Oktober 1863	dito	92
26. Juli 1864	29. Oktober 1864	dito	95
19. Juli 1865	12. Oktober 1865	dito	83
24. Juli 1866	22. Oktober 1866	dito	88
11. Juli 1867	16. Oktober 1867	dito	97
03. August 1868	07. Dezember 1868	George Sellars	126

Reisedaten Auckland – England:

Abfahrt	Ankunft	Passagiere
03. Februar 1863	ca. 18. Mai 1863	138
25. Januar 1864	06. Mai (Falmouth)	52
23. Januar 1865	11. Mai (Gravesend)	52
04. Januar 1866	28. März (Deal)	346
29. Januar 1867	?	
31. Januar 1868	10. Mai (Deal)	37

Frachten der IDA ZIEGLER

In den sehr wenigen noch vorhandenen Frachtlisten des Klippers sind für die Hinreise nach Auckland lediglich die Adressaten und die für sie bestimmte Anzahl Fässer, Pakete, Säcke oder Schachteln aufgelistet. Wenn ein Frachtgut erwähnt wird, liest man häufig Eisen als hauptsächliche Ladung.

Für eine Rückfahrt von Auckland nach London hingegen ist erfreulicherweise eine vollständige Frachtzusammenstellung vorhanden. So transportierte der Segler 1864 folgende Güter:

Güter	Anzahl	Wert £
Wolle	807 Ballen	17 304
Gummi, 128 t	1776 Packungen	15 680
Kokosnussöl	36 Fässer	302
Talg	52 Fässer	420
Bronze	64 Packungen	260
Walratöl	9 Fässer	180
Mangan	18 Fässer	150
Verschiedenes	4 Kisten	165
Kuriositäten	5 Kisten	80
Perlen	84 Säcke	35
Altes Kupfer	24 Bunde	35
Fischbein	2 Kisten	40
Schafhäute	9 Bunde	27
Pflanzen	2 Packungen	20
Flachs	1 Ballen	20
Sand	1 Sack	10
Taschen	2 Ballen	10
Total		34 756

Eine weniger detaillierte Ladungsauflistung liest sich für die Heimreise 1868. Zur Fracht gehörten 919 Ballen Wolle, 2238 Kisten und 33 Fässer Kauri-Gummi, 80 Tonnen Kupfererz und 161 Häute. In Tahiti luden sie 119 Ballen Baumwolle, 121 Fässer Kokosnussöl, 33 Barren Blei sowie weitere Güter hinzu. Als Gesamtwert der Fracht verzeichnen die Papiere £ 36 733.

Der Klipper in rauer See

Die IDA ZIEGLER hatte einige ereignisreiche Reisen auf ihrer Route nach Neuseeland.

Nachdem ein Dampfschlepper am 25. Juni 1863 die IDA ZIEGLER nach Gravesend zog und sie im Nore während der Nacht ankerten, segelte sie anderntags los und gelangte 06:00 Uhr morgens am 30. Juni nach Plymouth. Am 1. und 2. Juli verblieb sie hier, lud Passagiere wie auch 12 Schafe, 12 Schweine, 36 Enten und 8 Hühner. Eine Milchkuh wurde bereits in Gravesend an Bord gehievt. Die drei Monate dauernde Reise startete am 3. Juli 04:00 Uhr morgens in Plymouth. Den Äquator überquerte sie am 4. August in 21.14W und den Meridian am Kap der Guten Hoffnung passierte sie in 42S am 27. August. Von hier bis Tasmanien beschäftigten den Klipper starke Südwinde mit schwerer See, wobei diese die Kettenplatten der Pardunen wegschwemmten und die Rah des Kreuzbramsegels über Bord ging.[218]

Am 19. September 1865 geriet sie nach der Passage am Kap der Guten Hoffnung erneut in einen fürchterlichen Sturm. Eine Riesenwelle brach über Bord, riss backbord das Schanzkleid mit, beschädigte ein Rettungsboot in den Davits beträchtlich und füllte die Kabinen mit Wasser. Alles an Deck nicht Festgemachte wurde über Bord gespült. Noch am selben Tag, immer noch in schwerer See, spülte ein Brecher den 2. Steuermann sowie die zwei Männer am Ruder über Bord. Des Schreckens noch nicht genug, wurden auch die hinteren Lukendeckel aufgerissen und das Achterboot weggeschleudert. Als der Brecher die IDA ZIEGLER traf, befand sie sich in starker Schlagseite. Gegen Mitternacht riss der Sturm die Pardunen des Wantenspanners am Vorbramsegel und Großbramsegel weg. Den Offizieren glückte das Lösen der Takelage am Hauptmast. Während des Sturmes lag das Schiff stets vor dem Wind. Befand sie sich im Wellental, hingen die Segel dicht bei den Masten und kein Wind konnte sie füllen. Der Sturm wütete lange 36 Stunden.

Während ihrer siebten Reise 1867 nach Auckland ging sie durch einen anderen rauen Kampf, als am 28. August das Wetter ungestüm wurde und eine sehr starke Bö auf das Schiff schlug. Die Segel waren bereits verkürzt. Als später eine schwere See über das Schiff brach, entzweite diese den Hauptmast direkt unter dem Kreuzband. Der Sturm nahm Hurrikanstärke an und das Schiff schöpfte eine Menge Wasser. Unter größten Gefahren sicherten die Männer den Hauptmast, indem man die Ersatzrahe hierfür verwendete. Das Wetter blieb noch tagelang rau. Auf der Höhe des Kaps trafen sie erneut auf einen starken Sturm aus W.S.W. Als eine schwere See gegen das Mittelschiff schlug, riss sie das Gitter für die Schafe weg und spülte einige wertvolle reinrassige Tiere über Bord. Zudem wurde ein Teil des Schanzkleides steuerbords zerschlagen und das lange Rettungsboot merklich beschädigt.

Wie wichtig die für ihre Aufgabe ausgesuchten Kapitäne und Steuerleute für die Reeder, das Schiff und Fracht waren, geben die Worte von Alan Villiers sehr eindrucksvoll wieder: *„Keine Schöpfung des Menschen war mehr in der Hand eines Mannes als der Langreisesegler in der seines Führers. Er war mehr als des Schiffes Gehirn. Er war sein Charakter, seine Entschlusskraft, seine Hoffnung auf Erfolg. Der große Rahsegler* *kann mit einem Orchester verglichen werden, das einen begeisterten Dirigenten braucht, um zu voller Entfaltung zu kommen. Der Wind war die Partitur, und die Segel waren die Instrumente. Weniger befähigte Dirigenten konnten natürlich auch etwas tun, aber nur unter dem wirklichen Meister vermochte das Konzert vollen Glanz zu gewinnen."*[219]

Der Untergang der IDA ZIEGLER

Auf der achten Reise nach Auckland führte der beliebte Kapitän George Sellars das Kommando auf der IDA ZIEGLER. Am 3. August 1868 segelte sie von London ab und erreichte erst nach langen 126 Tagen am 7. Dezember Auckland. Von Auckland verholte sie am 23. Dezember nach Napier und suchte hier am 26. Dezember ihren Ankerplatz. Das raue Wetter verunmöglichte es dem Lotsen, an Bord zu kommen. Nach Wetterbesserung dislozierte er das Schiff zu einem besseren Grund mit 60 Faden (109 m) Tiefe. Erst als die für die IDA ZIEGLER vorgesehene Boje frei wurde, verwies der Hafenmeister dem Klipper diese als Ladeplatz. Da hier die gelotete Tiefe nur 40 Faden (73 m) betrug – für den Kapitän zu wenig –, beabsichtigte er, bei nächster Gelegenheit weiter seewärts zu verholen. Doch die ständig auflandigen Winde verhinderten sein Vorhaben.

Sie hatten bereits einen Teil der Ladung an Bord – 570 Ballen Wolle verblieben, um die Fracht zu vervollständigen –, als sie in seichtem Wasser um die Mittagszeit des 27. Februar an der Ostküste Neuseelands in der Bay View Beach (3 Meilen von Napier) strandete. Am selben Ort, wo schon im Juni 1863 die ROYAL BRIDE verloren ging.

In der Nacht vom 26. auf den 27. Februar 1869 blies vor Napier „a black north-easter", was nicht nur als seltenes Ereignis galt, sondern auch als größte Gefahr für die an der Reede liegenden Schiffe.

In dieser Nacht driftete der Sturm die IDA ZIEGLER Richtung Ufer. Das Schiff hatte zu dieser Zeit keinen Anker im Wasser – hierzu bestand auch keinen Anlass –, sie war lediglich am Ankerplatz mit einer Kette festgemacht. Das Schiff trieb an der Trosse bis 09:00 Uhr morgens. Als sich nun der Sturm verstärkte, ließ Kapitän Sellars den Backbordanker fallen,[220] drehte das Schiff 85 Faden (155 m) von der Steuerbord- und 30 Faden (55 m) von der Backbordkette weg. In einer heftigen Bö zerriss das Schiff die Steuerbordkette. Es wurden Bemühungen unternommen, die Kette ins Schiff zu hieven, doch jegliche Anstrengungen schlugen durch das fünf- bis sechsmalige Aufschlagen achtern fehl. Man versuchte den Bug an den Strand zu bekommen, jedoch ohne Erfolg. Um 12:25 Uhr drehte sich der Klipper längsseits zum Land und musste sich erbarmungslos den Wellen hingeben. Es regnete heftig und die Brandung stürzte masthoch über das Schiff, welches von einer zu anderen Seite schwankte, bis sie zuletzt am Strand aufgeschoben und sich auf ihrer Breitseite fixierte. An einem vormals durch die Brandung an Land geschwemmten Hühnerstall befestigten sie eine Leine. Diese wiederum machten sie an der Haupt-Rahnock fest, montierten daran einen Stapelschlitten, selbstverständlich in der Absicht, alle Mannschaftsmitglieder sicher an Land zu bringen, was ihnen auch gelang.

Kapitän Sellars, der erste und zweite Steuermann verließen als Letzte den Segler.

Gegen 17:20 Uhr gingen die Masten über Bord und eine halbe Stunde später war das Schiff ein hoffnungsloses Wrack. Die 28 Crewmitglieder konnten mit knapper Not ihr Leben retten.[221]

Berechnet man den Wert eines Ballens Wolle auf £ 15, so hatte die Ladung einen Wert von weit über £ 30 000. Versichert war die IDA ZIEGLER in England und die Ladungsversicherung von £ 5000 hielt die New Zealand Insurance Company.

Die Bergung begann schnellstmöglich. Ein Teil des Wracks und etwa 400 Ballen Wolle konnten unversehrt geborgen werden, wenn auch später infolge eines Windwechsels nach Süd der größte Teil des Wracks und die Fracht ins offene Meer trieben. Ein Bergungsmann wurde dabei ins Meer gespült und ertrank.

Das offizielle Verhör am 11. und 12. März 1869 über den Untergang ergab folgenden Entscheid:

Die IDA ZIEGLER ging infolge eines Fehlers des Hafenmeisters verloren, der das Schiff in allzu seichtem Wasser vertäuen ließ. Zudem sei der Segler nicht mit zwei Tauen festgemacht gewesen.

Aber auch die Ankerketten der IDA ZIEGLER wurden als zu kurz erachtet und den Zustand der Steuerbordkette zweifelten sie stark an.

Das Wrack wurde schließlich in fünf Teile für insgesamt £ 52 3 s verkauft.[222]

1. Verbleibender Schiffsrumpf, Taue, Takelage, Ankerspill, Dampfkessel, Segel und Destilliergeräte — für £ 26
2. Anker und Ketten (beide defekt) sowie der Original-Ankerplatz — für £ 5
3. Rettungsboot mit Ruder — für £ 11
4. Versorgungsgüter, Brotbehälter, Wassertanks und Wollschrauben — für £ 9 10 s
5. Zwei Schafe und ein Schwein — für £ 13 s

£ 52 3 s

Buchhaltungsseite „Soll" der IDA ZIEGLER für die Jahre 1854–1869.

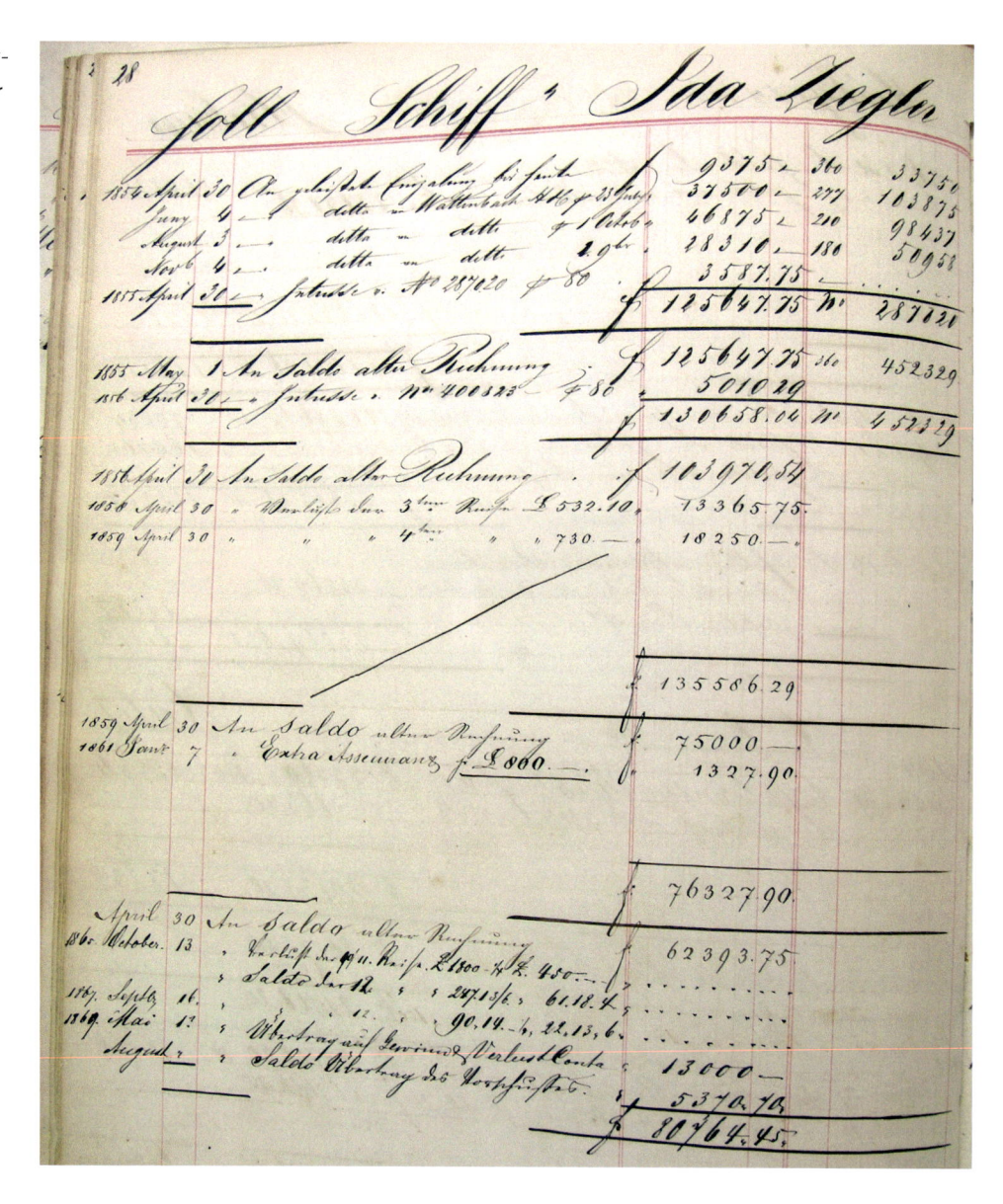

Aus dem Hauptbuch der Firma Greuter & Rieter resultierte die höchste Frachtdividende mit Fr. 26 687,50 von der ersten Reise. Für die 3./10./11. und 12. Reise notierten sie Verluste. Den Anteil der 14. und letzten Reise, mit Berücksichtigung der Versicherungsauszahlung vom Untergang, verbuchten sie mit Fr. 50 669,40. Aus der am 14. Juli 1870 abgeschlossenen Buchhaltung resultierte für die IDA ZIEGLER ein Gewinn von Fr. 18 878,60.

Klipper AUGUSTUS WATTENBACH

Am 15. Februar 1855 leistete GGR den „⅛ *Antheil*" für das Schiff AUGUSTUS WATTENBACH. Die erste Einzahlung von 1067,10 Pfund = Fr. 26 687,50 sowie die beiden Ende Dezember 1855 geleisteten Einzahlungen von Fr. 37 500,– und Fr. 24 716,45 ergeben ungenügend Aufschluss über den Kaufpreis des Schiffes, da die erwähnten Summen auch die Frachtkosten beinhalten. Aus der ersten Reise resultierte noch ein Gewinn von Fr. 3787,50 und für die zweite Reise betrug ihr Anteil am Verlust Fr. 7826,25. Die Schlussrechnung per 26. April 1860 weist einen enormen Verlust von Fr. 51 215,– mit der Zusatzbemerkung: *„Antheil am Verlust der letzten Reise an General Reparatur am Verlust dieser Abrechnung"*[223].

Die Kiellegung für den größten Segler des Konsortiums erfolgte am 11. April 1855 und der Stapellauf des bei R. C. Rickmers in Bremerhaven erbauten Klippers mit der Baunummer 28 fand statt am 30. August 1855 für die Rechnung von Wattenbach, Heilgers & Co. in London. Im Bielbrief ist das Schiff mit 63,9 m Länge im Kiel, mit 11,5 m in der Breite und die Tiefe des Laderaums mit 7,0 m eingetragen. Für die Überführung der AUGUSTUS WATTENBACH nach London unter bremischer Flagge erhielt das Schiff mit Kapitän Ed.

Messbrief des Klippers AUGUSTUS WATTENBACH, gezimmert 1855 bei Rickmers in Bremerhaven.

Fr. Chr. Kersting am 27. September 1855 einen bremischen Interims-Seepass. Am 15. Oktober traf das Vollschiff in London ein und nach Übergabe an die Besteller Wattenbach, Heilgers & Co. hissten diese die englische Flagge am Heck. Wattenbach, Heilgers & Co. setzten den Klipper für Reisen nach Indien ein. Auf ihrer eigentlichen Jungfernreise erreichte sie Kalkutta am 8. April 1856. Weiter segelte sie am 17. August von Kalkutta nach New York, wo sie nach einem vorzüglichen Ergebnis von nur 85 Tagen am 10. November 1856 eintraf. Von New York deklarierte sie am 27. Dezember nach Liverpool. Nach einer weiteren Indienreise – London/Kalkutta/New York/Liverpool – veräußerten WH das Schiff an E. Higgins & Co. in London. Der Klipper muss bereits Anfang 1860 in Higgins' Besitz gelangt sein, da Greuter & Rieter die Debitoren AUGUSTUS WATTENBACH mit einer Schlussrechnung von Wattenbach, Heilgers am 26. April 1860 abschlossen.

Inwieweit Higgins das in KING OF ITALY umbenannte Schiff 1861 bei Pile Spence in Hartlepool umbaute, ist nicht bekannt.[224] Higgins setzte das Schiff weiter in der Fahrt nach Indien und Australien ein. Als die KING OF ITALY im Januar 1862 mit 35 Passagieren und einer aus Wolle und Talg bestehenden Ladung Melbourne nach London verließ, brach auf dem Weg nach Kap Hoorn infolge Selbstentzündung der Ladung ein Brand aus. Kapitän Norris entschloss sich als Nothafen Valparaíso anzusteuern, wo sie am 17. März 1862 eintrafen und dank der Hilfe vom Festland das Feuer löschen konnten. Der größte Teil der Ladung wurde zerstört, die Schäden am Schiff hingegen reparierten sie vor Ort. Den Bestimmungshafen London erreichte sie am 13. September 1862. Nach weiteren Indienreisen gelangte sie im Mai 1865 in den Besitz von Edmund Henny Gennys in Plymouth. Verchartert an Shaw, Savill & Co. und unter Führung von Kapitän Magnus Sutherland Meredith (1819–1887) verließ die KING OF ITALY (KGJC) London am 4. Juni 1865 mit 216 Passagieren und Stückgut und erreichte Auckland am 6. September. Die am Topp wehende gelbe Quarantäneflagge signalisierte eine ansteckende Krankheit an Bord. Beinahe 80 Personen litten an Durchfall, eine Person starb kurz vor der Ankunft. Auf der Fahrt nach Neuseeland verstarben bereits drei Kinder an Lungenentzündung. Die Fahrgäste beklagten als mögliche Ursache der Erkrankungen die ungenügende Verpflegung, das schlechte Wasser und auch die unzureichenden Platzverhältnisse im Zwischendeck.[225] Am 28. Oktober 1865 segelte das Schiff weiter nach Lyttelton, verließ dort die Reede am 31. Oktober und geriet auf der Heimreise in einen schweren Sturm. Das Schiff leckte stark und Ende Juli 1866 begannen auf einer Werft in Newcastle die Reparaturarbeiten.[226]

Vermutlich endeten 1868 die Passagier- und Kohlefahrten nach Neuseeland und somit auch die Charterreisen von Shaw, Savill & Co. Möglicherweise gelangte der Segler Ende 1869 in peruanisches Eigentum, ist doch 1870 das Schiff mit unverändertem Namen für die peruanische Regierung in Callao registriert. Das Schicksal der KING OF ITALY wird mit einer kurzen Notiz im Nelson Examiner and New Zealand Chronicle am 22. Februar 1873 erwähnt, und zwar, dass der Klipper bei den Cocos Islands wrack ging.

Volkart Brothers, Winterthur

1850 kannte die Schweiz mit ihren 2 393 000 Einwohnern noch keine Großindustrie. Doch es war der Beginn der revolutionären Umwälzungen der wirtschaftlichen und sozialen Verhältnisse. Der Produktionsschwerpunkt verlagerte sich zusehends von der Landwirtschaft zur Industrie. Durch den Aufschwung der Industrie erlebte der Großhandel Mitte vorletzten Jahrhunderts eine bemerkenswerte Konjunktur. Verfügte die erste Unternehmergeneration noch über spärliche Geldmittel, bildeten die Handelsherren die eigentliche finanzkräftige Klasse.

Die Industrialisierung der Schweiz hat also aus einem bereits bestehenden, hoch entwickelten System von Handelsbeziehungen Nutzen gezogen. Das Netz der hiesigen Geschäftsbeziehungen bildete eine ganz besonders wichtige Voraussetzung für die industrielle Revolution.

Die Industrialisierung seinerseits verlangte nach Waren aus Indien (vor allem Baumwolle) und der indische Markt war offen für europäische Produkte.

Die Gebrüder Volkart erkannten diese Marktchancen und gründeten am 1. Februar 1851 die Firma Volkart Brothers, Winterthur and Bombay (VB).[227]

Ptolemäus nannte das heutige Bombay Heptanesia (Sieben Inseln). Die Portugiesen tauften sie Bom Bahia und die Briten machten daraus Bombay. 1665 nahm die britische Regierung alle sieben Inseln in Besitz, verpachtete sie jedoch drei Jahre später für die lächerliche Summe von zehn Pfund an die Ostindien-Kompanie. Nach dem Landaufschüttungsprozess, der die sieben Inseln zu einer einzigen Landmasse vereinte, wuchs Bombay kontinuierlich und wurde bald zum Handelszentrum der gesamten Westküste Indiens. 1845 hatte die Stadt eine halbe Million Einwohner und bei der ersten Volkszählung 1864 waren es 817 000. Der amerikanische Bürgerkrieg – der zeitweise dazu führte, dass Großbritanniens Bedarf an Baumwolle nicht mehr gedeckt werden konnte – löste Bombays Baumwollboom aus. Eine einzige Schiffsladung machten die Reeder und Händler sehr reich. An diesem wirtschaftlichen Erfolg wollten auch die VB teilhaben.

Organisationstalent Salomon Volkart

Der am 21. Mai 1816 geborene Salomon Volkart wuchs in einem Beziehungsgeflecht alter Zürcher Familien auf. Sein Vater Johannes (1783–1853) war Baumeister, Hauptmann und Mitglied des Großen Rates. Seine Mutter Anna stammte aus Trüllikon und war die Tochter eines Landrichters und Hauptmanns.

Nach dem Besuch der damals besten Schulen tritt der Sechzehnjährige in die Firma Caspar Schulthess in Zürich ein. Als Zwanzigjähriger verließ Salomon Volkart die Schweiz, um in Genua in einer Olivenölfirma zu arbeiten. Später nahm er eine Stelle in einer deutschen Firma in Neapel an. Schon 1844 führte ihn eine Reise nach Indien, wo sein jüngerer Bruder Johann Georg (1825–1861) als Baumwolleinkäufer bei Wattenbach & Co. tätig war. In die Schweiz zurückge-

Der Hafen von Bombay um 1900.

Salomon Volkart (1816–1893), 1851 Gründer der Gebrüder Volkart.

Johann Georg Volkart (1825–1861), Mitbegründer der Firma Volkart.

kehrt, reiste er geschäftlich für die Firma Gebr. Greuter & Rieter, Winterthur, in Europa umher. Seine Aufgeschlossenheit für Neues und sein draufgängerischer Charakterzug trieben ihn zur Selbstständigkeit. So gründete er am 1. Februar 1851 mit seinem Bruder Johann Georg die „Volkart Brothers, Winterthur and Bombay".

Seine Weltoffenheit brachte ihm viele wichtige Beziehungen zu Leuten aus Handel und Industrie. Den enormen Erfolg der VB erreichte er auch mithilfe des damals günstigen wirtschaftlichen Klimas.

Das Unternehmen Volkart importierte Waren aus Indien und lieferte dafür Produkte wie Papier, Streichhölzer, Seife und später auch Uhren, Textilien und Maschinen.[228]

1857 wurde als Partner für das Indiengeschäft Henry Leonhard Brodbeck aufgenommen. Doch bereits 1859 verschied Brodbeck.

Die Gewinnanteile in dieser Periode präsentierten sich wie folgt:

	1857	1859	1860
Salomon Volkart	40 %	60 %	50 %
J. G. Volkart	30 %	40 %	50 %
H. L. Brodbeck	30 %	–	–

Als 1861 Bruder Johann Georg in Bombay verstarb, nahm Salomon Volkart am 1. Juli 1863 Rudolph Ahlers als Teilhaber in die Firma auf. 1868 gründeten die beiden Gesellschafter in London eine Firma, die nach Rudolph Ahlers benannt wurde. Mit diesem Schritt erhofften sie sich Erleichterungen und die Erweiterung des Handels mit Indien. Sieben Jahre später wurde die Firma umbenannt in Volkart Brother's Agency. Das Jahr 1875 brachte zudem auch einschneidende personelle Veränderungen: Salomon Volkart und Rudolph Ahlers zogen sich aus dem aktiven Geschäftsleben zurück, Georg G. Volkart wurde neuer Partner und Theodor Reinhart (1849–1919) trat in die Firma ein. Letzterer, Abkömmling eines alten Winterthurer Geschlechts, war ein ideenreicher und äußerst leistungsfähiger Mann und wurde so schnell zum unbestrittenen Chef des Hauses.

Mit der Heirat von Reinhart mit Lilly Volkart (1855–1916) – einer Tochter von Salomon – im Jahre 1876 begann auch Schritt für Schritt der Einfluss und die Bedeutung der Familie Reinhart am Unternehmen Volkart zu wachsen. Mit dem Austritt von Georg Gottfried (1850–1908) aus der Firma im Jahre 1908 erlosch der männliche Zweig der Firmengründer und führte schließlich zum reinen Familienunternehmen der Reinharts.

Rein nominell avancierte London 1893 bis 1940 zum Hauptsitz der Firma Volkart Brothers, wobei die effektive Kontrolle weiterhin in Winterthur verblieb. Dass London gewählt wurde, hängt mit der Bedeutung des British Empire sowie mit dem Pfund als Weltwährung zusammen.[229]

Als Vorsichtsmaßnahme wurde 1957 zum Schutz der Firmennennung der Name Gebr. Volkart AG im Handelsregister eingetragen und sieben Jahre später am 1. November 1964 übernimmt die Gebr. Volkart AG die Winterthurer Aktivitäten der bisher weltweit tätigen Kollektivgesellschaft der Gebr. Volkart. Mit der Übernahme von 90 % des Aktienkapitals und gleichzeitiger Führung des Unternehmens durch Andreas Reinhart im Jahre 1985 begann die Umwandlung in eine Holding- und Managementgesellschaft. Mit dem Handel von Baumwolle, Kaffee, Kakao, landwirtschaftlichen und natürlichen Produkten, aber auch als Vertriebsstelle für europäische Exportgüter machte die VB ein Vermögen. Andreas Reinhart entledigte sich nun sukzessive des Warenhandels und brachte den Erlös in eine Beteiligungsgesellschaft und in die Volkart-Stiftung ein.

Im Jahre 2000 wird die Gebr. Volkart Holding AG in Volkart Holding AG umbenannt.[230]

Korrespondentreeder Eduard Ringel & Co.

Mit dem 1796 in Bochum geborenen Eduard Ringel wie auch mit den späteren Teilhabern der PRESIDENT FURRER, den Gebr. Kalkmann, pflegten die VB gute Handelsbeziehungen, war Ringel doch befreundet mit Salomon Volkart. Ringel erwarb 1829 in Hamburg das Bürgerrecht als „Commissionär". Als Mitinhaber von Ringel & Brauss ist er von 1842 bis 1847 nachweisbar. Nach Auflösung dieser Firma meldete er sein Unternehmen Eduard Ringel & Co. am 29. Dezember 1847 beim Handelsregisteramt an. Vom 4. November 1850 bis zum 8. Januar 1867 war er alleiniger Inhaber dieses Betriebes. 1867 trat Ringels Neffe Johann Carl Friedrich Eduard Ringel – seit 1845 in Hamburg bei seinem Onkel lebend – in das Geschäft ein, aus dem sich der Patron 1870 zurückzog. Die Firma Ed. Ringel & Co. ist heute noch als Handelsunternehmen in Hamburg ansässig.[231]

Ankauf der Bark PRESIDENT FURRER

Bedienten sich die Volkart Brothers in den ersten Jahren ihrer Unternehmensgründung gecharterter englischer Schiffen, kam bald die Idee zum Ankauf eines eigenen schwimmenden Fahrzeuges auf. So erwarb der Hamburger Eduard Ringel im Jahre 1854 im Auftrage der VB das schwedische Schiff STATS RADET FÄHREUS. Im Besitz der Winterthurer und mit Ringel als Korrespondentreeder operierte die Bark als PRESIDENT FURRER.

Es gibt aufgrund fehlender Dokumente wie Korrespondenzen oder Kaufbriefe keine abschließenden Beweise, wie hoch und in welcher Art die Beteiligung der Volkarts an der PRESIDENT FURRER war. Doch der im Juni 1857 im Kassenbuch der VB verbuchte hohe Verlust von Fr. 15 000 weist entweder auf eine Mehrheitsbeteiligung oder auf einen Alleinbesitz der Bark hin.[232]

Die 158,4 Lasten vermessende Bark STATS RADET FÄHREUS baute 1848 die in Neder-Lulea beheimatete Werft von J. P. Lindahl, und zwar für das Handelshaus von Carl Fredrick Höglund & Son in Göteborg. Erster Kapitän wird J. Olaf Sundberg aus Norrköping. Am 20. Januar 1849 verkaufte Höglund für 20 000 Riksdaler einen 3/4-Anteil des Schiffes an den Großhändler Erik Rundberg in Göteborg. Im August 1849 wird die Bark mit 163,5 Lasten und den Dimensionen von 33,0 m Länge, 9,0 m Breite und 4,0 m Tiefe im Raum vermessen.

Kapitän Sundberg folgend, übernahmen 1849 Zacharius Westerberg, 1850 Andreas Jansson, 1851 Edvin Niklas Rydqvist und 1852 J. N. Rundberg die Kommandos auf der STATS RADET FÄHREUS.
Am 2. April 1852 erwarb Rundberg für 12 000 Riksdaler den verbliebenen 1/4-Anteil von Höglund.
Etwas mehr als zwei Jahre später, am 3. August 1854, veräußerte Rundberg das Schiff für MBco 37 000 (SFr. 66 344)[233] nach Hamburg zu Eduard Ringel & Co., der die Bark im Auftrage der Schweizer nach dem bekannten Winterthurer Staatsmann und ersten Bundespräsidenten der Eidgenossenschaft Jonas Furrer (1805–1861) in PRESIDENT FURRER umbenennen ließ.

Handel mit Baumwolle und Schweizer Produkten

Der erste befehlshabende Kapitän der PRESIDENT FURRER hieß Johann Christian Range. Der Schiffspass wurde ihm am 11. August 1854 ausgehändigt. Auf Range folgten Aanen Cortsen und Christian Friedrich Fabricius.
Mit hauptsächlich Schweizer Manufakturen beladen, führte Kapitän Range die erste Reise für die Gebr. Volkart am 23. September 1854 von Hamburg nach Bombay und zurück nach Marseille, wo die Bark vom 20. November bis zum 10. Dezember 1855 nachweisbar ist. Anschließend segelten sie nach Bahia (25. Februar 1856) und von dort abermals nach Bombay (18. Juli 1856) und zurück nach Hamburg, wo die Mannschaft am 2. Januar 1857 abmusterte. In Bombay luden sie rohe Baumwolle und verschiedene Handelswaren, an der Malabar-Küste u. a. Kaffee und Pfeffer.[234]
Nach dieser mehr als zwei Jahre dauernden Reise müssen sich die VB zum Verkauf ihrer Einheit entschlossen haben, denn am 3. Juni 1857 wurde unter Vorlegung und Beglei-

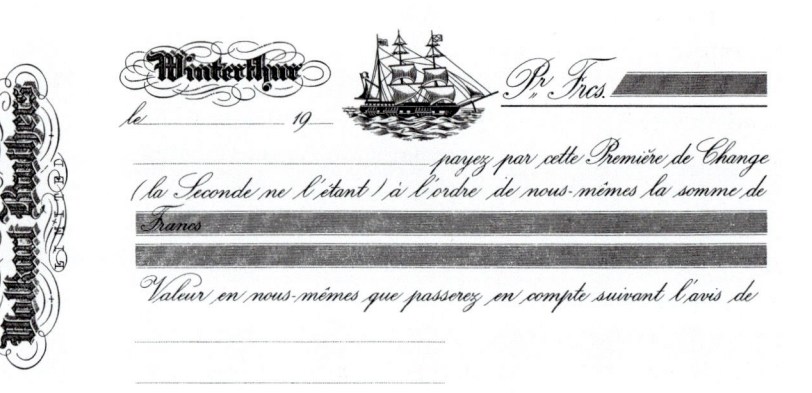

Geldwechsel der Volkart Brothers mit dem Abbild der Bark PRESIDENT FURRER.

Die Bark PRESIDENT FURRER unter Hamburger Flagge (Ölgemälde von L. Petersen aus dem Jahre 1855).

chung des Kaufbriefes vom 29. Mai 1857 Franz Diedrich Adolph Kalkmann und Carl Friedrich Theodor Christiansen der Gebr. Kalkmann & Co. sowie Mitreeder Eduard Ringel als die neuen Besitzer registriert. Im neu ausgestellten Schiffspass No. 784 vom Jahr 1857 wird die PRESIDENT FURRER nun mit 130 Commerz-Lasten vermerkt. Die Volkart Brothers ihrerseits schrieben in ihrem Hauptbuch im Juni 1857 unter „President Furrer" einen Verlust von Fr. 14 913,36. Da weiterführende Kassabücher fehlen, ist nicht auszumachen, in welchem Zusammenhang dieser Betrag genau steht. Leider existieren auch keine Archivalien über die Beweggründe von VB zum Verkauf ihrer Bark. Die Wahrscheinlichkeit ist jedoch sehr groß, dass der Verlust einzig vom Verkauf herstammt. Dass weitere Fahrten der PRESIDENT FURRER ganz aus dem Rahmen des schweizerischen Handels fallen, bestätigt erneut den Verkauf des Schiffes an Ringel und die Gebr. Kalkmann.

Der Wechsel von Hausse und Baisse bestimmte damals das Auf und Ab der Wirtschaft. 1857 wurde die Weltwirtschaft durch eine von Nordamerika ausgehende Handelskrise bis in die Grundfesten erschüttert. Warnsignale gab es bereits 1856, als die Banken den Diskont beträchtlich heraufsetzten. Möglicherweise waren die erwähnten Gegebenheiten Mitgründe für den Verkauf der PRESIDENT FURRER. Zudem entstand Anfang 1857 eine hektische Spekulationswelle: Die wichtigsten Börsenartikel Baumwolle, Kaffee, Zucker und Tabak erlebten gewaltige Preissteigerungen. Dies wiederum stellte viele alte renommierte Handelshäuser vor gewaltige Probleme. Besonders diejenigen in Hamburg spürten die größte Wirtschaftskrise des Jahrhunderts am meisten.

Die zweite Reise und zugleich die erste unter der neuen Ägide der PRESIDENT FURRER führte nach Valparaíso und Iquique wieder zurück in die Hansestadt.[235] Ihre dritte Ausfahrt mit neuer Besatzung startete sie in Hamburg am 25. September 1858 nach St. Uebes/Setubal in Portugal, wo das Schiff am 4. November 1858 nachweisbar ist. Setubal war damals ein bedeutender Platz für die Übernahme von Salz, das vornehmlich in Südamerika zum Pökeln der Rinderhäute benötigt wurde. Mit einer Salzfracht an Bord setzte die Bark am 18. Januar 1859 nach Santos über, danach segelte das Schiff nach Bahia (8. März 1859) und Pernambuco und im April 1859 von Bahia nach Bremen. Mit der am 2. Juli 1859 in Hamburg erfolgten Abmusterung endete die dritte Reise der PRESIDENT FURRER.

Für die vierte und letzte Fahrt, die nach Ostasien ging, konnte der Reisebeginn nicht ermittelt werden. Jedenfalls steht fest, dass die Bark in Hongkong, Swatau, Canton und Amoy lag.

Im Mai 1861 ging sie in Semarang in den Besitz einer chinesischen Reederei.

Peter Tschudy, Tønsberg

Als einziger Sohn und Erbe des 1852 in Vallø verstorbenen Firmengründers von Blumer & Tschudy, Melchior Tschudy, verfügte der in Schwanden geborene Peter Tschudy (1812–1900) über genügend Kapital, um 1854 ins Schifffahrtsgeschäft einzusteigen und auch um später das in finanzielle Schwierigkeiten geratene Salzwerk Vallø zu übernehmen. Verkaufte sein Vater 1851 seinen Anteil am Salzwerk für die hohe Summe von 41 500 Speciedaler an seinen Partner Peter Blumer, erwarb Peter Tschudy 1863 nicht nur die Anteile an der Salzfabrik von Magelsen und Koss, sondern ersteigerte mit hauptsächlich geliehenem Geld die von Peter Blumer in Insolvenz geratene Salzfabrik mit allen dazugehörenden Höfen.[236]

Kurzes Engagement in der Seeschifffahrt

In der Hochkonjunktur der 1850er-Jahre wollte Tschudy ebenso teilhaben an den Renditenaussichten für Frachtensegler und zugleich in der Emigrantenfahrt Fuß fassen. Obwohl man im Tønsberger-Distrikt 1854 mehr als 200 Segelschiffe zwischen 10 und 255 CL zählte, entschied sich Peter Tschudy dennoch im selben Jahr dazu, sich als Reeder zu etablieren.
Er kaufte das Vollschiff OLUF (218,5 CL), die in Tvedestrand gebaute Bark VERENA (192 CL), das Vollschiff HEINRICH (156 CL) und die Brigg NORDEN (69,5 CL).

Fünf Jahre bevor Tschudy mit seinen vier Schiffen Reederei-Wirksamkeit erlangte, besaß er bereits – so die norwegischen Register – eine kleine Brigantine namens DOVRE von 31 CL.
Wie lange der Segler in seinem Besitz verblieb, ist nicht bekannt. Vermutlich verkaufte er die Brigantine um 1854.
Nur ein Jahr nach seinen ersten Ankäufen erweiterte Tschudy seine Flotte 1855 mit dem in Schottland gebauten Schoner RANGER (62 CL) und der stattlichen Bark AABO (245,5 CL) aus England. Wiederum ein Jahr später kaufte er in Hamburg die E. Tötterman von Christinestad/Finnland gehörende Bark LISETTE (152 CL). Das sechsjährige Barkschiff sollte Tschudys Flottenbestand von sieben Einheiten abschließen.
Mit Kapitän O. M. Bjercke setzte Tschudy die OLUF als Auswandererschiff von Tønsberg und Kristiania nach Amerika und Kanada ein.
Die 1853 bei Terje Gundersen in Tvedestrand konstruierte Bark VERENA blieb bis im März 1860 in Tschudys Eigentum, ehe er das 31,5 m lange Schiff an G. A. Jacobsen verkaufen musste.
Über das Einsatzgebiet des 1839 bei Somms in Hamburg erbauten Vollschiffes HEINRICH (Ex-IDA), ist nichts bekannt. Tschudy kaufte die 49,8 m lange HEINRICH von Biancone & Co. in Hamburg.

Tønsberg mit Hafen um 1860.

Die 192 CL tragende Bark VERENA kaufte Tschudy als einjähriges Schiff von Chr. Olsen aus Tønsberg an.

Das aus England erworbene Prisen-Schiff ABO gehörte 1856 zu einer kleinen Tønsberger-Flotte, die während des Krimkrieges Truppen und Pferde ins Schwarze Meer transportierte. Die von Tschudy in AABO umbenannte Bark gelangte so im Juni mit einer Ladung Pferde von Konstantinopel zur Krim.[237]

Interessanterweise erwähnen 1859 die norwegischen Register als Eigner der Bark LISETTE Peter Tschudys Konkursmasse. Tschudy muss 1859 in immense finanzielle Schwierigkeiten geraten sein, wurde er doch gezwungen, gleich alle seine Schiffe weiterzuveräußern.

Möglicherweise verpfändete er 1863 für den Ankauf der Salzfabrik seine nicht minder ausgestatteten Latifundien, die er dann 1868 an seinen zwanzigjährigen Sohn Anton abtrat, ebenso wie er die Dampfweberei an Peter Blumer (1822–1897) verkaufte.[238]

Sowohl für die Brigg NORDEN als auch für die LISETTE fand man vermutlich erst 1863 Käufer. Kurios und beinahe ungläubig ist die Tatsache, dass Tschudy trotz Insolvenz noch Geldgeber für den Ankauf der Salzfabrik fand!

Über Peter Tschudys geschäftliche Aktivitäten nach 1868 ist leider nichts überliefert. Tschudy verstarb 1900 im hohen Alter von 88 Jahren.

Fredrik A. Otto, Farsund

Ob Fredrik A. Otto finanziell am Unternehmen seiner Cousins, der Firma Frid. Otto & Søn, beteiligt war, kann weder bestätigt noch dementiert werden. Da sich in der Literatur und Archivalien hierfür keine Hinweise finden, muss dies bezweifelt werden.

Fredrik A. Otto (1826–1909) war nur wenig mehr als ein halbes Jahr alt, als sein Vater Adam starb und Fredriks Onkel Peter die Geschäfte der Firma Frid. Otto & Søn in Farsund in alleiniger Verantwortung übernahm.[239]

Der Vater hinterließ dem Sohn ein Vermögen von 12 900 Speciedaler und mit dem Erreichen des Mündigkeitsalters erbte er auch noch von seiner Großmutter in der Schweiz 16 049,37 Gulden.

Fabrikbesitzer auf Sellegrod

Kaum mündig geworden, stieg F. A. Otto dank dem von seinem Vater und seiner Großmutter geerbten Geld ins Geschäftsleben ein, wenngleich er sich auch für die Naturwissenschaft interessierte.

Als am 2. Juli 1846 die Hofbetreiber Andreas Larsen und Peder Knudsen das Stimmrecht über Skidvannet und die dazugehörenden Rechte an Midvannet inklusive dem Wasserlauf auf eine *„Interessengruppe, die beabsichtigt, eine Fabrikweberei auf Sellegrod aufzurichten"* übertrugen, gehörte F. A. Otto zu den Frontmännern.

Fredrik A. Otto (1826–1909), Fabrikbesitzer und Schiffsreeder.

Noch am selben Tag kaufte diese Interessengruppe auch den Hofbesitz von Hans Gabriel Hellingsen in Sellegrod für 300 Speciedaler.

Alle Interessenten kamen von Farsund: Frid. Otto & Søn[240], Hans P. Bøckmann, Hans P. Eide, Ole Johannes Sundt, F. A. Otto sowie Kleinaktionäre.[241]

Das Haus von Fredrik A. Otto wird heute noch bewohnt.

Fredrik A. Otto zeichnete als größter Investor und übernahm mit seinem Schwiegervater Hans P. Eide[242] die Geschäftsführung.

Später erwarb Fredrik sämtliche Anteile an der Weberei und baute die Fabrik in eine Gerberei nach dem Muster der Gerbereien in Flekkefjord um. Er holte sich fachmännischen Rat von Gerbermeister Theodor Birkeland ein. Doch das Unternehmen blieb eine Enttäuschung. Otto konnte nicht mit jenen in Flekkefjord konkurrieren, die sich durch den direkten Import von Häuten aus Buenos Aires günstigeres und besseres Rohmaterial sicherten.

Im April 1871 ging Konsul Fredrik A. Otto Konkurs. Der in Farsund zum neuen Matador avancierte Peter Sundt kaufte sein Wohn- und Lagerhaus. Im Dezember desselben Jahres gelangte auch die ihm gehörende Seilfabrikation an eine Aktiengesellschaft mit den Herren G. S. Nielsen, P. S. Pedersen und Samuel Fedde als Teilhaber.

Sein Schiff, die Bark NOR, wie auch die Gerberei in Sellegrod kamen ebenso unter den Hammer.[243]

In der Hochkonjunktur zum Schiffsreeder

In den Zeiten des Krimkrieges florierte die Schifffahrt und die Frachtraten waren hoch. In Anlehnung an diese Gegebenheit baute Otto 1857 mit seinem Schwiegervater H. P. Eide auf der Bankestokken-Werft in Farsund die Bark NOR. Das 184,5 CL große Schiff mit 37,8 m Länge blieb auch bis zum persönlichen Konkurs in seinem Besitze. Auf einer Auktion im Februar 1872 bekamen Reinert M. Nielsen, Ommund Johannessen, Jens E. Jakobsen und Carl Bentsen aus Mandal den Zuschlag für die Bark. Die neuen Eigentümer setzten das Schiff vorwiegend in der Nord- und Ostsee ein. Über die Fahrtgebiete der Bark unter der Ägide Otto ist leider nichts bekannt. Den Heimathafen Mandal trug die NOR bis zu ihrer Strandung an der Küste von Rönnskär (bei Helsinki) am 6. August 1878. Alle zehn Besatzungsmitglieder konnten gerettet werden.

Kurz nach Auslieferung der NOR lief im Januar 1858 als letztes in Farsund gebautes Schiff der Schoner RAP (45,5 CL) von den Hellingen der Frid. Otto & Søn. Der Besteller war ihr Cousin F. A. Otto. Von 1857 bis 1865 wechselten die Eigner-Registereinträge mehrmals zwischen F. A. Otto und seinem Schwiegervater H. P. Eide. Die RAP verblieb insgesamt zehn Jahre in Ottos Besitz, ehe der Schoner in O. Reinertsen aus Farsund einen neuen Eigentümer fand. Ein beinahe fast unglaublich langes Leben sollte der RAP zuteil werden. Nach mehreren Handänderungen erhielt die RAP 1916 eine 50 PS starke Maschine und 1938 einen Scandia-Motor von 130 PS. Nach 115 Jahren Dienst (!) sank die RAP am 1. Oktober 1972 bei Landegode.

Missions-Handlungs-Gesellschaft, Basel

1859–1928: Missions-Handlungs-Gesellschaft
1928–heute: Basler Handels-Gesellschaft AG

Weder politische Momente noch geografische Standortfaktoren rechtfertigen die Gründung von Unternehmen mit internationaler Entwicklung. Zu keinem Zeitpunkt der Geschichte war die Schweiz in den Wettbewerb der europäischen Nationen eingetreten, waren wir doch als Binnenstaat vollends von der Seefahrt unter eigener Flagge ausgeschlossen. Dennoch richtete sich der Blick der Basler nach dem fernen Afrika. Jahrhundertalte Traditionen der Stadt, Basler Kaufmannsgeist und Basler Missionsgeist waren die treibenden Kräfte zur späteren Gründung der Basler Handels-Gesellschaft.[244]

Unmittelbaren Anstoß zur Gründung der „Missionshandlung" gab die Notwendigkeit, die an der Goldküste (heute Ghana) und in Ostindien tätigen Missionare und deren Stationen regelmäßig und preisgünstig mit Bedarfsartikeln aus Europa zu versorgen.

Um die Missionare von den Speditions- und Geldgeschäften zu entlasten, betraute das Missionskomitee mit dieser Aufgabe 1854 Hermann Ludwig Rottmann (1832–1899) in Christiansborg und Gottlieb Pfleiderer (1829–1892) in Mangalore. Beide erkannten rasch, dass sich eine Führung eines Stores oder Kaufladens gewinnbringend gestalten könnte. Ihre fruchtbare kommerzielle Tätigkeit zeigte Früchte und gelangte 1859 zur Gründung der Missions-Handlungs-Gesellschaft.

Die Basler Mission seinerseits – das Herz und Fundament des Kolonialunternehmens – findet ihren Ursprung in der 1780 in Basel gegründeten „Deutschen Christentumsgesellschaft", verwirklichte diese 1815 den Plan einer eigenen Missionsschule und befasste sich 1820 mit den Gedanken einer eigenen Missionstätigkeit. Transkaukasien (1821), Liberia (1827) und die dänische Goldküste (1828) waren die ersten selbstständigen Arbeitsfelder der Basler Mission.[245]

Missionsgeist und kommerzielle Initiative

Initiant dieser heute noch existierenden Handels-Gesellschaft war Ulrich Zellweger-Ryhiner (1804–1871). Nur wenige Wochen nach seinem Eintritt in die Missionsleitung legte er im März 1859 für die zukünftige Gestaltung dieses „kommerziellen" Missionszweiges einen Statutenentwurf für eine „Actiengesellschaft der Missionshandlung" vor. Zellweger empfahl die Gründung einer „anonymen Gesellschaft" mit einem Kapital von Fr. 200 000. Die folgende Zeichnung der 100 Aktien wurde rasch erreicht. Die meisten Aktionäre bezweckten mit ihrer Beteiligung in erster Linie eine Unterstützung der Mission. Bereits am 18. Juli 1859 erfolgte der Eintrag für die „Missions-Handlungs-Gesellschaft" im Handelsregister. Ausführendes Organ der Gesellschaft bildete die Handlungskommission, wobei die Leitung des Geschäftes bei Zellweger und Andreas Bischoff-Ehinger (1812–1875) lag. Doch nur fünf Jahre nach der Gründung der Gesellschaft mochte die Missionsleitung dem stürmischen Unternehmensgeist von Zellweger nicht mehr folgen.

Nachdem im Juni 1863 Eduard Preiswerk-Burckhardt (1829–1895) in das Missionskomitee berufen worden war, trat der Kaufmann im April 1864 die Nachfolge Zellwegers als Präsident der Missionshandlung an.

Unter dem Einfluss Preiswerks schlug die Handlungskommission eine neue Politik ein. Im Gegensatz zu Zellweger bestand für ihn keine Spannung zwischen Handel und Mission. Er betrachtete die Tätigkeit der Handelsgesellschaft als integrierenden Teil des Missionswerkes.

Mit der Neukonstitution der Gesellschaft im Jahre 1869 erhöhten sie das Aktienkapital auf Fr. 600 000 und das Verhältnis der Handelsgesellschaft zur Mission fand in den neuen Satzungen wie folgt ihre Umschreibung: *„Unter der Firma ‚Missions-Handlungs-Gesellschaft' bildet eine anonyme Aktiengesellschaft, deren Zweck ist, die Bestrebungen der Evangelischen Missionsgesellschaft durch Versorgung ihrer Stationen und Werkstätten mit ihren europäischen Bedürfnissen,*

Eduard Preiswerk-Burckhardt (1829–1895) entstammt einer 1540 in Basel eingebürgerten Familie. Preiswerk-Burckhardt war eine optimistische, unternehmungsfrohe Natur.

durch Einleitung der Heidenchristen und Heiden in den christlichen Handelsbetrieb und, soweit Gott seinen Segen dazu verleiht, durch finanzielle Unterstützung zu fördern."[246]

Preiswerks Ziel, die ganze Frucht der Tätigkeit der Gesellschaft der Mission zukommen zu lassen, fand seinen Inhalt in den neuen Statuten vom Dezember 1880, wobei gleichzeitig das Kapital auf Fr. 750 000 erhöht wurde.

Vier Jahre bevor die modifizierten Satzungen 1887 in Kraft traten[247], kam die Frage des Zusammengehens von Mission und Handel erneut auf. Glaubte man, sie sei nach dem Ausscheiden von Zellweger ad acta gelegt, flammte sie von der missionarisch-theologischen Seite her wieder auf. Für Missionsleiter Otto Schott (1831–1901) war die missionarische Wirksamkeit und kommerzielle Aktivität aus Gewissensgründen untragbar geworden. Sein Begehren nach „Säkularisation" hatte in der Form eines Memorandums vom Dezember 1883 sowohl beim Missionskomitee als auch in der Handlungskommission keine Chance zur Durchsetzung.

Die Wende zur Basler Handelsgesellschaft

Bedeutete die Statutenrevision 1887 einen ersten Schritt zur Selbstständigkeit der Handlungs-Gesellschaft, vollzog sich die juristische und formelle Trennung der Basler Mission und der Handlungsgesellschaft erst in der Neufassung der Statuten vom 20. November 1917. Der alte Name „Handlungskommission" wurde durch die modernere Bezeichnung „Verwaltungsrat" ersetzt.

Infolge des Ersten Weltkrieges und der vom damaligen englischen Gouverneur der Goldküste den Baslern zugeschriebenen deutschen Sympathien bedeutete 1918 nicht nur die Liquidation der Faktoreien durch Enteignung der Engländer, sondern auch die Ausweisung aller Missionsangehörigen. Wollte man die lästige Konkurrenz lahmlegen? Nur drei Jahre später entschied man sich in Basel, das westafrikanische Geschäft im Rahmen einer neuen Gesellschaft wieder aufzunehmen. So gründeten sie am 3. Juni 1921 als Betriebsgesellschaft die Union Trading Company International AG, die später zur wichtigsten Tochtergesellschaft der BHG avancierte.[248]

Erst die Generalversammlung vom 4. Dezember 1928 entfernte den alten Namen Missions-Handlungs-Gesellschaft und ersetzte diesen durch die noch heutige Firmenbezeichnung Basler Handels-Gesellschaft AG (BHG). Durch die Loslösung von der Basler Mission wandelte sich die BHG 1928 in eine Holding-Gesellschaft. Handel und Produktion wurden danach durch die Union Trading Company (UTC) als Tochtergesellschaft der BHG ausgeübt. Gemäß statuarischen Verpflichtungen ging ein Teil des Gewinns an christliche Werke. Per 30.6.1997 fusionierte die UTC International AG und am 30.6.1999 die Union Handels-Gesellschaft AG und weitere Tochterunternehmen mit der Basler Handels-Gesellschaft AG. Mit der Übernahme der BHG durch die Welinvest AG per Januar 2000 führten sie die BHG als Finanz-Holding weiter und im Zuge einer Umstrukturierung der Welinvest-Gruppe wurde die BHG als Managementfirma umdisponiert.[249]

Kommerzielle Tätigkeitsfelder der Handelsgesellschaften

Belieferten die Basler zu Beginn von ihren Niederlassungen in Ghana und Indien aus ihre Missionsstationen mit Bedarfsartikeln aus Europa, entstanden kurz danach kleinere Shops mit Artikeln für den täglichen Bedarf. Aus der Ausdehnung ihrer Missionsstationen auf Westafrika resultierten ein zunehmend größerer Tauschhandel mit den Eingeborenen sowie die kontinuierliche Ausbreitung der eigenen Plantagen. Insbesondere Ölnüsse, Palmöl, Gewürze und Sago wurden angepflanzt, aber auch Edelholzarten wie Ebenholz, Hickory, Gabun, Sapeli und Okume schlug man für den Transport nach Europa. Palmöl, ein Rohstoff für Seife, war das wichtigste Exportgut. Daneben handelte die Gesellschaft mit Palmkernen, Gummi, Kaffee, Baumwolle, Kakao und Goldstaub.

Je bedeutender Kakao als Exportprodukt wurde, desto heftiger kritisierten die Handelsgesellschaften gegenseitig ihre Geschäftspraktiken. Obwohl die Kolonialregierung die Schweizer in Ruhe ihren Geschäften nachgehen ließ, waren die Briten alles andere als glücklich darüber, dass die christliche Basler Mission so sehr im Wirtschaftsleben des Landes mitmischte.

Am 3. Februar 1873 übernahm die Handelsgesellschaft von der Bremer Firma Friedrich M. Vietor Söhne ihre stattliche Faktorei in Accra und etablierte sich hier an Stelle von Christiansborg zum Hauptsitz des westafrikanischen Geschäftes.

Die Schonerbrigg DAHOMEY der Bremer Firma Friedrich M. Vietor Söhne fuhr während beinahe 20 Jahren für die Missions-Handlungs-Gesellschaft nach Westafrika.

Die 1921 gegründete UTC war bis in die 1970er-Jahre u.a. in Nigeria, Kamerun und Ghana mit dem Betrieb von Farmen, Ausbildungszentren und Warenhäusern, Verkauf von Autos und Landwirtschaftsmaschinen sowie mit dem Export von Kakao tätig. Erst politische Veränderungen um 1960 und Währungsreformen Ende der 1980er-Jahre zwangen zu örtlichen Diversifikationen. 1995 umfasste die weltweite Tätigkeit der UTC International AG den Handel und die Produktion von Konsumgütern auf allen Kontinenten. Die Muttergesellschaft „Basler Handels-Gesellschaft" erzielte in den 1960er-Jahren mit ca. 6000 Beschäftigten Umsätze von ca. 1 Mrd. Franken und 1990 wies sie mit ca. 8000 Beschäftigten einen Umsatz von ca. 2,8 Mrd. Fr. aus. Die BHG ist heute noch im Handelsregister Basel-Stadt eingetragen.

Die Handlungsgesellschaft wird Schiffseigner

Schon im ersten Jahrzehnt des Bestehens der Handlungsgesellschaft gelangte deren Leitung zur Erkenntnis, dass die Unternehmungen durch den Besitz eigener Schiffe wesentlich gefördert werden könnten.

Für die Personen- und Warentransporte bediente sich die Gesellschaft vorerst der Schiffe der gleichfalls in Accra tätigen Bremer Firma Friedrich M. Vietor Söhne. Ihre beiden Briggs EMMA und DAHOMEY verkehrten zwischen Bremerhaven und der Westküste Afrikas.

So übernahm im Frühsommer 1860[250] der Segler DAHOMEY die erste von der MHG angekaufte Partie Palmöl. Weitere Verschiffungen folgten, ließen sich doch Renditen über 10 % erwirtschaften.

1861 wurde der Vorschlag von F. M. Vietor Söhne, ein Segelschiff auf gemeinsame Rechnung zu kaufen, von der Handlungskommission abgelehnt. Man erklärte sich jedoch bereit, für zukünftige Ladungen eine höhere Frachtrate zu zahlen. Trotz des Nichteintretens der Basler kaufte die Bremer Firma 1862 einen weiteren Segler für den Westafrika-Dienst.

Das Verhältnis der Abhängigkeit zur Bremer Firma und die Schwierigkeiten, fremden Schiffsraum zu erhalten, wie auch die günstige Entwicklung des Warenhandels bewogen die Leitung 1866, in Bremen Verhandlungen über den Erwerb eines eigenen Segelschiffes zu führen.

Im Missionskomitee brachte Inspektor Josenhans die Idee am 28. März 1866 zur Sprache. Die Missionsleitung sicherte der Handlungsgesellschaft die Summe von Fr. 60 000 als Vorschuss für die Mitfinanzierung eines Schiffskaufs zu.[251] Da die Führung der Schweizerflagge zur See nicht möglich war, musste von einem Direkt-Ankauf eines Schiffes abgesehen werden. Der Erwerb konnte nur durch einen ausländischen Staatsangehörigen, der offiziell als Eigentümer im Schiffsregister aufgeführt wurde, getätigt werden. Mit Albert Bagelmann aus Geestemünde fand man den Korrespondentreeder, der auch die Lagerung und den Verkauf der eingebrachten Waren besorgte.

Nur drei Tage nach Josenhans' Vorschlag, ein Schiff anzukaufen, sandte die Missionshandlung folgendes Schreiben an Bagelmann:

„Wir haben uns nun gerade in den letzten Tagen, weil nicht allein die Missionsgesellschaft, sondern auch wir im Laufe von 1866 und 1867 viel Bauholz und Hausmaterial nach Afrika zu

senden haben werden, also für mehrere Fahrten hinaus volle Ladung gesichert wäre, neuerdings ernstlich mit dem Gedanken beschäftigt, ob es nicht für uns an der Zeit wäre, ein eigenes Fahrzeug zu erwerben.
Es spricht so manches für diesen Plan, dass wir zum Mindesten keine Freiheit mehr haben ihn ohne Weiteres bei Seite zu schieben, wenn wir uns auch recht gut bewusst sind, welche Sorgenlast und Verantwortung wir uns durch seine Ausführung aufladen würden und so möchten wir die Sache wenigstens aufs Reiflichste überlegen und berathen können.
Fragen: 1. Ob er in 2–3 Monaten ein ‚wirklich gutes, zweckmäßig gebautes Fahrzeug von 120–130 Last' kaufen könnte."[252]

Keine zwei Monate später – nach einem ersten Angebot aus Bremen – bekräftigte die Missionsleitung ihre Ansicht, von einem Schiff über 120 Lasten abzusehen und auf die Forderungen des Verkäufers der schwedischen Brigg PREFERENCE keinesfalls einzugehen. *„Der Größe wegen würde also die von Ihnen erwähnte ‚Palme' wohl passen und bleiben wir nun gerne Ihren nächsten Bericht über Beschaffenheit und Preis dieses Fahrzeugs erwartend",* führten sie weiter aus.[253]

Mit dem Telegramm vom 28. Mai 1866 an Bagelmann, er solle das Schiff PALME kaufen, ging die Basler Missionshandlung unter die Schiffseigner.

Schonerbrigg PALME

Mit dem Kaufvertrag vom 2. Juni 1866 zwischen J. D. Bischoff & Co. und Albert Bagelmann gelangte die Handlungsgesellschaft mit der PALME zu ihrem ersten eigenen Schiff. Die Quittung von J. D. Bischoff vom 20. Juni 1866 verrät uns den Kaufpreis von 10 600 Thaler Gold. Vor dem Amtsgericht Geestemünde hatte Bagelmann am 14. August 1866 den Empfang des Kaufpreises zu quittieren und die Verpflichtung einzugehen, das Schiff der Handlungsgesellschaft zu deren Sicherheit zu verpfänden.

Die PALME lief am 17. Mai 1859 auf der Werft der Schiffsbaumeisterin Witwe Sophie Juliane Charlotte Oltmann in Motzen (Oldenburg) für J. D. Bischoff & Co., Vegesack, vom Stapel. Miteigentümer mit dem dritten Anteil des Schiffes war auch sein Kapitän Hinrich Kruse aus Vegesack. Die Schonerbrigg mit dem Unterscheidungssignal KLHM wurde mit 116,7 CL/174 Registertonnen vermessen, war 27,9 m lang, 6,9 m breit und hatte 3,1 m Tiefe.

Eduard Preiswerk hätte gerne gesehen, weiterhin die Flagge des Freistaates Bremen auf der Schonerbrigg zu führen. Doch ein entsprechendes Gesuch der Gesellschaft beantwortete der Bremer Senat am 6. Juli 1866 abschlägig.[254] Somit blieb keine andere Möglichkeit, als das hannoverische Hoheitszeichen (Bagelmann war Hannoveraner) zu hissen. Am Hauptmast wehte die der Schweizerfahne angeglichene Faktoreiflagge, die auf rotem Grund das Schweizerkreuz in weißer Umkreisung zeigte.

Die Hannoveraner Flagge führte die PALME jedoch nur auf der ersten Reise. Nach Abschluss des deutsch-österreichischen Krieges – Hannover kämpfte an der Seite Österreichs – war das Königreich Hannover aufgehoben und in eine preußische Provinz verwandelt worden. Damit verfiel das Recht, die hannoversche Flagge zu führen.

Das Gesuch an Kaiser Wilhelm I., der PALME das Recht zur Führung der preußischen Flagge zu erteilen, wurde rasch gutgeheißen. Das neue Hoheitszeichen zeigte eine weiße Flagge mit schwarzem Rand und in ihrer Mitte den preußischen Adler.

Kajütenausstattung

Nicht nur amüsant, sondern aus volkskundlicher und sozial-historischer Sicht betrachtet hochinteressant, sind die Beschreibungen und Diskussionen zur Inneneinrichtung der PALME in einem Brief von Bagelmann an die Mission vom 13. Juni 1866:

„Die Einrichtung der Kajüte wird ihre Wünsche übertreffen. Die Palme bekommt 1 Salon von 17 Fuß Länge u. 8 Fuß 7" Breite u. 2 Schlafcoyen à 2 Betten über ein ander u. 3 mit 1 Schlafcoyen u. 1 Bett. Alle haben einen kleinen geschlossenen Raum davor, wo ein kl. Nachttisch zu stehen kommt. Der Tisch in der Cajüte wird 9 Fuß lang an der langen Seite herunter klappen von 2 Zoll Breite, die genieren nicht beim Sitzen, bringen aber beim Essen 4 Zoll Breite mehr, ohne dass der Raum hinter den beiden Bänken, der 1½ Fuß breit bleibt, schmäler würde. Das Logi's für's Volk wird nach der anderen Seite unter Deck geräumig genug. Die Kombüse kommt oben aufs Deck nahe am großen Mast. In 3 Wochen muss es fertig sein. An Inventar muss manches angeschafft werden. Sopha, Spiegel so wie Erneuerungen der Segel etc., doch sagten wir die Anschaffungskosten nicht zu übersteigen, abgesehen von den Mehrkosten der Cajüte. Es wird uns von Ihnen zu bestimmen sein,

1. ob wir die Schlafcoyen mit Betten versehen sollen u. wie ... [nicht lesbar]
Soll eine Sprungfedermatratze hineingelegt werden, so dürfte die Matratze drauf nur sehr dünn sein, damit der hohe Raum nicht zu sehr beschränkt würde. Sollen die Matratzen von Pferdehaare oder mit Seegras gefüllt sein.
2. Bettwäsche. Zu jedem Bette nimmt man 4 Bettücher um einmal waschen zu können. Soll außer dem schrägen Pfühl der zur Matratze gehört, auch noch Kopfkissen angeschafft werden, so müssten wir auch 2 Kissen... [nicht lesbar] *für jedes Kissen rechnen.*

3. 3.6 dtz drellen Handtücher möchte auch nothwendig sein, wenn 6 Passagiere da sind, jede Woche 1 u. wenn unterwegs nicht gewaschen wird.
4. Einige Tischtücher. Servietten werden nicht genommen. Messer, Gabel, Löffel, Thelöffel, drüber werden wir noch später erwähnen."

In der Fortsetzung des Schreibens geht Bagelmann detailliert auf den mitzuführenden Ballast ein:

„Hinsichtlich des Tiefgangs des Schiffes, meinte Capt. Volckmann, dass wir es noch nur bei 30mc Steine bewenden lassen sollten, da Taback auch nicht leicht sei, u. besonders das Holz doch auch viel Gewicht hätte, ehe wir schon mehr Eisen oder solches Schwergut dafür bestimmten. Er meinte ob wir nicht nach 14 Tagen vor der Expedition noch Bestellung machen könnten, da die Steine ja geladen wären. Wir möchten daher wohl raschents mal 25mc Steine nur zu nehmen, dann könnten Sie jedenfalls etwas Schwer Gut bestellen. Sobald wir etwas Näheres wissen, geben wir es Ihnen auf.

Der Capt. Abbes will gern bescheid haben, wann er auch noch nicht angestellt wird, da er noch manches erst für sich zu ordnen hat. Wir haben wiederholt gute Zeugnisse über ihn erhalten, u. können wir Ihnen augenblicklich keinen anderen vorschlagen."

Ende Juli beauftragten die Basler Bagelmann, auf der PALME sogar eine kleine Bibliothek einzurichten.[255]

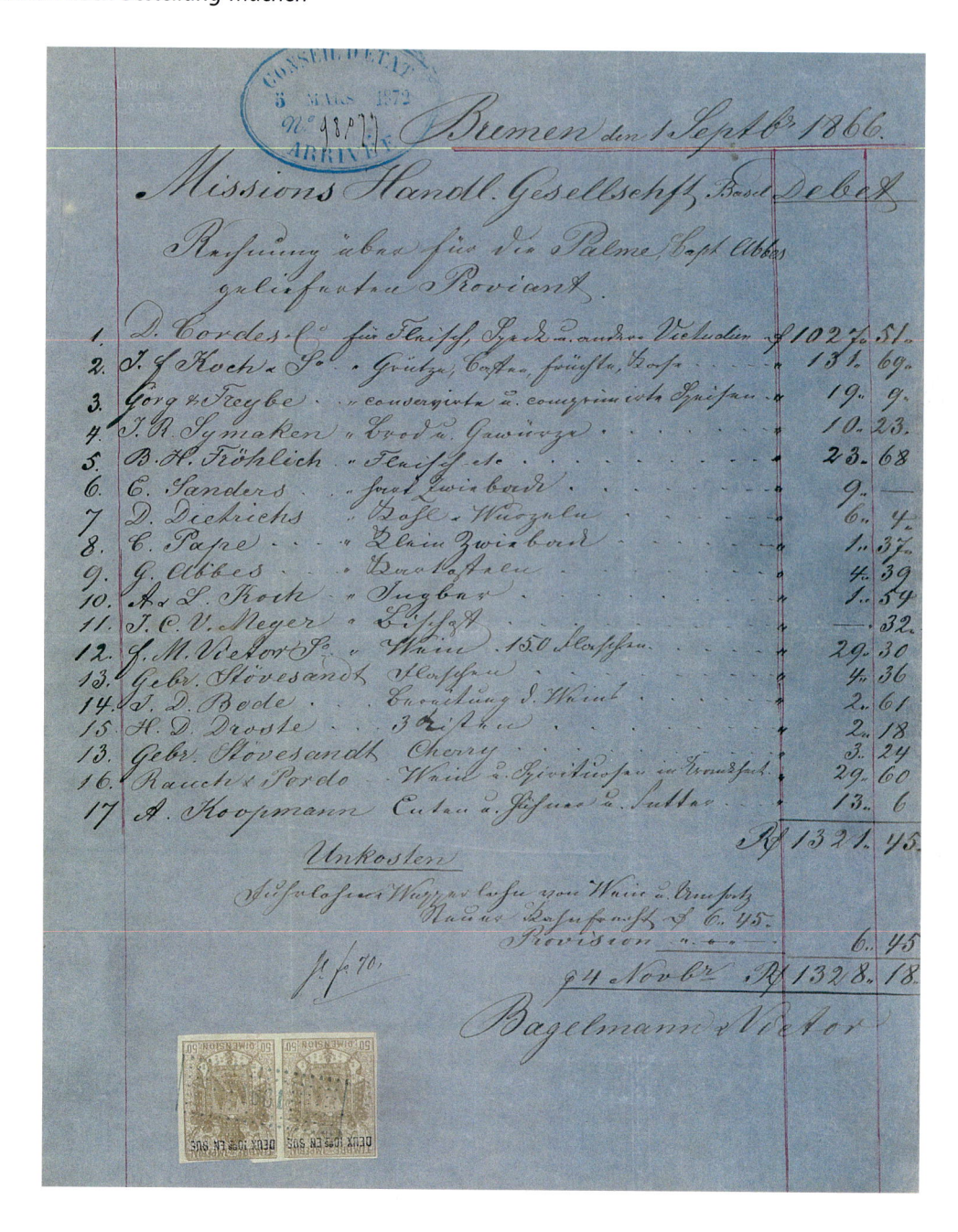

Ein sehr rares erhalten gebliebenes Dokument: die Abrechnung der PALME von Bagelmann Vietor zu Händen der Missions-Handlungs-Gesellschaft Basel für Proviant / Ankauf Schiff / Anschaffungen / Allgemeine Ausgaben / Provision / Versicherung und Handgeld für die Mannschaft.

Christliche Direktiven an den Kapitän

Den Entscheid über die Verpflichtung ihres ersten Kapitäns wollten die Basler sehr behutsam und gewissenhaft abgeklärt haben, was auch die vielen Korrespondenzen zwischen Bremerhaven und Basel offenlegen.

Am 28. Juni 1866 schrieben sie an Bagelmann: *„Nach Allem, was Sie uns nun über Capt. Abbes berichtet haben, hätten wir keine Freudigkeit gegen sein Engagement ein Veto einzulegen, wenn wir nur auf einen etwas entschiedeneren Mann unserer Farbe gewünscht hätten."* (!) Immer noch von Zweifeln geplagt, beenden die im Argwohn schwimmenden Schweizer den Brief mit: *„Gott gebe, dass Capt. Abbes die in ihn gesetzten Hoffnungen rechtfertigt!"*[256]

Bagelmann engagierte den jungen Kapitän Abbes und am 6. August 1866 schrieben die Basler an ihn folgende Zeilen: *„Wir übergeben Ihnen die Palme dieses ersten Basler Missionsschiffes, in dem guten u. festen Vertrauen, dass Sie in der Führung desselben unser Interesse in jeder Hinsicht aufs Beste werden wahrzunehmen suchen. Es ist jedoch nicht unsere Absicht, Ihnen eine geschäftliche Instruktion zu ertheilen. Dies wollen wir den Herren Bagelmann & Vietor überlassen. Nur einige Wünsche u. Bitten möchten wir gegen Sie aussprechen. Vor Allem bitten wir, doch nicht zu vergessen, dass das Schiff ein Missionsschiff ist, dass also von der Mannschaft ein strenglichstes Verhalten zu fordern ist, dass der Sonntag heilig zu halten ist und dass aufs strenglichste darauf geachtet werden muss, dass wenn ja die Mannschaft mit Gliedern der kleinen Missionsge-*

meinden in Berührung kommen sollten, sie diesen in keiner Weise ein Aergerniss gibt. Unter allen Umständen gestatten Sie nicht, dass irgendjemand von der Mannschaft Spirituosen oder Schiesspulver mit an Bord nimmt, um solche in Afrika an die Eingeborenen, seyen es Gemeindeglieder oder Heiden zu verhandeln. Wir selbst machen grundsätzlich keine Geschäfte in solchen Artikeln, können auch nimmermehr dulden, dass Andern solche von unserem Schiff aus machen und müssten wir Sie für jede Zuwiderhandlung verantwortlich machen. Auch sollte sich die Mannschaft auf dem Schiff des Genusses von Spirituosen enthalten."[257]

Die Jungfernfahrt für die Basler

Der Taufakt des Schiffes im oldenburgischen Hafen Brake war ursprünglich auf den 15. August 1866 geplant gewesen, doch erfolgte er erst am 20. August, da die regnerische Witterung das Laden der Schonerbrigg verzögerte. Um 11:00 Uhr vormittags versammelten sich der Kapitän mit der Mannschaft, die Bevollmächtigten der Basler Missionsgesellschaft, der Inspektor der norddeutschen Missionsgesellschaft, Pfarrer Wenger aus Eriswyl/BE, die vier Mitreisenden und viele Freunde aus Bremen und Umgebung auf dem flaggengeschmückten Schiff.

Nach einer einfühlsamen Predigt von Pfarrer Wenger (Bruder der Mitreisenden Elise Wenger) erfolgte durch Inspektor

Zahn der norddeutschen Missionsgesellschaft der Taufspruch: *"Das Schiff werde nun dem lebendigen Gott zu seinem Dienst übergeben, damit er es brauche zur Ausbreitung und Förderung seines Reiches. Er leite zu dem Ende den Kapitän und das Schiffsvolk mit seiner Gnade, Kraft und Weisheit. Er segne alle Mitreisenden und halte sie in seiner Zucht, damit nie ein Bann unter ihnen wohne und er jeden Raum des Schiffes mit seiner heiligen Gnadengegenwart erfüllen könne."*[258]

Am 22. August schleppte ein kleiner Dampfer die PALME nach Bremerhaven. Freunde der Mitreisenden sollen einige Blumenstöcke mit an Bord gegeben haben, worauf der Kapitän meinte, kein Einziger werde die Reise nach Afrika überleben, das Salzwasser verderbe sie alle.

Auf dem Schiff befanden sich 13 Personen: Kapitän, Obersteuermann, Untersteuermann, Zimmermann, Koch, zwei Matrosen, Leichtmatrose, ein Schiffsjunge und vier Passagiere (drei weibliche und ein Missionar). Das erste Kommando führte der Bremer Kapitän Georg Wilhelm Abbes. Am 24. August 1866 stach das Schiff von Bremerhaven aus – mit der Ladung von 24 000 Backsteinen und Material für den Bau eines Hauses – in See.[259]

Das Tagebuch der Mitreisenden Elise Wenger schildert viele interessante Begebenheiten der ersten Reise der PALME nach Christiansborg. Die folgenden Auszüge und Zitate sind ihrer Niederschrift entnommen.

Die Schonerbrigg PALME: Am Vormast weht die Faktoreiflagge, am Heck der preußische Adler. In drei Räumen fanden sieben Passagiere Platz für die Reisen nach Westafrika.

24. August: *Heute sind die Anker aufgezogen, die Segel hängen, das Schiff ist gedreht, es geht!*
Alle Passagiere leiden an der Seekrankheit.
9. September: *Es müssen eine unzählige Menge Eier an Bord sein, denn wir haben fast alle Tage.*
19. September: *Schon sind wir mehr als vier Wochen auf dem Wasser und noch immer im Kanal.*
24. September: *In Folge der vielen Stürme drang das Wasser an mehreren Orten ins Schiff. Mehr als einmal musste der Schiffsjunge des Morgens erst das Wasser aus unseren Kajüten ausschöpfen, ehe wir uns ankleiden konnten. Manchmal hatten wir den ganzen Tag keine trockenen Füße.*
Während 14 stürmischen Tagen hatten wir drei Jungfrauen nur zwei trockene Betten. Schwester K. und ich schliefen in dieser Zeit abwechselnd auf dem Ruhebett in der großen Kajüte. Eine Nacht ist mir noch besonders lebendig vor Augen. Wir waren wieder ziemlich wohl, da kam abends ein heftiger Sturm. Es war an mir die Reihe, auf dem Ruhebett zu schlafen, wenn man das schlafen heißen kann. Das Schiff schaukelte entsetzlich; alles krachte, eine Welle nach der andern schlug über. Einmal wo die Thüre der Kajüte etwas offen geblieben war, kam's

flutweise die Treppe herunter und bedeckte den Boden. Vieles schwamm: Schuhe, Taschen, ein Mantel, Kleidungsstücke aller Art. Eine lange Wurst, ein Kistchen mit Pflaumen und alles Mögliche. Es stürmte und regnete, zerriss Taue, nahm ein Segel mit.
Am 27. September erreichten sie Kap Finisterre und am 1. Oktober befanden sie sich auf der Höhe von Gibraltar.
7. Oktober: *Dass infolge der vielen Stürme ein großer Theil unserer Lebensmittel verdarb, kann man sich leicht denken. Kartoffeln hatten wir nur vier Wochen, die übrigen wurden als faul über Bord geworfen. Manches wurde schwarz und schimmlig, auch der Kaffee.*
20. Oktober: *Unten im Schiff ist ein großer Wasserbehälter, und als die Fässer leer waren, pumpte man von demselben heraus. Doch welch Schrecken, es war auf eine unerklärliche Weise salzig geworden, man konnte es gar nicht trinken. Nur wenn wir das Wasser gekocht über Schwarzbrod gossen, so war es einigermaßen trinkbar. Wie sehnten wir uns jetzt nach Regen, um frisches Wasser zu bekommen.*
21. Oktober, Sonntag: *Um 7½ Uhr ist Frühstück. Ziemlich früh, bald nach 21 Uhr gehen wir zur Ruhe. Bis jetzt hatte ich nie Langeweile, da ich viel für andere arbeiten durfte. Da habe ich*

Hosen, Westen, Röcke geflickt, Sacktücher gesäumt, einige Mützen aus gewöhnlichem und einen sogenannten Südwester aus dickem Segeltuch genäht.

28. Oktober: *Heute sind es 70 Tage, seit wir Bremen verlassen haben. Am Anfang konnte ich dem Meer keine Schönheit abgewinnen, ich sah nichts von den vielen gepriesenen Merkwürdigkeiten, mein Auge war zu sehr an das Grün unserer Wälder, an den ewigen Schnee unserer Alpen gewöhnt, als dass ich diese endlose Ebene hätte schön finden können. Doch es blieb nicht immer eine Ebene. Es gab oft hohe Berge von Schaum, weiß, wie mit Schnee bedeckt; es gab Thäler, in die unser Schiff hinunterstürzte, wie wenn es auf den Grund fahren wollte, aber nur, um gleich wieder auf die Höhe zu kommen. Nun habe ich mich mit ihm ausgesöhnt. Ich finde es schön, sehr schön, immer etwas Neues in Form und Farbe.*

9. November: *Alles wird zur Ankunft vorbereitet. Die Flaggen werden nachgesehen und wir flickten zwei, die Ankerketten hervorgeholt und festgemacht, unsere Koffer uns gegeben.*

13. November: *Seit zwei Tagen fahren wir an der Küste Afrikas und können nun Häuser, Bäume und Negerboote unterscheiden.*

14. November: *Gegen Mittag fielen rasselnd die rostigen Ankerketten, Christiansborg gegenüber. Es war ein eigentümliches Gefühl, nach 83 Tagen zum ersten mal wieder festen Boden unter den Füssen zu haben.*

Am 8. April 1867 kehrte die PALME mit einer Ladung Palmöl und Baumwolle von ihrer ersten Reise heim nach Bremerhaven.

Die archivierten Schiffsrechnungen ergeben genauen Aufschluss über die Heuer von Kapitän Abbes auf der ersten Fahrt. Er bezog 30 Taler, eine Kommission von 4 % auf dem Wert der Hin- und Rückfahrt und 25 Taler für jeden der vier Passagiere. Insgesamt erhielt er für die erste Reise 667½ Taler Entlohnung.

Reichliche Verpflegung

Die Verpflegung auf allen Schiffen der Handlungsgesellschaft war gut und reichlich, wenn auch der Bericht von Kassierer J. Müller in Christiansborg vom 5. Juli 1867 an das Missions-Komitee die Verproviantierung wie folgt bemängelte: *„Auf der DAHOMEY bäkt man doch 2 Mal per Woche frisches Brot; auf der PALME hatte man statt dessen nur von Bremen mitgenommenes Schiffszwieback u. dergleichen."*
Doch abschließend notierte er *„nur ein Lob über die gute Verpflegung, die die Reisenden infolge der Fürsorge der verehrten Handlungskommission genossen".*
Auf ihrer ersten Reise führte die PALME u.a. 10 Barrels Fleisch, 8 Fass Heringe, 1200 Pfund Hartbrot, 800 Pfund Cakes etc.; für die Kajüte waren als besondere Delikatessen reserviert: Sauerfleisch, Rauchfleisch, Mettwürste und 36 lebende Hühner. Dazu kamen als Getränke 300 Flaschen Rotwein, 50 Flaschen edler Haut-Barsac, 12 Flaschen Portwein, 6 Flaschen Genever und 240 Flaschen Bier. Für die Beleuchtung sorgten neben dem erforderlichen Lampenöl 40 Pfund Stearin-Lichter.

Die PALME wird gekapert

Die Reisedauer von Bremerhaven nach der Goldküste und zurück wurde von der Handlungskommission auf 8 bis 9 Monate eingeschätzt.
Die erforderliche Zeit für das Löschen und Laden in den westafrikanischen Häfen war vom Einsatz der Surfboats abhängig. Bei starker Brandung konnten diese Schiffe nicht auslaufen und somit auch keine Güter transportieren. Im günstigsten Falle beschränkten sich die Liegezeiten in Afrika auf bis zu drei Wochen; doch auch zwei Monate waren keine Seltenheit.
Zu Beginn der eigenen Seeschifffahrt bestand die ausgehende Fracht vornehmlich aus Baumaterialien für Missionsbauten auf verschiedenen westafrikanischen Stationen sowie für die neue Handelsniederlassung in Ada Fo. Dadurch erhielt die PALME für Jahre ausreichende Exportfracht. Die wachsende Ausdehnung des afrikanischen Produktengeschäftes sicherte wiederum volle Rückladungen.

Die ersten fünf Reisen verliefen ohne nennenswerte Zwischenfälle. Sorgenvoller gestaltete sich die sechste Reise. Gleich nach der Ausfahrt geriet sie in einen schweren Sturm, der das „Steuerrad" zertrümmerte, sodass der Kapitän Falmouth ansteuern musste. Auf der am 13. Juli 1870 angetretenen Heimreise von Christiansborg (Accra) nach Bremen – die PALME stand unter dem Kommando des Ersten Steuermanns Scharoun – drang Wasser ein, sodass alle vier Stunden und bei schlechtem Wetter alle ein bis zwei Stunden gepumpt werden musste. Zudem brach auf der Heimfahrt der Deutsch-Französische Krieg aus. Die Sorgen um das Schicksal des unter norddeutscher Flagge segelnden Schiffes verstärkten sich.
Da das Schiff jeden Tag im Kanal erscheinen konnte und der Gefahr der Kaperung durch die französische Kriegsflotte ausgesetzt schien, hielt es Preiswerk angezeigt, am 7. September 1870 den schweizerischen Gesandten in Paris, Minister Johann Conrad Kern (1808–1888), über die Eigentumsverhältnisse der PALME zu orientieren mit der zusätzlichen Bitte, Schritte zur Sicherung der Ladung zu unternehmen. Preiswerk wies darauf hin, das Schiff sei ausschließlich für den Betrieb der Geschäfte der Handlungs-

Johann Konrad Kern (1808–1888) aus Berlingen/TG. Kern war ein namhafter Wirtschaftspolitiker, Baumeister des schweizerischen Bundesstaates, Nationalratspräsident und Diplomat der Eidgenossenschaft.

gesellschaft und insbesondere für die Versorgung ihrer Niederlassungen in Christiansborg und Ada Fo eingesetzt. Den Wert der Fracht bezifferte er auf Fr. 130 510, wenn auch aus dem „*Exrait du Journal de la Société des Mission à Bâle*" eine andere Summe zu entnehmen ist.[260]

Geladen hatte die PALME:

286 Tonnen Palmöl	Fr.	103 645.33
127 Säcke Kopra	Fr.	2201.90
78 Säcke Nüsse	Fr.	1018.41
8 Ballen Baumwolle	Fr.	650.08
4 Ballen Baumwollseide	Fr.	29.92
2 Ballen Felle	Fr.	154.21
1 Elefantenzahn	Fr.	88.47
3174 Tonnen Palmnussöl	Fr.	8327.65
	Fr.	116 134.97

In seinem Hinweis, die in den Konnossementen aufgeführten Namen Bagelmann & Vietor besäßen keinen Anteil am Eigentum der Ladung, sondern seien Agenten und Kommissionäre der Gesellschaft, widerspiegeln die Problematik des neutralen Charakters von Schiff und Ladung im Prisenrecht.

Nicht ungenutzt ließ Preiswerk die Gelegenheit, Minister Kern auf das Verbot zur Führung der Schweizerflagge und somit der Notwendigkeit zur Führung einer fremden Flagge aufmerksam zu machen.

Nur einen Tag später wandte sich der schweizerische Gesandte an den französischen Außenminister Jules Favre mit der Bitte, Sorge dafür zu tragen, dass die französischen Kreuzer den Befehl erhielten, die PALME nicht zu kapern. Dieser leitete das Begehren an den Minister der Marine weiter. Am 14. September antwortete Favre an Kern: *„qu'il ne lui était pas possible de faire donner des ordres aux bâtiments de guerre français, mai que les droits généraux des neutres seraient respectés".*

Doch kaum lief die PALME am 1. Oktober in den Kanal ein, brachte das Lotsenboot von Scilly Zeitungen und einen offenen Brief des Norddeutschen Konsuls. Der Kapitän entschied aufgrund dieser Warnungen, auf der Reede von St. Mary, an der Südwestküste Englands, vor Anker zu gehen. Nur vier Tage später erhielten sie Order, die Reise fortzusetzen. Am 7. Oktober waren sie segelfertig, der Lotse kam an Bord, die Royals wurden gesetzt, doch stürmische Winde zwangen sie, bei St. Mary liegen zu bleiben. Nach einer weiteren Woche vor Anker fragten sie in Bremerhaven telegrafisch an, ob sie weitersegeln dürfen. Tags darauf antwortete Bagelmann mit „Abwarten". Die Schonerbrigg verblieb nun während drei Monaten bei Scilly, häufig in stürmischen Winden, die oftmals veranlassten, den zweiten Anker zu werfen. Auf Aufforderung Bagelmanns wagte sich Scharoun am 13. Januar 1871 wieder auf die See. Bis auf die Höhe von Dünkirchen verlief die Fahrt ohne Zwischenfall. Am 15. Januar 1871 um 13:00 Uhr sichtete die PALME zwei französische Kriegsschiffe, um 14:00 Uhr setzte Scharoun die deutsche Flagge und im selben Augenblick feuerte eines der Schiffe einen Warnschuss Richtung PALME ab. Trotz früheren Zusicherungen der französischen Seite erwiesen sich die Befürchtungen der Handlungskommission als richtig, als die PALME von einem Kanonenboot gekapert und mit seiner Ladung nach Dünkirchen gebracht wurde. Die Schonerbrigg nahmen sie in Schlepptau und gingen um 20:00 Uhr bei Calais vor Anker. Am nächsten Tag steuerte ein Lotse das Schiff nach Dünkirchen, wobei beim Ankerlichten die Kette des Steuerbordankers riss. Kapitän und Mannschaft nahmen sie gefangen. Der *Conseil provisoire des Prises de Bordeaux* erklärte am 9. Februar das Schiff als beschlagnahmt.

In der Folge sprach Preiswerk bei Bundespräsident Karl Schenk vor. Schenk vertrat die Ansicht, das Verlangen der Freigabe von Schiff und Ladung müsse beim Prisengericht in Bordeaux durch einen Anwalt vertreten sein. Preiswerk kontaktierte gleichzeitig Frankreichs Botschafter und seine Geschäftsfreunde Marchand Fréres in Dünkirchen. Diese teilten ihm mit, es bestehe durchaus die Aussicht, das Schiff freizubekommen, wenn der Nachweis des Eigentumsrechts erbracht werden könne. Mit einem reich dokumentierten Memorandum erlangten sie nach Hinterlegung einer Kaution von Fr. 26 000 – bis zum Urteil des Prisengerichtes – die Freigabe von Schiff und Ladung. Am Nachmittag des 25. März 1871 übernahmen der Kapitän und der Steuermann das Schiff in Dünkirchen. Sechs Tage später trafen der Zimmermann und der Koch an Bord ein. Bevor sie am 5. April aus Dünkirchen ausliefen, engagierten sie zwei Matrosen für je £ 4 und erhielten am 3. April einen 600 kg schweren neuen Anker. Der Weserlotse führte die PALME endlich am Nachmittag des 12. April um 13:00 Uhr an die Pier ihres Heimathafens.

Für die Gesellschaft sollte die Affäre mehr als ein Jahr später erst ihre definitive Erledigung finden. Der Conseil des prises de Bordeaux revidierte ihren früheren Standpunkt nicht und verwies nochmalig auf die Seerechtspraxis, dass für die Beurteilung von Prisenfällen die Schiffspapiere das entscheidende Kriterium bilden.

Nach einer Aussprache mit dem französischen Staatsrat Versigny empfahl Minister Kern der Handlungsgesellschaft, gegen den Entscheid des Prisengerichtes zu rekurrieren. Die Basler Interessen vertrat der Pariser Anwalt A. Bosviel. Nach seinen Eingaben an den Staatsrat im November und Dezember 1871 verhandelte der Vertreter der Handlungsgesellschaft mit dem Argument, dass in Ermangelung des Rechts, die Schweizerflagge zu führen, sie gezwungen waren, eine ausländische Flagge zu verwenden. Vor allem konnte er sich auf einen Präjudiz-Entscheid stützen, da die einem Österreicher gehörende Fracht an Bord eines deutschen Schiffes als neutrales Gut erklärt wurde. Diese Argumentation führte mit dem Urteil des Prisengerichtes in Bordeaux am 10. Juni 1872 zum Sieg der Handlungskommission.

Das umfangreiche Dekret wurde vom Präsidenten der Republik Adolphe Thiers genehmigt und unterzeichnet. Wesentlichen Anteil am erfolgreichen Gelingen hatte Minister Kern, der am 19. Juni 1872 in seinem Bericht an den Bundesrat dem Entscheid eine grundsätzliche Bedeutung für das internationale Seerecht zumisst: *„Il me paraît que cette question n'est pas sans intérêt pour le commerce de la Suisse avec les pays d'autre-mer et que la solution donnée à cette affaire par le Conseil d'Etat Français constitue un Précédent remarquable en droit international maritime."*

In einem Dankesschreiben an Bundespräsident Friedrich Emil Welti verwies Preiswerk auf die Tatsache, *„[…] dass eine Gesellschaft, die durch sachgemäßen Betrieb ihrer Handelsunternehmungen eines eigenen Schiffes bedarf, in Kriegszeiten schlimmer gestellt ist als selbst die kriegführenden Parteien. Wir würden die erlittenen Nachteile umso lieber tragen, wenn dieser Vorfall dazu dienen könnte, die Stimmung in den maßgebenden Kreisen der Aushingabe einer Schweizer Flagge günstiger zu gestalten […]."*[261]

Zehn Jahre Afrikareisen

Nach ihrer Freigabe musste die PALME sich Reparaturarbeiten und einer Neukupferung unterziehen, bevor sie am Neujahrstag 1872 zu ihrer siebten Reise startete. Die Reise dauerte lange: Erst am 25. März nach 84 Tagen kam das Schiff in Accra an der Goldküste an. Zwei Monate war die PALME mit Löschen und Übernahme neuer Ladung an verschiedenen Küstenplätzen beschäftigt, ehe sie am 18. Mai nach Bremerhaven absegelte, wo sie am 19. Juli eintraf. Knapp einen Monat später am 16. August lief die Schonerbrigg wieder aus und erreichte Accra nach 50 Tagen Fahrt am 5. Oktober. Die erneute Ankunft in Bremerhaven ist auf den 22. Februar 1873 datiert. Die ganze Reise dauerte somit 196 Tage.

Mit schweren Winterstürmen kämpfte das Schiff im Winter 1873/74, sodass nach der Ausreise die Mannschaft erkrankte und Kapitän Bartels am 27. Januar 1874 mit kranker Crew Cowes als Nothafen anlief. Von Westafrika heimkehrend lief sie am 21. Juli wieder in die Weser ein.

Auf der nächsten Reise lief die Schonerbrigg von Afrika kommend am 17. März 1875 den englischen Hafen Newhaven an.

Am 18. April desselben Jahres trat Kapitän Bartels seine letzte Reise mit der PALME von Bremerhaven nach Accra an. Nach einer langen Fahrt mit schweren Stürmen von Bremerhaven nach Accra stachen sie von hier am 18. August wieder in See und erreichten nach einer Reisedauer von 72 Tagen Plymouth im Englischen Kanal.

Am 19. Dezember des Jahres 1875 übernahm Kapitän Stellmann das Schiff, der mit der PALME im Februar 1876 an der afrikanischen Küste ankam und am 23. Februar von Accra nach dem kleinen Küstenplatz Prampram segelte. Am 17. Juni 1876 lief das Schiff von der Reise heimkehrend in die Weser ein.

Mehr als zehn Jahre hat die Schonerbrigg in glücklicher Fahrt die Nordsee und den Atlantik überquert, hatte Frachten aus Deutschland und aus der Schweiz nach Westafrika transportiert und ist mit voller Ladung von hier heimgesegelt, ehe sie 1876 nach ihrer 14. Reise für Fr. 21 000 an Kapitän H. Christoffers in Blumenthal verkauft wurde.

1884 veräußerte er die Schonerbrigg an die Actien-Gesellschaft für Eisenindustrie und Brückenbau in Duisburg.

1887 erscheint sie im GL-Register für die Harkortsche Brückenbau-Ges. in Geestemünde. Später wird Kapitän A. T. Duyssen aus Friedrichstadt als Eigner geführt. Dieser verkaufte die PALME, die stets ihren alten Namen beibehielt, an P. Burmeister in Kappeln.

Nur kurz in seinem Besitze veräußerte er die Schonerbrigg am 17. Juni 1889 an Kapitän Johan Söderlund (³/₄ Anteil) und Johan Tork (¹/₄ Anteil) in Raumo/Finnland. Nach einer Neuvermessung des Seglers durch Wilhelm Panelius erfährt der Segler erst am 20. April 1891 seinen Eintrag als Nummer 47 im Schiffsregister Raumo. Nur knapp ein Jahr später am 17. Februar 1892 kauften für 4400 mk Kapitän Johan Alfred Nylund und Henrik Hendriksson aus Uusikirkko die PALME. Nylund besaß ³/₄ Anteil, Henriksson das verbleibende Viertel. Doch bereits am 2. April trat Nylund ein Viertel seines Besitzes an Adolf Wilhelm Nylund ab und am 4. April das zweite Viertel an die Herren Aksel Wilhelm Henriksson (¹/₈), Viktor Esaias Johansson (¹/₁₆) und Karl Feliks Johansson (¹/₁₆). Am 9. April 1892 ließ Alfred Nylund die PALME in Uusikaupunki mit der Nummer 84 registrieren.

Die Löschung im Register von Uusikaupunki soll infolge eines Totalverlustes Ende 1902 am 3. Februar 1903 erfolgt sein.[262]

Der Name PALME wurde zu einem Symbol und Boten des Friedens, segelte sie doch fast 40 Jahre auf den Meeren und vollführte für die Handlungs-Gesellschaft insgesamt 14 Rundreisen.

Schonerbrigg EINTRACHT

Die Ausweitung des afrikanischen Geschäftes und die Gewinne der PALME waren ausschlaggebend zum Erwerb eines zweiten Schiffes.

Mit dem Kauf der EINTRACHT wechselte die Handlungskommission auch ihren Korrespondentreeder. Der Kaufmann Gottfried Bagelmann in Bremen übernahm im Auftrag der Basler den Kauf und Betrieb der EINTRACHT sowie auch für die später von der MHG angekauften Segler.

In einem Brief vom 14. Juni 1873 meldete Bagelmann nach Basel: *„Mit der Eintracht geht es gut, die vielen Weitläufigkeiten abgerechnet, die durch Unverstand entstanden. Das Schiff ist bis auf Kleinigkeiten gut geliefert. Segel, Tauwerk ist gut. Das Certificate auf 12 Jahre 1 Classe mit Stern in meinen Händen. Heute erhielt ich auch den Bielbrief, wonach ich erst bei der Regierungskanzlei die Einregistrierung bekommen kann. Die ist nun besorgt und am Montag erhalte ich die Papiere."*

Die Schonerbrigg wurde als letztes Schiff von der Diedrich-Oltmann-Werft in Neu-Rönnebeck für eigene Rechnung in Bau genommen. Der Segler war kaum zur Hälfte fertig, als die Werft gezwungen war, ihre Zahlungen einzustellen. Die kleinen Werften hölzerner Schiffe kämpften mehr und mehr gegen den aufkommenden Eisenschiffsbau, zumal ihre finanziellen Mittel für das erforderliche Kapital für eine „Umrüstung" oft nicht ausreichten.

Diedrich Oltmann (1841–1920) hatte seinerseits 1864 die in Konkurs gegangene Werft der Gebr. Christophers erworben. Er baute hier drei Barken, zwei Briggs und einen Schoner.

Der Reepschlägereibesitzer Justin Hermann Klugkist in Fähr bei Vegesack erwarb das auf den Helgen liegende Schiff aus der Konkursmasse, stellte den Neubau – der am 5. Juni 1873 vom Stapel lief – fertig und verkaufte ihn laut Bielbrief am 14. Juni 1873 für Fr. 95 463,84 an Gottfried Bagelmann für die Missions-Handlungs-Gesellschaft in Basel.[263]

Der Segler erhielt das Unterscheidungssignal QCMT, die Tonnagen beziffern sich auf 113 CL/250,7 Netto-Raumgehalt und die Maße der Schonerbrigg lesen sich mit 32,9 m Länge, 8,0 m Breite und 3,8 m Raumtiefe. Zum Schutze gegen Seebohrwürmer und Muschelansatz wurde die Außenhaut unter Wasser mit einem Kupferplattenbeschlag versehen.

Die Vegesacker Wachschrift vom 8. Mai 1873 berichtete zum Kauf der EINTRACHT Folgendes: *„Der Reepschlägereibesitzer J. H. Klugkist zu Fähr hat die im Concurse der Gläubiger des Schiffsbauers C. D. Oltmann zu Neurönnebeck käuflich erstandene, circa 170 Last große Schoner-Brigg, welche sich zur Zeit auf den Helgen der Kaufleute Hackfeld und Gerken in Neurönnebeck befindet, angeblich wiederum verkauft an den Kaufmann Gottfried Bagelmann zu Bremen und zu dessen Sicherung den Erlass einer Edictalcitation sämmtlicher unbekannten Real prätendenten bei Gerichte beantragt."*[264]

Für die Jungfernfahrt war ursprünglich Kapitän Friedrich Schild aus Vegesack vorgesehen, doch schlussendlich verpflichtete Bagelmann Kapitän Clüver. Ihn lösten im Kommando die Kapitäne G. W. Abbes und Friedrich Bartels ab. Ihre erste Ausreise von Bremerhaven nach Accra, Prampram und Ada Fo startete die Schonerbrigg am 1. Juli 1873 um 07:25 Uhr mit 234 Kubikmeter Ladung.

Aus den Akten des Hanseatischen Seemannsamts in Bremen werden die Monatslöhne für die erste Fahrt der EINTRACHT ersichtlich: Obersteuermann 110 Mark, Untersteuermann 75 Mark, Zimmermann 81 Mark, Koch und Steward 78 Mark, für die beiden Matrosen je 54 Mark, für den Leichtmatrosen 42 Mark, den Segelmacher 36 Mark und für den Schiffsjungen 15 Mark.

Die Schiffsbesatzung bestand auf ihrer ersten Reise aus neun Männern und Kapitän.

Für die am 13. März 1874 gestartete zweite Reise musterte am 27. Februar ein dritter Matrose an und Kapitän Clüver wurde durch Georg Wilhelm Abbes abgelöst. Nach der Ausfahrt litt die Schonerbrigg in der Nordsee unter schweren Winterstürmen, sodass sie 15 Tage bis Deal im englischen Kanal benötigte. Die Rückkehr von der zweiten Reise dürfte Ende September, Anfang Oktober 1874 gewesen sein.[265]

Die Schonerbrigg EINTRACHT im Modell. Der Fockmast hatte volle Rah-Betakelung, der Großmast Besan- und Gaffeltoppsegel und zwischen beiden Masten befanden sich Stagsegel.

Von ihrer dritten Reise traf die EINTRACHT am 18. Juni 1875 mit 423 Gebinden Palmöl, 1 Partie Palmkerne, 1 Partie Guinea-Gerste und 18 Kolli Kaffee in Bremerhaven ein.
Nur einen Monat später lief sie bereits wieder nach Westafrika aus, passierte am 20. Juli Dover und erreichte Anfang September die Westküste Afrikas. Am 9. September segelte die Schonerbrigg von Accra nach Prampram weiter und lief wieder am 31. Januar 1876 mit 489 Fässern Palmöl sowie 133 Fässern und acht Säcken Palmkerne wohlbehalten in die Weser ein.
Kapitän Abbes übergab nun das Kommando seinem Kollegen Bartels, der am 19. Oktober 1876 (von der 5. Reise sind keine Daten vorhanden) erneut nach Westafrika in die See stach. Auf dieser Reise hatte das Schiff an der holländischen Küste unweit von Texel eine Kollision mit einem holländischen Fischerfahrzeug. Hierbei erlitt die EINTRACHT Schaden an der Takelage, wobei die Fockrah und die Vormarsstenge brachen. Um die Takelage zu reparieren, lief die Schonerbrigg Dover an. Von dieser Reise kehrte das Schiff erst wieder am 18. Mai 1877 heim, um nach nur dreiwöchiger Liegezeit am 10. Juni wiederum nach Westafrika auszulaufen. Diese Reise dauerte lediglich 166 Tage. Einen Tag vor dem Heiligen Abend lief die EINTRACHT in Bremerhaven ein und im Januar 1878 unternahm sie ihre letzte Reise von der Weser nach Afrika.

Untergang der EINTRACHT

Sieben Reisen hatte bis jetzt die EINTRACHT zwischen Europa und Westafrika absolviert. Die achte und letzte Fahrt der EINTRACHT via Mayo/Kap Verde nach Westafrika begann am 31. Januar 1878 in Bremerhaven, beladen mit Stückgütern, 500 schweren Dielen und 150 leeren Fässern. Anfang März passierte sie die Nordsee, den Kanal und die Biscaya. Auf der Höhe der Kapverdischen Inseln beschäftigte ein steifer Nordost-Passatwind die Schonerbrigg. Am 8. März hatte der 33-jährige Kapitän Johan Friedrich Bartels aus Bremen dreimal astronomische Beobachtungen angestellt und ließ den Kurs vor der Wachabgabe um 20:00 Uhr an Steuermann Joseph Renner aus Bremerhaven insgesamt dreimal in südöstlicher Richtung ändern. Bartels nahm an, weit genug östlich der Insel Boa Vista und der sie umgebenden Riffe zu segeln, auch wenn ihm die dort herrschende Strömung und unliebsamen Nebelbänke nicht unbekannt waren. Bevor er sich in seine Kajüte zurückzog, forderte er den wachablösenden Steuermann Renner zu besonderer Aufmerksamkeit auf, nach Land Ausschau zu halten. Kurz nach 22:00 Uhr bemerkte dieser in südsüdwestlicher Richtung einige ihm verdächtig erscheinende weiße Streifen. Umgehend weckte er den Kapitän. Just in diesem Moment bemerkte der am Ruder stehende Matrose die Brandungsstreifen. Unmittelbar nachdem Bartels halbgekleidet an Deck erschien, erfolgte ein hartes Aufschlagen und eine See rollte von hinten über das Deck. Die EINTRACHT stieß in der Folge mehrere Male auf die Felsen des Hartwells-Riffs, wurde wieder flott, trieb jedoch infolge eingeklemmter Ruderpinne manövrierunfähig und hilflos nach Südsüdosten. Zugleich lief das Schiff leck; das Wasser stand bereits 18 cm im Raum. Die Pumpen im Dauereinsatz bewirkten wenig, das Wasser stieg an. Beim Aufstoßen waren bis auf das Oberbram-, der Stag- und Großsegel alle Rahsegel gesetzt. Eine zweite Peilung ergab bereits 50 cm Wasser im Raum. Am nächsten Morgen begrub Bartels die Hoffnung, mit der EINTRACHT die Insel Mayo zu erreichen. Der Versuch des Zimmermanns Uhle, durch das Kappen der unteren Planken des Ruderhauses die Pinne freizubekommen, scheiterte. Um das Leben der Besatzung zu retten, sah sich der Kapitän gezwungen, die Rettungsboote klar zu machen. Am Abend des 9. März, nachdem das Wasser bis unter Deck stand, ging die gesamte Mannschaft in die Boote. Nachdem die Brigg in der Nacht eine starke Steuerbord-Schlagseite erhielt und der Druck des eingedrungenen Wassers die Ladeluken sprengte, blieb jede Hoffnung zur Rettung des Schiffes aus. Verharrte die Mannschaft bis in die Morgenstunden des 10. März mit festgemachten Leinen hinter dem sinkenden Schiff, gelangten sie am 11. März wohlbehalten nach Mayo. Leider befand sich im Hafen kein Schiff, das zur Hilfeleistung hätte ausgesandt werden können. Nach Ablegung der Verklarung überbrachte ein Gaffelschoner die Schiffbrüchigen nach St. Vincent. Von hier schipperten sie mit dem Hamburger Dampfer BAHIA zurück nach Hamburg.[266]

Noch bevor Bagelmann am 18. März 1878 um 11:45 Uhr das Telegramm aus St. Vincent von Kapitän Bartels mit folgendem Inhalt erhielt: *"Eintracht sunk off Boavista struck unknown rock crew saved"*, schrieb er Stunden zuvor nach Basel: *"Die Eintracht wird von Cap Verde Salz nach der Küste bringen."*[267]

Am 17. April 1878 fand dann vor dem Seeamt in Bremerhaven die Verhandlung über den Verlust des Schiffes statt. Das Gericht rügte Kapitän Bartels, einen der Insel Boa Vista zu nahe gelegenen Kurs gesegelt zu haben und Steuermann Renner wurden mangelnde Verantwortung und Eigeninitiative angelastet. Beide Seeleute hätten ihre Pflichten ungenügend ausgeführt, auch wenn es das Verlassen der manövrierunfähigen EINTRACHT billigte. Abschließend zollte es dem Kapitän Anerkennung für seine Ruhe und lobte die Mannschaft für ihre Disziplin.

Schiff und Ladung waren hinreichend versichert, vergütete ihnen die Versicherung doch Fr. 43 662,38.

Mit dem Schicksal der EINTRACHT erfuhr die Handlungsgesellschaft zum zweiten Male die nicht geringen Risiken der Fahrt zur See.

Brigg AGNES

Die Vollauslastung ihrer beiden Segler PALME und EINTRACHT sowie die Anmietung fremder Einheiten bewog die Handlungskommission zum Kauf eines dritten Schiffes. So erwarb die Handlungs-Gesellschaft durch G. Bagelmann in Bremen am 23. Dezember 1874 von J. D. Bischoff für Fr. 58 906,10 die Brigg AGNES.[268]

Die Brigg AGNES (QBWS) mit ihren 115,3 CL und 248,6 NRT und der Vermessung von 31,7 m Länge, 7,7 m Breite und 4,3 m Tiefe baute die Werft Gerhard Wempe in Elsfleth (Oldenburg). Am 28. März 1865 wurde der Bielbrief zu Händen Johann Diedrich Bischoff aus Vegesack ausgestellt. Die Besitzverhältnisse zeigten folgende Anteile: J. D. Bischoff $1/2$, Kapitän Johann Gerhard Siedenburg $1/4$, Diedrich Heinrich Bischoff $1/8$ und Martin Bischoff $1/8$.

Unter der Führung von Kapitän Johann Gerhard Siedenburg lief sie am 16. April 1865 zu ihrer Jungfernfahrt nach Hawaii aus und erreichte Honolulu am 25. September nach 162 Reisetagen.

Später sind mehrere Reisen nach Haiti überliefert, so berichtete die Weser-Zeitung am 13. März 1869 von einer Havarie, bei der sie Schäden erlitt und Lissabon als Nothafen ansteuern musste:

"Lissabon, 6. März. Die Brig ‚Agnes', Siedenburg, von Hayti kommend und, wie bereits berichtet, mit Havarie eingekommen, hat bedeutende Schäden erlitten. Beide Untermasten sind gebrochen und Stengen, Rundhölzer, Takelage und Segel fast sämmtlich verloren."[269]

Im Dienste der Basler

Die Basler hatten eigentlich vorgesehen, ihr drittes Fahrzeug ASANTE zu nennen. Doch Bagelmann wies die Schweizer in einem Schreiben vom 18. Dezember 1874 darauf hin, *"dass einmal registrierte Schiffe keinen anderen Namen führen können"*, die Gesetzgebung untersage einen solchen Namenswechsel.

Das erste Kommando der AGNES übernahm Kapitän Hermann Jaburg (1875–79) aus Vegesack, ihm folgte F. Berckmann (1879–81).

Für ihre erste Ausreise vom 8. Februar in Bremerhaven musterten neun Besatzungsmitglieder an; später sollen es stets zehn sein.

Nach den Akten des hanseatischen Seemannsamts in Bremen musterten am 29. Januar 1875 nebst Kapitän Jaburg auch Obersteuermann Utecht, als Diensttuender Untersteuermann, Proviantmeister und Bootsmann Karl Jaburg, als Zimmermann Alexander Normann, Koch Heinrich Backen-

Kapitän Hermann Jaburg (1843–1916).

köhler, die Matrosen August Schröder, Georg Heinzel und Fritz Wolters, als Leichtmatrose Jacob Valk und als Schiffsjunge Heinrich Pren an.

Nach Beendigung ihrer ersten, 203 Tage dauernden Reise heuerte die Mannschaft am 20. August ab und am 29. September ging die AGNES mit neuen Männern wieder in See und kehrte erst am 30. April 1876 von der zweiten Expedition zurück. 222 Tage benötigte die Brigg für die Fahrt hin und zurück. Nachdem das Schiff in Bremerhaven vier Wochen gelegen hatte, die Ladung gelöscht, neue Fracht aufgenommen, stach sie frisch ausgerüstet erneut in See. Auf der Rückreise von Afrika passierte sie am 20. November 1876 Beachy Head im Englischen Kanal und neun Tage später begrüßte Bagelmann die AGNES in Bremerhaven.
Die nächste Rundreise dauerte 218 Tage, nämlich vom 21. Dezember 1876 bis zum 27. Juli 1877.[270]
Fünf Reisen im Dienste Basels hatte die nun 13-jährige Brigg fast hinter sich gebracht, als ihr beim Ausfluss der Weser der Untergang drohte. Von ihrer Rückkehr aus Accra an der Goldküste – wo sie am 16. Dezember 1877 lossegelte – lief sie am 7. März 1878 in einem Frühjahrssturm in Bremerhaven auf Schlick, verlor Anker und Kette und trieb zwischen dem alten und neuen Hafen auf Grund. Zeitgleich hatten in der näheren Umgebung auch das Vollschiff HUMBOLDT und die Bark STEPHANIE dasselbe Ungeschick erfahren.

Lenzpumpen voll im Einsatz

Die schriftlich festgehaltenen Schilderungen des Kapitäns Funker vom 9. März 1878 über die Geschehnisse vor Anker in Bremerhaven sollen hier ungekürzt den Leser informieren:

„Am 7. März mit Tagesanbruch erblickten wir einen Weserlotsen auf Kutter. Wir steuerten auf den Kutter zu, doch konnte wegen des vorherrschenden hohen Seeganges kein Lootse zu uns an Bord kommen. Um 10 Uhr Vormittags kam ein Lootse an Bord, unter dessen Leitung wir in die Weser einliefen, bis wir um 6 Uhr Abends auf der Rhede von Bremerhaven auf 6 Faden Wasser zu Anker gelangten. Dem Anker gaben wir 45 Faden Kette vor. Am 8. März morgens 3 Uhr war der Wind zum Sturm angewachsen in Verbindung mit schweren Böen. Wir ließen nun auch unseren zweiten Anker fallen. Die Böen wurden indes immer wüthender u. der Sturm immer schwerer. […] gerieth unser Schiff danach zu treiben. Wir trieben gegen die auf der Rhede vor Anker liegende Bremerbark IRIS u. geriethen mit derselben in Collision. Sturm u. Seegang hatten inzwischen so sehr zugenommen, dass wir befürchten mussten, die IRIS würde unser Schiff zertrümmern.
Nach kurzer Überlegung gelangten wir zu der Überzeugung, dass wir unser Schiff mit Ladung vom Untergang nur durch das Schleppen des Kutters retten könnten. Demgemäß ‚schlippten' wir den schweren Anker mit 90 Faden Kette u. den anderen Anker mit 45 Faden Kette, worauf wir von der IRIS frei waren. Dann gaben wir Notsignale u. hielten das Schiff unter den Stagsegel. Bei der Ablenkungsboje gelang es unser Schlepptau mit der zu unserer Hülfe herbeigeeilten Dampfer ‚Joll' zu befestigen. Der Wind war inzwischen orkanartig angeschwollen. Unser gutes Kabeltau zerriss u. unser Schiff trieb dem Strande zu. Nach kurzer Zeit rannte es unterhalb des alten Vorhafens auf den Strand. Die See lief sehr hoch u. brach in voller Kraft über das Schiff hin. Um 10 Uhr vormittags war der Sturm fast zum Orkan angewachsen. Eine Hülfeleistung durch Dampfer war bei dem Sturmwetter nicht möglich. Das Rettungsboot kam zu uns heran, doch konnte dasselbe unserem Schiffe selbst keine Hülfe leisten. Dagegen wurde vom Lande aus mittels eines Rettungsgeschosses eine dünne Leine an Bord unseres Schiffes befördert. Die dünne Leine wurde mit unserem Kabeltau verbunden, letzteres dann an Land gezogen u. dort festgemacht. Ebenso wurde die Verbindung zwischen Land u. Schiff durch eine Manilla-Trosse hergestellt.
Das Schiff machte jetzt Wasser u. war die Mannschaft fortwährend bei den Pumpen beschäftigt, um sie nach Kräften lenz zu halten. Bis zum Eintritt der Fluth war die See anhaltend furchtbar wild. Nach 12 Uhr Mittags, mit der Fluth, schien das Wetter etwas besser werden zu wollen.
Gegen 2½ Uhr Nachmittag war das Wasser so hoch geworden, u. hatte die See sich so mit beruhigt, dass es dem Schleppdampfer REFORM gelang ein Kabeltau an Bord unseres Schiffes zu befördern u. unser Schiff so dann abzuschleppen. […] war unser Ruder vollständig zertrümmert worden. Es gelang indes mit Hülfe eines 2ten Dampfers unser Schiff unterhalb Nordenhamm vor einem Anker zu Anker zu bringen. Den Anker

Das Jahr 1874/75 bildete den Kulminationspunkt der eigenen Segelschifffahrt der Handlungs-Gesellschaft. Die Auslastung der PALME und EINTRACHT bewog zum Ankauf der schnellen Brigg AGNES (im Bild).

hatten wir vom Dampfer SOLIDE erhalten. 45 Faden Kette hatten wir noch an Bord gehabt.
Als das Schiff auf flottem Wasser lag, fanden wir etwas über 2 Fuß Wasser im Schiffe vor trotz unseres fortwährenden Pumpens.
Um das Schiff u. die Ladung zu sichern, behielten wir den Dampfer REFORM während der Nacht bei uns.
Am 9. März vormittags lichteten wir unseren Anker u. ließen uns durch die Schleppdampfer DIANA und REFORM i. den alten Hafen von Bremerhaven einschleppen. Arbeiter vom Lande wurden engagiert um die Pumpen lenz zu halten.
Während der Collission unseres Schiffes mit der IRIS, [...] während der Zeit dass es auf Strand saß, hatten wir verschiedene Beschädigungen an Segeln u. Tauwerk erlitten."[271]
Ein in Bremerhaven wartender Reedereivertreter von Bagelmann betrachtete die Strandung der Brigg als ungefährlich und sandte seinem Patron ein Telegramm nach Bremen mit folgendem Wortlaut: *„Unsre ,Agnes' sitzt ganz heiter hier am Strand und kann nicht weiter."*
Am Folgetag nach der Einschleppung in den Hafen bugsierten Schleppdampfer die AGNES für Reparaturarbeiten nach Nordenham. Die angefallenen Kosten übernahmen die Versicherungsgesellschaften.

Nach Rekordfahrt der Verkauf

Auf ihrer 7. Reise verließ sie am 3. Dezember 1878 Bremerhaven, passierte Dover am 5. Dezember und hatte nach weiteren zwei Tagen den Kanal durchsegelt. Doch zwischen dem 11. und 14. Dezember geriet sie in schwere See. An der Steuerbordseite rissen sämtliche Bolzen aus dem Verdeck. Vier Tage lang, nachdem auch Madeira passiert war, blies der Nordost-Passat sie bis zum 20. Dezember auf die Höhe von Kap Palmas Richtung Süden. Die nun aufkommende Flaute trieb das Fahrzeug wochenlang in der Windstille umher, ehe es am 1. Februar 1879 in Winneba einlief. Zur selben Zeit heckten in Basel wie auch in Bremen die Verantwortlichen die Idee zum Verkauf der AGNES aus. Sie beabsichtigten eine Einheit für das Salzgeschäft anzukaufen. Doch vorerst blieb es lediglich bei solchen Gedankengängen.

Neun Reisen absolvierte die AGNES für die Handelsgesellschaft. Auf ihrer letzten Fahrt 1880 schlug die AGNES den Reiserekord der ASANTE aus dem Jahre 1876. Für Hin- und Rückfahrt, einschließlich Löschung und Ladung in Westafrika, brauchte das Fahrzeug 175 Tage. Kein anderer Segler der Gesellschaft übertraf jemals diese Zeit.
Am 28. März verließ sie Bremerhaven, landete am 2. Juli in Ada und lief am 18. September wieder in die Weser.

Die aus Eisen gebauten Briggs waren im Aussterben begriffen, als die ASANTE 1876 in Vegesack vom Stapel lief.

Nach dieser Reise musste die AGNES der aufkommenden Dampfer-Konkurrenz weichen und fand am 3. Januar 1881 für Fr. 17 836,85 in KR C. A. Beug in Stralsund ihren neuen Besitzer.[272] Vorausgegangen waren jedoch harte Verkaufsverhandlungen, schrieb Bagelmann Anfang November 1880 nach Basel: *„Hinsichtlich der AGNES sind 3 Reflektoren da, wovon der eine 9500 M, der andere 12 000 M geboten. Dagegen hoffe ich, dass der dritte Reflektant den Kauf zum Abschluss bringen werde, da es sich noch um 1500–2000 M handelt."* Einen Monat später, am 11. Dezember 1880, berichtete er nach Basel, dass es ihm nach zähen Unterhandlungen gelungen sei, die AGNES für 15 000 Mark zu veräußern.

Auch für die übrigen zwei Schiffe – ASANTE und CANTON – war es immer schwieriger geworden, lohnende Fracht zu gewinnen, zumal die Frachtansätze unter jenen der Dampfschiffe bleiben mussten.

Durch Kapitän Joh. Ludwig Segebarth aus Barth erhielt die Brigg auch einen neuen Führer.

Das Schicksal meinte es mit ihr nur bis zum 23. Juli 1889 gut, lief sie doch auf der Reise von Memel nach Wisbeach mit einer Ladung Holz bei Wisbeach (engl. Ostküste) auf Grund, ging leck und wurde in havariertem Zustand verkauft.[273]

Brigg ASANTE

Die ASANTE wurde als einziges Schiff der Handlungs-Gesellschaft auf direkte Bestellung erbaut. Nach einigen Jahren Reedereitätigkeit verfügten die Gesellschafter über ausreichende Erfahrungen und legten der Werft von Hermann Friedrich Ulrichs in Vegesack eine detaillierte Spezifikation für die Konstruktion der eisernen Brigg vor. Die Anschaffungskosten der ASANTE (QVCF) beliefen sich auf Fr. 150 731,91.[274]

Dieser hohe Kaufpreis setzte auch besondere technische Erwartungen in das größte Schiff der Handlungs-Gesellschaft. Die ASANTE bewährte sich hervorragend, auch wenn sie ungekupfert blieb und somit einmal jährlich im Dock von den Muscheln befreit werden musste.

Der Stapellauf für den Segler mit der Baunummer 82 erfolgte am 8. Juli 1876, der Eintrag im Register für die Basler Auftraggeber Gottfried Bagelmann in Bremen ist auf den 19. Juli 1876 datiert. Mit ihren 302,7 Tonnen Netto-Raumgehalt und den Dimensionen von 36,4 m Länge, 8,1 m Breite und einer Tiefe im Raum von 4,0 m galt sie als stattliches Schiff. Vier Tage nach dem Stapellauf meldete Bagelmann nach Basel: *„Die ASANTE lief brillant vom Stapel und liegt schön zu Wasser."* Fünf Tage später weiß er zu berichten: *„Heute wird sie hinunter bugsiert, das Wetter ist schön, so dass sie ohne Zweifel heute Nachmittag glücklich ankommen wird. Capt. Abbes fährt mit, ebenso H. Ulrichs, der sie gern Morgen abliefern will."*

Gleich auf ihrer ersten Fahrt unter Kapitän G. W. Abbes und seinen am 3. August 1876 zehn angemusterten Männern legte sie die Strecke Bremerhaven – Ada in schnellen 42 Tagen zurück.[275] Voll beladen lief die ASANTE – mit der Namensgebung erinnerte die Handlungskommission an die Missionsstation Ashanti – am 7. August zu ihrer Jungfernfahrt nach Westafrika aus. Nach ihrem ersten Halt in Ada machte sie Stopp vor Accra, nahm in verschiedenen kleinen Küstenplätzen Ladung auf und versegelte am 11. November zur Heimreise nach Bremerhaven. Nach 58-tägiger Seefahrt und einer Gesamtdauer von 6 Monaten und 8 Tagen beendete die ASANTE am 8. Februar 1877 ihre erste Reise.

Vortrefflich am Wind – ungünstige Renditen

Für dieselbe Strecke nach Westafrika benötigte im Vergleich die PALME auf ihrer Hinreise 1872 doppelt so lange, nämlich 84 Tage.

Wesentlich länger dauerte die zweite Fahrt der ASANTE. Nach der Ausreise am 10. März 1877 kämpfte das Schiff in der Nordsee und in der Biscaya mit Frühjahrswinden und auf der Rückreise mit der herbstlichen Witterung. Bremerhaven erreichte sie erst wieder am 26. November. Auf dieser zweiten Fahrt zeichnete sich Kapitän Georg Wilhelm Abbes besonders aus: Als in einem Novembersturm das englische Schiff CATENIK in Seenot geriet und zu sinken drohte, leistete Abbes dem britischen Fahrzeug Hilfe und rettete dessen Mannschaft. In Anerkennung seiner Tat, sechs Seeleute vor dem sicheren Untergang gerettet zu haben, ließ die Regierung in London durch Vermittlung des deutschen Reichskanzlers Fürst Bismarck dem Kommandanten der ASANTE ein prachtvolles Marine-Doppelglas als Geschenk überreichen.[276]

Nach der zweiten Reise musste die Brigg ins Dock: Die am Schiffsboden hartnäckig klebenden Muscheln verlangsamten ihre Fahrten.

Anfang des Jahres 1878 finden wir die ASANTE bereits wieder an der westafrikanischen Küste, versegelte sie doch am 18. Februar von Accra nach Ada.

Auf der nächsten Reise lief sie heimsegelnd Plymouth an und wartete hier vom 23. Januar bis zum 12. Februar 1879 auf günstigen Segelwind. Die Ankunft der Brigg in Bremerhaven ist auf den 21. Februar datiert.

Auf den noch verbleibenden Reisen für die Handlungs-Gesellschaft lief die ASANTE als Zwischenhafen auch Lissabon an.

So segelte die Brigg von Accra und Winnebak über Lissabon heimkehrend am 25. Juni 1880 in die Weser ein.

Auf ihrer nächsten Ausfahrt verließ sie Bremerhaven am 14. Juli, machte Halt in Lissabon, Accra und Winnebak, bevor sie nach sechs Monaten und 21 Tagen am 4. Februar 1881 heimkehrte.

In der folgenden Reise segelte sie am 19. März 1881 von der Weser ab und verließ Lissabon am 20. April Richtung Westafrika, wo sie bereits am 20. Mai in Accra den Anker werfen durfte. Von hier ging es weiter nach Ada (Ankunft 20. Juni). Ungewöhnlich spät verließ sie die Küste Westafrikas (Abfahrt 3. August), passierte am 4. November Dover und lief am 7. November 1881 in die Weser ein.

So trefflich sich die ASANTE unter schwierigen Witterungsverhältnissen bewährte, so unbefriedigend waren seit der sechsten Reise die Renditen. Als der Ertrag der neunten Fahrt nicht mal die Unkosten deckte, sondern sogar ein Verlust blieb, drängte sich der Entschluss auf, das Schiff nach Absolvierung seiner zehnten Reise zu veräußern.

Nach längerem Suchen fand das Schiff am 12. April 1883 in J. H. Hustede aus Elsfleth einen neuen Eigner. Der Erlös des Schiffes von Fr. 63 408,96 brachte eine erfreuliche Entlastung der Schiffskonten, wenngleich die Schlussbilanz der ASANTE passiv endet.

Zuvor wies die Handlungsgesellschaft in einem Telegramm Bagelmann an, die ASANTE *„nicht unter 54 000 M"* zu veräußern. Bagelmann seinerseits versprach den Baslern, das Fahrzeug für 55 000 Mark zu verkaufen. Doch Hustede, der lange 52 500 Mark bot, ließ am 6. April sein *„letztes und äußerstes Gebot"* bei 53 000 Mark bewenden.

ASANTE in den Schlagzeilen

Im November 1887 strandete die ASANTE bei Savanilla, konnte sich jedoch wieder befreien. Die Norddeutsche Volkszeitung berichtete am 1. Dezember 1887: *„Baranquilla, 4. Nov. Die Brig ‚Asante', Behrens, mit Gelbholz und Steinnüssen nach Hamburg, welche segelfertig liegend bei Savanilla an den Strand trieb, liegt auf 10 Fuß Wasser, Sandgrund, während sie 13½ Fuß tief geht; hat indes erst 1 Fuß Wasser im Raum, wird, da das Wetter gut und still ist, nachdem sie geleichtert, wieder abkommen und wahrscheinlich ohne große Reparaturen die Reise fortsetzen können."*

Am 15. Dezember meldete dieselbe Zeitung: *„Baranquilla, 15. Nov. Als die Dünung im hiesigen Hafen sich gelegt hatte, erhielt der Capitain der deutschen Brig ‚Asante' einen Lichter, worauf das Schiff nach Entlöschung von ca. 50 Tons Gelbholz flott kam und nach dem gewöhnlichen Ankerplatz verholt wurde. Bei einer am 8. November abgehaltenen Besichtigung wurde der Raum trocken und das Schiff für fähig befunden, die Heimreise anzutreten. Am folgenden Tage fand man indessen vorn in der Piek einen Fuß Wasser, welches durch den Cement in den Boden eindrang, während die Laderäume trocken blieben und die Pumpen kein Wasser gaben. Der Capitain erbat eine zweite Besichtigung, welche heut abgehalten wird."*

Zwölf Tage später wurde aus Savanilla berichtet: *„Die mehrerwähnte deutsche Brig ‚Asante' liegt vor Anker, um die Ladung auf einen zu erwartenden deutschen Dampfer überzuladen. 10 Arbeiter von Land sind der Mannschaft behülflich, um die Pumpen im Gang und das Schiff flott zu halten."*[277]

In der Folge muss das Leck wohl gedichtet worden sein und Hustede verkaufte am 23. September 1890 das Schiff für 55 000 Mark an N. H. Kallesen in Nordby/Dänemark. Gleichzeitig erhielt sie den neuen Namen ROSA. Als Kapitän wird N. H. Brinch erwähnt.

In den Jahren 1892/93 vollführte sie Reisen von Hamburg nach Tahiti und zurück; 1894 befuhr sie die Route Hamburg – Pernambuco – Rio Grande.

Eine erneute unumgängliche Reparatur stand an, als am 28. Februar 1900 in Lissabon der im Strom treibende englische Dampfer HATFIELD und die schwedische Bark GUSTAF WASA mit der ROSA kollidierten. Im August 1903 wechselte die Brigg letztmals ihren Eigentümer. Für £ 1050 erwarb sie K. F. Langfeldt in Christiansand. Unter norwegischen Farben segelte sie bis zu ihrer Strandung am 5. Mai 1906 auf der Barre des Rio Grande do Sul.

Bark CANTON

„Wir waren lebhaft bemüht, die Frage zu untersuchen, in welcher Weise wir den Verlust der EINTRACHT ersetzen sollen. Die billigen Eisenpreise und Arbeitslöhne nebst manchen andern Faktoren hätten wesentlich für Erbauung eines Dampfers gesprochen, wobei wir wahrscheinlich die AGNES verkauft haben würden, da aber von Hr. Rottmann einige Bedenken dagegen erhoben wurden, so entschieden wir uns zum Kauf eines Segelschiffes ‚Canton'."[278]

Die Schiffskonten der Handlungs-Gesellschaft widerspiegeln das von Eduard Preiswerk im Jahresbericht 1879 beklagte Reedereigeschäft keineswegs, wenn auch die Reeder um vernünftige Frachtsätze ringen mussten. Den richtig gewählten Zeitpunkt zum Kauf eines weiteren Schiffes verdankte der Segler nicht nur seinem günstigen Ankaufspreis, sondern auch erfreulichen Reinerlösen anderer Einheiten. *„Von Fahrt zu Fahrt drückten sie die Hinausfracht von 40 Schilling per Tonne nach und nach bis auf 10, ja einmal sogar bis auf 5 Schilling, ein Preis, der bei längerer Dauer zum gegenseitigen Ruine geführt hätte und in der Zwischenzeit jede vernünftige Berechnung verschob. Natürlich mussten wir für unsere Segelfrachten mit den unsinnigen Bewegungen einigermaßen Schritt halten, was auf den Schiffsertrag zeitweilig ungünstig einwirkte, bis endlich nach erbittertem Kampfe keine der Gesellschaften die andere ertödten konnte und daher ein Friede geschlossen wurde, der den Frachtsatz wieder auf 40 Schilling zurückbrachte. Diese Zeit, in welcher überhaupt das Rhedereigeschäft sehr darniederlag, benützten wir zum Ersatz der untergegangenen ‚Eintracht', indem wir zu sehr günstigem Preis das Segelschiff ‚Canton' erwarben."*[279]

Am 6. März 1879 erfolgte im Auftrage der Handelskommission Basel durch G. Bagelmann der Ankauf der Bark für Fr. 61 335,75 und am 13. März 1879 – nachdem das Schiff von Hamburg nach Bremerhaven verholte – fand sie ihren Eintrag im bremischen Schiffsregister.

Für die Instandsetzung zur ersten Reise stellte Bagelmann den Baslern 2632,80 Mark in Rechnung, für Proviant 3886,20 Mark und für das Handgeld 1437,10 Mark.[280]

Weitgereiste Bark

Das größte und zugleich letzte Segelschiff der Handlungs-Gesellschaft sollte Ersatz für die verloren gegangene EINTRACHT bieten.

C. H. Kraus in Harburg a.d. Elbe, der Erbauer der CANTON, lieferte die mit 372,8 NRT vermessene hölzerne Bark mit einer Ladungsfähigkeit von 497 Tonnen, mit einer Länge von 41,1 m, einer Breite von 8,8 m und einer Tiefe von 4,7 m am 18. August 1863 an Wm. O'Swald & Co. in Hamburg. Bei günstigem Wind konnte die Bark 28 Segel setzen. Die Verbände des Schiffsrumpfes waren kupferfest verbolzt. Der Schiffsboden hatte einen Metallbeschlag aus Zink über einer geteerten Filzschicht.

Bis 1868 befehligte Kapitän C. F. B. Hennings das Schiff, danach bis zum Verkauf am 9. Juli 1872 an Adolph Jacob Hertz' Söhne in Hamburg Kapitän J. E. L. O. Deneken.

Folgende Reisen vor ihrem Verkauf nach Basel sind bekannt:
1863/66: Hamburg – Hongkong – unbekannt – Macao – Sansibar – Hamburg
1866/67: Altona – Sansibar – Lagos – Altona
1867/68: Altona – Cardiff – Sansibar – Lagos – Hamburg
1868/69: Hamburg – Lagos – Altona
1869/70: Altona – Cardiff – Sansibar – Lagos – Hamburg
1870/71: Hamburg – Cardiff – Sansibar – Queenstown – Hamburg
1871/72: Hamburg – Hongkong – unbekannt – Hongkong – Hamburg

Mit den Kapitänen Deneken (1872–75) und F. G. Crantz (1875–78) vollführte sie 1872/74 eine Reise Hamburg – Hongkong – unbekannt – Saigon – Hamburg und 1874/78 von Hamburg nach Valparaíso – unbekannt – zurück nach Liverpool und heim nach Hamburg.

Die Unglücksnacht

Für die erste Reise nach der Goldküste versicherte Bagelmann die Bark für 36 000 Mark. Am 25. Mai 1879 liefen sie in Lissabon ein und die Rückkehr aus Westafrika ist auf den 13. Dezember 1879 datiert.[281]

Aus den spärlich vorhandenen Archivalien verdient die fünfte Reise Erwähnung. Nach ihrer Ausfahrt von Bremerhaven im nebelreichen Dezember 1882 stieß sie zur Nachtzeit des

*Ein exquisites
Erinnerungsstück:
die CANTON auf Email.*

8. Dezember in der Nähe von Calais auf eine Sandbank. Der Witterung wegen konnte Kapitän Jacobsen während mehreren Tagen keine Positionen ermitteln. Er vermutete, er befinde sich auf den Goodwin-Sandbänken an der englischen Küste. Da ihm bekannt war, dass die Goodwin-Sandbänke selten zuvor Schiffe wieder freigegeben haben, verließ er mit der Mannschaft die Bark. Doch in den frühen Morgenstunden begegnete er Fischern, die ihn über den wirklichen Standort aufklärten. So kehrte er mit einem Teil der Besatzung zurück zu seinem Fahrzeug. Ein Schlepper von Calais brachte die CANTON in den Hafen, wo sie untersucht, teilweise entladen und repariert wurde. Der deutsche Konsul in Calais hielt sich verpflichtet, die Marineleitung über das Verhalten des Kapitäns Bericht zu erstatten. Daraufhin verfügte Berlin seine Enthebung. Kapitän Schlüter führte die Reise zu Ende. Die Havarie kostete die Gesellschaft satte Fr. 16 881,20.

Hierzu der Originalbericht von Kapitän Jacobsen:
„Calais, 10. Dezember 1882:
*Es war eine Unglücks Nacht, vom 8. bis 9. Dezember.
Wir hatten in der ganzen Zeit in See immer grauenhaftes Wetter. Zwei Stunden vor der Strandung bekommen wir Feuer zu sehen u. in der festen Meinung wir wären beim Galloper welches nämlich 2 feste Feuer hat, steuerten wir ruhig unseren Kurs fort. – Ich war selbst die ganze Zeit über an Deck. Als wir strandeten glaubte ich noch immer, wir wären an der englischen Küste. Das Schiff stieß fürchterlich auf, so dass wir glaubten, es würde schnell aufbrechen u. verließen mit Lebensgefahr unser Schiff u. trieben in die Nacht hinaus. Nach 5 Stunden nahm uns ein französisches Schiff auf, ganz nass u. verfroren, brachte uns nach Calais.*

Den anderen Morgen gingen wir gleich mit einem Schleppdampfer hinaus, und kriegten auch glücklich Canton herunter. Wir legen heute das Schiff im Dock und werden Morgen Besichtigung halten. Das Schiff macht sehr wenig Wasser, doch weiß ich nicht, was die Experten sagen werden."

Sechs Wochen nach Jacobsens Missgeschick sandte Kapitän Schlüter folgende Zeilen nach Basel:
„*Calais, 27.12.1882*
[…] *dass heute Morgen 6 Uhr, 20 Zimmerleute angefangen haben den Metallbeschlag unterhalb der Wasserlinie abzunehmen.
An Backbordseite ist derselbe nach Vorschrift von oben bis zum Kiel, Mittschiffs auf einer Länge von 45 Fuß entfernt. Morgen früh soll an Steuerbord der Metallbeschlag abgenommen. Der Boden des Schiffes sieht sehr gut aus, wer es nicht weiß, sollte nicht glauben, das Schiff wäre an Grund gewesen, es thut mir leid um den Metallbeschlag, derselbe kann nicht wieder so gut angelegt werden wie er augenblicklich ist. Auf übermorgen den 29sten werde den Experten der Veritas bestellen, damit ich genau informiert werde, was weiter gethan werden soll. Capt. Jacobsen hat mir heute sämtliche Schiffspapiere und Briefe ausgehändigt, morgen will er seine Sachen einpacken und gedenkt abends von hier abzureisen."*

Die reparierte CANTON konnte Calais erst wieder am 10. Januar verlassen und erreichte um den 28. Januar Lissabon. Nach der Rückkehr von der achten Reise Ende 1884 befasste sich die Handlungskommission mit dem Gedanken, das Segelschiff zu veräußern. Da aber erneut eine volle Ladung vorlag, unternahm die Bark eine neunte Reise, bevor am 3. Dezember 1885 der Verkauf an die Hamburger Firma H. G.

C. Renck erfolgte. Der Erlös für das Schiff, das die Basler seinerzeit für Fr. 61 000 günstig erstanden, betrug lediglich Fr. 7380. Doch ihre Kosten hatte sie längst abverdient.
Mit der CANTON endete die Reederei-Tätigkeit der MHG zur See.[282]

Renck seinerseits veräußerte das Fahrzeug umgehend nach Schweden zu Gustav Sjöberg in Malmö, der das Schiff 1887 in einen Schoner umtakelte. Der Name CANTON wurde beibehalten, das Unterscheidungssignal wechselte zu HSNJ. Ab 1904 bis 1909 hieß der Eigner Emil Sjöberg in Malmö. Am 1. Januar 1909 verkaufte er die CANTON nach Kivik zu F. O. Hansson. Auf einer Reise von Viborg nach Naksov mit Holz beladen strandete der Schoner bei dunstigem Wetter um 10:00 Uhr morgens am 14. Juli 1911 außerhalb Simrisham, kam jedoch tags darauf wieder flott. In Simrisham dichteten sie das Leck und die Fracht wurde wieder geladen. Kapitän Ferdinand Fagerström aus Rauma erwarb am 27. Februar 1914[283] das Schiff, reportierte jedoch am 23. Februar 1923 in Rauma, das Fahrzeug sei am 1. August 1914 in Travemünde von den Deutschen als Prise in Besitz genommen worden. So haben die Behörden die CANTON erst nach Aussage von Kapitän Fagerström im Register gestrichen. Da mit aller größten Wahrscheinlichkeit das Schiff einen anderen Namen erhielt, konnte ihr weiteres Schicksal nicht eruiert werden. Allein im Monat August 1914 enteigneten die Deutschen 42 kleinere Schiffe, wovon bei 21 Fahrzeugen der Verbleib im Dunkeln bleibt.[284]

Renditen der Segler

Während der Aufenthalte an der Küste liefen die Missionsschiffe verschiedene Plätze an. Die Route lautete in der Regel: Winneba – Accra – Prampram – Ada – Christansborg – Accra, um einerseits Ladung zu löschen und Rückfracht aufzunehmen und anderseits einen beschränkten Küstenhandel zu betreiben, insbesondere mit Tabak, den sie gegen Landesprodukte tauschten. Gleichzeitig dienten die Segler für den Personen- und Warenverkehr zwischen den einzelnen Goldküsten-Stationen. So hatten sie wiederholt Kokospalmstämme, Schilf und anderes Baumaterial von Ada Fo nach Christiansborg und Accra zu transportieren.
Die Rendite des Schifffahrtsbetriebes fiel nach Abzug jeglicher Kosten, Reparaturen und Zinsen zuzüglich des Verkaufserlöses der Schiffe günstig aus.

ASANTE

Einzig die ASANTE bildete eine Ausnahme. Bei einem Nettoerlös sämtlicher zehn Reisen von Fr. 44 900 und einem Verkaufspreis von Fr. 63 400 blieb bei den hohen Baukosten von Fr. 151 000 ein relativ hoher Verlust.
Alle übrigen Segler übertrafen die Betriebs- und Instandhaltungskosten.

Im Detail:
Im Kassen-Hauptbuch lesen sich für die ASANTE folgende Ziffern: Reinertrag 1. Reise Fr. 7175,10; 2. Reise Fr. 6242,21; 3. Reise Fr. 13 222,04 und 4. Reise Fr. 11 304,56. Auf der 5. Reise erwirtschaftete sie noch zufriedenstellende Fr. 7416,95, jedoch ab der 6. Reise verminderten sich die Erträge. Die 6. Reise ergab noch Fr. 1697,10 Gewinn, die 7. Reise noch Fr. 874,17 und die 8. Reise lediglich Fr. 790,93. Für die 9. Reise verbuchten sie einen hohen Verlust von Fr. 4095,20 und die letzte Reise einen Reinertrag von Fr. 303,55.

PALME

Die PALME erbrachte auf ihren 14 Reisen einen Ertrag von Fr. 93 400, dem Investitionen von Fr. 96 800 (Anschaffung Fr. 59 800) und Überholungen gegenüberstanden. Nach dem Verkaufserlös von Fr. 21 000 resultierte ein Überschuss von Fr. 17 000.

Im Detail:
Der Kaufpreis inklusive Ausrüstung und Instandsetzung bezifferte sich auf Fr. 59 776.

Auf der 1. Reise erzielten sie einen Überschuss von	Fr. 3749,18
Auf der 2. Reise	Fr. 8908,04
Auf der 3. Reise	Fr. 10 084,55
Auf der 4. Reise	Fr. 3187,17
Auf der 5. Reise	Fr. 8643,14

Die 6. Reise ergab infolge von Extra-Auslagen für die Freimachung des Schiffes in Dünkirchen, Advokaturspesen, Aufenthalt in Scilly, Krankheit des Kapitäns usw. einen Ausfall von Fr. 385,77 und die Reparaturen an der PALME (inkl. Ausrüstungsgegenständen wie Reserve-Segeltuch und -Tauwerk) verursachten Kosten von Fr. 13 588,48.
Der Nettoertrag der 7. Reise beziffert sich auf Fr. 9628,23 und der Überschuss der 8. Reise auf stolze Fr. 11 451,32.
Der Ertrag der 9. Reise liest sich mit Fr. 8253,28, wobei nach Reiseende eine große Reparatur notwendig war, wie das Ersetzen neuer Rippen, neuer Verkleidung und Neukupferung, was Kosten von insgesamt Fr. 23 413,80 verursachte. Die 10. Reise bescherte wieder einen hohen Gewinn von Fr. 10 663,46. Die 11. stürmische Reise ergab einen Ertrag von Fr. 4222,34, die langsame 12. Reise einen Gewinn von Fr. 4534,18 und die 13. Reise eine positive Verbuchung von Fr. 4995,90. Auf der letzten Reise vor ihrem Verkauf erwirtschaf-

tete sie Fr. 5885,27. Aus dem Verkauf des Schoners an Kapitän Christoffers wurden Fr. 20 977,15 erzielt und so schloss das Schiffskonto PALME per 31. Dezember 1876 mit einem Nettogewinn von Fr. 17 210,57 ab.

EINTRACHT

Der Erwerb der EINTRACHT erforderte Fr. 95 500 zuzüglich der Neukupferung von Fr. 5600. Auf ihren sieben Fahrten erwirtschaftete sie Fr. 78 000. Nach Ausbezahlung des Versicherungswertes von Fr. 45 000 blieben immer noch Fr. 22 000 auf dem Schiffskonto.

Im Detail:
Im Anschluss an ihre erste Reise verbuchten sie einen Gewinn von Fr. 10 796,32, aus der 2. Reise einen von Fr. 9237,98 und von der 3. Reise resultierte ein Ertrag von Fr. 15 818,92. Mit dem beachtlichen Gewinn von Fr. 12 688,69 schloss die 4. Reise ab, aus der 5. Reise erwirtschafteten sie lediglich Fr. 7182,86, während die 6. Reise mit Fr. 11 162,43 einiges höher ausfiel.
Aus der 7. und letzten erfolgreichen Reise resultierte ein Gewinn von Fr. 11 054,80.

AGNES

Den höchsten Reingewinn erzielte die AGNES. Ihre neun Reisen warfen Fr. 84 000 ab. Subtrahiert man den Anschaffungspreis von Fr. 59 000 und die Kosten einer Neukupferung von Fr. 8500, schlägt ein Ertrag von Fr. 34 000 zu Buche.

Im Detail:
Aus ihrer ersten Reise resultierte ein Gewinn von Fr. 10 746,92, der Erlös der 2. Reise beziffert sich auf Fr. 9049,93, jener der 3. Reise nur noch auf Fr. 3779,53 und aus der 4. Reise verbuchten sie ein Plus von Fr. 11 853,77. Die 5. Reise warf ihnen einen Gewinn von Fr. 10 054,71, die 6. Reise Fr. 12 541,29, während ihnen die 7. Reise den höchsten Verbuchungsgewinn von Fr. 14 911,29 bescherte. Mit Fr. 9483,67 resultierte aus der 8. Reise ein gutes Ergebnis, bevor ihnen von der letzten Fahrt nur eine sehr bescheidene Summe von Fr. 1282,13 übrig blieb.

CANTON

Eine ebenso aktive Schlussbilanz präsentiert uns das Konto der CANTON. Einem Nutzen von Fr. 89 000 auf ihren neun Reisen stand der Ankaufspreis von Fr. 61 000 zuzüglich eines Verkaufserlöses von Fr. 7000 gegenüber.

Im Detail:
Gleich auf ihrer ersten Reise durfte die Gesellschaft Fr. 16 409,10 Gewinn verbuchen. Die zweite Reise trug ihr Fr. 4695,47 ein, die dritte Fahrt Fr. 6459,25 und die vierte Reise Fr. 8148,28. Der reine Frachterlös (ohne die Havariekosten in Calais) der fünften Reise wird mit Fr. 9741,91 verbucht und jene der sechsten Reise mit niedrigen Fr. 1437,38. Die drei letzten Reisen warfen der Gesellschaft einen beträchtlichen Gewinn ab: Auf der siebten Reise erwirtschaftete sie einen Gewinn von Fr.13 824,38, auf der achten Reise Fr. 9782,31 und auf ihrer letzten Fahrt für die Handlungs-Gesellschaft erfreuliche Fr. 12 014,63.

So resultierte nach 19 Jahren Reedereitätigkeit ein effektives Plus. Ein Ergebnis, das kaum vorhersehbar war, bedenkt man das Aufkommen verschiedener Dampferlinien, wobei die wachsende Konkurrenz starken Druck auf die Frachtraten ausübte. So blieb der Gesellschaft keine Wahl, als 1874 die Frachtansätze „dem Zuge der Zeit entsprechend" zu senken.

Zu Beginn der 1880er-Jahre wurde es der Handlungskommission klar, dass auf die Dauer die Segelschiffe dem Wettbewerb der Dampfer nicht mehr würden standhalten können. In den letzten Jahren ihrer Reedertätigkeit sah sich die Gesellschaft gezwungen, ihre Frachtraten unter denen der Dampferlinien anzusetzen.

Lobenswert hatte sie die Zeichen der Zeit erkannt und ihre Einheiten abgestoßen, wenn auch 1890 in den Beratungen der Gesellschaft die Anschaffungen eigener Seedampfer zur Sprache kamen. Doch es blieb beim Projekt.

Die Flussschifffahrt der Gesellschaft

Zur Vervollständigung der Chronik sei hier die Flussschifffahrt der Handlungs-Gesellschaft auf dem Fluss Volta erwähnt.
Bereits 1862 war der Einsatz eines Dampfers für den Volta-Dienst angeregt worden, aber von den eingeholten Offerten kein Gebrauch gemacht. Als englische Firmen 1873 ein Dampfschiff für den Palmöl-Transport auf dem Volta-Fluss einsetzten, drängte die Niederlassung in Ada ebenfalls zur Anschaffung eines kleinen Fahrzeuges. Doch erst Ende 1875 mit der Aussicht, in Amedica oder Akwa eine neue Station einzurichten, kam der Gedanke für ein kleines Dampfboot zur Sprache.

Schlepper PIONIER

Am 13. Oktober 1876 fasste die Handlungskommission den Beschluss, einen Schleppdampfer anzukaufen. Der „Treuhänder" der Gesellschaft – Gottfried Bagelmann in Bremen – erteilte der Werft von H. F. Ulrichs in Vegesack den Auftrag, einen aus Eisen und mit einer Doppelmaschine ausgerüsteten Dampfer zu konstruieren. Der Stapellauf des 115-Tonnen-Schiffes – mit einer von der Hamburger Firma Janssen & Schmilinsky ausgerüsteten 120-PS-Maschine – erfolgte am 21. Juli 1877. Die Kosten beliefen sich auf Fr. 100 331. Mit Blick auf die von der Flussschifffahrt erhoffte bessere Erschließung des Landesinnern im Volta-Gebiet erhielt das Schiff den sinnreichen Namen PIONIER. Kapitän Kunst in Begleitung eines Maschinisten überführte das kleine Fahrzeug nach Ada. Am 7. August 1877 legte es in Bremerhaven die Leinen los, lief wegen schlechten Wetters für einen dreitägigen Halt den holländischen Hafen Nieuwediep an, bunkerte in Lissabon und Porto Praya (Kap Verde) Kohle und traf am 22. September nach 46 Tagen Fahrt in Ada ein.

Bis 1883 schipperte der Dampfer zwischen Ada und dem 60 Meilen flussaufwärts gelegenen Akuse. Manche riskante Stellen passierte er erfolgreich. Auch nach seiner Dienstentlassung diente er jahrelang einem nützlichen Zweck. Unterhalb Akuse verankerten sie ihn im Fluss als Magazinschiff.

ERNST, WILHELM und EDUARD

Mit der Unsicherheit, wie lange die PIONIER im Volta-Verkehr eingesetzt werden könne, sandte die Handlungskommission Ende 1881 einen kleinen Dampfer und zwei Schleppkähne nach Afrika. Mit dem Namen ERNST gedachte man des Dahinscheidens des Basler Missionskaufmannes Ernst Preiswerk. Der Ankauf einschließlich Transport nach Ada stellte mit Fr. 28 500 einen geringen Kapitalaufwand dar. Während sieben Jahren bewährte sich der Dampfer ERNST mit den beiden Schleppkähnen zwischen den Faktoreien von Ada und Akuse. 1888 musste er außer Dienst gestellt werden.

Im selben Jahr bestellte die Gesellschaft als Ersatz für ERNST ein neues Boot. Im Herbst 1888 traf die WILHELM (benannt nach dem Sohn des Präsidenten) an der Goldküste ein.

Sieben Jahre später setzten sie einen weiteren Flussdampfer im Volta-Verkehr ein. Sein Name EDUARD erinnerte an den am 2. April 1895 verstorbenen Präsidenten Eduard Preiswerk. 1902 machte die Ausdehnung des Ada-Geschäftes die Anschaffung eines weiteren Dampfbootes nötig.

Aber zwei Jahre später fand die Flussschifffahrt der Handelsgesellschaft ihr Ende. Bis 1925 blieb sie an der von ihr mit englischen Firmen gegründeten Volta Transport Company beteiligt. So blieb der Verkehr zwischen Ada und Akuse aufrechterhalten.

Jakob Stünzi, Dalsbruk

Mit dem Kaufvertrag vom 18. März 1870 (nach russischer Zeitrechnung am 30. März) erwarb der Zürcher Jakob Stünzi (1824–1883)[285] per 1. Mai 1870 vom vermögenden St. Petersburger Wladimir A. Wiskowatov für 472 000 Finska Mark (heutiger Wert ca. Fr. 5,5 Mio.) die industriellen Anlagen der Eisenwerke in Dalsbruk, viele dazugehörende Gebäude, Inventar sowie auch Wohnungen der Mitarbeiter.

Als Kaufsumme bezahlte Stünzi bei der Vertragsunterzeichnung 152 000 fmk in bar. Daneben übernahm er die Bezahlungsschuld für den von Wiskowatov ausgefertigten Schuldbrief über die restliche Summe von insgesamt 320 000 fmk. Wladimir Wiskowatov seinerseits kaufte das Werk am 13. Oktober 1869 aus reiner Spekulationsabsicht aus der Konkursmasse des früheren Besitzers Wolter Ramsay für lediglich 400 000 fmk.[286]

In den 1860er-Jahren war Finnland noch ein Entwicklungsland, dessen Ökonomie sich aber in den nächsten Jahrzehnten schnell diversifizierte. Erklären lässt sich diese Entwicklung mit dem ausländischen „Know-how" und Fremdkapital, die damals nach Finnland strömten und mithalfen die Industrialisierung zu initiieren. So avancierte zu Beginn der 1880er-Jahre das von Jakob Stünzi erworbene Eisenwerk Dalsbruk zur größten und modernsten Stangeneisenhütte Finnlands.

Nachdem Stünzi am 30. März 1864 eine Aufenthaltsbewilligung für St. Petersburg[287] erhalten hatte, betätigte er sich vorerst in der Herstellung von Malachit-Erzeugnissen.

Jakob Stünzi (1824–1883), Kaufmann der ersten Gilde in St. Petersburg und Imperator der finnischen Eisenindustrie.

Sowohl der Produktionsort wie auch die Wohnadresse hießen: Wasilewski Ostrov, 4 Linie, Haus Nr. 57. Er beschäftigte sich aber nicht nur mit Malachit und Eisen-Großhandel, sondern betrieb an der „Große See-Straße 15" auch einen Schokoladen-Verkauf.[288]

Stünzi ließ sich ziemlich genau drei Jahre nach der Aufhebung der Leibeigenschaft am 13. März 1861 durch Zar Alexander II. in der 1703 von Peter dem Großen gegründeten russischen Hauptstadt St. Petersburg nieder. Der Horgener musste mit ansehen, wie die Menschen in die Stadt strömten und unter katastrophalen Lebensbedingungen in den entstehenden Industriebetrieben Arbeit suchten. Ab 1870 wuchs die Stadt explosionsartig an und trotz rascher Industrialisierung befand sich die aus über 100 Inseln und 15 Stadtvierteln bestehende Stadt immer wieder nahe am Zusammenbruch.

Der 1824 in Horgen/ZH geborene Kaufmann siedelte erst im Sommer 1873 von St. Petersburg nach Dalsbruk.

Imperator der finnischen Eisenindustrie

Stünzis Entscheidung, Dalsbruk anzukaufen, fiel günstig mit dem Aufschwung der Konjunktur im Eisenmarkt zusammen. Die Leitung des Betriebes übertrug er dem früheren Besitzer Wolter Ramsay. Die Verkäufe kamen in Fahrt und die Preise für Roheisen stiegen kräftig.

1871 produzierten seine 121 Arbeiter beim Schmelz- und Walzwerk 2967 Tonnen Roheisen und 2867 Tonnen Stangeneisen.[289]

Das Werkseigentum umfasste ca. 14 000 tunnland (1 tunnland = 4936 m²) Waldboden. Mit dem Zukauf von Gutshöfen in Längnäs und Mjösund, etlichen Kreisinseln samt der Insel Skabban und der Hälfte von Langön erweiterte er sein Besitztum beträchtlich.[290]

Der Horgener galt als unbequem, vertrat barsche Standpunkte zur Geschäftsführung und war allherrschend. Sein patriarchalisches Auftreten führte bald zu Reibereien mit dem Geschäftsdisponenten Ramsay, der folglich 1874 seine Anstellung kündigte.[291] Stünzi war aber auch äußerst innovativ, zielstrebig und beseelt von einer großen Arbeitslust.

Nachhaltige Früchte trug auch sein soziales Engagement: Als der Geschäftspatron 1873 ein Schulhaus und Wohnungen für Lehrerinnen und Lehrer bauen ließ, beteiligte er sich sogar an deren Lohnzahlungen. Auch seine Fürsorge

Stünzi ließ 1873 auf einer dominierenden Höhe über dem Hafen ein Herrenhaus im russischen Villastil errichten und residierte hier in den folgenden zehn Jahren mit seiner Gattin Ulrike Schott und seiner jungen Tochter Sophie Ulrike.

gegenüber dem Wald fand breite Anerkennung, was 1876 in Helsinki mit einem Preis ausgezeichnet wurde.

1875 errichtete er in Björkboda eine Nagelschmiede. Die Nägel wurden vor allem für den Schiffsbau benötigt. Sechs Arbeiter betrieben die Schmiede und die Härteranlage. Das landesweite Lob von Schiffsbaumeistern und Reedern für seine qualitativ hochwertigen Produkte animierte ihn zur Aufgabe, Dalsbruk zu einer modern ausgerüsteten Fabrik zu entwickeln. In diesen Bestrebungen hatte Stünzi im 1876 neu eingestellten Betriebsleiter, dem Schweden J. L. Sebenius, eine ausgezeichnete Stütze. Das Walzwerk wurde ausgebaut, Hochöfen für die Verarbeitung von Blockstahl und Blockeisen erstellt, ein chemisches Laboratorium eingerichtet und Förderanlagen gebaut. 1877 ließ er einen 74 m langen Hafenkai bauen und diesen 1881 mit mehreren Kranen und Transporteinrichtungen ausrüsten.[292] Mit der Einführung des Telefons und einer Post- und Telegrafenstation traf Stünzi Vorkehrungen zur Verbesserung der Kommunikation mit der Außenwelt. Als sein Ansuchen für den Bau der Telegrafenlinie Salo – Dalsbruk in die Tat umgesetzt wurde, stellte er spontan sowohl für die Post- als auch für die Telegrafenstation und ihre Dienst tuenden Personen Lokale mit Heizung und Beleuchtung zur Verfügung.

Aber die bedeutungsvollste Innovation ist zweifelsohne der Bau und die Installation von Finnlands erstem Eisenwerk, in Fachkreisen auch Martinsstahlwerk genannt.

Für den Absatz der Produkte von Dalsbruk spielte der russische Markt eine entscheidende Rolle. Stagnierte in den 1870er-Jahren die Entwicklung der russischen Eisenindustrie, war Russland gegen Ende des Dezenniums immer mehr entschlossen, Maßnahmen zum Schutz ihrer eigenen Eisenindustrie zu ergreifen, indem sie den Importzoll 1881 drastisch erhöhten.

Doch bevor es so weit war, hatte das Eisenwerk Stünzis Glück mit großen Bestellungen wie im Frühjahr 1878, als das Werk während des Russisch-Türkischen Krieges ausschließlich mit der Produktion von Kriegsmaterial im Wert von 1 200 000 fmk beschäftigt war.[293]

Verkaufsgrund: Russlands Zollpolitik

Mit der Umsetzung der russischen Zollpolitik 1881 begann in Finnland in der Eisenindustrie eine Zwischenzeit. Ein Lizenzsystem machte zwar eine stark begrenzte Einfuhr von Finnland möglich, aber durch Restriktionen litt ein für Dalsbruk so wichtiger Exportartikel wie Drahtmaterial und drohte die Fabrikation in diesem Teil lahmzulegen. Nun reagierte Stünzi heftig: *„Das ist ein wahrer Nonsens, dass Rohmaterial verzollt werden soll und das fertige Fabrikat ist zollfrei"*, schrieb er im Februar 1882 dem Bergwerksminister Furuhjelm.[294] Als Folge der protektionistischen Zollpolitik Russlands und der zunehmenden starken Konkurrenz aus Schweden und Deutschland reifte in Stünzi der Gedanke, Dalsbruk zu verkaufen. Dank seiner ausgeprägten Geschäftsbegabung und nicht minder stark hervortretender Sparsamkeit in seiner persönlichen Lebensführung hatte er in seinem strebsamen Leben ein Vermögen gesammelt, sodass er in einen wohlverdienten Ruhestand treten konnte.

So verkaufte Jakob Stünzi sein Unternehmen an den Direktor des Westfälischer Draht-Industrie-Vereins Herrn Friedrich Hermann Hobrecker (1845–1917). Der Kaufvertrag wurde in Berlin am 11. Oktober 1882 unterzeichnet und formell am 9. Dezember in Kraft gesetzt.

Der Kaufpreis belief sich auf insgesamt 1 924 000 fmk (heutiger Wert ca. Fr. 24 Mio.). Gemäß den Spezifikationen im Kaufvertrag gehörten dazu: Hochofen, Gießerei, mechanische Werkstatt, Walzwerk, Stahlwerk, Dampfhammerschmiede, Dampfsäge, Kohleöfen, Magazine, Wohnungen, Außenbauten, Windmühle, Brücken, Ladeplätze, Lastkrane, Eisenbahnen und Transportmaterial.[295]

Hobrecker änderte 1884 den Firmennamen J. Stünzi zu Dalsbruk Eisen- und Stahlwerk.

Wenn auch die Kaufsumme für das Werkseigentum und die industriellen Anlagen, für welche Stünzi seinerseits 472 000 fmk bezahlte, nun das Mehrfache betrugen, rechtfertigen dies die Umstände, dass in den vergangenen zwölf Jahren auch große Summen investiert wurden.

Im Frühjahr 1883 nahm dann Stünzi Abschied von Finnland und zog nach Horgen an den Zürichsee, wo er im Winter verstarb.[296]

Schoner HELVETIA

Fünf Jahre nach seiner Übernahme der Eisenwerke Dalsbruk errichtete Stünzi nicht nur eine Nagelschmiede für den Schiffsbau, sondern ließ bei A. Ölander in Kimito unter Schiffsbaumeister Kjäldström einen mit 95 Lasten/189 Registertonnen vermessenen Schoner bauen.

Die Beweggründe und Absichten Stünzis, ein Segelschiff zu bauen, sind heute leider mangels fehlender Unterlagen nicht nachzuvollziehen. Es könnte zwar durchaus denkbar sein, dass für die außerhalb Finnlands zu beschaffenden und für sein Eisenwerk benötigten Kohlen ein eigenes Fahrzeug benötigt wurde. Dass die Schifffahrt ein Steckenpferd und eine Leidenschaft Stünzis war, darf aber ebenso nicht ausgeschlossen werden, besaß er nachweislich auch Dampfschiffaktien im Wert von 15 000 fmk.

Die Dimensionen des Zwei-Masters HELVETIA, so hieß das Schiff, werden mit 32,3 m Länge, 8,1 m Breite und mit einer Tiefe von 2,8 m angegeben.[297] Der „Finlands Sjöfartskalender" nennt 1877 als Kapitän G. F. Wikander. Der Schoner trug die Nummerflagge 170 und das Rufzeichen RDBQ. Das Fahrzeug versicherte Stünzi mit 40 000 Finska Mark.

Auf Kapitän Wikander folgte bis 1880 H. L. Andersson (1844–1884) aus Biskopsö/Granholm und 1881 hatte Axel Bäck das Kommando inne.

Bei der Namensgebung HELVETIA war sich der Horgener wohl nicht bewusst, dass der schwedische Name für Hölle „Helvete" heißt. So waren die Stichleien der Bevölkerung vorprogrammiert, indem sie lautstark prognostizierten, ein Schiff mit einem solchen Namen ende auch in der Hölle. Doch solange der Schoner in des Schweizers Eigentum stand, blieben glücklicherweise die Voraussagen unerfüllt. Über Reisen der HELVETIA unter der Ägide Stünzis sind leider kaum Informationen überliefert. Warum das Schiff zwischen 1877 und 1880 in Dalsbruk ohne jegliche Ladung liegen blieb, ist unbekannt. Im Folgejahr transportierte sie Kohle aus England (Ipswich und Shields) nach Dalsbruk. Auf der Hinreise hatte sie vermutlich Produkte aus Stünzis Eisenwerken geladen.

An weiteren Details ist ein Unglücksfall bekannt, geschehen am 18. November 1881, als der 31-jährige in Korpo geborene Zimmermann Mikael A. E. Andersson von der oberen Marsrah in den Tod stürzte.

Bereits in Gedanken, sein Eisenwerk zu verkaufen, veräußerte Stünzi zuerst sein Schiff HELVETIA, und zwar am 15. Juli 1882 für 17 000 fmk an Gabriel Granlund & Co. in Rauma.[298]

Granlund und seine zwei Söhne waren bekannte Schiffseigner in Rauma und besaßen einige große Windjammer. Mit dem neuen Namen RAUHA, aber weiterhin in Dalsbruk registriert, segelte das Schiff mit dem Netto-Raumgehalt von 534,3 m^3 vorwiegend in der Baltischen See und transportierte Holz nach Deutschland. Der erste Führer der RAUHA hieß Victor Albert Henriksson (1869–1947). Erst am 23. Februar 1891 ließ Granlund den Schoner in Rauma registrieren.

Unter dem Kommando von Kapitän Mela ging das Fahrzeug (188,6 NT) am 19. April 1903 auf einer Reise nach Flensburg bei den Utö-Felsen an der finnischen Küste wrack. Die Besatzung wurde vom deutschen Dampfer DIREKTOR REPPENHAGEN aufgenommen und an Land gebracht. Die RAUHA war unversichert und das Wrack verkaufte Granlund am 6. Juli 1903 an Kapitän Nikolaj Kuffschinoff, der das Schiff wieder instand setzte und in Eckerö (Åland) registrieren ließ. Ihr erster Führer wurde der 45-jährige George N. Söderlund.

Erst 1908, als die RAUHA luvwärts in den Fehmarner Belt segelte, Gedser hinter sich ließ und auf die deutsche Küste zusteuerte, lief sie auf eine Bank und galt als Totalverlust. Obschon der wachhabende Offizier in der Abenddämmerung dem Kapitän rapportierte, er habe voraus Land gesichtet, kommentierte jener, er wolle keinen „unpässlichen" Eintrag im Logbuch und der Kurs werde erst bei 8 Glasen geändert. Jedoch noch vor 20:00 Uhr strandete die RAUHA! So endeten nach 33 Jahren Dienst des Schoners Reisen, aber auch die Karriere des Kapitäns erhielt mit seinem Missgeschick ihren endgültigen Stopp.[299]

Alfred von Rodt, Juan Fernandez

Carl Alfred von Rodt, Abkömmling eines alten Berner Patriziergeschlechts, wurde am 10. September 1843 in Bern geboren. Seine Mutter Marie Sophie Françoise Sabine verlor er im dritten Lebensjahre, und als 1861 auch noch sein Vater Carl Samuel Adolf verstarb, bestimmte man dessen Bruder Karl Eduard zu seinem Vormund.[300]

Nach dem Besuch der städtischen Schulen in Bern begab er sich nach Dresden zur Ausbildung als Forstingenieur. Zurückgekehrt in die Schweiz, beabsichtigte er, an der ETH in Zürich seine Studien zu beenden. Doch durch die vielen Unterbrechungen aufgrund der häufigen Militärdienste als Artillerieoffizier reichten schlussendlich seine Leistungen nicht aus, das Abschlussexamen zu bestehen.

Seinen Wunsch, die Laufbahn eines Berufsoffiziers einzuschlagen, verwirklichte er sich 1865 mit dem Eintritt in das 11. Kürassierregiment in Österreich. Am 27. Juni 1866 wurde er in einer Schlacht nahe dem Schloss Nachod in Böhmen durch eine Kugel ins rechte Schienbein verwundet. Als er wegen des Beines zu Beginn des Jahres 1870 als dienstuntauglich erklärt wurde, musste er Ende Juni 1870 – mit der Zusicherung einer Pension – seine militärische Karriere endgültig aufgeben.[301]

Seine Zukunft suchte er daraufhin nicht in der Schweiz. Bern war ihm ein widerwärtiger Ort und das Wesen dessen Einwohner erschien ihm keinesfalls genehm. So reiste er nach Le Havre und anschließend nach Paris. Als er dort weilte, brach der Deutsch-Französische Krieg aus. Da kam ihm gerade recht, sich von einem Corps ausländischer Soldaten, den „Les amis de France", anwerben zu lassen, um an zahlreichen Kämpfen teilzunehmen.

Die Zeit nach Kriegsende verbrachte von Rodt mit Reisen. Dank einer großzügig ausgefallenen Erbschaft brauchte er keiner Arbeit nachzugehen. Er hielt sich in London auf, bereiste Spanien sowie den südamerikanischen Kontinent.

Am 19. März 1876 nennt das Register des schweizerischen Konsulates in Valparaíso/Chile seine Ankunft. Doch er verließ das Land wieder, reiste in die Schweiz, kehrte zurück nach Brasilien, ehe er erneut chilenischen Boden betrat.[302]

Die ersten Monate des Jahres 1877 verbrachte er bei Bekannten in Valparaíso. Hier auf Besuch bei einem aus Vevey stammenden Landsmann erfuhr von Rodt, der Staat Chile gedenke die Inseln Juan Fernandez zu verpachten. Alfred von Rodt ließ es sich nicht nehmen, sich nach Juan Fernandez zu verschiffen, um vor Ort sein Urteil zu fällen. Nach seiner Vorsprache beim zuständigen Intendanten erhielt er tatsächlich die Pacht zugesprochen.

Carl Alfred von Rodt (1843–1905), Visionär und Pächter der Insel Juan Fernandez. Eine Aufnahme aus dem Jahre 1901.

Nun galt es, Pläne für die wirtschaftliche Nutzung der Insel auszuarbeiten. Am 6. April 1877 wurden seine Vorschläge von den Behörden genehmigt und am 17. April der Pachtvertrag unterschrieben.[303] Seine Ernennung zum Subdelegado (Unterpräfekt) der Insel erfolgte am 5. Mai und zwei Tage später reiste er an Bord der Korvette CHACABUCO zur Insel.

Die behördliche Übergabe der Inselgruppe an von Rodt fand am 14. Mai 1877 statt.[304]

Insel Robinson Crusoe

Die von der chilenischen Regierung 1966 in Robinson Crusoe umbenannte Insel war ursprünglich nach dem spanischen Entdecker Juan Fernandez-Archipel benannt worden und war im 18. Jahrhundert Stützpunkt der englischen Piratenflotte, als diese den Spaniern die Meereshoheit vor der lateinamerikanischen Küste streitig machen wollte. Denn auf der Insel gab es Frischwasser, Früchte für die durch Skorbut geschwächten Matrosen und auch aufgrund ausgedehnter Wälder genügend Holz, um die von der Kap-Hoorn-Umschiffung angeschlagenen Schiffe wieder seetüchtig zu machen. Zum Namen Robinson Crusoe kam der winzige Flecken im Pazifik durch den Schriftsteller Daniel Defoe, der für seinen bekannten Robinson-Crusoe-Roman auf eine wahre Begebenheit zurückgriff.

Chile seinerseits gehörte in der spanischen Kolonialzeit zum Vizekönigreich Peru und erreichte erst 1797 den Status einer von Peru unabhängigen Kapitanie mit einem spanischen

Gouverneur an der Spitze. Zwischen 1811 und 1814 kam es zu einem Aufstand gegen Spanien, der zunächst niedergeschlagen, aber von 1816 bis 1818 fortgesetzt wurde. Schließlich wurde in dessen Verlauf 1818 die Unabhängigkeit des Landes von Spanien ausgerufen (aber erst 1844 von Spanien anerkannt).

Robinson Crusoi II

„Seit einem Monate bin ich nun, nach dem Herrgott und der Republik Chile unumschränkter Gebieter über die Inseln Mas-a-Tierra (95 km²), Mas-a-Fuero (85 km²) und Santa Clara (5 km²) mit circa 60 Einwohnern, 100 Stück Kühe, 60 Pferde, circa 7000 Ziegen, sans compter die Seehunde, Hummer und Fische, welche massenhaft vorkommen", schrieb Alfred von Rodt am 5. Juni 1877 seinem Onkel Eduard nach Bern. Weiter führt er in seinem Brief aus, er habe jährlich die Summe von 1500 Dollar[305] an den Staat zu zahlen. Diesen Betrag glaubte er aus dem Ertrag der Ziegen zu bestreiten. Mit dem Verkauf von Holz erwartete er 3000 Dollar; den Erlös aus Seehunden veranschlagte er zwischen 1500 und 3000 Dollar. Mit demselben Ergebnis rechnete er aus dem Verkauf von Fisch und Hummer. Sehr visionär zeigte er sich bei einem künftigen Bestand von 1000 Kühen, von denen er 20 000 Dollar Einnahmen erwartete. Diesen ersten als Pächter verfassten Brief unterschrieb Alfred von Rodt mit *„Robinson Crusoi II"*[306].

Sein erstes Schiff

Von Rodt war auf regelmäßige Verbindungen von der Insel zum Festland angewiesen. Zudem benötigte er für den Verkauf seiner Produkte an die Handelshäuser ein eigenes Transportmittel. Durch Vermittlung des seit 1826 in Valparaíso ansässigen englischen Handelshauses Guillermo Gibbs y Cia. gelang es ihm 1877, für einen Preis von 2000 Dollar einen kleinen Dreimaster von 94 Tonnen zu kaufen. *„Dasselbe Handelshaus hat mir in Valparaiso einen durchaus verlässlichen Agenten verschafft, welcher die von mir übersandte Fracht verkauft und mir übersendet, was ich auf der Insel brauche."*[307] Mit der vermutlich unter chilenischer Flagge segelnden Bark CHARLES EDWARDS verließ er mit Kapitän Behnke Valparaíso am 6. Juli[308] und machte 14 Tage später am 21. Juli 1877 auf seiner Insel fest.[309] Zu den Mitreisenden gehörten auch die Familie des Amerikaners Juan Gadner mit fünf Kindern, die chilenische Familie Esteban Sanchez mit sechs Kindern, der Franzose Gaston Irisson und eine Besatzung von insgesamt sieben Männern. Auf der zwei Wochen dauernden Reise nach Juan Fernandez dürfte die CHARLES EDWARDS in ein für diese Jahreszeit typisches schweres Unwetter, bedingt durch eine oder mehrere von Norden heranstürmende Kaltfronten, geraten sein. Von Rodt und seine Passagiere hatten einen Begriff von diesem wilden Meere zwischen dem chilenischen Festland und der Insel erhalten.

Von Enthusiasmus erfüllt ging es an die Ausführung seiner Pläne. Bereits am 1. August fuhren die Fischer Gadner, Lopez und Barra zum Fischfang aus. Das hierfür eingesetzte Boot konnte keinesfalls die zuvor angekaufte Bark sein, da die CHARLES EDWARDS bereits wieder am 14. August von Valparaíso in Richtung Juan Fernandez auslief. Alfred von Rodt besaß für den Fischfang zwei nicht näher identifizierte Fischerboote. In seinem Eigentum stand auch eine 10-Tonnen-Schaluppe.

Laut „Movimientos" unternahm die CHARLES EDWARDS 1877 sechs Fahrten nach Juan Fernandez, wobei eine Reise inklusive Laden und Löschen der Fracht durchschnittlich einen Monat dauerte. Mit Ausnahme der 5. Fahrt – für die

Den an seinen Vetter in Bern adressierten und vier Seiten umfassenden Brief vom 5. Juni 1877 unterzeichnete von Rodt als „Robinson Crusoi II".

Karte der Insel Juan Fernandez aus dem Jahre 1895.

Herr Wilson für die Navigation zuständig zeichnete – kommandierte stets Kapitän Behnke das Schiff.[310]

Doch der Einsatz seines ersten Frachtschiffes war nur von kurzer Dauer. Lichtete die CHARLES EDWARDS laut Eintragungen des Hafenkapitäns zum letzten Mal den Anker am 2. Februar 1878, geriet sie drei Wochen später am Ufer der Bucht von Valparaíso (auf einer weiteren Rückreise von Juan Fernandez?) in einen von Nordwinden verursachten Sturm und sank am 22. Februar 1878. Die Bark riss sich vom Anker los und zerschellte an der Felsenküste im Sektor „Almendral". Die Mannschaft konnte sich mittels eines am Festland verankerten und mit dem Schiff verbundenen Taus retten.[311] Die Ladung für die Firma Brown y Co. von 400 Seehundfellen im Werte von Fr. 20 000 ging verloren. Von Rodt schrieb hierzu seinem Vetter nach Bern: *„Der Schiffbruch meines ersten Schiffes war mir unangenehmer durch den erfolgenden Zeitverlust, als durch den Verlust von Geld."*[312]

Da er über keine liquiden Geldmittel mehr verfügte, bat er seinen Onkel in Bern um die Überweisung einer größeren Summe, um ein neues Schiff anzuschaffen. *„Das Schiff selbst war versichert, aber da die Versicherungsgesellschaften nur 3 Monate nach Schiffbruch zahlen, um die in solchen Fällen nothwendige gerichtliche Untersuchung vorzunehmen, so war ich genöthigt an v. Büren um £ 1000 zu telegraphieren [...]."* In einem weiteren Schreiben vom 13. März 1878 meinte er selbstbelehrend: *„Für die Zukunft werde ich mich gegen solche Unglücksfälle durch eine sogenannte ‚assurance flottante' schützen."*[313]

Die Brigg MATADOR

Nur drei Wochen nach dem Untergang der CHARLES EDWARDS charterte von Rodt am 16. März die Brigg MATADOR und segelte von Valparaíso nach Juan Fernandez. Entgegen seiner Tagebucheintragungen erschien sein Name als Eigner des Schiffes erstmals im November 1879. Alfred von Rodt ließ den Segler am 14. November 1879 als Nummer 208 unter chilenischer Flagge registrieren.[314] Zuvor trug der 31,3 m lange und 7,2 m breite Segler die guatemaltekische Flagge. Der vormalige Besitzer der 204,7 BRT und 191,3 NRT vermessenen Brigg hieß T. Jessen in Valparaíso. Überliefert ist, dass 1875 die MATADOR als Kohlentransporter diente und die Häfen Coronel und Ancud im Süden einerseits und die Bestimmungsorte Valparaíso, Tongoy und Antofagasta im Norden andererseits anlief.

Gebaut hatte 1837 die zuvor als Schoner getakelte MATADOR die Werft von Hinrich Bosse in Burg/Bremen. Als die MATADOR (73 CL) am 5. Dezember 1837 vom Stapel lief, wurde sie mit 26,9 m Länge, 7,2 m Breite und 3,4 m Tiefe im Raum vermessen. Ihre Eigner waren je zu $^1/_3$-Anteil J. A. Graeser Handlung, Bremen, Franz Carl Anton Murtfeldt sowie der Kapitän des Schiffes, Frerk Balleer. Für den 13. Juni 1838 meldeten die Schiffsnachrichten aus New York: *„Matador, Balleer, von Bremen nach Baltimore bestimmt, mit Passagieren, auf deren Wunsch der Capitain dieselben nach Newyjork gebracht hat."* 1839 verkaufte Balleer seinen Anteil und die neuen Besitzverhältnisse verteilten sich wie folgt: Graeser

Handlung ½, F. C. A. Murtfeldt ¼, Kapitän und neuer Führer der MATADOR Gottfried Wilhelm Janssen ¼. Aus dem Jahre 1840 ist eine Havarie der MATADOR überliefert, so berichtete die Hamburger Börsen-Halle Folgendes: *„Sheerness, den 11. Dec. Der Bremer Schooner ‚Matador', Janssen, in Ballast von Bremen nach Süd-America, ist von der Smack ‚Orwell' hier eingebracht, welche ihn auf den Barrow Deeps, unter East Barrow Head, nordwärts treibend angetroffen hatte. Die Forderung für das Berglohn ist mit 60 Pfund ausgeglichen. Der ‚Matador' wird mit erstem günstigen Wind seine Reise fortsetzen."* Seit 1842 hielt F. C. A. Murtfeldt die Hälfte am Schiff, während Frerk Balleer und Hinrich Balleer zu je ¼ beteiligt waren. H. Balleer übernahm auch die Führung des Schoners bis zu seinem Verkauf 1844 an Robert Kayser, Hamburg. Unter Hamburger Flagge machte die MATADOR unter Kapitän C. F. T. Malchin mehrere Reisen von Liverpool nach Valparaíso und zurück. Vermutlich wurde die seit Anfang der 1840er-Jahre als Brigg getakelte MATADOR um 1848 verkauft.[315] 1878 wird im Record of American and Foreign Shipping Register als Eigner der Brigg T. Jessen aus Valparaíso aufgeführt.

Vom Frühjahr 1878 bis zu von Rodts Ankauf Ende 1879 hatte er das Fahrzeug von Jessen wohl nur gemietet und insgesamt 14 Fahrten zwischen Valparaíso und Juan Fernandez unternommen. Die Reisen hin und zurück dauerten zwischen 18 und 74 Tagen, wobei die längste Reise eine Navigation via „Islas Desventuradas" (San Felix, San Ambrosio) nach Antofagasta war. Hier segelten der Schweizer und seine Leute im März 1879 direkt in den Ausbruch des Pazifikkrieges hinein und wahrscheinlich wurden alle gut gemeinten Pläne betreffend Geschäfte zunichte gemacht. Einmal soll die Fahrt von Valparaíso bis Juan Fernandez nur drei Tage gedauert haben, doch scheint eine Überfahrt von einer Woche eher der Normalfall gewesen zu sein. Bei ungünstigen Winden schaukelte die MATADOR bis zu drei Wochen lang auf dem wilden Meere, ehe der Horizont sichtbar wurde.

In den Jahren 1875–1876 verzeichnete der Hafenkapitän sechs Ankünfte der Brigg in Valparaíso. Nach dem Auslaufen vom 23. Dezember 1876 mit Destination Tongoy liest sich bis zum 30. Januar 1879 keine MATADOR in den Registern des Hafens von Valparaíso. Warum in dieser Zeit keine Bewegungen der MATADOR in den Movimientos Maritimos aufgeführt sind, ist unklar.

Mit von Rodt als Eigentümer, der chilenischen Flagge am Heck und mit Herrn Wernerström als Kapitän führte die MATADOR auf ihren 37 Fahrten binnen vier Jahren nach Valparaíso, Mas Afuera, San Felix, San Ambrosio, Antofagasta und auch Constitucion Pioniere, Wissenschaftler, Beamte, Geistliche, Abenteurer, Schiffbrüchige, Felle von Seelöwen, Brennholz, Langusten, Holzkohle, Kuhhäute, Wolfsleder, Chontas (Palme von Juan Fernandez) und vor allem unerfüllte Hoffnungen seines Eigentümers über die Meere.[316] Mit der MATADOR transportierte er pro Ladung bis zu 100 Klafter (1 Klafter = 40 Zentner) Inselholz nach Bolivien, wo er für einen Klafter Fr. 100 löste.

Seinem Tagebuch zu entnehmen, ging er häufig auf der Insel Mas Afuera (MAF) auf Seelöwenjagd. So steuerte Kapitän Wernerström mit sechs Seelöwenjägern und zwei Holzern am 18. März 1881 nach MAF und kehrte mit reicher Beute erst wieder am 11. April zur Heimatinsel zurück. Hie und da dauerten seine Ausfahrten zur Jagd lediglich zwei Tage. So navigierten sie am 14. April wiederum zur Nachbarinsel und brachten nach weiteren vier Tagen Jagd 61 Felle „Arctocephalus philippii" nach Juan Fernandez.[317]

Ansicht Valparaíso um 1871.

Schwierige Wirtschaftslage

Die Kriegserklärung Chiles an Peru und Bolivien vom 5. April 1879 mit der fünf Jahre andauernden Konfliktsituation fügte seinem Unternehmen schwere Schäden zu. Seine Produkte konnte er weder in Peru noch in Bolivien absetzen. Die Folge war, dass er nicht mehr imstande war, die Betriebskosten und den Pachtzins zu begleichen. Wiederum bat er in Bern, ihm sein restliches Vermögen zu übersenden. Doch die Auswirkungen des Krieges verschlechterten seine Situation immer deutlicher. Mit der berechtigten Angst, sein Schiff unter chilenischer Flagge könnte angegriffen oder konfisziert werden, kontaktierte er Konsul Johann Ulrich Zürcher in Valparaíso. Dieser wiederum leitete das Gesuch von Rodts, seinem Schiff die Schweizerflagge zu verleihen, am 7. Oktober 1879 an den Bundesrat weiter. In der Sitzung vom 24. Dezember 1879 wies die Regierung in Bern von Rodts Begehren ab.[318] Es wird angenommen, dass von Rodt Ende 1880 nahe dem finanziellen Ruin war.

Verlust und Neubau von Schiffen

Am 26. Juni 1882 notierte er in sein „Diario": *„Gutes Wetter, Ankunft des Dampfers PISAGUA geschickt von der Regierung mit Hilfsgütern für die Insel; der MATADOR ist mit einem Leck in Coquimbo angekommen."* Diese für von Rodt keinesfalls ermutigende Nachricht der Havarie der MATADOR überbrachte ihm bestimmt die PISAGUA.

Vermutlich nur wenige Tage nach dem 26. Juni schifften sich insgesamt 63 Personen, darunter auch von Rodt, auf der PISAGUA nach Coquimbo ein, nahmen hier die MATADOR ins Schlepptau und tuckerten mit ihr nach Valparaíso. Ihr weiteres Schicksal ist unbekannt. Entweder veräußerte von Rodt die beschädigte MATADOR oder sie galt als Totalverlust.

Auf jeden Fall mietete er am 16. September 1882 für 2000 Pesos die Bark ROSA EDELMIRA von Kapitän und Eigner Juan Demarchif und traf am 21. September in Juan Fernandez ein. Während seiner Abwesenheit zerstörte ein Sturm auf der Insel am 2. August den Landesteg.

Der Charterpreis von 2000 Pesos kann wohl kaum für nur eine Reise ausgemacht worden sein. Es liegen aber keine weiteren Informationen vor, dass die ROSA EDELMIRA regelmäßige Charterfahrten zum Festland unternahm.[319]

Der Plan zum Neubau eines 40-Tonnen-Schiffes bestand schon vor dem Verlust der MATADOR. Von Rodt kalkulierte mit circa 4000 Dollar Baukosten. Bereits am 8. August 1882 ließ der Berner den 16,8 m langen und 4,6 m breiten Segler als JUAN FERNANDEZ mit der Registernummer 300 in Valparaíso registrieren.[320] Als Kapitän wird der vormalige Schiffsführer der MATADOR Herr Wernerström genannt. Die Fertigstellung des Schoners JUAN FERNANDEZ (39,8 t) erfolgte wahrscheinlich noch vor dem Einlaufen der PISAGUA auf der Insel. Das Datum der Jungfernfahrt zum Festland ist nicht überliefert. Hingegen ist bekannt, dass die JUAN FERNANDEZ in Valparaíso am 29. Oktober 1882 den Anker lichtete und nach neun Tagen Überfahrt am 6. November in der Bucht von Cumberland festmachte. Am 17. November – auf ihrer zweiten Fahrt – transportierte sie erstmals eine größere Menge Fracht, bestehend aus 1500 Hummern, 333 Säcken Holzkohle und 250 Chonats (Palmenrundholz), nach Valparaíso. Als weitere Häfen lief später die JUAN FERNANDEZ auch Mas Afuera, Antofagasta und Iquique an. Durch ein Ungeschick des Kapitäns strandete die JUAN FERNANDEZ nach dem Ankerlichten am 6. Februar 1884 im Sektor Vega, konnte jedoch glücklicherweise mit ihrer Fracht von 161 Seelöwenfellen, 5 Kuhhäuten, 50 Ziegenfellen, 100 Palmstämmen und 15 Säcken Gerste die Reise dennoch nach Valparaíso fortsetzen. Am 16. April 1884 brachte von Rodt nach einer 11 Tage dauernden Reise sieben Zimmerleute

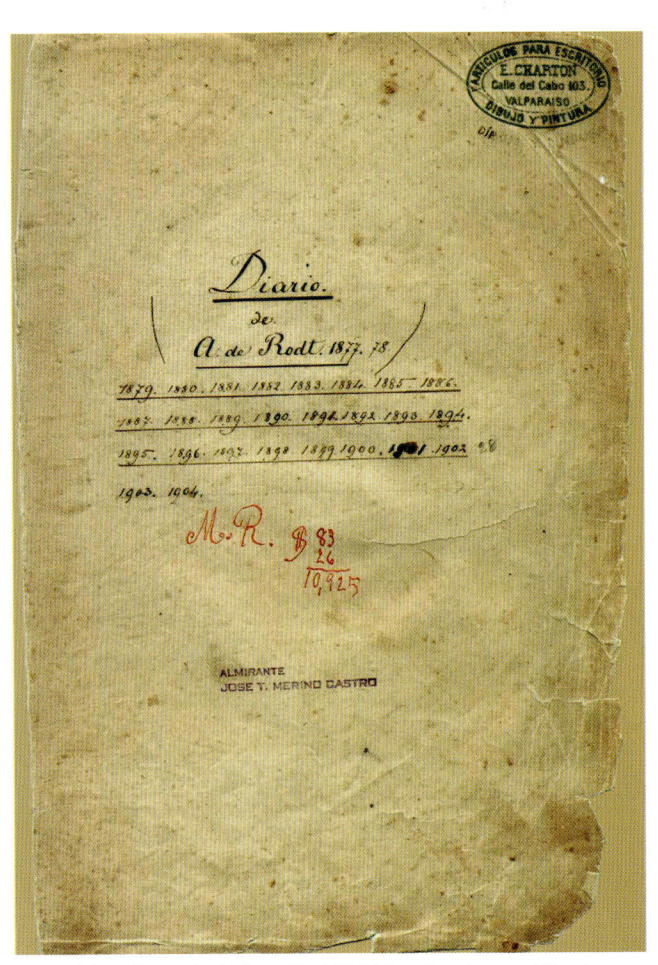

Umschlag des „Diario" 1877–1904, Tagebuch von Alfred von Rodt.

und einen Schmied für die Arbeiten zum Neubau eines Schiffes mit auf die Insel.

Von Rodt war stets dringend auf Geld angewiesen und von Zeit zu Zeit war es für ihn auch möglich, eine große Ladung mit Produkten nach dem Festland zu verschiffen. So notierte er am 21. Januar 1886 in sein „Diario": *„4000 Teigwarenkisten, 67 Naranjillo-Bretter, 18 Stöcke des Zimt- und Orangenbaumes, 325 Ziegenfelle, 167 Seehundsfelle, 20 Holzbündel, 800 kg Fisch."*

Vermutlich zwangen von Rodts finanzielle Engpässe zum Verkauf der JUAN FERNANDEZ an die neuen Eigentümer Hazen y Compton, Valparaíso. Wann genau er den 40-Tonnen-Segler abstieß, ist nicht belegt, doch darf angenommen werden, dass dies vor November 1883 passierte. Wie sonst hätte er für die hohe Summe von 4000 Pesos am 8. November 1883 die havarierte ACADIAN ankaufen können?[321] Im Dunkeln steht der Verdacht, dass von Rodt die JUAN FERNANDEZ von Hazen y Compton bis auf Weiteres charterte. 1885 gelangte der Schoner in den Besitz von Federico Iversen. Immer noch verkehrte der Segler als Transportmittel regelmäßig zwischen Valparaíso und der Insel. Nach knapp sechs Jahren wertvollem Dienst zugunsten von Rodts bei insgesamt 26 Fahrten zur Cumberland-Bucht zerschellte die JUAN FERNANDEZ am 6. August 1888 in einem Sturm vor Anker liegend im Hafen San Juan Bautista bei Mas-a-Tierra. Beladen mit Lebensmitteln von Valparaíso kommend, riss sie vier der fünf Besatzungsmitglieder in den Tod, darunter auch ihren Besitzer F. Iversen.[322]

Havarist ACADIAN

Als am 8. September 1883 in der Nähe der Inseln Juan Fernandez die englische Bark ACADIAN (NLDR, 815 t, 48,3 x 10,5 x 6,2 m, gebaut 1874 in Tusket) mit einer Ladung Guano strandete, fischte die JUAN FERNANDEZ die Schiffbrüchigen auf und überbrachte die 14-Personen-Besatzung nach San Juan Bautista. Unter den Verunglückten befanden sich Kapitän J. S. Hartfield jun., seine Gattin, der Pilot, Koch, Steward und neun weitere Crewmitglieder. Die Unfallursache für die von den Inseln Lobos Afuera (Peru) kommende Bark war ein Leck, das die Pumpen nicht mehr meistern konnten. Von Rodt kaufte die havarierte Bark am 3. November für 4000 Pesos und charterte den zufällig in der Cumberland-Bucht ankernden Dampfer GUAYENRU, um den Havaristen am 8. November wieder frei zu machen. Der Versuch eines Abschleppmanövers am 9. November nach Valparaíso[323] scheiterte wegen des schlechten Zustandes der Bark und so lag die ACADIAN am Folgetag wieder am Strande von Juan Fernandez.[324] Auch hier „verdummte" von Rodt Geld, das er so unbedingt benötigte.

Neubau eines Schoners

Am 21. April 1883 begann von Rodt auf Juan Fernandez mit dem Bau eines Schoners. Am Stapellauf vom 4. Oktober taufte er das Schiff BENJAMIN VICUNA MACKENNA (BVM). Für den Bau dieses 103,7-Tonnen-Schiffes ließ er wie zuvor erwähnt sieben Zimmerleute und einen Schmied auf die Insel bringen. Der Stapellauf der BVM erfolgte im selben Moment, als gerade die Iversen gehörende JUAN FERNANDEZ herangesegelt kam, was von Rodt mit besonderer Freude erfüllen musste.

Die Immatrikulation seines 5. Schiffes zeigt das Datum des 20. Dezember 1884 und die Nummer 356 im chilenischen Schifffahrtsregister. Gleichzeitig ließ der Berner das von Schiffsbauer Fermin Muena konstruierte „Pailebot" (Schoner ohne Gaffelsegel) mit dem Patent 21 rechtlich schützen. Der kleine Schoner mit zwei Masten vermaß 23,0 m Länge, war 5,9 m breit und hatte eine Tiefe im Raum von 2,6 m. Sein ihm zugeteiltes Unterscheidungssignal hieß JCBR. Anstelle eines rohen Bugspriets schnitzten die Schiffsbauer eine Verzierung in der Form eines Violinenarms.[325]

In seinem „Diario" finden sich zwischen Oktober 1884 und April 1885 keine Reisebeschreibungen der BVM. Erst am 3. April 1885 notierte er eine Ankunft in Juan Fernandez von Carrizal (nördlich Chanaral) kommend. Die Frachtladungen der BVM bestanden in etlichen Reisen zumeist in Seelöwenfellen, Ziegenfellen, Fisch, Teigwarenkisten und Brennholz. Seine letzten Tagebucheintragungen zur BVM finden wir am 10. März 1887, als der Zweimaster nach viertägiger Reise von Talcahuano in Juan Fernandez eintraf und sechs Tage später mit 17 Passagieren und Fracht bestehend aus 500 Säcken Mehl, 86 Säcken Gerste, 12 Ster Holz, 50 Gallonen Öl, 126 Ziegenfellen und 6 Kuhhäuten in Richtung Coquimbo auslief. Danach findet man seinen Schoner weder im chilenischen Register, noch liest sich der Name BVM in seinem „Diario".

Möglicherweise hatte er die schnelle BVM in Coquimbo verkauft. Warum von Rodt ausgerechnet ein leistungsfähiges Schiff mit Fahrenszeiten von $2^{1}/_{2}$ Tagen zwischen Juan Fernandez und Valparaíso veräußerte, ist unklar! Wahrscheinlich zwangen ihn erneut finanzielle Engpässe dazu.

Zwischen Mai und September 1886 operierte auch der britische Dampfer URCOS mit der Insel.[326]

Gaffelschoner PESCADOR

Nach dem wahrscheinlichen Verkauf der BENJAMIN VICUNA MACKENNA sind für das restliche Jahr 1887 keine seefahrerischen Aktivitäten von Rodts festzustellen, außer dass er am Bau des Gaffelschoners PESCADOR beteiligt ist.

164

Dieses nicht unter chilenischer Flagge segelnde Fahrzeug ließ er am 30. Januar 1888 vom Stapel und reiste am 3. März 1888 mit vier weiteren Männern nach Coquimbo, wo er nach 11 Reisetagen mit viel Windstille eintraf. Während einigen Monaten versuchte von Rodt mit lokalen Transporten Geld zu erwirtschaften. Wieder verlor er! Hier schienen ihm die restlichen verfügbaren Geldmittel ausgegangen zu sein, veräußerte er doch im Oktober seinen Anteil für 400 Pesos[327] an Virgilio y Cia. Diese Firma offerierte von Rodt die Rückfahrt zur Insel auf ihrer Brigantine VIVANDIERE (1866, 179 t). So verließ der erfolglose Berner Coquimbo am 14. Oktober und traf in der Nacht zum 22. Oktober auf Juan Fernandez, ohne eigenes Schiff, mit wenig Geld und ohne reelle Aussichten für die Zukunft ein. Im Folgejahr 1889 und auch 1894 unternahm von Rodt einige Reisen mit der gecharterten VIVANDIERE.

In den Jahren 1893 und 1894 charterte er von einem Herrn Wilson den Gaffelschoner MARIA LUISA, der am 11. September 1893 den deutschen Techniker Schreiben, der zum Aufbau einer Konservenfabrik für Langusten beauftragt wurde, auf die Insel brachte.[328]

Im Januar 1897 begann von Rodt mit einem weiteren gecharterten Schiff, dem 1879 bei Gourlay Brothers in Dundee erbauten Dampfer PUCHOCO, zu operieren. Mit der seit 1893 Isidora Cia. in Valparaíso gehörenden PUCHOCO beförderte er Langusten sowohl in Konserven als auch lebend. Am 3. August 1913 ging der Dampfer nahe Punta Carranza auf einer Reise von Lota nach Valparaíso mit einer Ladung Kohle verloren.[329]

Exakt ein Jahr nach der Charterung der PUCHOCO mietete er im Dezember 1896 die Rodolfo Capurro in Valparaíso gehörende, jedoch im Einsatz für die Regierung stehende IS-MENIA. Für die 299 Register-Tonnen vermessene und in Falmouth gebaute Holz-Bark mit einer Länge von 35,7 m, einer Breite von 7,0 m und 4,5 m Raumtiefe bezahlte von Rodt der Regierung 500 Pesos.

Später taucht auch ein „Pailebot" namens ADRIATICO auf, das Fahrten zwischen der Insel und dem Festland machte. In den Jahren 1901 und 1902 waren im Verkehr mit der Insel in Addition mit einer JUAN FERNANDEZ auch eine ROBINSON CRUSOE und ein Schoner ESPERANZA beteiligt, alle nicht im Eigentum des Schweizers.[330]

Besuch des Staatspräsidenten

1891 wurde er zum vierten Male als Subdelegado der Insel bestätigt. Im Mai 1895 erklärte die Regierung die Insel Juan Fernandez zur Kolonie und von Rodt für ein monatliches Gehalt von Fr. 400 zu deren Kolonieinspektor.

Große Ehre kam Alfred von Rodt zu, als am 26. März 1897 und am 3. März 1900 der Präsident der Republik Don Federico Errazuriz Echaurren in Begleitung einiger Minister die Insel besuchte.

Der letzte Robinson Crusoe

Die Geschichten der Schiffe Alfred von Rodts sind gleichzeitig ein Zeugnis der überwältigenden Schwierigkeiten, welche mit Wucht auf einen zähen Mann einschlugen, ohne ihn jedoch brechen zu können. Sein Wille, die gesunde Verfassung, eine eiserne Disziplin und eine bis zum letzten Atemzug angewandte Präzision beim Registrieren von natürlichen und wirtschaftlichen Vorgängen sowie sein christlicher Glaube hatten ihn zum ersten Kolonisator der Inseln Juan Fernandez gemacht, seit diese 1574 vom Kapitän gleichen Namens entdeckt worden sind.

Über viele Jahre lebte Alfred mit Antonia Sotomayor Flandes (1863–1915) ohne Trauschein zusammen. Im Laufe der Jahre schenkte sie ihm sechs Kinder.

Nach 28 Jahren als Inselbewohner, Kolonieinspektor, Subdelegado, Richter, Forstaufseher, Postmeister, Zivilstandsbeamter, Marinebevollmächtigter und Zollbeauftragter verstarb Alfred von Rodt am 4. Juli 1905.

Professor Otto Bürger ehrte von Rodt im Buch „Die Robinson-Insel" wie folgt: *„Prediger der Wüste! Deine Epapäe auf die Schätze der Insel blieb ohne Widerhall […]. Und du bist der eifersüchtigste Beschützer des Eilandes geworden, ihrer Palmen und Baumfarne, ihrer Ziegen, Hummer und Kolibri. Ja, du hast Gesetze gegen die Vernichtung schaffen helfen, denn du gönntest sie keinem anderen. Und du sollst selbst darum gesegnet sein, der du den ewigen Schlaf schläfst auf dem Friedhofe, dem Meere nahe, das du so liebtest […]".*

Die Grabplatte des Don Alfredo de Rodt auf Juan Fernandez (Robinson Crusoe).

Schenker & Co., Wien

1879–1879: Anglo-Austrian-Hungarian Steamship Company
1879–1881: Adria Steamship Company
1895–1901: Schiffahrts-Gesellschaft Austro-Americana
1901–1903: Austro Americana Società di Navigazione, Schenker, Cosulich & Co.
1903–1903: Austro Americana Società di Navigazione Cosulich & Co.
1903–1918: Unione Austriaca di Navigazione già Austro Americana & Fratelli Cosulich

An einem Oktobertag des Jahres 1867 fuhr ein Zug aus Paris in den Wiener Kaiserin-Elisabeth-Westbahnhof ein. Unter den Passagieren befand sich der hochgewachsene und korrekt gekleidete 25-jährige Schweizer Urs Josef Gottfried Schenker. Zu diesem Zeitpunkt wusste der junge Solothurner noch nicht, dass er hier sein bleibendes Domizil finden sollte. Instinktiv und mit Weitblick erkannte er die wirtschaftlichen Chancen der emporstrebenden Donaumetropole. Die zunehmenden veränderten Güterstrukturen und Verbrauchergewohnheiten stellten die Basis und Voraussetzung für den späteren Erfolg Gottfried Schenkers dar.[331]

Als Sohn eines Schmieds und Schlossers wurde Gottfried Schenker am 14. Februar 1842 in einer kinderreichen Ehe als achtes Kind in Dänikon bei Olten geboren. Nach der Matura 1860 immatrikulierte er ein Jahr später an der Universität Heidelberg als Jurastudent. Selbstverständlich interessierte sich der junge Student für Politik und so publizierte er in verschiedenen lokalen Zeitungen in seiner Heimat kleinere Artikel zu politischen und wirtschaftlichen Themen. Wann und warum sich Schenker entschloss, sein Studium abzubrechen, kann nicht eruiert werden. Ob der Konkurs seines Vaters und dessen Tod am 18. August 1865 sowie die nun angespannte wirtschaftliche Lage seiner Familie Schenkers Entschluss erklärt, ist lediglich eine Annahme.

Nach seiner Rückkehr 1865 in die Heimat arbeitete er für 60 Franken im Büro der Schweizerischen Centralbahn in Basel. Die Wahl, im „Cartierungsbureau der Güterexpedition Basel" Geld zu verdienen, stand im Zusammenhang mit seinem Interesse am Ausbau des europäischen Verkehrssystems. Um das bescheidene Gehalt etwas aufzubessern, schrieb er weiterhin Artikel für den „Basler Volksfreund". Nur kurze Zeit später wechselte er in die Agentur der französischen Ostbahngesellschaft F. Braff & Eckert in Basel und avancierte hier mit Geschick und Innovations-Esprit zum Spezialisten des Tarifwesens.

Gottfried Schenker (1842–1901) im Jahre 1874, kurz nach seiner Ankunft in Wien.

Das Geburtshaus von Gottfried Schenker in Dänikon im Kanton Solothurn.

166

Nach der Eröffnung einer Filiale seines Vorgesetzten Braff in Wien beorderte dieser Schenker 1867 in die Donaustadt. Hier mietete sich der junge Schweizer eine kleine Wohnung in der Weintraubengasse, in nächster Nähe zur Getreide- und Agrarproduktenbörse.

Schenker organisierte Getreideexporte nach Westeuropa, konsultierte immer wieder das neu eingerichtete Büro in Budapest, berechnete neue Tarifkombinationen, schloss Verträge mit Eisenbahngesellschaften und war um eine adäquate und stets um die günstigste Verkehrskoordinierung bemüht. Ende 1867 überwarf sich Schenker mit Braff, erkrankte und gab sich in Spitalpflege. Nach seiner Entlassung fand er sein Zimmer geräumt vor, da man bereits mit seinem Tode gerechnet hatte![332] Während seines Spitalaufenthaltes reifte in ihm der Entschluss, sein Arbeitsverhältnis mit Braff & Eckert endgültig aufzulösen.

So heuerte er im März 1868 als Wiener Repräsentant bei der Hamburger Speditionsfirma Elkan & Co. für ein jährliches Entgelt von 3000 Talern an. Verschiedene Geschäftsreisen führten ihn u.a. auch in die Hansestadt, wobei es ihm hier gelang, interessante Sondertarife für den Warenverkehr nach Österreich-Ungarn auszuhandeln.

Anlässlich einer Geschäftsverbindung mit dem Generaldirektor der Lemberg-Czernowitzer Eisenbahn, Victor Ofenheim Ritter von Ponteuxin, bestärkte ihn dieser, Schenker solle sich doch selbstständig machen.

Im November 1869 heiratete Gottfried Schenker die 18-jährige Anna Barbara Elisabetha Schulz aus Mainz. Nach der Rückkehr von der Hochzeitsreise in das heimatliche Dänikon fand das Paar in Wien eine geräumte Wohnung vor. Zudem wurde die Firmenkasse um 2500 Gulden erleichtert, wofür der bevollmächtigte Geschäftsführer Schenker einzustehen hatte. Gegen Ende des Jahres 1869 entschloss sich Schenker, nur noch auf eigene Rechnung zu arbeiten, und kündigte sein Arbeitsverhältnis mit Elkan & Co. auf. Neben seinem Start in die Selbstständigkeit hatte der Solothurner noch Verpflichtungen gegenüber seinem vormaligen Arbeitgeber zu erfüllen.

Die wichtigen Kontakte zu großen westeuropäischen Eisen- und Stahlwerken erlaubten ihm, sowohl auf eigenen Namen als auch auf fremde Rechnung etliche Geschäfte abzuwickeln.

Sein Büro und die Wohnung befanden sich zunächst in der Waagstraße 4 und ab 1870 in der Favoritenstraße 9. Seine junge Frau diente dem rastlos und besessen arbeitenden Mann als Sekretärin.

Als die neue in Wien etablierte Speditionsfirma Rappaport & Kann ihm 1871 ein Angebot für ein jährliches Fixum von 10 000 Gulden und 25 Prozent Nettogewinnanteil offerierte, nahm er diese lukrative Offerte an. Die Geschäfte gingen gut. Als jedoch die beiden Chefs beabsichtigten, eine neue große Speditionsgesellschaft auf Aktienbasis zu gründen, war Schenkers Bedarf an unseriösen Abenteurern und Spekulanten gedeckt. Geld sah Schenker keines. Diese Erfahrungen bestärkten ihn in seinem Entschluss, trotz Bedenken seiner nach mehr Sicherheit strebenden Frau, erneut den Weg in die Selbstständigkeit zu wagen. Seine gesamten Ersparnisse und ein Darlehen setzte er in die Gründung eines Kommissionsgeschäftes mit einem in Wien niedergelassenen Schweizer Landsmann. Doch wiederum wurde er enttäuscht: Mit dem Schaffhauser Notsch hatte er sich den falschen Partner ausgesucht.

Ausgerechnet Schenkers ehemalige Arbeitgeber Rappaport & Kann vermittelten ihm dann die zuverlässigen Partner in Karpeles & Hirsch. Die ihm bereits bekannten Associés brachten 40 000 fl., Schenker selbst 10 000 fl. in die neu gegründete Firma Schenker & Co. ein. Dies war der Beginn eines der erfolgreichsten Unternehmen der Donaumonarchie.[333]

Gründung Schenker & Co.

Am 8. Mai 1872 verfasste Schenker einen Gesellschaftsvertrag und am 16. Juli wurde die Firma als Handelsgesellschaft im Wiener Handelsregister eingetragen.

Das an seine beiden neuen Teilhaber gerichtete Schreiben[334] hatte folgenden Wortlaut:

Herrn
Moritz Karpeles und Moritz Hirsch
In Wien

Ich habe am heutigen Tage mit Ihnen folgende Vereinbarung getroffen:
Wir verbinden uns vom 15. Juli d.J. an zum gemeinsamen Betrieb eines Speditionsgeschäftes unter der Firma Schenker & Comp., welche handelsgerichtlich protokolliert werden soll. Das Gewerbe wird von mir angemeldet und werde ich Sie beide als öffentliche Gesellschafter in das Unternehmen aufnehmen. Als Kapital wird von mir die Summe von 10.000 fl. Ö. W., schreibe zehntausend Gulden ö. W., und von Ihnen der Betrag von 40.000 fl. Ö. W., schreibe vierzigtausend Gulden ö. W., eingelegt werden. Diese Beträge werden Ihnen und mir auf eigens zu errichtenden Kapitalskonto gutgeschrieben und mit 6 % p.a. verzinst.
Diese Zeichnung und Vertretung der neuen Firma wird uns gemeinschaftlich derart zustehen, dass je zwei von uns die Firma Schenker & Comp. collektiv zeichnen.
Die Dauer der Gesellschaft haben wir vorläufig auf vier ei-

nander folgende Jahre somit bis 15. Juli 1876 festgesetzt. Wenn die Gesellschaft mit diesem Tage zu Ende gehen soll, muss sie ein halbes Jahr vor Ablauf des letzten Geschäftsjahres von einem der drei Gesellschafter aufgekündigt werden, widrigenfalls sie und insolange als auf ein weiteres Jahr prolongiert erscheint, bis halbjährlich vor Ablauf eines Geschäftsjahres von einem Gesellschafter gekündigt wird.

Für den Fall des Ablebens Eines der drei Gesellschafter soll die Auflösung des Geschäftes und die Liquidation erfolgen, wobei die überlebenden Gesellschafter als Liquidatoren zu fungieren haben werden.

Ich verpflichte mich insbesondere, während der Dauer der Gesellschaft mich an keinem anderen wie immer Namen habenden Geschäfte zu beteiligen, sondern meine Tätigkeit ausschließlich dem neuen Gesellschaftsunternehmen zu widmen, widrigens Ihnen das Recht zustehen soll, die sofortige Auflösung der Gesellschaft zu fordern, ich aber jedenfalls Ihnen ein Pönale von 10.000 fl., schreibe zehntausend Gulden ö. W., zu bezahlen habe; dagegen Sie das Recht haben, nach Ihrem Belieben andere Geschäfte zu betreiben.

Der Gewinn aber auch der Verlust der Gesellschaft fällt zur Hälfte mir, zur Hälfte Ihnen zu. Der definitive Vertrag soll noch im Laufe d.M. abgeschlossen werden.

Es ist selbstverständlich, dass nur die Beteiligung an Geschäften, welche auf das Speditionsgeschäft Bezug haben, außer an solchen, welche der Firma Schenker & Co. zu Gute kommen, das Recht zur Vertragskündigung an die H.M. Karpeles & Hirsch gibt. Es ist ferner zugestanden, dass H.G. Schenker aus der Geschäftskasse jährlich bis zu fl. 4000 zur Bestreitung seines Personalcontos herausnehmen kann.

Achtungsvoll
G. Schenker m.p.

Obwohl Schenker lediglich ein Fünftel des Grundkapitals einzahlte, lautete die Firma auf seinen Namen und zudem stand ihm die Hälfte des Gewinns zu. Zweifellos war Schenker die Seele des Unternehmens. Jedoch ohne die finanzielle Beteiligung seiner beiden Partner gebe es nicht das Datum des 16. Juli 1872 als Geburtsstunde der Speditionsfirma Schenker & Co.[335]

Das erste bescheiden ausgestattete Büro der Firma Schenker & Co. befand sich in der Wiener Innenstadt am Wildpretmarkt 8, später übersiedelte man ins neu erbaute Haus Zelinkagasse 10, 1880 dann zwei Häuser weiter in die Zelinkagasse 14, wo auch die Firma Karpeles & Hirsch ihren Sitz hatte. Im Februar 1893 nannte Schenker als neue Geschäftsadresse die Neutorgasse 17. Erst kurz vor Ausbruch des Ersten Weltkrieges und somit viele Jahre nach seinem Tode wechselte man mit den Büros zum Hohen Markt 12.[336]

Zu einem ersten Änderungsvertrag kam es mit dem 1. Januar 1885, wonach die drei Gesellschafter mit je einem Drittel an den Firmen Schenker & Co. und Karpeles & Hirsch beteiligt waren. Am 5. Januar 1892 wurde auch dem Slowaken Géza Benisch[337] (1853–1907) – als Prokurist der Firma – eine 10 %-Beteiligung (ohne Erbrechtberechtigung) zugestanden. Mit dem Austritt von Mitbegründer Moritz Hirsch (1839–1906) aus dem Unternehmen per 31. Dezember 1895 erhielt dieser eine Summe von 1,48 Millionen Gulden. Gleichzeitig wurde auch die Firma Karpeles & Hirsch liquidiert.

Der nächste Änderungsvertrag war fällig mit der Aufnahme von Emil Karpeles (1869–1931; Sohn von M. Karpeles) als stillem Gesellschafter per 1. Januar 1896.

Nachdem Gottfried Schenkers Sohn Eduard am 27. November 1892 mit 20 Jahren freiwillig aus dem Leben schied, adoptierte Schenker vier Jahre später den Juristen Dr. August Angerer (1866–1914). Angerer war verheiratet mit einer Nichte von Schenkers Gattin und führte nach der Adoption den Doppelnamen Schenker-Angerer. Ihm wurde am 25. Mai 1897 die Kollektivprokura erteilt und er wurde am 31. Dezember 1900 als Gesellschafter im Firmenregister eingetragen. Gleichentags zog sich Moritz Karpeles (1835–1903) als Teilhaber zugunsten seines Sohnes Emil zurück, der gemeinsam mit dem langjährigen Mitarbeiter Johann Dupal[338] als Gesellschafter im Firmenregister Eintrag fand. In einem neuen ab dem 29. April 1901 bis zum 31. Dezember 1905 unkündbaren Vertrag zahlte Moritz Karpeles als stiller Gesellschafter eine Kapitaleinlage von 800 000 Kronen ein.

Im Todesjahr von Gottfried Schenker zeigen sich folgende Beteiligungsverhältnisse:

Gottfried Schenker	1 600 000 Kronen
Géza Benisch	460 000 Kronen
Emil Karpeles	200 000 Kronen
Dr. Schenker-Angerer	200 000 Kronen
Johann Dupal	160 000 Kronen
Stille Einlage Moritz Karpeles	800 000 Kronen

Gottfried Schenker und Dr. August Schenker-Angerer hielten 40 % an Gewinn und Verlust.

Die Idee des Sammelverkehrs

Mit Gottfried Schenkers Idee, Kleinsendungen zu einer Transporteinheit zusammenzufassen, stieß er nicht nur in eine Marktlücke, sondern avancierte zum Pionier für die Entwicklung des internationalen Sammelverkehrs. Schenkers Idee war einleuchtend und setzte sich rasch durch. Damit war die Basis zur modernen internationalen Spedition gelegt.

Der Erfolg des internationalen Speditionsgeschäftes stand mit dem Ausbau des Verkehrssystems in engem Zusammenhang.

Luxusgüter wie Cognac und Modewaren aus Paris, Textilen aus Großbritannien, Eisen und Stahlwaren aus Belgien und Deutschland und Lebensmittel aus Osteuropa wurden im Sammelverkehr von Schenker organisiert und befördert. Schenker bot auch Spezialdienste via Triest in die Levante, nach Indien, China und Japan an.

Schenker & Co. gehörten zum ersten Speditionsunternehmen, das einen nach genauer Warenklassifikation und nach Destinationen abgestuften fixen Frachtübernahmetarif für Stückgüter aller Art anbieten konnte.[339]

Gute Geschäfte mit Spezialtransporten wie den Schiffsteilen der TEGETTHOFF (Polarexpedtion 1872–1874), den Eisenkonstruktionsteilen für den Budapester Hauptbahnhof und auch als offizieller Spediteur der Wiener Weltausstellung 1873 trugen zu einem hervorragenden Ruf des noch jungen Unternehmens bei, das dadurch das Vertrauen zahlreicher Regierungen des In- und Auslandes erwarb. Selbst für schwer gesicherte Geldtransporte von mehreren Staats- und Notenbanken wurde Schenker & Co. herangezogen.

Mit der Eröffnung ihrer ersten Filiale 1874 außerhalb Österreichs in Budapest fand in der Folge eine Expansionsphase mit dem Ausbau eines Zweigstellen- und Verbindungsnetzes ihren weltumspannenden Beginn. Die Budapester Filiale sollte die erste von insgesamt 33 Zweigniederlassungen in 13 Ländern sein, die noch zu Lebzeiten Gottfried Schenkers eingerichtet wurden. Im Jahre 1905 beschäftigte Schenker & Co. 1010 Angestellte.[340]

Schifffahrt – eine Leidenschaft Schenkers

Während der Kriege um den spanischen Thron im 18. Jahrhundert wurde Kaiser Karl VI. die Bedeutung der Seemacht bewusst. Am 2. Juni 1717 erließ er ein kaiserliches Patent, um Schiffe unter dem Doppeladler vor venezianischen Übergriffen zu schützen und die freie Schifffahrt in der Adria zu sichern. Am 18. März 1719 verlieh er Triest und Fiume das Freihafenrecht.

Sein gescheitertes Projekt einer k.k. Indischen Gesellschaft veranlasste ihn 1739 zum Verkauf der Adriaflotte an Venedig. Die Handelsschiffe hissten ab 1749 eine gelbe Fahne mit schwarzen Streifen und einem schwarzen Kaiseradler im Eck, bis Joseph II. im Jahre 1786 die rot-weiß-rote Flagge mit Schild und Krone einführte. Diese blieb die Flagge der Handelsschiffe bis 1869. Ab 1869 hissten Zivilschiffe die neue Flagge der Doppelmonarchie.

Während der Napoleonischen Kriege wurde Triest dreimal von französischen Truppen besetzt. Beim Wiener Kongress 1814 aber erhielt Österreich nicht nur seine Hafenstadt zurück, sondern auch die lange Strecke der Adriaküste bis Cattaro. Der Handel zur See konnte sich wieder frei entfalten. Nach dem Modell von Lloyd's in London gründete 1833 Karl Ludwig Freiherr von Bruck das Unternehmen Österreichischer Lloyd und 1836 richtete man auch eine Dampfschiffssektion ein. Damit war die berühmte Schiffslinie – der Österreichische Lloyd – geboren. Erst 1850 erhielt Triest die Verwaltung der Seebehörde.[341]

Es vergingen weitere 30 Jahre, bis Gottfried Schenker seine Leidenschaft Schifffahrt mit der Gründung der „Adria" und später jene der Austro-Americana in die Wirklichkeit umsetzte.

Gründung der Adria Steamship Company

Traditionellerweise bestanden fruchtbare Beziehungen nicht nur zu verschiedenen Eisenbahngesellschaften, sondern auch zu einigen Schifffahrtslinien, als deren Agenten Schenker & Co. auch in Triest und Fiume tätig waren.

Als die ungarische Regierung im Jahre 1879 den zwei Jahre alten Vertrag mit der englischen Reederei Glynn and Son auflöste und den Wunsch nach Gründung einer eigenen Schifffahrtsgesellschaft hegte, erklärten sich die Firmen Schenker & Co. und Burrell & Son in Glasgow[342] bereit, in einem vom 7. Juli 1879 datierten Vertrag als Teilhaber einer zunächst auf fünf Jahre konzipierten Gesellschaft zu fungieren.

Erster Direktor dieser neuen Gesellschaft mit der Bezeichnung Anglo-Austrian-Hungarian Steamship Company, Glasgow – Vienna – Fiume wurde der Istrianer Hector von Catinelli.

Glasgow und Wien sollten die Geschäftshauptstellen sein, die Agentur in London übertrug man der britischen Firma Horace Clarkson & Co.

In zwei Vertragsergänzungen vom 19. August bzw. 1. September 1879 änderten sie die Firmenbezeichnung in Adria Steamship Company.

Gottfried Schenker und Burrell & Son waren je zur Hälfte an der „Adria" beteiligt, richteten regelmäßige Schifffahrtsverbindungen ein, wobei Schenker von seinem schottischen Teilhaber ermächtigt wurde, jegliche Verträge vorzubereiten und auch abzuschließen.

In einem mit dem ungarischen Ministerium für Landwirtschaft, Industrie und Handel und der Schifffahrtsgesellschaft am 25. Februar 1880 abgeschlossenen Vertrag verpflichtete sich die ungarische Regierung, für eine vorgegebene Anzahl (170 Linienfahrten) von Fahrten zwischen Fiume und den westeuropäischen Häfen eine Subvention von 150 000 Gulden zu gewähren.[343]

Ungarn war schon früh bestrebt, seinen Seehandel von Österreich unabhängig zu machen. Doch außer den Hafenanlagen benötigte es für seinen Seehandel auch eine eigene Flotte. Zunächst vereinbarte es 1877 Charterverträge mit Glynn and Son (im Konsortium: Cunard S.S., Burrell & Son, Bailey und Leetham) für die Linie Fiume – Glasgow. Die ungarische Regierung subventionierte die Fahrten mit 25 000 Gulden pro Jahr, bevor man sich 1879 mit der Adria Steamship Company einigte.[344]

Setzte die junge Firma anfänglich ausschließlich Einheiten von Burrell & Son ein (TISZA, 1041 t, Baujahr 1879, und ADRIA, 1039 t, Baujahr 1880), orderten sie gleichzeitig für den Ausbau ihrer Flotte in Barrow, Dumbarton und Paisley fünf Fahrzeuge. Bei Caird & Purdie in Barrow bestellte die Adria Steamship Company die STEFANIE und JOKAI, bei H. McIntyre & Co. in Paisley die FIUME und in Dumbarton bei Robert Chambers die BARO KEMENY und die TIBOR. Da Schiffbauer Chambers 1881 Konkurs machte, übernahm Burrell & Son dessen Werftanlagen und beendete auch die bei Chambers sich im Bau befindende BARO KEMENY.[345] Die TIBOR wiederum konstruierte vollends Burrell & Son. Die FIUME mit ihren 1176 BRT und 73,9 m Länge wurde für eine kurze Zeit – für die Überführung nach Fiume – am 11. Januar 1881 für Swan & Brothers in Glasgow registriert. Auch die am 25. Oktober 1881 mit der Baunummer 8 vom Stapel gelaufene STEFANIE (1346 BRT) fand vorerst ihre Registrierung in Glasgow. Ihr Eintrag hat das Datum des 1. Dezember 1881.

Güter-Import via Fiume

Eine Frachtaufstellung[346] der „Adria" für die Zeit vom 1. Januar bis zum 1. Oktober 1881 weist einen Import von 9760 Tonnen und einen Export von 62 100 Tonnen aus. Die große Differenz erklärt sich damit, dass zur Ausfuhr aus Ungarn vor allem Agrarprodukte gelangten.

Güter	Gewicht kg	Güter	Gewicht kg
Mehl	10 276	Kaffee	131 840
Soda	1 291 569	Soda caustic	207 817
Jutewaren	1 142 809	Öle	249 295
Tonwaren	14 958	Nähmaschinen	191 980
Grassaat	17 146	Kupfer	30 556
Erdfarbe	975	Kohle	24 636
Weinreben	2267	Hanf	6358
Weihrauch	2170	Schmelztiegel	615
Terpentin	89 717	Drogen	59 250
Filzhüte	280	Roheisen	1 562 968
Stärke	20 690	Baumwolle & Manufakturwaren	1 583 635
Talg	929	Borax	15 433
Weizen	1437	Leder	190 819
Palmöl	38 965	Farbholz	16 123
Chromkali	3859	Chlorkalk	85 748
Tabak	721 119	Manilla Rapo	734
Salmiak	1127	Harz	1 961 182
Metallwaren	59 340	Diverses	21 320
Total Import			9 759 872

Güter-Export via Fiume

Güter	Gewicht kg	Güter	Gewicht kg
Mehl	27 144 267	Holz	7 387 218
Gerste	1 142 065	Grassaat	7500
Papier	349 515	Kräuter	47 675
Nüsse	789	Pflaumen	7272
Gewehre	73	Raps	21 556 966
Eisenwaren	32 122	Stärke	120 945

Güter	Gewicht kg	Güter	Gewicht kg
Kleie	1 067 456	Wicken	47 000
Wein	1 174 334	Talg	210
Messing	18 810	Weizen	201
Weinsteinsäure	8295	Häute	2126
Stahl	13 987	Roheisen	326 405
Mineralwasser	289 800	Spiritus	21 157
Insektenpulver	2252	Erze	665 000
Melasse	599 341	Gummi	31 937
Pferde	52 Stück	Diverses	36 937
Total Export			62 100 865

Die „Adria" wird verkauft

Für die geplante Umwandlung in eine Aktiengesellschaft schlug Schenker zwei Varianten vor: Die erste Variante beschrieb die Aufteilung des Aktienbesitzes unter den Gesellschaftern, wonach Burrell die Anteile von fünf Schiffen zu treuen Händen an eine bekannte Firma in Ungarn übereignen soll, wobei als Inhaber der Anteile verschiedene Vertrauensleute von Burrell & Son hätten dienen sollen. Zu bezahlende Verwaltungsräte, *„welche wir auswählen und entlassen können, wie es uns beliebt und die keinerlei Geschäfte zu führen haben"*, erachtete Schenker als erste alternative Möglichkeit.

Doch die zweite von ihm vorgeschlagene Variante, sich dem breiten Publikum zuzuwenden (*„wir spekulieren, wozu die gegenwärtigen Umstände sehr günstig wären, und gründen eine richtige Aktiengesellschaft mit fremdem Geld"*), wurde schlussendlich realisiert.

Die Adria Steamship Company wurde aufgelöst resp. verkauft und mit einem Grundkapital von 2,5 Millionen Gulden per 1. Januar 1882 die Ung. Seeschiffahrt AG, Adria gegründet.[347]

Im mehrseitigen und ausführlichen Vertrag vom 7. Dezember 1881 zwischen der Ungarischen Landesbank AG (der Käuferin) und der Adria Steamship Company[348] übernahmen die Gründer dieser neuen Aktiengesellschaft sowohl die zwei bereits im Dienst stehenden Frachtschiffe FIUME und STEFANIE als auch drei sich im Bau befindende Fahrzeuge. Wie im Vertrag festgehalten, sollten die Preise einzeln durch ein Gutachtergremium festgelegt werden, durften jedoch insgesamt den Betrag von 125 000 Pfund Sterling nicht überschreiten. In einem separaten Absatz wird der Firma Schenker & Co. untersagt, weder „mittelbar noch unmittelbar" eine Konkurrenz-Schifffahrtsunternehmung zu bilden, wobei Gottfried Schenker vertraglich zugesichert wurde, entweder die Generalagentur Wien einzurichten oder Einsitz in die Direktion der neuen „Adria" zu bekommen.

Die Verkäufer erhielten Aktien der neuen Gesellschaft im Wert von 360 000 Gulden österreichischer Währung. Die Aufteilung erfolgte nach folgendem Schlüssel: 50 % Burrell, 30 % Schenker und 20 % Fischer und Sonnenburg, die Leiter der Budapester Schenker-Niederlassung. Die Aktien wurden bar ausbezahlt.[349]

Anfang 1882 kam für die neue Gesellschaft als erste Einheit die BARO KEMENY (1129 GT) in Dienst. Ihr folgten die TIBOR (1384 GT), danach die JOKAI (1347 GT).

Die neuen Eigner nannten die 9 Knoten schnelle FIUME in SZAPARY um. Aber das Glück war ihr nicht lange hold. Am 9. August 1883 lief sie auf der Reise von Fiume nach Glasgow via Dublin nahe Bannow/Irland auf Grund. Nachdem man ihr die Fracht entlud, schleppte die HYAEMA den Havaristen zum Abbruch.

Die STEFANIE hingegen verblieb fast 13 Jahre im Dienst der „Adria". Die 800-PS-Maschine erlaubte dem 75,9 Meter langen Schiff eine Geschwindigkeit von 10 Knoten. Aber auch sie holte das Schicksal ein: Infolge einer Kollision mit der ARRIGO sank sie am 17. November 1892 bei Ragusa.

Das dritte von der „Adria" übernommene Schiff war die BARO KEMENY. Ihre Kompound-Maschine leistete 700 PS. Sie vermaß in der Länge 76,0 Meter und war 10,4 Meter breit. Nach der Fertigstellung war sie lediglich für die Überfahrt nach Fiume für William Burrell & Son in Glasgow registriert. Am 28. April 1898 lief sie nahe Port Luobos auf Grund und brach entzwei.

Als nächste Einheit übernahm die „Adria" von Burrell & Son die TIBOR (1157 BRT). Bis 1898 verblieb sie im Besitz der „Adria", ehe sie nach Helsingborg zur A/B Neptunus Rederi verkauft wurde. Die neuen Eigner ließen sie auf NEPTUNUS taufen. Als sie im März 1910 bei Lissabon sank, stand ihr das Glück insofern bei, als sie geflutet und anschließend repariert werden konnte. Ein sehr langes Leben sollte ihr danach gegönnt sein. Nach vielen Hand- und Namensänderungen nahm ihr letzter Besitzer Werner Peters in Flensburg sie 1953 nach 71 Jahren Dienst aus dem Verkehr!

Die bei Caird & Purdie konstruierte JOKAI (1148 BRT) hatte

Aufwendig gestalteter Prospekt der „Adria".

eine Länge von 75,9 m und war das fünfte und letzte Fahrzeug zur Übergabe an die neue „Adria". Die 800-PS-Maschine schenkte ihr eine Reisegeschwindigkeit von 10 Knoten. Auf der Route von Rouen nach Dünkirchen sank sie am 25. Oktober 1897 infolge eines Zusammenstoßes mit der BARON ANDROSSAN.

Die neue Gesellschaft erwirtschaftete gleich im Gründungsjahr 80 000 Gulden. 1886 umfasste die Flotte bereits zehn Schiffe.[350]

Ob sich Schenker an der „neuen Adria" wiederum beteiligte und wie lange diese allenfalls andauerte, ist leider unbekannt. Entweder dürfte es sich um ein sehr kleines Aktienpaket gehandelt haben oder er fungierte nach der Gesellschaftsauflösung der Adria Steamship Company überhaupt nicht mehr als Aktionär.

Um dem Nationalstolz der Ungarn zu entsprechen, erhielten die Schiffe bekannte Namen ungarischer Politiker wie TISZA, ZICHY, SZÉCHENY, SZÁPÁRY, KEMÉENY, MATLEKOVITS usw. Die „Adria" unterhielt Agenturverträge mit der Cunard Steamship Navigation Company in Liverpool, mit der Thomas Wilson Sons & Co. in Hull sowie mit Horace Clarkson & Co. in London und besorgte regelmäßigen Personen- und Warenverkehr ab Fiume und Triest nach Bari, Reggio, Riposto, Malta, Catania, Messina, Palermo, Neapel, Genua, Porto Maurizio, Nizza, Marseille und retour.

Ferner unterhielten sie einen wöchentlichen Personen- und Warenverkehr von Neapel nach Marseille, von Marseille nach Genua und von Genua nach Neapel. Für den Verkehr zwischen Fiume und Marseille sicherte man sich zusätzlichen Frachtraum aufgrund eines Übereinkommens mit der in Bari ansässigen Società di Navigazione a Vapore Puglia. Regelmäßiger monatlicher Warenverkehr ging von Fiume und Triest nach Algier, Amsterdam, Antwerpen, Barcelona, Bordeaux, Gibraltar, Glasgow, Hamburg, Hull, Liverpool, London, Newcastle on Tyne, New York, Rotterdam, Rouen, Valencia, Tunis, Tripolis und in andere nordafrikanische Häfen. Aber auch einen regelmäßigen Warenverkehr nach Bahia, Pernambuco, Rio de Janeiro und Santos in Brasilien boten sie an. Güterumschiffungen erfolgten in Genua nach Montevideo, Buenos Aires, Rosario und Rio Grande do Sul mit direkten Ladescheinen. Dies ebenso in Malta und Marseille nach verschiedenen algerischen Küstenplätzen sowie nach Gibraltar und Tanger.

Wie bereits erwähnt, unterstützte der ungarische Staat diese nationale Schifffahrtslinie durch direkte Subventionen und indirekt durch steuer- und tarifpolitische Maßnahmen.[351]

Die im Jahre 1891 zwischen der „Adria" und dem Österreichischen Lloyd vorgenommene Aufteilung ihres Verkehrs war Anlass für die Regierung zu einem neuen Vertrag für die künftige staatliche Subventionierung. Die „Adria" verpflichtete sich, ihre Flotte auf 25 Einheiten zu vergrößern, und erhielt dafür im Gegenzug eine erhöhte Subvention von 570 000 Gulden. Dafür durfte sie sich „Königlich Ungarische Schiffahrts AG, Adria" nennen. Eine weitere Verpflichtung sah jährlich 24 Fahrten ab Fiume nach Liverpool, 18 nach Glasgow, 18 nach spanischen oder portugiesischen Häfen oder nach einem Hafen Frankreichs vor. Weitere Vorgaben waren 12 Fahrten nach Leith, 12 nach Hull oder Newcastle, 12 nach Rouen, 12 nach Bordeaux und 12 nach den östlichen Häfen Italiens. Neben Sizilien, Malta oder Tunis waren sechs Abfahrten nach Hamburg und sechs nach Brasilien geplant, Letztere im Wechsel mit dem Lloyd. Im neuen Vertrag sicherte sich die Regierung von der „Adria" die Verpflichtung, für militärische Zwecke im Mobilisierungs- und Kriegsfall ihre Einheiten zur Verfügung zu stellen.[352]

Von der in Fiume tätigen Königlich Ungarischen Schiffahrts AG, Adria kehrten nach Kriegsende nur mehr 25 Schiffe zurück, die zunächst unter interalliierter Flagge fahren mussten. Eine finanzstarke Gruppe, unter ihnen Alberto und Oscar Cosulich, erwarb die Aktien der ehemaligen „Adria" und gründete die „Società anonima di Navigazione marittima Adria". Die Flotte war zunächst in Venedig und Voloska beheimatet, bis im März 1924 Fiume wieder ihr Heimathafen wurde. Im Dezember 1936 musste die „Adria" aus finanziellen Gründen ihren Betrieb einstellen. Flotte und Personal wurden von der neapolitanischen Reederei Tirrenia übernommen.[353]

Gründung der Austro-Americana

Zwölf Jahre nach dem Verkauf der Adria Steamship Company gründete Gottfried Schenker 1895 gemeinsam mit seinem designierten Nachfolger Dr. August Schenker-Angerer sowie mit George und William Burrell (Burrell & Son) die Schiffahrts-Gesellschaft Austro-Americana (Società di Navigazione Austro-Americana), die ab 1901 bis 1903 den Namen Austro Americana Società di Navigazione, Schenker, Cosulich & Co. trug. Zum Startkapital von 40 000 Pfund Sterling brachte jeder der drei Gründer ein Drittel auf. Absicht des Unternehmens war die Einrichtung einer Frachtlinie nach Nord- und Mittelamerika mit dem Heimathafen Triest, wobei vorzugsweise amerikanische Rohbaumwolle für österreichische Baumwollspinnereien importiert werden sollte.[354] Die regelmäßigen Verbindungen begannen sie mit der in England am 20. August 1895 angekauften BOSKENNA BAY (umbenannt in TERGESTE), dann mit der am 17. September aus Frankreich erworbenen TROPIQUE (umbenannt in ISTRIA), ihr folgte am 15. Oktober die englische SUSSEX (umbenannt in ILLIRIA) und am 30. November folgte die PACIFIQUE aus Le Havre (umbenannt in BETTY).[355] So bedienten sie ab Herbst 1895 verschiedene Häfen an der amerikanischen Ostküste und im Golf von Mexiko. Zunächst verkehrten die Dampfer im sechswöchigen Rhythmus und liefen dabei Mobile, Brunswick, Charleston, Wilmington und Newport News an. Bei Bedarf machten sie auch in anderen nordamerikanischen Häfen fest. Für die Anschlusstransporte

Fahrtenliste der Austro-Americana aus dem Jahre 1901.

Dr. August Schenker-Angerer (1866–1914), Sohn eines Wiener Kunstverlegers und Adoptivsohn von Gottfried Schenker.

173

Der 1892 in Glasgow erbaute Dampfer AQUILEJA fuhr von 1896 bis 1904 für die Austro-Americana.

Der 3366-BRT-Dampfer LACROMA war bereits 14 Jahre alt, als ihn die Austro-Americana ankaufte.

ab Port Arthur, New Orleans und Galveston verband sich Schenker 1897 durch einen Vertrag mit der Kansas City, Pittsburg & Gulf Railroad Company.[356]

Der geschäftliche Erfolg blieb nicht aus: Die Wirren um Kreta, die kriegerischen Verwicklungen im Sudan, dann der Spanisch-Amerikanische Krieg und der Burenkrieg brachten derart gute Frachtgeschäfte, dass 1896 ein, 1897 vier und im Folgejahr zwei Schiffe angekauft werden konnten.

Am 25. Juni 1896 gelangte die AQUILEJA (Ex-KIRBY HALL), am 13. April 1897 die LACROMA (Ex-TELEMACHUS), die GOTTFRIED SCHENKER (Ex-ORANMORE) am 10. Mai 1897, die ABBAZIA (Ex-ABANA) am 5. Juni 1897 und die STYRIA (Ex-ZAANDAM) am 26. August 1897 in ihren Besitz.

Ein Jahr später erwarben sie am 20. Juni die VIENNA (Ex-GULF OF MEXICO) und am 23. Dezember die RAGUSA (Ex-ARRACAN).[357]

Nachdem die ILLIRIA am 18. Januar 1898 New Orleans mit den Ziel-Destinationen Newport News, Marseille, Genua und Triest verließ, sank sie unbekannten Datums auf der Reise von Newport News nach Europa in einem Sturm auf dem Nordatlantik. Ein Jahr später verloren sie nach einer Kollision mit dem italienischen Dampfer CAPRAIA die von

Der 104 m lange Dampfer GOTTFRIED SCHENKER stand von 1897 bis 1904 im Dienste der Austro-Americana, ehe sie ihn nach Genua zum Abwracken verkauften.

Die ABBAZIA, Baujahr 1883, stand nur sieben Jahre im Service der Austro-Americana.

Venedig nach New York fahrende ISTRIA. Somit bestand ihre Flotte am 1. Januar 1899 aus neun Frachtern: ABBAZIA, AQUILEJA, BETTY, GOTTFRIED SCHENKER, LACROMA, RAGUSA, STYRIA, TERGESTE und VIENNA.

Eine amüsante und vertrauliche Notiz findet sich in einem Brief von G. Schenker vom 16. Oktober 1899 an seine Schwester Hedwig Ziegler-Schenker: *„Aber ich bin durch den Bau und den Ankauf von 4 großen Seeschiffen so ausgesackelt, dass ich ein armerreicher Mann bin und für den Augenblick kein verfügbares Geld habe – denn das laufende Geschäft braucht all sein Capital."*[358]

Die wirklichen Eigentümer der ersten Einheiten

Keines der zwischen 1895 und 1898 erworbenen 11 Fahrzeuge fand seinen Registereintrag unter dem Reedereinamen Austro-Americana. Für jeden einzelnen Dampfer sind die Eigentumsverhältnisse mit den Namen ihrer Besitzer und ihrer jeweiligen Parten fein säuberlich im Registerbuch in Triest aufgelistet. Das Besitztum eines Schiffes wird mit insgesamt 24 Parten angegeben, die sich jeweils unter Dr. August Schenker-Angerer[359], George Burrell, William Burrell und Gottfried Schenker aufteilen. Die beiden Schenker hiel-

Aufsichtsrat der Austro-Americana.

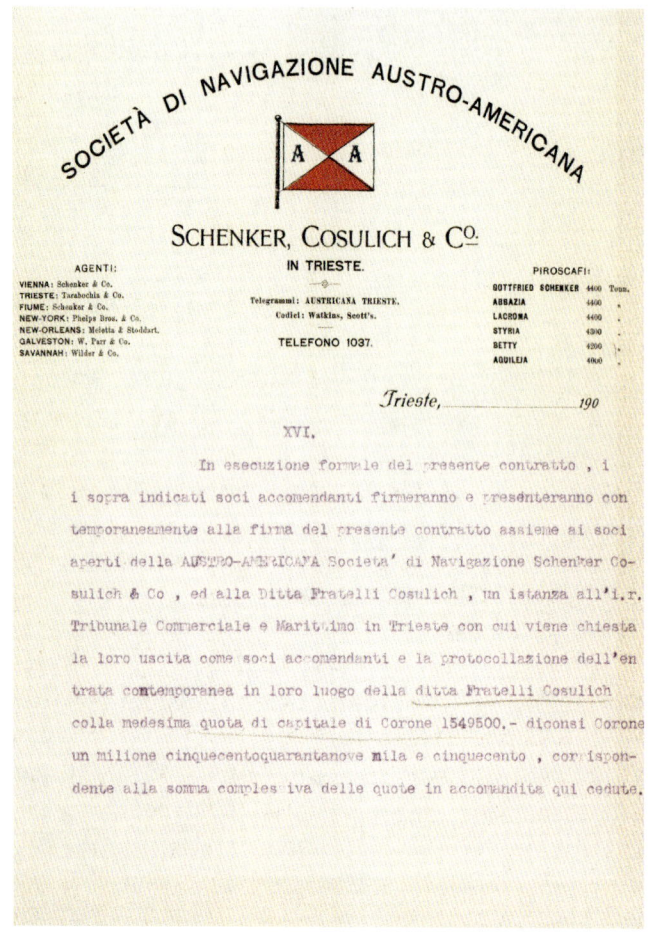

Briefkopf von Schenker, Cosulich & Co., Trieste, aus dem Jahre 1901.

ten bei allen Einheiten stets eine Zweidrittel-Mehrheit über ihre Dampfer. George und William Burrell verfügten bei allen Schiffen mit je 4 Parten eine Minderheitsbeteiligung.

Bei der TERGESTE, ISTRIA, ILLIRIA, BETTY und AQUILEJA hatte Dr. A. Schenker-Angerer alleine eine Zweidrittel-Mehrheit inne, ehe er am 27. März 1897 4 Parten eines jeden Schiffes an seinen Adoptivvater abtrat (Ausnahme ILLIRIA, die im Februar 1897 sank). Gottfried Schenker hingegen verfügte bei der LACROMA, GOTTFRIED SCHENKER, ABBAZIA, STYRIA und VIENNA über eine Zweidrittel-Mehrheit.[360]

Die nächste, jedoch einschneidende Änderung der Eigentumsverhältnisse ergab sich 1901 mit der Veräußerung des Drittelanteils der Burrells an die Triestiner Reederei der Gebrüder Alberto und Callisto Cosulich. Die nun neu formierte und am 29. April 1901 in Triest registrierte Gesellschaft nannte sich Austro Americana Società di Navigazione, Schenker, Cosulich & Co. Neben den drei Gesellschaftern G. Schenker, A. Schenker-Angerer und den Gebrüdern Cosulich beteiligten sich 19 Kommanditäre – darunter auch Schweizer – am neuen Unternehmen.[361] Zwei Jahre später, anlässlich der Generalversammlung vom 5. Januar 1903, verkaufte Dr. Schenker-Angerer seinen Anteil wie auch denjenigen seines 1901 verstorbenen Adoptivvaters an die Gebrüder Cosulich. Mit dem „offiziellen" Ausscheiden von Dr. Schenker und allen Kommanditären vom 14. März 1903 übernahmen die Gebr. Cosulich alle Anteile der Austro-Americana, was auch zur gleichzeitigen Umbenennung der Schifffahrtstätigkeiten der Cosulichs in Austro Americana Società di Navigazione Cosulich & Co. mit einem Aktienkapital von 1 549 000 Kronen führte.[362]

Die STYRIA strandete 1901 vor Florida und gelangte in den Besitz der Bergefirma J. Luckenbach & Co., New York.

Beim Dahinscheiden von Gottfried Schenker im November 1901 verfügte die Austro-Americana mit der BETTY, AQUILEJA, ABBAZIA, GOTTFRIED SCHENKER und LACROMA über fünf Schiffe mit 15 183 BRT.

Ein Blick zurück: In der wirtschaftlichen Rezession 1901/02 durchlebte die Austro-Americana heftige finanzielle Schwierigkeiten, die einerseits nach einem Kredit bei der Anglo-Austrian Bank in London riefen und sie anderseits zwangen, einige Einheiten abzustoßen. So ging die RAGUSA am 22. April 1901 zu Wassili Albertovitsch Radau nach St. Petersburg, der sie in WANDA umbenannte. 1902 strandete sie bei Lemvig und ging verloren. Die VIENNA verkauften sie bereits am 1. September 1900 für 17 000 Lire an John White und Konsortium in Genua, der sie als VEGA in Fahrt setzte. Die STYRIA lief am 20. März 1901 vor Florida auf das French Reef und wurde an die deutsche in New York beheimatete Bergungsfirma J. Luckenbach Transport & Wrecking Co. verkauft, die sie 1902 als JULIA LUCKENBACH wiederum in Dienst stellte. Die TERGESTE fand am 12. Mai 1900 in Giulio Sciutto & Giuseppe Denaro, Genua, für 10 000 Lire ebenso neue Eigner.[363]

Die Person Gottfried Schenker

Die nur wenig erhaltenen Briefe an seine Geschwister und Geschäftsfreunde lassen Gottfried Schenker als Menschen schwer fassen. Besonders mit seiner älteren Schwester Hedwig Ziegler hatte er sehr engen und vertraulichen Kontakt. Doch auch in Not geratene Familienmitglieder unterstützte er uneigennützig und verhalf sogar zu Anstellungen in seiner Firma, wie seinen Neffen Arthur Ziegler und Carl Schulz. Aber auch zur Familie seiner Frau pflegte er gute Kontakte. Gottfried Schenker heiratete im November 1869 die aus Mainz stammende Anna Barbara Elisabetha Schulz, die zugleich auch seine erste Sekretärin wurde. Die Ehe verlief aber nicht glücklich. Gottfried Schenker war ein rastloser Arbeiter und viel auf Reisen. In einem Brief an seine Schwester Hedwig schrieb er im Februar 1891: *„Mein Leben ist ein fieberhaftes – ich darf während den Arbeitsstunden nie daran denken, was mir frommen möchte, ich bin der richtige Sklave meiner Geschäfte und meiner Geschäfte unermüdlicher Haus-*

Gottfried Schenker um 1890.

Schenker-Villa auf der Hohen Warte 52–54 in Wien-Döbling. Gottfried Schenker kaufte in dieser vornehmen Gegend 1887 zwei prachtvolle Villen auf einem Grundstück von 2190 m².

knecht." In einem anderen Schreiben an einen Freund: *„Mehr als zwei Tage weg von der Hobelbank habe ich noch nie ertragen. Auch in die Ferien hinein begleitet mich der Telegraph, damit der Webstuhl nicht des Fadens mangelt!"*
Die zu unterschiedlichen Charaktere und Interessen führten zu einem tiefen Zerwürfnis mit seiner Frau, sodass er es bevorzugte, lieber in seiner Stadtwohnung zu bleiben. Auch zu seinem Sohn Eduard, der unbedingt die Musikerlaufbahn ergreifen wollte, aber im 21. Lebensjahr am 27. November 1892 durch Selbstmord aus dem Leben schied, konnte er nie ein inniges Verhältnis aufbauen. Die dominierende Persönlichkeit Gottfried Schenkers war sicherlich nicht nur für seine Familie belastend, auch wenn sein Auftreten von rauer Herzlichkeit gewesen sein soll. Als Kostverächter galt er keineswegs: Frauen, Wein und feine Zigarren gehörten zu ihm wie das in späteren Jahren entwickelte Machtbewusstsein. Mit Auszeichnungen und Ehrungen wurde Schenker nur so überhäuft, doch von diesen „Affenmanterl" hielt er nichts. 1896 nahm er die österreichische Staatsbürgerschaft an, möglicherweise im Zusammenhang mit der Adoption von Dr. August Angerer.

Schenker war von robuster Gesundheit, auch wenn sein Leben tragisch endete: Lähmungserscheinungen, Sprachstörungen und schließlich geistige Demenz verschlechterten seinen Gesundheitszustand und führten am 26. November 1901 – im Alter von erst 59 Jahren – zu seinem Tode. Zwei Tage später gelangte er im Heiligenstädter Friedhof zur letzten Ruhe.[364]

Gottfried Schenker hinterließ ein Vermögen von 3,5 Millionen Kronen (heutiger Wert ca. Fr. 33,4 Mio.)[365], wovon 2,5 Millionen als Kapital im Unternehmen verbleiben sollten.
In seinem am 5. Mai 1900 abgefassten Testament schrieb er: *„Was die Geschäfte der Austro-Americana anbetrifft, so bestimme ich, dass mein Adoptivsohn allein die Vertretung und Verwaltung des mir gehörenden Besitzstandes zur Hälfte an meiner Stelle ausüben soll.*

Große Gesellschaft in der Schenker-Villa, die Gottfried Schenker später seiner Frau Barbara Elisabeth (Betty genannt) vermachte.

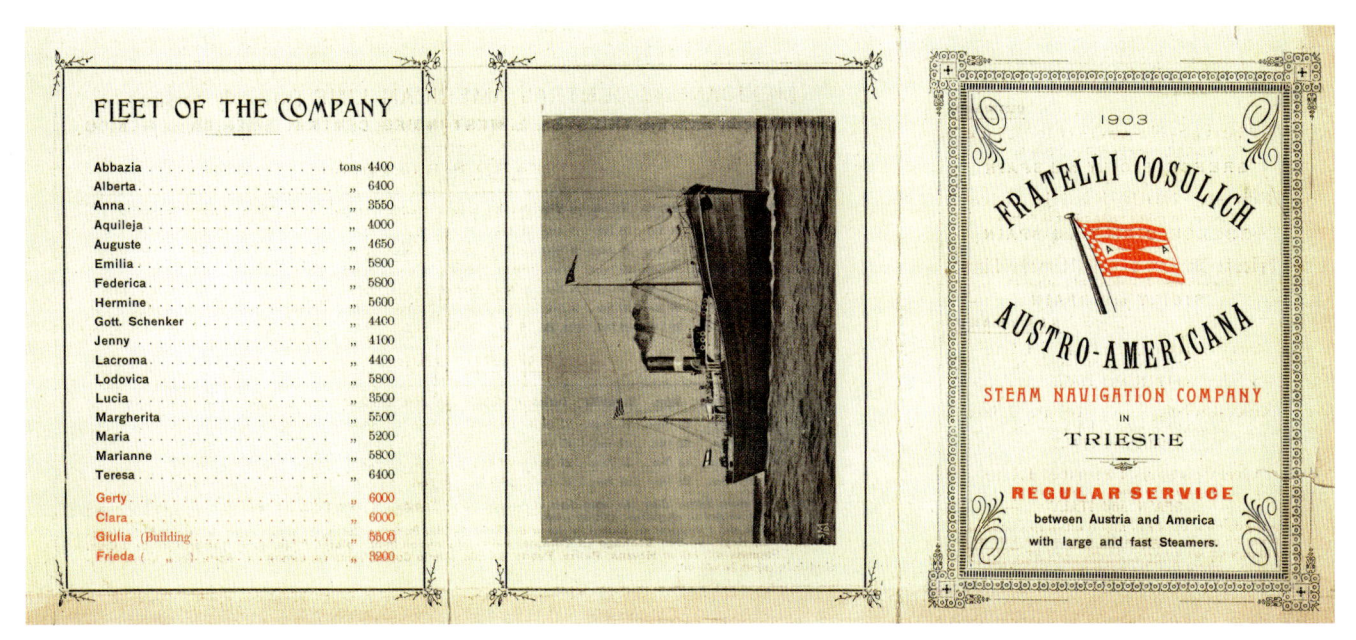

Prospekt der Fratelli Cosulich/Austro-Americana aus dem Jahre 1903.

Von diesem meinen hälftigen Besitzstande an der A.A. geht die Hälfte, also 25 % des ganzen Besitzstandes, auf meinen Adoptivsohn Dr. August Schenker-Angerer über. 20 % meines Anteiles, also 10 % am ganzen Besitzstande der A.A., sollen meiner geliebten Nichte Maritta Kistler u. die übrigen 30 %, also 15 % des ganzen Besitzstandes der A.A., sollen zu gleichen Teilen der Frau Anna Preiner, meinem Neffen Arthur Ziegler u. den beiden Söhnen meines Bruders Constantin zufallen.

Diese Quoten an Frau Maritta Kistler, Frau Anna Preiner, Arthur Ziegler u. den Söhnen meines Bruders Constantin werden nur dann zur Auszahlung fällig, wenn mein Besitzstand in der A.A. ganz oder teilweise liquidiert wird.

In den Schiffsregistern hat niemand, außer meinem Sohne das Recht, sich neben den Herren William & George Burrell als Miteigentümer der Schiffe eintragen u. vormerken zu lassen. Meinem Adoptivsohn allein obliegt die Pflicht, die Miterben an diesem Schiffsunternehmen zu vertreten.

Nur gezielte Vereinbarungen zwischen meinem Adoptivsohn u. den Miterben können Änderungen schaffen.

Die Anteile der Austro-Americana genießen wie bei den Geschäften Schenker & Co. außer 5 % Jahreszins den proportionell auf ihre Quoten entfallenden Reingewinn zur Hälfte, während die andere Hälfte am Reingewinn meinem Adoptivsohne als Vertreter u. Verwalter zufällt."[366]

Expansion bis zum Ersten Weltkrieg

Die neu organisierte Reederei arbeitete so verlässlich und gewinnbringend, sodass der Eröffnung einer neuen Linie nach Mittelamerika nichts im Wege stand. Mit der Aufstockung des Aktienkapitals auf 2 Millionen Kronen (erste Ausgabe am 22. Oktober 1903) und einem größeren Betriebskredit der Credit-Anstalt sowie dem Einbringen von 13 Frachtern und zwei sich im Bau befindenden Dampfern namens CLARA und GERTY in die am 11. November 1903 neu registrierte Gesellschaft Unione Austriaca di Navigazione già Austro Americana & Fratelli Cosulich arbeiteten die Lussiner Alberto und Callisto Cosulich wie auch der der Direktion angehörende Dr. Schenker-Angerer sehr erfolgreich.[367]

Im ereignisreichen Jahre 1903 wurde zudem die BETTY am 3. April für 3500 Lire bei Luigi Pittalunga in Genua abgewrackt.

So bestand Anfang 1904 die vereinigte Flotte aus 19 Schiffen: ABBAZIA, AQUILEJA, ALBERTA, ANNA, AUGUSTE, CLARA, EMILIA, FEDERICA, HERMINE, GERTY, GOTTFRIED SCHENKER, JENNY, LACROMA, LODOVICA, LUCIA, MARGHERITA, MARIA, MARIANNE und TERESA.

Kurz darauf, am 21. Januar, wurde die ABBAZIA zu Emmanuele Razeto in Camogli/Italien verkauft und die GOTTFRIED SCHENKER und AQUILEJA zum Abwracken an die Fratelli Cerutti in Genua veräußert.

Noch im selben Jahr wurden für die Gesellschaft bei Russell & Co. in Glasgow vier neue Schiffe gebaut und in Dienst gestellt: die DORA, ERNY, FRIEDA und GIULIA. Zudem kauften sie den 1889 gebauten Kombifrachter REGINA ELENA von Puglia in Bari an und nannten ihn GEORGIA.

Der deutsche Reeder Albert Ballin (Hapag) ließ sich nicht überreden, von Fiume aus ungarische Auswanderer nach Amerika zu transportieren. Der abgebrühte Sohn eines jüdischen Auswandereragenten kam sich als Monopolist dieses Erwerbszweiges, zusammen mit dem Lloyd, ungemein

Auswanderer auf einem Austro-Americana-Schiff.

Das Küchenpersonal der ARGENTINA in Buenos Aires 1912.

sicher vor und glaubte stets „anderen" und Politikern Vorschriften machen zu können, die ihn jedoch damit überraschten, dass sie ihm dieses Geschäft verdarben. Seine Bockigkeit wurde damit bestraft, dass sich die ungarische Regierung 1903 schnell mit der englischen Cunard Line einig wurde und ihr eine Konzession für die Beförderung von Auswanderern erteilte. Damit sorgte Ballin auch innerhalb Österreich-Ungarns für Ärger. Denn die Österreicher wollten in einem ungarischen Hafen das Geschäft nicht den Engländern überlassen. Die Unione Austriaca handelte schnell. Sie reagierte mit der Einführung des ersten österreichischen Auswandererdienstes von Triest nach New York und stellte vier Passagierdampfer in Dienst. Am 9. Juni 1904 lief der Dampfer GERTY mit 316 Emigranten an Bord nach Amerika aus, gleichbedeutend mit der Geburtsstunde des Passagierverkehrs der Unione Austriaca. Der GERTY folgte am 11. Juli die GIULIA mit 1156 Auswanderern an Bord und am 30. Juli die FRIEDA.[368] Der bis jetzt ausschließlich über Hamburg geleitete Auswanderungsverkehr nach Amerika bekam nun von der Unione Austriaca ernsthafte Konkurrenz. Ballin kochte, ließ sich dies nicht gefallen und in einer freundschaftlichen Regelung wurde Schenker & Co. 1904 die Frachtvertretung der Hapag (Hamburg-Amerikanische Packetfahrt-Actien-Gesellschaft) übertragen und im Gegenzug beteiligten sich der Norddeutsche Lloyd und die Hamburg-Amerika Linie mit 5 Millionen Kronen am Aktienkapital der Unione Austriaca.[369] Auch der Wiener Bankverein half wesentlich zur Aufstockung des Kapitals auf insgesamt 18 Millionen Kronen mit. Unterzeichnet wurden diese Vereinbarungen zwischen Dr. August Schenker und dem deutschen Reeder Albert Ballin (1857–1921). Die Unione Austriaca hatte nun als Vollmitglied Zugang zu dem seit März 1892 bestehenden Nordatlantischen Dampfer-Linien-Verband, der den Briten gewichtige Konkurrenz zu bieten hatte. Mit der Aufstockung des Kapitals sollten in den nächsten Jahren gemäß Planung 13 Schiffe erworben bzw. gebaut werden. Zudem lautete das betriebliche Ziel: jährlich 26 Abfahrten von Triest nach New York.[370]

Die Gesellschaft expandierte in einem in Österreich noch nie dagewesenen Tempo.

Der Auslandswarenverkehr bezifferte sich 1904 auf 217 248 Tonnen und der Auslandspassagierverkehr auf 4224 Personen. 1905 erwarb die Gesellschaft ein Gebäude in Triest, in dem man ein Auswandererheim für 1500 Personen einrichtete.[371]

Im selben Jahr gaben sie der heimischen Werft in Triest – der Lloyd Arsenal – den Auftrag zum Bau des Dampfers SOFIA HOHENBERG. Zwei weitere Neubauten kamen 1905 aus Schottland: die CAROLINA und die FRANCESCA. In England baute Craig, Taylor & Co. in Stockton die IRENE.

Kaum ein Jahr in Dienst, sank die FRIEDA am 20. März 1905 im dichten Nebel auf den Riffen von Punta Tarifa (Marokko). Somit bestand die Flotte der Unione Austriaca zum Jahresbeginn 1906 – nach dem Verkauf der LACROMA nach Japan – aus 24 Einheiten. Im gleichen Jahr wurden auch für 4 Millionen Kronen Aktien aufgelegt und aus England mit drei weiteren Neubauten die Flotte ergänzt: mit der EUGENIA, der IDA und der VIRGINIA. Im selben Jahr erhielten sie auch das Recht, italienische Passagiere aus Neapel und Palermo aufzunehmen.

Einladung von Direktion und Aufsichtsrat der Austro-Americana für eine Fahrt auf der MARTHA WASHINGTON im Golf von Triest am 23. Mai 1905. Anschließend folgte die erste Passagierfahrt von Triest über Patras und Palermo nach New York.

Am 16. April 1908 begann die Jungfernfahrt der MARTHA WASHINGTON von Glasgow nach New York. Für die Strecke Triest – New York benötigte der Dampfer 14 Tage.

1907 erweiterten sie den Schiffspark um vier Neubauten und vier Zweithandschiffe. Die Neubauten hießen ALICE, ARGENTINA, LAURA und OCEANIA; die Zweithanderwerbungen ELDA (Ex-GRAMPUS), GILDA (Ex-ITALIA), JOSEPHINE (Ex-DEUTSCHER KAISER) und ELENI (Ex-SEAL). Verkauft wurde 1907 lediglich die HERMINE.

Mit der nun modernisierten und stark vergrößerten Flotte versuchte sich die Gesellschaft im Oktober 1907 im Südamerikadienst.

Doch die Wirtschaftskrise in den USA vermochte nur noch wenige Emigranten zur Überfahrt zu bewegen. Acht Frachter musste die Gesellschaft vorübergehend stilllegen, was zur Folge hatte, dass die Jahresbilanzen 1908 und 1909 Verluste auswiesen. Die Neubauten ATLANTA, COLUMBIA und MARTHA WASHINGTON bestellte das Unternehmen schon zuvor. Die MARTHA WASHINGTON verließ Glasgow auf ihrer Jungfernreise nach New York am 16. April 1908.

Verbleiben wir im Jahre 1908: Die Flotte zählte 32 Schiffe zuzüglich vier Küstendampfer und sechs Leichter. In diesem Jahr erhielt die Gesellschaft das Postrecht auf der Nordatlantik- und ab 1910 auch auf der Südatlantikroute.

1910 durfte die Gesellschaft wieder mal einen Gewinn gutschreiben: 5,6 Millionen Kronen. Auch in den Folgejahren verbuchte sie satte Millionen-Gewinne. (Erste schwere Verluste verzeichnete sie durch den Kriegsausbruch 1914.)[372]

Die bewegenden Vorkriegsjahre waren nicht allein von guten Gewinnresultaten geprägt. Viele Einheiten fanden andere Besitzer, wenige Fahrzeuge wurden angekauft, ein Neubau lief vom Stapel und der Atlantik-Pool half der Unione

Der Dampfer KAISER FRANZ JOSEPH I. im Jahre 1912 oder 1913 in Rio de Janeiro. Das größte Schiff unter österreichischer Flagge fasste 125 Passagiere in der 1. Klasse, 550 Passagiere in der 2. Klasse und 1230 Zwischendeckpassagiere.

Austriaca, die aufkommende Konkurrenz in Schach zu halten.

1911 verkauften sie die 43-jährige JOSEPHINE, die ANNA (I) und JENNY. Am 9. September 1911 lief die KAISER FRANZ JOSEPH I. auf der 1907 von den Gebr. Cosulich initiierten Werft Cantiere Navale Triestino (CNT) in Monfalcone vom Stapel. Mit dabei waren die Erzherzogin Maria Josepha, der Kriegsmarinekommandant Admiral Graf Rudolf Montecuccoli, zahlreiche hohe Würdenträger, Industrielle, Kaufleute und Arbeiter. Der Neubau war das größte jemals gebaute österreichische Handelsschiff. 1912 verließen die LUCIA (II), ein Jahr später die BELVEDERE und DORA (II), 1914 die ERNY (II) und ANNA (II) die Hellinge der Werft, wobei die ANNA erst nach Kriegsende 1919 fertig gestellt wurde.

Die Lounge des 1911 gebauten Dampfers KAISER FRANZ JOSEPH I.

Im wirtschaftlich sehr erfolgreichen Jahr 1912 stockten sie das Kapital auf 24 Millionen Kronen auf, transportierten gewinnbringend 1 014 348 Tonnen Fracht und beförderten 101 670 Passagiere.[373] Der Versuch, im selben Jahr ins Kühlschiffgeschäft einzusteigen, wurde im Sommer 1911 durch das Importverbot von Gefrierfleisch nach Österreich-Ungarn ad acta gelegt. Sie erwarben hierfür zwar bereits 1911 das Kühlschiff FRIGIDA (Ex-STAR OF VICTORIA) und ein Jahr später die GELIDA (Ex-BLANES). Beide Schiffe und sämtliche Einrichtungen zur Einfuhr des Fleisches verbuchten sie als nominellen Verlust (Kr. 1 145 506). Doch in Wirklichkeit wich Cosulich elegant nach Venedig aus, gründete hier die Società Importazioni Carni Congelate und setzte die Fahrzeuge im Argentinien-Service ein.[374]

Im Mai 1912 erhielt die Unione Austriaca ernsthafte Konkurrenz in Triest. Die Reederei Canadian Pacific Railway (CPR) erhielt von der österreichischen Regierung eine Konzession für Auswanderertransporte von Triest und wirtschaftete derart erfolgreich, dass auch die beiden deutschen verbündeten Reedereien reagierten und mit der CPR verhandelten. Die in Berlin ausgehandelten Abkommen sahen ab da einen alternierenden Dienst zwischen den kanadischen Schiffen und jenen der Unione Austriaca vor. Um dieses Abkommen umgehend auszunützen, lieh die HAL eigens zu diesem Zweck den Österreichern zwei Schiffe, nämlich die BULGARIA und die BATAVIA, die vorübergehend in CANADA (10 237 t) und POLONIA (10 178 t) umbenannt wurden. Diese Umtaufe entbehrte nicht einer gewissen Ironie, denn die Canadian Pacific Railway hatte ihre ab Triest eingesetzten Schiffe in RUTHENIA und TYROLIA umbenannt.

Der Hafen von Triest um 1900.

Ein exquisites großformatiges Dokument: der Fahrplan von Austro-Americana-Schiffen für das Jahr 1912.

Während die POLONIA am 23. März 1913 zu ihrer ersten Reise von Triest nach Patras via Palermo und Neapel nach New York startete, machte sie im August desselben Jahres ihre letzte Reise für die Unione Austriaca nach Kanada, ehe sie wieder zurück an die HAL ging.

Auch die CANADA vollführte lediglich zwei Rundreisen, bevor sie das 1898 gebaute und ausgeliehene Schiff zurück an die Hamburger Reederei gaben. Die Unione Austriaca setzte nun auf der Kanadalinie mit der ALICE, ARGENTINA und OCEANIA eigene Schiffe ein.

Im letzten Jahr vor Kriegsausbruch beförderten die sieben Dampfer der Gesellschaft von Triest nach Nordamerika 19 606 Passagiere, nach Kanada 4981 Personen und nach Südamerika 7172 Menschen.[375] Gleichzeitig transportierten sie im letzten Friedensjahr 95 % des gesamten österreichischen Warenhandels zwischen Österreich-Ungarn und Südamerika.

Am Vorabend des Ersten Weltkrieges umfasste die Flotte 31 Schiffe, zusätzlich drei Küstendampfer, 30 Leichter, ein Desinfektionsschiff, eine Dampfbark und ein Motorboot.

Reisen Austro-Americana 1905–1913

Linie	Ausfahrend Triest								
	1905	1906	1907	1908	1909	1910	1911	1912	1913
Passagierlinie nach Nordamerika	25	37	31	28	37	37	31	35	36
Passagierlinie nach Südamerika	–	–	4	13	9	18	21	25	27
Passagierlinie nach Kanada	–	–	–	–	–	–	–	–	6
Frachtenlinie nach Nordamerika	25	55	56	58	49	46	55	61	59
Frachtenlinie nach Südamerika	4	–	–	–	–	–	12	11	13
Antillen	16	10	26	26	8	12	12	11	9
In freier Fahrt	–	–	2	5	31	29	6	12	4
Reisen insgesamt	70	102	119	130	134	142	137	155	154

Eine Routineüberprüfung des Handelsministeriums Anfang 1914 ergab, dass wenig mehr als 50 % des Gesellschaftskapitals in Händen der beiden deutschen Reeder NDL und HAL waren. Die Satzungen für staatliche Subventionen ließen dies nicht zu und so übernahmen Wiener und Triestiner Banken die Aktienanteile der Deutschen. Zugleich erfolgte laut Generalversammlung vom 18. April 1914 eine erneute Aufstockung des Kapitals von 24 auf 40 Millionen Kronen. Nun war die Unione Austriaca di navigazione Austro-Americana e Fratelli Cosulich ein rein österreichisches Unternehmen. Erstaunlich ist das immense Vertrauen der Großbanken in die Gesellschaft! Doch der Kriegsausbruch machte die großzügigen Zukunftsaussichten brutal zunichte. Ihre Schiffe wurden entweder interniert oder blockiert und auch beschlagnahmt.

Der Geschäftsbericht 1914 erwähnt aber auch die bereits Ende 1913 eingetretene Flaute im Seeverkehr, das geringere Frachtangebot und die sinkenden Frachtraten. Die Passagierzahlen gingen zurück und die Überfahrtspreise waren nicht mehr kostendeckend, da die Zwistigkeiten im Atlantic-Pool noch nicht endgültig beigelegt waren. Die unbefriedigenden Ergebnisse bis zum Kriegsausbruch und die zwangsläufigen Verluste bis zum Jahresende, verursacht durch die Betriebseinstellung, führten zu einem Verlust von 5 256 177 Kronen.[376]

Dezimierung der Flotte

Am 8. Mai 1915 verkaufte die Unione Austriaca zwei ihrer festliegenden Schiffe (EUGENIA und ATLANTA) in Buenos Aires an eine italienische Reederei. Die FRIGIDA übernahm im selben Jahr die S.A. de Navegacion Sud Atlantica, Buenos Aires und als immer wahrscheinlicher wurde, dass auch die USA in die Kriegswirren eingreifen könnten, unternahmen sie jegliche Versuche, mit Veräußerungen von Schiffen noch etwas Kapital zu retten.

So gelangten 1917 sechs Einheiten und 1918 eine Einheit an das U.S. Shipping Board, wobei die MARTHA WASHINGTON und die VIRGINIA beschlagnahmt wurden wie auch die in brasilianischen Häfen liegenden ALICE und LAURA.

Hatte die Flotte der Unione Austriaca 1914 mit ihren 31 Hochseeschiffen noch einen Wert von 32,4 Millionen Kronen, so waren bei Kriegsende zunächst nur noch 10 Schiffe mit einem nominellen Wert von 9,2 Millionen Kronen verfügbar.

Mit dem Waffenstillstandsvertrag von Villa Giusti (Padua) ging die gesamte österreichische Handelsflotte an die Alliierten und diejenigen im jetzt italienisch beanspruchten Gebiet hatten die italienische Flagge zu hissen. Somit fielen alle in Triest sich befindenden Fahrzeuge dem Rechtsnach-

Die sinkende LUCIA nach einem Treffer des deutschen U-Bootes U 155 am 17. Oktober 1918 im Mittelatlantik.

folger der Unione Austriaca der Unione di navigazione Societa anonima Trieste zu. Ab dem 5. Mai 1919 trat per Dekret von General Pettiti als Rechtsnachfolger die Cosulich società Triestina di Navigazione (Cosulich Line) auf. Das Gesellschaftskapital von 40 Millionen Kronen wurde auf Lire umgeschrieben.

Alle ehemaligen österreichischen und ungarischen Handelsschiffe, so auch die der neuen Cosulich Line, unterstanden nach den Entscheidungen der Konferenz im Dezember 1918 in Paris der interalliierten Kontroll-Kommission und fuhren ab dem 26. Januar 1919 auch unter deren Flagge (weiß-blau-weiß). Erst ab 1922 normalisierte sich die Lage mit neuen Bedingungen.[377] Von 1932 bis 1936 nannte sich die Gesellschaft Italia (Flotte Riunite Cosulich, Lloyd Sabaudo, Navigazione Generale, Società Anonima, Genova). Weiterhin unterhielten sie einen Passagier-Service von Triest nach New York, Triest nach Südamerika und einen Frachtdienst nach Nord-, Süd- und Mittelamerika. Erneute finanzielle Schwierigkeiten führten ab Januar 1937 zur Umbenennung der „neu" entstandenen Reederei in Italia, Società anonima di Navigazione, Genova.[378]

Auf die Geschichte nach 1918, der Unione di Navigazione, Società Anonima, Trieste, der Cosulich Società, Triestina di Navigazione und auch der Flotte Riunite Cosulich, Lloyd Sabaudo, Navigazione Generale, Genova soll hier nicht weiter eingegangen werden.

Beteiligungen von Schenker

1895 erfuhr nicht nur die Austro-Americana ihre Gründung, sondern mit zwei belgischen Partnern, George Paget Walford und G. C. de Baerdemaecker, richtete Schenker eine Schiffs- und Assekuranzmakler-Firma unter dem Namen Schenker, Walford & Co. mit Sitz in London, Triest und Antwerpen ein.[379] Zudem beteiligte er sich im selben Jahr mit einem kleinen Aktienpaket an der ebenfalls in Antwerpen eingetragenen Firma Société Anonyme Belge de Navigation à Vapeur.

Die Liste mit ausländischen renommierten Schifffahrtsgesellschaften und Eisenbahngesellschaften abgeschlossenen Vertreterverträgen ist lang und eindrücklich.

Doch auch in der Binnenschifffahrt war Schenker präsent: 1884 beteiligte er sich mit seinen Partnern Karpeles und Hirsch an der Gründung der Drau-Dampfschiffahrts-Gesellschaft mit Sitz im ungarischen Barcs. Nach deren Liquidierung 1895 resp. Fusion mit der Süddeutschen Donau-Dampfschifffahrts-Gesellschaft (SDDG) mit Sitz in München verfügte die SDDG um die Jahrhundertwende über neun Dampfer und 57 Schleppkähne. Die gesamten Donaufrachten lenkte Schenker & Co. vorzugsweise über die SDDG.

Auch an der Bayrischen Donau-Dampfschiffahrts-Gesellschaft war die Firma zu Gottfried Schenkers Lebzeiten beteiligt.[380]

Es scheint, dass die Schifffahrtsbeteiligungen mit einer persönlichen Leidenschaft und Liebhaberei von Schenker im Zusammenhang stehen. Die Schifffahrt allgemein muss auf ihn eine immense Faszination ausgeübt haben.

In einem Weihnachtsschreiben von Emil Karpeles[381] 1916 an seine beiden Söhne Stephan und Georg missbilligte E. Karpeles die verschiedenen Beteiligungen an Schifffahrtslinien wie folgt: *„Die Gründung der ‚Adria-Schifffahrtsgesellschaft' hat uns wenig mehr als vorübergehend genutzt. Die Süddeutsche Donau AG und vorgehend die ‚Drau-Dampfschifffahrts-Unternehmung' hat uns zwar schließlich den Erfolg gebracht, das Agenturmandat der 1. k.k. priv. DDSG zu erlangen, richtiger zu erkämpfen – aber welche Opfer an Zeit, Mühe und Geld mussten angewendet werden, um das Schiffahrtsunternehmen flott zu bringen, dann es zur beachtenswerten Konkurrenz auszugestalten, um schließlich den Moment zu nutzen, sich seiner zu – entledigen! Die Gründung der ‚Austro-Americana' – bei der übrigens die anderen Gesellschafter weiland Gottfried Schenker nicht Gefolgschaft leisteten – gibt den Nachteil solcher Beteiligungen auch nach einer anderen Richtung hin zu erkennen: Jahrelang hat es der Firma ungemessenen Schaden bereitet, dass sie, obwohl selbst nicht beteiligt, Propaganda für das damals leistungsfähige Schiffahrtsunternehmen machte. Ursprünglich nur bei den – mit Recht – unzufriedenen Parteien. Als dann die neu erbauten Dampfer bessere Arbeit zu leisten begannen, wurden die Hamburg-America Linie und der Norddeutsche Lloyd unsere Gegner […]. Die Frachtagentur der Austro-Americana – dieses einzig wertvolle Residuum war auch ohne mittel- oder unmittelbare Beteiligung der Firma oder eines ihrer Teilhaber zu erlangen stets die Möglichkeit: Die AA braucht uns und unsere Organisation dringender als wir sie. Die direkte Teilnahme an Verkehrsunternehmungen mit Kapital oder Arbeit soll darum in Zukunft ganz ausgeschlossen sein und bleiben, solange nicht tiefgreifende Veränderungen im Verkehrsleben die gegenwärtig bestehenden Voraussetzungen erschüttert haben werden."*[382]

Schenkers Diversifikationsbestrebungen brachten ihn mit Innovationsgeist auch ins Reisegeschäft.

Mit dem Einstieg in die Reisebürotätigkeit erhoffte sich der Wahlwiener die Nutzung von Synergieeffekten. Der zunehmende Tourismus in Europa und die Auswanderungswelle nach Übersee waren zweifelsohne die Basis für Schenkers neuen Dienstleistungssektor. Obwohl Schenker & Co. schon vor der Jahrhundertwende Reisen unter seinem Namen organisierte, viele Agenturverträge übernahm und sein erstes Reisebüro bereits 1890 in München einrichtete, erhielt das

Prospekt von Schenkers Reise-Bureau um 1890.

Unternehmen erst am 25. Juni 1900 eine Konzession für ein Reisebüro in Wien. Schenker & Co. avancierte dazumal mit Thomas Cook & Sons zu den führenden Reisebüros mit Weltruf. Doch die Spezialisierung und Konzentration auf die Güterbeförderung war auf lange Sicht nicht mit der Führung eines eher branchenfremden Geschäftsbereichs vereinbar und so verkauften sie nach dem Zerfall der Donaumonarchie sämtliche Reisebüros.[383]

Das Ende des Familienunternehmens

Immer wenn ein Unternehmen sehr stark von einer dominierenden Unternehmerpersönlichkeit geprägt ist, ergibt sich das Problem der adäquaten Nachfolge.
Die Spannungen in der Familie nach Gottfried Schenkers Tod und die Hoffnungen einiger auf eine eventuelle Nachfolge des Firmengründers entschärfte Dr. August Schenker-Angerer mit Geldgeschenken und Angeboten für Geschäftsleitungen im Ausland.
So leiteten von 1901 bis 1914 Dr. August Schenker und Emil Karpeles die Firma.
Nach dem völlig unerwarteten Tod am 14. November 1914 von Dr. Schenker führte dann 17 Jahre lang Emil Karpeles das Unternehmen, wenngleich auch 1922 die dritte Generation mit Gottfried und August Schenker-Angerer sowie Stephan und Georg Karpeles-Schenker in die Geschäftsführung aufgenommen wurden.
Nach dem Tode des Seniorchefs folgten Jahre voller Turbulenzen für den Konzern. Der ruinöse Kampf um Marktanteile und die Verbindung resp. spätere Übernahme der Aktienmehrheit der Internationalen Transport Gesellschaft AG (ITGAG) trieben Schenker & Co. bis 1907 in eine existenzbedrohende Lage. Nach wichtigen Konsolidierungs- und Ausbaumaßnahmen galt es, das daniederliegende Preisniveau wieder zu stabilisieren. Doch der Erste Weltkrieg zerriss schlagartig das komplizierte Netzwerk der Weltwirtschaft. Dennoch: Schenker & Co. verdiente gut, dank nahen Beziehungen zu Behörden und kriegswirtschaftlichen Zentralen. Auch nach dem Krieg und dem Zerfall der Monarchie versank die Firma Schenker & Co. keineswegs in Resignation. Man bereitete sich auf die wirtschaftliche Normalisierung vor, das Unternehmen wurde reorganisiert, in Deutschland das Filialnetz mit Berlin als Hauptsitz gewaltig ausgebaut, doch die immer mehr drückenden Liquiditätsprobleme wiesen seit Mitte der 1920er-Jahre in eine ungünstige Richtung. Das absehbare Ende des Familienunternehmens wurde mit dem Verkauf des Schenker-Konzerns für 24,9 Millionen Mark an die Deutsche Reichsbahn am 21. Januar 1931 dann endgültig besiegelt.
Die Nachprüfung der Einzelbilanzen 1932/33 durch die Deutsche Revisions- und Treuhand-Aktiengesellschaft in Berlin kam zu einem vernichtenden Ergebnis: Seit 1924 arbeitete das Unternehmen mit Verlusten und die zum 31. Dezember 1930 vorgelegte Konzernbilanz ergab ein um 15,7 Millionen Mark zu hohes Vermögen. Da noch nicht alle Raten des Kaufpreises beglichen waren, drehte sich plötzlich eine Restschuld von 8,9 Millionen Mark in eine Forderung von 6,8 Millionen Mark um! Die beiden Finanzchefs in Wien

und Berlin, Josef Karpeles und Bruno Feix, wurden entlassen, ansonsten verzichtete die Reichsbahngesellschaft aus Angst vor Kritik in der Presse und in der Öffentlichkeit auf weitere personelle Konsequenzen. Das Unternehmen Schenker & Co. AG blieb „Zwecks Tarnung des Eigentumsübergangs" formal selbstständig mit den bisherigen Gesellschaftern (Ausnahme: Dr. B. Karpeles), die somit einen Teil ihres Vermögens zu retten vermochten und in gut bezahlten Funktionen der Geschäftsführung verblieben.[384]

Mit der Eigentumsveränderung 1931 endete das Familienunternehmen der seinerseits vom charismatischen Wirtschaftspionier Gottfried Schenker gegründeten Speditionsfirma.

Mit der Übernahme der Firma Schenker verfolgte die Deutsche Reichsbahn eine langfristige Strategie, wollte sie doch die damals größte Spedition Deutschlands samt ihren internationalen Beziehungen an die Bahn binden. Ob sich die Deutsche Reichsbahn überhaupt bewusst war, welchen umfangreichen und verzweigten Speditionskonzern sie erworben hatte, bleibt unklar. Im Gesamtunternehmen Schenker waren zu Beginn der 1930er-Jahre 70 europäische eigenbilanzierende Firmen zusammengeschlossen und es hatte in 19 europäischen Ländern rund 200 Geschäftsstellen.[385] Mit der Restrukturierung des Konzerns errichtete die Deutsche Reichsbahn in Verschleierungstaktik eine administrative und finanzielle Zentrale des Gesamtkonzerns (Holding AG – die alle ausländischen Gesellschaften verwaltete) in Zürich, die am 26. April 1940 durch eine neue Konzernstruktur wieder gelöscht wurde und Berlin als Zentrale der Verwaltung wählte. Die konjunkturbelebenden Effekte der Kriegswirtschaft wirkten sich zu Beginn auf die Ertragslage sehr positiv aus (bis 1945 diente Schenker den Interessen der Wirtschaft des Deutschen Reiches). Der Zusammenbruch 1945 schien dann aber doch auch das Ende der Schenker-Organisation herbeizuführen. Doch sorgten der Marshallplan, die Währungsreform und das Grundgesetz für einen Neubeginn und somit für eine rasche Normalisierung des Geschäftsverkehrs. Frankfurt wurde Standort der Zentralleitung der Schenker & Co. GmbH, ihr Eigner hieß jetzt Deutsche Bundesbahn. Erst mit der Teilprivatisierung 1989 und 1991 (Stinnes AG erwarb am 4.8.1989 eine 22,5 %-Beteiligung, erhöhte diese 1991 auf 80 %) verfügte die Deutsche Bundesbahn nur mehr über eine Minderbeteiligung. Die von 1931 bis 1989 dauernde Epoche von Schenker als Spediteur der Deutschen Bahn war damit beendet.[386]

Mit der Eingliederung von Schenker in den Stinnes-Konzern veränderte sich die Stellung des Unternehmens grundlegend, wurde es nun doch Teil eines Konzerns mit mehreren Geschäftsbereichen, der nur bedingt mit Spedition, Verkehr und Transport zu tun hatte. Die Stinnes AG verfügte mit der 1912 gegründeten Rhenus AG bereits über ein wichtiges Standbein im Speditionsbereich.[387]

1990 wurde die Schenker International GmbH als Gemeinschaftsunternehmen von Schenker & Co. GmbH und Stinnes AG mit Sitz in Frankfurt am Main gegründet. In dieses Unternehmen wurden alle ausländischen Beteiligungen von Schenker und die von der seinerzeitigen Stinnes-Tochter Rhenus AG gehaltenen Beteiligungen im Bereich der internationalen Luft- und Seefracht eingebracht. Kurze Zeit später wird die GmbH in eine Aktiengesellschaft umgewandelt, die Rhenus AG erwirbt 1991 eine 47,06 %-Beteiligung an der Schenker & Co. AG, die neu unter dem Dach Schenker-Rhenus AG zusammengefasst wurde. 1992 übernahm die VEBA die Stinnes AG zu 100 % und 1999 brachte die VEBA die Stinnes AG an die Börse mit dem langfristigen strategischen Ziel, sich ganz von dieser Beteiligung zu trennen. Im Jahre 2002 gelang dies der inzwischen in E.ON umbenannten VEBA, nachdem der Aufsichtsrat dem Verkauf an die Deutsche Bahn (DB) zustimmte. Nachdem die Minderheitsaktionäre 2003 von der Deutschen Bahn abgefunden wurden, konnte die Stinnes AG vollständig in den DB-Konzern integriert werden.[388]

Am 31. Januar 2006 kaufte die DB für 1,1 Mrd. Dollar die amerikanische BAX-Global und integrierte das Unternehmen in das DB-Logistikunternehmen Schenker.

Seit dem 6. Februar 2008 sind sowohl die Stinnes AG als auch die Schenker AG und weitere Tochtergesellschaften der Deutschen Bahn AG in der DB Mobility Logistics AG zusammengeführt. In der DB ML AG werden im Rahmen der Teilprivatisierung der Deutschen Bahn der Personenverkehr und andere Logistikbereiche des Bahn-Konzerns gebündelt.

Die Schenker-Gruppe beschäftigt weltweit über 59 000 Mitarbeiter an rund 1500 Standorten und erwirtschaftet einen Gesamtumsatz von ca. 14 Milliarden Euro im Jahr.

Bryner & Co., Wladiwostok

1884–1904: Bryner, Kuznetsov & Co.
1904–1961: Bryner & Co.

Die Verträge von Aigun (1858) und Peking (1860) ermöglichten es Russland, die Grenzen im Fernen Osten bis an den Amur und den Pazifik zu verschieben. Dadurch gelangte das Zarenreich in den Besitz einer Meeresbucht, die bald einen der weltbesten natürlichen Häfen bildete. Dort wurde 1860 die Stadt Wladiwostok gegründet.[389]
Für Schweizer Auswanderer lag die Stadt am Japanischen Meer nicht nur zu weit entfernt, sondern auch der Reiz nach dem wirtschaftlichen Potenzial wusste nur Vereinzelte zu überzeugen. Einer der Wagemutigen war Julius Joseph Bryner aus Möriken-Wildegg im Kanton Aargau.

Als viertes Kind des Webers Johannes Bryner (1820–1890) und der Marie Huber (1824–1879) wurde Julius Joseph Bryner 1849 in La Roche in den Savoyen geboren. Seine nicht wohlhabenden Eltern konnten ihren Sohn nicht weiter ausbilden lassen und er selbst wollte ohnehin nicht mehr am Handelsgymnasium in Genf zur Schule gehen, da es ihn nach Abenteuern dürstete. Durch Familienbande lernte er als Teenager bei der Firma Danzas in Zürich – wo auch sein Onkel Moritz Bryner arbeitete – die Möglichkeiten kennen, mit einer Schiffspassage die Welt zu entdecken. Von Neugier erfüllt, hieß sein erstes avisiertes Ziel Mittelmeer.[390]
So bricht Julius Bryner im jungen Alter von 16 Jahren auf, um die Welt außerhalb der engen Berge kennenzulernen. Es ist in der Küche eines Piratenschiffes, wo er Arbeit findet. Der Kapitän nimmt sich seiner an und bringt ihn sicher nach Shanghai. Periodisch, während den vielen Monaten auf See, pflegen die Piraten den jungen Julius ohne Erklärungen in der Küche einzuschließen. Stundenlang sitzt er mit dem Koch zusammen, hört dem Gekrache der Kanonen und dem mörderischen Chaos der Plünderungen zu. Danach, wenn wieder Stille herrscht, schrubbt er mit dem Rest der Crew das Blut von den Decks.[391]

Nach mehrmonatiger Reise entstieg Julius in Shanghai dem Schiff, lernte Mandarin und fand schnell Arbeit im Office eines Seidenhändlers. Periodisch verschiffte er im Auftrag seines Arbeitgebers für Kundenkontakte nach Yokohama. Bei einem seiner Besuche auf dem japanischen Festland machte er Bekanntschaft mit den Amerikanern Thomas und John G. Walsh wie auch mit Francis Hall von der Firma Walsh, Hall & Co. Die für Bryner zu wenig weitreichenden geschäftlichen Möglichkeiten und allenfalls auch die wachsenden Bedrohungen gegen Ausländer in Shanghai bewogen ihn 1870, eine Anstellung bei Walsh, Hall & Co. in Yokohama anzunehmen. Zu Julius Bryners Arbeitskollegen gehörte auch Takashi Masuda, der spätere Gründer des weltbekannten Unternehmens Mitsui & Co. Ltd.
Nur wenige Monate nach seiner Niederlassung auf der Insel verliebte sich Bryner in eine Japanerin, heiratete sie im folgenden Jahr; aus der Ehe gingen zwei Töchter hervor. Heute noch leben Nachfahren von Bryner in Japan.
1872 wechselte er in die Nagasaki-Niederlassung von Walsh, Hall & Co. und 1875 hieß sein neuer Arbeitgeber Edward Fischer & Co. in Nagasaki. Als die Mitsui & Co. Ltd. das von R. W. Irwin und Edward Fischer gegründete Unternehmen 1875/76 übernahm, übersiedelte Bryner mit Irwin nach Shanghai und wurde Teilhaber der Senshu & Co., zusammen mit Irwin und Kaoru Inoue, dem späteren japanischen Finanzminister. Bekannt ist, dass Bryner 1875 der Schweiz einen Kurzbesuch abstattete und für Bankgespräche in Zürich weilte. Möglicherweise suchte er Geld für die Teilhaberschaft an der Senshu & Co.
Als 1876 Takashi Masuda seinem ehemaligen Schweizer Arbeitskollegen offerierte, als Agent für seinen Kohlenhandel in Shanghai zu wirken, hegte dieser bereits Gedanken, Shanghai zu verlassen, und lehnte seines Freundes Angebot ab. Masuda hingegen übernahm noch im selben Jahr die Senshu & Co. und eröffnete im November 1876 die Shanghai-Filiale der Mitsui & Co. Ltd. Unklar ist, ob der klein gewachsene und ambitionierte Bryner sich danach selbst-

Julius Joseph Bryner (1849–1920) aus Möriken/AG, Gründer von Bryner & Co. in Wladiwostok.

Ansicht Wladiwostok in den 1880/90er-Jahren.

ständig machte und umgehend nach Wladiwostok übersiedelte.[392]

Die russische Stadt am Japanischen Meer unternahm damals einige Anstrengungen, um Fremden die Niederlassung möglichst attraktiv zu gestalten. Seit 1862 war die Hafenstadt ein wirtschaftlich attraktives Zollausschlussgebiet für Ausländer, d.h., dass diese für ihre Firmen keine Zölle zu bezahlen brauchten.[393]

Wladiwostok war ein verschlafener Hafen mit nur etwa zwei Dutzend Schiffsankünften pro Jahr, als Bryner vermutlich um 1880 erstmals seinen Fuß in die 1860 gegründete und von wenigen Tausend Menschen bewohnte Stadt setzte. Seine japanische Lebenspartnerin und die Kinder ließ Julius Bryner in Yokohama zurück, aus welchen Gründen auch immer. Die russische Sprache lernte er von den beiden deutschen Handelsleuten Gustav Albers und Adolphe Dattan.[394] 1882 heiratete er Natalia Kurkutova (1866–1927) aus Irkutsk. Ihrer Ehe entsprossen die Söhne Leonid (1884–1947), Boris (1889–1948) und Felix (1891–1943) sowie drei Töchter.

Schifffahrt und das Monopol für Verladungen

Nach der Niederlassung in Wladiwostok arbeitete der junge Schweizer vorerst als Schiffsagent auf eigene Rechnung, ehe er 1884 mit Partner Andreij Kuznetsov – später kamen weitere Teilhaber hinzu – an der Svetlanskaya Straße 20 das Schifffahrts- und Transportunternehmen Bryner, Kuznetsov & Co. gründete. Schiffsagentur, Verladungen und Handel, später auch Schiffsbau für Eigenbedarf, so lassen sich die maritimen Haupttätigkeitsfelder des Schweizers und seines russischen Partners umreißen.[395] Eigene zur Hochsee fahrende Einheiten besaßen sie nie, sondern mieteten stets den von ihnen benötigten Schiffsraum.

Die Firma besaß etliche kleine Personen-Dampfschiffe für die Küstenschifffahrt und Schlepper mit den Namen DRUSCHOK, PCHELKA, ULIS, PROGRESS, AVOS, NADEZHDA, VOEVODA und RYNDA. Über die Fahrtgebiete der Passagierschiffe ist nichts bekannt. Die Schlepper hingegen wie auch die 43 in ihrem Besitz gestandenen Barkassen waren sicherlich für Verladungen und Löscharbeiten im Hafen Wladiwostok und bei der Insel Sachalin im Einsatz. Das Unternehmen soll auch über drei kleinere Segelschiffe für Personentransporte auf kurzer Strecke verfügt haben.[396]

Von der DRUSCHOK ist lediglich bekannt, dass im Sommer 1895 M. K. Fedorov bei Bryner, Kuznetsov & Co. diesen kleinen Dampfkutter anmietete und mit ihm reguläre Schiffsfahrten nach Zolotomu Rogu und auf die Insel Russkij durchführte.[397]

Der 1897 in Glasgow konstruierte Dampfer AVOS mit seinen 163 t und 200 PS gehörte Bryner zwischen 1905 und 1907. Die AVOS hatte eine Länge von 24,4 m und war 4,9 m breit. In späteren Jahren trug der Schlepper den Namen GAVRIIL. Letztmals erschien die GAVRIIL 1922 in russischen Registern. Möglicherweise ging sie im Bürgerkrieg (1918–1922) verloren.

Wann der kleine 1906 in Shanghai erbaute Holz-Passagier-Dampfer NADEZHDA (1907 in Wladiwostok registriert) im Besitze von Bryner & Co. stand, ist unklar. Bis zu 50 Personen konnte die NADEZHDA in 1. und 2. Klasse befördern. Mit 46 Bruttoregistertonnen und einer Länge von 22,5 m erreichte das Holzschiff mit seinen 65 PS eine Geschwindigkeit von 9,5 Knoten. Das Register von 1914 nennt als Besitzer die Braket-Fabrik in Wladiwostok. Als die Stadt am 29. Juni 1918 von der Tschechischen Legion eingenommen wurde, beschlagnahmten sie die NADEZHDA. Da die Braket-Fabrik im Schiffsbau tätig war, könnte diese wie ab 1907 auch die

NADEZHDA durchaus im Eigentum von Bryner & Co. gestanden haben.

Sicherlich in Bryners Eigentum standen die beiden Dampfer VOEVODA und RYNDA. Der Eisbrecher VOEVODA wurde 1910 bei Hepple & Co. in South Shields als Nummer 606 gebaut und vermaß 75 BRT. Seine Dimensionen betrugen 23,0 m Länge, 5,3 m Breite und 2,5 m Tiefe. Sein Dieselmotor produzierte 290 HP, was ihm eine Geschwindigkeit von 7,5 kn erlaubte. Die VOEVODA stand zwischen 1910 und 1915 in Bryners Besitz. Die RYNDA mit ihren 43 BRT und einer Länge von 20,0 Metern wurde 1911 in Shanghai konstruiert. Ihre Zweifach-Expansionsmaschine mit 150 PS erlaubten ihr eine Reisegeschwindigkeit von 9,5 Knoten. Bryner & Co. besaßen sie von 1911 bis 1914. Danach gelangte sie in den Besitz von G. G. von Viniken in Wladiwostok. Am 25. Oktober 1922 soll sie von der Roten Armee im Hafen gekapert worden sein, stand aber 1925 wieder im Einsatz für die Gesellschaft Tetyukhe, an der Bryner ebenso mitbeteiligt war.

Den mit einem 75-PS-Dieselmotor angetriebenen Schlepper ULIS ließen Bryner und Kuznetsov 1896 in Hongkong bauen. Mit seinen Dimensionen von 17,8 m Länge, 3,7 m Breite und 2,0 m Tiefe vermaß der im Kompositverfahren konstruierte Schlepper 28,5 BRT und erreichte 8 kn Geschwindigkeit. Bryner und Kuznetsov erscheinen als Eigner der ULIS nur bis 1898. Zwischen 1898 und 1912 lassen sich keine Einträge des Schleppers im Register Wladiwostok finden. Erst 1912 finden wir Y. M. Yankovskij in Wladiwostok als neuen Besitzer der ULIS. 1917 verkaufte er sie an P. F. Smulsky, Wladiwostok, der sie gleichzeitig in DALLES umbenannte. Leider lässt sich der Schlepper nur bis 1925 nachweisen.[398]

Zwei Lastschiffe (Barkassen?) trugen die Namen SEMGA und KAMBALA. Angeblich besaßen der Schweizer und sein Partner eine große Zahl Fahrzeuge, die der Staat von fremdländischen Reedereien wegen unerlaubter Wilderei (Robbenjagd) konfiszierte und an Händler verkaufte. Bryner & Co. werden auch als Eigentümer von Schnellbooten aufgelistet (zum Schutz gegen ausländische Wilderer?).[399]

In welchen Jahren das Unternehmen die verschiedenen Einheiten ankaufte, ist leider mangels fehlender Dokumente in Wladiwostok und St. Petersburg nicht eruierbar.

Vermutlich ließen Bryner & Co. 1915/16 ihre schwimmenden Einheiten in kluger Voraussicht in Hongkong registrieren. Somit galten diese rechtlich als englische Einheiten und waren für die Russen – wollten sie auf Provokation mit den Engländern verzichten – unantastbar.[400]

Schon allein die Tatsache, dass die Firmengruppe Bryner, Kuznetsov & Co. konkurrenzlos das Monopol für alle Verladungen im Hafen Wladiwostok hielt, macht ihre Machtposition deutlich.

Über die Schiffsbautätigkeit des Unternehmens lassen sich leider keine Informationen auffinden. Doch darf angenommen werden, dass sie regen Schiffsbau – vermutlich für Barkassen – betrieben.

Diversifizierung von Investitionen

Am 5. März 1891 erfolgte der innovative Beschluss zum Ausbau des Handelsunternehmens, indem sie eine Aktiengesellschaft gründeten, der etliche bekannte Geldgeber wie V. M. Karelin und A. Maslennikov beitraten. Das in 450 Anteilscheine gesplittete Investitionsvolumen umfasste 45 000 Rubel. Bryner und Kuzentsov hielten zusammen 340 Aktien.

In den Silber-, Blei- und Zinkminen im Olginskij-Bezirk beschäftigte Bryner bis zu 2400 Arbeiter.

Julius Bryner mit seiner Frau Natalia Kurkutova und ihren Kindern Leonid, Felix, Margrit und Boris (v. links).

1903 versuchten sie das Aktienkapital auf eine Million Rubel zu erhöhen, was ihnen vorerst misslang und erst fünf Jahre später glücken sollte.[401]

Bryner beschäftigte sich auch mit der Gold- und Silbergewinnung in der Mandschurei (La Sociètè d'exploitation des placers Sofie Alexieeva), betätigte sich in Kamtschatka in der Fischindustrie, begann im großen Stil mit der Holzgewinnung und -verarbeitung in Sachalin und beschäftigte 1908 allein im Holzsektor bis zu 250 Angestellte. Die Hölzer verschiffte er nach London, Shanghai und Australien. In derselben Zeit begann er auch mit Blei-/Zinkabbau/-gewinnung im Olginskij-Bezirk auf der Basis der neugegründeten Aktionärsgesellschaft Tetyukhe.

Bryner gehörte auch zu den Teilhabern der Streichholzfabrik A. Suworov.

1914 kaufte er die Kohlengrube Mongugaysky am Flussende des Amur und nannte die eigens hierfür eingerichtete Gesellschaft Primorye.[402]

Die Revolution bringt das Aus

Der Lutheraner Bryner gehörte zu den angesehensten Persönlichkeiten der Kaufmannsgilde in Wladiwostok. Er soll neben den Hauptsprachen Europas auch Russisch, Chinesisch, Japanisch und Koreanisch gesprochen haben. Im Jahre 1890 erhielt er die russische Staatsbürgerschaft und lediglich sechs Jahre später verliehen sie ihm sogar die Ehrenbürgerschaft.

Die Bryner-Residenz an der Aleutskaya-Straße 15, 1910 erstellt nach Plänen des deutschen Architekten G. R. Junghändel.

Julius Bryner verstarb im März 1920 und wurde im Familiengrab in Sedimi – wo sie ein Sommerhaus besaßen – beigesetzt.

Mit der Übernahme der Macht der Sowjets 1923 in Wladiwostok verschärfte sich die Lage der Söhne Bryners vehement. Dank geschickten langen Verhandlungen in Moskau gelang es Boris Bryner im Mai 1923, die Tetyukhe-Minen in Leih-Basis weiterzubetreiben. Der Vertrag sah jedoch vor, die Minen nur mit ausländischem Geld zu finanzieren. So verkauften die Bryners die Konzessionsrechte für £ 150 000 an den Amerikaner Chester Beatty. Die 1925 gegründete Gesellschaft nannte sich nun Tetiuhe Mining Company, mit Bryners Söhnen Boris und Leonid als Direktoren.[403]

Der Familienbetrieb mit der Schiffsagentur konnte sich bis nach dem Zweiten Weltkrieg halten, jedoch ab 1931 mit Hauptsitz in Charbin, später in Shanghai. Das Büro in Wladiwostok an der Aleutskaya-Straße schloss im Frühsommer 1931 seine Pforten, als das Werk Tetyukhe mit einer Schuldenlast von £ 222 000 vor dem Aus stand. Der Hauptgrund waren die 1930 stark gefallenen Preise für Zink und Silber, vermutlich eine Folge des „Wall Street Crash" von 1929. 2400 Arbeiter verloren ihre Lebensgrundlage! Die Liquidation führte zur Verstaatlichung sämtlicher in der UdSSR verbliebenen Besitztümer. Dank Stalins Kooperationsbereitschaft entschädigte die sowjetische Regierung Beatty mit £ 932 000.

Aber den Bryner-Familien blieb nur noch die Flucht. Felix floh Ende Mai 1931 nach Dairen, Boris im Juli nach Charbin, später in die USA und weiter nach London und kehrte 1932 wiederum nach Charbin zurück. Leonid leitete allein das Büro in Shanghai, bis 1945 Bruder Boris – der von Charbin in die Schweiz flüchtete – zur Unterstützung anreiste. Die Söhne Bryners reklamierten am 12. Juli 1932 beim General-

1915 ließ Julius Bryner eine Familiengruft auf Sedimi erbauen. Noch bevor die Bolschewiken das Familiengrab zerstörten, haben koreanische Arbeiter seine Überreste kremiert und dem Wind übergeben.

konsul E. Lardy in Shanghai die an den russischen Staat verloren gegangenen Güter. Allein ihre Immobilienwerte bezifferten sie auf mehr als 4 Millionen Schweizer Franken; das Inventar ihrer Häuser sowie der Segelyacht ALCIONA bewerteten sie auf insgesamt Fr. 195 000.[404]

Die Bryners unterhielten mit ihrer Schiffsagentur Zweigniederlassungen in Mukden, Dalian, Hsinking, Shanghai, Tientsin und Beijing und beschäftigten ca. 500 Mitarbeiter.

Die Bryners waren nicht nur als Geschäftsleute, sondern auch als Konsuln tätig. Der Gründer Julius Bryner vertrat in Wladiwostok die schweizerischen und holländischen Interessen. Sohn Leonid war später ebenso in Wladiwostok Schweizer Konsul, sein Bruder Felix wurde französischer und norwegischer Konsul in der Mandschurei, während Boris ab 1937 die schweizerischen Interessen in Charbin vertrat. Während der japanischen Besetzung vertrat er auch die USA und Großbritannien.

Die Entwicklung vom kleinen Fischerdorf zur Metropole mit Weltbedeutung begann für Shanghai erst nach dem Opiumkrieg 1842. Mit dem Einzug der Briten 1842, fünf Jahre später folgten die Franzosen, wurde die Stadt auf dem Handel mit Seide, Tee und Opium von den westlichen Kolonialmächten aufgebaut und geriet so unter europäischen Einfluss. Durch die günstige Lage entwickelte sich Shanghai bis 1900 zu einem wichtigen Hafen und Industriezentrum. Der große europäische Einfluss verschwand erst 1949 nach der Besetzung durch die Volksbefreiungsarmee. Nach dem Sieg der kommunistischen Partei über die Kuomintang im chinesischen Bürgerkrieg wurde am 1. Oktober 1949 die Volksrepublik China ausgerufen. Die Stellung als Wirtschaftsmetropole ging erst während der Kulturrevolution und der Quasi-Isolierung Chinas vom Ausland verloren. Nach dem Einleiten der Reform- und Öffnungspolitik durch Deng Xiaoping erhielt Shanghai ihre vormals gehabte Stellung wieder zurück.

Mit der Machtübernahme der Kommunisten baute das Unternehmen schrittweise seine Aktivitäten ab. In Mukden beschlagnahmten die Behörden einen Teil ihrer Besitztümer und 1954 gelang es den Bryners, einen Teil ihres Eigentums in Dalian zu veräußern. Im Folgejahr zeigte die Regierung auch Interesse am Ankauf der übrigen in Bryners Eigentum gestandenen Besitztümer.

Das Geld war ihnen willkommen, stand die Firma 1955 doch im Clinch mit den lokalen Steuerbehörden. Die Gesandtschaft kommentierte 1955 die finanzielle Situation des Transportunternehmens Bryner in Tientsin als sehr kritisch, wobei schlussendlich die Niederlassung in Shanghai die Geldlöcher stopfen musste. Die letzte Erwähnung der Firma Bryner in Shanghai findet sich 1961 mit der Anmerkung: „Seit vielen Jahren in Liquidation".[405]

Flottenliste Bryner, Kuznetsov & Co. / Bryner & Co.

Name	Typ	Baujahr	Tonnage	Dimensionen
DRUSCHOK	Dampfkutter			
AVOS	Dampfkutter	1897		24,4 x 4,9 x 2,1 m
NADEZHDA	Passagierdampfer	1906	46 BRT/19 NRT	22,5 x 4,0 x 1,4 m
VOEVODA	Eisbrecher	1910	75 BRT/16 NRT	23,0 x 5,3 x 2,5 m
RYNDA	Eisbrecher	1911	43 BRT	20,0 x 4,2 x 2,1 m
ULIS	Schlepper	1896	28 BRT	17,8 x 3,7 x 2,0 m
PCHELKA				
PROGRESS				

Tschudi Shipping Company, Lysaker

1891: Camillo Eitzen
1891: J. Just Jacobsens Nachfolger
1893: Camillo Eitzen
1894: Camillo Eitzen & Co.
1936: Tschudi & Eitzen
1993: Tschudi & Eitzen Holding AS
2003: Tschudi Shipping Company AS

Von den Wikingern in die Neuzeit

Heute repräsentiert die Tschudi Shipping Company bereits in vierter Generation Seeschifffahrt. Wenn auch die Geschichte allgemeingültige Elemente in jeder Zeitepoche widerspiegelt, blicken wir kurz in die Periode der Wikinger, dem Beginn der norwegischen Schifffahrt, um die historische Perspektive mit ihren vielen Nuancen besser zu verstehen.

Seit dem 8. Jahrhundert war nichts und niemand mehr vor den Normannen sicher. Bei ihren Kriegs- und Raubzügen waren stets Hunderte von Schiffen und Tausende von Kriegern unterwegs. Bei einem Angriff auf Hamburg sollen über 600 Drachenschiffe gezählt worden sein. Die Normannen drangen auf der Elbe, dem Rhein, der Seine und Loire tief in das europäische Festland vor und setzten sich in der Normandie fest. Im Jahre 862 tauchten sie zum ersten Mal im Mittelmeer auf und kehrten seitdem immer wieder, bekämpften Christen und Sarazenen, gründeten Königreiche und blieben der Schrecken des Abendlandes. Sie fuhren von der Ostsee her auch auf den russischen Flüssen durch den ganzen Kontinent, gelangten bis Kiew (das von ihnen gegründet wurde) ins Schwarze Meer und sogar in das Kaspische Meer.[406]

Ihre erstaunlichsten Leistungen vollbrachten ihre kleinen Segelboote aber bei Atlantikfahrten in westlicher Richtung. Die Wikingerepoche mit ihrem Höhepunkt um ca. 900 n. Chr. war nicht einzig Geschichte von Entdeckungsfahrten und Seeräuberei. Staatsgründungen, korrektes Benehmen zur See, Schiffsbaukunst und Handel mit anderen Völkern legen Zeugnis für wertvolle kulturelle und Werte schaffende Impulse für Norwegen ab. Erst mit dem Tode des „letzten Wikingers", des Königs Harald Sigurdsson, am 25. September 1066 in der Schlacht bei Stamford Bridge nahe York endete für Norwegen die über ein Vierteljahrtausend währende Wikingerzeit.[407]

Mit König Harald Harfagre (ca. 852–933) nahm die norwegische Schifffahrt an Bedeutung zu und erreichte im 12. Jahrhundert einen ersten Höhepunkt. Nach 1200 dominierten für Jahrhunderte die Hanseaten die Länder um die Nord- und Ostsee, nicht zuletzt dank ihrer Hansekoggen (kombiniertes Handels- und Kriegsschiff mit guter Ladefähigkeit). Die ersten Erwähnungen von Koggen finden sich in englischen Seefahrtsregistern aus den Jahren 1206 und 1210 sowie in einem Privileg des Kaisers Otto IV. aus dem Jahre 1211. Friesland und Wismar waren die Heimat dieser Koggen. Diese zuverlässigen und wendigen Schiffe begannen im 13. Jahrhundert die Ostsee zu beherrschen. Die Seestädte, die durch die Koggen groß und mächtig wurden, schlossen sich seit der Mitte des 14. Jahrhunderts zu einer Kaufmannsgenossenschaft mit dem Namen „Hanse der Deutschen" zusammen und wurden dadurch noch mächtiger. Es gelang ihnen, alle anderen Konkurrenten so zurückzudrängen, dass sie den Handel in den nördlichen Gewässern schließlich allein beherrschten.[408]

Ab ca. 1500 avancierten auch die Holländer in norwegische Gewässer, ehe spät im 17. Jahrhundert sich die norwegische Schifffahrt wieder geltend machte. Insbesondere die Kombination von Waldwirtschaft (Holzverarbeitung) und Reedereitätigkeit war für viele Betriebe das Fundament erfolgreicher Geschäfte. Beliebtestes Exportland war England. Einer der größten Waldbesitzer und Schiffsreeder – mit bis zu 50 Fahrzeugen – war Bernt Anker (1745–1805). Sein Imperium fiel 1806 in den Napoleonischen Kriegen zusammen, da England den Import von norwegischen Gütern stoppte und Dänemark an der Seite der Franzosen kämpfte. Die wirtschaftlichen Folgen waren hart. Die Lage änderte sich erst 1814 dank der Union mit Schweden und ab Mitte des 19. Jahrhunderts kam der Welthandel für die norwegische Schifffahrt ernsthaft in Gang, zumal die englische Navigationsakte aufgehoben wurde.[409]

Zwischen 1814 und 1899 hatten norwegische Schiffe in ihren Fahnen im oberen Quadranten das Unionszeichen „Heringssalat" ausgewiesen. In dieser Zeit unterstanden sie nicht nur dem Zwang, im Ausland die schwedischen Konsulardienste zu beanspruchen, sondern stellten mit Stolz 1826 auch ihr erstes Dampfschiff, die CONSTITUTIONEN, in Betrieb. Wenn auch die Bedeutung der Segelschifffahrt in den Jahrzehnten danach kontinuierlich abnahm, gehörte

Norwegen bis zu Beginn des 20. Jahrhunderts zu den Größten im Seeschifffahrtsgeschäft.

Um 1870, in einer bewegenden Zeit mit scharfen politischen Konfrontationen, aber auch mit neu entfachendem Optimismus, entstanden Industriebetriebe, Straßen und Eisenbahnen wurden gebaut und Norwegen avancierte 1880 (hinter den USA und England) zur drittgrößten seefahrenden Nation. Die 1890er-Jahre gehörten zu den goldenen Zeiten der Reeder, konnte ein Schiff doch bereits im Laufe von zwei Jahren amortisiert werden. Die Schifffahrt trug auch maßgeblich zur Stärkung des nationalen Selbstwertgefühls bei, was wiederum 1905, als Norwegen eine selbstständige Nation und ein Königreich mit Håkon VII. als Monarch und Schiffsreeder Christian Mikkelsen als Staatsminister wurde, sichtbar nachhaltig zum Tragen kam.[410]

Der Beginn dieser Blütezeit der Seeschifffahrt ist zugleich auch die Geburtsstunde einer langen bewegenden Geschichte zweier befreundeter Familien und ihrer vielen Schiffe.

Die Gründerväter Eitzen und Tschudi

Camillo Eitzen (1851–1937) gehörte bereits zur dritten Generation von Hamburgern, deren Vorfahren 1737 nach Norwegen auswanderten.[411] Sein Vater Johan Lauritz Eitzen zog 1858, kurz nach dem Tod seiner Frau Cecilia Cathrine (geborene Cappelen) im September 1857, mit dem siebenjährigen und als fünftes Kind in Drøbak geborenen Camillo sowie mit seinen sechs Geschwistern nach Sarpsborg und 1866 weiter nach Tønsberg. Vater Johan Lauritz amtete als studierter Theologe in beiden Städten als Postmeister und war auch Vertreter im Parlament.[412] Ein Fachexamen war damals Voraussetzung für die Bekleidung eines höheren öffentlichen Amtes.

Nach dem Mittelschulexamen in Tønsberg fuhr Camillo als 15-Jähriger 1866 erstmals zur See. Fünf Jahre später folgte das Steuermannsexamen und 1878 bestand er erfolgreich die Prüfung zum Kapitän und erhielt gleichzeitig die Legitimation zum Führen der Bark BUSKEN. Dem Segler aus Sarpsborg folgten die Bark ROLF und das auf denselben Namen lautende Segeltankschiff von Gustav Conrad Hansen aus Tønsberg. 1879 heiratete er die Tochter seines Reeders, Caroline Johanne Hansen. Die Hochzeitsreise auf der Bark ROLF starteten die beiden frisch Vermählten am 2. Juni 1879 in Fredrikstad. Erst zwei Jahre später kam die junge Familie mit der inzwischen 1880 auf Mauritius geborenen Tochter Laura Cecilie wieder nach Norwegen.[413]

Kapitän Eitzen fuhr nach der Eheschließung weiter zur See und führte u.a. auch die Bark AVANTI. Doch 1890 beendete er seine Karriere, zog mit seiner Familie nach Kristiania und

Reedereigründer Camillo Eitzen (1851–1937).

gründete hier am 3. Januar 1891 auf seinen Namen lautend eine Agenturfirma, die vornehmlich im Handel mit Rettungsmaterial tätig war.[414] Per 1. Oktober 1891 kaufte er für 18 000 Kronen die Agentur und Schiffsmaklerfirma J. Just Jacobsen und änderte den Firmennamen in J. Just Jacobsens Nachfolger. Am 31. Mai 1893 wechselte der Name des Unternehmens und behielt bis zum 13. Februar 1894 die Anschrift Camillo Eitzen.[415]

Der inzwischen 48-jährige Eitzen gehörte 1899 zu den Gründungsmitgliedern der Schiffsmakler-Vereinigung Kristiania, später präsidierte er die Reedervereinigung Kristiania und war zwischen 1902 und 1912 auch Vorstandsmitglied der norwegischen Handels- und Schifffahrtzeitung.

Als Eitzen den jüngeren Henry Tschudi (1858–1939) als Kapitän bei Hansen in Tønsberg kennen und schätzen lernte, dachte wohl keiner der beiden an eine künftige gemeinsame Zusammenarbeit. Am Beginn steht die Verknüpfung durch Familienbande: Eitzen heiratete die Tochter von Reeder Hansen, Caroline Johanne, und Hansen wiederum vermählte sich mit Tschudis Schwester Fanny. So erstaunt es kaum, gehörte später Schwager Hansen zu einem wichtigen Investor in Eitzens und Tschudis jungem Unternehmen.

Als Henry Tschudi 1893 die aktive Laufbahn als Seekapitän auf Wilh. Wilhelmsen-Dampfschiffen beendete, zog er mit seiner Frau nach Kristiania und frischte hier erneut die Bekanntschaft mit Camillo Eitzen auf. Mit der Zahlung von 20 000 Kronen kaufte er sich am 13. Februar 1894 als gleichwertiger Partner in die Firma von Eitzen ein.[416]

Henry Tschudi wurde 1858 in Madison, Wisconsin/USA, als Sohn von Peter Stephan (1817–1876) und Cathrine Amalie Hansen (1826–1916) geboren.

Die Bark EINAR, das erste von Henry Tschudi nach bestandenem Examen geführte Schiff.

Als Bürger von Tønsberg verbrachte Vater Tschudi bis 1860 vier Jahre in den USA, ehe er mit seiner Familie in seine Bürgerstadt zurückkehrte. Nach Abschluss der Mittelschule heuerte Sohn Henry 1873 als 15-Jähriger erstmals auf einem Schiff an: als Decksjunge auf dem Segler STAT des Reeders G. C. Hansen. Nur zwei Jahre später bestand Tschudi das Steuermannsexamen in Tønsberg. Inzwischen 24-jährig geworden, absolvierte er 1882 das Kapitänsexamen und übernahm im selben Jahr die Führung der als Tankschiff konvertierten Bark EINAR. Während drei Jahren segelte das Schiff erfolgreich zwischen Philadelphia und Calais mit Parfüm als Fracht. 1887 engagierte Halfdan Wilhelmsen Tschudi für die Bauaufsicht des sich bei Wood, Skinner & Co. in Newcastle in Konstruktion befindenden Dampfers TONSBERG und übernahm nach dessen Fertigstellung auch gleich das Kommando des 2134-Tonnen-Schiffes. Während eines Familienbesuches in der Schweiz lernte er seine Lebensgefährtin kennen und heiratete 1890 die Witwe seines älteren Bruders Rudolf, Susanne Pestalozzi.

Tschudi avancierte 1901 zum schweizerischen Konsul und hatte von 1921 bis zu seinem Tode 1939 den Titel eines Generalkonsuls inne. Als Vorstandsvorsitzender führte er 1896/97 den norwegischen Schiffsführer-Verband, war Vorstandsmitglied der Versicherungsvereinigung Skuld und Ritter des Nordstjerneordens.[417]

Die Tschudis sind ein altes, adliges Glarnergeschlecht aus Schwanden.

Die Linie der Vorfahren des Reederei-Gründers Henry Tschudi reicht zurück bis zu Tagwenvogt Johannes Tschudi (1592–1663). Der Großvater von Henry, Stephan (1780–1863), war Kaufherr in St. Gallen und Frankfurt a. M. Seine beiden Söhne Stephan (1832–1889) und Peter (1817–1876) ließen sich in Norwegen nieder und gründeten hier das Fundament zweier sehr erfolgreicher und national bekannter „Familien-Äste".

Peter Tschudi, Vater von Henry, wanderte um 1840 nach Norwegen aus und ließ sich in Tønsberg nieder. Henry war das zweitjüngste von insgesamt sechs Kindern.

Der Beginn einer langen Tradition

Das Fundament für die Erfolgsgeschichte von Tschudi & Eitzen legte 1883 Kapitän Just Jacobsen mit der Gründung einer Schiffsmaklerfirma in Kristiania, die wie erwähnt acht Jahre später Axel C. Eitzen übernahm. Als sich Firmengründer Eitzen 1913 aus der Geschäftsleitung zurückzog, trat sein Sohn Axel Camillo (1883–1961) in die Unternehmensführung ein und ersetzte ab dem 1. Januar 1915 seinen Vater als Partner im Unternehmen. Am 12. November 1936 erfolgte die Umbenennung der Firmenbezeichnung in Tschudi & Eitzen.

Mit dem Tode von Generalkonsul Henry Tschudi 1939 trat an seiner Stelle sein Sohn Felix Henry (1897–1993) in die Firma und führte die Partnerschaft mit Axel Camillo weiter. 1961 zog sich auch Axel Camillo von der Firmenleitung zu-

Der Hafen von Kristiania im Jahre 1885.

rück und sein Sohn Camillo (1912–1969) hielt an seiner Stelle Einzug im Unternehmen. Neun Jahre später, 1970, überließ auch Felix Henry Tschudi seinem Sohn Henry Felix (geb. 1926) den Platz als Partner im Geschäft. Aufgrund von Camillo Eitzens Testament steuerte Henry Felix bis 1980 als Allein-Verantwortlicher die Geschicke der Reedereileitung, ehe Axel Camillo (geb. 1954) als Partner in die Firma eintrat. Die markanten Perspektiven und Entwicklungen der Reederei in den letzten zehn Jahren des Millenniums waren ebenso ereignisvoll wie jene beim Übergang vom 19. zum 20. Jahrhundert. Mit dem Ausscheiden von Kapitän Henry Felix Tschudi aus der Unternehmensleitung im Jahre 1992 und dem Eintritt von Sohn Felix Henry 1989 als Partner von Axel C. Eitzen übernahm die hoffnungsvolle vierte Generation der beiden Gründerfamilien die Geschicke der Firmenführung.

Das 100-Jahr-Jubiläum wurde im Reederei-Hauptsitz in tiefem Schweigen begangen. Die Gründe lagen in der schwierigen Marktsituation, in welcher sich T&E und andere Schifffahrtsunternehmen befanden. Mit dem Entscheid, 2003 die Partnerschaft Tschudi-Eitzen aufzukündigen und die Unternehmen in zwei eigenständige Gesellschaften zu dividieren, endete eine 110-jährige kohärente Tradition.

Die ersten Büroräumlichkeiten bezog Camillo Eitzen an der Store Strandgate 1, 1900 zog er mit Tschudi an die Börsenpassage (heute Fred. Olsens Gate) und 1913 vis-à-vis der Norges Bank an die Kirkegate 2. Für Jahrzehnte verblieben sie in der Kirkegate, ehe 1959 der Firmensitz an die Kongensgate 11 und 1985 ins Index-Haus nahe Lapsetorget in der Drammenstraße verlegt wurde. Seit 1990 belegen sie in einem neuen Bürokomplex am Strand in Godthap Lysaker, deren Grundeigentum früher dem Entdecker Fridtjof Nansen gehörte, moderne Geschäftsräume.

Die Makler und ihre Segelschiffe

Mit der Übernahme von Jacobsens Maklerfirma verdienten sie vorerst ihr Geld als Korrespondent-Reeder und Vermittler. Als Makler verrechneten sie sowohl dem Käufer als auch dem Verkäufer 1% Provision für erfolgreiche Verkaufsabschlüsse. Sie vermittelten vorwiegend Segelschiffe in der Größenordnung zwischen 200 und 1000 Tonnen, deren Preise je nach Alter und Tonnage 3000 bis 25 000 Kronen betrugen. Für ein Dampfschiff wurden ohne Weiteres bis zu 120 000 Kronen bezahlt. Unter ihren Kunden finden wir auch Kapitän und Fabrikbesitzer H. S. Lange wie auch Reeder Gustav Conrad Hansen, für den sie nachweislich die Haupt-Makler waren. Zwischen 1896 und 1902 vermittelte die kleine Gesellschaft den Verkauf von 23 Schiffen.[418]

Kurz nachdem Camillo Eitzen die Agentur von Jacobsen angekauft hatte, übernahm er als Mitbesitzer und Korrespondent-Reeder im November 1891 von Ch. Thorbjørnsen die 1870 in Bath, Maine, gebaute Bark JOHANN LUDWIG und ließ das 797-Tonnen-Schiff mit dem Unterscheidungssignal HFNB in Kristiania registrieren. Zwei Jahre später übernahm er von Just Jacobsen die 1867 in Portsmouth gezimmerte 717-Tonnen-Bark VESTA. Im selben Jahr erfolgte der Ankauf drei weiterer Barken. So erweiterte Eitzen die Flotte im Juni 1893 mit der Bark CATO (789 BRT), ihr folgte aus Moss der Ankauf der 35-jährigen FANNY (416 RT) und der 75-jährigen VINTEREN aus Kristiania.

Die VINTEREN wurde ursprünglich 1818 auf der Odden Verft in Grimstadt als Vollschiff erbaut und 1869 in eine Bark umgetakelt. Mit ihren 468 Netto-Tonnen verblieb sie bis zu ihrem Verlust 1895 in Eitzens und Tschudis Besitz. Im Oktober 1893 erwarb der junge dynamische Unternehmer von O. B. Paulsen in Kristiania die Barkentine THOR mit 177 Tonnen. Die 1863 in Pekela erbaute THOR maß 28,7 m Länge, 6,6 m Breite und verfügte über 3,2 m Tiefe im Raum. 1897 veräußerte C. Eitzen & Co. die Barkentine nach Kragerø zu Bernhard Johansen.

Im Februar 1894 verkaufte Pande, Sundby & Co. in Kristiania die 1003-Tonnen-Bark SOPHIE WILHELMINE (HDNB) an C. Eitzen & Co. Nach nur einem Jahr in ihrem Eigentum veräußerten sie das 33-jährige Schiff weiter zu Chr. Møller. Im Dezember 1895 wurde es kondemniert und somit außer Dienst gestellt. Ebenso von Pande, Sundby & Co. kauften sie 1894 die 1858 in St. John, New Brunswick, konstruierte 1121-Tonnen-Bark CHRYSOLITE.

Ihren neunten Segler erwarben C. Eitzen & Co. 1896 von F. J. Hansen aus Tønsberg: Die Bark ARIADNE wurde 1861 in Quebec erbaut, hatte 668 Netto-Tonnen und vermaß dabei 46,0 m Länge, 9,7 m Breite und 6,0 m Tiefe im Raum. Die ARIADNE verblieb nur wenige Monate im Besitz von Eitzen & Co., ging sie doch bereits am 7. Oktober 1896 nahe Antigonish wrack.

Im Laufe der 1890er-Jahre setzte sich die Firma das Ziel, der Dampfschifffahrt vermehrte Aufmerksamkeit zu widmen, und prüfte daher ein Angebot vom 4. Februar 1894 der Wood, Skinner & Co., Newcastle, für den Bau eines 2200-Tonnen-Dampfschiffes. Die Offerte der Werft lautete auf 18 300 Pfund, hatte jedoch nur einen Monat Gültigkeit. Eitzen und Tschudi zeigten sich sehr interessiert und arbeiteten intensiv daran, das benötigte Kapital zu beschaffen. Die Mobilisierung von Kapital geschah dazumal durch eine Kombination von Eigenkapital der Initianten und Fremdkapital von Einzelpersonen. Um die Investoren von jeglichen Solidaritätsverpflichtungen gegenüber dem Reeder zu entbinden, entschied man sich häufig dazu, für jedes Projekt eine Aktiengesellschaft einzurichten.

Die ersten Einladungen für das Zeichnen von Aktien für das Angebot aus Newcastle versandten sie am 15. Februar 1894. Aus Rücksicht auf mögliche Schweizer Investoren – Tschudi hatte weitverzweigte Familienbande und andere wichtige Verbindungen in sein Heimatland – druckten sie die Aktieneinladungen auch in deutscher Sprache.

Das Neubauangebot fiel beinahe gleichzeitig mit Tschudis Einsitz als Partner in Camillo Eitzens Firma zusammen. Tschudi reiste in die Schweiz, besuchte Verwandte und Bekannte, doch seine intensiven Bemühungen, das Kapital in einer nur kurz bemessenen Zeit aufzutreiben, schlugen fehl. Die Schweizer mochten sich für eine derartige Investition nicht in Windeseile entscheiden und so mussten Eitzen und Tschudi weiterhin auf ihr erstes Dampfschiff warten.[419]

Die ersten Dampfschiffe

Aber nur ein Jahr später reiste der Glarner Tschudi erneut in die Schweiz und dieses Mal gelang es ihm – wenn auch mithilfe norwegischer Investoren –, das Kapital für einen Neubau eines 2000-Tonnen-Dampfers zu sammeln. Der Baupreis von 282 700 Kronen für die Nylands-Werft in Kristiania erfolgte in Barzahlung. Nebst der 650 PS starken Dampfmaschine erhielt das Fahrzeug auch eine begrenzte Segelführung.

Die im Mai 1895 datierte Aktieneinladung für die UTO AS wurde wiederum in Norwegisch und Deutsch herausgegeben. Die Aktien waren zu 2000 Kronen zu zeichnen, was da-

Der flaggengeschmückte Dampfer UTO auf seiner Probefahrt 1896. Das 70 Meter lange Schiff war der erste Neubau für die noch junge Firma Camillo Eitzen & Co.

Zahlungsbedingungen zwischen der Nylands Værksted und C. Eitzen & Co. für den Dampfer ALBIS.

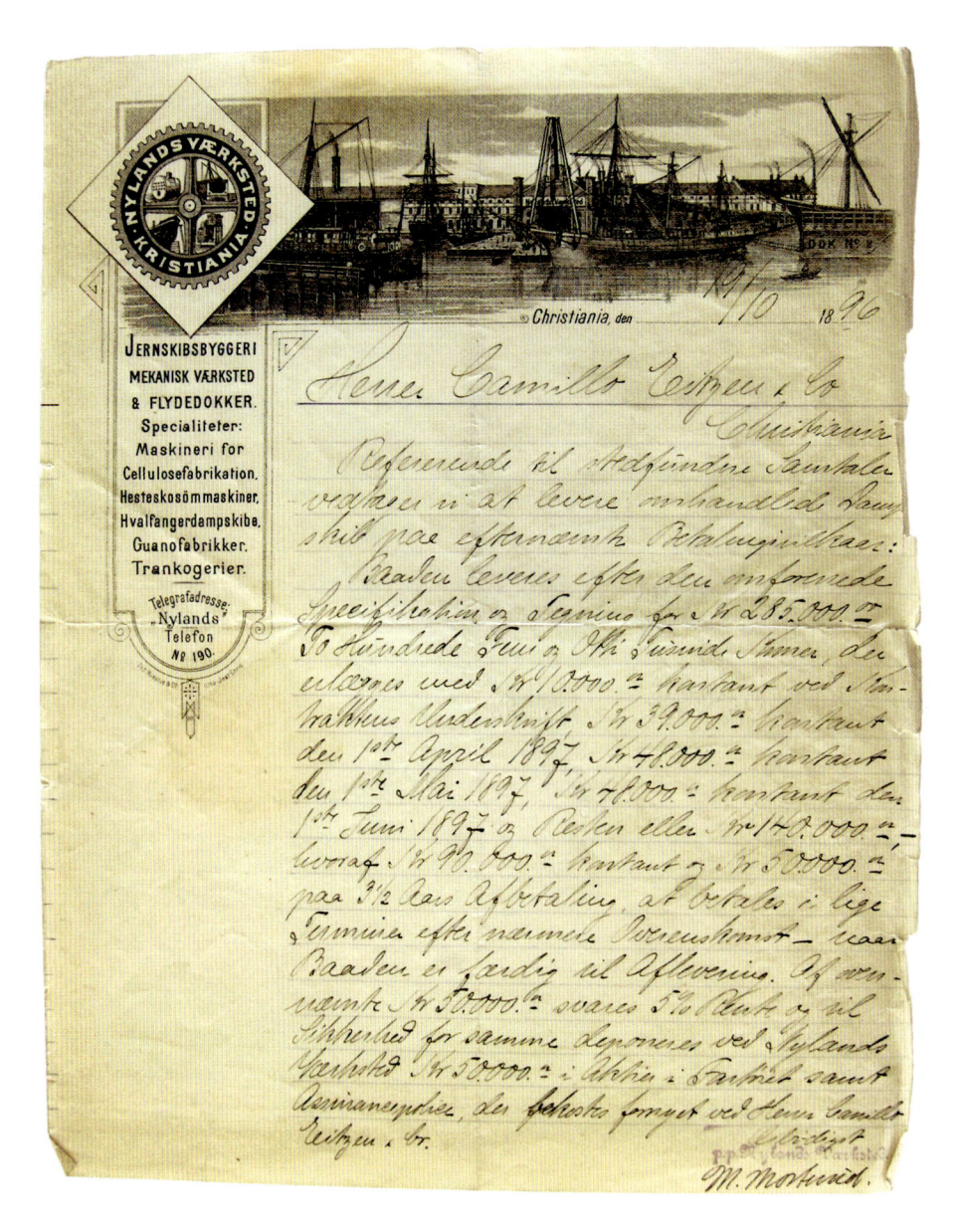

Vertragssiegel der Nylands Værksted, Kristiania, aus dem Jahre 1896.

zumal einem Jahreslohn eines norwegischen höheren Beamten entsprach.

Mit 25 Aktien zeichneten Eitzen und Tschudi die Mehrheit, gefolgt von Reeder G. C. Hansen mit 12 und Kapitän G. M. Bryde mit fünf Aktien. In der Schweiz fanden sich 28 Personen, die fast die Hälfte der Bausumme zeichneten. Die Firma behielt sich 5 % Nettoverdienst vor und 800 Kronen jährlich als Honorar für die Administration.

Als die Nylands-Werft 1896 das Dampfschiff vom Stapel ließ, erhielt dieses den Namen eines Schweizer Berges: UTO. W. D. Munson & Co. aus New York charterte bis zum Herbst 1898 die UTO – wie auch später die ALBIS – für den Viehtransport von Mexiko nach Kuba.[420] Das Laden und Löschen der Viecher ging derart einfach vonstatten, indem man schlicht nur ein Seil um die Hörner der Tiere band und sie so durch die Lüfte schweben ließ.

Der Tiertransport war derart einträglich, dass man im November 1896 mit der Nylands-Werft einen weiteren Kontrakt zum Bau eines Dampfers unterzeichnete. Henry Tschudi bereiste erneut die Schweiz, während Camillo Eitzen den norwegischen Kapitalmarkt mit Erfolg bearbeitete. Mit der Namensgebung verblieb man in der Schweiz: Das 1897 in Betrieb genommene Schiff trug den Namen ALBIS, ein weiterer Berg im Kanton Zürich. Auch die ALBIS erwirtschaftete Gewinn und erlaubte die erste Aktiendividende, hohe 20 %, auszuzahlen!

Nun ging es in den nächsten zehn Jahren Schlag auf Schlag. Die Reederei orderte bei drei verschiedenen Werften neun Dampfschiffe. Alle, außer der PREMIER, waren vom selben Typ mit 2000 Tonnen Tragfähigkeit. Sechs Einheiten baute die Nylands Værksted in Kristiania, zwei Fahrzeuge konstruierte die Fredriksstad Mek. Verksted in Fredrikstad und ein weiteres entstand bei der Jernskibsbyggeri in Fevik. Die

Der Dampfer ALBIS (Bj. 1897) hatte begrenzte Segelführung und war ausgerüstet mit einer 650-IHP-Maschine.

Der Dampfer ALBIS unter Führung von Kapitän Christoffersen am 27. Juni 1905 in Puerto Cabello/ Venezuela.

Der Dampfer PREMIER: Im Januar 1898 von der Fredriksstad Mek. Verksted an Camillo Eitzen & Co. abgeliefert.

Generalplan der 1900 von Nylands konstruierten CALANDA.

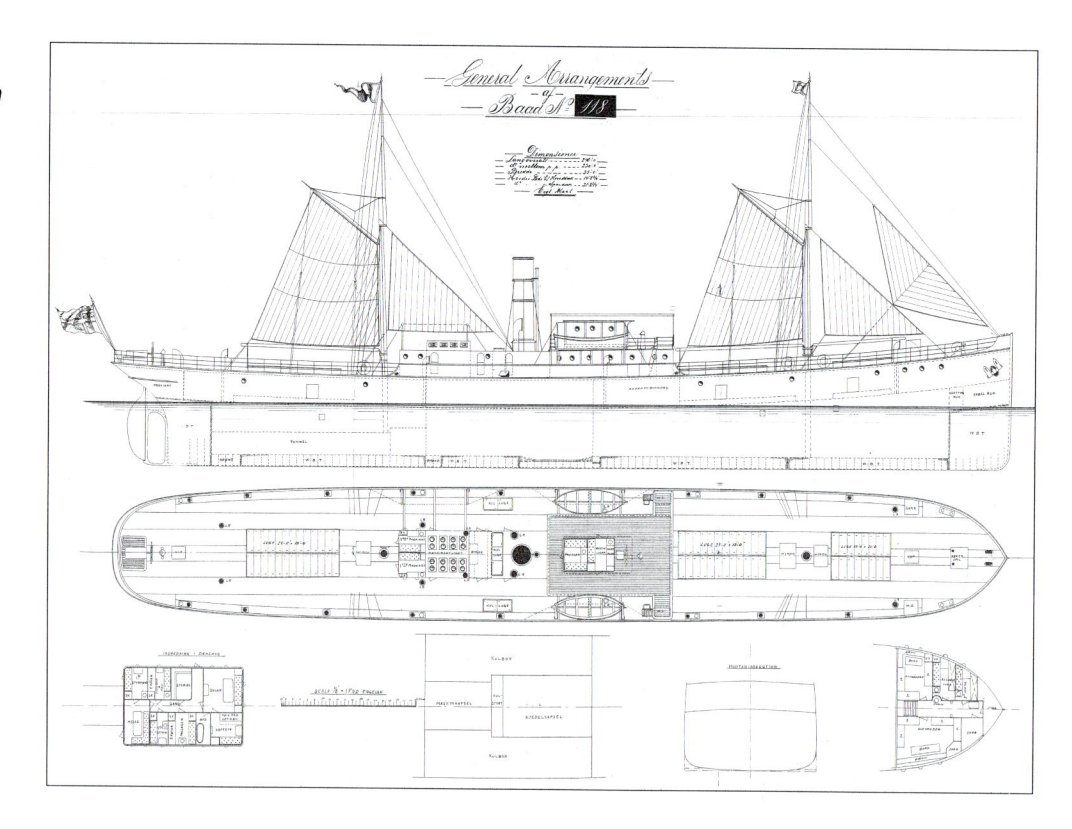

Die CALANDA mit einer Schoner-Besegelung gehörte 1900 zu den ersten norwegischen Schiffen im Fernost-Handel. Einmalig die am Großmast angebrachte Faktoreiflagge „E&T".

Schiffe trugen die Namen CALANDA, SELUN, SENTIS, KAMOR, FALKNISS, EIGER, TITLIS, PREMIER und GOTTHARD, Letztere lieferte Nylands 1906 für die Summe von 335 000 Kronen. Noch vor Ablieferung der GOTTHARD kaufte die Firma 1905 für 19 500 Pfund von der Londoner Reederei Ths. Ronaldson die 5000 dwt vermessende ENGLISH KING, ließ sie MONT-BLANC nennen, aber verkaufte sie noch im selben Jahr an die East Asiatic Company (EAC) in Kopenhagen.[421]

Immer noch mussten die Einheiten bar bezahlt werden. Für jedes Schiff wurde eine separate Aktiengesellschaft gegründet und auch die Tradition mit Namen aus der schweizerischen Bergwelt wurde nicht zuletzt aus Rücksicht auf die schweizerischen Investoren aufrechterhalten.

Seit Inbetriebsetzung des Dampfers UTO markiert am schwarz bemalten Kamin auf einem roten breiten Band das Kantonswappen von Zürich. Diese Geste an die vielen

Die SELUN lief am 10. Dezember 1901 bei Nylands in Kristiania vom Stapel.

Die KAMOR läuft am 15. Januar 1902 vom Stapel der Fevigs Jernskibsbyggeri. C. Eitzen & Co. setzte den Dampfer in der China-Fahrt ein, ehe sie ihn 1923 an chinesische Interessenten veräußerte.

Für den im Januar 1904 von der Fredrikstad Verksted gelieferten Dampfer FALKNISS bezahlte C. Eitzen & Co. 322 000 Kronen.

Eine bemerkenswerte und seltene Aufnahme: Die TITLIS nach ihrer Strandung nahe Orotava (Teneriffa) am 11. Dezember 1910. Man beachte den heranrollenden Riesenbrecher und den sich in höchst gefahrvoller Situation befindenden Mann!

Schweizer Aktionäre erinnert bis heute an jedem Tschudi-Schiff daran, wem der hauptsächliche Dank der erfolgreichen Reederei-Gründung gebührt.

Im Mai 1900 übernehmen Camillo Eitzen und Henry Tschudi von der A/S Nordsjø und Besitzer Gottfried Mauritz Bryde das Management für den 1872 bei S. G. Jenson in Stockholm als SAINT ERIK gebauten Dampfer P. HERFØLL. Im März 1903 verkauft ihn die A/S nach Sandefjord.[422]

Als sie im Januar 1903 das Management der 19 500 Kronen teuren Brigantine CASTOR (117 t) der Haupteigentümer Salvesen & Lydersen in Tvedestrand übernahmen, bedeutete dies ihre zweitletzte finanzielle Beteiligung an einem Segler. In der Bauabrechnung der CASTOR verbuchten sie als Ausgaben für die Bewirtung beim Stapellauf lediglich 31,30 Kronen!

Den Schlusspunkt ihres Betriebes mit Frachtenseglern bildete 1910 der von G. C. Hansen aus Tønsberg als Öltankschiff konvertierte angekaufte Großsegler PATAGONIA.

Verluste durch Untergang und Krieg

Der Betrieb ihrer Schiffe war nicht nur von Erfolg gekrönt. Etliche Segler und Dampfer verschwanden in den blauen Tiefen der Meere.

Das erste als Totalverlust deklarierte Schiff war zugleich auch der erste in Eitzens Eigentum gestandene Segler: JOHANN LUDWIG. Auf einer Reise von Pensacola nach Calais im Oktober 1894 erlitt das 24-jährige Schiff Mastbruch, kehrte zwar zurück nach Pensacola, wurde aber am 27. November 1894 als seeuntüchtig erklärt.

Kaum ein Jahr später, im August 1895 auf der Reise von Penarth nach Kristiania mit einer Ladung Kohle, musste der Oldtimer VINTEREN nach einer Explosion an Bord nahe Lundy Island stark beschädigt zurück nach Penarth segeln. Die Bark galt ebenso als Totalverlust.

Im Folgejahr, der Kalender zeigte den 7. Oktober 1896, war die Bark ARIADNE unterwegs mit Ballast von Greenock nach Bay Verte, als sie fünf Meilen vor Antigonish strandete.

Gleich drei Verluste hatten Eitzen und Tschudi 1898 zu verkraften: Nur fünf Jahre nach der Übernahme der VESTA von Eitzens Vorbesitzer Jacobsen verschwand die Bark nach dem Auslaufen am 21. März von Kristiania – mit Ziel Hamburg und Eis als Fracht – spurlos.

Nur zehn Tage später, mit einer Ladung Kohle unterwegs von Shields nach Weymouth sank in der Nordsee am 31. März auch die Barkentine THOR. Die Crew konnte sich glücklicherweise retten. Der traurigen Schicksale noch nicht genug, verloren sie drei Monate später auch die große Bark CHRYSOLITE. Auf der Reise von London nach Miramichi musste sie nach einer Kollision am 21. Juni 1898 im Schlepptau nach Southampton überführt und hier als nicht weiter verwendbar klassifiziert werden.

Welch Unbehagen und Trübsinn mag die beiden wohl befallen haben, binnen weniger Jahre derart viel Unglück zu haben! Zeit zum Verzweifeln und sich zu beklagen fehlte ihnen vollends, hatten sie doch zwei Jahre danach mit der CALANDA wieder einen Verlust zu beklagen.

Im April 1900 erstmals in Fahrt gesetzt, ging sie schon im September 1900 infolge einer Kollision verloren. Nach der Indienststellung charterten chinesische Befrachter die CALANDA (wie auch andere Schiffe aus der Flotte) und setzten sie hauptsächlich in chinesischen Gewässern ein. Als die CALANDA von Nagasaki nach Port Arthur unterwegs war, traf von Lloyd's via Reuters in Nagasaki die Meldung ein, dass der norwegische Dampfer CALANDA mit Kapitän Jensen am 29. September 1900 bei Iwoshima mit dem japanischen Dampfer ISE MARU kollidierte und gesunken sei. Der Kapitän und die norwegischen Offiziere konnten sich retten, die chinesischen Mannschaftsmitglieder hingegen und die 45 chinesischen Passagiere verloren allesamt in den Fluten ihr Leben.

Bei Ausbruch des Russisch-Japanischen Krieges gelang es Kapitän Falck-Muus, mit der SENTIS als zweitletztes Schiff in den Hafen von Port Arthur einzulaufen. Die SENTIS pen-

Nach Beschlagnahmung der SENTIS (im Bild) am 9. Februar 1904 durch die Russen brachte der norwegische Dampfer ARIEL die Besatzung nach Chefoo in Sicherheit.

Am 29. August 1903 unterzeichneten Eitzen und Tschudi den Vertrag mit der Nylands Værksted über 330 000 Kronen zur Lieferung der EIGER. Das Bild zeigt die EIGER auf ihrer Probefahrt.

delte zwischen Nagasaki und Port Arthur und lag in der Nacht vom 8. Februar 1904 vor Anker, als sie von kräftigem Kanonendonner überrascht wurde. Die Japaner griffen die russischen Kriegsschiffe in Port Arthur an. Am nächsten Tag versuchte Kapitän Falck, dem Hafen zu entfliehen, doch die japanische Flotte verwehrte jegliche Ausfahrten und beschoss unvermindert die Russen. Kapitän Falck war zwar besessen von der Idee, dem immer stärker drohenden Unheil – wenn auch durch die Feuerlinie – zu entrinnen. Doch sein Ansinnen blieb aussichtslos. Durch vorsichtige, aber bestimmt auch spannende Manöver gelang es ihm und den Offizieren, das Schiff wieder heil zurück in den Hafen zu führen. Die Russen beschlagnahmten daraufhin am 9. Februar die SENTIS und die norwegische Besatzung wartete vergebens drei Monate in der chinesischen Stadt Chefoo auf die Freigabe ihres Dampfers. Das Schicksal der SENTIS blieb trotz Nachforschungen unklar. Vermutlich strandete der von den Japanern als Prisenschiff angeeigneten Dampfer 1904 an der koreanischen Küste.[423]

Auch die von der Nylands-Werft im September 1904 fertiggestellte und umgehend in der China-Fahrt eingesetzte EIGER bekam den Krieg insofern zu spüren, als sie nahe der Gefechte zwischen den Japanern und Koreanern in der Tsushimastraße schwamm. Bei einer Gelegenheit soll die EIGER 1200 chinesische Flüchtlinge an Bord transportiert haben. Die China-Fahrten ihrerseits fanden erst 1910 ein Ende, wenn auch ein einzelnes Schiff sogar bis in die 1920er-Jahre hier im Einsatz stand. Mit dem Verkauf der SELUN und KAMOR an chinesische Interessenten beendeten die norwegischen Dampfer aus Kristiania ihren langjährigen Service in Asien.

Erste wirtschaftliche Erfolge

Richteten sie anfänglich für jedes Schiff eine separate Aktiengesellschaft ein, wuchs reedereiintern der Wunsch, alle Fahrzeuge unter einem Dach zu vereinen. Aufgrund des Widerstands der schweizerischen Aktionäre misslang 1905 ein erster Versuch. Erst 1910, trotz weiter bestehender Bedenken vieler Schweizer Investoren, gelang es, die acht Schiffe in der neuen Gesellschaft UTO AS rechtlich zu formieren. Das Aktienkapital belief sich auf 1,6 Millionen Kronen. Das vormalige Zaudern und die Furcht vor Ertragseinbußen mit der Auflösung von Einzelgesellschaften lehrten die vorsichtigen Eidgenossen eines Besseren. In den Jahren 1910–1913 durften immerhin 5 bis 10 % Dividende ausbezahlt werden und 1914 waren es gar derer 30 %! Im Folgejahr erhöhten sie das Aktienkapital auf drei Millionen Kronen.

Die Frachtgeschäfte liefen derart hervorragend, dass in den Jahren 1916 bis 1919 insgesamt 200 % Dividende an die Aktionäre ausgeschüttet werden durfte. Die Schweizer Investoren blieben also nicht auf wertlosen Aktien sitzen. Im Gegenteil, sie verkauften diese für einen hohen Preis an norwegische Spekulanten. Welch guten Riecher mögen diese Schweizer gehabt haben, erlaubte die konjunkturelle Entwicklung zwischen 1920 und 1933 doch keine Ausschüttung von Gewinnen.

Einrichtung Linienfahrt

Lange liebäugelte Camillo Eitzen & Co. mit der Einrichtung einer Linienfahrt. Die erfolgreichen Thoresen, Olsen oder Wilhelmsen, um nur die Wichtigsten zu nennen, animierten

Eitzen und Tschudi ebenfalls, in dieses einträgliche Geschäft einzusteigen. So gründeten sie hierfür 1912 die UTO-Line. Für die erste 14-tägige Route von River Mersey (Manchester – Liverpool) nach Genua und weiter nach Sizilien setzten sie die ALBIS ein. Später verkehrten auf der Linie auch die UTO, GOTTHARD und die RIGI. Wenn auch die italienischen Agenten die Werbetrommeln heftig schlugen, war es ungemein schwierig, gegen die englische Konkurrenz zu bestehen. Für das Ende der UTO-Line 1914 war zudem auch der Ausbruch des Ersten Weltkrieges mitverantwortlich.

Norwegen bewahrte im Ersten Weltkrieg seine Neutralität, verlor dennoch binnen vier Jahren 820 Schiffe, wobei 1120 Seeleute ihr Leben opferten. Der gefährliche Balanceakt für die mit englischer Fracht beladenen Fahrzeuge gipfelte gegen Kriegsende darin, dass Deutschland begann, norwegische Schiffe anzugreifen. Zudem bedeutete der uneingeschränkte U-Boot-Krieg ab 1917 ungeheuerliche Verluste für das Königreich.[424]

Ausdehnung des Geschäftsbereichs

1905 erhielt Camillo Eitzen & Co. die Generalagentur für die dänische Ostasien-Kompanie (EAC), die sie fünf Jahre später für 15 000 Kronen an Fearnley & Eger abtraten. In derselben Zeit waren sie auch Generalagent für die Deutsch-Australische Dampfschiffs-Gesellschaft, Hamburg. Doch mit dem Ausbruch des Ersten Weltkrieges verloren sie diese für sie bis jetzt lukrative Agentur. Mit der Übernahme der Generalagentur für die Svenska Lloyd Førskring (SLF) im Jahre 1916 erhielt der noch junge Felix Henry Tschudi seine erste selbstständige Aufgabe nach der Matura. Obschon Tschudi profitabel wirtschaftete, ging die SLF kurz nach Kriegsende 1918 Konkurs.
Nur ein Jahr nach der Gründung der Versicherungsgesellschaft Norvegia zeichnete Camillo Eitzen & Co. auch hierfür als Generalagent. Diese lange und glückliche Verbindung hielt stand bis zur Übernahme 1980 durch den Konkurrenten Vesta.
1929 erhielten sie die norwegische Vertretung der schweizerischen Versicherungsgesellschaft Zürich. Camillo Eitzen & Co. erarbeiteten sich mit fünf Angestellten das größte Prämienvolumen aller ausländischen Vertretungen. Die Agentur von Tschudi & Eitzen gehörte 1991 zu den letzten selbstständigen Vertretungen der Zürich-Versicherung, ehe die Gesellschaft ihr eigenes Büro in Norwegen eröffnete.
Eine nur nebensächliche Rolle spielte für C. Eitzen & Co. der Handel mit Kohle. Doch eine interessante andere Geschäftstätigkeit war der ebenfalls vom Vorgänger Jacobsen übernommene Handel mit Eis! Die Firma besaß eigene Eis-Teiche und Eis-Häuser in Nesodden und im Gebiet um Drøbak. Von Hand zersägten sie in Teichen das Eis zu je 200-kg-Blöcken und lagerten diese isoliert in Sägemehl in Eis-Häusern.
Für die Verfrachtung nach England verblieben die Blöcke im durchnässten Sägemehl, ehe sie in England in Eisboxen oder Kühlschränken ihre Verwendung fanden. Diese Transporte dauerten bis ca. 1910, vereinzelt gar bis in die 1940er-Jahre.

Es mag eigentümlich und merkwürdig klingen, als gegen Ende der aktiven Schiffsmakler-Zeit (1936) der tüchtigste Mitarbeiter von C. Eitzen & Co., Arthur H. Mathisen, seinen Chefs anerbot, ihn als Partner in das Unternehmen aufzunehmen und diese aus konzeptionellen Gründen ablehnten! Den Weiterbestand der bereits Jahrzehnte andauernden Eigenständigkeit wollten Eitzen und Tschudi keinesfalls aufgeben. Arthur H. Mathisen avancierte später selber zum erfolgreichen Reeder.

Der Betrieb im Ersten Weltkrieg

Mit dem Beginn des Ersten Weltkrieges erklärte sich Norwegen gemäß den damals geltenden Regeln des Völkerrechts als neutral. Die Deutschen verlangten von Norwegen lediglich die Fortsetzung und Ausweitung des Handels, insbesondere die Lieferung von Fisch und Fischkonserven, von Erzen sowie Salpeter für die Herstellung von Sprengstoff. Das Interesse an diesen Lieferungen sprach aus deutscher Sicht für die Aufrechterhaltung der norwegischen Neutralität. Außer U-Booten, die der norwegischen Handelsflotte höchst gefährlich wurden, besaß das Kaiserreich kein Mittel, die Entscheidungen in Kristiania zu beeinflussen. Während Schweden und Dänemark auf deutsche Brennstofflieferungen angewiesen waren, bezog Norwegen Kohle und Petroleum sowie viele Rohstoffe und Industriewaren aus Großbritannien. Allein schon deshalb befanden sich die Briten gegenüber den Norwegern von vornherein in einer vorteilhafteren Position. Der britische Druck war darauf gerichtet, die norwegische Handelsflotte zur Dienstleistung für ihr Inselreich heranzuziehen. Als Deutschland am 1. Februar 1917 den uneingeschränkten U-Boot-Krieg erklärte, geriet Norwegens eigene Schifffahrt in schwerste Bedrängnis. Ihre ohnehin schon großen Verluste stiegen noch erheblich an.

1914/15	78 Schiffe	105 789 BRT
1916	195 Schiffe	207 307 BRT
1917	423 Schiffe	670 841 BRT
1918	124 Schiffe	188 909 BRT

Gemessen am Vorkriegsstand verloren die Norweger jedes vierte Schiff, die Hälfte der Tonnage und 1120 Seeleute.[425] Die kriegerischen Ereignisse dezimierten leider auch die

Flotte von C. Eitzen & Co., und zwar um drei Einheiten. Zu Kriegsbeginn besaßen sie noch sieben Schiffe mit insgesamt 10 353 BRT.

So erfuhren sie nach 1905 die Wirren und Folgen eines Krieges bereits zum zweiten Male, als die ALBIS am 14. August 1915 auf der Reise von Archangelsk nach Immingham bei 62.20N / 03.15E vom U-Boot U 25 versenkt wurde. Dasselbe Schicksal ereilte 1916 auch die GOTTHARD, als sie am 3. September 1916 vom deutschen U-Boot U 29 gekapert wurde und 30 Meilen südwestlich von Beachy Head für immer im Wasser verschwand. Ausgerechnet am Heiligabend 1915 war es auch um die RIGI geschehen: 47 Meilen nordwestlich von Texel in der Nordsee stieß sie auf eine Mine und versank in den Fluten.

Trotz der großen Verluste herrschte in den Kriegsjahren Hochkonjunktur mit zum Teil Riesengewinnen an der Börse. Geld konnte leicht verdient, aber auch wieder schnell in den Sand gesetzt werden. Manche Schiffsaktien versechsfachten ihren Wert. Doch die ökonomische Grundlage für die zum Teil wilden Spekulationen blieb ungesund. Das Unternehmen Eitzen & Co. hielt sich klugerweise vom „spekulativ sorglosen Geist der Zeit" in sicherem Abstand.

Erfreulicherweise wurden die Firmengeschäfte keineswegs durch den Krieg gelähmt, im Gegenteil, Schiffe wurden angeschafft. Als Ersatz für die verloren gegangene ALBIS kauften sie 1915 von Ivarans Reederei in Kristiania das 3000-Tonnen-Schiff RØISHEIM und ließen den 1914 gebauten Dampfer ROSEGG nennen.

Mit der Absicht, erstmals außerhalb von Norwegen Fracht- und Kommissionsgeschäfte zu tätigen, eröffneten sie in Paris ein Schiffsmaklerbüro und ließen hierfür am 3. Juni 1916 in Kristiania die Aktiengesellschaft Camillo Eitzen & Co., Ltd. registrieren.[426] Mit der Stellenbesetzung in Paris hatten sie kein Glück. Die Geschäfte liefen so träge, dass sie nur zwei Jahre später das Büro in der französischen Hauptstadt schließen mussten.

Da der erste Anlauf zur Etablierung einer Linienfahrt 1912 nicht wie geplant klappte, versuchten sie es 1915 erneut mit der Camillo Eitzen & Co. Linie AS. Mit einem Aktienkapital von 4 Mio. Kronen, herausgegeben in Anteilen zu 1000 Kronen, bezweckte die neu zu gründende Linie, Südamerikas Westküste und speziell Chile zu bedienen. Beabsichtigt waren gemeinsame Fahrten mit der schwedischen Johnson Line durch den neu eröffneten Panamakanal. Mit Reeder Axel Axelson Johnson aus Stockholm pflegte Eitzen seit Langem eine solide und persönliche Freundschaft, außerdem hielt Eitzen & Co. bekanntlich seit 1904 die Generalagentur für die Johnson Line. Doch auch dieser Gesellschaft blieb der Erfolg versagt, sodass sie 1921 das Unternehmen liquidierten, zumal Johnson die Verträge vorzeitig kündigte.

Noch während des Krieges unterzeichneten Eitzen und Tschudi mit der Furnesswerft in England einen Kontrakt für einen 9250-Tonnen-Dampfer (RIGI), der 1917 hätte abgeliefert werden sollen. Da Lieferungen an britische Reedereien gegenüber ausländischen Bestellern stets den Vorzug erhielten, war eine Verzögerung und somit die Nichteinhaltung des Vertrages wenig überraschend. Wenn auch viele Besteller ihre schriftlichen Abmachungen mit der Bauwerft aufkündigten, vertrauten C. Eitzen & Co. der Furnesswerft, wenn auch schlussendlich der Bau viel teurer war als ursprünglich berechnet und erst im Oktober 1921 abgeliefert werden sollte. Die Ursache für die Verteuerung des Baus liegt in der enormen Steigerung des Pfundkurses resp. im Fall der norwegischen Krone. Kostete bei der Vertragsun-

Für den im Sommer 1915 angekauften modernen Dampfer RØISHEIM (im Bild ROSEGG) hatte die A/S Uto 600 000 Kronen zu zahlen, 50 % mehr als bei ihrer Ablieferung 1914 an die A/S Røisheim.

Nachdem im Februar 1921 die Furness S.B. Co. in Haverton-Hill-on-Tees die RIGI komplettierte, blieb sie bis Ende Oktober in der Werft aufgelegt, ehe Kapitän Stange Nielsen sie auf ihrer Jungfernfahrt mit einer Fracht Kohle von Cardiff nach Indien steuerte. Das Bild zeigt die RIGI im Januar 1922 im Hafen von Mallorca.

terzeichnung ein Pfund 18,40 Kronen, musste man 1925 hierfür bereits 31,70 Kronen zahlen! Zusätzlich hatte die 1920 von der Norges-Bank eingeführte Paripolitik für das Gewerbe und natürlich auch für die Reeder fatale Folgen, die schon dadurch illustriert werden, dass die RIGI 1921 gleich viel kostete wie der 1928 konstruierte Tanker GLARONA und die 1936 gebaute BASILEA zusammen!⁴²⁷

Nochmals zur RIGI: Der hohe Endpreis fand seine Tatsache nicht einzig im Wechselkurs, sondern auch in einer klug voraussehenden Investition in den Bau der Maschine. Ohne Schwierigkeiten erlaubte die maschinelle Ausrüstung entweder Kohle oder Öl als Antrieb. Bei Verwendung von Öl sparte man sechs Heizer im Maschinenraum und bekam somit wieder Platz und Raum für Last, da die Volumen- und Gewichtsanforderungen für Kohle wegfielen. Doch was nützten die tiefen Frachtraten, wenn mit dem internationalen Preissturz im Herbst 1920, als sich jene um ²/₃ reduzierten, im Sommer 1921 40 % der norwegischen Handelsflotte stillstand. Die RIGI als größtes Schiff in der Flotte blieb bis Oktober 1921 in der Werft aufgelegt und verursachte nur Kosten und Auslagen. Die Folge war eine Zwangsversteigerung, an deren Auktion sie 1928 für nur ¹/₅ ihres Neuwertes einen Käufer fand!⁴²⁸ Eitzen und Tschudi schworen sich, nie wieder ein Schiff mit einem Namen eines zuvor verloren gegangenen Schiffes zu benennen, was übrigens auch nie mehr geschah.

Machten die Reeder im Ersten Weltkrieg außerordentlich hohe Gewinne, wollten sie dann angesichts des rapiden Verfalls der Frachtraten die Heuer um ein Drittel kürzen. Daraufhin traten die Seeleute und Hafenarbeiter (insgesamt 120 000) am 8. Mai 1921 in einen Streik. Nach zwei Wochen Arbeitskampf mussten sie den Spruch des Schlichters akzeptieren und eine Lohnkürzung von 17 % hinnehmen.

Der mühsame Weg zurück zum Erfolg

Nach dem Kriege entstanden viele neue Linien. Eine der ersten war die amerikanische Kerr Line. C. Eitzen & Co. zeichneten für sie ebenso als Generalagenten wie auch für die Seager Line und die Sprague Line, wenn auch ihre Vertretung für die amerikanischen Gesellschaften nicht von langer Dauer war.

Der viele Jahre bei C. Eitzen & Co. engagierte Schiffsmakler L. Riis-Larsen unterbreitete zu Beginn der 1920er-Jahre seinen Vorgesetzten den Vorschlag der Einrichtung regelmäßiger Fahrten zwischen Oslo und der Ostfoldstädte nach England mit Holz, Papier und Stein. Gemeinsam mit Felix Tschudi, der damit eine seiner ersten Aufgaben in der Reederei bekam, richteten sie die Linienfahrten auch tatsächlich ein. Das transportierte Holz, welches vornehmlich aus Fredrikstad stammte, verarbeiteten die Engländer zu Koks, den wiederum die Schiffe von Eitzen & Co. nach Norwegen verluden. Für die Frachten zwischen beiden Ländern charterte die Reederei einige Fremdschiffe, so u. a. auch den 600-Tonnen-Dampfer ALEXA. Doch der Generalstreik 1926 in England stoppte die noch jungen hoffnungsvollen Aktivitäten. Nicht allein der Generalstreik in England beraubte viele Reedereien ihrer wirtschaftlichen Grundlage. Die 1920er-Jahre insgesamt waren geprägt von miserablen Frachtraten und auch unglücklichen Kontrakten mit Befrachtern. Zudem legte der nationale Seemanns-Streik im Frühjahr 1921 beinahe die halbe norwegische Flotte lahm.⁴²⁹ Auch C. Eitzen & Co. bekamen dies hart zu spüren und mussten schlussendlich die UTO AS 1933 auflösen. Bevor jedoch 1928 die RIGI auf einer Zwangsauktion auf Verlangen der Pfandinhaber mit einem Riesenverlust verkauft werden musste, veräußerten sie schon 1922/23 die SELUN, EIGER und KAMOR an chinesische Interessenten, während die ROSEGG einen norwegischen Käufer fand.

Seit Beginn ihrer Reedereitätigkeit arbeiteten Eitzen und Tschudi mit der Andresens-Bank zusammen. Zu den Kunden desselben Bankhauses gehörte auch die Thoresen-Line, die mit Eitzen & Co. mit einer Linie nach West-England konkurrierte. Als Thoresen der Bank auftischte, sie seien nicht bereit, die Konkurrenz mitzufinanzieren, verweigerte Eitzen & Co. den Wunsch des Bankhauses, ihre „konkurrierende" Linie aufzugeben, und kündigte gezwungenermaßen die langjährige Zusammenarbeit mit der Andresens-Bank. Wenn jeder glaubt, der Börsencrash 1929 isoliere sich begrenzt auf Amerika, täuschten sich die Optimisten. Die Andresens-Bank wie auch die Den norske Handelsbank gerieten in größte Schwierigkeiten. Die nun neue Liaison von Eitzen & Co. mit der Bergen-Privatbank war nur von kurzer Dauer, die Reeder kehrten noch vor dem Zweiten Weltkrieg zurück zu Andresens. Doch wiederholte fehlende Übereinstimmungen führten Tschudi & Eitzen 1964 wieder zur Bergen-Privatbank, zumal die Gesellschaft hervorragende Kontakte zu Bankchef Lindbak pflegte, der ihnen auch die Finanzierung der notwendigen Tonnage für den Kontrakt mit der Pakistan National Oil zusagte. Doch es sollte nicht so weit kommen: Lindbak verstarb und die neue Führung sagte kategorisch nein, wodurch die Pläne für drei OBO-Neubauten bei den Götawerken hinfällig wurden. Tschudi & Eitzen wechselten erneut die Bankverbindung und gingen wieder zu ihrem ursprünglichen Finanzinstitut, der Andresens-Bank, zurück. Selbst als die Andresens-Bank 1980 mit der Kreditkasse fusionierte, hielt sie dem neu entstandenen Bankhaus die Treue.[430]

Start der Tankschifffahrt

Am 9. November 1927 gründeten sie die Avanti AS mit einem Aktienkapital von 800 000 Kronen.[431] Mit der Sicherung einer 10-Jahres-Zeitcharter mit der englischen Ölgesellschaft Saxon Petroleum Co., ein Unternehmen der Gruppe Royal Dutch Shell, bestellten sie bei der Giessens-Werft in Krimpen/Holland ein Tankschiff von 10 800 dwt. Das Schiff sollte von zwei Dieselmotoren mit 4250 PS angetrieben werden und erlaubte eine Geschwindigkeit von 11,5 Knoten. Um Fremdkapital zu sammeln, reiste Felix Tschudi wie einst sein Vater zu Verwandten und Freunden in die Schweiz und brachte binnen drei Wochen die erstaunliche Summe von 250 000 Kronen zusammen. 65 % des Baupreises von 2,95 Mio. Kronen finanzierte die Werft.[432] Das neue Schiff mit dem lateinischen Namen TURICUM stellte die holländische Werft 1928 fertig. Für eine amüsante Anekdote sorgte bei der Inspizierung auf der Werft Generalkonsul Kapitän Henry Tschudi. Er war der Ansicht, es sei vollkommen verwerflich, dass der Steuermann auf dem Brückenflügel einen Unterstand als Schutz gegen die Natur-Elemente haben soll. Dies könne allenfalls dazu führen, dass er einschliefe! Der heftige Disput zwischen Henry Tschudi und dem jüngeren Axel Eitzen wie auch mit Felix Tschudi endete zugunsten des Fortschritts.

Sowohl Camillo Eitzen wie auch Henry Tschudi gehörten bei Gustav Conrad Hansens Reederei zweifellos zu den Pionieren als Kapitäne beim Führen von Segeltankschiffen.

Der Tanker TURICUM im Bau auf der Werft in Krimpen/Holland 1928. Zwei Dieselmotoren von 4250 HP erlaubten der TURICUM mit ihrem ersten Kapitän Johan Thorsen 11,5 Knoten Geschwindigkeit.

*Der Tanker GLARONA:
Am 29. Dezember 1928 von den Götaverken für Henry Tschudi's Tankrederi A/S komplettiert.*

Wenn auch Even Tollefsen (1841–1897) – ebenfalls Kapitän bei Hansen – seinem Reeder Pläne für den Transport von Öl in Tanks auflegte und Hansen hierfür die LINDESNÆS aufwendig umbaute, gehörten Eitzen und Tschudi danach zu den weltweit ersten Führern von Öltank-Segelschiffen. Camillo Eitzen übernahm die umgebaute Bark ROLF und Henry Tschudi die Bark EINAR. Der Umbau in Tankschiffe brachte vorerst noch keine Anmerkungen im Klassenregister. Erst 1910, mehr als 30 Jahre nach der ersten Konvertierung, erhielt das Schiff eine eigene Klassifizierungsbezeichnung als „Tankschiff aus Stahl". Die Fahrten verbuchten sehr gute Gewinne, bis in den 1890er-Jahren die ersten Dampf-Tankschiffe die Segler verdrängten.

1928 richtete die Gesellschaft Henry Tschudi's Tankrederi AS ein, die sie 1949 in Glarona AS umbenannten. Das Aktienkapital belief sich auf 550 000 Kronen. Zusätzlich öffneten sie ein Obligationenkapital von 600 000 Kronen für eine Laufzeit von 10 Jahren mit 9 % Zinsen. Nach Ablauf der 10 Jahre sollte das Darlehen zu einem Kurs von 125 % eingelöst werden. Geplant war wiederum ein Tankschiff-Neubau für 13 800 dwt bei den Götawerken. Erneut gelang es C. Eitzen & Co., mit der Anglo Saxon einen Chartervertrag über zehn Jahre abzuschließen. Felix Tschudi reiste wiederholt in die Schweiz und sammelte innerhalb eines Monats das Obligationsdarlehen und 40 % des Aktienkapitals! Ein in Norwegen immatrikuliertes Schiff durfte ohnehin nur mit maximal 40 % ausländischem Aktienkapital finanziert werden. Aus Rücksicht auf die enorm hohe Schweizerbeteiligung erhielt das am 28. Dezember 1928 abgelieferte Tankschiff den Namen GLARONA. Ihr erster Kapitän hieß Niels Stange Nielsen, der auch schon Dienst auf der SENTIS und EIGER geleistet hatte. Wetterte Vater Tschudi beim Bau der TURICUM heftig mit der jüngeren Generation, so hielt er sich auch diesmal nicht zurück. Der Konflikt galt dem mit Edelholz ausgekleideten Salon des Schiffes. Der Generalkonsul meinte, dies sei nicht nur verschwenderisch und verteuernd, sondern es wirke auch noch dekadent! Diesmal hallte die Stimme von H. Tschudi derart gewaltig, dass die Edelholz-Trennwände entfernt und stattdessen nackte Stahlwände montiert wurden. Hierzu Vater Tschudi: *„Die nackten Stahlwände fördern die Genügsamkeit und erhöhen die Arbeitsmoral, Punkt."*[433]

Besaß die Reederei Ende der 1920er-Jahre nur zwei Fahrzeuge (GLARONA und TURICUM), hellte sich besonders in den 1930er-Jahren das Licht für „gute" Frachten auf. Etliche gewinnbringende Charterverträge mit Einnahmen in englischem Pfund und amerikanischen Dollars, überdies von zuverlässigen Befrachtern, ließen eine Zeit mit internationaler Deflation, niedrigem Depositenzins und einer immer stärkeren Krone ankündigen. Die sehr befriedigenden Resultate riefen die Gesellschaft auf den Plan, drei neue Schiffe zu disponieren. Jedes Fahrzeug sollte wie bereits früher in eine selbstständige Gesellschaft überführt werden. So richteten sie 1934 ihre dritte Gesellschaft, die „Navalis AS", ein. Axel Eitzen hatte durch seinen Freund Axel Axelson Johnson in der Reederei Nordstjaernan Kontakt zur Werft Kockums in Malmö. Ein äußerst günstiger Vertrag für ein Motortankschiff von 16 000 dwt für die Lieferung 1936 wurde unterzeichnet. Die BASILEA, so hieß das Schiff, war nicht nur das erste voll geschweißte Schiff von Kockums, sondern auch für die Reederei. Das Aktienkapital von 650 000 Kronen wurde wiederum zu 40 % in der Schweiz gezeichnet. Der mit einem spanischen Befrachter für fünf Jahre abgeschlossene Vertrag musste der spanischen Revolution wegen nach nur sehr kurzer Zeit sistiert werden. Man suchte nach einer Alternative und fand sie in einer Zeitcharter mit der Gulf Oil in den USA.

Im gleichen Jahr wie die BASILEA kaufte die Reederei die 9400 dwt vermessende und 1930 in Fredrikstad gebaute DANWOOD und ließ sie MALOJA nennen. Zwei Jahre später übernahm die Gesellschaft das 1924 in Dumbarton/England konstruierte und mit Öl gefeuerte Dampfschiff WIND. Das ehemals für die Dalgliesh Steam Shipping Co. für 80 000

Eine schöne Aufnahme des Brückenhauses der BASILEA vom Februar 1948.

Aufenthaltsraum auf der BASILEA 1948.

Im November 1947 explodierte während eines Ladungsvorganges auf der BASILEA in Puerto la Cruz der Tank unter den Mittschiffsaufbauten, die vollständig ausbrannten. Der Zweite Deckoffizier kam dabei ums Leben. Die Reparaturarbeiten auf der Bethlehem Steel Shipyard in Baltimore dauerten bis Mai 1948.

Die von Liverpool am 11. Oktober 1942 auslaufende MALOJA wurde am 8. November 1942 an der afrikanischen Westküste in Position 11.58N/27.08W vom deutschen U-Boot U 128 versenkt. Zwei Besatzungsmitglieder fanden dabei den Tod.

Pfund gebaute 8000-dwt-Schiff kauften Tschudi & Eitzen für nur noch 40 000 Pfund Sterling. Auch bei diesem Schiff hielt man an der Tradition fest, Namen aus der schweizerischen Geografie zu gebrauchen. Der Dampfer bekam den Namen AROSA und schwamm für die Norweger bis 1951. Im selben Jahr des Ankaufes der WIND lieferte die Kockums Mekaniska Verksted das 9500-Tonnen-Schiff SILVAPLANA und zwei Jahre später das 16 000-dwt-Tankschiff B. P. NEWTON.

Mit der an die amerikanische Gulf Oil vercharterte B. P. NEWTON verließ man erstmalig die Tradition schweizerischer Namensgebung, so erhielt der Tanker schon aus „taktischen" Gründen den Namen des Präsidenten der Ölgesellschaft.

Turbulenzen in den Kriegsjahren

Als ein Krieg immer wahrscheinlicher wurde, kontaktierte die Reederei 1938 das Eidgenössische Kriegs- und Transportamt (KTA) in Bern wie auch die Schweizer Botschaft in Stockholm mit der Idee, etliche ihrer Tonnagen unter Schweizerflagge zu stellen. Die Initiative fand in Bern leider kein Gehör.

1940 besaß die Reederei vier Motortankschiffe und drei Motorschiffe für Trockenlast für insgesamt 77 321 dwt.

Die kriegerischen Ereignisse im Zweiten Weltkrieg bekam die Reederei erstmals im April 1940 zu spüren, als die Deutschen die in Oslo liegende TURICUM, wenn auch für eine monatliche Miete, beschlagnahmten. Die Deutschen nannten nun ihren zum Hilfsschiff und mit Kanonen ausgerüsteten umgebauten Frachter ILL und setzten ihn u. a. auch im südlichen Atlantik als Hilfskreuzer für U-Boote ein. Nur wenige Monate nach seiner Beschlagnahmung lief er mit einer Ladung Dieselöl im September 1940 bei Texel auf eine Mine. Weil seine Fracht auslief, hievte sich der Rumpf genügend aus dem Wasser, um ihn nach Hamburg zur Reparatur zu schleppen. Ein weiteres Unglück ereilte die ILL am 4. April 1944 nahe Stadlandet/Norwegen, als das norwegische U-Boot ULA einen Torpedotreffer landete, der Hilfskreuzer aber dennoch beschädigt seine Reise fortsetzen konnte. Nach Ende des furchtbaren Weltkrieges lag das Schiff halb versenkt in Brunsbüttel am Kielkanal.[434] Im Juli 1945 schleppten Tschudi & Eitzen die TURICUM nach Antwerpen, ließen sie hier wieder instand setzen und so führte sie bis zu ihrem Verkauf 1951 an eine italienische Reederei noch viele erfolgreiche Fahrten aus.

Die GLARONA, BASILEA, AROSA, B. P. NEWTON und SILVAPLANA gelangten 1940 unter administrative Leitung der Norwegian Shipping and Trade Mission (Nortraship). Dieses am 22. April 1940 formulierte und unter königlichem Mandat eingerichtete Büro in London verwaltete bis Kriegsende 1028 requirierte norwegische Schiffe für Einsätze für die Alliierten und bewahrte selbstverständlich die Besitzverhältnisse während des Krieges aufrecht. Der für die norwegische Schifffahrt engagierte König Håkon VII. sagte des Öfteren im Scherz, er sei der größte Schiffsreeder der Welt.

Die Alliierten bezahlten den Betrieb der Schiffe, trugen einen bedeutenden Beitrag für die Administration in London und New York bei und kamen auch für die Heuer der Seeleute auf. Da die norwegische Crew nach englischem Tarif belohnt wurde, der einiges niedriger als jener der Skandinavier war, führte dies nach Kriegsende zu Konfliktsituationen, die schlussendlich in Gerichtsverfahren endeten. Das Fazit: Die Nortraship erhielt von den Alliierten insgesamt mehr als 1 Milliarde Kronen zugesprochen. Die Reeder ihrerseits erhielten von Nortraship für jedes Kriegsjahr 7 % Amortisationsersatz und 5 % Gebrauchsersatz gutgeschrieben. Für verlorene Tonnage empfingen die Schiffseigner zusätzlich 5 % Ausgleichsersatz für jedes im Dienst gestandene Jahr. Welche Werte der Berechnungsgrundlagen damals verwendet wurden, ist heute nicht immer ganz nachvollziehbar.

Bis 1948 hatten Tschudi & Eitzen bei Nortraship 3 440 087,40 Kronen ausstehend. Die Auszahlung erfolgte erst 1950, gerade noch rechtzeitig, um das internationale Kostenwachstum und die norwegische Inflation zu umgehen. Wurden die von Einkommensverlusten geplagten Seeleute auch abgegolten? Mit der Einrichtung eines staatlichen Fonds 1948 von 44 Millionen Kronen zugunsten Kompensierung der Einkommenseinbußen war zunächst ein Fundament gelegt worden, doch zur Auszahlung kam es nie! Selbst 1954 entschied das Høyesterett (höchstes Gericht), den Seeleuten stehe kein rechtlicher Anspruch zu und die ursprünglich vom Kriegsersatz der Alliierten entnommene Summe falle vollumfänglich dem Staat zu! Allerdings bewilligte 24 Jahre nach Kriegsende das Parlament 1969 155 Millionen Kronen zugunsten eines Fonds für hilfsbedürftige Kriegsüberlebende oder deren Nachkommen.[435]

Der Krieg entschied auch das Schicksal der SILVAPLANA, als sie am 10. September 1941 mit einer Ladung Bannware (Sago, Kautschuk, Zinn, Häute etc.) vom deutschen Hilfskreuzer ATLANTIS im Stillen Meer aufgebracht wurde. Die SILVAPLANA befand sich für Nortraship resp. für die Alliierten auf einer Reise von Surabaya nach New York. Nach Treibölergänzung durch die von Japan herbeigefunkte MÜNSTERLAND wurde sie von einem Prisenkommando des Hilfskreuzers am 17. November nach Bordeaux überbracht und hier entladen. Offiziere und Mannschaft durften als freie Leute nach Norwegen heimkehren, während sie die SILVAPLANA

Der 5-Zylinder-Dieselmotor mit 3500 HP der im November 1938 an Henry Tschudi's Tankrederi abgelieferten SILVAPLANA erlaubte ihr eine Reisegeschwindigkeit von 12,5 Knoten. Das Bild zeigt die SILVAPLANA am 15. September 1938 während ihres Stapellaufs bei Kockums in Malmö.

Nachdem die AROSA am 30. August 1941 Sydney (Cape Breton) im Konvoi SC42 verließ, wurden am 19. September 16 Schiffe ihres Konvois durch U-Boot-Attacken versenkt.

konfiszierten. Unter deutscher Flagge mit dem Namen IRENE stand das Schiff als Versorger für die besetzten Kanalinseln im Einsatz. Am 13. Mai 1943 übergab die Kriegsmarine die IRENE an F. Laeisz. Auf der Heimreise von Kobe/Japan wurde sie am 17. Mai 1943 nördlich Kap Finisterre vom britischen Minenkreuzer ADVENTURE gestellt und versenkte sich selbst.[436]

Mit mehr Glück versehen war die AROSA, die zwar 1940 von einer Mine beschädigt, jedoch wieder vollumfänglich repariert werden konnte.

Kein Glücksstern begleitete die in einem Konvoi von Liverpool nach Takoradi in Ghana mit einer Ladung Kohle und Flugzeugteilen dampfende MALOJA. Der den Konvoi führende britische Befehlshaber gab nach Auftauchen der U-Boote den Befehl zur Zerstreuung. Dennoch wurde die MALOJA eingeholt und von zwei deutschen U-Boot-Torpedos der U 128 getroffen und sank am 8. November 1942 an der Westküste Afrikas. Dabei ließen zwei ihrer Besatzungsmitglieder ihr Leben. Die restliche Crew fand Halt in Rettungsbooten, ehe sie als Überlebende von der EGYPTIAN

PRINCE aus London an Bord gehievt und nach Freetown in Sierra Leone transportiert wurden.

In eine äußerst knifflige Situation geriet am 9. April 1940 die in Göteborg liegende B. P. NEWTON. Die schwedische Regierung – sicherlich unter Druck der Krieg führenden Mächte – beschlagnahmte insgesamt 11 norwegische Schiffe. Erst ein kompliziertes und aufsehenerregendes Gerichtsverfahren gab die Fahrzeuge im März 1942 wieder frei.
Die Kapitäne dieser 11 Schiffe überhörten anschließend bewusst eine über das Radio ausgestrahlte Instruktion von Nazi-Verbündeten in Norwegen, sie sollen einen von Deutschland besetzten Hafen ansteuern. Der Anweisung der norwegischen Exil-Regierung, sofort nach England zu segeln, wurde mit dem Auslaufen am 31. März/1. April 1942 schlussendlich Gehör geschenkt. Nachvollziehbar ist, dass die Abfahrten der zehn Einheiten (eines blieb im Hafen zurück) nicht geheim bleiben konnten, überraschten deutsche Seestreitkräfte die sich auf Fahrt befindenden norwegischen Schiffe. Die dramatischen Tage endeten mit der Beschlagnahme von sechs Fahrzeugen, 19 Todesopfern und 233 Gefangenen. Zwei Schiffe kehrten zurück nach Göteborg und nur zwei gelang die Flucht nach England: der LIND und der B. P. NEWTON. Wenn auch der mit 6500 PS bestückte und 16 Knoten schnelle Tanker durch geschickte Manöver den feindlichen Schiffen entfliehen konnte, geschah dies nicht ohne Dramatik an Bord. Als die B. P. NEWTON beinahe von einem deutschen Kriegsschiff eingeholt schien, entschlossen sich der norwegische Schiffsführer und der mitreisende englische Kapitän, beizudrehen und sich zu stellen. Da hatten sie aber die Rechnung ohne den 2. Steuermann Gunnar Album gemacht. Resolut beorderte er via den Maschinentelegrafen „Volle Kraft voraus". Seine Dienstpflicht verletzte Album zwar ernstlich, doch das Manöver gelang! Am 2. April

Der Tanker B. P. NEWTON: Im März 1940 von der Kockums-Werft in Malmö für 4,3 Mio. Kronen an die A/S Navalis abgeliefert und nur einen Monat später in Göteborg liegend von den Schweden beschlagnahmt.

1942 empfing sie auf See ein britisches Kriegsschiff, welches die B. P. NEWTON und die 71 Personen an Bord sicher nach Leith eskortierte. König Håkon VII. gratulierte den Blockadebrechern und für Gunnar Album ergaben sich erfreulicherweise keine disziplinarischen Konsequenzen, einzig, dass sie ihn auf ein anderes Schiff versetzten. Das Schicksal des Tankers war aber noch nicht besiegelt. Am 8. Juli 1943 wird die B. P. NEWTON 150 Meilen nordöstlich von Cayenne (Französisch-Guayana) – mit 14 700 Tonnen Flugbenzin und 500 Barrel Schmieröl als Fracht – vom deutschen U-Boot U 510 torpediert, wobei 23 der 47-köpfigen Besatzung ums Leben kamen. Die Überlebenden fischte das kleine amerikanische Kampfschiff PC-495 auf, überbrachte sie der USS SOMERS, welche die 24 Schiffbrüchigen am 17. Juli in Pernambuco an Land setzte.[437]

Die Geschehnisse um die B. P. NEWTON wären nicht zu Ende erzählt, gäbe es nicht die Inhaftierung von Felix Tschudi am 22. September 1941 in das Møllergata-Gefängnis (Polizeihauptquartier während des Krieges)! Was war geschehen? Während das Schiff noch in Göteborg lag, verlangten die Deutschen, die B. P. NEWTON auf sie zu übertragen. Tschudi weigerte sich und wanderte hierfür vorerst für 14 Tage in Einzelhaft, ehe sie ihn nach Grin verlegten. Diese Haftanstalt durfte er erst wieder am 12. April 1945 verlassen. In der Begründung für seine Inhaftierung steht nachzulesen: „*Tschudi hat versucht, sein in Schweden liegendes Schiff feindlichen Mächten preiszugeben und somit seine Deutschfeindlichkeit bekundet. Es ist zu befürchten, dass er in Freiheit weiterhin die deutschen Belange schädigen wird.*" Unterzeichnet wird der Schutzhaftbefehl vom Gestapochef in Norwegen, Hellmuth Reinhard.[438]

Kaum war Tschudi in Haft, erhielt auch Axel Eitzen die drohende Aufforderung, sein Haus sofort zu räumen und Kriegsversehrten zu überlassen. Eitzen entschied sich, mit seiner Familie nach Stockholm zu flüchten, hier erhielt er wohlwollende Unterstützung durch seinen persönlichen Freund und Schiffsreeder A. Axelson Johnsson. Die Zeit bis zu seiner Rückkehr nach dem Kriege verbrachte er u. a. mit erfolgreichen Verhandlungen mit der Kockums-Werft in Malmö für die Lieferung von zwei Schiffen nach Kriegsende.

Nun stand die Firma ohne ihre Chefs da! Es gab glücklicherweise auch nicht viel zu tun, da ja ohnehin keine Schiffe zur Verfügung standen. Kriege sind nicht nur die Geißel der Menschheit. Sie sind für ein engagiertes Reedereigeschäft die Zerstörung der Lebensgrundlage überhaupt. So waren diese düsteren Jahre allenfalls Anlass für ein Trauma. Der einzige kleine Lichtblick und Einnahmequelle war die geringe Miete der Deutschen für die TURICUM.

Die norwegische Flotte ihrerseits verlor im Zweiten Weltkrieg 706 Schiffe, mehr als die Hälfte ihrer Tonnage und

3734 Seeleute. Auf der anderen Seite der Medaille steht der gewaltige moralische und auch finanzielle Gewinn der Nortraship. Mit den Einnahmen konnte die Exilregierung rund 90 % ihrer Ausgaben decken. Und als Nortraship lange nach dem Krieg längst überfällig aufgelöst wurde, verblieb der Staatskasse immer noch ein Betrag von über 800 Millionen Kronen.

Versuche der Konsolidierung

Das Unternehmen hatte nach dem Krieg trotz Verlusten von drei Einheiten nicht ganz bei „Stunde null" anfangen müssen, wenn auch die Nachkriegszeit viel Einsatz für den Wiederaufbau der Flotte verlangte. Als ersten Ersatz für die Tonnageverluste kauften sie 1947 das vier Jahre alte 10 865-dwt-Liberty-Schiff GEORGE M. PULLMAN mit 11 Knoten Dienstfahrt und ließen sie SILVANA heißen. Die Reederei hatte keine Vorurteile gegenüber den in Massen und in schnellstem Eiltempo produzierten EC2-Liberty-Schiffen.

Die Erneuerung der Flotte ging rasend weiter; so lieferte die Kockums-Werft 1948 – der Kontrakt wurde noch zu der Zeit, als Eitzen Flüchtling in Stockholm war, unterzeichnet – den 15 928-Tonnen-Motor-Tanker SIROCCO und 1949 die identisch vermessene SIRANDA. Beide Einheiten erhielten

Stapellauf des 156,4 Meter langen Tankers SIROCCO.

Der Tanker SIROCCO (15 928 dwt), erbaut 1948 bei Kockums in Malmö.

eine amerikanische Charter für Reisen zwischen Venezuela und der USA-Ostküste.[439] 1949 verfügte Norwegen schon wieder über mehr Schiffsraum als vor dem Krieg!

Mit der Lieferung der SILVANA 1947 begann auch eine bislang anhaltende Namensgebung mit dem Prefix „SI". Die Wahl dieses Prefixes entstand nicht ganz zufällig, glaubte man an den guten phonetischen Klang der beiden ersten Buchstaben und hatte überdies die Möglichkeit, die Schiffsnamen unverzüglich mit der Reederei zu identifizieren.

Nach dem Bau der SIRANDA 1949 wurden die Pläne der Reederei zur Flottenvergrößerung durch die regierende Sozialistische Partei Norwegens posthum gestoppt. Die Behörden und Regierung beabsichtigten mit dem vorläufigen Verbot für Neu-Kontrakte ökonomische Krisen zu vermeiden, wie sie die Überkontraktierung in den 1920er- und 1930er-Jahren aufzeigte. Während andere Seefahrtsnationen die Auftragsbücher der Werften füllten, war es den Norwegern nach Aufhebung des „Kontraktierungsstopps" 1950 erst nach einigen Jahren wieder möglich, Schiffe in Fahrt zu setzen. Die Aufhebung der Direktive war zudem mit der Auflage verknüpft, dass die Reederei den Beweis erbringen musste, das Schiff im Ausland zu finanzieren, um den norwegischen Kapitalmarkt keinesfalls zu belasten! Durch diese Regulierung beabsichtigte der Staat, das im Land verbliebene Kapital für den Wiederaufbau zu verwenden.

Kurz vor dem Stopp für Neuverträge unterzeichnete die Reederei einen solchen mit der Furness Ship Building Co. Ltd. in Furness für ein 24 600-Tonnen-Schiff. Mit der Auslieferung der SIBELLA 1952 besaß die Firma das größte Schiff unter norwegischer Flagge.

Die Erweiterung der Flotte ging nun nonstop weiter.

Die drei Sub-Gesellschaften Avanti, Glarona und Navalis vereinbarten 1956 in einem Abkommen die künftige finanzielle Partnerschaft bei Neubauaufträgen und beim Kauf von Schiffen. Ein wesentlicher Mitgrund für die Zusammenarbeit war sicherlich die Steuerplanung. Die verhältnismäßige Verteilung des Besitzes von Fahrzeugen unter den einzelnen Gesellschaften variierte oft ziemlich stark und war abhängig von der Rücksicht auf Steuern und dem Bedürfnis nach Amortisation.

Die 1950er-Jahre brachten viel Bewegung in die Flotte: Veteranen wie TURICUM, GLARONA, AROSA, BASILEA und SILVANA wurden verkauft und neue Einheiten geordert.

Die Uddevalla-Werft lieferte 1953 den Tanker SIMONA und drei Jahre später lieferte die Kockums-Werft in Malmö die SITANJA. Erst durch einen Änderungsvorschlag durch den späteren technischen Direktor bei Tschudi & Eitzen, Søren W. Wang, konstruierte die Werft den als ursprünglich mit 11 750 dwt georderten Zwischendecker SITANJA als ein 14 040-dwt-Schiff.[440]

Die SIBELLA anlässlich ihres Stapellaufes am 8. Juli 1952. Für eine kurze Zeit galt der Tanker SIBELLA mit 24 600 dwt als das größte Schiff Norwegens.

Nach 17 Jahren Einsatz für Tschudi & Eitzen wurde der Tanker SIBELLA 1969 nach London verkauft.

Der Tanker SIMONA (Bj.1953) war Henry Tschudis erstes Schiff als Offizier in der Reederei T&E und zugleich das erste von ihm als Kapitän gesteuerte Schiff wie auch sein Lieblingsschiff in der T&E-Flotte.

Die SITANJA kurz nach dem Stapellauf am 30. September 1954 bei der Kockums-Werft in Malmö.

Die SITANJA war zweifellos eine technisch geglückte Konstruktion als Zwischendecker.

Der Offiziersraum der 1954/55 konstruierten SITANJA.

Das erste Schiff der Howaldtswerke Hamburg für die Reederei: der Frachter SIMARA (Bj.1956).

Die 1961 bei den Howaldtswerken Hamburg gebaute SILETTA in Sydney.

Die SISTINA (Bj. 1959): Unter Bauaufsicht von Kapitän Henry Tschudi in Nantes als einfacher Zwischendecker gebaut. Die SISTINA war auch Henry Tschudis letztes Schiff als Kapitän.

Die Howaldtswerke in Hamburg lieferten 1956 die SIMARA (10 439 dwt) und 1961 die SILETTA (10 460 dwt) und aus Nantes/Frankreich kam 1959 von der Chantiers de Bretagne die SISTINA mit 10 531 dwt dazu. Die Bauaufsicht in Hamburg führte Kapitän Henry Tschudi. Aber bereits ab Mitte der 1950er-Jahre drohte das Unheil miserabler Frachtgeschäfte. Die Quintessenz war, dass Tschudi & Eitzen die Schiffe SIROCCO, SIMONA und SIRANDA von April 1959 bis April 1961 in Vrengen bei Tønsberg auflegen mussten. Die norwegischen Schiffsmakler vertraten die Ansicht, ältere Tonnage müsste verschrottet werden, um wieder Balance zu schaffen. Diese hoffungslose Zeit der Depression zwang die Reederei, die drei aufgelegten Tankschiffe zu verkaufen. Die SIROCCO fand 1960 in Italien einen neuen Eigner, die SIMONA und die SIRANDA verkauften sie 1965 nach Tønsberg zu Th. Klavenes, wobei T&E den Betrieb der SIRANDA und der SIMONA für je 70 000 Kronen pro Jahr übernahmen.

Als weiterer Glücksfall für Tschudi & Eitzen gilt der Vertragsabschluss mit der Pakistan National Oil (PNO), wobei der Kontrakt für die Aufrechterhaltung des Betriebes fünf Schiffe verlangte. In den Jahren 1965 und 1966 waren T&E der einzige Lieferant mit jährlich ca. 750 000 t Ölprodukten nach Chittagong in Ost-Pakistan und 160 000 t nach Karachi. Dieser Vertrag kam erst durch Vermittlung des Bruders von Henry Felix, Hans Tschudi, der bei Lorentzen Chartering arbeitete, zustande. So gelangten T&E zur Importfracht von jährlich 375 000 t von Kuwait im Arabischen Golf und ca. 560 000 t von Priolo in Sizilien durch den Suezkanal. Im Laufe von nur einem Jahr erwarben sie hierfür fünf Secondhand-Schiffe, die die Namen SISANGU, SIGUPTA, SIPONTO, SITAKUND und SIDACCA trugen. Alle diese genannten Schiffe wurden durch norwegische Offiziere und Mannschaft geleitet und geführt. Zudem stationierte die Reederei in Chittagong drei Leichterschiffe, deren Offiziere der norwegischen Nationalität angehörten und die Mannschaft aus Pakistanis bestand. Das Verhältnis zu den pakistanischen Behörden wie auch zum Zoll war schon deswegen gut und fruchtbar, erhielten diese Dienststellen immer wieder alte Ausgaben der frivolen Zeitschrift „Playboy". In einem mohammedanischen Land wie Pakistan waren natürlich solche Zeitschriften äußerst begehrt!

Zusätzlich zu den eigenen Einheiten befrachtete die Reederei im Laufe von zwei Jahren 24 Schiffe für Einzelreisen. Insbesondere der „Sechs-Tage-Krieg" zwischen Israel und Ägypten und die damit verbundene Schließung des Suezkanals 1967 belebte das Schifffahrtsgeschäft enorm. Wenn auch die Bilanzen der Fahrten für die PNO befriedigend ausfielen, so hatte die Reederei die am 28. Februar 1966 in Chittagong wegen eines Brandes verlustig gegangene SIPONTO zu beklagen.

Die im Laufe von 1966 begonnenen Verhandlungen mit der PNO für eine Vertragserneuerung für 1967/68 fanden ihr Ziel nicht. Man ist geneigt zu sagen: Glücklicherweise. Wäre der neue Kontrakt noch vor der Schließung des Suezkanals unterzeichnet worden, hätte später unvorgesehen das Öl sowohl aus dem Arabischen Golf wie auch die Ladungen aus Sizilien um Südafrika herum transportiert werden müssen, was wiederum mit nicht unwesentlichen Mehrkosten verbunden gewesen wäre.

Die Epoche der OBO-Schiffe

Die stetig steigenden Preise für Secondhand-Schiffe erlaubten T&E 1964/65, vier ihrer fünf Schiffe mit gutem Gewinn zu veräußern und hierfür 1966 den Tanker THORSHAVN (15 185 dwt) – den sie in SIPLATA umbenannten – aus Sandefjord anzukaufen.

Dann folgte 1967 für die Reederei nicht nur ein besonderes Jahr mit Neubauaufträgen für OBO-Schiffe, sondern es war auch der Beginn eines neuen Zeitalters in der Geschichte von Tschudi & Eitzen. Die Götawerke konstruierten für T&E die ersten OBO-Einheiten mit 76 500 dwt für je $ 8,2 Mio.[441] Die konventionelle Finanzierung verlangte 20 % des Preises bei Lieferung, die restlichen 80 % waren binnen acht Jahren (mit einer Ausnahme) zu amortisieren. Die SIBOEN und SIBOTO lieferte die Werft 1968, die SIBOTRE 1969. Alle noch in der Folge in Betrieb gesetzten OBO-Schiffe erhielten in ihrem Namenszug die Anfangsbuchstaben „SIB". Die Schiffe waren so konstruiert, dass sie wellenförmige Querschotts und einen doppelten Boden hatten. In den Querschotts waren die Wärmerollen zur Aufwärmung der Last versteckt, was wiederum das Reinigen des Tankraumes bedeutend erleichterte. Die Reinigung nach einer Öllast zu einer be-

Das 1968 erbaute OBO-Schiff SIBOTO fuhr bis 1985 unter der T&E-Flagge.

Am 20. Oktober 1968 – auf der Reise von Wilhelmshaven nach Libyen – starben nach Explosionen auf der SITAKUND drei Menschen. Das Schiff galt als Totalverlust.

vorstehenden Kornladung war dennoch eine herausfordernde Prozedur, konnte aber binnen 72 Stunden erledigt werden.

1968 kaufte die Reederei den 1960 bei den Howaldtswerken in Hamburg gebauten Tanker SKAUTOPP (51 030 dwt) und ließ ihn bis zu seinem Weiterverkauf 1971 SILUNA heißen. Ein Jahr nach der SKAUTOPP kauften sie die norwegische BEAU (62 810 dwt), ließen sie unter dem Namen SIBEAU registrieren, aber veräußerten sie bereits nur ein Jahr später mit gutem Gewinn.

Nochmals zur SILUNA: Nach 1965 sicherte Schiffsmakler Hans J. Tschudi der Reederei bereits zum zweiten Mal einen Chartervertrag mit einer Ölgesellschaft. Der zweijährige Vertrag mit der deutschen Wintershal in Kassel für Öltransporte von Zuetina in Libyen nach Wilhelmshaven fand 1968 ihren Beginn. Für diese Aufgabe setzten sie die SILUNA ein. Als der Tanker während eines Routine-Aufenthaltes 1970 auf der Werft in Hamburg lag, brach im Maschinenraum ein größerer Brand aus. Die Werft bekannte sich zu ihrer Verantwortung und deckte den Schaden. Hingegen nicht versichert war der Zeitverlust. T&E waren für die Einhaltung ihrer Verträge somit gezwungen, fremden Schiffsraum anzumieten, was wiederum mit unvorhergesehenen Kosten verbunden war.

Im Herbst 1969 schloss die Reederei mit dem japanischen Handelshaus Sumitomo einen Kontrakt über fünf Jahre für Kohle-Lastfahrten von Hampton Roads via Panamakanal nach japanischen Destinationen ab. Doch die Vertragsperiode sollte sich als ungünstig erweisen: Erinnern wir uns an die Ölkrise im November 1973, als die Bunkerpreise sich vervierfachten und selbst der Treibstoff für die Schiffe auf „das Nötigste" rationiert wurde. Auf dem norwegischen Festland führte man in der letzten Novemberwoche 1973 sogar Autofahrverbote an Wochenenden ein, die erst im Januar 1974 ihr Ende fanden.

Die weltweite Ölkrise – die arabischen Länder drosselten 1973 die Ölproduktion um 25 % und 1974 um 30 % – hatte nicht nur den Preisanstieg eines Fasses Öl von 3 auf 12 Dollar zur Folge, sondern auch immense Konsequenzen für die Beschäftigung selbst moderner Tonnage. Ein Drittel der Tankerflotte lag still.

Das Glück des Tüchtigen hatten T&E mit der Wahl des Schiffsmaklers Haavard Kraugerud, der beste Verbindungen zur Hamburger Maklerfirma Frachtkontor Junge GmbH (eine Tochtergesellschaft der Reederei Stinnes GmbH) hatte. Junge charterte nicht nur die SIBOTO, sondern beteiligte sich auch als Investor in diesem OBO-Schiff wie auch später in die SIBOFEM.

Der Wagemut für Neues

Mit dem Bau und der Inbetriebnahme von drei Hochseeschleppern und vier unbemannten Leichtern wagte sich die Reederei in ein ganz neues Tätigkeitsfeld. Die Ulstein Mek. Verksted in Ulsteinvik lieferte 1972 die SINADER, im Folgejahr die SISTELLA und 1974 die SINNI, alle mit je 5600 HP.

Die aus den USA angekauften Leichter (TEO 1, 2, 3, 4), konstruiert für eine Decksklast zu je 11 400 dwt, erwarben sie 1973. Die vormals für den Transport von Ölrohren von Japan nach Valdez an der Westküste Alaskas benutzten Leichter beabsichtigten T&E für den Transport von Öl in Gegenden mit schwierigen Hafenverhältnissen – z.B. in Bangladesh –

Als die NORTHERN SHELL bei Charles Island in der äußeren Hudson Bay ihr Steuerruder verlor, schleppte die eisverstärkte SINADER (im Bild) bei ihrem Jungfernauftrag den Tanker erfolgreich nach Norfolk/Virginia.

Den Schlepper SINNI (494 BRT) lieferte die Ulstein Hatlø A/S im Dezember 1974 an Tschudi & Eitzen.

einzusetzen. Doch der Zufall zeigte in eine andere Richtung. Als kanadische Befrachter die Leichter mieteten und einer dieser Leichter in der Hudson Bay auf einer Sandbank nahe Fort George einfror, wurde Kapitän Tschudi während eines Spazierganges entlang der Sandbank durch Kapitän John Hellendoorn der London Salvage auf die sich in der Etablierungsphase befindende Bergungsgesellschaft International Transport Contractors (ITC) angesprochen.[442] Tschudi reagierte schnell und schon waren sie Partner als Makler für Schlepper und Leichter der holländischen Gesellschaft. Jede Tätigkeit setzt Fantasie, Mut und nicht zuletzt Glück voraus. Alle diese Faktoren trafen bei der Lieferung des eisverstärkten Schleppers SINADER ein. Im Oktober 1972 hatte die SINADER in der Hudson Bay ihren geglückten Jungfernauftrag: einen Shell-Tanker aus dem Eis nach Norfolk in Virginia zu führen.

Leichter TEO 3 mit 11 400 dwt, angekauft 1973 aus den USA.

Der große Tanker MALMÖHUS (93 250 dwt) stand bei der Übergabe im August 1975 an die familieneigenen Unternehmen Ollimac & Anjara unter keinem Glücksstern. Bei der Lieferung in Lissabon war der Maschinenschaden derart gravierend, dass der Tanker am 13. September in Valencia zum Abbruch eintraf. Tschudi & Eitzen hatten beabsichtigt, das Schiff in eine Offshore-Barge umzubauen.

Als zu Beginn der 1970er-Jahre die Internationale Last-Linien-Konvention geändert wurde und somit Fahrzeuge ohne eigenen Kiel und Maschinenkraft nicht mehr über das offene Meer versetzt werden durften, gehörten T&E und ITC zu den Pionieren einer neuen Transportmethode. Wie sollten nun die riesigen Schlammbagger über die hohe See befördert werden? Wurden sie früher schwimmend durch das Meer gezogen, so galt es, die Möglichkeit einer „dry towage" zu überdenken. Daher entwickelten sie ein kluges System, indem die Leichter mit wenigen Handgriffen in „submersibles" konvertiert werden konnten. Der Rumpf wurde mit Wasser ballastet, die Last schwamm auf das Deck, die Tanks der Leichter wurden mit Druckluft belastet und schon schwamm die Fracht trocken an Deck!

T&E kauften 1975 von Doorman Long in Durban einen umgebauten 21 000-dwt-Leichter (TEO 20) und 1977 von der Taiwan Shipbuilding Corp. zwei Leichter (TEO 10, 11) von je 20 000 dwt. Da zu jener Zeit nahe Durban ein neuer Kohlehafen gebaut und hierfür mehrere Schlammbagger benötigt wurden, transportierten T&E diese nach Südafrika. Weitere Einsatzgebiete resp. Fahrten waren von Italien nach Tansania, von Kamerun nach New Orleans oder von Indien nach Kamerun. Während zehn Jahren führten T&E beinahe als einziges Unternehmen solche für sie gewinnbringende Spezialfahrten aus. Glücklicherweise und notwendig schon deshalb, fuhren die Tank- und OBO-Schiffe seit dem Markteinbruch im Herbst 1971 Verluste ein.

Die Ölkrise und ihre Auswirkungen

1975 unterzeichneten T&E mit der Utah Mining Corp. mit Hauptsitz in Salt Lake City einen Fünfjahres-Vertrag für 48 Fahrten mit insgesamt 3,5 Mio. Tonnen Kohle von Hay Point/Australien an die europäische Atlantikküste.

Aber eine neue unerwartete Ölkrise 1979/80 ließ Böses ahnen: Die von der OPEC diktierten Ölpreise stiegen dramatisch, was wiederum gewaltige Auswirkungen auf die Bunkerpreise hatte. Die für T&E unhaltbare Situation zwangen sie zu Gesprächen in San Francisco mit den Befrachtern aus Utah. Das Resultat der langwierigen Diskussionen endete in einem Abkommen, das für die letzten 1^{1}/$_{2}$-Jahre eine Halbierung der Anzahl der Reisen vorsah. Somit konnten T&E eine Beinah-Katastrophe abwenden.

Gigantisches Vorhaben

Der griechische Philosoph Heraklit aus Ephesos hatte schon ein halbes Jahrtausend vor Christus mit seiner These „Pantha rhei – alles fließt" den ewigen Wandel der Dinge gelehrt. Jedes Nichtreagieren führt angesichts der heutigen Weltlage zu beträchtlichen „navigatorischen Fehlleistungen". So hatten auch T&E diese Schlussfolgerungen zum Gesetz ihres Handelns gemacht.

1973 war in vielerlei Hinsicht ein spannendes Jahr. Beflügelt vom Optimismus im Schiffsmarkt erfassten T&E euphorischer Übermut und Enthusiasmus. Am 28. September 1973 unterzeichneten sie bei der schwedischen Werft Uddevalla einen Vertrag zur Lieferung eines Riesentankers von 485 000 dwt! Der Preis sollte 400 Mio. Kronen betragen und die Lieferung setzten sie auf 1978 fest. Es hätte das weltweit größte Schiff einer unabhängigen Reederei werden sollen! Das Risiko zum Mut bescherte ihnen trotz ihrem Credo „Man riskiert überfahren zu werden, wenn man still steht", viele schlaflose Nächte. Kaum standen die Namen unter dem Vertrag, loderte es in Isreal. Wenn auch die Beteiligten am 24. Oktober ein Waffenstillstandsabkommen unterzeichneten, führte eine indirekte Konsequenz des Krieges (Yom-Kippur-Krieg) am 4. November desselben Jahres zum

OPEC-Entschluss für eine Ölproduktionsreduzierung von 25 %.

Dieser für die Schifffahrt zerstörerische Effekt vernichtete alle Träume. T&E blieb nichts anderes übrig, als den Kontrakt mit Uddevalla zu kündigen, wohl wissend, dass sehr hohe Entschädigungsforderungen ins Haus flattern könnten. So kam es auch: Die Werft verlangte 189 Mio. Schwedische Kronen, die Reederei hingegen anerkannte lediglich eine Forderung für maximal 57 Mio. SKr. Der Gerichtsentscheid vom Februar 1976 verurteilte T&E zu einer Zahlung von insgesamt 130 Mio. SKr (etwa 30 Mio. US-Dollar). Abzüglich der geleisteten Zahlungen verblieben T&E immer noch hohe 46 Mio. SKr der Werft zu überweisen. Es brauchte Kapitän Tschudis ganzen Mut, Hartnäckigkeit und Verhandlungsgeschick, aber auch das Renommee der Reederei, um sich doch noch einigermaßen aus dieser Affäre zu ziehen. Es glückte ihm, die ausstehende Summe in Verträge für zwei Neubauten umzuwandeln! Tschudi bestellte zwei günstige 55 000-dwt-OBO-Schiffe für 1978 und 1979.

Somit lief für T&E die „gigantische" Sache doch noch glimpflich ab.[443]

Das erste OBO-Schiff lieferte Uddevalla 1979, es erhielt den Namen SIBOFIR. Sie sollte der Beginn einer Serie von 14 Schiffen der schwedischen Werft sein. Den Vertrag für die zweite zu liefernde Einheit kündigte die Reederei bereits 1978, und zwar ohne Bezahlung einer Vergütung an die Werft.

Aber noch im Herbst desselben Jahres veräußerte die Reederei die SIBOFIR für 34,5 Mio. Dollar an griechische Käufer.[444]

Taufpatin der SIBOSEVEN war Lise Tschudi, die Ehefrau von Kapitän Henry Tschudi.

Mit dem Verkauf der SIBOFIR konnte sie die beinahe ruinierende Belastung und das Schicksal eines Konkurses, verursacht durch den geplanten Tanker-Giganten, höchst zufrieden abwenden.

In dieser von großer Unsicherheit geprägten Zeit und auch um die Liquidität der Reederei zu sichern, richteten sie für den Kauf der SIBOFEM eine Liberia-Gesellschaft ein. T&E beteiligten sich mit 45 % und die Ore Sea Transport hielt mit 55 % eine Mehrheitsbeteiligung. Sowohl die SIBOFEM als auch die SIBOTO wurden durch 50 % von Deutschland kontrolliertes Kapital finanziert.

Mit den nun frei gewordenen liquiden Mitteln bestellten sie 1980 bei der Bremer Vulkan-Werft ein Panamax-OBO-Schiff von ca. 75 000 dwt, welches die Patin Lise Tschudi auf den Namen SIBOSEVEN taufte.

Am 15. Juni 1982 übergab die Bremer Vulkan AG die SIBOSEVEN den Bestellern Tschudi & Eitzen.

Im November 1988 transportierte die SIBIG VENTURE die schwerste jemals an Bord gehievte Fracht: Für die Ölplattform Ekofisk in der Nordsee lud sie in Rotterdam die aus Stahl und Beton in zwei Hälften konstruierten 27 000 Tonnen (pro Einheit) „Protection Barrier".

Das vorerst in Norwegen registrierte und von der Deutschen Schifffahrtsbank in Bremen mitfinanzierte Schiff konnte im miserablen Frachtenmarkt seine Darlehensschuld kaum tilgen. Die Reederei glaubte mit Einnahmen anderer Fahrzeuge subsidiär die Lastenschuld aufzufangen, doch die Ölkrise machte ihnen einen Strich durch die Rechnung.

Die Deutsche Schifffahrtsbank verlangte nun, die Betriebskosten zu senken, sprich eine Umregistrierung nach Liberia. So etablierten sich Tschudi & Eitzen 1986 mit der Gesellschaft Calanda Shipping & Co. in Monrovia. Nomineller Besitzer der SIBOSEVEN verblieben T&E, doch alle Aktien mussten sie zur Sicherheit bei der Deutschen Schifffahrtsbank deponieren, die somit zum Eigner der SIBOSEVEN avancierte. Tschudi & Eitzen standen 1986 erstmals ohne Schiff, aber nicht ohne Hoffnung da!

Zwei Jahre später übernahm Frachtkontor Junge in Hamburg einen 50 %-Anteil der Calanda Shipping & Co. und kaufte so gemeinsam mit T&E die SIBOSEVEN zurück![445] Der Markt frischte auf und 1989 verkauften die Anteilseigner (T&E, Deutsche Schifffahrtsbank, Frachtkontor Junge und Hambros-Bank) für 31 Mio. Dollar das Schiff an K/S Høegh Freighter, der Reederei von Leif Høegh.

Aus einer Auflage erwarben T&E 1982 in Hellas das 118 000-dwt-Tankschiff VENTURE ESPANA und ließen es nach kundigen Konzeptzeichnungen von International Transport Contractors in Holland zu einem neuen Fahrzeugtyp (Leichter mit senkbarem Deck) in Cadiz umbauen. Der Rumpf wurde abgeschnitten und 50 m verkürzt und das Deck um 7,5 m gesenkt. Jetzt konnten Lasteneinheiten mit Tiefgang fließend aufgenommen werden, wobei die Decksfläche Platz für 5418 m² bot. Das Schiff erhielt den Namen SIBIG VENTURE und führte viele exotische und spektakuläre Aufträge aus. Die Lancierung von T&E neuem Pionierkonzept bekam im Laufe der Jahre etliche Konkurrenz, was zur Folge hatte, dass die Betriebskosten kaum noch gedeckt werden konnten. 1985 wurde sie in eine neue T&E-Gesellschaft, in die Graduation Shipping in Libyen, überführt und 1988 an die International Transport Sibing Inc. verkauft, jedoch weiterhin mit technischem Betrieb von T&E. Nach dem Weiterverkauf 1991 an den größten Konkurrenten ging die SIBIG VENTURE in Jebel Ali im Arabischen Golf in Auflage.[446] Als sie am 27. Juni 1993 als SHAKIR 3 beim Abschleppen zum Abbruch nach China außerhalb Hongkongs während des Taifuns Koryn bei Wuzhu Zhou auf Grund lief, brach sie entzwei und wurde an Ort und Stelle als Totalhavarie zurückgelassen.

Lohnkostenentwicklung

Bis in die 1960er-Jahre machten die Lohnkosten einen Anteil von etwa 35 % der gesamten Betriebskosten aus und in den 1990er-Jahren stiegen sie mit über 50 % in einem Umfang, der nach Handlungsbedarf rief.

Arbeitete in den 1880er-Jahren auf den Barkschiffen ROLF und EINAR eine Mannschaft von 13–14 Männern und auf den später betriebenen Dampfschiffen von 2000 dwt 22–24 Personen, stieg die Anzahl der Crewmitglieder auf dem Tanker TURICUM auf 45 an. Auf den ersten OBO-Schiffen

Unter der T&E-Flagge lief die MOSEL ORE insgesamt 64 Mal Narvik an und transportierte 6 227 164 Tonnen Erz auf all ihren Reisen.

versahen 35 Männer ihren Dienst, während auf den späteren OBO-Einheiten mit 75 000 Tonnen nur noch 22 Seeleute als Besatzung arbeiteten.

Wenn sich in der Reederei verschiedene Anschauungen zur Bemannungspolitik fanden, begannen T&E 1980 dennoch philippinische Mannschaften anzuheuern, wobei die Offiziere weiterhin norwegische Staatsangehörige blieben. Die philippinischen Seeleute erhielten nun ihre Heuer nach Tarifen ihres Heimatlandes, was wiederum die International Transport Federation (ITF) auf den Plan rief und insistieren ließ. Etliche Male wurden T&E-Schiffe in Häfen arretiert und dies mit der Forderung nach Bezahlung höherer Löhne. Mit der Einführung des Norwegian International Shipregister (NIS) 1987 und der Gründung eines Rekrutierungsbüros 1996 auf den Philippinen verbesserten sich die Aktionen und Intermezzos der Internationalen Gewerkschaft und der norwegischen sozialistischen Presse.

Dramatik und Dynamik

In den für die Reederei mageren 1980er-Jahren reduzierten sie nicht nur ihre Tonnage, sondern auch viele langjährige Seeleute und Administrations-Angestellte verloren bei T&E ihren Job. 1986 war die Firma ohne eigentliche Besitzverhältnisse. Die einzige Einkommensquelle für das vierköpfige Team war das Management der SIBOSEVEN und der SIBIG VENTURE.

Ein Wendepunkt für die Reederei und zugleich eine allgemeine Konjunkturverbesserung im Frachtenmarkt trat mit dem Kauf der MOSEL ORE im März 1987 ein. Das 1969 bei den Götawerken erbaute 108 412 dwt große Kombischiff (Erz und Rohöl) kostete T&E 2,35 Mio. US-Dollar. Laut Vertrag hatten sie 10 % der Kaufsumme im Voraus zu zahlen. Dank der Hambros-Bank, einer 15-monatigen Zeitcharter von Krupp und Beinaheraub der Portokasse gelang es den initiativen Männern dennoch, überraschend die benötigten liquiden Mittel aufzutreiben. „The old Lady", wie sie das Schiff im Bürokontor in Lysaker nannten, diente der Reederei treue sechs Jahre dank Aufträgen von Krupp, ehe sie im Juni 1993 die letzte Reise mit leerem Schiffsbauch von Hamburg nach Xingang in China zum Abbruch antrat. Eine glückliche Geschichte soll auch eine Schlussvignette haben: Üblicherweise geschieht der Verkauf eines Schiffes an einem Kai oder Ankerplatz in einem geschützten Hafen. Doch in China bei der Abwrackfirma war dies ganz anders: Die MOSEL ORE musste ohne jegliche Rücksicht mit voller Kraft voraus auf den Strand fahren. Erst jetzt im Trockenen aufgesetzt, erfolgte die Zahlung für das große Kombischiff!447

Die dramatische Schifffahrtskrise in den 1980er-Jahren zog auch die politische Aufmerksamkeit auf sich: Die norwegische Handelsflotte verringerte sich von 1978 mit 48,4 Mio. Tonnen auf nur noch 10,6 Mio. Tonnen im Jahre 1987. Auch die Anzahl norwegischer Seeleute sank im selben Zeitraum von 20 000 auf 8500 Personen. Verschiedene politische Griffe wurden beurteilt und diskutiert, verdienten doch insgesamt mehrere Hunderttausend Personen ihr Geld im Seeschifffahrtsbereich! Die damals regierende Arbeiterpartei hatte kein Verständnis und Gehör für Reedereianliegen, meinte doch ein hoher Politiker, „es sei keine gute Idee, einem toten Pferd Hafer zu geben". Einen möglichen Ausweg aus der Krise glaubte der Reederverband mit der Schaffung eines Norwegischen Internationalen Schiffsregisters (NIS) zu finden. Die hier geltenden Gesetzesregelungen erlaubten einige Erleichterungen betreffend Lohn- und Arbeitsverhältnisse.

Der Neubeginn als Management-Unternehmen

Hatten Henry Tschudi und Axel C. Eitzen im August 1986 die Gesellschaften Avanti, Glarona und Navalis aufgelöst und auch die familieneigenen Anjara und Ollimac liquidiert, verlieh die junge Reedereiführung 1993 dem Unternehmen eine vollkommen neue Betriebsstruktur mit der Tschudi & Eitzen Holding AS als Stammgesellschaft.[448] Viele neue Gesellschaften wurden im In- wie auch im Ausland lanciert, in neue Unternehmen investiert oder später gar als Eigentum übernommen. Die Form des klassischen Reeders hatte für T&E 1986 ausgedient; dies war gleichsam der Beginn eines neuen Abenteuers mit den Kommandit-Gesellschaften (K/S). Nicht nur für Unternehmen wie T&E, die zu diesem Zeitpunkt wenig liquide waren, sondern für die gesamte norwegische Schifffahrtsindustrie war der Zugang zu diesem mit Risiko behafteten Einsatz in KS-Gesellschaften enorm wichtig. Die Kommandit-Gesellschaft war eine limitierte Teilhaberschaft, organisiert mit einem Hauptpartner und verschiedenen Einzelaktionären.

Den Beginn mit Beteiligungen in Kommandit-Gesellschaften machten T&E im Herbst 1987 in die Schiffe NORMAN SIBOSS und NORMAN SIBONA.[449]

Die erste von T&E projektierte Kommandit-Gesellschaft war die K/S Sisala 1988 mit Peter Gram als Hauptinvestor.[450]

Der aus Griechenland angekaufte Bulker THALASSINI HARA wurde in SISALA umbenannt und in einer 5-Jahres-Charter an Bocimar abgegeben. T&E waren 1988/89 in etwa 10 solcher Projekte involviert. Das technische Management der K/S-Unternehmen wurden T&Es künftige Haupteinnahmequelle.

Zu diesem Zeitpunkt diskutierten Kapitän Tschudi und Partner Axel C. Eitzen den Wiedereinstieg in das OBO-Geschäft, verfügten sie doch in diesem Segment über langjährige Erfahrung und mit Frachtkontor Junge in Hamburg hervorragende Kontakte.

Als Naess, Jahre & Partner durch dänische K/S-Gesellschaften bei B&W zwei OBO-Schiffe mit sehr vorteilhafter Finanzierung orderten, suchten auch T&E mit der Werft das Gespräch, um ebenfalls mit denselben Bedingungen zurück ins OBO-Geschäft zu finden.

Waren die Möglichkeiten für inländische Expansionen begrenzt, hielt man bewusst Ausschau nach Brückenköpfen im Ausland. Dänemark mit einem ausgebildeten Investitionsmilieu wirkte anziehend.

Der Fokus der Gelegenheit zielte auch auf die dänische Betriebsgesellschaft Skou International AS. Nach anfänglicher Partnerschaft mit einem 50%-Anteil und gleichzeitiger Umbenennung des Unternehmens 1989 in SITE International AS (Skou International Tschudi & Eitzen) übernahmen die Lysaker 1993 die ganze Gesellschaft und änderten den Firmennamen in T&E International AS.

Der dänische Brückenkopf bei T&E International AS (TEINT) entwickelte sich nach und nach zu einer norwegisch-dänischen Symbiose.

Der 1989 von der K/S Arosa angekaufte Bulker SITHEA (36 138 dwt) war zwischen 1989 und 2001 als SITHEA, WESTERN SILETTA und SILETTA für Tschudi & Eitzen unterwegs.

Die SIBOTI (Bj. 1992) war das dritte in der Serie der neun OBO-Schiffe von Burmeister & Wain.

In Anbetracht des Mangels an Eigenkapital gleicht es beinahe einem Wunder, wie T&E dank diesen positiven Impulsen zwischen 1990 und 1995 den Aufbau einer großen Flotte von OBO-Schiffe angingen und auch verwalteten.

So orderten sie im Mai 1990 bei der Traditionswerft Burmeister & Wain in Kopenhagen neun OBO-Schiffe für je 55 Mio. US-Dollar. Der Grundgedanke der Lysaker Reedereileitung bestand darin, dass für jedes Schiff eine dänische Kommanditgesellschaft eingerichtet werden soll, die das Fahrzeug für 16 Jahre an eine etablierte Reederei vermietet, die wiederum das Schiff nach ihrer Wahl registrieren, jedoch nie zu einem Zweck verpfänden durfte. Die monatliche Chartermiete wurde bestimmt im Verhältnis zum Endpreis des Schiffes. Der Befrachter musste nicht einzig über ein Depositum als Sicherheit verfügen, sondern zeigte sich auch verantwortlich für alle Betriebskosten. Eigentümer des Schiffes blieb für 16 Jahre die dänische Kommandit-Gesellschaft. Dieser komplizierte Finanzierungsplan für eine Serie von neun Schiffen war recht ungewöhnlich. So lieferten B&W im Juni und September 1992 die ersten beiden Einheiten (FUTURA, ab 1995 SIBOTURA, und VITESSA, ab 1996 SIBOTESSA).

Als sich 1990 dann die dänischen Eigentums-Gesellschaften für die bevorstehenden Neubauten etablierten, formierten T&E in Norwegen mit der K/S Siboti und K/S Siboelf zwei weitere Gesellschaften, an denen sie mit 15 % mitbeteiligt waren. Die SIBOTI lieferte B&W im November 1992 und die SIBOELF im Februar 1993.[451]

Tschudi & Eitzen formierten 1993 für die Charterung der SIBOELF eine Kommandit-Gesellschaft und hielten 15 % in der K/S Siboelf.

T&E entschieden sich, ihre OBO-Flotte weiter auszubauen, und so bestellten sie gemeinsam mit der deutschen Poseidon Schiffahrt AG zwei 83 000-Tonnen-Schiffe bei B&W in Kopenhagen, finanziert mit K/S-Kapital in Dänemark. Die beiden Schiffe erhielten 1993 die Namen SIBOHELLE und SIBONINA.

Nun kam der Werft B&W die Idee, die Schiffe auf eigene Rechnung zu bauen und mit K/S-Kapital zu finanzieren. Hierfür übernahmen sie 1992 die Naess Jahre Bulker Ltd. und nannten die neue Gesellschaft SIBO Shipping Inc. Bermuda, mit Mogens Worre Sørensen als CEO.

Kapitän Henry Felix Tschudi (geb. 1926) begann als 19-Jähriger bei der Wilh. Wilhelmsen Rederi seine Seefahrer-Laufbahn. 1953 bestand er das Kapitänsexamen und trat noch im selben Jahr als Erster Offizier auf der SITANJA seine erste Arbeitsstelle bei T&E an. 1992 trat er als aktiver Partner aus dem Unternehmen.

SIBO Shipping wurde zu einem „Global Player" im OBO-Geschäft, hatte Minderheitsbeteiligungen an bereits gelieferten Schiffen und bestellte bei B&W drei weitere Einheiten. T&E übernahmen mit dem ersten „SIBO-Schiff" SIBOEVA im Dezember 1993, gefolgt von der SIBONATA und SIBONANCY deren Management.

Zwei Jahre nach dem Bau der FUTURA waren die fast identischen OBO-Schiffe von B&W geliefert. Ein nicht unerlässlicher Faktor für den Erfolg und Fortschritt der Befrachtungsgesellschaften waren die langjährigen Verbindungen zu Frachtkontor Junge und der Reederei Poseidon Schifffahrt GmbH in Hamburg, wobei Letztere sich an allen neun OBO-Schiffen finanziell mitbeteiligte. Die Poseidon Schifffahrt GmbH gehört der Reederei Stinnes, welche sich wiederum im Besitz des Konglomerates der VEBA Chemie (heute E.ON) befand.

Die Namenswahl der OBO-Tonnage trug seit dem ersten Schiff 1968 (SIBOEN) immer den Präfix „SIBO". SIBOEN bedeutet SIBO eins.

Hatte die Reederei für die Namensgebung bisher eine nahezu norwegische Sprachform benutzt, entstand bei der Lieferung des zweiten OBO ein kleines Problem. „SIBO-ELVE" war für das internationale Verständnis ungeeignet. Die Lösung fand man im deutschen Wort „ELF", also tauften sie das Schiff SIBOELF. Das dritte Schiff von B&W brachte den endgültigen Bruch mit der numerischen Tradition. Immer noch den traditionellen Präfix verwendend, entschied man sich für Personennamen:

Im April 1993 SIBOHELLE, benannt nach der Urenkelin Helle Burmeister des Firmengründers Carl Cristian Burmeister.

Im August 1993 SIBONINA, nach der Ehefrau von Axel C. Eitzen, Nina Eitzen.

Im Dezember 1993 SIBOEVA, nach Frau Eva Gade, Gattin des Jens Peter Gade, Leiter des Frachtkontors Junge, Hamburg.

Im April 1994 SIBONATA, nach Renata de la Camp, Frau von Ulf de la Camp von der Poseidon Schifffahrt, Hamburg.

Im Juli 1994 SIBONANCY, nach Nancy Nascimento, Frau von Robert Nascimento, Chef von Lyondell.

1993 gab es nicht nur den Bruch der Namenstradition ihrer Einheiten, sondern die OBO-Schiffe von B&W mussten für Fahrten in die USA umgebaut werden. Nach der Schifffahrtskatastrophe der EXXON VALDEZ im März 1989 erließ die US-Regierung ein Gesetz, wonach alle neu gebauten Öl-Tankschiffe binnen einer Übergangszeit mit einem doppelten Rumpf versehen sein mussten. Mit Ausnahme der SIBOTI und der SIBOELF hatten so auch die SIBOHELLE und alle anderen Fahrzeuge den „Oil Prevention Act" (OPA 90) einzuhalten. Die B&W-Schiffe hatten zwar bereits eine Doppelhülle von 90 cm, gefordert waren aber 2,0 Meter. Um die Dimensionen als Panamax-Schiff zu erhalten, bedeutete dies, den Rumpf zu verlängern. So vermaßen die umgebauten Tanker anstatt 74 868 dwt nun neu 83 155 dwt.

Der Gang zur Börse

Der Großauftrag von T&E konnte trotz dem Glanz der Dinge nicht verhindern, dass B&W 1994 in gewaltige finanzielle Probleme schlingerte und schlussendlich 1996 Konkurs anmelden musste.

Um die SIBO Shipping des Mehrheitsinteressenten B&W zu retten[452] – T&E waren mit 13 % Partner –, benötigten sie 16,1 Mio. Dollar. Da kein Geld vorhanden war, hatte die Finanzierung durch ein an der Börse gehandeltes Unternehmen zu erfolgen. Die Lösung fand man im Kauf der kleinen börsennotierten Gyda Shipping AS. Nach der vollständigen Übernahme des Unternehmens richteten sie hierfür 1995 die Tschudi & Eitzen Shipping AS (TES) ein. Das durch zwei private Emissionen gesammelte Kapital mit Hauptaktionär Christen Sveaas und dem Börsengang von TES im August 1995 erlaubte der neu eingerichteten Gesellschaft, Mehrheitsanteile in der SIBO Shipping und Besitzanteile an der an der Börse notierten Disponentengesellschaft BurWain Tankers AS (BTI) zu übernehmen.

Die 2000 Kleinaktionäre der BTI wurden ausbezahlt und das Unternehmen in T&E Tankers umbenannt. T&E Shipping AS wurde so Mehrheitseigner von zwei dänischen Firmen mit einer Flotte von 12 Schiffen. Die OBO-Schiffe wurden durch die Befrachtungsgesellschaft SIBO Shipping Inc. Liberia registriert und disponiert.[453]

Die Flotte bestand 1995 aus 5 OBO-, 5 LR- und 2 MR-Tankschiffen.

Die 5 LR-Schiffe waren besonders vom Arabischen Golf nach Japan und Korea im Einsatz.

1996 gehörte TES mit 16 Schiffen zur größten an der Osloer Börse gehandelten Schifffahrtsgesellschaften.

Die Idee und das Vorhaben, die T&E Shipping AS in eine integrierte Reederei umzuwandeln, d.h. die Betriebsgesellschaft T&E AS in Lysaker an T&E Shipping zu verkaufen, scheiterte am Einwand des Hauptaktionärs Ch. Sveaas. Die Folge war das Ausscheiden der Geschäftsleiter Eitzen, Tschudi und Sørensen im April 1997 sowie die Namensänderung von T&E Shipping AS in Waterfront ASA. Der Betrieb der OBO-Tonnage wurde T&E in Lysaker weggenommen und einer Gesellschaft in Großbritannien zugesprochen. Der technische Betrieb der Tankerflotte verblieb bei T&E International AS. Die restlichen Aktien in TES verkauften sie mit Gewinn.

Die Konsequenzen der Gelegenheiten

Nochmals zurück in die expansive und hektische Periode Anfang der 1990er-Jahre. Die Reederei blieb glücklicherweise von Unglücksfällen oder größeren technischen Pannen verschont. Doch ein nicht minder großes diplomatisches Geplänkel hatten T&E durchzustehen, als Ende 1992 das Bulkschiff SIRINADA[454] in Port Said auf dem Weg nach Indien von einem unter ägyptischer Flagge fahrenden Bunker-Leichter der amerikanischen Ölgesellschaft Mobil angefahren wurde. Die SIRINADA bekam nur unbedeutenden Schaden, aber die ägyptischen Vorwürfe waren happig: Fehlerhafte Navigation und 350 Tonnen Öl sollen den Suez verschmutzt haben. In Wirklichkeit liefen tatsächlich 50 Tonnen aus. Die ägyptische Forderung von 2 Mio. US-Dollar hätte die Reederei auch akzeptiert, wenn dies zulasten der Garantie einer Versicherungsgesellschaft – wie nach internationaler Gepflogenheit – geschehen wäre. Doch die Ägypter verlangten eine Bankgarantie, die schlicht nicht beschafft werden konnte. Trotz offensichtlicher Indizien für die Unschuld der SIRINADA bei der Havarie verstrickten sie sich beinah hoffnungslos im trägen ägyptischen Rechtssystem. Dank Einsatz des norwegischen Botschafters in Alexandria und dem ehemaligen ägyptischen Botschafter in Norwegen gelang es ihnen, das Schiff nach 19 Tagen Arrest frei zu bekommen.

Unter den vielen von Tschudi & Eitzen gestarteten Projekten gab es solche von besonderer Herausforderung, gepaart mit kuriosem Charakter. Im Auftrag einer Bank als Pfandinhaber eines 40 000-Tonnen-Produkte-Tankers übernahmen die Lysaker 1991 den kommerziellen und technischen Betrieb der TANK QUEEN, gehörend einer zuvor in Konkurs geratenen Gesellschaft. Schrittweise übernahmen T&E den Besitz und die Verantwortung für den Pfandkredit. Bis der in SITAXA umbenannte Tanker im Februar 1996 an der Küste Siziliens havarierte, stand er stets in der Obhut von T&E.[455]

Nach beinahe adäquatem Muster gelangt die 1993 gegründete T&E Product Tankers AS – mit einem substanziellen Kapital von 26 Mio. Kronen – in Verantwortung des Produkte-Tankers PETROBULK STERLING (33 401 dwt) einer ebenso zuvor in Konkurs geratenen norwegischen Betriebsgesellschaft. Nach zwei Jahren Service mit befriedigenden Resultaten verkauften sie die 28-jährige SILINA – so nannten sie nun das in Dänemark gebaute Schiff – nach Malta. Die T&E Product Tankers AS hielt auch Anteile an den Schiffen SILVERA, CAPRI BETA und SIBARDE.

Weit weniger volkstümlich übernahmen T&E im Frühjahr 1994 das nach einer spannungsgeladenen Flucht aus Ägypten seit drei Jahren südlich von Suez liegende arbeitslose Ölschutzschiff MARPOL FIGHTER. Das unter einem norwegischen Kapitän und ägyptischer Mannschaft fahrende Schiff gehörte der börsennotierten Gesellschaft Gyda Shipping AS (später TES). Nicht autorisierte Signaturen auf angeblich ungültigen Zeitcharter-Dokumenten ohne Beendigungsklausel ließen das juristische Gezanke um das Ölschutzschiff beinah in das Hoffnungslose manövrieren. Aber dem Blick eines müden Kamels kann man mit List entgegnen, dachte sich wohl die Reedereileitung in Lysaker. Den Ägypter glaubte man weiszumachen, das Schiff müsse auf Forderung der Klassifikationsgesellschaft in Piräus einer Reparatur nachgehen. Ohne auf Antwort zu warten, schipperte die nordwärts gehende MARPOL FIGHTER durch den Suezkanal und entging so geschickt einer ungewissen langen Arretierung. Kurz danach veräußerten sie das Schiff für einen guten Preis nach London für einen Einsatz in der Irischen See.[456]

Zurück im kommerziellen operativen Geschäft

Als 1997 die amerikanische Gesellschaft Stanton Capital Inc. einen norwegischen Mitinvestor für eine Teilhaberschaft an der Estonian Shipping Corporation (ESCO) in Tallinn suchte, engagierten sich T&E durch die neu gegründete Baltic Sea AS mit 20 % an der Gesellschaft Esco Holding AS. Stanton beteiligte sich mit 50 % und der estnische Staat behielt die verbliebenen 30 %. ESCO betrieb eine Flotte von 49 Schiffen, bestehend aus Bulk- und Ro-Ro-Schiffen wie auch aus Fähren. Nach langen und ermüdenden Verhandlungen in Estland gelang ihnen dank unnachgiebigen Bemühungen von Felix H. Tschudi der letzte große Kaufakt vor dem Sprung beider Direktoren in die Eigenständigkeit. Im August 2002 waren die Unterschriften gesetzt und T&E im Alleinbesitz der Estonian Shipping Company (ESCO) in Tallinn. Im Raum der baltischen Staaten operationell Fuß zu fassen, verhieß im Bürokontor in Lysaker Erfolg versprechendes Potenzial.

Das Multipurpose-Schiff DIRHAMI (3200 dwt) konstruierte 1996 die Damen Shipyard in Hoogezand für die ESCO. Die ESCO wiederum ist seit 2003 im Besitz der Tschudi Shipping Company AS.

Am Bulkschiff SIDRAKO (41526 dwt) besaßen T&E 1998 bis 2000 eine Minderheitsbeteiligung.

Den beiden innovativen Partnern gelang die Etablierung weiterer Gesellschaften. Als die Reedereigründer Eitzen und Tschudi ihren Dampfer MONTBLANC 1905 an die EAC verkauften, dachten sie wohl keinen Moment daran, dass sich die Verbindung mit der EAC nach beinahe 100 Jahren erneuern wird, wenn auch diesmal unter ganz anderen Vorzeichen: 1997 übernahmen sie die dänische East Asiatic Company (EAC). Das EAC-Paket umfasste drei Handymax-Trockenlastschiffe (STAR FALSTRIA, CEDRELA und CANELA), die sie in die T&E Dryship AS, Lysaker überführten, während sie die Befrachtungsgesellschaft und den Mitanteil am indischen Bemannungsbüro Selandia in Mumbai sowie Abteilungsbüros in New York, Buenos Aires, Singapur und Hongkong in der T&E Bulkers AS, Dänemark etablierten.

Auch die seit Langem bestehende Verbindung mit ITC in Holland änderte sich. Als die beiden Gründer Leo Burghouwt und Friz Jonkman sich nach 24 Jahren 1997 trennten, wurde die verschuldete Gesellschaft zu 100 % in die T&E Holding AS überführt. Mit Joop Timmermans als Geschäftsführer engagierten sie nicht nur einen fachlich erfahrenen Mann, auch die Konjunkturverbesserung half mit zum Aufschwung und Betriebserfolg der sieben großen Schlepper und der drei Leichter.

1998 erweiterten T&E die Flotte mit dem Ankauf von vier

1985 erbauten Bulkern (SISWALA, SIVEGA, SIGANA und SIDRAKO) von der japanischen Reederei Sumitomo Corporation. Die SIVEGA und SIGANA übernahmen sie in Charter, jedoch mit der Verpflichtung zum Kauf am Ende der Mietperiode. Die SISWALA hingegen gelangte in den Besitz von T&E Dryship AS und für die SIDRAKO eröffneten sie eine Kommanditgesellschaft.

Einen größeren Besitzanteil und verantwortlich für den Betrieb der SIDRAKO zeichnete der Reeder C. H. Sørensen in Arendal.

Eigentlich war die Sembawang Shipmanagement in Singapur an ein australisches Unternehmen so gut wie verkauft, als Axel Eitzen und Felix Tschudi die ihnen bekannte Management-Firma kurzentschlossen übernahmen. So etablierten sie im Oktober 1999 mit der T&E Sembawang Shipmanagement Pte. Ltd. ihre erste Betriebsgesellschaft in Übersee.

Singapur als Brückenkopf am Eingang zum Stillen Ozean verhieß in Lysaker enormes Potenzial und Bedeutung für die Zukunft. Im Jahre 2000 ließen sie das Unternehmen in TESMA (Singapore) Pte. Ltd. umbenennen.

Das Arbeiten in Singapur, in einer Region mit dynamischem Wirtschaftswachstum, erwies sich für Axel Eitzen (er verbrachte mehr als zwei Jahre mit seiner Familie dort) derart inspirierend, dass er und Felix im Frühjahr 2001 die Knud I. Larsen AS (KIL-Shipping) übernahmen. Mit der Akquisition der KIL-Shipping in Kopenhagen und ihren 22 Einheiten[457] stiegen sie ins Gas- und Chemietanker-Geschäft ein. Die Schiffe blieben in Singapur registriert und wurden in die T&E Singapore Pte. Ltd. überführt. Die Chemietanker wechselten den Präfix von „Kilchem" zu „Sichem" und die Gastanker von „Kilgas" zu „Sigas".[458]

Felix Henry Tschudi (geb. 1960) trat 1989 in die Reederei und ist seit 2003 Alleinbesitzer von Tschudi Shipping Company in Lysaker.

Der Weg in die Selbstständigkeit

Nach 110 Jahren fruchtbarer Partnerschaft zwischen Eitzen und Tschudi entschieden die Eigentümer der vierten Generation, ihr Unternehmen in zwei neue Gesellschaften zu dividieren.

So bricht mit dem 10. November 2003 für die Tschudi Shipping Company AS und deren alleinigem Besitzer Felix H. Tschudi wie auch für Axel C. Eitzen für seine Camillo Eitzen & Co. AS eine neue Zeitepoche an. Tschudi übernahm zu 100 % die Estonian Shipping Company (ESCO) in Tallinn und die International Contractors, Heemstede, Holland (ITC). Weiterhin hielt die Gesellschaft 50 % der TESMA (Tschudi & Eitzen Ship Management Alliance) und beansprucht Mehrheitsinteressen an den OBO-Schiffen SIBOHELLE und SIBOTESSA wie auch Minderheitsbeteiligungen an den Chemikal-Tankern FREA und MARIBEL.

Der 69,7 Meter lange Schlepper BLUSTER, gebaut 1988 bei J. Pattje in Waterhuizen und 2008 von International Transport Contractors (ITC) – ein Sub-Unternehmen von Tschudi Shipping – angekauft.

Die MAJ DANIELSEN (4100 dwt) der Reederei Otto Danielsen im November 2008 in Antwerpen. Die J. J. Sietas Schiffswerft in Hamburg konstruierte 1985 das Multipurpose-Schiff.

Gleich im ersten Jahr erwirtschaftete die Tschudi Shipping Company AS einen Gewinn vor Steuern von 24,1 Millionen US-Dollar.

Doch der mit Unternehmensgeist und Tatkraft geladene junge Tschudi wollte mehr: Mit kluger Weitsicht indizierte er viele Projekte und diversifizierte seine Interessen langfristig. So kaufte Tschudi im August 2004 den finnischen Produkte- und Chemikalien-Tanker MELKKI (11 523 dwt), lässt ihn umbenennen in SINIMERI und verchartert ihn sogleich an Fortum Oil Oy.

Zum Jahresbeginn 2005 verkaufte Tschudi seinen Anteil in der TESMA Holding AS an Eitzen und erhielt im Gegengeschäft die volle Kontrolle der TESMA Estonia AS (heute: Tschudi Ship Management AS). Mit dieser Transaktion und gleichzeitiger Umbenennung in First Baltic Shipmanagement AS erhielt Tschudi 45 % Eigentum am OBO-Schiff SIBOTI.

Im April 2005 übernahm Tschudi dann die bekannte und in Dänemark eingesessene Reederei Otto Danielsen. Die Übernahme der seit 60 Jahren in Familienbesitz gestandenen Reederei und ihrer drei Schiffe war Teil von Tschudis Strategie, die ESCO expansiv zu unterstützen.

Im Sommer 2005 erwarb Tschudi von Chr. Jensen AS, Dänemark, die Reval Logistik AS, welche in die ESCO eingegliedert wurde.

„Der Ostteil des Finnmark-Bezirkes wird seinen Anteil an den Ölaktivitäten im Norden abkriegen und so ist der eisfreie Hafen Kirkenes für die künftige Entwicklung der Öl- und Gasindustrie wie auch für deren Logistik perfekt gelegen", so Tschudi optimistisch in 2006.

Mit der Präsenz im Norden Norwegens und dem Ankauf jeglicher Aktivitäten der Nordberg Eiendom AS für 102 Mio. NOK – Tschudi beteiligte sich bereits 2005 mit 52 % – erhoffte sich die Tschudi-Gruppe enormes Entwicklungspotenzial, zumal sich auch die norwegische Regierung mit der Einrichtung ihres Northern Area Project stark engagiert.

Nach Übernahme der zu Nordberg Eiendom AS gehörenden Sydvaranger AS (ehemaliges Minenunternehmen) im Juni 2006 kontrolliert Tschudi in Kirkenes nicht nur ausgedehnte Landflächen und ein Bulker-Terminal, sondern setzt erwartungsvoll große Hoffnungen auf Kirkenes als Logistikzentrum.

Dieselbe Präsenz wie im Norden Norwegens erhofft sich die Tschudi Shipping auch in der Baltik-Region. So kaufte das Unternehmen im September 2006 durch die ESCO in Tallinn die TECO LINES AS.

Mit dieser Akquisition erweiterte die Gesellschaft ihre Expansionspläne im Logistik- und Service-Bereich für die baltischen Staaten und Russland. Mit Niederlassungen in Finnland und Estland der Tschudi gehörenden Reval Logistics sowie der neu zugekauften TECO LINES AS von Samskip offerieren sie Dienstleistungen auf See, im Zugverkehr, besitzen eigene Lastwagentransporter, bieten Terminal-Service und auch Zolldeklarierungen an. Für die Transporte an Land kauften sie hierfür das Fuhrunternehmen Laoliider AS. Die TECO LINES (ab Oktober 2007 Tschudi Lines Baltic Sea AS) operiert mit vier Container-Schiffen von Westeuropa in die Baltische See.

Als nächster Schritt in Relation der Entwicklung in der Baltik eröffnete am 7. September 2007 die neu formierte Tschudi Lines North Sea AS gemeinsam mit der Norwegian Transport Network (NET) in Oslo einen Container-Liniendienst zwischen Drammen, Moss, Larvik, Immingham und Rotterdam. Gechartert haben sie hierfür die 1991 erbaute und unter holländischer Flagge fahrende ELEGANCE (374 TEU).

Organisationsstruktur der Tschudi Shipping Company
(Stand August 2009)

Felix H. Tschudi

- Tschudi Shipping AS
  - Tschudi Russian Rep. office
  - Tschudi Rederi AS
    - Kirkenes Transit AS
    - Sable Cape Ltd.
    - Sumatras Inc.
    - Suhaili Inc.
    - Sirocco Inc.
    - Simoon Inc.
    - Begonia I Shipping AS
    - Amaryllis Shipping AS
    - Boulder Internat. BV
    - Blizzard Internat. BV
  - Eesti Mere-laevanduse AS (ESCO)
    - Tschudi Shipping Estonia OÜ
    - Tschudi Shipping Company OÜ
    - Sakala Maritime Co. Ltd. IOM
    - Harjumaa Maritime Co. Ltd. IOM
    - Difko Virtsu K/S 25%
    - Difko Dirhami K/S 25%
    - Difko Muuga K/S 25%
    - Kurske Maritime Co. Ltd.
    - Kalana Navigation Co. Ltd.
  - Rederiet Otto Danielsen A/S
    - Altair Shipping KS 60%
    - Aries Shipping KS 55%
    - Caprikorn Shipping KS 60%
  - Tschudi Ship Management IOM
  - Tschudi Ship Management AS
    - Totus Maritime Agency Ltd.
  - Tschudi Logistics Holding AS
    - Tschudi Logistics AS (EST)
    - Tschudi Logistics Ltd. (UK)
    - Tschudi Logistics A/S (DK)
    - Tschudi Lines Baltic Sea AS
    - Tschudi Lines North Seas AS 50%
    - Tschudi Road Transport OÜ
    - Tschudi Logistics UAB (LT)
    - Tschudi Logistics BV (NL)
      - Tschudi Logistics Branch in Belgium
    - OOO Tschudi Logistics AS (RU)
    - Tschudi Project Transport AS
    - Tschudi Logistics SIA (LAT)
    - Tschudi Northern Logistics AS 51%
  - Tschudi Logistics OY (FIN)
  - ITC Management BV
    - ITC Ships Holding BV
      - Bluster Internat. BV
      - ITC Holland BV
      - ITC Holland (II) BV
      - Tempest Internat. BV
      - Typhoon Internat. BV
      - ITC Offshore BV
  - Tschudi Mining Comp. AS 95%
    - Northern Iron Ltd. 40,14%
    - Sydvaranger Gruve AS
  - Radhus Plassen 1 AS
    - Radhus-Plassen 1 Kirkenes 34%
    - Sydvaranger AS
      - SMIP AS
      - Perpetum Waste Management 40%
      - Kirkenesvannet Eiendom AS
      - Sydvaranger Eiendom AS
        - Setter Invest AS
    - Arbeidergata 3 AS
  - Boreal Offshore AS 66%
    - Boreal Maritim AS

TITLIS AS
- Portfolio Investments
- Other Real Estate
- ESCO Kinnisvara AS

Die Kaminbemalung ist seit Inbetriebnahme des Dampfers UTO 1896 dieselbe geblieben: das Kantonswappen von Zürich auf einem roten Band.
Tschudi und Eitzen wählten bis zu Beginn des Zweiten Weltkrieges aus Rücksicht auf die vielen Schweizer Investoren für ihre Schiffe Namen aus der schweizerischen Geografie und als Geste des vornehmlich aus Zürich stammenden Kapitals verwendeten sie auf dem Kamin das Wappen von Zürich.
Heute noch führt Tschudi Shipping diese Tradition weiter.

Die Fokussierung auf den Logistik-Bereich ging am 24. Oktober 2007 mit der Übernahme der finnischen Yourway Oy und Büros in Helsinki und Turku durch die vormals eingerichtete Tschudi Logistics Oy weiter. Nicht einzig, dass die 1991 gegründete Yourway Oy spezialisiert war auf den Transport von Flüssig-Tank-Containern, weckte Tschudis Interesse an der Speditionsfirma, sondern durch diesen Ankauf erweiterte er schrittweise seine Ambitionen mit erhöhter Präsenz sowohl in der baltischen Region wie auch in Schweden und Finnland.

Kontinuität und Wechsel begleiteten das Unternehmen Tschudi in mehr als 100 Jahren Reedereitätigkeit. Professionelle Standards, immenses Engagement und Respekt vor den Seeleuten und Geschäftspartnern, alles Tugenden, die das Unternehmen lebt und dessen Werte es weiterhin versucht hochzuhalten.

C. F. Keller & Cia., Bahia

Jung, intelligent, zielstrebig und mit weitem Ausblick, so kann man den unternehmungslustigen 22-jährigen Carlos Ferdinand Keller (1852–1929) charakterisieren, als er am 1. November 1874 von Jezler Kronauer & Cia. deren Handelsunternehmen in Bahia/Brasilien übernahm. Sein Vater Jean Joachim Keller (1809–1885), Bürger von Weinfelden und Winterthur, stand ihm natürlich als Kommanditist finanziell und beratend großzügig zur Seite. Der junge Keller avancierte sein Handelshaus nicht nur zu einem der größten Unternehmen in Bahia – mit Niederlassungen in Rio de Janeiro, Canavieras, Ilhéus und Paris –, sondern als Kakao-Händler gehörte sein Unternehmen zu den bedeutendsten Exportfirmen der Welt.

Eine relativ kleine Zahl europäischer Kaufleute reagierte nach Öffnung der brasilianischen Häfen mit Niederlassungen in verschiedenen Küstenstädten. Vor allem nach der Unabhängigkeitserklärung des Kaiserreiches Brasilien 1822 verstärkte sich die europäische Handelspräsenz. Schweizerische Kaufleute gehörten zu den Ersten, die nach Brasilien kamen. In der Regel stammten sie aus dem Bürgertum, waren gut ausgebildet und gewillt, in Übersee ihr Glück zu machen.[459] Schweizer Handelsleute in Brasilien sahen sich mit wenigen Ausnahmen als Fremde. Ihren Aufenthalt verstanden sie als befristet. Untereinander pflegten sie ein kantonales Bewusstsein, das wichtiger war als der Schweizer Pass.

Die Basis für Kellers späteren wirtschaftlichen Erfolg schufen seine Landsmänner Jezler und Trümpy mit der Gründung des Handelshauses Jezler Irmãos & Trümpy am 1. Januar 1829 in Bahia.[460] Der Schaffhauser Ferdinand Jezler (1799–1881), sein Bruder Lukas (1798–1863) und der Glarner Johann Rudolf Trümpy (1798–1845) legten somit den Grundstein für das Weltunternehmen.
Vater Jean Joachim Keller trat seinerseits am 4. Mai 1836 als Teilhaber in das Unternehmen ein. Als Trümpy auf einer Europareise im Juni 1845 in Hamburg verstarb, nannte sich die Gesellschaft neu Jezler & Companhia. Zehn Jahre später schied Lukas Jezler aus der Firma aus, die nun in Jezler Keller & Cia. umbenannt wurde. Mit einem neuen Sozietätsvertrag vom 31. Dezember 1861 – einige Jahre der wirtschaftlichen Unruhe hinter sich habend – übernehmen J. R. Frey-Jezler, Franz Albert Jezler-Frey und Henri Brenner die Geschicke der Jezler, Brenner & Cia. Ferdinand Jezler und Jean Joachim Keller verblieben weiterhin als stille Teilhaber im Unternehmen. Doch mit der Rückkehr von J. R. Frey-Jezler und Henri Brenner in die Schweiz firmierte sich das Handelshaus am 31. Dezember 1866 mit Franz Albert Jezler-Frey und Jules Kronauer und den beiden stillen Teilhabern F. Jezler und J. J. Keller in Jezler Kronauer & Cia. um.[461]

Carlos Ferdinand Keller (1852–1929), Chef des Handelshauses C. F. Keller & Cia.

Erfolgreicher Händler und Financier

Sieben Jahre und zehn Monate hielt das Unternehmen seinen Namen, bevor am 1. November 1874 der am 23. Februar 1852 in Bahia geborene Carlos Ferdinand Keller die Firma als alleiniger Besitzer, mit seinem Vater als stiller Teilhaber, in seine Hände führte.
Seine Innovationslust bescherte ihm kaum geahnten Unternehmensfortschritt.
Der Import- und Exporthandel mit Europa nahm gewaltigen Aufschwung und der Einstieg ins Bankgeschäft förderte zusätzlich die Vermögensvermehrung des allseits bewunderten Progressivisten. Viele in Bahia domizilierte Europäer, insbesondere Franzosen, Italiener und Schweizer, arbeiteten mit der Präferenz der C. F. Keller & Cia.
Einen ersten Rückschlag und seelisch für ihn schwer zu fassenden Dämpfer musste er 1881 mit dem Tod seiner an Gelbfieber verstorbenen Frau hinnehmen. Verängstigt ob der schrecklichen Krankheit wollte er weg von Brasilien und so entschied er, sich 1882 in Paris niederzulassen. Die Geschäftsführung in Bahia an der „Rua Conselheiro Dantas N.° 30" überließ er seinem Bruder Paul H. Keller und G. Fisch, während C. F. Keller in Paris an der Montmartre No. 146 sein Büro einrichtete. In einem Zirkularschreiben vom 15. Januar 1883 informierte er die Geschäftspartner über die Einrichtung der europäischen Niederlassung in Paris mit folgendem Wortlaut:

„Nous avons l'honneur de vous informer que la représentation générale de notre maison de Bahia, en Europe, est confiée à partir de ce jour à notre Sieur Carlos F. Keller, qui s'est à cet effet installé rue Montmartre N. 146, à Paris.
L'assurance maritime de nos marchandises, la vérification et les règlements des factures es des comptes seront faites par lui.
Nous vous prions de le tenir au courant exactement de tout ce qui se rapporte à la tenue de nos livres, ainsi que de votre correspondance avec notre maison à Bahia.
Veuillez prendre note de l'adresse télégraphique de notre bureau à Paris: KELLERMONT – PARIS qui reste entuèrement à vos ordres pour vous donner les informations que vous voudrez bien lui demander.
Sig. C. F. Keller & Cie."[462]

In einem weiteren Rundschreiben vom 1. Mai 1884 ernannte Keller seinen Bruder Paul und G. Fisch zu Bevollmächtigten seiner Firma in Bahia und beförderte zugleich seinen Cousin Max Blum, dem späteren Geschäftsführer der Filiale in Rio de Janeiro, zum Prokuristen.

Das Unternehmen florierte, die Produkt-Palette des Import- und Exporthandels wurde ausgebaut, sie übernahmen Repräsentationspflichten verschiedener Versicherungsgesellschaften, operierten als Agenten einiger Schifffahrtsgesellschaften, u.a. für die Société Général de Transport maritimes à Vapeur in Marseille oder auch für die Compagnie de Navigation France-Amérique, und amteten auch als Agenten für die Crédit Lyonnais in Paris.

Zu den Haupt-Export-Artikeln gehörten Holz, Piassava-Palmen (deren Fasern für die Herstellung von Bürsten und Seilen benötigt wurden), Gummi, Kaffee und Kakao. Als Importwaren listen sie u.a. Stickereien, Kleider, Stoffe, Schmiere, Fett, Butter, Uhren, Schmuck und vieles andere auf.[463]

Im Juni 1885 verstarb in Winterthur im Alter von 76 Jahren Jean Joachim Keller, der 47 Jahre entweder als stiller Teilhaber oder als Kommanditist dem Unternehmen zu Fortschritt und Erfolg verhalf.

Die beiden Söhne Paul und Carlos arbeiteten einen neuen Sozietätsvertrag aus und erhöhten per 1. Januar 1886 das Stammkapital auf Fr. 600 000. Ein im Oktober 1889 modifizierter Vertrag wies Carlos als einzigen Solidarpartner aus, während Paul zum stillen Teilhaber wurde. Zugleich erhöhte C. F. Keller das Firmenkapital auf Fr. 800 000. Die Herren F. Mantel, R. Weber, F. Scheuenberg und G. Fisch wurden zur Unterschriftsberechtigung „zu Zweien" autorisiert.[464]

Kaum einen Monat nach dem neuen Gesellschaftervertrag proklamierte sich am 15. November 1889 die brasilianische Republik.

Prosperierender Kakao-Handel

Am 6. Dezember 1890 eröffnete C. F. Keller & Cia. eine Zweigniederlassung in Rio de Janeiro an der Rua da Alfandega N.° 50 mit Max Blum als Geschäftsführer. Zeitgleich richtete Keller auch Filialen in Canavieiras und in Ilhéus ein, die sich fast ausschließlich dem Export des Produktes Kakao verschrieben und immens zur Prosperität der C. F. Keller & Cia. beitrugen.

Der Leiter der Zweigstelle Ilhéus hieß Hermann Bräm aus Bülach, der seinerseits mit einer Tochter des Schweizer Barons Ferdinand de Steiger verheiratet war. Bräms Filiale exportierte im ersten Jahr mehr als 10 000 Säcke Kakao. Als Bräm 1897 sich für sechs Monate nach Europa verschiffte, übernahm Bräms Schwager Ulysses de sa Bittenyourt Camarra die Führung der Filiale.

Die Leitung der Niederlassung in Canavierias unterstand F. Mantel, hervorragend unterstützt von Jacques Müller, der enorm zum Aufschwung der Präsenz in Canavieras beitrug. Ihre Filiale verschiffte 1890 eine noch höhere Anzahl Säcke Kakao als die Zweigstelle in Ilhéus.

Die Geschäfte in Rio de Janeiro hingegen liefen schleppend und nach einigen Jahren übernahm Max Blum die Filiale auf eigene Rechnung unter der neuen Firmenbezeichnung Blum & Cia. Als Blums Kommanditist F. Fischer 1900 verstarb, unterstützte C. F. Keller seinen Cousin und Freund per 1.1.1901 als neuer stiller Partner. Etliche Jahre danach übernahm der Schaffhauser Jacques Müller Blums Firma und nannte sein Handelshaus Müller & Cia.[465]

1901 entschied sich C. F. Keller, das Handelshaus in Bahia an Hermann Bräm und Emil Wildberger, der 1892 im Alter von 21 Jahren von Neunkirch/Schaffhausen nach Brasilien kam, zu veräußern. Keller seinerseits blieb als stiller Partner mit seiner integren, moralischen und finanziellen Unterstützung der nun in Braem, Wildberger & Cia. umbenannten Firma mit Urbanitätsgefühlen treu.

Die Filiale in Canavieiras übernahmen gemeinsam H. Bräm und der Löhninger J. F. Müller.

Auch der im Juni 1903 neu formierten Wildberger & Cia. verblieb C. F. Keller bis 1911 als stiller Partner des Unternehmens, ehe ihn nicht mehr eruierbare Gründe zum Rückzug bewegten.

Keller seinerseits residierte 1901 an der 8 Rue Favart in Paris und vertrat weiterhin als Generalagent für Europa die Interessen seiner ehemaligen Südamerika-Niederlassungen.

Die beiden Firmen C. F. Keller & Cia. in Paris wie auch Wildberger & Cia. in Bahia behielten noch jahrzehntelang ihre fruchtbaren Geschäftsbeziehungen wie auch ihre Existenz als bedeutende Handelshäuser aufrecht.[466]

Am 9. April 1929 verstarb Carlos Ferdinand Keller in seiner 1906 erworbenen Villa Krämerstein in Luzern.

Dank der dominierenden Stellung von Wildberger & Cia. im Kakao-Handel war sein Einfluss auf das politische Leben des Bundesstaates Bahia äußerst weitreichend. Wildbergers klare Machtpolitik beeinflusste die wirtschaftliche und politische Integration Brasiliens in die Weltwirtschaft.[467]

Imposanter Kakao-Export

Eine interessante Aufstellung aus dem Jahre 1902 manifestiert den enormen Export von Kakao.[468] Nach Bahia wurde folgende Anzahl Säcke Kakao für Braem, Wildberger & Cia. angeliefert:

Ilhéus	123 200
Belmonte	56 660
Canavieiras	45 535
Rio de Contas	8250
Una	2926
Santarém	2179
Valença	1746
Porto-Seguro	1306
Taperoá	979
Marahú	920
San Felix	422
Santa Cruz	281
Igrapiúna	234
Prado	64
Caravellas	63
San Francisco	54
Commandatuba	32
Caiú	29
Total	246 795

Zur Verschiffung gelangten im selben Jahr insgesamt 266 332 Säcke nach:

New York	71 916
Hamburg	47 005
Southampton	44 141
Le Havre	37 216
Liverpool	22 212
Bremen	20 585
Bordeaux	7006
Marseille	5977
Buenos Aires	4197
Antwerpen	2400
Fiume	2350
Genua	1327

Keller wird Schiffsbesitzer

Kurz nach der Eröffnung der drei Filialen in Rio de Janeiro, Ilhéus und Canavieiras beauftragte Keller die Hamburger Firma Rettmeyer & Hessenmüller, ein Segelschiff anzukaufen.[469] Die schottische Montrose Ship Building & Engineering Company hatte für eigene Rechnung 1893 einen 322 BRT vermessenden eisernen Dreimastschoner im Bau, der exakt den Bedürfnissen Kellers und seinem Korrespondentreeder Julius Heinrich Leonhardt Wilckens (Der Firmenname Rettmeyer & Hessenmüller hielt auch unter Wilckens Bestand.) entsprach. In Ehren an seinen verstorbenen Vater Jean Joachim Keller ließ er den Neubau JOAQUIM heißen. Der Segler mit dem Unterscheidungssignal RJTG war 42,3 m lang, 8,0 m breit und hatte eine Tiefe von 2,8 m. Der Kaufvertrag trägt das Datum des 28. Juli 1893.

Erster Führer des Schiffes wurde B. Ulpts, ihm folgte 1899 Kapitän Johannes Stehr. Aus dem Jahre 1899 unter Kapitän Stehr (1849–1925) ist folgende Reise überliefert: Hamburg – Maracaibo – Liverpool – Runcorn – Plymouth.[470]

Vorgesehen war anfänglich, aus den Flussgebieten des Pardo und Jequitinhonha Holz und Piassava direkt nach Le Havre zu transportieren.[471] Es brauchte viel Überzeugungskunst von Keller gegenüber den brasilianischen Zollbehör-

Kapitän Johannes Stehr (1849–1925), Führer der JOAQUIM. Neben ihm sein Sohn Johannes Stehr.

den, keine Fiskalabgaben zu zahlen. Er machte geltend, er benutze schließlich keine Infrastruktur der brasilianischen Häfen und vermeide somit auch einen möglicherweise erhöhten Schiffsverkehr. Doch in Wirklichkeit wollte er nicht nur den Zollgebühren ausweichen, sondern auch etwaige Kosten für ein Warenlager in Bahia einsparen. Die Lagervermieter waren jedoch keineswegs von der direkten Ausfuhr von Holz und Piassava nach Europa begeistert, beklagten sie doch bei den lokalen Behörden Umsatzverluste und argumentierten auch mit dem Verlust von Arbeitsplätzen. Mit ihren Klagen fanden sie Gehör: Es wurde eine „wirtschaftsbremsende" Verordnung erlassen, wobei die Lagervermieter von Bahia Steuern erheben durften, und zwar auch bei direkter Warenausfuhr, d.h. selbst dann, wenn das Schiff den Hafen nicht anlief! Die Hafenadministration wollte am Export mitverdienen. Folglich schwand bei Keller allmählich das Interesse an der direkten Ausfuhr und so verkaufte er sein Schiff nach Frankreich.

Eine Chronik beschreibt auch, dass die JOAQUIM an Bord einen kleinen Schlepper mitführte, den die Mannschaft bei Bedarf mit den Derricks ins Wasser hievte und so beim Laden und Löschen hilfreich einsetzte. Ob der Schlepper die JOAQUIM bei Windstille auch aufs offene Meer zog, ist nicht belegt.

Um die Frachten auf der Rückreise von Europa nach Südamerika ertragreicher zu gestalten, lud man auch Dynamit für die brasilianischen Goldminen.

Etliche Male glaubte man die JOAQUIM als verschollen, brauchte sie mal für die Strecke von Plymouth nach Le Havre volle 30 Tage. Ein anderes Mal verlor der Kapitän (Stehr?) in der Nähe der Kapverdischen Inseln die Orientierung und lief mit großer Verspätung in Bahia ein.[472] Kapitän Stehr hatte man 1883 nach dem Verlust der Schonerbrigg ELISE das Patent entzogen, das er erst wieder nach Bürgschaften von Kapitän Jansen und Kapitän Bohn am 24. September 1888 zurückerhielt.[473]

Nach insgesamt fünf Jahren Dienst Südamerika – Europa verkaufte Keller das Schiff am 14. Mai 1900 nach Bordeaux an die Reeder und Handelsleute J. F. Buhan, Pére, Fils & A. Teisseire. Unter Beibehaltung des Namens setzten sie später die JOAQUIM (JSTM) in St. Louis, Senegal, ein. Bis 1911 erscheint die JOAQUIM in den Registern.

Anhang

Flottenliste Thos. J. Heftye & Søn, Kristiania

Schiffsname	Typ	CL/BRT/NT	Dimensionen*	Baujahr	Bauwerft/Ort	Rufzeichen	Besitzdauer
ALIDA	Vollschiff	122 CL/253 NT	32,9 x 8,1 x 3,3 m		Namdalen/Norwegen	A49	1818–1833
	1815: J. Chr. Vogelsang, Trondheim						
	1818: Thos. J. Heftye & Søn, Kristiania						
	1833: Nachweisbar						
AMERICA	Brigg	78 CL/162 NT		1782	Kristiansand		1800–?
	1782: D. Isachsen, Kristiansand						
	1800: Chr. Nyrop						
	1800: Thos. Heftye, Kristiania						
AMICITIA	Vollschiff	298 CL/647 BRT/596 NT	37,5 x 9,1 x 6,2 m	1839	J. R. Boelen, Werft de Haan, Amsterdam	A199 / HDRP	1874–1880
	1839: Als DOCTRINAE ET AMICITIA für A. L. van Harpen & Zonen, Amsterdam gebaut						
	1862: Joh. H. Andresen, Kristiania (AMICITIA)						
	1867: N. H. Andresen, Kragerø						
	1869: Joh. H. Andresen, Kragerø						
	1874: Thos. J. Heftye & Søn, Kristiania						
	1880: Erlischt im Register						
ATLAS	Bark	272,5 CL/620 BRT/571 NT/815 dwt	44,5 x 10,3 x 5,3 m	1863	P. Andersen, Tønsberg	HKQP	1870–1879
	1863 November: Als Vollschiff für M. Føyn & M. Koren, Tønsberg						
	1868 Oktober: M. Føyn & Larsen, Tønsberg						
	1870: Thos. J. Heftye & Søn, Kristiania						
	1870: Umbau zur Bark						
	1879 September: Hans Chr. Seeberg, Tønsberg						
	1897: A/S Atlas (Ole Johansen, Greåker), Sarpsborg						
	1907 am 16. Oktober auf der Reise von Hælsingborg nach Køya mit Ballast beim Hærnø Klubb-Licht gestrandet						
CLARA MARIA	Brigg	54 CL/112 NT				A37	1829–1833
	1829: Thos. J. Heftye & Søn, Kristiania						
	1833: Nachweisbar						
De 2DE BRØDRE	Vollschiff	136,5 CL/284 NT				A52	1829–1833
	1829: Thos. J. Heftye & Søn, Kristiania						
	1833: Nachweisbar						
ELISABETH	Galiot	32,5 CL/68 NT				A90	1842–1848
	1842: Thos. J. Heftye & Søn, Kristiania						
	1847: Umriggung zum Schoner (28,5 CL)						
	1848: Fredrik Christian Olsen, Hvitsten						
	1854: G. J. & N. W. Grønn, Moss						
	1855: G. J. Grønn, Moss						
	1860: Nachweisbar						
EMILIE	Galiot						1800–?
FORTUNA	Galiot	40 CL/83 NT				A26	1829–1833
	1829: Thos. J. Heftye & Søn, Kristiania						
	1833: Nachweisbar						
FREDERIKSTAD	Bark	280 CL/638 BRT/578 NT	35,9 x 9,7 x 6,1 m	1848	C. Smith „Stadswerf", Zieukzer, Holland		1873–1880
	1848: Als SCHOUWEN an J. de Jonge & Keller, Zierikzee						
	1858: Van Overzee & Co., Rotterdam (CATHARINA MARIA)						
	1873 April: J. Thiis & Niels Hjorth, Fredrikstad (Heftye mitbeteiligt) (FREDERIKSTAD)						

Schiffsname	Typ	CL/BRT/NT	Dimensionen*	Baujahr	Bauwerft/Ort	Rufzeichen	Besitzdauer
		1880: P. Dale, Risør					
		1881: J. Thiis, Fredrikstad					
		1886 am 16. Oktober auf der Reise von Musquash/N.B. nach Swansea bei					
		Pentireglaze/Cornwall gestrandet. 10 Todesopfer					
GILEAD	Bark	449 BRT/419 NT	40,9 x 9,3 x 5,0 m	1879	O. O. Haugen, Sonderled, Risør	HFRV	1879–1886
		1879 Oktober: Thos. J. Heftye & Søn und J. Thiis, Kristiania					
		1886 Juni: N. A. Nielsen, Kragerø					
		1892 Juni: N. A. Nielsen und Andere, Kragerø					
		1893 September: N. A. Nielsen, Kragerø					
		1899: A/S Gilead (E. L. Larsen), Brevik					
		1901 am 13. Oktober auf der Reise von Brevik nach Grimsby mit					
		einer Ladung Eis verschollen					
HERMANOS	Bark	263 CL/594 BRT/562 NT	40,4 x 9,7 x 5,5 m	1834	Johann Lange, Vegesack /Bremen	HDJF	1852–1895
		1834 am 21. September Stapellauf als Vollschiff GUSTAV					
		für Gebr. Kulenkampff, Bremen					
		1852: Thos. J. Heftye & Søn und R. A. Olsen, Kristiania (HERMANOS)					
		1855: Thos. J. Heftye & Søn, Kristiania					
		1859: Thos. J. Heftye & Søn und Andere, Kristiania					
		1880: Umbau zur Bark					
		1895: A/S Bark Hermanos (H. N. Wiborg), Kristiania					
		1896: Norway Lake Ice Co. (H. N. Wiborg), Kristiania					
		1901 nach Frankreich verkauft; verm. abgewrackt					
HJORTEN	Schaluppe	21 CL/44 NT				A25	1833–1850
		1833: Thos. J. Heftye & Søn, Kristiania					
		1850: Diedriksen & Sørensen, Sarpsborg					
		1855: F. Bekkevold jun., Moss					
		1856: Fr. Aug. Bekkevold, Moss					
JAN MAYN	Brigg	119 CL/285 BRT/259 NT	30,5 x 7,9 x 4,4 m	1853	P. Andersen, Nøtterøy/Tønsberg	HLND	1859–1866
		1853 Okober: ?					
		1859 August: Thos. J. Heftye & Søn, Kristiania					
		1866 November: G. C. Hansen, Tønsberg					
		1877: Umbau zum Öltankschiff					
		1882 März: S. Chr. Føyn, Tønsberg					
		1887 Juni: H. A. Bødtker, Svelvik, Drammen					
		1890: J. Schjøttelvig, Svelvik, Drammen					
		1892 am 8. Oktober auf der Reise von Blyth nach Drammen mit einer					
		Ladung Kohle in der Nordsee gestrandet					
JOHAN SMIDT	Bark	367 CL/781 BRT/765 NT	43,4 x 10,2 x 6,1 m	1834	Boston, Mass./USA	HSJR	1884–1886
		1834: ?					
		1862 September: Hans Dedekam, Risør (Vollschiff JOHAN SMIDT)					
		1868 Januar: N. Hjorth, Fredrikstad					
		1872 April: Jens Thiis & Co., Fredrikstad					
		1872 November: Kollision mit der ENIGHEDEN bei Stavanger auf der Reise					
		von Königsberg nach Cork. Reparatur					
		1872: Umriggung zur Bark					
		1884 November: Thos. J. Heftye & Søn, Kristiania					
		1886: A/S Johan Smidt (N. S. Hjorth und C. Thiis)					
		1890 Dezember: A/S Johan Smidt (Carsten Thiis), Fredrikstad					

Schiffsname	Typ	CL/BRT/NT	Dimensionen*	Baujahr	Bauwerft/Ort	Rufzeichen	Besitzdauer
	1898 am 22. Oktober auf der Reise von Hernøsand nach London mit einer Holzladung leck geschlagen. Zuerst nach Hartlepool, danach nach London abgeschleppt. Totalverlust						
LEKAREN	Schaluppe 19,5 CL/40 NT					A46	1844–1854
	1844: Thos. J. Heftye & Søn, Kristiania						
	1854: O. Syvertsen, Halden						
	1856: L. Syvertsen, Halden						
	1860: O. Syvertsen, Halden						
LØVEN	Schaluppe 14,5 CL/30 NT					A6	1829–1852
	1829: Thos. J. Heftye & Søn, Kristiania						1855–1864
	1852: Koch, Asker/Kristiania						
	1855: Thos. J. Heftye & Søn, Kristiania						
	1864: Nachweisbar						
MINERVA	Brigg 57,5 CL/120 NT	4,3 m Tiefe	1829	Risør	A50	1829–1867
	1829: Thos. J. Heftye & Søn, Kristiania						
	1848: Neu vermessen mit 72 CL						
	1867: Nachweisbar						
RANGER	Schoner 62 CL/142 BRT/138 NT	25,3 x 6,0 x 3,6 m	1853	Grangemouth, Schottland	HDJB	1859–1862
	1853: ?						
	1856: P. Tschudy, Tønsberg						
	1859: Thos. J. Heftye & Søn, Kristiania						
	1861 Februar: Thos. J. Heftye & Søn und Andere, Kristiania						
	1862: O. Olsen und Andere, Tønsberg						
	1862: Umriggung zur Brigg						
	1876: A. M. Hansen, Halden						
	1879 Oktober: K. Østerberg und Andere, Kristiania						
	1881: Nachweisbar						
SCHWANDEN	Bark 817 NT	51,2 x 11,3 x 6,2 m	1879	Georg Lorange (J. Brevig), Sorhalden, Fredrikshald	HFRS	1879–1890
	1879 September: Thos. J. Heftye & Søn, Kristiania						
	1890: A/S Schwanden (J. N. Sørensen, Kristiania)						
	1900: E. K. Olofsson, Mariehamn/Åland						
	1916 am 15. April südlich Irlands vom deutschen U-Boot U 69 versenkt						
SKIEN	Bark 235 CL/493 BRT/468 NT	31,8 x 9,1 x 5,6 m	1842	L. R. Barnholdt, Skien	HCVK	1846–1856
	1842: L. R. Barnholdt, Skien						
	1846: Thos. J. Heftye & Søn, Kristiania						
	1856: Fredr. Chr. Olsen, Hvitsten						
	1875: Petter Olsen, Hvitsten						
	1886 Dezember: Fred. Olsen, Hvitsten						
	1898 am 14. Juni auf der Reise von Ostende nach Metis bei Matave, New Brunswick, mit Ballast gestrandet						
STÆRKODDER	Dampfer 580 BRT/354 NT	43,7 x 8,6 x 5,6 m	1883	E. Burchard & Co., Rostock	HDGJ	1883–1896
	Ausgerüstet mit einer Hilfsdampfmaschine von 100 PS, 9 kn						
	1883: A/S Stærkodder (Thos. J. Heftye & Søn), Kristiania						
	1896 am 26. September auf der Reise von Ishavet nach Tønsberg bei Kjøbandsskjær dem Feuer zum Opfer gefallen						
THOMAS	Brigg 63 CL/131 NT					A47	1842–1860
	1842: Thos. J. Heftye & Søn, Kristiania						
	1860: Nachweisbar						

Schiffsname	Typ	CL/BRT/NT	Dimensionen*	Baujahr	Bauwerft/Ort	Rufzeichen	Besitzdauer
VALHALLA	Vollschiff	190 CL/395 NT	32,6 x 8,2 x 5,2 m	1847	Kristiansand	HDJL	1858–1872
	1847: H. Walløe, Tønsberg						
	1858 März: Thos. J. Heftye & Søn, Kristiania						
	1872: C. Friis, Drammen						
	1873 Januar: O. Hansen, Drammen						
	1876: Nachweisbar						
WILHELMINE	Brigg	142,5 CL/296 NT				A63	1834–1850
	1834: Thos. J. Heftye & Søn, Kristiania						
	1848: Mit 197 CL vermessen						
	1850: Fredrik Christian Olsen, Hvitsten						
	1854 am 26. Januar auf der Reise von Kristiansand nach London bei Sulen gestrandet						

Flottenliste Samuel Otto & Co., Kristiansand

Schiffsname	Typ	CL/BRT/NT	Dimensionen*	Baujahr	Bauwerft/Ort	Rufzeichen	Besitzdauer
ATHLET	Bark	714 BRT/682 NT	47,2 x 9,8 x 5,6 m	1875	Sam. Otto & Co. (F. D. Lippe), Kristiansand	JDHC	1875–1889
	1875 am 22. Juli Stapellauf und im September an Sam. Otto & Co., Kristiansand						
	1885 März: Sam. Otto & Co., m.fl., Kristiansand						
	1888 Juni: Sam. Otto & Co., Kristiansand (neuer Metallbeschlag)						
	1889 August: Totalverlust bei Karolinen-Inseln						
CAROLINA		70,5 CL/147 NT		1806	Danzig		1815–1819
	18..: Eigner in Farsund						
	1815: Sam. Otto & Co., Kristiansand						
	1819: Peter Isaachsen, Kristiansand						
	1820: Christian Mathiessen, Kristiansand						
	182.: Halvor Soelberg, Kristiansand (ab 1824 Mandal)						
	1827: Nach Sandefjord verkauft						
	1829: Erlischt im Register						
CASPAR WILD	Brigg	105 CL/220 NT	30,8 x 7,3 x 4,2 m	1859	Sam. Otto & Co., Kristiansand	P52 / JCRG	1859–1873
	1859: I/S Caspar Wild (Sam. Otto & Co.), Kristiansand						
	1873 Juli: Totalverlust						
CONSTANTIA	Brigg	97,5 CL/235 BRT	24,7 x 7,2 x 4,4 m	1827	Sam. Otto & Co., Kristiansand	HBTC	1827–1851
	1827: Sam. Otto & Co., Kristiansand						
	1851: N. J. Nielsen & A. M. Wiel, Halden						
	1862 Februar: A. M. Wiel m.fl., Halden						
	1863 März: Westbye Sørensen & N. S. Andersen, Halden						
	1864 November: N. S. Andersen & W. Sørensen, Fredrikstad						
	1867: N. S. Andersen & W. Sørensen m.fl., Fredrikstad						
	1874 März: N. S. Andersen m.fl., Fredrikstad						
	1896: Rederiselskapet Constantia (N. S. Andersen), Fredrikstad						
	1897: Abriggung und Umbau zum Leichter						
CORREO	Schoner	309 BRT/295 NT	38,5 x 9,1 x 3,7 m	1885	Odderøens Verft (H. P. Larsen), Kristiansand	JDNS	1885–1898
	1885 April: Sam. Otto & Co. & Bernd Balchen, Kristiansand						
	1898 August: P. N. Dannevig, Arendal						
	1899 am 30. März bei Cap de la Hague gestrandet						

Schiffsname	Typ	CL/BRT/NT	Dimensionen*	Baujahr	Bauwerft/Ort	Rufzeichen	Besitzdauer
DIVICO	Bark	519 BRT/501 NT	39,6 x 8,8 x 5,5 m	1864	A. Dekke, Bergen	JCPB	1864–1893
	1864 Juli: Sam. Otto & Co., Kristiansand						
	1893 März: Abriggung und Umbau zum Leichter						
EINAR	Brigg	80 CL/168 NT	28,3 x 7,4 x 3,5 m	1857	Sam. Otto & Co., Kristiansand	HDMT	1857–1862
	1857: Sam. Otto & Co., Kristiansand						
	1862: P. Dührendahl & Co., Kristiania						
	1864 Dezember: P. Dührendahl m.fl., Kristiania						
	1870: P. Dührendahl & Co. m.fl., Kristiania						
	1873: P. Dührendahl & Co., Kristiania						
	1875 November: Johan Hansen, Brevik						
	1877: Erlischt im Register						
EMILIE	Galiot	69 CL/178 NT	23,1 x 6,7 x 4,3 m		Rostock	P48 / HCQB	1829–1853
	1829: Sam. Otto & Co., Kristiansand						
	1853: M. Peterson & Søn, Moss (79,5 CL)						
	1865 Mai: H. Blom, Moss (82 CL)						
	1870: R. M. Peterson, Moss						
	1885: Erlischt im Register						
EVENING STAR	Bark	727 BRT/702 NT	42,1 x 9,3 x 5,5 m	1863	Nickerson, Brewer/Main	JDCK	1865–1885
	1863: Samuel Bradford, New York						
	1865 Februar: Sam. Otto & Co., Kristiansand						
	1885 am 10. Januar bei St. John's Point/Jamaika auf Grund gelaufen						
EXCHANGE	Vollschiff	596 BRT		1855	H. & R. Hitchcock, Bath/Maine		1865–1866
	1855: J. Hitchock, Bath						
	1861: David P. Low, Bath						
	1863: J. P. Morse, Bath						
	1865: Sam. Otto & Co., Kristiansand						
FAVORIT	Schonerbrigg	84,5 CL/255 NT	29,4 x 6,4 x 3,7 m	1855	Flageverftet Laksevag, Bergen	P18 / JCVF	1860–1870
	1855: A. M. Schjelderup, Bergen						
	1860 März: Sam. Otto & Co., Kristiansand (Umriggung zur Brigg)						
	1869: Umriggung zum Schoner						
	1870: F. Berven & Th. Heyerdahl, Kristiania						
	1872 September: F. Berven, Kristiania						
	1875 März: B. C. Hagemann, Kristiania						
	1877: Erlischt im Register						
FREYDIS	Vollschiff	358,5 CL/717 NT	48,6 x 10,0 x 5,8 m	1864	Brown & Lovell, Boston	JDFB	1865–1882
	1864: Als EXCHANGE für Brown & Lovell, Boston						
	1865 Juni: Sam. Otto & Co., Kristiansand (FREYDIS)						
	1882: Verschwunden auf der Reise von Kristiansand nach Cardiff						
HELVETIA	Bark	406 BRT/395 NT	35,7 x 8,5 x 4,9 m	1855	Sam. Otto & Co., Kristiansand	P5 / JCVD	1855–1886
	1855: Sam. Otto & Co., Kristiansand						
	1886: O. C. Reinhardt, Kristiansand						
	1886: Anders Sveaas, Drammen						
	1897: Außer Dienst gestellt						
INDUSTRIE	Bark	156 CL/352 BRT/302 NT	30,2 x 8,2 x 5,0 m	1839	Sam. Otto & Co., Kristiansand	P64 / JCNV	1839–1860
	1839: Sam. Otto & Co., Kristiansand						
	1860 Dezember: O. A. Strømme, Kristiansand						
	1863 Juni: O. A. Strømme m.fl., Kristiansand (Umbau, neu vermessen mit 170,5 CL)						
	1885 am 23. Oktober im Nordatlantik gesunken						

Schiffsname	Typ	CL/BRT/NT	Dimensionen*	Baujahr	Bauwerft/Ort	Rufzeichen	Besitzdauer
MARGARETHE	Brigg	83 CL/193 NT	22,7 x 6,9 x 4,3 m	1830	Sam. Otto & Co., Kristiansand	P55 / HPVQ	1830–1841
	1830: Sam. Otto & Co., Kristiansand						
	1841: Melchior Blumer, Kristiansand						
	1862 Mai: Jørgen Linaae, Porsgrunn						
	1876 Juli: Jørgen Linaae Arvinger, Porsgrunn						
	1879 September: S. T. Kragenæs m.fl., Skien						
	1885: Totalverlust						
MARGARETHE BENJAMINE	Galiot				Holland		1815–?
	1815: Sam. Otto & Co., Kristiansand						
NOR	Bark	225,5 CL/473 NT		1856	Sam. Otto & Co., Kristiansand		1856–1858
	1856: Sam. Otto & Co., Kristiansand						
	1858 November: Bei Odessa gestrandet						
NORVEGIA	Bark	114 CL/239 NT		1841	Sam. Otto & Co., Kristiansand	P66	1841–1847
	1841: Sam. Otto & Co., Kristiansand						
	1847 November: J. C. & F. Cordes, Hamburg (AUGUSTE & BERTHA)						
	1852 September: F. Blass & Schomburgk, Hamburg						
	1858 Juni: Johann Heinrich Jorjan, Hamburg						
	1859 am 28. Februar strandet sie bei der Eidermündung						
OCEANUS	Bark	180 CL/378 NT		1850	Sam. Otto & Co., Kristiansand	P21	1850–1852
	1850: Sam. Otto & Co., Kristiansand						
	1852: Im Englischen Kanal gesunken						
OTRA	Bark	333 BRT/299 NT	39,3 x 8,8 x 3,8 m	1886	Odderøens Verft (H. P. Larsen), Kristiansand	JCNQ	1886–1897
	1886 Juni: Sam. Otto & Co., Kristiansand						
	1897 März: P. N. Dannevig, Arendal						
	1899 Juni: A/S Otra & Correo (Dannevig & Bough), Arendal						
	1900: Jules Pannier, Granville (FRANÇOIS CHARLES)						
	1920: Nachweisbar						
PATENTIA	Galiot	16,5 CL/34 NT			Lillesand	P13	1829–1842
	1829: Sam. Otto & Co., Kristiansand						
	1842: H. J. Bergfeldt, Kristiansand						
	1848: Hans Johnsen m.fl., Kristiansand						
	1850: W. Faag & E. G. Strømme, Kristiansand						
	1852: J. Andersen & E. Strømme, Kristiansand						
	1846: Erlischt im Register						
PHØBUS	Brigg	116,5 CL/246 BRT/233 NT	27,7 x 7,9 x 4,1 m	1843	Sam. Otto & Co., Kristiansand	P67 / JBWP	1843–1865
	1843: Sam. Otto & Co., Kristiansand						
	1865 März: D. Christensen, Lillesand						
	1870 Februar: A. Tønnesen, Lillesand						
	1873 April: A. Tønnesen m.fl., Lillesand						
	1888 Februar: G. Pedersen, Lillesand						
	1891: Bei Dünkirchen gestrandet						
RESOLUT	Schonerbrigg	211 BRT/200 NT	32,3 x 7,5 x 3,7 m	1876	Sam. Otto & Co., Kristiansand	JDHW	1876–1885
	1876 Juni: Sam. Otto & Co., Kristiansand						
	1885 Februar: In der Penedo Bar/Brasilien gestrandet						
RESOLUTION	Bark	111 CL/350 NT				P54	1829–1833
	1829: Sam. Otto & Co. & Statsraad Hegemann, Kristiansand						
	1833: Erlischt im Register						

Schiffsname	Typ	CL/BRT/NT	Dimensionen*	Baujahr	Bauwerft/Ort	Rufzeichen	Besitzdauer
RIGI	Bark	535 BRT/499 NT	44,7 x 9,7 x 5,2 m	1885	P. Svendsen, Drammen	JDNR	1885–1898
	1885 Februar: Sam. Otto & Co., Kristiansand						
	1898: J. C. Svendsen m.fl., Kristiansand						
	1903: A/S Rigi (P. Jacobsen), Porsgrunn						
	1906 am 13. März auf der Reise von Le Havre nach Porsgrunn						
	bei Borkum gestrandet						
SIBILLE	Brigg	47,5 CL/99 NT		1832	Sam. Otto & Co., Kristiansand	P60	1832–1842
	1832: Sam. Otto & Co., Kristiansand						
	1842: Melchior Blumer, Kristiansand						
	1848: Erlischt im Register						
SOLA	Bark	467 BRT/428 NT	45,2 x 8,5 x 5,2 m	1869	Goddarn, Neyland/Pembroke	JCPQ	1885–1898
	1869 März: Als GLAMORGANSHIRE für Shire Line, London						
	(J. Jenkins & Co.)						
	1884: J. M. Kirby, London						
	1885 Oktober: Sam. Otto & Co., Kristiansand (SOLA)						
	1891: Umriggung zum Schoner						
	1898 Februar: J. C. Nielsen m.fl., Kristiansand						
	1900 am 6. Dezember nahe San Louis, Maranhao/Brasilien, gestrandet						
TELL	Schonerbrigg	139 CL/287 BRT/267 NT	32,9 x 7,9 x 4,1 m	1870	Mathiesens Verft, Kristiansand	JCSM	1870–1893
	1870 September: Sam. Otto & Co. m.fl., Kristiansand						
	1877 Oktober: Umriggung zum Schoner						
	1880 November: Sam. Otto & Co., Kristiansand (Umriggung zur Schonerbrigg)						
	1893 Oktober: K. F. Langfeldt m.fl., Kristiansand						
	1893 am 19. November bei Goodwin Sands gestrandet						

Flottenliste Frid. Otto & Søn, Farsund

Schiffsname	Typ	CL/BRT/NT	Dimensionen*	Baujahr	Bauwerft/Ort	Rufzeichen	Besitzdauer
ANNE DOROTHEA	Brigg	48 CL/96 NT					1821–1822
	1821: Frid. Otto & Søn, Farsund						
	1822 am 11. März an der franz. Westküste gestrandet						
BETTY	Bark	95 CL/216 NT	25,9 x 7,5 x 4,1 m	1833	Gefle/Schweden	S10	1850–1862
	1833: Nils Jacob Sehlberg & Eric Dahl, Gefle						
	1845: N. J. Sehlberg & Reinhold Petre, Gefle						
	1849 am 19. Mai auf der Reise von Amsterdam nach Gefle						
	bei Lindesnæs mit allgemeiner Fracht gestrandet						
	1850: Frid. Otto & Søn & P. C. Ohlson, Farsund kaufen die havarierte BETTY						
	1862: Ole Olsen & Søn, Arendal						
	1873: J. T. Johnsen, Arendal						
	1880 Februar: L. Tellefsen, Arendal						
	1884: Erlischt im Register						
DUO FRATRES	Brigg	55 CL/110 NT		1834	Kristiansand	S19 / R49	1852–1861
	1834: S. Hansen m.fl., Kristiansand						
	1837: A. Larsen, Flekkefjord						
	1845: A. Larsen & H. Svege, Flekkefjord						
	1852: Frid. Otto & Søn, Farsund						
	1861: Christian E. Busch m.fl., Bergen						
	1864: Brunchorst & Dekke m.fl., Bergen						

Schiffsname	Typ	CL/BRT/NT	Dimensionen*	Baujahr	Bauwerft/Ort	Rufzeichen	Besitzdauer
	1865: C. Busch & Søn, Bergen						
	1867: Strandet an der South Bank of the Tag						
FAHRSUNDS HAAB	Bark	100,5 CL/134 NT		1819	Køningsberg	S57 / S69	1832–1834
	1819: Gabriel & Ebbe Lund, Farsund						
	1829: Umbau und neu mit 100,5 CL vermessen (zuvor 64,5 CL)						
	1832: Frid. Otto & Søn, Farsund						
	1834: Eigner in Drammen						
	1842: Erlischt im Register						
FARSUND	Bark	214,5 CL/427 NT	33,2 x 8,7 x 5,1 m	1866	Grimstad	JFWK	1866–1872
	1866 Juni: Frid. Otto & Søn, Farsund						
	1872: O. Olsen m.fl., Kragerø						
	1881: Erlischt im Register						
FORTUNA	Schaluppe	18 CL/37 NT		1816?	Bergen?		1820–1822
	1820: Frid. Otto & Søn, Farsund						
	1822: Außer Dienst gestellt						
FORTUNA	Schaluppe	19 CL/38 NT		1823	Frid. Otto & Søn, Farsund	S40 / S49	1823–1842?
	1823: Frid. Otto & Søn, Farsund						
FORTUNA	Schaluppe	26 CL		1842	Frid. Otto & Søn, Gaaseholmen	S40	1842–1856
	1842: Frid. Otto & Søn, Farsund						
	1856: Osmund Tobiassen, Farsund						
	1868: Noch in Fahrt						
FRAMNÆS	Brigg	69,5 CL/159 NT	28,4 x 6,6 x 3,7 m	1850	Bergen	JFWT/S14	1865–1867
	1850: M. H. Schreuder m.fl, Bergen						
	1854: C. Gerh. Ameln m.fl., Bergen						
	1861: Frederich Hansen, Bergen						
	1865 September: Frid. Otto & Søn, Farsund						
	1867: O. M. Abrahamsen, Farsund						
	1872: H. O. Høegh, Brevik						
	1880 am 6. Oktober auf der Reise von Brevik nach West Hartlepool bei Middletons Sands gestrandet						
GYLLER	Brigg	100,5 CL/202 BRT/189 NT	34,9 x 7,8 x 3,7 m	1857	Bankestokken Verft, Farsund	S5 / JGBK	1857–1869
	1857 Juni: Frid. Otto & Søn, Farsund						
	1861: Frid. Otto & Søn und H. P. Bøckman, Farsund						
	1864 April: Frid. Otto & Søn, Farsund						
	1869 März: I. Fedde m.fl., Farsund						
	1872 März: Samuel Fedde, Farsund						
	1873: Joh. Hansen & J. Steen, Svelvik, Drammen						
	1874 August: Joh. Hansen, Svelvik, Drammen						
	1878: R. Haave m.fl., Drøbak						
	1881 März: H. Parr Samuelsen, Drøbak						
	1888 April: Nils Chr. Engebretsen m.fl., Fredrikstad						
	1897: A/S Brigg Gyller (Hans Andersen), Fredrikstad						
	1899 Mai: Auf der Reise von Drammen nach Yarmouth mit einem Leck Lyngør als Nothafen angelaufen						
	1899 am 15. Juli kondemniert und zum Leichter umgebaut						
HAJEN	Kutter	10 CL/23 NT		1823		S7 / S11	1823–1837
	1823: Frid. Otto & Søn, Farsund						
	1837: Reinert T. Olsen, Farsund						
	1842: In eine Schaluppe umgeriggt (11,5 CL)						

Schiffsname	Typ	CL/BRT/NT	Dimensionen*	Baujahr	Bauwerft/Ort	Rufzeichen	Besitzdauer
	1847: Tønnes Nielsen, Farsund						
	1848: Erlischt im Register						
HELVETIA	Schoner	28,5 CL/65 BRT/57 NT	16,5 x 5,2 x 3,5 m	1840	Frid. Otto & Søn, Farsund	S62 / S15 / JGBH	1840–1864
	1840: Frid. Otto & Søn, Farsund						
	1861 Juli: J. E. Michaelsen, Farsund						
	1862: Frid. Otto & Søn, Farsund						
	1864 April: J. E. Michaelsen, Farsund						
	1873: M. A. Jacobsen, Farsund						
	1878 November: H. R. Halvorsen, Larvik						
	1879 am 18. Oktober nahe Kleven bei Mandal gesunken. 5 Mann gerettet						
LEDA	Boot	4,5 CL/9 NT		1837			1837
LINDESNÆS	Bark	207 CL/414 NT	39,6 x 8,7 x 4,9 m	1866	Drammen	S36 / JGCB	1866–1871
	1866 Juli: Frid. Otto & Søn, Farsund						
	1871: P. C. Nøtland m.fl., Farsund						
	1872: Im Nordatlantik verschwunden						
MERCATOR	Bark	196,5 CL/396 NT	37,5 x 8,0 m	1854	Frid. Otto & Søn, Spind	S25	1854–1864
	1854: Frid. Otto & Søn, Farsund						
	1864: Totalverlust						
PHOENIX	Schoner	28,5 CL/57 NT		1829	Frid. Otto & Søn, Farsund	S49 / S60	1829–1837
	1829: Frid. Otto & Søn, Farsund						
	1837: Jonas J. Lund, Farsund						
	1842: Erlischt im Register						
SEILEREN	Schaluppe	7 CL/15 NT		1828			1834
	1828: Eilert J. Salvesen, Farsund						
	1834: Frid. Otto & Søn, Farsund						
SØEBLOMSTEN	Schaluppe	33,5 CL/67 NT		1831	Reinert, Lundeverft, Farsund	S62	1831–1833?
	1831: Frid. Otto & Søn, Farsund						
	1837: Erlischt im Register						
SØERIDDEREN	Kutter						1824–1829
	1824: Frid. Otto & Søn, Farsund						
	1829: Erlischt im Register						
WILHELM TELL	Brigg	54 CL/108 NT		1825	Frid. Otto & Søn, Farsund	S17 / S53 / S65	1825–1849
	1825: Frid. Otto & Søn, Farsund						
	1849: Erlischt im Register						

Bauliste von J. Trümpy & Søn, Bergen

Baujahr	Name	Typ	CL	BRT/NT	Dimensionen*	Besteller
1833 Nov.	BERGENSEREN	Brigg	66			Capt. Johan Friele, Herman Friele sen., Joachim Friele, Nicolay N. jun., Albert Mohn, Berend Vedelers Enke, Gjerdt H. Vedeler, Lorentz Wesenberg (registriert für H. Friele).
1834 April	ØRNEN	Schonerbrigg	55		26,2 x 6,5 x 1,7 m	D. H. Mathias Olsen, Bergen.
1834 Aug.	EXPEDIT	Schoner	37,5		21,8 x 5,5 x 2,9 m	Albert Mohn, Johannes Reimers, Rathie Wesenberg, Lorentz Wesenberg, Michael Wesenberg.
1837 Sept.	PRECIOSA	Brigg	75		24,2 x 7,0 x 4,1 m	7 Teilhaber: C. Lehmkuhl, J. Blydt, Johan A. Blydt, J. D. Behrens, Ole Olsen, J. C. Giertsen, Henrich Froken. Baukosten-Voranschlag: 2600 Spez.
1838 Juli	HVALFISKEN	Bark	94		28,0 x 7,2 x 2,6 m	Petter Rosendahl, Bergen.

Baujahr	Name	Typ	CL	BRT/NT	Dimensionen*	Besteller
1838 Aug.	EIDSVOLD	Schoner	59			Johan Irgens ¹/₃, Christian Irgens ¹/₃, Lorentz Wesenberg ¹/₆, Herman von Tangen ¹/₆.
1838 Sept.	DEN 11te APRIL	Schoner	53			Mohn & Søns mit Anderen, Bergen. 12 Teilhaber.
1839	JOHAN GERHARD AMELN	Bark	99			
1840 Sept.	PEDER SCHRØDER	Bark	106			Morten Schrøder und Hans Paasche, Bergen.
1841	AUGUSTA	Bark	111		28,1 x 7,7 x 3,9 m	C. S. Ameln, Bergen.
1842	CONCURRENT	Brigantine	60,5			Michael Krohn & Co., Dirk Blaauw, Morten Schrøder, M. Fraas, J. Blaauw und J. Trümpy.
1842	NEWCASTLE PACQUET	Brigantine	49			H. Wingaard, Bergen.
1846	AVANCE	Schoner	43,5		3,0 m Tiefe	G. Vedeler und Andere, Bergen.
1847	LOFOTEN	Brigg	113,5	260 NT	29,5 x 7,5 x 4,1 m	J. Blaauw und Herman von Tangen, Bergen.
1848 Juli	SLEIPNER	Brigg	87		27,7 x 7,3 x 4,0 m	Vertrag: 10. April 1847. Konsortium um Chr. N. Hansen (mit ¹/₃ größter Teilhaber). Insgesamt 8 Teilhaber. Baukosten-Voranschlag: 4700 Spez.
1849	HENRIK WERGELAND	Brigg	100,5		4,3 m Tiefe	Vertrag: 17. November 1847 / 10 Teilhaber / Registriert für C. E. Busch & Søn mit Anderen, Bergen / Mitbeteiligt David Trümpy ¹/₈ und Jacob Trümpy ¹/₁₆. Baukosten-Voranschlag: 5000 Spez.
1850	HANS HOLMBO	Brigg	75,5		28,3 x 7,2 x 3,6 m	L. Wesenberg, Bergen.
1851	IMMANUEL	Bark	140,5			Vertrag: 21. Jan. 1850 für Lieferung Febr/März 1851 für 128–130 L / für T. & A. Svanøe / 11 Teilhaber. Baukosten-Voranschlag: 6000 Spez.
1853	OLAV KYRRE	Brigg	109		4,3 m Tiefe	Chr. G. Ameln mit Anderen, Bergen.
1853	LAURA	Bark	157	367/355	36,5 x 8,0 x 4,7 m	Vertrag: 20. Sept. 1852 für 173–174 Lasten / für Chr. G. Ameln. Baukosten-Voranschlag: 6600 Spez.
1854	AMALIA	Schonerbrigg	61		28,3 x 7,2 x 3,6 m	Vertrag: 29. Nov. 1853 / G. Vedeler mit Anderen, Bergen / 5 Teilhaber / Jacob Trümpy ¹/₈-Anteil und Johan Trümpy ¹/₈-Anteil. Baukosten-Voranschlag: 60 Spez. pro Last.
1855	CHRISTOPHER HANSTEEN	Schonerbrigg	76,5	232 NT	30,5 x 7,5 x 3,0 m	Vertrag: 29. Nov. 1854 / H. Baars mit Anderen, Bergen / 6 Teilhaber / J. Trümpy ¹/₉ mitbeteiligt. Baukosten-Voranschlag: 60 Spez. pro Last.
1855	DRONNING VICTORIA	Brigg	179	355 NT	38,1 x 8,5 m	Torger Svanøe mit Anderen, Bergen.
1856	PROFESSOR SCHWEIGAARD	Bark	172	361 NT	4,6 m Tiefe	Vertrag: 6. Februar 1855 / für 150 L / Carl K. Angel mit Anderen, Bergen. 11 Teilhaber. Baukosten-Voranschlag: 60 Spez. pro Last.
1857	BREIDABLIK	Brigantine	69,5		3,3 m Tiefe	Gunder und Gerhard Flood hielten zusammen ¹/₂ des Schiffes. 9 Teilhaber / Trümpy ¹/₁₈ mitbeteiligt. Baukosten-Voranschlag: 55,5 Spez. pro Last.
1857	RIVALEN	Schaluppe	29,5			Herman C. Lehmkuhl, Bergen.
1859	CZAR	Schonerbrigg	61	142 NT	29,3 x 6,4 x 3,0 m	Vertrag: 12. Sept. 1857 / Schonerbrigg für 60 Lasten und 90 Fuß im Kiel / W. Konow & Co., Bergen.

Baujahr	Name	Typ	CL	BRT/NT	Dimensionen*	Besteller
						9 Teilhaber.
						Baukosten-Voranschlag: 65 Spez. pro Last.
1860	CONCURRENT	Schaluppe	30			Herman C. Lehmkuhl, Bergen.
1861 Jan.	PRAESIDENT HARBITZ	Bark	172	361/339	36,3 x 8,7 x 5,5 m	Vertrag: 23. Aug. 1860 / für August C. Mohr & Søns mit Anderen, Bergen.
						15 Teilhaber, wobei ³/₃₂ offen blieben / Trümpy mit ¹/₁₆ beteiligt.
						Baukosten-Voranschlag: 45 Spez. pro Last.
1861	HERMAN & EUGENE	Brigantine	63,5	143/134	30,4 x 12,5 x 3,2 m	Vertrag: 27. Aug. 1860 / Albert Gjerding, Bergen (alleiniger Besitzer).
						Baukosten-Voranschlag: 55 Spez. pro Last.
1861–62	HERMAN	Schaluppe	34			Vertrag: 23. Sept. 1861 / für Herman von Tangen Søns, Bergen.
						Baukosten-Voranschlag: 60 Spez. pro Last.
1862	ACTIV	Schaluppe	34,5			Vertrag: 23. Sept. 1861 / für W. Konow mit Anderen, Bergen.
						Baukosten-Voranschlag: 60 Spez. pro Last.
1863 Juni	KONG CARL	Bark	208,5	468 NT	38,1 x 8,2 x 4,9 m	Vertrag: 21. Dez. 1861 für 190 Lasten und 119 Fuß im Kiel / für T. Svanøe, Bergen (größter Teilhaber).
						Insgesamt 15 Teilhaber / ¹/₁₆ Beteiligung von Trümpy.
						Baukosten-Voranschlag: 48,5 Spez. pro Last.
1864 Juni	ELIEZER	Bark	141,5	304/284	37,2 x 8,3 x 3,9 m	Vertrag: 26. April 1862 für 120 Lasten / Det Norske Misjonsselskap, Bergen (T. Svanøe und 5 weitere Teilhaber).
						Baukosten-Voranschlag: 63 Spez. pro Last.
1864 Okt.	HARALD HAARFAGER	Bark	240	529/512	38,1 x 8,9 x 4,8 m	Vertrag: 7. ? 1863 / dieselben Vorgaben wie für die KONG CARL / D. V. Blaauw & Co., Bergen / JPSW.
						Insgesamt 12 Teilhaber / ¹/₁₆ Beteiligung von Trümpy.
						Baukosten-Voranschlag: 52,5 Spez. pro Last.
1866 April	CERES	Bark	253,5	532/482	42,5 x 9,7 x 4,9 m	Vertrag: 10. ? 1865 / Reg. Eigner: C. Ege mit Anderen, Bergen / JPCV.
						Insgesamt 18 Teilhaber / J. Trümpy mit ¹/₁₆ beteiligt.
						Baukosten-Voranschlag: 52,5 Spez. pro Last.
1866 Juli	DYNABORG	Brigantine	92		25,3 x 6,8 x 3,5 m	Vertrag: 26. Sept. 1864 für 70 Lasten und 92 Fuß / W. Konow mit Anderen, Bergen.
						Baukosten-Voranschlag: 68 Spez. pro Last.
1867 Juli	LUDVIG HOLBERG	Bark	198,5	417 NT	4,3 m Tiefe	Vertrag: 19. Juni 1865 / Maxiumum 180 L / Registriert für F. Irgens mit Anderen.
						Insgesamt 12 Teilhaber / Haupteigner mit ¹/₄-Anteil Petter von Tangen / Trümpy mit ¹/₁₆ beteiligt.
						Baukosten-Voranschlag: 59 Spez. pro Last.
1868 Mai	VALKYRIEN	Bark	271,5	593/543	42,7 x 9,2 x 5,5 m	Vertrag: 7. Nov. 1865.
						Auftrag, ein 250- bis 260-Lasten-Schiff zu bauen mit 130 Fuß im Kiel.
						Gotlieb Thomsen, Bergen, und weitere 15 Teilhaber / Trümpy ¹/₁₆ mitbeteiligt / JPTS.
						Baukosten-Voranschlag: 59 Spez. pro Last.
1869 Mai	PRINDSESSE LOUISE	Bark	203	452/518	39,9 x 8,7 x 4,3 m	Vertrag: 31. März 1868 / Reg. Eigner: Chr. Ege & Co. / 19 Teilhaber.
						Baukosten-Voranschlag: 57,5 Spez. pro Last.

Baujahr	Name	Typ	CL	BRT/NT	Dimensionen*	Besteller
1870 April	PROFESSOR SCHWEIGAARD	Bark	241,5	590/441	42,1 x 8,8 x 4,3 m	Vertrag: 30. Mai 1868 für ein 250-Lasten-Schiff / Reg. Eigner: Harald Irgens, Bergen / JQDM. Trümpy mit 1/16 beteiligt / 10 weitere Teilhaber. Baukosten-Voranschlag: 57,5 Spez. pro Last.
1871 Mai	KONG SVERRE	Bark	260	543/526	47,8 x 9,0 x 5,1 m	Vertrag: 12. Sept. 1869 / Baumeister: Alfred Trümpy / Reg. Eigner: H. Irgens & Co. / JPRQ / 16 Teilhaber / Größter Teilhaber Chr. Irgens mit 1/6-Anteil. Baukosten-Voranschlag: 52 Spez. pro Last.
1872 Febr.	ALPHA	Dampfer	100,5	303/177	33,7 x 7,2 x 4,0 m	25 PS, Galiot-Besegelung / Aug. C. Mohr & Søn mit Anderen, Bergen / 11 Teilhaber / J. Trümpy mitbeteiligt.
1872 Juni	IDRAET	Dampfer	110	246/172	35,0 x 6,6 x 4,3 m	Vertrag: 9. Dez. 1871 / M. G. Hansen mit Anderen, Stavanger / 6426 Spez.
1873 Sept.	JOHAN IRGENS	Bark	376,5	804/748	48,9 x 10,7 x 5,4 m	Vertrag: Mai 1872 für ein Schiff 385–390 Brutto-Lasten / Harald Irgens mit Anderen, Bergen / JPHN. Baukosten-Voranschlag: 48 Spez. pro Last
1873 Okt.	ZARITZA	Dampfer	156	433/309	47,5 x 7,3 x 4,4 m	Vertrag: 1. Dez. 1871 für Dampfschiff aus Holz. 150 Fuß lang im Kiel / W. Konow mit Anderen, Bergen. 19 Teilhaber / mit 4000 Spez. größter Teilhaber Capt. C. M. Baukosten-Voranschlag: 40 000 Spez.
1874 Juni	ITALIA	Brigantine	127,5	268 NT	37,0 x 8,2 x 3,8 m	And. Behrens & Co., Bergen / 13 Teilhaber / J. Trümpys Erben und Caspar Trümpy Miteigner.
1874–75	PROFESSOR MOHN	Bark	468	955 NT	54,0 x 11,2 x 5,7 m	Petter von Tangen, Bergen & L. Ameln mit Anderen / JQLC. Baukosten-Voranschlag: 60 Spez. pro Last.
1876 April	SIRIUS	Schoner	178,5	342/320	39,5 x 8,3 x 4,2 m	Vertrag: 22. Dez. 1874 / für 150 L und 120 Fuß / Ditmar Holm mit Anderen, Bergen / JQMT. Bei der Vertragsunterzeichnung war 1/3 des Preises noch nicht gesichert. Baukosten-Voranschlag: 70 Spez. pro Last.
1876 Sept.	JACOB TRUMPY	Vollschiff		921 NT	56,5 x 10,6 x 5,7 m	Vertrag: 8. März 1875 / für 460 Brutto-Lasten und 165–170 Fuß lang im Kiel / T. Svanøe & Andere / JQNP. 1/16 Trümpy & Søn, 1/32 Herman Trümpy. Baukosten-Voranschlag: 63,5 Spez. pro Last.
1877–79 Juli (beendet in Jekteviken)	CARL KONOW	Bark		491 NT	43,3 x 9,3 x 4,7 m	R. Olsen & Co., Bergen.

Flottenliste White Cross Line, Antwerpen

Schiffsname	Typ	BRT/NT	Dimensionen*	Baujahr	Bauwerft/Ort	Rufzeichen	Besitzdauer
HELVETIA	Brigantine	213/171	27,8 x 5,9 x 3,9 m	1857	Prince Edward Island		1863–1871
	1857 als HOMER für Kapitän J. Le Couteur, Jersey, gebaut						
	1863 von Steinmann & Co. angekauft und umbenannt in HELVETIA						
	1871 an Kapitän E. Krüger, Stettin, verkauft. Name HELVETIA (JDFS) wird beibehalten						
	1874 vor Ouessant/Fr. gesunken						
LUDWIG	Bark	313 NT	36,6 x 8,6 x 3,8 m	1857	Belfast Yard, Belfast Ship Building, Maine		1865–1876
	1857 als RIVADAVIA für Casares & Son, Buenos Aires						
	1865 von Steinmann & Co. angekauft und umbenannt in LUDWIG						

Schiffsname	Typ	BRT/NT	Dimensionen*	Baujahr	Bauwerft/Ort	Rufzeichen	Besitzdauer
	1876 von Rederij Repko & Co., Harlingen, Holland, angekauft und umbenannt in NICOLAAS (PMRF)						
	1893 nach Kollision bei Helsingör gesunken						
PRINCESS ROYAL	Brigg	161 NT	25,0 x 7,0 x 3,8 m	1841	Richters, Hamburg		1865–1868
	1841 für Carl Lehmann, Hamburg						
	1853 Verkauf an Gottfried Zoder, Hamburg						
	1857 Ankauf von Johann Lütgens, Hamburg						
	1860 Verkauf an Georg Speckhahn, Hamburg						
	1865 von Steinmann & Co. erworben						
	1868 Anlässlich einer Auktion von J. Löf, Härnösand, angekauft. Name PRINCESS ROYAL (HBMJ) wird beibehalten						
	1869 nach Kollision in der Nordsee gesunken						
HELVETIA	Vollschiff	1188 NT	58,2 x 11,6 x 7,3 m	1854	Currier & Townsend, Newburyport/USA		1872–1878
	1854 als FREE TRADE für R. P. Buck & Co., New York						
	1864 Ankauf von Samuel G. Reed & Co., New York						
	1872 von Steinmann & Ludwig angekauft und umbenannt in HELVETIA						
	1878 Neuer Besitzer P. C. Ahlborn, Hudiksvall/Schweden. Umbenennung in EDVARD						
	1894 Ankauf von Kapitän Karl Johan Robert Holmström, Abo/Finnland						
	1896 im Nordatlantik gesunken						
STEINMANN	Dampfer	1263/973		1872	Wigham Richardson & Co., Walker-on-Tyne Maschine: Thompson, Boyd & Co., Newcastle		1872–1877
	als Brigantine getakelt		68,0 x 11,9 x 7,2 m, 10 kn				
	1872 für Steinmann & Ludwig						
	1877 an Alexandre Smyers & Co., Antwerpen, verkauft. Neuer Name ALEXANDRE SMYERS						
	1881 bei Hanstholm/Dänemark gesunken						
C. F. FUNCH	Dampfer	1501/1000		1871	J. Keys & Sons, Kirkcaldy/Schottland	HDFL	1873–1876
	als Bark getakelt		85,5 x 9,9 x 7,6 m, 10 kn				
	1871 als ALPS für Glasgow, South American S.S. Co. gebaut						
	1873 an Steinmann & Ludwig veräußert und gleichzeitig umbenannt in C. F. FUNCH						
	1876 infolge Feuer Totalverlust bei Rammekens						
AUGUSTE ANDRE	Dampfer	1472/1161		1874	Forges & Chantiers de la Méditerranée, La Seyne	MBCW	1874–1885
	als Schoner getakelt		83,8 x 9,9 x 6,9 m, 10 kn				
	1874 für Steinmann & Ludwig gebaut						
	1879 umbenannt in HELVETIA						
	1885 nahe Scatarie Island gesunken						
DANIEL STEINMANN	Dampfer	1785/1338		1875	J. Cockerill, Hoboken	HFTM	1877–1884
	als Brigantine getakelt		84,5 x 10,5 x 7,4 m, 10 kn				
	1875 als KHEDIVE für A. Smyers & Co., Antwerpen, gebaut						
	1877 von Steinmann & Ludwig angekauft und in DANIEL STEINMANN umbenannt						
	1884 am 3. April Totalverlust bei Sambro/Halifax						
HERMANN LUDWIG	Dampfer	1505/951		1870	J. Keys & Sons, Kirkcaldy/Schottland	HDFG	1877–1878
	als Bark getakelt		82,8 x 9,8 x 7,7 m, 10 kn				
	1870 als ANDES für die Glasgow & South American Steam Shippping & Co., Glasgow, gebaut						
	1877 von Steinmann & Ludwig angekauft und in HERMANN LUDWIG umbenannt						
	1878 auf der Reise Antwerpen–New York vermisst						

Schiffsname	Typ	BRT/NT	Dimensionen*	Baujahr	Bauwerft/Ort	Rufzeichen	Besitzdauer
HENRY EDYE	Dampfer	2417/1589		1879	W. Doxford & Son, Sunderland	MBJR	1879–1881
	als Schoner getakelt		94,8 x 10,7 x 7,3 m, 11 kn				
	1879 für Steinmann & Ludwig gebaut						
	1881 auf der Reise Antwerpen–Boston vermisst						
HERMANN	Dampfer	2879/ 779		1881	Sunderland Shipbuilding & Co. (Baunummer 106) Maschine: G. Clark, Sunderland	MBJW	1881–1894
	als Schoner getakelt		98,2 x 12,2 x 9,0 m, 11 kn				
	1881 für Steinmann & Ludwig						
	1889 auf neuen Firmennamen Steinmann & Co. eingetragen						
	1894 Verkauf an Otto Isaachsen m.fl., Bergen, umbenannt in HERO (JTSG)						
	1900 Ankauf von Kjær & Isdahl, Bergen						
	1902 Neuer Besitzer J. W. Chittenden, New York						
	1907 Weiterverkauf an Luckenbach Transport & Wrecking Co., New York. Neuer Name: SUCCESS (KVWF)						
	1907 Eignername: Edgar F. Luckenbach, New York						
	1916 auf der Reise San Francisco–Leith nach Kollision gesunken						
LUDWIG	Dampfer	3087/1975		1861	Caird & Co., Greenock (Baunummer 92)	MBKT	1883–1883
	als Bark getakelt		105,7 x 12,9 x 10,1 m				
	1861 als HANSA für den Norddeutschen Lloyd, Hamburg, gebaut						
	1879 an Oswald, Mordaust & Co., Southampton verkauft						
	1879 Weiterverkauf an E. Bates & Sons, Liverpool						
	1880 Ankauf von T. R. Oswald & R. Gibbs, Liverpool						
	1881 Alleiniger Besitzer R. Gibbs, Liverpool						
	1883 von Steinmann & Ludwig angekauft und in LUDWIG umbenannt						
	1883 auf der Reise Antwerpen–Montreal vermisst						

Flottenliste Peter Tschudy, Tønsberg

Schiffsname	Typ	CL/NT	Dimensionen*	Baujahr	Bauwerft / Ort	Rufzeichen	Besitzdauer
AABO	Bark	245,5 CL/493 NT	37,3 x 10,2 x 5,6 m	1832	Abo Gamla Skeppsvarv, Abo/Finnland	H235	1855–1860
	1832: Als ABO für Christ. Trapp jr., Abo gebaut						
	1854 April: Außerhalb Kopenhagen mit einer Ladung Salz von der englischen Regierung als Prise eingenommen						
	1855: P. Tschudy, Tønsberg (AABO)						
	1860: T. & L. Bache, Tønsberg						
	1864: In der Nordsee gestrandet						
DOVRE	Brigantine	31 CL/62 NT				H97	1849–1854?
	1849: P. Tschudy, Tønsberg						
HEINRICH	Vollschiff	156 CL/314 NT	49,8 x 8,9 x 4,9 m	1839	Somms, Hamburg	H236	1854–1856
	1839: Als IDA für D. C. Cramer & Co., Hamburg, gebaut						
	1849: Biancone & Co., Hamburg (HEINRICH)						
	1854: P. Tschudy, Tønsberg						
	1856: E. Lorentzen, Tønsberg						
	1860 Juni: Thoresen & Steenberg, Tønsberg						
	1862: C. Steenberg, Tønsberg						
	1863: J. & C. Steenberg, Tønsberg						
	1866 März: C. Steenberg, Tønsberg						
	1868: Erlischt im Register						

Schiffsname	Typ	CL/NT	Dimensionen*	Baujahr	Bauwerft / Ort	Rufzeichen	Besitzdauer
LISETTE	Bark	152 CL/306 NT		1850	Christinestad/Finnland	H253	1856–1863
	1850: Für E. Tötterman, Christinestad, gebaut						
	1856: P. Tschudy, Tønsberg						
	1859: P. Tschudy's Nachlass, Tønsberg						
	1863: A. L. Gjersøe und L. Dahl, Tønsberg						
	1865 März: L. Dahl, Tønsberg						
	1866: Erlischt im Register						
NORDEN	Brigg	69,5 CL/140 NT				H62	1854–1863
	1854: P. Tschudy, Tønsberg						
	1863 August: L. Hofgaard & L. Olsen, Tønsberg						
OLUF	Vollschiff	218,5 CL/419 NT				H221	1854–1859?
	1854: P. Tschudy, Tønsberg						
	1867: Ole Olsen, Tønsberg						
RANGER	Schoner	62 CL/142 NT	27,1 x 4,2 x 3,4 m	1853	Grangemouth/ Schottland	H139	1855–1859
	1853: Als Schoner gezimmert						
	1855: P. Tschudy, Tønsberg						
	1859: Thos. J. Heftye & Søn, Kristiania						
	1861 Februar: O. Olsen, Tønsberg						
	1862: Umbau zur Brigg						
	1875: A. M. Hansen, Halden						
	1879 Oktober: K. Østerberg, Kristiania						
	1881 am 6. März zwischen Montrose und Uzon auf der Reise von Kristiania nach Leith mit Holz gestrandet						
VERENA	Bark	192 CL/391 NT	31,5 x 8,5 x 5,4 m	1853	Terje Gundersens Werf, Skuggevik, Tvedestrand	H207	1854–1860
	1853: Chr. Olsen, Tønsberg						
	1854: P. Tschudy, Tønsberg						
	1860 März: G. A. Jacobsen, Tønsberg						
	1864 Februar: L. Hofgaard, Tønsberg						
	1867 Mai: L. Hofgaard, Koss & G. A. Jacobsen, Tønsberg						
	1869 März: L. Hofgaard & G. A. Jacobsen, Tønsberg						
	1870 Februar: G. A. Jacobsen, Tønsberg						
	1871: L. Hofgaard & Co., Tønsberg						
	1884: L. O. Røed, Kristiania						
	1885 August: Johan Moum, Frederikstad						
	1887 am 22. Juli bei Cherbourg gestrandet						

Flottenliste Fredrik A. Otto, Farsund

Schiffsname	Typ	CL/BRT/NT	Dimensionen*	Baujahr	Bauwerft / Ort	Rufzeichen	Besitzdauer
NOR	Bark	184,5 CL/370 NT	37,8 x 8,5 x 4,9 m	1857	Bankestokken Verft, Farsund	S6	1857–1872
	1857: F. Otto & Eide, Farsund						
	1860 August: Fredrik A. Otto m.fl., Farsund						
	1865 April: Fredrik A. Otto, Farsund						
	1872: R. M. Nielsen, Mandal						
	1878 am 6. August bei Rönnskär gestrandet						
RAP	Schoner	45,5 CL/114 BRT/106 NT	25,5 x 6,9 x 3,3 m	1857	Frid. Otto & Søn, Farsund	S3	1857–1867
	1857: F. A. Otto m.fl., Farsund						
	1860: H. P. Eide, Farsund						

Schiffsname	Typ	CL/BRT/NT	Dimensionen*	Baujahr	Bauwerft / Ort	Rufzeichen	Besitzdauer
	1862: F. A. Otto m.fl., Farsund						
	1864: H. P. Eide, Farsund						
	1865: F. A. Otto m.fl., Farsund						
	1867: O. Reinertsen, Farsund						
	1868: O. Reinertsen, Haugesund						
	1869 März: T. Eide, Haugesund						
	1871 Oktober: O. C. Wærenskjold, Larvik						
	1873 Januar: O. A. Skavrager, Brevik						
	1875 Dezember: N. A. Skavrager, Brevik						
	1880: Lehmkuhl, Bergen						
	1883: ?						
	1890: Havarie bei Ofoten. Wrack durch Schøllber und Bradseth, Bodø, angekauft						
	1916: Umbau. Einbau Motor						
	1919 April: Chr. Fredriksen, Melbu, Stokmarknes						
	1934: Hadsel Sparebank, Melbu						
	1936: J. Angell & Sønner, Svolvær						
	1937: Umbau. Neuvermessung: 148 BRT/82 NT/200 dwt						
	1938: Neuer Motor von 130 PS, 8 kn						
	1968: Angell Hopen A/S (Einar Angell, Svolvær)						
	1970 Mai: Johan Pettersen, Hennes, Svolvær						
	1972 am 1. Oktober wegen eines Lecks bei Landegode gesunken						

Flottenliste Adria Steamship Company, Glasgow–Vienna–Fiume

Schiffsname	Typ	BRT/NT	Dimensionen*	Baujahr	Bauwerft / Ort	Rufzeichen
ADRIA	Dampfer	1039/1620	76,2 x 9,4 x 4,5 m	1880	Blackwood & Gordon, Port Glasgow (Baunummer 156)	JBDH
	1880 an William Burrell & Son, Glasgow					
	1882 an Ung. Seeschiffahrt AG, Adria, Fiume					
	1889 Einbau einer Dreifach-Expansionsmaschine					
	(Erbauer Blair & Co., Stockton)					
	1920 an Adria Soc. Anon. di Nav. Marittima, Fiume (GALVANI)					
	1923 in Monfalcone abgewrackt					
BARO KEMENY	Dampfer	1129/1500	76,0 x 10,4 x 4,5 m	1881	Robert Chambers, Dumbarton und Burrell & Son, Dumbarton	JCNG
	1881 an William Burrell & Son, Glasgow					
	1882 an Ung. Seeschiffahrt AG, Adria, Fiume					
	1894 neue Dreifach-Expansionsmaschine					
	1898 am 28. April nahe Port Luobos gestrandet und entzweigebrochen					
FIUME	Dampfer	1175/1600	73,9 x 9,8 x 4,6 m	1881	McIntyre & Co., Paisely	JSDN
	1881 an William Burrell & Son, Glasgow					
	1882 an Ung. Seeschiffahrt AG, Adria, Fiume (SZAPARY)					
	1883 am 9. August auf der Route von Fiume nach Glasgow					
	via Dublin, nahe Bannow/Irland mit einer Ladung Mehl gestrandet.					
	Nach Entladen der Fracht von der HYAEMA zum Abbruch geschleppt					
JOKAI	Dampfer	1148/1450	75,9 x 9,7 x 4,7 m	1882	Caird & Purdie, Barrow on Furness	JKHG
	1882 von der Adria Steamship Company geordert und					
	direkt an die Ung. Seeschiffahrt AG, Adria, Fiume geliefert					
	1897 am 25. Oktober auf der Reise von Rouen nach Dünkrichen,					
	nach einer Kollision mit der BARON ANDROSSAN gesunken. 4 Opfer					

Schiffsname	Typ	BRT/NT	Dimensionen*	Baujahr	Bauwerft / Ort	Rufzeichen
STEFANIE	Dampfer	1160/1500	75,9 x 10,1 x 4,7 m	1882	Caird & Purdie, Barrow on Furness	HRQL
	1882 von der Adria Steamship Company geordert und direkt an die Ung. Seeschiffahrt AG, Adria, Fiume geliefert					
	1892 am 17. November nach einer Kollision mit dem SS ARRIGO bei Ragusa gesunken. 8 Opfer					
TIBOR	Dampfer	1157/1500	64,4 x 9,4 x 4,8 m	1882	Burrell & Son, Dumbarton	JSNB
	1882 im Auftrag der Adria Stramship Company gebaut und direkt an die Ung. Seeschiffahrt AG, Adria, Fiume geliefert					
	1898 an A/B Neptunus Rederi, Helsingborg (NEPTUNUS)					
	1910 im März bei Lissabon gesunken, flottgemacht und repariert					
	1918 an die Transport Maritime Marine Merchande, Rochefort					
	1919 an Hviid Nielsen, Halmstad/Schweden					
	1921 an die A/B Hallandia Rederi, Halmstad					
	1923 an die A/B Neptunus Rederi, Helsingborg					
	1928 an Niels H. Thore, Helsingborg (GRETA)					
	1936 an A/B Stromsholmen Rederi, Vasterwik/Schweden (GUNNY)					
	1940 an August Dankaig, Gdańsk (AGATE)					
	1945 an Werner Peters AG, Flensburg (WERNER)					
	1953 abgewrackt					
TISZA	Dampfer	1039/1620	76,2 x 9,4 x 4,5 m	1879	Blackwood & Gordon, Port Glasgow (Baunummer 153)	JSMW
	1879 an William Burrell & Son, Glasgow					
	1882 an die Ung. Seeschiffahrt AG, Adria, Fiume					
	1889 Einbau einer Dreifach-Expansionsmaschine (Erbauer Blair & Co., Stockton)					
	1921 an Adria Soc. Anon. di Nav. Marittima, Fiume (STOPPANI)					
	1923 in Monfalcone abgewrackt					

Flottenliste Austro-Americana / Unione Austriaca, Trieste

1895–1901: Schiffahrts-Gesellschaft Austro-Americana (Società di Navigazione Austro-Americana)

Schiffsname	Typ	BRT/NT	Dimensionen*	Baujahr	Bauwerft / Ort	Rufzeichen	Ankauf
TERGESTE	Dampfer 280 PS	2230/1433	88,5 x 11,3 x 8,1 m	1882	Schlesinger, Davis & Co., Wallsend (Baunummer 122)	HSGD	1895
	Stapellauf: Februar 1882						
	1882 als BOSKENNA BAY für F. Banfield & Sons, Penzanc konstruiert						
	1895 von Austro-Americana angekauft (TERGESTE)						
	1900 zu Giulio Sciutto & Giuseppe Denaro, Genua, verkauft						
	1903 im Januar zum Abbruch						
ISTRIA	Dampfer 315 PS	2999/2293	99,1 x 11,6 x 8,0 m	1882	M. Pearse & Co., Stockton-on-Tees (Baunummer 194)	HLDS	1895
	Stapellauf: Juni 1882						
	1882 als TROPIQUE für Cie. Maritime du Pacifique, Le Havre						
	1895 von Austro-Americana angekauft (ISTRIA)						
	1898 am 6. Dezember auf der Reise von Venedig nach New York im Adriatischen Meer nach einer Kollision mit dem ital. Dampfer CAPRAIA gesunken						

Schiffsname	Typ	BRT/NT	Dimensionen*	Baujahr	Bauwerft / Ort	Rufzeichen	Ankauf
ILLIRIA	Dampfer 266 PS Stapellauf: 22.6.1883 1883 als SUSSEX für M. Wigram & Sons Ltd., London 1893 Weiterverkauf an London & Edinburgh Shipping Company, Leith 1895 von Austro-Americana angekauft (ILLIRIA) 1897 im Februar auf der Reise von Newport News nach Marseille spurlos verschwunden	2504/1832	97,6 x 11,9 x 7,8 m	1883	The London & Glasgow Engineering & Iron Shipbuilding Company, Glasgow (Baunummer 234)	HKSJ	1895
BETTY	Dampfer 378 PS Stapellauf: 24.7.1880 1880 als CITY OF LIVERPOOL für S.S. City of Liverpool Co. Ltd., Liverpool (W.H. Ross & Co.) 1881 Weiterverkauf zu Cie. Maritime du Pacifique, Le Havre (E. Bossiere) (PACIFIQUE) 1895 Ankauf durch Austro-Americana (BETTY) 1901 Austro-Americana Società di Navigazione Schenker, Cosulich & Co., Trieste 1903 im April an Luigi Pittaluga, Genua, zum Abbruch verkauft	3123/2028	103,6 x 12,2 x 8,2 m	1880	Richardson, Duck & Co., Stockton (Baunummer 259)	HCVR	1895
AQUILEJA	Dampfer Stapellauf: 11.11.1882 1882 als KIRBY HALL für Robert Alexander & Co., Liverpool 1896 von Austro-Americana angekauft (AQUILEJA) 1904 am 8. März an Fratelli Cerutti, Genua, zum Abbruch verkauft	2715/2033	100,5 x 12,2 x 7,9 m	1882	The London & Glasgow Engineering & Iron Shipbuilding Company, Glasgow (Baunummer 210)	HCFQ	1896
LACROMA	Dampfer 349 PS Stapellauf: 9.2.1883 1883 als PEVERIL für Williamson, Milligan & Co., Liverpool 1895 angekauft von Teophilatos Brot, Itaca (TELEMACHUS) 1897 von Austro-Americana erworben (LACROMA) 1905 weiterverkauft zu S. Ando, Kobe (TAKI MARU) 1910 neuer Eigner Tatsuma Kisen Coshi Shosen Kaisha, Kobe (Name bleibt) 1916 am 16. Dezember in der Biscaya vom deutschen U-Boot U 46 durch Torpedo versenkt (auf der Reise von Cardiff nach Neapel)	3366/ 2225	103,6 x 12,2 x 8,2 m	1883	Gourlay Brothers & Co., Dundee (Baunummer 114)	HLKF	1897
GOTTFRIED SCHENKER	Dampfer 340 PS Stapellauf: 4.7.1882 1882 als ORANMORE für W. Johnston & Co., Liverpool 1897 Ankauf durch Austro-Americana (GOTTFRIED SCHENKER) 1904 am 20. Februar an Fratelli Cerutti, Genua, zum Abwracken verkauft	3366/2514	103,6 x 12,3 x 9,5 m	1882	Barrow Shipbuilding Co., Barrow (Baunummer 97)	HKJN	1897
ABBAZIA	Dampfer Stapellauf: 15.11.1883 1883 als ABANA für J. M. Wood, Liverpool 1892 Weiterverkauf zu Dent & Co., Newcastle 1897 durch Sir William Gray & Co. Ltd., West Hartlepool, erworben 1897 durch die Austro-Americana angekauft (ABBAZIA) 1904 zu Emanuele Razeto, Camogli/Italien, verkauft 1906 im Januar abgewrackt	2913/1838	99,1 x 12,2 x 8,0 m	1883	M. Pearse & Co., Stockton-on-Tees (Baunummer 210)	HBCG	1897

Schiffsname	Typ	BRT/NT	Dimensionen*	Baujahr	Bauwerft / Ort	Rufzeichen	Ankauf
STYRIA	Dampfer 333 PS	3068/2280	94,8 x 12,0 x 9,1 m	1882	Nederlandsche Stoomboot Mij Fijenoord, Rotterdam	HRSL	1897
	Zwei Masten, 10 kn, Platz für 500 Passagiere in 1. Klasse und 424 Passagiere in 3. Klasse						
	Stapellauf: 2.5.1882						
	1882 als ZAANDAM für die Holland America Line.						
	Bis zum 20. Oktober 1888 auf Nordamerikafahrt, dann im Südamerika-Dienst.						
	Am 18. September 1890 setzte man sie auf der Route Amsterdam–New York ein.						
	Ihre letzte Fahrt vor ihrem Verkauf 1897 an die Austro-Americana startete sie am 8. Mai 1897						
	1897 an Austro-Americana (STYRIA)						
	1901 auf das French Reef vor Florida aufgelaufen und an die Bergefirma J. Luckenbach Transport & Wrecking Co., New York, verkauft						
	1902 in Fahrt als JULIA LUCKENBACH						
	1913 am 3. Januar in der Chesapeake Bay nach Kollision mit dem englischen Dampfer INDRAKUALA gesunken						
VIENNA	Dampfer 308 PS	3172/ 2009	100,6 x 12,9 x 7,9 m	1883	Sir Raylton Dixon & Co., Middlesbrough (Baunummer 213)	HTKC	1898
	Stapellauf: 24.4.1883						
	1883 als GULF OF MEXICO für Greenock S.S. Co., Greenock						
	1898 von Austro-Americana angekauft (VIENNA)						
	1900 an John White in Genua verkauft (VEGA)						
	1904 zu Itaya Gomei Kaisha, Uraga/Japan, verkauft. Umbenannt in YAHIKO MARU						
	1919 an Murai Kisen Gomei Kaisha, Nishinomya						
	1920 am 2. Mai in der Tsugaru-Straße gesunken						
RAGUSA	Dampfer	3040/1939	105,6 x 11,8 x 7,6 m	1882	R. Duncan & Co., Port Glasgow (Baunummer 165)	HQLR	1898
	Stapellauf 21.2.1882						
	1882 als ARRACAN für die British & Burmese Steam Navigation Co., Glasgow						
	1898 Ankauf durch Austro-Americana (RAGUSA)						
	1901 an W. A. Radau, St. Petersburg, veräußert (WANDA)						
	1902 am 15. März in Lemvig gestrandet (Totalverlust)						

1901–1903: Austro-Americana Società di Navigazione, Schenker, Cosulich & Co.
1903: Vereinigte Österreichische Schiffahrtsgesellschaft der Austro-Americana und der Gebrüder Cosulich (Austro-Americana Società di Navigazione Cosulich & Co.)
1903–1918: Unione Austriaca di Navigazione già Austro-Americana & Fratelli Cosulich

Schiffsname	Typ	BRT/NT	Dimensionen*	Baujahr	Bauwerft / Ort	Rufzeichen	Ankauf
ALBERTA	Dampfer	4044/2571	105,1 x 15,2 x 6,2 m	1900	Russell & Co., Glasgow (Baunummer 468)	HBKR	1903
	1900 im Dezember an Alberta S.S. Co. Ltd., Trieste (Fratelli Cosulich)						
	1903 in die Unione Austriaca, Trieste eingebracht						
	1914 zu Mitsui Bussan Kaisha, Kobe, verkauft (ATAGOSAN MARU)						
	1931 neuer Eigner Ryoto Kisen K. K., Kobe						
	1933 in Japan abgewrackt						
ANNA (I)	Dampfer	2033/1304	88,1 x 13,2 x 6,1 m	1899	Craig, Taylor & Co. Ltd., Stockton (Baunummer 61)	HBSG	1903
	Stapellauf: 9.2.1899						
	1899 an die Fratelli Cosulich, Trieste						
	1903 in die Unione Austriaca eingebracht						

Schiffsname	Typ	BRT/NT	Dimensionen*	Baujahr	Bauwerft / Ort	Rufzeichen	Ankauf
	1911 an die Branksome Chine S.S. Co. Ltd., Cardiff, veräußert (BRANKSOME CHINE)						
	1915 am 23. Februar sechs Meilen von Beachy Head torpediert und gesunken						
AUGUSTE	Dampfer Stapellauf: 29.3.1900 1900 Juni an Auguste S.S. Co. Ltd., Triest (Fratelli Cosulich) 1903 in die Unione Austriaca eingebracht 1913 nach Japan zu Okazaki Kissen Kabushiki, Kobe, veräußert (NISSEI MARU) 1940 an Okazaki Honten K. K., Kobe 1943 am 6. Januar bei Mikomotojima gestrandet	2709/1716	97,6 x 14,1 x 7,3 m	1900	A. Rodger & Co., Glasgow (Baunummer 347)	HCNR	1903
CLARA	Dampfer 1600 PS Stapellauf: 2.6.1903 1903 an die Unione Austriaca Vom Kriegsausbruch in den USA überrascht. Kurz vor Kriegseintritt der USA Notverkauf an Messrs. Herd & Carden. Weiterverkauf an US Shipping Board 1917–1919 als CLARA in dessen Dienst 1920 an Polish American Navigation Comp., New York, KRAKOW genannt 1920 am 14. Oktober in Havanna ausgebrannt	3932/2541	100,7 x 14,7 x 5,6 m	1903	Russell & Co., Glasgow (Baunummer 508)	HDSQ	1903
EMILIA	Dampfer 1400 PS Stapellauf: 23.7.1900 1900 an Emilia S.S. Co. Ltd., Triest (Fratelli Cosulich) 1903 in die Unione Austriaca eingebracht. Bei Kriegsausbruch nach Cartagena geflüchtet, dort bis 1919 interniert, dann retour an Unione di Navigazione 1924 zum Abbruch in Monfalcone	3604/2321	103,0 x 14,0 x 6,3 m	1900	Russell & Co., Glasgow (Baunummer 456)	HGJM	1903
FEDERICA	Dampfer 1550 PS Stapellauf: 21.9.1899 1899 an die Fratelli Cosulich 1903 in die Unione Austriaca eingebracht Vom Kriegsausbruch in Huelva (Spanien) überrascht, dort bis 1919 interniert 1919 an Cosulich Line zurückgegeben 1924 an die Malabar Shipping Co. Ltd., London, verkauft (CARNAC) 1930 nach Riga zu Latvian Shipping Co., (LAIMDOTA) 1938 Beschädigungen am Rumpf 1940 von Willeboek, Antwerpen, erworben (BRABO) 1942 am 14. März Kollision mit dem Dampfer POZAN. Bei Blyth nach Newcastle abgeschleppt und abgewrackt	3551/2261	103,6 x 14,1 x 6,3 m	1899	Russell & Co., Glasgow (Baunummer 450)	HGVF	1903
GERTY	Dampfer 2200 PS Stapellauf: 27.4.1903 1903 Juni an die Unione Austriaca (im Auswandererdienst nach USA) 1914–1918 im Dienst der Heeresverwaltung (Militärtransporte nach Albanien) 1919 Frachtdienst bei der Cosulich Line 1927 zu Anglo-Maritime Shipping Co., Gibraltar, verkauft (CITY OF CANADA) 1929 bei P. & W. Mackellan abgewrackt	4212/2715	105,5 x 13,7 x 5,2 m	1903	J. Readhead & Sons, South Shields (Baunummer 369)	HJNT	1903

Schiffsname	Typ	BRT/NT	Dimensionen*	Baujahr	Bauwerft / Ort	Rufzeichen	Ankauf
HERMINE	Dampfer Stapellauf: 27.8.1900 1900 als NINA an die Fratelli Cosulich 1901 zu W. A. Radau nach St. Petersburg verkauft (FRIEDA) 1902 von Cosulich zurückgekauft (HERMINE) 1903 in die Unione Austriaca eingebracht 1907 nach Frankreich an die Cie. Générale Transatlantique, Le Havre, verkauft 1917 am 16. Februar nach U-Boot-Angriff bei Barfleur gesunken	3799/2416	100,6 x 13,8 x 6,3 m	1900	Craig, Taylor & Co. Ltd., Stockton (Baunummer 73)	HKNB	1903
JENNY	Dampfer Stapellauf: 16.12.1898 1899 Januar an Fratelli Cosulich 1903 in die Unione Austriaca eingebracht 1911 zu Hakuyo Kisen, Ushiove/Japan, verkauft (TENRYO MARU) 1933 Abbruch in Japan	2437/1506	91,4 x 13,1 x 7,0 m	1898	R. Cragg & Sons, Middlesbrough (Baunummer 144)	HKRG	1903
LODOVICA	Dampfer 1550 PS Stapellauf: 7.4.1898 1898 als Turmdeckschiff LAURELDENE an Dene Steam Ship Comp. (J. T. Lunn) in Newcastle abgeliefert 1900 an die Reederei Cosulich (LODOVICA) 1903 in die Unione Austriaca eingebracht Vom Kriegsausbruch in Huelva (Spanien) überrascht, dort bis 1919 interniert, dann an Cosulich Line 1930 an G. B. Massone & B. Faridone, Montevideo, verkauft (MONTEVIDEO) 1934 am 5. April zum Abbruch in Genua	3568/2273	103,6 x 13,9 x 7,5 m	1898	W. Doxford & Sons, Sunderland (Baunummer 259)	HLSN	1903
LUCIA	Dampfer Stapellauf: 15.3.1900 1900 an die Fratelli Cosulich, Trieste 1903 transferiert in die Unione Austriaca 1912 zu Okazaki Kisen Kabushiki Kaisha, Kobe, verkauft (NISSHU MARU) 1925 zu Kufdo Sukeo, Tokyo veräußert 1926 neuer Eigner Tsutsui Seinatsu, Kobe 1927 am 14. Juni bei der Insel Sakhalin gesunken	2265/1437	85,3 x 13,1 x 5,7 m	1900	Craig, Taylor & Co. Ltd., Stockton (Baunummer 70)	HLSW	1903
MARGHERITA	Dampfer Stapellauf: 5.11.1900 1900 an Margeritha S.S. Co. Ltd. (Fratelli Cosulich) 1903 in die Unione Austriaca eingebracht 1913 zu Okazaki Kisen Goshi Kaisha, Dairen (NICHIYO MARU) 1919 für Yamashita Kisen Kabushiki Kaisha, Fusan, registriert 1922 zu Namakura Seishichiro, Kobe (UNKAI MARU NO 5) 1930 zu Sato Kuni Shoten 1942 am 30. Juni von US-U-Boot bei 30.04N/122.54E versenkt	3269/2070	100,7 x 14,7 x 5,6 m	1900	Russell & Co., Glasgow (Baunummer 463)	HMKF	1903
MARIA	Dampfer 1400 PS Stapellauf: 22.12.1900 1901 an die Maria S.S. Co. Ltd. (Fratelli Cosulich) 1903 in die Unione Austriaca eingebracht Bei Kriegsausbruch in Genua beschlagnahmt. Wird am 28. Juli 1914 von der Kriegsmarine gemietet und bekam die Bezeichnung XVII.	3098/1966	98,5 x 14,4 x 7,2 m	1900	J. Readhead & Sons, South Shields (Baunummer 351)	HMKS	1903

Schiffsname	Typ	BRT/NT	Dimensionen*	Baujahr	Bauwerft / Ort	Rufzeichen	Ankauf
	Verlor während einer Fahrt am 18. September 1914 in Metkovic Propeller und wurde daraufhin zurückgestellt						
	1919 an die Interalliierte Kommission						
	1920 an Cosulich, nach wie vor unter dem Namen MARIA						
	1923 an Elias Costiz Lemos/Chios verkauft						
	1935 an die St. Quentin Shipping Co. Ltd., Cardiff, weiterverkauft						
	1936 am 25. Januar in Rosyth bei der Metal Industries Ltd. zum Abbruch						
MARIANNE	Dampfer 1400 PS	3599/2737	103,2 x 14,0 x 7,4 m	1900	Russell & Co., Glasgow (Baunummer 462)	HMLD	1903
	Stapellauf: 1.10.1900						
	1900 an die Marianne S.S. Co. Ltd. (Fratelli Cosulich)						
	1903 in die Unione Austriaca eingebracht						
	1914–1918 zumindest zeitweise im Dienst der Zentraltransportleitung						
	1918 am 21. September unweit Sabioncello auf Mine geraten,						
	bei Luka auf Strand gesetzt und nach Fiume abgeschleppt. Dockung in Triest						
	1919–1922 bei der Unione di Navigazione						
	1923 in Monfalcone abgewrackt						
TERESA	Dampfer 1700 PS	3869/2381	105,0 x 15,2 x 6,2 m	1899	Russell & Co., Glasgow (Baunummer 449)	HSFW	1903
	Stapellauf: 8.12.1899						
	1900 an die Teresa S.S. Co. Ltd. (Fratelli Cosulich)						
	1903 in die Unione Austriaca eingebracht						
	Vom Kriegsausbruch in New York überrascht, interniert,						
	kurz vor Kriegseintritt der USA Notverkauf an Messrs. Herd & Carden,						
	von diesen weiter an den US Shipping Board, in dessen Dienst bis 1919						
	1923 an G. Perivolaris, Chios, weiterverkauft (DEMOKRATIA)						
	1932 umbenannt in PHOENIX						
	1932 am 14. November in Genua zum Abbruch eingetroffen						
GIULIA	Dampfer 2200 PS, 12 Knoten, Raum für 1460 Passagiere	4337/2881	105,5 x 13,7 x 8,8 m	1904	Russell & Co., Glasgow (Baunummer 520)	HJWT	1904
	Stapellauf: 16.5.1904						
	1904 an die Unione Austriaca						
	Ab 1914 im Dienst der Heeresverwaltung bzw. der österr. See-Transportleitung Fiume.						
	Am 3.5.1918 auf der Fahrt von Pola nach Fiume bei Punta Merlera auf eine Mine gelaufen.						
	Bei Cuje auf Strand gesetzt, am 17. Mai 1918 von HMS HERKULES unter Mithilfe von						
	ELÖRE und BELRORIE geborgen und eingeschleppt, in Triest nach dem Krieg repariert						
	1919 zurück an Cosulich Line						
	1923 am 13. März auf der Fahrt von Maine (USA) nach Sizilien mit Getreideladung						
	in Schwierigkeiten geraten, am 22. März 1923 Schiff verlassen						
FRIEDA	Dampfer	2480/1686	85,3 x 12,3 x 6,1 m	1904	Russell & Co., Glasgow (Baunummer 521)		1904
	Stapellauf: 13.4.1904						
	1904 an die Unione Austriaca						
	1905 am 28. März Schiffbruch bei Punta Tarifa im dichten Nebel.						
	Wrack an Bergefirma						
ERNY	Dampfer 2 Masten, 12 kn, Platz für 25 1.-Klasse-Passagiere und 800 in 3. Klasse	2531/1631	89,6 x 12,3 x 6,1 m	1904	Russell & Co., Glasgow (Baunummer 530)	HGML	1904
	Stapellauf: 21.9.1904						
	1905 am 27. Mai Jungfernfahrt für die Unione Austriaca von Triest nach New York						

Schiffsname	Typ	BRT/NT	Dimensionen*	Baujahr	Bauwerft / Ort	Rufzeichen	Ankauf
	Ihre 11. und letzte Reise nach Nordamerika startete sie am 9. Mai 1907 von Triest nach Patras, Algier und New York 1913 zu Osaka Shosen Kabushiki Kaisha, Osaka, veräußert (NIITAKA MARU) 1931 zu Kita Nippon Shosen K. K., Osaka 1943 am 12. Juli vor Hokkaido von US-U-Boot PLUNGER versenkt						
DORA	Dampfer Stapellauf: 20.10.1904 1904 an die Unione Austriaca 1908 an die Cie. Générale Transatlantique, Le Havre, verkauft (CARAVELLE) 1927 im September zum Abbruch in Scheveningen	2531/1631	89,6 x 12,3 x 6,1 m	1904	Russell & Co., Glasgow (Baunummer 531)	HFND	1904
GEORGIA (I)	Dampfer 1125 Passagiere (25 in 1. Klasse; 1100 in 3. Klasse) 12 kn Stapellauf: 17.1.1889 1889 als SIKH für die Mogul S.S. Co. Ltd., Rochester (Gellatly, Hankey, Sewell) im Indiendienst 1901 angekauft von Puglia Societa di Navigazione, Bari (REGINA ELENA) Im Nordamerikadienst 1904 von Unione Austriaca angekauft (GEORGIA) 1906 zu Sun S.S. Co. Ltd., London, verkauft 1911 neuer Eigner S. Hara, Nishinomiya (SHINSEI MARU) 1917 am 28. Februar bei Formosa (Taiwan) von US-Flugzeug torpediert und gesunken	2781/1796	102,1 x 12,3 x 7,9 m	1889	Wigham Richardson & Company, Walker-on-Tyne (Baunummer 229)	HJNP	1904
CAROLINA	Dampfer 2850 PS Stapellauf: 28.7.1905 1905 an die Unione Austriaca 1914 ab 9. September im Dienst der Heeresverwaltung 1917 ab Oktober Lebensmittel-Depot in Pola 1918 im März zurück an die Eigner, aber für die Monate Mai, Juni und Juli 1918 von der Heeresverwaltung wieder zurückgemietet 1918 am 27. August definitiv an Cosulich 1932 in Triest abgewrackt	4795/3079	109,7 x 14,6 x 7,7 m	1905	Russell & Co., Glasgow (Baunummer 541)	HDML	1905
EMMA	Schlepper 215 PS 1905 an die Unione Austriaca	63 BRT	25,5 x 5,2 x 2,7 m	1905	Montrose Shipbuilding Co. Ltd., Montrose		1905
FRANCESCA	Dampfer 2700 PS 30 Passagiere in 1. Klasse, 50 in 2. Klasse und 1500 in 3. Klasse Stapellauf: 2.6.1905 1905 an die Unione Austriaca (am 27. August Jungfernfahrt von Neapel, Palermo nach New York) 1905–1913 Nordamerikafahrt, 1913/14 Südamerikafahrt 1915–1918 von der Heeresverwaltung requiriert: Lebensmittel-Depot der Festungsintendanz Pola 1919 an Rechtsnachfolger Cosulich 1925 im August zum Abbruch in Triest	4946/3194	109,7 x 14,6 x 8,0 m	1905	Russell & Co., Glasgow (Baunummer 542)	HJLC	1905
SOFIA HOHENBERG	Dampfer 3000 PS Stapellauf: 3.9.1905 1905 am 12. Dezember Ablieferung an die Unione Austriaca	5491/3521	109,7 x 14,6 x 7,7 m	1905	Lloyd Arsenal Triest (Baunummer 80)	HMNR	1905

Schiffsname	Typ	BRT/NT	Dimensionen*	Baujahr	Bauwerft / Ort	Rufzeichen	Ankauf
	1905–1907 Nordamerika-, dann Südamerikadienst						
	1914–1917 als Lebensmitteldepot in Castelnuovo						
	1917/18 Spitalschiff der Heeresverwaltung in der Bocche di Cattaro						
	1919 an Unione di Navigazione, dann an Cosulich; Rückführung alliierter Truppen (SOFIA)						
	1929 im Juli zum Abbruch in Triest						
IRENE	Dampfer	3563/2314	99,4 x 12,8 x 6,1 m	1905	Craig, Taylor & Co. Ltd., Stockton (Baunummer 112)	HLBG	1906
	Stapellauf: 13.11.1905						
	1906 an die Unione Austriaca						
	1912 zu Osaka Shosen Kabushiki Kaisha, Osaka, veräußert (TOYEN MARU)						
	1931 registriert unter Kita Nippon Kisen K.K., Chusu						
	1934 in Japan abgewrackt						
VIRGINIA	Dampfer 2300 PS	3563/2314	99,4 x 12,8 x 6,1 m	1906	Craig, Taylor & Co. Ltd., Stockton (Baunummer 113)	HTML	1906
	Stapellauf: 26.12.1905						
	1906 im Februar an die Unione Austriaca						
	Vom Kriegsausbruch in Havanna überrascht, interniert						
	1917 bei Kriegseintritt Kubas beschlagnahmt						
	1917 im August an die Kerr Navigation Corp., New York (KERLEW)						
	Oktober 1917 bis April 1919 im Dienste der U.S. Navy, dann zurück zum Eigner						
	1921 an die American Ship & Commerce Navigation Corporation, New York (MOUNT SIDNEY)						
	1922 an die Oceana Sea Navigation Comp. Ltd. in Budapest (HAROS)						
	1927 wieder von der American Ship & Commerce Corp. (United American Lines Ltd.) zurückgekauft						
	1927 an A. Giuffrida verkauft (PAOLINA GIUFFRIDA)						
	1933 zum Abbruch nach Venedig						
IDA	Dampfer 1950 PS	4730/3093	112,9 x 15,2 x 6,6 m	1906	Russell & Co., Glasgow (Baunummer 551)	HKQV	1906
	Stapellauf: 21.5.1906						
	1906 an die Unione Austriaca						
	Im Nordamerikadienst. Bei Kriegsausbruch in Quebec, durfte jedoch auslaufen						
	und fuhr nach New York. Dort interniert, kurz vor Kriegseintritt der USA						
	Notverkauf an Messrs. Herd & Carden, von diesen weiter an den US Shipping Board						
	1919 an die Polish American Navigation Comp., New York (PULAWSKI)						
	1921 Umbenennung in IDA						
	1923 an die California S.S. Comp. in Panama verkauft						
	1924 zu Tanaka Kisen K.K., Amagasaki, veräußert (IDA MARU)						
	1936 heißt der neue Besitzer Kusakabe Kisen K.K., Amagasaki (RISSHUN MARU)						
	1944 am 21. September bei Manila durch US-Flugzeuge versenkt						
EUGENIA	Dampfer 2600 PS	4903/3152	117,3 x 15,1 x 6,4 m	1906	Russell & Co., Glasgow (Baunummer 563)	HGQJ	1906
	Stapellauf: 7.9.1906						
	1906 an die Unione Austriaca						
	1907–1913 im Nordamerikadienst						
	1913/14 im Südamerikadienst. Vom Kriegsausbruch in Buenos Aires überrascht						
	1915 im Mai an die Reederei Soc. Internazionale Carni Congelate verkauft (LOMBARDIA)						
	1917 von italienischer Regierung für die Staatsbahnen beschlagnahmt. Wieder EUGENIA genannt						
	1917 am 6. August durch deutsches U-Boot U 55 vor der irischen Westküste versenkt						
LAURA	Dampfer 4500 PS	6122/3914	126,6 x 15,1 x 8,5 m	1907	Russell & Co., Glasgow (Baunummer 580)	HLMP	1907
	Stapellauf: 15.2.1907						

Schiffsname	Typ	BRT/NT	Dimensionen*	Baujahr	Bauwerft / Ort	Rufzeichen	Ankauf
	1907 im April an die Unione Austriaca (am 11. Mai Jungfernfahrt von Triest, Patras nach New York)						
	1907–1914 im Nordatlantikdienst, ab Frühjahr 1914 im Südamerikadienst. Vom Kriegsausbruch in Bahia überrascht. Am 2.6.1917 nach Kriegseintritt Brasiliens beschlagnahmt. Maschinenanlage durch Besatzung zerstört						
	1917 an den Lloyd Nacional verkauft (EUROPA). Bis Dezember 1919 in dessen Dienst, dann als Kriegsbeute Frankreich zugesprochen						
	1919 an Cyprien Fabre & Cie., Marseille, verkauft (BRAGA)						
	1926 am 16. November nördlich Aspra, bei der griechischen Insel Lipsi, gestrandet						
ALICE	Dampfer	6122/3910	126,6 x 15,1 x 8,5 m	1907	Russell & Co., Glasgow (Baunummer 581)	HBLC	1907
	4500 PS, 2 Schrauben						
	Stapellauf: 29.5.1907						
	1907 im August an die Unione Austriaca						
	1914 in Brasilien festgehalten						
	1917–1919 für den Lloyd Nacional, Rio de Janeiro, als ASIA im Einsatz						
	1919 als Kriegsbeute Frankreich zugesprochen und an Cyprien Fabre & Cie., Marseille, verkauft						
	1919 bis 1929 wieder im Nordatlantikdienst						
	1930 am 27. Mai mit 1500 Mekka-Pilgern an Bord auf dem Weg von Jeddah nach Djibouti in Brand geraten und im Außenhafen von Jeddah ausgebrannt						
ARGENTINA	Dampfer	5526/3545	118,9 x 14,6 x 7,7 m	1907	Russell & Co., Glasgow (Baunummer 582)	HCJW	1907
	3800 PS						
	2 Schrauben, 15 Knoten, 1450 Passagiere (45 in 1. Klasse, 175 in 2. Klasse)						
	Stapellauf: 26.8.1907						
	1907 im Oktober an die Unione Austriaca						
	1907–1914 im Nord- und Südamerikadienst. Nach Kriegsausbruch provisorisches Seespitalschiff, als solches bis August 1918 eingesetzt.						
	Ab dem 20. August 1918 Albanienfahrten						
	1919 an Rechtsnachfolger Unione di Navigazione bzw. dann Cosulich Line. Ab Mai 1919 wieder Nordatlantikdienst						
	1932 an die Tirrenia S.p.A. di Navigazione in Rom verkauft						
	1937 unter Tirrenia S.A.N. in Napoli registriert						
	1943 erwirbt sie die Mittelmeer Reederei GmbH, Hamburg, und im selben Jahr von den englischen Torpedoschiffen TYRIAN und TUMULT gefangen genommen und am 13. Oktober wieder den Eignern ausgehändigt						
	1960 im August abgewrackt						
ELDA	Dampfer	686/309	63,6 x 8,3 x 4,3 m	1877	A. & J. Inglis, Glasgow (Baunummer 140)	HNSG	1907
	Stapellauf: 4.12.1877						
	1878 im Februar als NORTH WESTERN an Ardrossan Shipping Co., Ardrossan						
	1882 angekauft von G. & J. Burns, Glasgow, und umbenannt in GRAMPUS						
	1907 von der Unione Austriaca angekauft (ELDA)						
	1908 transferiert zu Achaia S.S. Co., Patras						
	1919 an die National Steam Navigation of Greece, Piräus, verkauft (TYNOS)						
	1924 registriert unter S. A. Nav. de Samos (D. Inglessi Fils)						
	1935/36 abgewrackt						
ELENI	Dampfer	686/269	64,2 x 8,6 x 4,4 m	1877	A. & J. Inglis, Glasgow (Baunummer 136)	HQJG	1907
	Stapellauf: 18.6.1877						
	1877 im Oktober als NORTH EASTERN an Ardrossan Shipping Co., Ardrossan						
	1882 Weiterverkauf an G. & J. Burns, Glasgow (SEAL)						

Schiffsname	Typ	BRT/NT	Dimensionen*	Baujahr	Bauwerft / Ort	Rufzeichen	Ankauf
	1907 von der Unione Austriaco angekauft (ELENI)						
	1909 zu Achaia S.S. Co. Ltd., Patraso, verkauft						
	1917 am 31. August bei Kassos durch UC 74 versenkt						
GILDA	Dampfer 360 PS Stapellauf: August 1881 1881 als ITALIA an Pommersche Dampfer Gesellschaft, Stettin 1907 von der Unione Austriaca angekauft (GILDA) Ab dem 21. Juni 1915 für die Heeresverwaltung im Dienst und am 23. Juni 3,5 sm vor Punta Salvore auf Mine gelaufen und gesunken. Keine Menschenverluste	872/500	63,0 x 8,0 x 5,7 m	1881	AG Vulcan, Stettin (Baunummer 104)	HJPG	1907
JOSEPHINE	Dampfer 650 PS Stapellauf: 23.5.1868 1868 als SHEPPERTON für R. Young, Wisbech 1873 zu Husel & Schmidt, Rostock (DEUTSCHER KAISER) 1880 an Carl Mauschin, Rostock 1881 an A. Bredt, Rostock 1882 an E. Freemann, Rostock 1885 an A. Bredt, Stettin 1899 heißt der Eigner J. A. Bredt, Gotha 1904 von Emil R. Retzlaff, Stettin, angekauft 1907 von der Unione Austriaca, Trieste angekauft (JOSEPHINE) 1911 nach Trapani transferiert und abgewrackt	1327/830	77,1 x 9,2 x 4,9 m	1868	J. Laing, Sunderland	HKWS	1907
OCEANIA	Dampfer 3800 PS Stapellauf: 10.9.1907 1907 im November an die Unione Austriaca 1907–1914 im Nordamerika-Liniendienst (USA, Kanada). Nach Kriegsausbruch Spitalschiff des Roten Kreuzes. Als solches am Morgen des 3.10.1918 2 sm vor Kap Rondoni auf Mine gelaufen, auf Strand gesetzt. Vergebliche Bergungsversuche durch CYKLOP und Dampfer BRIONI. Die Torpedoschiffe 76, 82, 88, 97 + 100 als Sicherung anwesend. Wiederholt Angriffe feindlicher Flugzeuge, daher am 15.10.1918 durch eigenes T-Boot „17" gesprengt. Zuvor viel Material geborgen. 1921 von D. Tripcovich & Co. für den Abbruch nach Pola geschleppt 1922 abgewrackt	5368/3488	119,2 x 15,2 x 7,0 m	1907	Stephen & Son, Glasgow (Baunummer 423)	HPJN	1907
MARTHA WASHINGTON	Dampfer 7300 PS Stapellauf: 7.12.1907 1908 am 16. April Jungfernreise für die Unione Austriaca von Glasgow nach New York. Im Nordamerikadienst. Vom Kriegsausbruch in New York überrascht. Dort am 6. April 1917 beschlagnahmt 1917/18 als USS MARTHA WASHINGTON im Dienst der US Navy 1919–1922 im Dienst des US Shipping Board 1922 für $ 250 000 von Cosulich zurückgekauft 1922 bis 1927 wieder im Nordamerikadienst, ab 1927 Südamerikadienst 1932 an „Italia" (Flotte Riunite) Roma, verkauft 1933 vom Lloyd Triestino erworben (TEL AVIV) 1934 am 27. März im Dock von Triest ausgebrannt und im gleichen Jahr bei Cantiere Riuniti dell'Adriatico abgewrackt	8312/5379	140,2 x 17,1 x 8,2 m	1907	Russell & Co., Glasgow (Baunummer 589)	HMQW	1908

Schiffsname	Typ	BRT/NT	Dimensionen*	Baujahr	Bauwerft / Ort	Rufzeichen	Ankauf
ATLANTA	Dampfer 2700 PS	5022/3248	117,3 x 15,2 x 8,0 m	1908	Russell & Co., Glasgow (Baunummer 585)	HCND	1908
	Stapellauf: 7.2.1908						
	1908 an die Unione Austriaca						
	1908–1913 im Nordamerikadienst						
	1913/14 im Südamerikadienst						
	1915 im Mai Notverkauf an italienische Reederei Soc. Internazionale Carni Congelate, Venedig (STELLA POLARE)						
	1915 im Juni von italienischer Regierung beschlagnahmt						
	1917 Ferrovie dello Stato, Rom; wieder ATLANTA genannt						
	1921 an Cosulich zurückgegeben						
	1932 unter „Italia" (Flotte Riunite), Genua, registriert						
	1937 an „Italia" S.A.N., Genua						
	1940 nach Las Palmas geflüchtet						
	1941 U-Boot-Unterstützungsschiff in Bordeaux						
	1943 von Robert M. Sloman jr., Hamburg, übernommen (CHARLOTTE)						
	1945 am 12. Januar aus einem Geleitzug bei Flekkefjord/Norwegen von britischen Kampfschiffen versenkt						
COLUMBIA	Dampfer	5465/3558	121,9 x 15,9 x 9,1 m	1908	Russell & Co., Glasgow (Baunummer 586)	HDVC	1908
	2900 PS, 14 Knoten, 1325 Passagiere (50 in 1. Klasse, 75 in 2. Klasse)						
	Stapellauf: 2.4.1908						
	1908 an die Unione Austriaca						
	Im Nordamerikadienst. Vom Kriegsausbruch in Las Palmas überrascht, dort bis 1919 interniert						
	1919 retour an Unione di Navigazione, dann Cosulich						
	1931 an G. P. Kikellis & G. A. Kambitsis verkauft, ANNOULA genannt						
	1933 am 7. Oktober im Hurrikan vor Cape Lookout (USA) gesunken						
GEORGIA (II)	Dampfer 2700 PS	5380/3588	121,9 x 15,9 x 9,1 m	1908	Russel & Co., Glasgow (Baunummer 587)	HJNP	1908
	Stapellauf: 27.7.1908						
	1908 an die Unione Austriaca						
	Vom Kriegsausbruch in Cartagena überrascht und hier bis 1919 interniert						
	1919 retour an die Cosulich S.T.N., Triest						
	1924 Umbenennung in GEORGIA C						
	1926 Verkauf an Noguchi K.K.K., Takasago (HASSHU MARU)						
	1929 von Namura Kisen Goshi Kaisha, Fuch, erworben (DAIGEN MARU No. 3)						
	1944 am 26. Februar von US-U-Boot GATO torpediert und 200 Meilen nördlich von Urville (Niederländisch-Guinea) gesunken						
FRIGIDA	Dampfer	3291/2099	110,2 x 13,0 x 8,0 m	1887	Workman, Clark & Co., Belfast (Baunummer 39)	HJMD	1911
	Stapellauf: 24.1.1887						
	1887 als STAR OF VICTORIA für die Star of Victoria S.S. Co. Ltd., Belfast (J. P. Corry & Co.)						
	1911 von der Unione Austriaca angekauft (FRIGIDA)						
	1911 am 18. Dezember in die „Societa Importazioni Carne Congelate" eingebracht						
	1913 im Oktober an Nicholas Mihanovich nach Argentinien zu Soc. Anonyme de Navegacion Sud-Atlantica, Buenos Aires, verkauft (MOINHO FLUMINENSE)						
	1916 an Cia. des Chemins de Fer Paris-Lyon weiterverkauft (MARSEILLE)						
	1917 erworben durch die Cie. Nationale d'Affretements, Le Havre						

Schiffsname	Typ	BRT/NT	Dimensionen*	Baujahr	Bauwerft / Ort	Rufzeichen	Ankauf
	1917 am 20. März durch Kollision bei Ile d'Yeu schwer beschädigt						
	1919 abgewrackt						
SIRIO	Schlepper	36 BRT	20,0 x 4,0 x 2,4 m	1904	Piräus		1911
	189 PS						
	1911 an die Unione Austriaca						
	1916 Verkauf						
GELIDA	Dampfer (Kühlschiff)	112/47	40,0 x 4,5 x 2,6 m	1874	T. B. Seath & Co., Rutherglen		1912
	260 PS						
	1874 im Januar als Yacht CINDERELLA (MVJN) für Edward H. Scott, Glasgow, gebaut						
	1878 an Sir Harry Paul Burrard, Cowes (Isle of Wight)						
	1880 an John Carne, Cowes						
	189? an Joseph Henry Atkey, Ayr/Schottland						
	1893 an Charles James Cave, Ayr (EVANGELINE)						
	1897 an Nickolas Richard Fitzpatrick, Essex						
	1903 an französischen Käufer (SAINTE MARTHE)						
	Später an die Cia. An. Catalana de Pesca, Barcelona (BLANES)						
	1912 von der Unione Austriaca angekauft (GELIDA)						
	Ab 16. Juni 1915 als Fleischdepot in Castelnuovo im Einsatz						
	1918 an die Reederei S.A. Atlantica Fiume verkauft (ORSZEM)						
	1921 wieder GELIDA unter neuem Eigner						
	Aeolus Società Fiumana di Navigazione a Vapore, Fiume						
	1924 abgewrackt						
KAISER FRANZ JOSEPH I.	Dampfer	12 567/7596	145,5 x 18,3 x 13,7 m	1911	Cantiere Navale Triestino, Monfalcone (Baunummer 20)	HLJG	1912
	12 800 PS, 18 kn, 125 Passagiere in 1. Klasse, 550 in 2. Klasse und 1230 Zwischendeckpassagiere						
	Stapellauf: 9.9.1911						
	1912 im Mai an die Unione Austriaca						
	Im Liniendienst nach USA, fallweise auch Südamerika-Fahrten. 1912 Mittelmeerreise						
	1914–1918 stillgelegt						
	1919 unter Interalliierter Flagge						
	1919 an Cosulich Line (PRESIDENTE WILSON), Heimtransporte alliierter Truppen, dann wieder Nordatlanikdienst						
	1925/26 Umbau zum Motorschiff						
	1929 an Lloyd Triestino verkauft (GANGE)						
	1932 in die „Italia" (Flotte Riunite) eingebracht						
	1936 an die Adriatica Soc. P. A. di Navigazione, Venedig (MARCO POLO)						
	1940 für Truppentransporte eingesetzt						
	1943 an die Mittelmeer Reederei, Hamburg, veräußert						
	1944 am 12. Mai beim Rückzug der deutschen Truppen in La Spezia versenkt, nach dem Krieg gehoben						
	1949/50 abgewrackt						
LUCIA (II)	Dampfer	6744/4386	125,5 x 15,8 x 8,8 m	1912	Cantiere Navale Triestino, Monfalcone (Baunummer 23)	HLSW	1912
	2700 PS						
	Stapellauf: 30.7.1912						
	1912 im Oktober an die Unione Austriaca						
	Vom Kriegsausbruch in Pensacola überrascht und hier interniert.						

Schiffsname	Typ	BRT/NT	Dimensionen*	Baujahr	Bauwerft / Ort	Rufzeichen	Ankauf
	Kurz vor Kriegseintritt der USA Notverkauf an die Reederei Phelps						
	1917 an den US Shipping Board						
	1918 am 17. Oktober im Mittelatlantik vom deutschen U-Kreuzer U 155 versenkt						
ANNA (II)	Dampfer	1537/989	79,4 x 10,7 x 7,2 m	1882	Hall, Russell & Co., Aberdeen (Baunummer 227)		1913
	800 PS						
	Stapellauf: 12.5.1882						
	1882 als DABULAMANZI für J.T. Rennie & Son, Aberdeen						
	1900 an Compagnie Franco-Tunisienne de Nav. Marseilles, verkauft (VILLE DE SFAX)						
	1906 an die Cie. Générale Transatlantique, Le Havre, verkauft						
	1913 von der Unione Austriaca angekauft (ANNA)						
	Kurz vor Kriegseintritt der USA in New Orleans an Messrs. Herd & Carden verkauft						
	1917 an den US Shipping Board (bis 1919)						
	1921 heißt der Besitzer Indies Navigation Co., Valparaíso (CALERA)						
	1923 registriert unter Cia. de Vapor Calera, Valparaíso						
	1924 an Central Power & Light Co., Valparaíso						
	1926 an die S.A. Comercial Braun & Blanchard, Valparaíso, veräußert (MAULE)						
	1928 am 9. September mit einer Ladung Kohle auf einer Reise von der Magellan-Straße nach Lebu beim Punkt Columbine gesunken						
BELVEDERE	Dampfer	7166/4360	125,5 x 15,8 x 11,3 m	1913	Cantiere Navale Triestino, Monfalcone (Baunummer 34)		1913
	4000 PS						
	Stapellauf: 8.4.1913						
	1913 im August an die Unione Austriaca						
	1918 ab 4. März Wohnschiff für Werftarbeiter des Seearsenales Pola						
	1919 im Mai an Cosulich Line (Heimtransporte amerikanischer Soldaten)						
	1922 Umbau (144 Kabinen, 1400 Passagiere in 3. Klasse)						
	1932 im Januar in die „Flotte Riunite" eingebracht						
	1937 im Januar an die Reederei „Italia" S.A.N., Genua						
	1940 in Philadelphia von den USA beschlagnahmt						
	1941 im Oktober als AUDACIOUS für US Maritime Commission im Einsatz						
	1944 am 8. Juni als Wellenbrecher in Saint Laurent-sur-Mer (Normandie) im US-Sektor Gooseberry Nr. 1 versenkt						
DORA (II)	Dampfer	7037/4536	125,5 x 15,8 x 11,3 m	1913	Cantiere Navale Triestino, Monfalcone (Baunummer 41)	HFND	1913
	2800 PS						
	1913 im November an die Unione Austriaca						
	1914 in den USA festgehalten						
	1917 von US Shipping Board übernommen						
	1918 am 4. September vom deutschen Unterseeboot U 82 torpediert und versenkt						
JOSEPHINE (II)	Dampfer	746/444	60,2 x 8,4 x 5,8 m	1864	A.G. Vulcan, Stettin	HRTP	1913
	1864 als SULTAN für den Lloyd Austriaca						
	1910 an die Dalmatia S.A., Zara, veräußert						
	1913 Schiffbruch und D. Tripcovich & Co. und deren Versicherer überlassen						
	1913 von der Unione Austriaca angekauft (JOSEPHINE)						
	1914 requiriert von der Heeresverwaltung, neuer Name H.D. XI.						
	1914 am 17. November um 13:55 Uhr bei Capo Compare auf Mine gelaufen (8 Tote)						
PRONTA	Schlepper	182/85	37,6 x 7,2 x 3,1 m	1913	Cantiere Navale Triestino, Monfalcone		1913
	1000 PS						
	Stapellauf 9.9.1913						
	1913 im Oktober an die Unione Austriaca						

Schiffsname	Typ	BRT/NT	Dimensionen*	Baujahr	Bauwerft / Ort	Rufzeichen	Ankauf
ERNY (II)	Dampfer 2800 PS	6515/4171	122,5 x 15,8 x 10,3 m	1914	Cantiere Navale Triestino, Monfalcone (Baunummer 46)	HGML	1914
	Stapellauf: 1.1.1914						
	1914 im April an die Unione Austriaca						
	Vom Kriegsausbruch in Boston überrascht						
	1917–1919 im Dienst des US Shipping Board						
	1919 an Polish American Navigation Comp. New York (WARSZAWA)						
	1923 an Robert Dollar in San Francisco verkauft (STANLEY DOLLAR)						
	1936 an die Madrigal & Co., Manila, veräußert (SUSANA)						
	1942 am 4. Oktober auf der Reise von New York nach Cardiff vom Unterseeboot U 221 torpediert und gesunken						
ANNA (III)	Dampfer	7195/4370	132,0 x 16,7 x 8,7 m	1915	Cantiere Navale Triestino, Monfalcone	HDKY	1915/ 1921
	Stapellauf: 30.4.1915						
	Bau im Krieg unterbrochen						
	1921 im Mai an Cosulich S.T.N.						
	1925 Umbenennung in ANNA C						
	1932 in die „Italia" (Flotte Riunite) eingebracht						
	1936 an die Regia Marina verkauft (GIANICOLA)						
	1937 an Achille Lauro, Neapel						
	1938 im Februar auf der Reise von Rotterdam nach Genua spurlos verschwunden						

Flottenliste Tschudi Shipping Company AS, Lysaker

J. Just Jacobsen Nachfolger: 1891–1893

Schiffsname	Typ	BRT/NT	Dimensionen*	Baujahr	Bauwerft / Ort	Rufzeichen	Besitzdauer
JOHANN LUDWIG	Bark	797/772	46,0 x 10,0 x 6,7 m	1870	Guy C. Goss, Bath, Maine	QCSF	1891–1894
	1870 im September als XENIA für Ozias Long, Harwich/Mass.						
	1874 Verkauf zu F. C. Schlens, Bremen (neuer Name JOHANN LUDWIG)						
	1887 Ankauf von Ch. Thorbjørnsen, Kristiania						
	1891 im November an die Interessentskabet „Johann Ludwig" (J. Just Jacobsens Efterflgr.)						
	1894 im Januar Neuregistrierung unter I/S Johann Ludwig, Tønsberg (Camillo Eitzen & Co.)						
	1894 am 27. November kondemniert und in den USA zum Lastkahn LUDWIG umgebaut						

Camillo Eitzen: 1893–1894

Schiffsname	Typ	BRT/NT	Dimensionen*	Baujahr	Bauwerft / Ort	Rufzeichen	Besitzdauer
VESTA	Bark	717/672	45,1 x 7,3 x 6,1 m	1867	D. Marcy, Portsmouth, New Hampshire, USA	HKLC	1893–1898
	1867 im Juni als NIOBE für Thwing & Co., Boston, konstruiert						
	1873 an M. G. Amsinck, Hamburg (VESTA)						
	1883 im Juli von A. J. Jacobsen und Anderen, Tønsberg, angekauft						
	1891 im März an Bark Vestas Rederi (J. Just Jacobsen, Kristiania) veräußert						
	1893 an A/S Vesta (Camillo Eitzen und weitere Teilhaber) verkauft						
	1894 Neuregistrierung unter Camillo Eitzen & Co.						
	1895 Eignername geändert in „The Barque ship Vesta's Comp (C. Eitzen & Co.)						
	1896 A/S Vesta (C. Eitzen & Co.)						

Schiffsname	Typ	BRT/NT	Dimensionen*	Baujahr	Bauwerft / Ort	Rufzeichen	Besitzdauer
	\multicolumn{7}{l}{Verlässt am 21. März 1898 Kristiania mit Eis als Fracht und Hamburg als Ziel.}		
	Seither verschwunden						
CATO	Bark	789/ 738	50,6 x 10,6 x 6,1 m	1875	E. A. Löfgren, Alderholmen / Skelleftea	HMQG	1893–1897
	1875 als SÄVENÄS für Hans, David und Johan Markstedt in Skelleftea gebaut						
	1878 transferiert zu A. Markstedt & Søner, Skelleftea						
	1893 im Juni von A/S Cato (C. Eitzen & Co.) angekauft.						
	Eingesetzt in der Holzfahrt Kanada/Ostküste						
	1897 Verkauf an die A/S Cato (Oscar Hansen, Kristiania)						
	1905 zum Abbruch in Kristiania						
FANNY	Bark	416/393	40,3 x 8,4 x 5,4 m	1858	Dundee S. B. Co., Dundee	HCRG	1893–1900
	1858 im April als DEODAR für Thompson & Co., Dundee, gebaut						
	1873 an Bedlington & Co., West Hartlepool, verkauft						
	1880 von R. D. Clark, West Hartlepool, angekauft						
	1883 zu H. Campell, North Shields, transferiert						
	1889 nach Moss zu Holsted veräußert						
	1890 als FANNY für W. Erichsen in Moss im Einsatz						
	1893 von C. Eitzen & Co. angekauft						
	1900 Verkauf an A. Hansen, Porsgrunn						
	1903 am 2. Februar 1903 mit einer Ladung Kohle bei Ljustragen gestrandet.						
	War unterwegs von Hull nach Odense. Wird flottgemacht						
	1905 am 18. Januar auf der Reise von Porsgrunn nach Middlesbrough geht sie						
	in der Nordsee mit einer Ladung Holz verloren						
VINTEREN	Vollschiff	166 CL/488 BRT/468 NT	33,4 x 8,7 x 5,2 m	1818	Oddens Verft, Grimstad	HLDC	1893–1895
	1818 gebaut für Christian Pharo, Grimstad						
	1855 Axel Chr. Pharo, Grimstad						
	1865 T. & L. Bache, Tønsberg						
	1869 Umriggung in eine Bark						
	1891 im Juli an die Norway Lake Ice Co. (H. N. Wiborg), Kristiania, verkauft						
	1893 Ankauf von Camillo Eitzen, Kristiania						
	1894 im Mai Neuregistrierung unter C. Eitzen & Co.						
	1895 im August nahe Lundy Island – auf der Reise von Penarth nach Kristiania						
	mit Kohle als Fracht – durch Explosion stark beschädigt und kondemniert						
THOR	Barkentine	177/163	28,7 x 6,6 x 3,2 m	1864	F. L. Drenth, Pekela	HDQB	1893–1897
	1864 als Schoner REIZIGER für F. L. Drenth & Co., Oude Pekela, gebaut						
	(100 Lasten/189 NT)						
	1891 am 12. Oktober auf der Reise von Emden nach Koningsbergen mit einer Ladung						
	Kohle im Skagerrak mit einem anderen Schiff kollidiert. Die Besatzung von						
	6 Personen wurde gerettet. Die REIZIGER wurde nach Tønsberg abgeschleppt						
	1892 im März von O. B. Paulsen, Kristiania, angekauft. (Umbau in Barkentine)						
	1893 im Oktober von Camillo Eitzen und weiteren Teilhabern übernommen						
	1894 registriert unter C. Eitzen & Co.						
	1897 Weiterverkauf an Bernhard Johansen, Kragerø/Norwegen						
	1898 am 31. März in der Nordsee – auf der Reise Shields–Weymouth mit Kohle –						
	von der Crew verlassen						

Camillo Eitzen & Co.: 1894–1936

Schiffsname	Typ	BRT/NT/DWT	Dimensionen*	Baujahr	Bauwerft / Ort	Rufzeichen	Besitzdauer
SOPHIE WILHELMINE	Bark	1003/976	56,5 x 10,5 x 6,7 m	1862	A. M. Millan & Son, Dumbarton	HDNB	1894–1895
	1862 im August als BENLOMOND für D. Rose & Co., Aberdeen, als Vollschiff gebaut						
	1880 nach fünfjähriger Außer-Dienst-Stellung ab Juni 1875 (große Reparatur) an D. Sutherland in Aberdeen verkauft						
	1883 im Oktober vom neuen Eigner P. B. Engelschiøn, Kristiania, zur Bark umgebaut und gleichzeitig umbenannt in SOPHIE WILHELMINE						
	1891 im Mai von Pande, Sundby & Co. (Ferd. Pande), Kristiania, angekauft						
	1894 im Februar von A/S Sophie Wilhelmine (Camillo Eitzen & Co.) angekauft						
	1895 an Chr. Møller weiterverkauft						
	1895 im Dezember kondemniert						
CHRYSOLITE	Bark	1121/1067	52,7 x 10,1 x 6,4 m	1858	W. & A. Boultenhouse, St. John, New Brunswick	WNBP	1894–1898
	1858 für Nevins & Co., St. John, gebaut						
	1858 an Potter & Co., Glasgow, verkauft						
	1867 von G. A. Linn & H. Fernie, Liverpool, angekauft						
	1871 für M. Fernie & Son, Liverpool, registriert						
	1881 von J. S. De Wolf & Co., Liverpool, angekauft						
	1883 für H. Albright jr., Liverpool, registriert						
	1884 im Besitz von J. O. De Wolfe, Liverpool						
	1884 Ankauf durch C. Schwartz, Drammen						
	1893 im April von Pande, Sundby & Co., Kristiania, übernommen						
	1894 Verkauf an A/S Chrysolite (Camillo Eitzen & Co.)						
	1898 am 21. Juni auf der Reise von London nach Miramichi nach Kollision im Englischen Kanal mit dem österreichischen Dampfer KATE nach Southampton abgeschleppt und als seeuntüchtig kondemniert						
ARIADNE	Bark	691/668	46,0 x 9,7 x 6,0 m	1861	Baldwin & Dinning & Co., Quebec	HLGF	1896
	1861 im Mai für Eigengebrauch fertig gestellt. Danach Verkauf an Bains & Co., Liverpool. Fahrt: Liverpool–Australien						
	1865 von Gustav C. Hansen, Tønsberg, angekauft						
	1878 Juli im Besitz von F. J. Hansen, Tønsberg						
	1878 September Neuregistrierung für F. J. Hansen und Andere, Tønsberg						
	1896 Ankauf durch Camillo Eitzen & Co., Kristiania						
	1896 am 7. Oktober während einer Reise von Greenock nach Bay Verte in Ballast, 5 Meilen von Antigonish auf Grund gelaufen						
UTO	Dampfer	1297/861	70,6 x 10,7 x 5,9 m	1896	Nylands Værksted, Kristiania (Baunummer 101)	HDTQ	1896–1915
	1896 im Mai an die A/S Uto (Camillo Eitzen & Co.) abgeliefert						
	1915 für eine sehr kurze Zeit im Besitz von Otto Andersen, Bergen						
	1915 angekauft durch Ch. Mathiesen und umbenannt in ULRIKKA						
	1927 heißen die neuen Besitzer A/S Chr. Mathiesen & Sønners Rederi (Chr. und Carl F. Mathiesen)						
	1930 Verkauf an die DS A/S Ulrikka (Johan Henriksen, Haugesund)						
	1932 für kurze Dauer im Besitz von Giusepte Sfilofu Vinzenzo, Messina						
	1932 Weiterverkauf an The Maritime Transport Co., London, und registriert in Malta (HORUS)						
	1934 Ankauf durch Stavrou Christofidi, Alexandria (NELSON)						
	1936 Neuregistrierung durch Stavrou Christofidi in Famagusta						
	1938 im Eigentum der Mediterranean Steamship Co. Ltd., Famagusta						

Schiffsname	Typ	BRT/NT/DWT	Dimensionen*	Baujahr	Bauwerft / Ort	Rufzeichen	Besitzdauer
	1939 Verkauf an die Cia. Limitada Caimito de Navegacion, Panama (VARKO)						
	1941 am 29. Mai für die Maritime Suisse S.A., Genève als GENEROSO (HBDU) in Basel registriert						
	1944 am 19. September im Hafen von Marseille auf Mine gestoßen und gesunken						
	1946 im Frühjahr gehoben und abgewrackt						
	1946 am 29. März erfolgt Streichung im Register						
ALBIS	Dampfer	1431/894/2100	70,6 x 10,7 x 5,9 m	1897	Nylands Værksted, Kristiania (Baunummer 107)	HFKG	1897–1915
	1897 im Oktober an die A/S Albis (Camillo Eitzen & Co.) übergeben						
	1910 in die A/S Uto eingebunden (C. Eitzen & Co.)						
	1915 am 14. August auf der Reise von Archangelsk nach Immingham vom U-Boot U 25 bei 62.20N 03.15E versenkt						
PREMIER	Dampfer	548/318	48,9 x 8,7 x 3,2 m	1898	Fredriksstad Mek. Værksted (Baunummer 66)	HJVC	1898–1903
	1898 im Januar von der A/S Premier (C. Eitzen & Co.) übernommen						
	1903 im April an die A/S Premier (Westergaard & Co.), Kristiania, verkauft						
	1911 Weiterverkauf an die A/S A.T. Möller (N. Rogenaes, Haugesund)						
	1914 am 28. Januar auf der Reise Dysart–Haugesund bei Skudefluen mit einer Ladung Kohle gestrandet. Totalverlust						
CALANDA	Dampfer	1377/865	70,5 x 10,7 x 6,2 m	1900	Nylands Værksted, Kristiania (Baunummer 118)	HFDQ	1900
	1900 im April von der A/S Calanda (C. Eitzen & Co.) übernommen						
	1900 am 28. September nach einer Kollision mit SS ISE MARU, nahe Iwoshima, auf der Reise Nagasaki–Port Arthur gesunken						
SELUN	Dampfer	1383/865/2100	70,5 x 10,7 x 6,2 m	1902	Nylands Værksted, Kristiania (Baunummer 126)	HFGJ	1902–1922
	Stapellauf: 10.12.1901						
	1902 am 18. Januar von der A/S Selun (C. Eitzen & Co.) übernommen						
	1910 in die A/S Uto (C. Eitzen & Co.) überführt						
	1922 im Januar an die Ching Kee Steam Navigation, Chefoo, verkauft und umbenannt in ENGLEE						
	Seit 1945 fehlen Informationen über ihren Verbleib						
	1957 im Register gestrichen						
SENTIS	Dampfer	1388/867	70,6 x 10,7 x 6,2 m	1902	Nylands Værksted, Kristiania (Baunummer 127)	HFDJ	1902–1904
	Stapellauf: 6.3.1902						
	1902 im April von der A/S Sentis (C. Eitzen & Co.) übernommen						
	1904 am 9. Februar in Port Arthur von den Russen beschlagnahmt						
	1904 am 2. Juli noch in Port Arthur, kurz danach als japanisches Prisenschiff an der koreanischen Küste gestrandet						
KAMOR	Dampfer	1529/949/2300	74,7 x 11,0 x 6,1 m	1902	Fevigs Jernskibsbyggeri, Fevig (Baunummer 35)	HFPW	1902–1923
	Stapellauf: 15.1.1902						
	1902 im April von der A/S Kamor (C. Eitzen & Co.) übernommen						
	1910 Einbringung in die A/S Uto						
	1923 Verkauf an Tai Yi, Steam Ship Co. Ltd., China (HENG TA)						
	1927 Ankauf von Ching Kee Steam Navigation Co. Ltd., China (SHUN LEE)						
	Von 1937 bis Dezember 1941 aufgelegt, danach von Japanern bei Hong Kong gekapert und unter chinesische Flagge gestellt (Eigner: Nanking Government AS)						
	1942 zurück an die Ching Kee Steam Nav. Co. Ltd. (JUNGRI GO)						
	1945 umbenannt in SHUN LEE						
	1956 im Register gelöscht						
FALKNISS	Dampfer	1255/794	73,5 x 10,9 x 5,3 m	1904	Fredrikstad Mek. Værksted, Fredrikstad (Baunummer 90)	MBNH	1904–1913
	Stapellauf: 3.11.1903						
	1904 am 12. Januar von der A/S Falkniss (C. Eitzen & Co.) in Dienst gestellt						
	1910 im März Einbringung in die A/S Uto						
	1913 im November Weiterverkauf an Lorentz Stabell, Kristiania						

Schiffsname	Typ	BRT/NT/DWT	Dimensionen*	Baujahr	Bauwerft / Ort	Rufzeichen	Besitzdauer
		1915 im Juni Ankauf von A/S Falkniss (G. Einar Johannesen), Bergen					
		1915 im September Verkauf an A/S Tosca (J. Lindvig), Kragerø (TOSCA)					
		1916 im Februar Verkauf an A/S Aro (Andr. Schreuder), Kragerø (ARO)					
		1917 im Januar Verkauf an A/S Fredrikstad D/S (Andr. Hannested), Fredrikstad (WALDEMAR)					
		1917 am 28. Mai auf der Reise von Pomaron nach Dublin mit einer Ladung Kupfer vom deutschen U-Boot UC 21 gekapert und 2½ Meilen von Cabo Moras versenkt					
EIGER	Dampfer	1405/874	70,6 x 10,7 x 6,2 m	1904	Nylands Værksted, Kristiania (Baunummer 148)	MBVN	1904–1923
	1904 im September von der A/S Eiger (C. Eitzen & Co.) in Dienst gestellt						
	1910 Einbringung in die A/S Uto (C. Eitzen & Co.)						
	1923 Verkauf an E. B. Aaby, Norwegen						
	1929 Verkauf an Yu Ta Hong, Shanghai. Neuer Name YU TUNG						
	1940 von Japanern übernommen. Neuer Name IKUTSU GO						
	1945 am 9. August bei Seishin, Manchuria bombardiert und gesunken						
MONTBLANC	Dampfer	3137/2023	102,1 x 13,0 x 5,9 m	1894	C. S. Swan & Hunter, Newcastle	WGPL	1905
	Stapellauf: 19.2.1894						
	1894 im April als OSBORNE für Reaburn & Verel, Glasgow, konstruiert						
	1898 an T. Ronaldson & Co., London (ENGLISH KING)						
	1905 Ankauf von A/S Montblanc (C. Eitzen & Co.). Umbenannt in MONTBLANC						
	1905 Verkauf an die Akties. Det Ostasiatiske Kompagni, Kopenhagen. Neuer Name: SIBIRIEN						
	1912 Verkauf an Bombay & Persia S.N. Co., Bombay (MANSURI)						
	1916 auf der Reise von South Shields nach St.-Nazaire verschollen. Vermutlich am 17. November 1916 bei Tyne auf Mine gelaufen						
TITLIS	Dampfer	1407/878/1870	70,6 x 10,7 x 6,2 m	1904	Nylands Værksted, Kristiania (Baunummer 151)	MCBV	1905–1910
	Stapellauf: 5.11.1904						
	1905 im Januar von der A/S Titlis (C. Eitzen & Co.) in Dienst gestellt						
	1910 in die A/S Uto überführt						
	1910 am 11. Dezember nahe Port Orotava auf einer Reise von Puerto Cruz zu den Kanarischen Inseln gestrandet						
GOTTHARD	Dampfer	1426/906/2265	73,2 x 10,7 x 6,2 m	1906	Nylands Værksted, Kristiania (Baunummer 162)	MCQG	1906–1916
	Stapellauf: 24.2.1906						
	1906 im März von der A/S Gotthard (C. Eitzen & Co.) übernommen						
	1910 in die A/S Uto eingebracht (C. Eitzen & Co.)						
	1916 am 3. September vom deutschen U-Boot U 29 gekapert und 30 Meilen sw von Beachy Head versenkt. Die GOTTHARD war unterwegs von Middlesbrough nach Rouen mit einer Ladung Roheisen und Ammonium-Sulfat						
PATAGONIA	Vollschiff / Öltankschiff	1231/1155	58,4 x 11,7 x 6,9 m	1880	T. Killan, Tusket, Nova Scotia/Canada	HKQW	1910–1911
	1880 auf eigene Rechnung für Thomas Killan gebaut						
	1892 an G. C. Hansen, Tønsberg						
	1910 an C. Eitzen & Co., Kristiania						
	1911 in Egersund außer Dienst gestellt						
RIGI	Dampfer	1912/1164/3090	83,9 x 12,8 x 5,6 m	1911	Nylands Værksted, Kristiania (Baunummer 217)	MHDL	1912–1915
	Stapellauf: 14.12.1911						
	1912 im Februar an A/S Uto (C. Eitzen & Co.) abgeliefert						
	1915 am 24. Dezember 47 Meilen NW von Texel in der Nordsee auf eine Mine gefahren und gesunken. Sie war unterwegs von Charleston nach Göteborg mit einer Ladung Ölkuchen						

Schiffsname	Typ	BRT/NT/DWT	Dimensionen*	Baujahr	Bauwerft / Ort	Rufzeichen	Besitzdauer
ROSEGG	Dampfer	1840/1116/3050	80,8 x 12,8 x 5,5 m	1914	Fredrikstad Mek. Værks, Fredrikstad (Baunummer 175)	MKHS	1915–1923
	Stapellauf: 7.5.1914						
	1914 im Mai als RØISHEIM für D/S A/S Røisheim, Kristiania (E. Lund), gebaut						
	1915 Verkauf an die A/S Uto (C. Eitzen & Co.) und umbenannt in ROSEGG						
	1923 Verkauf an D/S A/S Ovre (O. M. Milberg & Co.) (LAILA)						
	1924 Ankauf von W. Hansen, Norwegen						
	1937 Verkauf an Lovisa Rederi A/B (R. Nordstrøm & Co.),						
	Finnland (RAIMO-RAGNAR)						
	1943 am 23. Dezember auf der Reise von Hamina nach Danzig mit Gruben-Requisiten						
	¾ Meilen südlich von Nygrundet gestrandet						
RIGI	Dampfer	5811/3637	121,9 x 16,1 x 10,0 m	1921	Furness S.B. Co., Haverton-Hill-on-Tees	LBQC	1921–1928
	Stapellauf: 9.9.1920						
	1921 am 22. Februar an die A/S Uto abgeliefert (C. Eitzen & Co.)						
	1928 an Eies's Rederi A/S (Bergh & Helland), Bergen, verkauft (OLAF BERGH)						
	1950 Ankauf von Deutscher Seeverkehr AG,						
	Erich Lubbert & Co., Hamburg (Helmut Thimm & Co. KG, Manager) (REG I)						
	1953 Verkauf an Schulte & Bruns, Hamburg						
	(Alfred C. Toepfer Schiff G.m.b.H., Manager) (ALFRED THEODOR)						
	1957 registriert unter Schulte & Bruns Schiff G.m.b.H., Dortmund und „Dollart"						
	Reederei G.m.b.H., Hamburg (JOACHIM SCHULTE)						
	1959 am 10. April auf einer Reise von Murmansk nach Wismar auf ein Wrack bei						
	56.50.54N / 11.11.36E im Kattegat aufgelaufen.						
	Am 18. April während eines Sturmes gesunken						
TURICUM	Motor-Tanker	7824/4666/10 885	137,7 x 18,0 x 10,4 m	1928	N.V.C. van der Giessen & Zonen's Scheepswerven, Krimpen (Baunummer 586)	LGVC	1928–1951
	1928 im Oktober für die Skibs A/S Avanti (C. Eitzen & Co.) abgeliefert						
	1940 am 9. April in Oslo mit Auslaufverbot belegt						
	1940 am 28. Juni von den Deutschen (KMD) beschlagnahmt						
	1940 am 12. August umbenannt in ILL						
	1940 am 14. September zur Bereederung an John T. Essberger, Hamburg, abgegeben						
	1941 im Frühjahr in Cherbourg zum Begleittanker hergerichtet						
	1941 im Juni Umbau zum U-Boot-Versorger						
	1942 am 18. Mai im Kanal durch Minentreffer beschädigt						
	1943 am 31. März in der Nygrundbucht aufgelaufen und am nächsten Tag abgeborgen						
	1944 am 4. April 1944 vom norwegischen U-Boot ULA bei Stadlandet torpediert,						
	konnte Reise fortsetzen						
	1945 im Juli bei Brunsbüttel halb versenkt, von Tschudi & Eitzen nach Antwerpen						
	geschleppt und instand gesetzt						
	1951 an Giuseppe Ravano Soc. per Azione, Italien, verkauft (PUNTA ASPRA)						
	1958 außer Dienst gestellt und in Genua bei Bitici Metalli abgewrackt						
GLARONA	Motor-Tanker	9912/5921/14 500	144,9 x 19,5 x 11,4 m	1928	A/S Götaverken, Gothenburg (Baunummer 414)	LDGO	1928–1951
	Stapellauf: 3.11.1928						
	1928 im Dezember für Henry Tschudi's Tankrederi A/S (C. Eitzen & Co.)						
	komplettiert						
	1940 unter administrativer Leitung der Nortraship, London						
	1948 wieder im Dienst von Tschudi & Eitzen						
	1951 Verkauf zu C.O.C. Financiera Agricola Commerciale & Industriale,						
	Italien (ISABELLA O)						
	1954 Verkauf an Sicula Occidentale Marittima S.p.A. (Luigi Monta) (AMALTEA)						
	1958 am 16. Dezember zum Abbruch in La Spezia bei der Cant. Nav. Santa Maria eingetroffen						

Tschudi & Eitzen: 1936–1993

Schiffsname	Typ	BRT/NT/DWT	Dimensionen*	Baujahr	Bauwerft / Ort	Rufzeichen	Besitzdauer
MALOJA	Motor-Frachtschiff Stapellauf: 4.1.1930 1930 im August als DANWOOD für A/S Danwood abgeliefert (Manager: Danchert Smith) 1936 Verkauf an Statens Skibsfond (Lauritz Kloster) 1936 Ankauf von A/S Avanti (Tschudi & Eitzen) und umbenannt in MALOJA 1942 am 8. November an der Westküste Afrikas vom deutschen U-Boot U 128 mit Torpedos versenkt. Zwei Opfer. MALOJA war unterwegs von Ellesmere Port nach Takoradi mit Kohle und Flugzeugteilen	6400/3764/9400	117,8 x 18,3 x 7,8 m	1930	Fredrikstad Mek. Værks, Fredrikstad (Baunummer 255)	LCKJ	1936–1942
BASILEA	Motor-Tanker Stapellauf: 25.4.1936 1936 im Juli von Skibs A/S Navalis (Tschudi & Eitzen) übernommen 1952 zu Simonsen & Astrup, Oslo, veräußert (MYKEN) 1955 in einen Erz-Transporter konvertiert (9821 t) 1963 am 19. Januar nach Bilbao/Spanien an Buques y Materiales zum Abbruch verkauft	9612/5761/14 930	176,0 x 19,2 x 11,1 m	1936	Kockums Mekaniska Verksted A/B, Malmö (Baunummer 189)	LJES	1936–1952
SILVAPLANA	Motor-Frachtschiff Stapellauf: 15.9.1938 1938 im November an Henry Tschudi's Tankrederi A/S (Tschudi & Eitzen) abgeliefert 1940 unter administrativer Leitung der Nortraship, London 1941 am 10. September auf der Reise von Surabaya nach New York vom deutschen Hilfskreuzer ATLANTIS aufgebracht und von der MÜNSTERLAND nach Gironde gebracht. Am 19. September umbenannt in IRENE, als Versorger für die Kriegsmarine im Einsatz 1942 am 13. Mai an F. Laeisz übergeben 1943 am 10. April nördlich Kap Finisterre vom englischen Minenkreuzer ADVENTURE gestellt und selbst versenkt	4793/2824/9325	154,3 x 17,0 x 7,8 m	1938	Kockums Mekaniska Verksted A/B, Malmö (Baunummer 206)	LKAI	1938–1941
AROSA	Motor-Frachtschiff Stapellauf: 3.9.1924 1924 im November als ELMWORTH für Dalgliesh Steam Shipping Co. Ltd., Newcastle, abgeliefert 1937 Verkauf an Butler Wang's Rederi II A/S, Tønsberg (WIND) 1938 Ankauf von Skibs A/S Avanti (Tschudi & Eitzen). Neuer Name AROSA 1940 unter administrativer Leitung der Nortraship, London 1951 Verkauf zu Sosimar – Soc. Siciliana Imprese Maritime, Italien (ENRICO MAZZARELLA) 1960 am 29. Januar in La Spezia zum Abbruch eingetroffen	5043/3055/8000	121,9 x 16,2 x 8,2 m	1924	A. McMillan and Son Ltd., Dumbarton (Baunummer 636)	LJNI	1938–1951
B. P. NEWTON	Motor-Tanker Stapellauf: 13.1.1940 1940 im März von Skibs A/S Navalis (Tschudi & Eitzen) übernommen 1940 im April in Göteborg liegend von den Schweden beschlagnahmt 1940 unter administrativer Leitung der Nortraship 1942 im März Flucht nach England 1943 am 8. Juli auf der Reise Curaçao und Trinidad nach East London in Pos. 05.50N 50.20W torpediert und versenkt	10 324/6229/16 500	156,1 x 19,3 x 11,9 m	1940	Kockums Mekaniska Verksted A/B, Malmö (Baunummer 214)	LKLV	1940–1943

Schiffsname	Typ	BRT/NT/DWT	Dimensionen*	Baujahr	Bauwerft / Ort	Rufzeichen	Besitzdauer
SILVANA	Motor-Frachter Stapellauf: 11.4.1943 1943 als EC2 Type Liberty Ship GEORGE M. PULLMANN für die American President Lines, San Francisco, gebaut 1947 von A/S Avanti (Tschudi & Eitzen) angekauft 1954 zu Zephiyr Cia. Naviera S.A., Panama (Costa-Rica-Flagge), veräußert (ZEPHYR) 1959 Weiterverkauf an Dido Cia. Naviera S.A., Griechenland (SEIRIOS) 1963 am 14. Dezember zum Abbruch in Chiba/Japan eingetroffen	7231/5267/10 700	129,3 x 17,4 x 10,6 m	1943	Permanente Metals Corp. (Shipyard No. 2), Richmond, Cal. (Baunummer 1100)	LMKF	1947–1954
SIROCCO	Motor-Tanker 1948 im Dezember für die Skibs A/S Navalis (Tschudi & Eitzen) registriert 1960 an „Spedizioni Italiane Marittime Terrestri S.p.A., Genua, verkauft. Neuer Name MARIO MARTINI SECONDO 1964 umbenannt in MARIO MARTINI 1975 neuer Eigner San Pietro S.p.A. di Navigazione (PEDRIN) 1979 am 1. April beginnen bei Cantiere Navali Lotti in La Spezia die Abbrucharbeiten	10 434/6170/15 928	156,4 x 19,3 x 11,9 m	1948	Kockums Mekaniska Verksted A/B, Malmö (Baunummer 255)	LNQH	1948–1960
SIRANDA	Motor-Tanker Stapellauf: 22.11.1948 1949 im März registriert für Henry Tschudi's Tankrederi A/S (Tschudi & Eitzen) 1950 überführt in die Skibs A/S Glarona 1965 an I/S Sito (Thv. Klavenes, Oslo) 1966 Verkauf an Armadores Petroleiros S.A. (Liberia) (MARISIRA) 1971 am 27. Dezember in Kaohsiung/Taiwan zum Abbruch eingetroffen	10 447/6194/15 985	162,6 x 19,3 x 11,9 m	1948	Kockums Mekaniska Verksted A/B, Malmö (Baunummer 294)	LNVP	1949–1965
SIBELLA	Motor-Tanker Stapellauf: 8.7.1952 1952 für Skibs A/S Avanti (Tschudi & Eitzen) gebaut 1969 zu Equity Cia. Naviera S.A. (Southern Shipping & Finance Co. Ltd., London) verkauft (EQUITY) 1977 am 18. Februar die Gadani Beach, Pakistan, zum Abbruch erreicht	16 041/9503/24 600	173,5 x 24,4 x 12,9 m	1952	Furness Ship Building Co. Ltd., Haverton Hill-on-Tees (Baunummer 447)	LAMY	1952–1969
SIMONA	Motor-Tanker Stapellauf: 28.5.1953 1953 im August an die Skibs A/S Navalis (Tschudi & Eitzen) 1965 Verkauf an I/S Sito, Tønsberg (Hjalmar Roed & Co.) (FIMONA) 1968 Weiterverkauf an Santa Roza Navigation Co. Ltd., Zypern (KATINA M) 1976 am 20. Januar in Castellon zum Abbruch	10 399/5946/16 155	162,4 x 19,6 x 9,1 m	1953	Uddevalla Varvet A/B, Uddevalla (Baunummer 128)	LAPA	1953–1965
SITANJA	Frachter Stapellauf: 30.9.1954 1955 im Februar an Skibs A/S Glarona (Tschudi & Eitzen) geliefert 1959 an Scindia Steam Navigation Co., Bombay, verkauft (JALAGOPAL) 1978 an Pent-Ocean Steamships Ltd., Bombay, verkauft (SAMUDRA VIJAY) 1986 in Kalkutta zum Abbruch eingetroffen	9863/6083/11 939	151,2 x 19,3 x 11,8 m	1955	Kockums Mekaniska Verksted A/B, Malmö (Baunummer 380)	LLRF	1955–1959
SIMARA	Frachter Stapellauf: 21.7.1956 1956 am 27. September an die A/S Avanti, Oslo (Tschudi & Eitzen), als SIMARA abgeliefert 1968 an Fieldston Navigation Co. Inc. (Liberia, später Griechenland) (C & K UNITY) 1973 Oriental Ocean Carriers Inc., Panama (LISA)	9206/5221/12 635	137,1 x 19,2 x 11,0 m	1956	Howaldtswerke, Hamburg (Baunummer 910)	LAWF	1956–1968

Schiffsname	Typ	BRT/NT/DWT	Dimensionen*	Baujahr	Bauwerft / Ort	Rufzeichen	Besitzdauer
	1977 Fairmount Navigation Corp. S.A., Panama (ALI SHAN)						
	1979 am 13. August zum Abbruch in Kaohsiung eingetroffen						
SISTINA	Frachter	8781/4874/12 612	144,5 x 18,8 x 11,2 m	1959	At. & Chantiers de Bretagne, Nantes (Baunummer 11620)	JXCX	1959–1966
	Stapellauf: 13.9.1958						
	1959 im Mai an A/S Avanti, Glarona, Navalis, Ollimac, Turicum (Tschudi & Eitzen)						
	1966 an die Wilh. Wilhelmsen Line veräußert (TATRA)						
	1973 Arctic Shipping, Singapore Pte., Ltd. (Barber Ship Management, Singapore)						
	1977 Sincere Navigation Co. Ltd., Panama (EASTERN PROSPERITY)						
	1980 Marikan Lines Pte. Ltd., Singapore (ZULAIKA)						
	1982 am 14. Oktober zum Abbruch bei Ahmad Marine Breakers in Gadani Beach eingetroffen						
SILETTA	Frachter	7433/3904/10 460	126,9 x 18,3 x 10,4 m	1961	Howaldtswerke, Hamburg (Baunummer 944)	JXOZ	1961–1968
	Stapellauf: 15.4.1961						
	1961 am 18. Juli an A/S Avanti, Glarona, Navalis (Tschudi & Eitzen) geliefert						
	1968 Jadranska Slobodna, Jugoslawien (USKOK)						
	1986 am 7. Juni zum Abbruch bei Brodospas in Split eingetroffen						
SISANGU	Motor-Tanker	10 099/5961/15 910	150,5 x 19,5 x 11,7 m	1948	A/B Götaverken, Göteborg (Baunummer 623)	LNOO	1964–1965
	Stapellauf: 21.6.1948						
	1948 als BORGESTAD an die A/S Borgestad, Porsgrunn (G. Knudsen)						
	1964 im Dezember für NOK 2 800 000 von der A/S Avanti, Glarona, Navalis (Tschudi & Eitzen) angekauft. Neuer Name SISANGU						
	1965 im November Verkauf an Oriental Trader Navigation Co. S.A., Panama (COSMO TRADER)						
	1966 zum Bulkcarrier umgebaut (9394 BRT/5677 NRT/14 478 DWT)						
	1966 Verkauf an San Fernando S.S. Co. S.A., Panama (SAN EDUARDO)						
	1973 veräußert an Overseas Maritime Co. Ltd., S.A., Piräus (MONTEGO)						
	1977 Ankauf von Goodview Maritime Co. Ltd., Panama (GOOD VIEW)						
	1979 am 2. Juni zum Abbruch in Kaohsiung, Taiwan, angekommen						
SIGUPTA	Motor-Tanker	11 474/6693/16 340	165,2 x 20,8 x 11,3 m	1953	Bremer Vulkan, Göteborg (Baunummer 828)	LAPC	1964–1967
	Stapellauf: 12.8.1953						
	1953 als SUPERIOR an A/S Superior, A/S Oiltank (Reldar Rød)						
	1964 im Dezember an A/S Avanti, Glarona, Navalis, Ollimac & A/S Turicum (Tschudi & Eitzen) (SIGUPTA)						
	1967 im März in Kaohsiung zum Abbruch eingetroffen						
SITAKUND	Motor-Tanker	15 567/9400/24 350	184,5 x 23,5 x 13,0 m	1951	Eriksbergs MV AB, Göteborg (Baunummer 409)	LAHW	1964–1968
	Stapellauf: 3.4.1951						
	1951 als SOGNEFJELL für Olsen & Ugelstad, Oslo, gebaut						
	1964 im Dezember von A/S Avanti, Glarona und Navalis (Tschudi & Eitzen) angekauft						
	1968 am 20. Oktober auf der Reise von Wilhelmshaven nach Libyen bei Beachy Head, nahe Eastbourne, nach Explosionen Totalverlust. Drei Todesopfer						
SIPONTO	Motor-Tanker	11 224/6530/16 520	163,7 x 21,1 x 11,6 m	1949	John Cockerill, Hoboken (Baunummer 741)	LEBZ	1965–1966
	Stapellauf: 25.6.1949						
	1949 im November als PONTOS an AS Pontos, A/S Pelagos (Svend, Foyn, Bruun)						
	1965 im Januar an A/S Avanti, Glarona, Navalis (Tschudi & Eitzen) (SIPONTO)						
	1966 am 28. Februar durch Feuer in Chittagong zerstört						
	1966 im Mai in Kaohsiung zum Abbruch						

Schiffsname	Typ	BRT/NT/DWT	Dimensionen*	Baujahr	Bauwerft / Ort	Rufzeichen	Besitzdauer
SIDACCA	Motor-Tanker Stapellauf: 2.12.1953 1954 im Dezember als BLAISE PASCAL an die Besteller Cie. Mar. de Transport de Goudron, Nantes 1965 im Juni Ankauf durch A/S Avanti, Glarona, Navalis, Ollimac, Turicum (Tschudi & Eitzen) (SIDACCA) 1969 an Cia. Naviera Sincerity S.A. (SINCERITY) 1976 am 11. November zum Abbruch bei Gi Yuen Steel Co. in Kaohsiung	15 942/9330/24 145	184,8 x 23,5 x 13,1 m	1953	Kockums M/V A/B, Malmö (Baunummer 370)	LGFU	1965–1969
SIPLATA	Motor-Tanker Stapellauf: 21.11.1949 1950 für A/S Thor Dahl (Thor Dahls Hvalfangerselskap A/S), Sandefjord, als THORSHAVN gebaut 1963 gekauft von Whiteleaf Cia. Naviera S.A. Monrovia (MAR DEL PLATA) 1966 im Mai von A/S Avanti, Glarona, Navalis (Tschudi & Eitzen) angekauft (SIPLATA) 1968 Weiterverkauf an Dovar Shipping Corp., Panama (SOVERINO) 1969 an Pertamina (Perusahaan Negara Pertambangan Minjak, Indonesien) veräußert (PERMINA 106) 1970 am 20. Oktober in Kaohsiung/Taiwan zum Abbruch eingetroffen	9888/5706/15 185	153,5 x 20,7 x 11,5 m	1950	Jos. L. Thompson & Sons Ltd., Sunderland (Baunummer 661)	LFYL	1966–1968
SIBOEN	OBO Stapellauf: 26.3.1968 1968 im April für die A/S Avanti, Glarona, Navalis (Tschudi & Eitzen) gebaut 1982 an Alexander Nav. Corp. Ltd., Panama (PANAMAX GEMINI) 1985 an Fidelity Owners Inc., Panama (STAR ADVENTURE) 1987 am 29. April zum Abbruch in Kaohsiung	44 332/29 635/76 500	258,7 x 32,3 x 18,0 m	1968	Götaverken, Arendal (Baunummer 832)	JWXD	1968–1982
SIBOTO	OBO Stapellauf: Juni 1968 1968 für die A/S Avanti, Glarona, Navalis (Tschudi & Eitzen) gebaut 1981 an Fulgor Shipping Co., Monrovia 1985 an Arctic Maritime Carriers Inc., Liberia (ATLANTIC CAREER) 1986 am 27. Juni zum Abbruch in Yantai	44 325/29 638/76 500	258,7 x 32,3 x 18,0 m	1968	Götaverken, Arendal (Baunummer 833)	JXUG	1968–1985
SILUNA	Tanker Stapellauf: 26.6.1960 1960 als SKAUTOPP an D/S A/S Eikland (I. M. Skaugen), Oslo, abgeliefert 1968 im Dezember an A/S Avanti, Glarona, Navalis, Ollimac & Turicum (Tschudi & Eitzen) (SILUNA) 1971 Barclay Investments Ltd. (Idan Shipping Corp., Liberia, später Griechenland) (IDAN) 1978 am 20. August bricht Feuer aus 1979 am 13. Mai zum Abbruch in Kaohsiung	31 303/16 801/48 824	214,9 x 31,2 x 15,4 m	1960	Howaldtswerke, Kiel (Baunummer 1147)	JXLG	1968–1971
SIBOTRE	OBO Stapellauf: 2.4.1969 1969 im Mai an A/S Avanti, Glarona, Navalis (Tschudi & Eitzen) 1985 an Universe Maritime Corp., Panama (AFTHOROS) 1993 am 2. März zum Abbruch in Gadani Beach	44 327/29 649/76 500	258,7 x 32,3 x 18,0 m	1969	Götaverken, Arendal (Baunummer 839)	LFWC	1969–1985
SIBEAU	Tanker 1964 im Oktober als BEAU für die D/S A/S Avenir, Skibs A/S Beaulieu, Beaufort, Beaumont & Seattle (Biørn Bjørnstad & Co., Moss) gebaut 1972 im September von A/S Avanti, Glarona, Navalis & Turicum (Tschudi & Eitzen) angekauft und umbenannt in SIBEAU	34 794/22 683/62 810	236,2 x 32,0 x 16,7 m	1964	Stord Werft, Lervik	LLKK	1972–1973

Schiffsname	Typ	BRT/NT/DWT	Dimensionen*	Baujahr	Bauwerft / Ort	Rufzeichen	Besitzdauer
	1973 an Rodochanachi Leasing Co. Ltd., London (HALCYON LOCH)						
	1974 umbenannt in WOODBURN						
	1979 an Mermaid Compagnia Maritima S.A., Griechenland (YEOTA E.)						
	1982 an Porcelain Co., Griechenland (YEO)						
	1983 an Silentsea Shipping Inc., Griechenland (STEFANIA A)						
	1984 an Candia Shipping Enterprises, Gibraltar (STEFANIS)						
	1984 abgewrackt in Chittagong						
SINADER	Schlepper – Eisverstärkt 493 BRT		45,2 x 10,8 x 6,5 m	1972	Ulstein Mek. Verksted A/S (Baunummer 67)	LIXG	1972–1978
	1972 im Oktober für A/S Sinader (Tschudi & Eitzen) konstruiert						
	1978 zu International Transport Contractors (ITC) Panama, verkauft (SABLE CAPE)						
	1978 in Position 19.30N 150.53E gesunken						
SISTELLA	Schlepper – Eisverstärkt 494 BRT		45,2 x 10,8 x 6,5 m	1973	Ulstein Mek. Verksted A/S (Baunummer 71)	LKFP	1973–1978
	1973 im Februar an A/S Sistella (Tschudi & Eitzen)						
	1978 zu International Transport Contractor (ITC), Panama, verkauft (SANDY CAPE)						
	1980 zu Quebec Tugs Ltd., Quebec (CAPTAIN IOANNIS S)						
	1988 an die CSL Group Inc. Quebec						
	2002 heißt der Eigner Groupe Ocean Inc., Quebec (OCEAN DELTA)						
	2009 in Fahrt						
SINNI	Schlepper – Eisverstärkt 493 BRT		45,2 x 10,8 x 6,5 m	1974	Ulstein Hatlø A/S Ulsteinvik (Baunummer 129)	PJUY	1974–1978
	1974 im Dezember an A/S Sinni (Tschudi & Eitzen)						
	1978 zu International Transport Company (ITC) verkauft						
	1981 an die Atlantic Towing, New Brunswick/Canada, transferiert (IRVING CEDAR)						
	1996 umbenannt in ATLANTIC CEDAR						
	2002 an Purvis Marin e Ltd., Sault Sainte Marie, Ontario (RELIANCE)						
	2009 in Fahrt						
MALMØHUS	Tanker	52 521/34 913/93 250	261,2 x 39,0 x 18,3 m	1965	Kockums M.V. AB, Malmö (Baunummer 495)	SHAN	1975
	Stapellauf: 28.1.1965						
	1965 im Oktober als MALMØHUS an die Trelleborgs Angfartygs AB, Trelleborg/Schweden, geliefert						
	1968 im Mai wechselt der Firmenname in Malmos Rederi AB, Trelleborg						
	1975 im August an Skips A/S Ollimac & Anjara A/S, Oslo (Tschudi & Eitzen). Bei der Lieferung in Lissabon Maschinenschaden. War vorgesehen, das Schiff in eine „Offshore Barge" umzubauen						
	1975 am 13. September in Valencia zum Abbruch eingetroffen						
SIBOFIR	OBO	32 023/22 484/54 600	206,9 x 32,3 x 17,3 m	1979	Uddevalla Varvet AB, Uddevalla (Baunummer 303)	LIHD	1979
	Stapellauf: 25.1.1979						
	1979 am 1. Juni an Skibs A/S Avanti (Tschudi & Eitzen) abgeliefert						
	1979 an Aroania Shipping & Trading Corp. S.A., Panama (RABIGH 2)						
	1979 an White Dolphin Enterprises, Ltd. verkauft (Samos Steamship Co., Mangours, Griechenland)						
	1995 umbenannt in ALBERTA						
	2007 an BV Shipping Ltd., Griechenland (BEIJING VICTORY)						
	2009 im Mai zum Abbruch nach Pakistan						
SIBOFEM	OBO	42 253/32 681/79 999	252,4 x 32,3 x 20,3 m	1972	Brodogradilliste i Tvornica Dizel Motora „Split", Split (Baunummer 252)	D5OR	1979–1986
	Stapellauf: 11.8.1972						
	1972 als DIAMANTIS PATERAS für die Miramar Comp. Naviera S.A. (Leandros Shipping Co. SA, Piräus) gebaut						
	1979 angekauft von der South Continental Tanker Corp. Inc. Monrovia (TRANSUD III)						

Schiffsname	Typ	BRT/NT/DWT	Dimensionen*	Baujahr	Bauwerft / Ort	Rufzeichen	Besitzdauer
	1979 im September von der Betagam Corp. Monrovia (Tschudi & Eitzen) erworben (SIBOFEM)						
	1986 an Lucas Marine Co. Ltd., Limassol, verkauft (PANTHIR)						
	1993 am 2. Februar zum Abbruch in Qingdoo						
SIBOSIX	OBO	43 148/30 487/78 075	253,6 x 32,3 x 18,0 m	1974	Bremer Vulkan AG, Vegesack (Baunummer 988)	JXAG	1980–1985
	Stapellauf: 11.9.1974						
	1974 als RINGOBO für die Ringdals Rederi A/S & Olav Ringdas Tankrederi A/S I, Oslo, geliefert						
	1978 an die K/S Northern Obo A/S (Stove Shipping), Oslo, verkauft						
	1979 an die A/S Kosmos, Sandefjord (Anders Jahre), verkauft (JARMINA)						
	1980 im Oktober von der P/R Sibosix (Tschudi & Eitzen) für 45 Mio. NKr angekauft (SIBOSIX)						
	1985 im Mai an Sulkitalia S.p.A., Genova verkauft (BULKRAVENNA)						
	1991 an Formentera Shipping Co. Ltd., Valletta, verkauft (FORMENTERA)						
	1991 von der Alborada Shipping Corp., Andros, übernommen (MONTEREY)						
	1996 angekauft von The Great Eastern Shipping Co. London Ltd., Kingstown (BHARTI)						
	1999 am 20. Januar in Alang zum Abbruch						
SIBIG VENTURE	Semi-submersible	27 719/16 960/44 000	222,3 x 42,0 x 11,8 m	1972	Astilleros Espanoles SA, Factoria de Cadiz (Baunummer 91)	LKMT	1982–1988
	Stapellauf: 23.4.1971						
	1972 am 20. Januar als Tanker CONOCO ESPANA an die World Wide Transport Inc., Monrovia						
	1982 umbenannt in VENTURE ESPANA						
	1982 Ankauf von P/R Sibig Venture (Tschudi & Eitzen), konvertiert in ein Semi-submersible-Schiff und gleichzeitig umbenannt in SIBIG VENTURE. Umbauzeit von Juni bis Oktober						
	1985 in die Graduation Shipping, Liberia (Manag. Tschudi & Eitzen), überführt						
	1988 an die International Transport Sibig Inc., Monrovia, verkauft						
	1991 am 28. Dezember in Auflage						
	1993 in Auflage umbenannt in SHAKIR 3						
	1993 am 27. Juni während des Taifuns Koryn bei Wuzhu Zhou (China) auseinandergebrochen						
SIBOSEVEN	OBO	44 071/30 506/75 396	243,5 x 32,3 x 19,0 m	1982	Bremer Vulkan AG, Vegesack (Baunummer 1029)	LKZB	1982–1985 1988–1989
	Stapellauf: 4.2.1982						
	1982 im Juni an P/R Siboseven (Tschudi & Eitzen) übergeben						
	1986 an die Calanda Shipping, Monrovia (Tschudi & Eitzen)						
	1989 an die K/S Høegh Freighter (Leif Høegh & Co. SA Manager) (HØEGH FREIGHTER)						
	1992 an die Bona Freighter KS (Teekay Shipping AS) verkauft (BONA FREIGHTER)						
	2000 umbenannt in TEEKAY FREIGHTER (Bona Shipholding Ltd.)						
	2003 umbenannt in FREIGHTER SPIRIT (Bona Freighter KS)						
	2003 Verkauf an Scotts Cove Shipping LLC (V. Ships AS Norwegen) (SEAHAWK FREIGHTER)						
	2007 an Hong Harvest Shipping Co. Ltd. (HONG HARVEST)						
	2008 im Dezember zum Abbruch nach Bangladesh						
MOSEL ORE	OBO	51 643/39 942/108 412	253,0 x 40,1 x 20,7 m	1969	Götaverken, Arendal (Baunummer 838)	D5GS	1987–1993
	Stapellauf am 14.2.1969						
	1969 am 25. März als PAJALA für Trafik A/B Grängesberg-Oxelösund (Erland Waldenström, Stockholm)						
	1978 im Juli an die Solidarity Carriers, Liberia, verkauft (BARON VENTURE)						
	1980 im September angekauft von Transatlantic Bulk Carriers Inc., Liberia (MOSEL ORE)						
	1980 im November in die Oakmont Shipping Inc. Monrovia, Liberia, überführt						
	1987 im März an Mosel Maritime Co. Inc. (Tschudi & Eitzen)						
	1993 am 21. Juli zum Abbruch in Xingang						

Kvartia Marin: 1961–1978

Kapitän Henry Tschudi mit einem 25 %-Anteil Partner in I/S Kvartia Marin. Mitbeteiligt drei weitere Aktionäre, darunter auch sein Bruder Hans Tschudi.

Schiffsname	Typ	BRT/NT/DWT	Dimensionen*	Baujahr	Bauwerft / Ort	Rufzeichen	Besitzdauer
KVARTIA	Frachter Stapellauf: 26.11.1947 1948 im März als VIVITA für Uglands Rederi, Grimstad, gebaut 1961 im Oktober an I/S Kvartia Marin (Tschudi & Eitzen), Oslo 1966 am 2. Juli bei Hastings Sands Shoal in Rangoon wegen eines Navigationsfehlers gestrandet. Schiff bricht entzwei	7462/4294/10 300	136,5 x 17,8 x 8,3 m	1948	Lithgows Ltd., Port Glasgow (Baunummer 1028)	LNBI	1961–1966
STORFOLD	Tanker Stapellauf: 1.4.1954 1954 im Juni als NORFOLD an Hvalfangeraktieselskapet Vestfold (Johan Rasmussen & Co.), Sandefjord 1966 an I/S Kvartia Marin, Oslo (STORFOLD) 1974 an Sunlight Shipping Co. Ltd., Malta (SUNLIGHT) 1975 am 19. April in Aviles/Spanien zum Abbruch eingetroffen	11 039/6298/17 390	167,4 x 26,3 x 12,0 m	1954	AB Götaverken, Göteborg	LAQT	1966–1974
LIDFOLD	Tanker Stapellauf: 18.2.1959 1959 als LIDVARD an Kloster's Rederi A/S, Oslo 1967 an I/S Kvartia Marin, Oslo (LIDFOLD) 1975 an Petrostar Company Ltd., Jeddah (PETROSTAR 4) 1987 in Georgetown, St. Vincent, registriert (ETROSTAR) 1987 im Mai bei Ruby Shipbreakers, Chittagong, zum Abbruch	12 743/7463/ 19 950	170,0 x 22,0 x 12,2 m	1959	Kockums, Malmö (Baunummer 440)	JXER	1967–1975
FOLDSTAR	Tanker Stapellauf 16.5.1968 1968 als ARTEMIS an P/R för M/T Artemis, Göteborg (Ake Högberg, Stockholm) 1974 an A/S Jørgen P. Jensen Rederi, Arendal, verkauft (WANGSTAR) 1976 an die I/S Foldstar, Oslo, veräußert (FOLDSTAR) 1978 im September an die Balimar Shipping Corp., Monrovia, verkauft (WANOSTAR) 1979 im Januar an die Bela Shipping Corp., Andros, Griechenland (Seacrest Shipping Co. Ltd., London) (TEONYMPHOS) 1989 an Batouri Shipping Agency Ltd., Nassau (AQUILA) 1992 an Silver Legend SA, Panama (NISI) 1997 im April in Bangladesh zum Abbruch	44 863/33 817/98 150	255,3 x 39,0 x 14,4 m	1968	Eriksbergs Mekaniska Verkstad AB, Göteborg (Baunummer 595)	LNHB	1976–1978

Tschudi & Eitzen: 1987–2003 (Beteiligungen in K/S-Gesellschaften)

Schiffsname	Typ Dimensionen*	BRT/NT/DWT	Baujahr	Bauwerft / Ort	Rufzeichen	Besitzdauer
NORMAN SIBOSS	OBO 256,5 x 39,0 x 20,6 m	51 818/40 841/103 332	1972	Arendalsvarvet, Göteborg (Baunummer 854)	LAET2	1987–1989
NORMAN SIBONA	OBO 256,5 x 39,0 x 20,6 m	56 225/35 342/103 230	1973	Oresundsvarvet, Landskrona (Baunummer 237)	LAEE2	1987–1989
SINAGUA PETROBULK-SILVERA SILVERA	Tanker 170,7 x 25,9 x 15,3 m	20 943/13 016/33 400	1977	Nakskov Skibsvaerft, Dänemark (Baunummer 214)	LAMP2	1988–1995

Schiffsname	Typ / Dimensionen*	BRT/NT/DWT	Baujahr	Bauwerft / Ort	Rufzeichen	Besitzdauer
SISALA	OBO 239,1 x 32,3 x 19,7 m	37 661/26 682/77 827	1976	Mitsui Engineering & Shipbuilding Co. (Baunummer 1071)	LAMK2	1988–1991
HAPPY SITANI	Tanker 265,6 x 41,4 x 22,2 m	60 337/46 963/128 467	1977	Hitachi, Sakai (Baunummer 4459)	LAQH2	1989–1990
NORMAN SIRINA	OBO 177,0 x 22,9 x 14,5 m	14 642/10 084/26 640	1974	Namura Shipbuilding Co. Ltd. Osaka (Baunummer 419)	LATW2	1989–1991
VIRANA	Bulker 189,7 x 27,6 x 15,2 m	22 309/13 036/36 202	1983	Imabari Zosen, K.K., Marugame/Japan (Baunummer 1117)	LAVA2	1989–1997
SIGUITA	Bulker 260,9 x 40,7 x 24,0 m	67 536/34 378/115 775	1971	Mitsubishi Heavy Industries, Hiroshima (Baunummer 222)	C6IJ2	1989–1993
SITHEA WESTERN-SILETTA SILETTA	Bulker 189,7 x 27,6 x 15,2 m	22 324/13 017/36 138	1982	Imabari Zosen K.K., Marugame (Baunummer 1095)	LADO4	1989–2001
MARIANN	Bulker 224,5 x 32,2 x 17,8 m	31 329/23 539/60 857	1977	Hitachi, Innoshima (Baunummer 4545)	C6IF6	1989–1997
SITAXA	Tanker 182,9 x 32,3 x 15,1 m	22 988/15 879/39 865	1975	Davie SB, Lauzon	LAWX2	1991–1996
SIRINADA	OBO 177,0 x 23,0 x 13,8 m	14 642/10 084/26 640	1974	Namura Shipbuilding Co. Ltd. Osaka (Baunummer 419)	LATW2	1992–1994
SIBOTI	OBO 228,6 x 32,3 x 19,0 m	41 189/25 692/74 868	1992	Burmeister & Wain Skibsvaerft A/S-København (Baunummer 940)	LAQL4	1992–2003
MARIBEL	Tanker 176,0 x 32,0 x 15,1 m	22 620/11 223/40 158	1986	Uljanik Shipyard, Pula (Baunummer 365)	LAVB2	1992–2004
SIBOELF	OBO 228,6 x 32,3 x 19,0 m	41 189/25 692/77 075	1993	Burmeister & Wain Skibsvaerft A/S-København (Baunummer 942)	LAQM4	1993–2003
SINORA	Tanker 175,3 x 30,0 x 16,8 m	23 515/10 216/36 829	1980	Kasado Dkyd, Kudamatsu (Baunummer 318)	LAGC4	1993–1997
SIBOHELLE	OBO 246,9 x 32,2 x 19,0 m	45 593/27 995/83 155	1993	Burmeister & Wain Skibsvaerft A/S-København (Baunummer 944)	LAQN4	1993–2003
SIBONINA	OBO 246,9 x 32,2 x 19,0 m	45 593/27 995/83 155	1993	Burmeister & Wain Skibsvaerft A/S-København (Baunummer 945)	LAQO4	1993–2003
SILINA	Tanker 170,7 x 25,9 x 15,3 m	19 462/12 876/33 401	1977	A/S Nakskov Skibsvaerft, Nakskov, Dänemark (Baunummer 213)	LANG2	1993–1995
CAPRI BETA	Tanker 170,7 x 25,9 x 15,3 m	19 337/12 858/ 33 430	1981	A/S Nakskov Skibsvaerft, Nakskov, Dänemark (Baunummer 226)	LAQW2	1994–1995
SIBARDE	Tanker 168,7 x 25,9 x 14,6 m	17 487/11 246/31 955	1976	Horten Verft AS (Baunummer 187)	LCZO3	1994–1997

Schiffsname	Typ Dimensionen*	BRT/NT/DWT	Baujahr	Bauwerft / Ort	Rufzeichen	Besitzdauer
MARPOL FIGHTER	Ölschutzschiff 76,2 x 12,3 x 5,1 m	1219/366/1473	1971	AS Haugesunds Slip – Haugesund (Baunummer 14)	LASI4	1994–1995
SIBOTURA	OBO 228,6 x 32,3 x 19,0 m	41 189/25 692/74 928	1992	Burmeister & Wain Skibsvaerft A/S-København (Baunummer 939)	ELOZ8	1995–1997 T&E Shipping ASA
SIBOTESSA	OBO 228,6 x 32,2 x 19,0 m	41 189/25 692/74 868	1992	Burmeister & Wain, Skibsvaerft A/S-København (Baunummer 943)	LAYJ4	1995–1997 T&E Shipping ASA
SIBOEVA	OBO 246,9 x 32,2 x 19,0 m	45 593/27 995/83 155	1993	Burmeister & Wain Skibsvaerft A/S-København (Baunummer 946)	LASS4	1995–1997 T&E Shipping ASA
SIBONATA	OBO 246,9 x 32,2 x 19,0 m	45 593/27 995/83 155	1994	Burmeister & Wain Skibsvaerft A/S-København (Baunummer 947)	LATM4	1995–1997 T&E Shipping ASA
SIBONANCY	OBO 246,9 x 32,2 x 19,0 m	45 593/27 995/83 155	1994	Burmeister & Wain Skibsvaerft A/S-København (Baunummer 948)	LAUI4	1995–1997 T&E Shipping ASA
SITAKATHRINE	Tanker 228,6 x 32,2 x 21,6 m	43 733/26 618/83 920	1986	Burmeister & Wain, København (Baunummer 919)	LAEG5	1995–1997 T&E Shipping ASA
SITALOUISE	Tanker 228,6 x 32,2 x 21,6 m	43 733/26 618/ 83 870	1987	Burmeister & Wain, København (Baunummer 920)	OXFZ2	1995–1997 T&E Shipping ASA
SITALENE	Tanker 228,6 x 32,2 x 21,6 m	43 733 / 26 618 / 83 970	1987	Burmeister & Wain, København (Baunummer 921)	OWKA2	1995–1997 T&E Shipping ASA
SITACAMILLA	Tanker 228,6 x 32,2 x 21,6 m	43 406/26 562/ 83 260	1988	Burmeister & Wain, København (Baunummer 923)	LAXW4	1995–1997 T&E Shipping ASA
SITAMARIE	Tanker 228,6 x 32,2 x 21,6 m	43 406/ 20 118/83 987	1988	Burmeister & Wain, København (Baunummer 925)	LAXX4	1995–1997 T&E Shipping ASA
SITARA	Tanker 170,0 x 25,3 x 14,5 m	17 018/11 898/29 999	1991	Stocznia Szczecinska S.A. Szczecin	ELMB6	1995–1997 T&E Shipping ASA
SININNI	Tanker 170,0 x 25,3 x 14,5 m	17 018/11 887/29 999	1992	Stocznia Szczecinska S.A. Szczecin	ELME4	1995–1997 T&E Shipping ASA
TORM SITA	Tanker 228,6 x 32,2 x 21,6 m	43 398/19 867/84 040	1990	Burmeister & Wain, København (Baunummer 932)	LAZH4	1996–1997 T&E Shipping ASA
SITAMONA	Tanker 228,6 x 32,2 x 21,6 m	43 398/19 867/84 040	1990	Burmeister & Wain, København (Baunummer 933)	LAZG4	1996–1997 T&E Shipping ASA
SITAMIA	Tanker 228,6 x 32,2 x 21,6 m	43 414/19 867/84 040	1988	Burmeister & Wain, København (Baunummer 922)	LATX5	1996–1997 T&E Shipping ASA

Schiffsname	Typ Dimensionen*	BRT/NT/DWT	Baujahr	Bauwerft / Ort	Rufzeichen	Besitzdauer
SITAVERA	Tanker 228,6 x 32,2 x 21,6 m	43 414/19 867/84 040	1988	Burmeister & Wain, København (Baunummer 926)	LATY5	1996–1997 T&E Shipping ASA
SIBEIA	Tanker 228,6 x 42,3 x 19,4 m	50 764/26 779/88 726	1981	Uddevalla Varvet, Uddevalla (Baunummer 315)	LALW5	1995–2004
SITRIA	OBO 186,9 x 29,4 x 16,3 m	25 221/13 365/41 876	1985	Mitsui Eng. & SB Co. Ltd., Tamano (Baunummer 1316)	C6BD8	1997–2003
SINELA	Bulker 188,0 x 28,0 x 15,4 m	22 009/12 589/37 696	1984	Sasebo Heavy Industries Co. Ltd., Sasebo/Japan (Baunummer 337)	C6JQ2	1997–2000
SIDRELA	Bulker 188,0 x 28,0 x 15,4 m	22 009/12 589/37 711	1984	Sasebo Heavy Industries Co., Ltd., Sasebo/Japan (Baunummer 338)	C6JP9	1997–2002
SITUS	Bulker 228,0 x 32,2 x 18,3 m	37 323/18 583/61 198	1981	Tsuneishi Shipbuilding Co. Ltd., Hiroshi (Baunummer 460)	LAGA2	1997–1999
SIBOTESSA	OBO 228,6 x 32,2 x 19,0 m	41 189/25 692/74 868	1992	Burmeister & Wain, København (Baunummer 943)	LAYJ4 ELPE3	1997–2003
SIDRAKO	Bulker 182,8 x 30,5 x 15,8 m	24 643/13 377/41 526	1985	Mitsui Eng. & S.B. Co. Ltd. – Tamano (Baunummer 1287)	ELEK5	1998–2000
SIGANA	Bulker 189,5 x 30,0 x 11,0 m	24 943/14 148/42 842	1985	Mitsubishi Heavy Industries Ltd., Nagasaki (Baunummer 1938)	3EVB3	1998–2003
SIVEGA	Bulker 185,2 x 29,5 x 15,8 m	24 111/13 019/41 081	1985	Oshima Shipbuilding Co. Ltd. – Oshima (Baunummer 10081)	ELEL7	1998–2003
SISWALA	Bulker 185,2 x 29,5 x 15,8 m	24 111/13 019/41 090	1985	Oshima Shipbuilding Co. Ltd. – Nagasaki	ELEL8	1998–2002

1997 übernehmen Tschudi & Eitzen zu 100 % die International Contractors Company, Heemstede.

Schiffsname	Typ Dimensionen*	BRT/NT/DWT	Baujahr	Bauwerft / Ort	Rufzeichen	Besitzdauer
SIMOON	Schlepper 55,0 x 11,7 x 5,2 m	974/292/928	1977	Matsuura Tekko Zosen K.K., Higashino (Baunummer 262)	HO4354	1997–2003
SIROCCO	Schlepper 55,0 x 11,7 x 5,2 m	974/292/928	1976	Matsuura Tekko Zosen K.K., Higashino (Baunummer 257)	3FLH	1997–2003
SUHAILI	Schlepper 55,0 x 11,7 x 5,2 m	974/292/928	1977	Matsuura Tekko Zosen K.K., Higashino (Baunummer 259)	HP3904	1997–2003
SUMATRAS	Schlepper 55,0 x 11,7 x 5,2 m	974/292/928	1977	Matsuura Tekko Zosen K.K., Higashino (Baunummer 261)	HOTI	1997–2003

Schiffsname	Typ Dimensionen*	BRT/NT/DWT	Baujahr	Bauwerft / Ort	Rufzeichen	Besitzdauer
SHAMAL	Schlepper 55,0 x 11,7 x 5,2 m	974/292/928	1976	Matsuura Tekko Zosen K.K., Higashino (Baunummer 258)	HPOQ	1997–1998
SOLANO	Schlepper 55,0 x 11,7 x 5,2 m	974/292/928	1977	Matsuura Tekko Zosen K.K., Higashino (Baunummer 263)	HPJU	1997–2003
SANTANIA	Schlepper 55,0 x 11,7 x 5,2 m	974/292/928	1977	Matsuura Tekko Zosen K.K., Higashino (Baunummer 263)	HO4125	1997
SABLE CAPE	Schlepper 72,4 x 13,0 x 6,0 m	1714/514/1743	1976	Miyoshi Zosen K.K., Uwajima (Baunummer 230)	J8VJ8	1998–2003
SANDY CAPE	Schlepper 72,4 x 13,0 x 6,0 m	1714/514/1743	1977	Miyoshi Zosen K.K., Uwajima (Baunummer 233)	J8VJ9	1998–2003
SEACALE 393-12	Submersible Barge 120,0 x 40,0 x 7,5 m	19 600 DWT	1977	Taiwan Shipbuilding, Keelung/Taiwan		1998–2003

2001 übernehmen Tschudi & Eitzen zu 100 % die KIL-Shipping, Kopenhagen.

Schiffsname	Typ Dimensionen*	BRT/NT/DWT	Baujahr	Bauwerft / Ort	Rufzeichen	Besitzdauer
SICHEM ACID	Chem.-Tanker 111,5 x 17,5 x 9,9 m	5011/2579/8418	1979	Nishi Zosen K.K., Imabari (Baunummer 188)	HOKD	2001–2002
SICHEM AMERICA	Chem.-Tanker 120,0 x 21,0 x 12,3 m	8848/4527/14 369	1999	Qiu xin Shipyard, Shanghai (Baunummer 1256)	S6GZ	2001–2002
SICHEM ANNE	Chem.-Tanker 115,4 x 18,6 x 10,5 m	5818/2719/9202	1993	Higaki Zosen K.K., Imabari (Baunummer S-483)	S6TN	2001–2002
SICHEM ASIA	Chem.-Tanker 120,0 x 21,0 x 12,3 m	8848/4527/14 369	1999	Qiu xin Shipyard, Shanghai	SJMQ	2001–2002
SICHEM BALTIC	Chem.-Tanker 106,5 x 18,2 x 8,1 m	4269/2204/7177	1985	Fukuoka Zosen, Fukuoka (Baunummer 1115)	S6JI	2001–2003
SICHEM CARIBBEAN	Chem.-Tanker 108,5 x 16,5 x 8,2 m	4215/2207/6815	1984	Akasawa Zosen K.K., Imabari (Baunummer 322)	S6JH	2001–2003
SICHEM HOLGER	Chem.-Tanker 107,6 x 17,0 x 8,5 m	4085/2138/6692	1984	Tahei Kogyo K.K., Akitsu (Baunummer 1723)	S6NE	2001–2003
SICHEM LABRADOR	Chem.-Tanker 113,0 x 18,8 x 8,0 m	4509/2140/6734	1985	Kochi Jyuko, Kochi (Baunummer 2406)	S6NH	2001–2003
SICHEM MALENE	Chem.-Tanker 116,6 x 19,0 x 10,1 m	6544/3081/9214	1994	Hyundai Heavy Industries, Ulsan (Baunummer P-065)	S6TO	2001–2002
SICHEM MARTIN	Chem.-Tanker 107,7 x 17,6 x 8,4 m	4409/2286/7088	1984	Higaki, Imabari (Baunummer 317)	S6ND	2001–2002
SICHEM MEDITERRANEAN	Chem.-Tanker 114,9 x 16,5 x 8,2 m	4462/2405/7340	1984	Asokawa Zosen K.K., Imabari (Baunummer 325)	S6NG	2001–2003
SICHEM NAVIGATOR	Chem.-Tanker 113,3 x 18,0 x 8,0 m	4509/2140/6715	1984	Taihei Kogyo K.K., Akitsu (Baunummer 1695)	S6LD	2001–2003

Schiffsname	Typ Dimensionen*	BRT/NT/DWT	Baujahr	Bauwerft / Ort	Rufzeichen	Besitzdauer
SIGAS CENTURION	LPG 81,1 x 13,8 x 6,9 m	2169/650/1872	1984	Ferguson-Aisla Ltd., Troon (Baunummer 559)	S6NY	2001–2003
SIGAS CHAMPION	LPG 74,0 x 14,1 x 6,0 m	2458/737/2347	1995	Orskov Christensens, Frederikshavn (Baunummer 203)	S6MN	2001–2003
SIGAS COMMANDER	LPG 74,0 x 14,0 x 6,0 m	2458/737/2353	1996	Orskov Christensens, Frederikshavn (Baunummer 204)	S6MO	2001–2003
SIGAS CRUSADER	LPG 74,0 x 14,0 x 6,0 m	2458/737/2284	1996	Orskov Christensens, Frederikshavn (Baunummer 216)	S6MP	2001–2003
SIGAS GENERAL	LPG 105,6 x 17,7 x 7,7 m	4605/1382/4596	1982	Fukuoka Zosen, Fukuoka (Baunummer 1098)	C6PU9	2001–2003
SIGAS GOVERNOR	LPG 105,6 x 17,7 x 7,7 m	4568/1397/4563	1983	Fukuoka Zosen, Fukuoka (Baunummer 1097)	C6PI7	2001–2003
SICHEM DALI	Chem.-Tanker 119,8 x 19,0 x 10,4 m	6506/3559/9939	1988	Uljank, Pula (Baunummer 380)	9VYR2	2001–2003

2002 übernehmen Tschudi & Eitzen zu 100 % die Estonian Shipping Company (ESCO), Tallinn.

Schiffsname	Typ Dimensionen*	BRT/NT/DWT	Baujahr	Bauwerft / Ort	Rufzeichen	Besitzdauer
HAAPSALU	Ro-Ro 152,7 x 19,2 x 13,1 m	9489/2846/5500	1985	A. Zhdanov SB. Yard, Leningrad (Baunummer 840)	ESXE	2002
GEORG OTS	Passagier-Auto-Fähre 136,8 x 21,0 x 12,6 m	12 549/4137/1327	1980	Stocnia Szczecinska, Szczecin (Baunummer 493/01)	ESBH	2002
KAPTEN VOOLENS	Frachter 82,5 x 12,8 x 6,2 m	2120/1186/2950	1981	Rauma-Repola Oy, Uusikaupunki (Baunummer 305)	ESAG	2002–2003
MEHAANIK KRULL	Frachter 82,5 x 12,8 x 6,2 m	2120/1186/2684	1981	Rauma-Repola Oy, Uusikaupunki (Baunummer 306)	ESAL	2002–2003
NARVA	Ro-Ro 140,0 x 19,2 x 13,1 m	8545/2563/4600	1979	A. Zhdanov Shipbuilding, Leningrad (Baunummer 829)	ESXE	2002–2003
RAKVERE	Ro-Ro 140,0 x 19,2 x 13,1 m	8545/2563/4600	1977	A. Zhdanov Shipbuilding, Leningrad (Baunummer 825)	ESXC	2002–2003
LEHOLA	Ro-Ro 122,3 x 19,8 x 12,9 m	7606/2282/5758	1997	Astilleros de Huelva, Huelva (Baunummer 569)	ESEZ	2002–2003
LEMBITU	Ro-Ro 122,3 x 19,8 x 12,9 m	7606/2282/5758	1998	Astilleros de Huelva, Huelva (Baunummer 570)	ESFO	2002–2003
VARBOLA	Ro-Ro 122,3 x 19,8 x 12,9 m	7606/2282/5758	1998	Astilleros de Huelva, Huelva (Baunummer 571)	ESFU	2002–2003
LEILI	Ro-Ro 122,3 x 19,8 x 12,9 m	7606/2282/5758	1999	Astilleros de Huelva, Huelva (Baunummer 572)	ESPJ	2002–2003
MUUGA	Frachter 90,7 x 15,8 x 5,8 m	2658/1216/3200	1995	Damen Shipyard, Hoogezand (Baunummer 704)	ESTA	2002–2003

Schiffsname	Typ Dimensionen*	BRT/NT/DWT	Baujahr	Bauwerft / Ort	Rufzeichen	Besitzdauer
VIRTSU	Frachter 90,7 x 15,8 x 5,8 m	2658/1216/3200	1995	Damen Shipyard, Hoogezand (Baunummer 705)	ESEC	2002–2003
DIRHAMI	Frachter 90,7 x 15,8 x 5,8 m	2658/1216/3200	1996	Damen Shipyard, Hoogezand (Baunummer 709)	ESEN	2002–2003
KALANA	Frachter 90,7 x 15,8 x 5,8 m	2658/1216/3200	1996	Damen Shipyard, Hoogezand (Baunummer 706)	ESEG	2002–2003
KURSKE	Frachter 90,7 x 15,8 x 5,8 m	2658/1216/3200	1997	Damen Shipyard, Hoogezand (Baunummer 709)	ESEU	2002–2003
SAKALA (bis 17.12.2002) SAFMARINE ONNE	Frachter 137,4 x 21,5 x 11,5 m	10 069/4663/12 126	1995	Yantar Shipyard, Kaliningrad (Baunummer 501)	ESMM VQGN7	2002–2003
HARJUMAA (bis 21.1.2003) SAFMARINE HOUSTON	Frachter 137,4 x 21,5 x 11,5 m	10 069/4663/12 126	1999	Yantar Shipyard, Kaliningrad / Stocznia Gdanska SA, Polen (Baunummer 502)	ESPH VQGM9	2002–2003
SICHEM PRINCESS MARIE CHANTAL	Chem.-Tanker 113,0 x 18,2 x 9,6 m	5364/2518/8016	2003	Nokbong Industrial Ltd., Koje (Baunummer 386)	HOWC	2003

Tschudi Shipping Company: 2003–2008 (Beteiligungen / Eigentum)

Schiffsname	Typ Dimensionen*	BRT/NT/DWT	Baujahr	Bauwerft / Ort	Rufzeichen	Besitzdauer
MARIBEL	Tanker 176,0 x 32,0 x 15,1 m	22 620/11 223/40 158	1986	Uljanik Shipyard, Pula (Baunummer 365)	LAVB2	2003–2004
SIBOHELLE	OBO 246,9 x 32,2 x 19,0 m	45 593/27 995/83 155	1993	Burmeister & Wain Skibsvaerft A/S-København (Baunummer 944)	LAQN4	2003–2007
SIBOTESSA	OBO 228,6 x 32,2 x 19,0 m	41 189/25 692/74 868	1992	Burmeister & Wain, København (Baunummer 943)	LAYJ4	2003–2006
FREA	Tanker 158,8 x 22,8 x 13,2 m	11 360/5245/16 533	2003	Aker Tulcea, Rumänien und Mützelfeldtwerft, Cuxhaven (Baunummer 238)	EILS	2003–2006
SABLE CAPE	Schlepper 72,4 x 13,0 x 6,0 m	1714/514/1743	1976	Miyoshi Zosen K.K., Uwajima (Baunummer 230)	J8VJ8	2003–? ITC
SANDY CAPE	Schlepper 72,4 x 13,0 x 6,0 m	1714/514/1743	1977	Miyoshi Zosen K.K., Uwajima (Baunummer 233)	J8VJ9	2003–2007 ITC
SIMOON	Schlepper 55,0 x 11,7 x 5,2 m	974/292/928	1977	Matsuura Tekko Zosen K.K., Higashino (Baunummer 262)	HO4354	2003–? ITC
SIROCCO	Schlepper 55,0 x 11,7 x 5,2 m	974/292/928	1976	Matsuura Tekko Zosen K.K., Higashino (Baunummer 257)	3FLH	2003–? ITC
SUHAILI	Schlepper 55,0 x 11,7 x 5,2 m	974/292/928	1977	Matsuura Tekko Zosen K.K., Higashino (Baunummer 259)	HP3904	2003–? ITC
SUMATRAS	Schlepper 55,0 x 11,7 x 5,2 m	974/292/928	1977	Matsuura Tekko Zosen K.K., Higashino (Baunummer 261)	HOTI	2003–? ITC

Schiffsname	Typ Dimensionen*	BRT/NT/DWT	Baujahr	Bauwerft / Ort	Rufzeichen	Besitzdauer
SOLANO	Schlepper 55,0 x 11,7 x 5,2 m	974/292/928	1977	Matsuura Tekko Zosen K.K., Higashino (Baunummer 263)	HPJU	2003–2004 ITC
SEACALE 393-12	Submersible Barge 120,0 x 40,0 x 7,5 m	19 600 DWT	1977	Taiwan Shipbuilding, Keelung/Taiwan		2003–2004 ITC
LEHOLA	Ro-Ro 122,3 x 19,8 x 12,9 m	7606/2282/5758	1997	Astilleros de Huelva, Huelva (Baunummer 569)	ESEZ	2003–2005 ESCO
LEMBITU	Ro-Ro 122,3 x 19,8 x 12,9 m	7606/2282/5758	1998	Astilleros de Huelva, Huelva (Baunummer 570)	ESFO	2003–2005 ESCO
VARBOLA	Ro-Ro 122,3 x 19,8 x 12,9 m	7606/2282/5758	1998	Astilleros de Huelva, Huelva (Baunummer 571)	ESFU	2003–2005 ESCO
LEILI	Ro-Ro 122,3 x 19,8 x 12,9 m	7606/2282/5758	1999	Astilleros de Huelva, Huelva (Baunummer 572)	ESPJ	2003–2005 ESCO
MUUGA	Frachter 90,7 x 15,8 x 5,8 m	2658/1216/3200	1995	Damen Shipyard, Hoogezand (Baunummer 704)	ESTA MGHN6	2003–? ESCO
VIRTSU	Frachter 90,7 x 15,8 x 5,8 m	2658/1216/3200	1995	Damen Shipyard, Hoogezand	ESEC MGLJ3	2003–? ESCO
DIRHAMI	Frachter 90,7 x 15,8 x 5,8 m	2658/1216/3200	1996	Damen Shipyard, Hoogezand (Baunummer 709)	ESEN MGLJ9	2003–? ESCO
KALANA	Frachter 90,7 x 15,8 x 5,8 m	2658/1216/3200	1996	Damen Shipyard, Hoogezand (Baunummer 706)	ESEG	2003–? ESCO
KURSKE	Frachter 90,7 x 15,8 x 5,8 m	2658/1216/3200	1997	Damen Shipyard, Hoogezand	ESEU	2003–? ESCO
SAFMARINE ONNE	Frachter 137,4 x 21,5 x 11,5 m	10 069/4663/12 126	1995	Yantar Shipyard, Kaliningrad	VQGN7	2003–? ESCO
SAFMARINE HOUSTON	Frachter 137,4 x 21,5 x 11,5 m	10 069/4663/12 126	1999	Yantar Shipyard, Kaliningrad	VGGM9	2003–? ESCO
SINIMERI	Tanker 140,8 x 21,2 x 9,9 m	8773/3315/11 523	1982	Valmet Oy Helsingin Telakka-Vuosaari, Helsinki	LACW6	2004–2005
SIBOTI	OBO 228,6 x 32,2 x 19,0 m	41 189/25 692/74 868	1992	Burmeister & Wain Skibsvaerft A/S-København (Baunummer 940)	LAQL4	2005–2006
TEMPEST	Schlepper 47,7 x 13,8 x 7,0 m	1368/410/1165	1977	Van der Giessen de Noord, Alblasserdam (Baunummer 908)	PHXV	2005–? ITC
TYPHOON	Schlepper 47,7 x 13,8 x 7,0 m	1368/410/1165	1976	Van der Giessen de Noord, Alblasserdam (Baunummer 907)	PIBY	2005–? ITC
VERGI	Frachter 108,8 x 16,5 x 8,1 m	4059/1855/5888	1991	B.V. Scheepswerf Lanser, Sliedrecht (Baunummer 704)	MJFF7	2005–2008 ESCO
BLIZZARD	Schlepper 69,7 x 15,9 x 8,0 m	2311/693/2499	1987	Scheepsw. Waterhuizen B.V., J. Pattje (Baunummer 359)	PHJR	2007–? ITC
BOULDER	Schlepper 69,7 x 15,9 x 8,0 m	2311/693/2499	1988	Scheepsw. Waterhuizen B.V., J. Pattje (Baunummer 362)	PHIQ	2007–? ITC

Schiffsname	Typ Dimensionen*	BRT/NT/DWT	Baujahr	Bauwerft / Ort	Rufzeichen	Besitzdauer
BLUSTER	Schlepper 69,7 x 15,9 x 8,0 m	2311/693/2499	1988	Scheepsw. Waterhuizen B.V., J. Pattje (Baunummer 361)	PHJR	2008–? ITC
MISTRAL (bis 2.2.2009) ITC MISTRAL	Schlepper 26,0 x 9,1 x 3,6 m	212/63 31 B.P.	2007	Damen Shipyard, Hardinxveld (Baunummer 1583)	PHLK	2008–? ITC
ITC MELTEMI	Schlepper 26,0 x 9,1 x 3,6 m	212/63 34 B.P.	2008	Damen Shipyard, Hardinxveld (Baunummer 1594)	PBPR	2009–? ITC

2005 übernimmt Tschudi Shipping die Rederiet Otto Danielsen, Virum.

Schiffsname	Typ Dimensionen*	BRT/NT/DWT	Baujahr	Bauwerft / Ort	Rufzeichen	Besitzdauer
OTTO DANIELSEN	Multipurpose 88,6 x 15,4 x 8,3 m	3120/1733/4100	1985	Sietas, Hamburg	C60M3	2005–?
MAJ DANIELSEN	Multipurpose 88,6 x 15,4 x 8,3 m	3120/1733/4103	1985	Sietas, Hamburg	C6OO5	2005–?
EVA DANIELSEN	Multipurpose 88,6 x 15,7 x 8,3 m	3113/1722/4286	1986	Sietas, Hamburg	C6SH2	2005–?

* Die Tonnagen und auch die Abmessungen (L x B x T) der Segelschiffe wechselten etwa gleich häufig, wie sie von Klassifikations-Gesellschaften vermessen wurden. Besonders die Tiefenmaße bei Dampfern und Motorschiffen variieren je nach Jahresausgabe des Registers, und auch im Vergleich zwischen den verschiedenen Klassifikations-Gesellschaften gibt es erstaunliche Unterschiede. In einigen Ausgaben ist bei der Tiefenangabe nicht ersichtlich, ob die Distanz vom Kiel bis zum Hauptdeck, vom Raumboden bis zum Hauptdeck oder in beiden Fällen bis zum Oberdeck gemeint ist. Deshalb sollen die Angaben über die Dimensionen der Schiffe als Richtwert und Basis-Information dienen. Die in den Schiffsregistern in Fuß angegebenen Dimensionen sind in Metermaße umgerechnet.

Zahlen zur Auswanderung

Einer Schätzung von J. L. Spyri zufolge müssten zwischen 1841 und 1863 rund 83 000 Schweizer ausgewandert sein.[1]

1841	100	**1853**	8900
1842	806	**1854**	18 000
1843	753	**1855**	7500
1844	773	**1856**	3700
1845	1326	**1857**	5000
1846	1053	**1858**	2000
1847	1603	**1859**	1560
1848	2766	**1860**	1700
1849	2446	**1861**	1553
1850	1886	**1862**	1673
1851	8000	**1863**	2446
1852	7000		

Überseeische Auswanderer aus der Schweiz 1868–1881[3]

In den Jahren 1853 bis 1863 ergibt die prozentuale Gliederung nach Kontinenten der schweizerischen Auswanderung folgende Zahlen:

Nordamerika	86,10 %
Südamerika	11,80 %
Australien	1,84 %
Algerien	0,04 %
Übrige	0,22 %

In die Vereinigten Staaten eingewanderte Schweizer[2]

1820	31	**1845**	471
1821	93	**1846**	698
1822	110	**1847**	192
1823	47	**1848**	319
1824	253	**1849**	13
1825	166	**1850**	325
1826	245	**1851**	427
1827	297	**1852**	2788
1828	1592	**1853**	2748
1829	314	**1854**	7953
1830	109	**1855**	4433
1831	63	**1856**	1780
1832	129	**1857**	2080
1833	634	**1858**	1056
1834	1389	**1859**	833
1835	548	**1860**	913
1836	445	**1861**	1007
1837	383	**1862**	643
1838	123	**1863**	690
1839	607	**1864**	1396
1840	500	**1865**	2889
1841	751	**1866**	3823
1842	483	**1867**	4168
1843	553	**1868**	1945[a]
1844	839		

[a] Bis 30. Juni 1868

1 Spyri, J. L.: Die schweizerische Auswanderung. In: Zeitschrift für Gemeinnützigkeit, Zürich 1865.
2 Ferenczi, Imre & Willcox, Walter Francis: International Migration Statistics, Vol. I., Seite 379.
3 Furrer, A.: Volkswirthschafts-Lexikon der Schweiz I., Seite 109. Ferenczi/Willcox, Seite 769.

Jahr	Total Auswanderer	Reiseziel						
		Amerika			Australien	Asien	Afrika	Unbekannt
		Nordamerika	Zentralamerika	Südamerika				
1868	5007	2976	80	781	22	14	173	43
1869	5206	3627	86	1271	65	11	117	29
1870	3494	2377	170	781	71	12	74	9
1871	3852	2729	146	731	109	16	92	29
1872	4899	3288	158	1150	60	14	177	52
1873	4957	3462	183	997	121	6	139	49
1874	2672	1631	82	796	49	7	58	49
1875	1772	866	76	642	74	9	77	28
1876	1741	1011	70	393	146	13	72	36
1877	1691	1027	91	244	117	11	167	34
1878	2608	1602	38	570	144	24	183	47
1879	4288	2964	143	811	75	27	157	111
1880	7255	5792	153	952	53	19	192	94
1881	10 935	9996	134	624	28	8	100	45

Schweizer Staatsangehörige und in der Schweiz wohnhafte Ausländer

Auswanderungsstatistik 1882–1896[4]

Jahr	Total Auswanderer	Schweizer Bürger	Ausländer (mit temporärem Wohnsitz Schweiz)[a]
1882	11 962	10 896	1066
1883	13 502	12 758	744
1884	9608	8975	633
1885	7583	6928	655
1886	342	5803	539
1887	7558	6801	757
1888	8346	7432	914
1889	8430	7445	985
1890	7712	6693	1019
1891	7516	6521	995
1892	7835	6629	1206
1893	6177	5229	948
1894	3849	2863	986
1895	4268	3107	1161
1896	3330	2441	889

[a] Mitberücksichtigt auch Personen, die einen Auswanderungsvertrag in der Schweiz abschlossen.

4 Ferenczi/Willcox, Seite 764.

Schweizer Auswanderer nach Südamerika 1882–1900[5]

Jahr	Brasilien	Uruguay	Argentinien	Chile	Andere südamerikanische Länder	Total
1882			778			778
1883			1852			1852
1884			1193			1193
1885			1608			1608
1886			1442			1442
1887	241	51	732	40	12	1076
1888	83	17	1334	107	17	1558
1889	39	33	1294	39	23	1428
1890	79	29	629	9	6	752
1891	184	19	282	4	11	500
1892	49	11	358	14	6	438
1893	50	16	317	34	30	447
1894	48	8	401	13	26	496
1895	108	19	354	31	…	512
1896	56	8	410	21	4	499
1897	55	12	233	5	2	307
1898	48	7	168	16	4	243
1899	10	3	245	2	6	266
1900	16	21	266	35	1	339

Aus dem Jahre 1857 sind folgende Angaben zur Auswanderung bekannt[6]:

Bestimmungsort	Einschiffungshäfen					
	Havre	Marseille	Genua	Antwerpen	Hamburg	Total
Algerien		280	54			334
Nordamerika	3148			409	40	3597
Brasilien				30	43	77
Buenos Aires + Montevideo	708			256		964
Div. südamerikanische Länder			10			10
Australien					11	11
Total	3856	280	64	695	94	4989

Das bevorzugte Auswanderungsgebiet waren 1857 eindeutig die nordamerikanischen Staaten. Der vom Schweizer meistfrequentierte Hafen mit einem Anteil von 77 % war Le Havre vor Antwerpen mit knapp 14 %. 26 Jahre später wagten 13 502 Schweizer oder 4,74 % der Bevölkerung mit Segel- oder Dampfschiffen die Reise nach Übersee.
Die Vereinigten Staaten nahmen von 1820 bis 1860 insgesamt 5 457 914 Personen auf, wovon einzig 3 742 532 Einwanderer auf New York entfielen. An zweiter Stelle folgte New Orleans vor Boston und Philadelphia.

---

5 Ferenczi/Willcox, Seite 769.
6 Bblatt 1858, I., Seiten 533–536.

Abbildungsnachweis

Algemeen Rijksarchief, Bruxelles   98
Antwerpse Scheepvaartverenigung, Antwerpen
    97, 103 unten
Archiv mission 21/Basler Mission, Basel   136, 137, 138, 139
    Ref. QQ-30.021.0020   124
    Ref. QS-30.010.0015   132
    Ref. QD-30.012.0052   133
    Ref. QQ-30.033.0012   183 oben
Archiv Rederiet Otto Danielsen, Virum   230
Archiv Schenker, Wien   166 rechts, 172, 173, 176 oben,
    177 unten, 178, 179, 180 links, 186
Archiv Tschudi & Eitzen, Lysaker/Oslo   194, 195, 196, 197,
    198, 199 oben und Mitte, 200, 201, 202, 203, 205, 206,
    207, 208, 209, 211 oben, 212, 213, 214 oben, 215 oben,
    215 Mitte links, 215 unten, 216 Mitte, 217, 219, 221, 222,
    223, 224, 225, 226, 228, 229, 232
Archivio di Stato di Trieste, Trieste   176 unten
Aus „Dalsbruk Järnverk och Brukspatroner", Th. Svedlin
    156, 157
Aus „Empire & Odyssey", Rock Bryner   189, 190, 191, 192
Aus „Farsund bys Historie", Olav Arild Abrahamsen,
    Farsund   61, 62, 65 oben, 130
Aus „Farsunds Sjøfarts Historie", Farsund   64 oben links
Aus „Noticia Historica de Wildberger & Cia.", Wildberger,
    Arnold   233
Aus „Rederen og skipet", Johannes Seland   47 oben links,
    47 (M. Wild jun.), 47 unten, 48
Aus „Südwärts", H. J. Bull, Leipzig   40
Aus „Tønsberg Historie" Bind III, Oslo   128
Bergen Maritime Museum, Bergen   63 oben, 68, 69,
    70 unten, 71, 72 oben, 72 unten, 73, 74, 75, 199 unten
Biblioteca y Archivio de la Armada, Valparaíso   163
Billedsamlingen, Universitetsbiblioteket, Bergen
    70 oben, 76, 77
Birkeland Odd, Kristiansand   57, 58 unten
Burgerbibliothek Bern   159, 160
Capt. Van Puyvelde, J. F., Bruxelles   96 unten, 211 unten
Christianssands Sjømandsforening (Foto: Harald
    Dvergsnes)   53, 54 unten, 58 oben
Christianssands Sjømandsforening (Foto: Martin
    Johansen)   49, 54 oben, 59 oben
Christoffersen, Reidar, Tønsberg   79
Civici Musei di Storia ed Arte, Trieste   174, 175, 177 oben,
    181 oben
Collection of the New York Historical Society   26
Deplazes, Anna-Maria, Dr., Küsnacht   166 links
Erni, Hans, Möriken   188
Focke-Museum, Bremen   134

Fotoarchiv, Museum des Landes Glarus, Freulerpalast
    Näfels   52
Fred Olsen; National Maritime Museum, Oslo (Photograph
    Neupert)   43 oben
Haus-, Hof- & Staatsarchiv, Wien   183 unten
Heeresgeschichtliches Museum im Arsenal, Wien
    182 oben
Henricson, Ingvar, Gävle   89
Landesarchiv Glarus   81
Länsmuseet Gävleborg   66
Larssen-Fedde, Torbjørn, Farsund   63 unten, 64 rechts,
    65 unten, 67 oben
Larssen-Fedde, Håkon, Farsund   67 unten
Mijsjonshøgskolen, Stavanger   72 Mitte
Museo Historico Nacional, Santiago   161
Museum Aabenraa, Aabenraa   110
Museum für Hamburgische Geschichte, Hamburg
    115, 116
Museum für Kommunikation, Bern   33
National Maritime Museum, Antwerpen   85 oben
National Maritime Museum, Greenwich   112
National Maritime Museum, Oslo   42, 43 unten, 44 unten,
    45, 129
NSS Photo Collection   214 unten, 215 Mitte links,
    216 oben, 216 unten, 218
Oslo Bymuseum, Oslo   38, 39 oben
Österreichische Nationalbibliothek, Wien
    Ref. 462.315B   180 rechts
Pawlik, Peter-Michael, Dr., Bremen   83, 147
Sammlung Dr. Jürgen Meyer, Bremen   59 unten, 152, 235
Sammlung Walter Zürcher   16, 18, 21, 24, 39 unten,
    44 oben, 80, 85 unten, 90, 91, 99, 111, 118, 142, 162,
    181 unten, 182 unten, 184, 220
Sammlung Walter Zürcher (Foto: Dominik Bürgel)   140,
    145, 148, 149
Sammlung Walter Zürcher (Foto: Joris Luyten)   87, 88, 94,
    96 oben, 100, 101, 103 oben
Sammlung Walter Zürcher (Foto: Willi von Arb)   114, 127
Schnyder-Meyer, Otto, Robinson Crusoe   165
Staatsarchiv Bremen   108, 123
Staatsarchiv des Kantons Zürich   119
Staatsarchiv Frauenfeld   105, 107 oben, 122
Stadtarchiv Schaffhausen   19
Stadtbibliothek Winterthur   106, 107 unten, 117, 125, 126
van Coolput, Luc, Antwerpen   104 unten
van Otterdyk, Florent, Burcht   104 oben
Vest-Agder-museet, Kristiansand   46, 55, 56
Wilds Minne skole, Kristiansand (Foto: Martin Johansen)
    47 (2., 3., 4. von links)

Anmerkungen

Die heroische Epoche
1 Seefahrt, Nautisches Lexikon in Bildern, Seite 7.
2 Meister Jürg: Kriege auf Schweizer Seen, Seite 8.

Die Auswanderung
3 Natsch, Rudolf A.: Die Haftung eidgenössischer und kantonaler Behörden in der Auswanderungsfrage, Seite 24.
4 Natsch, Seite 24.
5 Ferenczi, Imre & Willcox, Walter Francis: International Migrations, Volume I., Statistics with Indroduction and notes, New York, 1969.
6 Hoerder, Dirk/Knauf, Diethelm: Aufbruch in die Fremde, Seite 78.
7 Hoerder/Knauf, Seite 92.
8 Offenes Sendschreiben an die schweizerische gemeinnützige Gesellschaft, September 1861.
9 Schelbert, Leo: Einführung in die schweizerische Auswanderungsgeschichte der Neuzeit, Seite 89.
10 Hoerder/Knauf, Seite 133.
11 Günther, Markus: Auf dem Weg in die Neue Welt, Seite 66.
12 Hoerder/Knauf, Seite 108.
13 Albion Greenhalgh, Robert: The Rise of New York Port, Seite 348.
14 Hoerder/Knauf, Seite 110.
15 Albion, Seite 349.
16 „Mittheilungen eines jungen ausgewanderten Handwerkers über Amerika", 1849 (Autor unbekannt).
17 Brief Konrad Baumer, Dezember 1856.
18 Bundesblatt 1854, Bd. 2, Seite 144/145.

Die erste schweizerische Seeflagge
19 Brief de Luze: In Bestand Bundesarchiv (BA) E2/1392–1395.
20 Protokoll des Bundesrates 1850 (2.1.1850–10.6.1850), 92. Sitzung.
21 Brief Ochsenbein: In Bestand BA E2200/157.
22 Brief Wanner: In Bestand BA E2200.51 708.
23 Brief Ochsenbein: In Bestand BA E2200/154–165.
24 Präsidialverfügung vom 23. Aug. 1850, 139. Sitzung / 16. Sept. 1850, 149. Sitzung / 7. Okt. 1850, 159. Sitzung.
25 Brief Wanner: In Bestand BA E2200/157.
26 Albion, Robert Greenhalgh: Square-Riggers on Schedule, Seite 196.
27 Ursprünglich gründete Christian Bergh die am East River – gegenüber der Navy Yard – nahe der Williamsburg-Brücke gelegene Werft. Einige Jahre, bevor er in den Ruhestand trat, nahm er zwei junge Teilhaber in Robert Carnley und Jacob A. Westervelt in die Firma auf, die sich nun C. Bergh & Co. nannte. Als 1837 sich sowohl Bergh als auch Carnely zurückzogen, übernahm der in Tenafly/New Jersey geborene Westervelt in Partnerschaft mit William Mackay die Werft. Von 1818 bis 1857 baute Bergh-Westervelt-Mackay 55 Packetschiffe für den Transatlantischen Dienst und 62 Küsten-Packetschiffe.
28 Certificate of Registry: In National Archives, Washington, Bestand RG 41/128.
29 Lewis & Dryden's Marine History of the Pacific Northwest, Seite 144.
30 Cerificate of Registry: In National Archives, Washington, Bestand RG 41/24.
Ship Registers of New Bedford, Mass., Vol. II 1851–1865.
31 Lewis & Dryden's Marine History of the Pacific Northwest, Seite 144.
32 Schreiben Wanner: In Bestand BA E 2 1314, Bd. 1.
33 206. Sitzung des BR: *„Es ist das Militärdepartement zu beauftragen, eine solche Flagge anfertigen zu lassen."*
34 Schreiben Munzinger: In Bestand BA E 2200/154–165.
35 Scoville, A. Joseph: The old Merchants of New York, Seite 424.
36 Albion, Seite 133.
37 Cutler, Carl C.: Queens of the Western Ocean, Seite 159.
38 Albion, Seite 245.
39 Cutler, Seite 394/395.
40 Certificate of Registry Kennebunk, No. 2.
41 Erhart, Alfred: Die Schweizerische Seeschiffahrt, Seite 17.
42 Ortolan: Règles internationales et diplomatique de la mer; Paris, 1845, Band 1, Seite 201.
43 Schreiben vom 20. Juni 2005 des Service Historique de la Dèfence, Département Marine, Armées/F.
44 Schreiben vom 8.2.2005 von Michael Faul, London.
45 Schreiben Deutsches Seeschifffahrtsmuseum vom 13.5.2004.
46 In Bestand BA E 2/79.

Der Dialog mit der Flagge
47 List, F.: Das nationale System der politischen Ökonomie, Seite 135.
48 Erhart, Seite 43.
49 Erhart, Seite 218.
50 Notiz des k.u.k. Ministerium, Ad. 9426/8: In Bestand BA E 2001 (A) 408–420.
51 Dierauer, Johannes & Meyer, Gerold: Geschichte des Schweizerischen Bundesstaates 1848–1918, Seite 236.
52 Schollenberger, J.: Die Schweiz seit 1848, Seite 362.
53 Bundesblatt 1864, Nr. 51, Seite 123–143.
54 NZZ, 15. Dezember 1864, No. 350.
55 NZZ, 16. Dezember 1864, No. 351.
56 NZZ, 17. Dezember 1864, No. 352.
57 Ermatinger, Gerold: Jakob Dubs als Schweizerischer Bundesrat, Seite 35.
58 Ermatinger, Seite 39.
59 Gesuch vom 22. Juni 1889.
60 Missiven des Bundesrates 1889 (4547A).

Thomas Johannesen Heftye & Søn, Kristiania
61 Bis 1877 galt die Schreibweise Christiania, danach Kristiania. Die Schreibweise im Buch ist durchgehend Kristiania.
62 Genealogienwerk Hefti (In: Landesarchiv Glarus).
63 Heer, Gottfried: Zur Geschichte glarnerischer Geschlechter, Seite 145.
64 Kielland Torkildsen, T.: Handels og Bankierfirmaet Heftye 1769–1900 (Handgeschriebenes Manuskript). In: Riksarkivet Oslo, PA 74 Heftye, Ref. 0020.
65 Th. J. Heftye erhält am 4. Oktober 1791 das Bürgerrecht in Christiania.
66 Auskunft Riksarkivet Oslo, 13.11.2007.
67 Kielland Torkildsen, T.: Handgeschriebenes Manuskript.
68 Bis 1877 Christiania und dann bis 1925 Kristiania.
69 Enersen, Daniel: Schweizer in Norwegen, Seite 6.
70 Store Norske Leksika, Seite 562.
71 Bull, H. J.: Südwärts!
72 Kielland Torkildsen, T.: Handgeschriebenes Manuskript.

Samuel Otto & Co., Kristiansand
73 Jenny-Trümpy, Adolf: Handel und Industrie des Kantons Glarus, Seite 38.
74 Steen, Sverre: Kristiansands Historie 1641–1814, Seite 323: Noch im selben Jahr stellten Bürgervertreter von Kristiansand am 23. Juli 1759 ein Gesuch, dem Schweizer das hiesige Bürgerrecht zu erteilen. Am gleichen Tag erhielt Otto vom Magistraten der Stadt die Bürgerrechtsurkunde.
75 Leewy, Karl: Kristiansands befolkning og bebygget i eldre tider, Band V, Seite 123.
76 Luchsinger arbeitete bereits im Büro von Sam. Otto & Co.
77 Leewy, Karl, Seite 107.
78 Ende der 1820er-Jahre.
79 Leewy, Karl, Seite 107.
80 1855 wurde der Getreidehandel eingestellt.
81 Auskunft: Mandal Bymuseum, 6.3.2004.
82 Leewy, Karl, Seite 108.
83 Leewy, Karl, Seite 110.
84 Als Schiffsführer ließen sich folgende Namen der Kapitäne ausfindig machen: Jens G. Berge (1829–?), Jac. Nørbeck (1847–?), N. J. Nielsen (1852–?), C. Hansen (1861/62), N. S. Andersen (1862–1876), A. Andersen (1876–1883), Hans Henriksen (1883–1887), F. Fredriksen (1887–1893) und H. Bertelsen (1893–1897).
85 Leewy, Karl, Seite 110.

86 Ab Juli 1876 bis zum September 1879 werden die Erben von Jørgen Linaae Arvinger in Porsgrunn als Eigner geführt. Diese veräußerten die MARGARETHE dann an S. K. Kragenaes & Söhne in Skien. Im Jahre 1885 ging sie verloren; die Mannschaft konnte sich retten. Zehn Kapitäne steuerten in 55 Jahren die Brigg: Thomas Isefjaer (1830–1839), A. M. Larson (1839–1845), Lars Fredriksen (1845–1850), Søren Iversen (1850–1855), Chr. Andersen (1855–1862), Jørgen Linaae (1862–1865), S. Lund (1865–1869), W. Wright (1869–1873), M. Olsen (1873–1879) und A. Larsen (1879–1885).
87 Seland, Johannes: Rederen og Skipet, Seite 109/110.
88 Ebenso lange führte Kapitän Thos. Isefjaer die 352-Brutto-Tonnen-Bark. Im Juni 1863 wird sie umgebaut und neu mit 170,5 CL vermessen. Gleichzeitig wechseln die Besitzverhältnisse zu O. A. Strømme & Söhne. Dreizehn Jahre befehligte C. M. Tonnesen die INDUSTRIE, ehe 1873 Kapitän T. Larsen das Ruder übernahm.
89 Steen, Sverre, Seite 56.
90 Steen, Sverre, Seite 57.
91 Als Kapitäne der PHØBUS sind folgende Namen bekannt: Ole Bjørnestad (1843–1849); O. C. Steinert (1849–1855); Jacob Nørbeck (1855–1864); Tobias Tønnesen (1864–1869); T. Andreasen (1869/70); T. A. Andersen (1870–1873); A. Nielsen (1873–1882); Ole J. Tønnessen (1882–1886) und G. Pedersen (1886–1891).
92 Seland, Johannes, Seite 131.
93 Wild, J. J.: Reise nach Norwegen, Seite 54.
94 Seland, Johannes, Seite 111.
95 Steen, Sverre, Seite 250.
96 Insgesamt sechs Kapitäne steuerten die HELVETIA in den 31 Jahren Besitztum von Sam. Otto & Co.
O. C. Steinert steuerte die Bark bis 1861, dann übernahm bis 1865 Jacob Natvig das Kommando, ihm folgte bis 1871 P. Jørgensen, O. C. Gunvaldsen führte sie bis 1873, ehe O. Engebretsen das Schiff stolze 11 Jahre bis 1884 befehligte. Wie der Eigner des Schiffes stammte auch H. Zopfi, der die Bark folgend bis zu ihrem Verkauf an Reinhardt führte, aus der Schweiz.
97 Seland, Johannes, Seite 148.
98 Seland, Johannes, Seite 168.
99 Bis zu ihrem Verkauf nach Kristiansand führte der Eigner selbst das Schiff. Im Besitztum von S. Otto & Co. hießen die Kapitäne bis 1862 H. Natvig, ihm folgte bis 1869 J. A. Bach und danach bis zu ihrem Weiterverkauf nach Kristiania O. C. Engebretsen. Zwischen 1870 und 1872 steuerte A. C. Heiberg den Schoner, bevor B. Eriksen für zwei Jahre das Kommando innehielt. Kapitän Andreassen befehligte lediglich ein Jahr die Einheit, ehe er vom letzten Besitzer der FAVORIT, B. C. Hagemann, abgelöst wurde.
100 Drei verschiedene Führer hatte das Schiff bis zum 10. Januar 1885: J. Natvig (1865–1869), S. Speich (1869–1877), erneut Natvig bis 1882 und dann bis zu ihrem Verlust 1885 J. Nørbeck.
101 Seland, Johannes, Seite 142.
102 Petrick, Fritz: Norwegen, Seite 136.
103 Die ersten zwei Jahre befehligte O. Iversen die CORREO, danach bis 1892 W. I. Sivertsen, ihm folgte bis 1896 O. Haaversen, ehe E. Sivertsen das letzte Kommando innehatte.
104 Seland, Johannes, Seite 169/170.
105 Leewy, Karl, Seite 155.
106 Steen, Sverre, Seite 412.

Frid. Otto & Søn, Farsund
107 Abrahamsen, Olav Arild: Farsund bys Historie, Bind I, Seite 280.
108 Die Schreibweise in allen gedruckten norwegischen Publikationen und auch in internationalen Schiffsregistern liest sich als „Fried. Otto & Søn". Auf zwei Originaldokumenten aus dem Jahre 1847 schreibt sich die Firma jedoch mit „Frid. Otto & Søn". Die Abkürzung „Frid." stammt von Fridolin (so im Genealogienwerk im Landesarchiv Glarus).
109 Peter nahm das Bürgerrecht von Farsund im März 1818 an.
110 Otto, Alf: Familien Otto, Seite 5.
111 Otto, Alf, Seite 9.
112 Er war auch Vizekonsul für England, Dänemark und Holland.
113 Otto, Alf, Seite 11.
114 Otto, Alf, Seite 6.
115 Abrahamsen, Olav Arild, Seite 313.
116 Abrahamsen, Olav Arild, Seite 296.
117 Dannevig, Birger: Farsunds Sjøfarts Historie, Seite 113.
118 Abrahamsen, Olav Arild, Seite 299/303.
119 Abrahamsen, Olav Arild, Seite 316.
120 Dannevig, Birger, Seite 142.
121 Dannevig, Birger, Seite 142.
122 Die Schweizerische Wirtschaft, Geschichte in drei Akten, Seite 104.
123 Abrahamsen, Olav Arild, Bind II, Seite 36.

Jakob Trümpy & Søn, Bergen
124 Bielbrief „Bergenseren" (In: Statsarkivet I Bergen, BBA: 651, A.C. 3–6).
125 Nilsen, Tore L.: Shipyard-Acitivity in the Bergen Harbour (In: Conference on Waterfront Archaeology in North European Towns No. 2.
126 Genealogienwerk Hefti (In: Landesarchiv Glarus).
127 Auskunft Harris, Christopher John, Statsarkivet Bergen, 28.9.2007.
128 Auskunft Harris, Christopher John, Statsarkivet Bergen, 28.9.2007.
129 In: Statsarkivet i Bergen, BBA: 651, A.C. 3–6.

Blumer & Tschudy, Tønsberg
130 Johnsen, Oscar Albert: Tønsberg Historie, Bind III, Seite 38.
131 Svendsen, Blom: Sem og Slagen, Seite 333.
132 1 Speciedaler = 5 Ort à 24 skilling (120 skilling = 4 Kronen).
133 Svendsen, Blom, Seite 333/334.
134 Svendsen, Blom, Seite 335.
135 Svendsen, Blom, Seite 336.
136 Johnsen, Oscar Albert: Sem og Slagen, Første Bind, Seite 1052.
137 Johnsen, Oscar Albert, Seite 1054.
138 Svendsen, Blom, Seite 335.
139 Johnsen, Oscar Albert: Tønsberg Historie, Bind III, Seite 185.

Melchior Blumer, Kristiansand
140 Petrick Fritz: Norwegen, Seite 112.
141 Blumer, Walter: Geschichte der Blumer, Seite 148.
142 Auskunft: Statsarkivet i Kristiansand, 22.10.2001.
143 Auskunft: Larsson-Fedde, Håkon, Farsund.
144 Auskunft: Statsarkivet i Kristiansand, 1.12.2000.
145 Auskunft: Statsarkivet i Kristiansand, 24.2.2008.

Abegg & Co., Bremerhaven
146 Pawlik, Peter-Michael: Von der Weser in die Welt, Band III, Seite 316.
147 Schweizerisches Geschlechterbuch 1953, Seite 411/412.
148 Peters, Dirk: Der Seeschiffbau in Bremerhaven von der Stadtgründung bis zum Ersten Weltkrieg, Seite 143.
149 Auskunft: Staatsarchiv Zürich, 8.1.2003.
150 Pawlik, Peter-Michael, Seite 316: Die kaufmännischen Fähigkeiten Abeggs waren nicht sonderlich. Doch er fiel nicht in Konkurs.
151 Peters, Dirk, Seite 143/144.
152 Pawlik, Peter-Michael, Seite 327
153 Bremer Schiffsregister (Staatsarchiv Bremen 2-R.11.p.3.b.2.Bd.6). Schiffsnebenbuch (Staatsarchiv Bremen 2-R.11.p.3.b.3.Bd.8).
154 Am 12. März 1835 heiratete J. S. Abegg (26-jährig) die 22-jährige Inger Marie Gryderup in der Sankt Olai kirke in Helsingør.

White Cross Line (Daniel Steinmann), Antwerpen
155 Hermans, F. J.: White Cross Line, Antwerp, in Belgian Shiplover No. 101, Fleetlist 424, Seite 487.
156 Das Gebäude wurde 1880 abgebrochen.
1873 hatten Steinmann & Ludwig die Adresse Quai Ste. Aldegonde 7; 1885 an der Rue de l'étalage 23; 1895 Steinmann & Co. an der longue rue Neuve 30.
Auskunft Van Coolput, Luc, 3.5.2004.
157 Momentum, Antwerp's Port in the 19th and 20th Century, Seite 22.
158 Auskunft: Van Coolput, Luc, 11.3.2001.
159 Auskunft: Slagter, Jacob, 13.11.2004.
160 Auskunft: Nihlman, Hakan.

161 Kapitän Freesemann.
162 Der Bootsmann und drei Männer stammten aus Skandinavien, der Steward und zwei Männer aus Belgien.
163 Auskunft: Johannesson, Tomas, 23.11.2001.
164 Meyer, Jürgen: Hamburgs Segelschiffe 1795–1945, Seite 175.
165 Erhart, Alfred: Die Schweizerische Seeschiffahrt; Zur Entwicklung der schweizerischen Seeschiffahrt 1848–1941, Seite 14.
166 Bundesarchiv Bern, E2 2104: Brief Tschudi vom 28. Dezember 1860.
167 Hermans, Seite 489.
168 Auskunft: Van Coolput, Luc, 17.6.2001.
169 Benannt nach Christian F. Funch; Die New Yorker Agenten der WCL hießen Funch, Edye & Co. in der 27 South William Street.
170 Hermans, Seite 490.
171 Bonsor, N. R. P.: North Atlantic Seaway, Band 1, Seite 197.
172 Bonsor, Band 1, Seite 199.
173 Hermans, Seite 491.
174 Auskunft: Norsk Sjøfartsmuseum, Oslo, 14.4.2003.
175 Algemeen Rijksarchief Brüssel: Bloc d'archives 155, Administration de la marine no. 4071.
176 New York Times, 5./6./7./8./10./26. April 1884.
Geführt haben folgende Kapitäne die DANIEL STEINMANN: F. Lechère (1877–1878); L. de Smet (1878–1882); A. Cattoor (1882) und zuletzt H. Schoonhoven.
177 Hermans, Seite 7.
178 Thiel, Reinhold: Die Geschichte des Norddeutschen Lloyd, Band II.
179 Bonsor, Band 1, Seite 204.

Gebr. Greuter & Rieter,
Jakob & Andreas Bidermann & Cie.,
Georg Heinrich Biedermann & Cie., Winterthur

180 Sulzer, Peter: Neue Erkenntnisse zum Klipper Ida Ziegler. In: Winterthurer Jahrbuch 1988, Seite 100.
181 Brief von G. H. Biedermann vom 11. Oktober 1852 als Antwort von Karls Brief vom 25. September 1852.
182 Manuskript: Geschichte der Etablissemente der Firma Egg Ziegler-Greuter & Co.; geschrieben 1883 z.H. der Kaufmännischen Gesellschaft in Zürich (6 Seiten).
183 Sulzer, Klaus: Zur Geschichte der Familie Bidermann und des Hauses zum Rosenberg in Winterthur, Zürich 1990.
184 Sulzer, Klaus: Vom Zeugdruck zur Rotfärberei, Seite 41.
185 Heilgers stammte aus Duisburg.
186 Undatiertes und unsigniertes Original-Manuskript (Lose Seiten) vermutlich von J. Anderegg im Naturhistorischen Museum, Winterthur.
187 Quelle: Staatsarchiv Hamburg, 131-1 I, Senatskanzlei I 82 Band 12, Seite 95.
188 Brief aus dem Nachlass Biedermann im Stadtarchiv Winterthur.
189 Brief Nachlass Biedermann.
190 Pawlik, Peter-Michael: Von der Weser in die Welt, Band III, Manuskriptauszug, 17.1.2007.
191 Sulzer, Peter, Seite 102.
192 Tetens, Alfred: Seemannsschicksale unter Segeln im 19. Jahrhundert, Band 4.
193 Deal am Osteingang des Kanals passierte sie am 18. Dezember 1854.
194 Karting, Herbert: Drei Vollschiffe von R. C. Rickmers für eine britisch-schweizerische Reederei. In: Der Albatros, Heft 3, 2007.
195 Brett, Henry: White Wings, Volume II, Seite 171.
196 Pawlik, Peter-Michael: Manuskriptauszug, 17.1.2007.
197 Freja, Nr. 482, 13. Oktober 1853.
198 Freja, Nr. 713, 10. April 1855.
Nachdem Jørgen Bruhn die Versicherungssumme ausbezahlt bekam, kaufte er das Wrack von den Versicherungsträgern. Die Galionsfigur und die Schiffsglocke befinden sich im Museum Aabenraa.
199 Folgende Zahlen galten fortan: Registertonnen 955, Großtonnage 1077, Länge 209,3 Fuß, Breite 36,1 Fuß und Tiefe 20 Fuß.
200 James Clapman Clare, Sohn des Kapitäns John Clare, soll am 23. Juni 1853 in der Bucht Biscaya auf der MATILDA WATTENBACH geboren worden sein. Hier liegt wohl eine Verwechslung vor, da die Jungfernreise erst im Dezember stattfand.
201 Syme, Marten A.: Shipping arrivals and departures: Victorian ports, Vol. 2, Seite 247.
202 In: Illustrated London News, 7. Juni 1862.
203 GGR Hauptbuch 1854–1890, Seite 27, unsigniert im Privatarchiv H. Jossi (heute im Staatsarchiv Frauenfeld).
204 PCAP 1/241 und PCAP 3/25 in The National Archives, Kew.
205 Höver, Otto: Von der Galiot zum Fünfmaster, Seite 266.
206 Auf Mikrofilm, Quelle: Staatsarchiv Bremen, 6.12.1999.
207 Auskunft: Pawlik, Peter-Michael, 30.8.2000.
208 Höver, Otto.
209 Sulzer, Peter, Seite 106–111.
210 Brief G. H. Biedermann an Sohn Karl, 19.8.1854 in Stadtbibliothek Winterthur.
211 Brief G. H. Biedermann an Sohn Karl, 5.3.1855 in Stadtbibliothek Winterthur.
212 Brief G. H. Biedermann an Sohn Karl, 26.3.1855 in Stadtbibliothek Winterthur.
213 Pawlik, Peter-Michael: Von der Weser in die Welt, Band III, Seite 230.
214 Der Sekretär J. Mantel der Firma J. & A. Bidermann schreibt am 16. August 1862 an seinen in St. Moritz weilenden Chef: *„Wattenbach, Heilgers & Comp geben Abrechnung über die 7. Reise der Ida Ziegler ein Benefic von £ 1280.15 ausweisend, dass dieselben auf Fortführungsrechnung gutgebracht haben."*
Interessanterweise ist hingegen im Kassenbuch von Greuter & Rieter kein Saldo für die 7. Reise ausgewiesen.
215 The Southern Cross, 5.2.1863.
216 Karting, Herbert: In „Albatros", Heft 3, Seite 25.
217 Karting, Herbert: In „Albatros", Heft 3, Seite 27.
218 Tagebuch von Marsh Henry, Passagier „Ida Ziegler", Quelle unbekannt.
219 Villiers, Alan: Auf blauen Tiefen.
220 Sellars hatte vor und nach dem Fallenlassen des Backbordankers Lotungen gemacht und man maß eine Tiefe von 4$^{1}/_{2}$ Faden (8,25 m). Das Schiff hatte 18 Fuß (5,5 m) Tiefgang.
221 Ingram, C. W. N.: New Zealands Shipwrecks 1795–1970, Seite 138/139. Brett, Henry: Seite 211–222.
222 New Zealand Herald, 4. März 1869.
223 GGR Hauptbuch 1854–1890, Seite 29.
224 Ihre Tonnage-Angaben wechselten beinahe gleich häufig, wie sie auch von Surveyors vermessen wurde. Zwischen 1282 Tonnen und 1595 Tonnen findet man jegliche Ziffern.
1863 werden ihre Dimensionen mit 66,9 x 11,4 x 6,9 m angegeben.
225 Karting, Herbert: In „Albatros", Heft 3, Seite 31.
226 Pawlik, Peter-Michael, Seite 234.

Volkart Brothers, Winterthur

227 Rambousek, Walter/Vogt, Armin/Volkart, Hans R.: Volkart, Die Geschichte einer Welthandelsfirma, Seite 71.
228 Rambousek/Vogt/Volkart, Seite 69.
229 Rambousek/Vogt/Volkart, Seite 72.
230 Rambousek/Vogt/Volkart, Seite 41.
231 Auskunft: Staatsarchiv Hamburg, Dr. Peter Gabrielsson, 31.1.2001.
232 Firmenarchiv Volkart: Kassenbuch 1857 (ohne Signatur).
233 Auskunft Professor Gerhard Hutzler, 25.1.2006: MBco ist die im 19. Jahrhundert üblich gewesene Abkürzung für „Mark Banco". 1 Mark Banco war mit 8,60 g Reinsilber definiert.
Auskunft: Ciullo Luigi, Credit Suisse, 13.4.2006 : August 1854: 82.41 Pfund Sterling für 10 kg Feinsilber.
234 Manuskript Ed. Ringel & Co. (undatiert).
Manuskript J. Anderegg: Volkart Brothers 1851–1976, Seite 59.
235 Anmusterung 28. Mai 1857.

Peter Tschudy, Tønsberg

236 Johnsen, Oscar Albert: Sem og Slagen, Første Bind, Seite 1052.
237 Johnsen, Oscar Albert: Tønsberg Historie, Bind III, Seite 125.
238 Olsen, Emil: Vallø Oljerraffineri, Seite 25.

Fredrik A. Otto, Farsund

239 Siehe Kapitel „Frid. Otto & Søn".
240 Die Schreibweise in allen gedruckten norwegischen Publikationen und auch in den Schiffsregistern liest sich „Fried. Otto & Søn". Originaldokumente beweisen jedoch, dass bis mindestens 1847 die Firma sich „Frid. Otto & Søn" nannte.
241 Abrahamsen, Olav Arild: Farsunds bys Historie, Bind I, Seite 322.
242 Seine Mutter verehelichte sich erst wieder 1838, mit Hans Paludan Eide.
Im Jahre 1844 unternahm er mit dem jüngsten Bruder seines Stiefvaters, Ludolf Eide, eine längere Reise in die Schweiz.
243 Abrahamsen, Olav Arild: Bind II, Seite 32.

Missions-Handlungs-Gesellschaft, Basel

244 Wanner, Gustav Adolf: Die Basler Handelsgesellschaft AG 1859–1959, Seite 19.
245 In: Pioniere der Wirtschaft und Technik, Band 39, Seite 8.
246 Wanner, Seite 59.
247 Vorschriften des ab dem 1. Januar 1888 geltenden Schweizerischen Obligationenrechts.
248 Auskunft: Dr. Guy Thomas, 16.5.2006.
249 Auskunft: Thomas Flückiger, 13.7.2006, und Handelsregister des Kantons Basel-Stadt, 24.5.2006.
250 Im Jahre 1859/60 lieferten sie europäische Waren im Wert von Fr. 117 772 nach der Goldküste. 1861 waren es Fr. 245 222, 1871 Fr. 575 280 und 1875 Fr. 1 073 942.
251 Wanner, Seite 128.
252 Brief Missionshandlung an Bagelmann, 31.3.1866. In: Schachtel Korrespondenz 1855–1867.
253 Brief Missionshandlung an Bagelmann, 26.5.1866. In: Schachtel Korrespondenz 1855–1867.
254 Dekret vom 6.7.1866. In: Schachtel Korrespondenz 1855–1867.
255 Brief Missionshandlung an Bagelmann, 30.6.1866. In: Schachtel Korrespondenz 1855–1867.
256 Brief an Bagelmann, 30.7.1866: *Dass Capt. Abbes unter abwaltenden Umständen seine Frau nicht mitnehmen will, finden wir begreiflich u. möchten also nicht weiter ihn dringen.*
Brief 4.8.1866: *Wir sind ganz dafür, dass Capt. Abbes ebenso gestellt werden soll wie die Herren Vietor Söhne die Capitaine auf ihren nach Afrika segelnden Schiffen.*
257 Antwortbrief von G. W. Abbes vom 9.8.1866 an Theodor Braun, Basel: *Was das Mitführen von Spirituosen und Schießpulver anbetrifft, so werde ich ebenfalls so viel in meinen Kräften liegt dafür sorgen, dass dies nicht geschieht, und es der Mannschaft […]*
258 In: Evangelischer Heidenbote 10/1866, Seite 126–128.
259 Brief Bagelmann vom 1. Sept. 1866: *Heute kam erst die Rechnung für das Schleppen der Palme u. so sind wir erst heute im Stande, Ihnen die verschiedenen Rechnungen darüber zu erteilen.*
Rechnung der Palme nach Abzug des Ankaufs 4607.38 per 22. Aug.
Rechnung der Prämie 1125.36 p. 8. Nov.
Rechnung über Proviant 1328.18 p. 4. Nov.
2 Monate Handgeld für Mannschaft „Es ist Gebrauch, dass die Mannschaft 2 Mt. Gage Handgeld bekommt."
Besatzung: 8 Mann Versichert für 16 000.
260 Datiert vom 2.9.1870.
261 Wanner, Seite 142–147.
Telegramm von Bagelmann, 21.1.1871: *Palme bei Dünkirchen genommen. Ladung als neutrales Eigentum reklamieren durch franz. Gesandten.*
262 Auskunft: Raimo A. Wirrankoski, Helsinki, 24.4.2005.
Auskunft: Päivi Niemlä, Turku, 23.7.2001 und 5.2.2002.
263 In Jahresbericht MHG 1873, Seite 7.
264 Pawlik, Band I, Seite 90.
265 Brief Bagelmann, 12.10.1874: *[…] dass in Bremerhaven Feuer ausgebrochen ist, so diene Ihnen zur Beruhigung, dass die Eintracht schnell nach der anderen Seite des Hafens in Sicherheit gebracht ist.*
266 Zeitungsausschnitt 1878. In Schachtel Sign. 4877.
12. Spruch des Seeamts zu Bremerhaven vom 17. April 1878, betreffend die deutsche Schoonerbrigg „Eintracht" von Bremen.
267 Pawlik, Band I, Seite 90: Die auf der Ladung treibende EINTRACHT wurde noch am 29. März 1878 vom Dampfer MASKELYNE auf 11N, 27W gesichtet.
268 MHG Jahresbericht 1875, Seite 6.
269 Pawlik, Band II, Seite 127.
270 Brief Bagelmann, 20. Juli 1877: *Heute Morgen trifft die Nachricht von der Agnes ein, dass sie am 27. Juni 100–150 Meilen südlich von den Azoren gesehen. Die frühere Nachricht, dass ein gekentertes Schiff treibend gesehen, in dessen Nähe Ölfässer schwammen, hatte hier doch viele Sorgen wach gerufen.*
271 Die Frage, warum den Bericht über die Beinah-Havarie nicht Kapitän Jaburg, sondern ein Herr Funker verfasste, bleibt im Dunkeln.
272 MHG Jahresbericht 1880, Seite 13.
Brief Bagelmann, 29.12.1880: *[…] ich Ihnen heute Abrechnung über die verkaufte Brig Agnes geben, deren Netto Provenue M 13 896.28.*
273 Stralsundische Zeitung, 31.7.1889, Nr. 175, Seite 3.
Schiffsregister des Königlichen Amtsgerichtes zu Stralsund 1889, Rep. 15 Nr. 237.
274 Teilzahlungen zwischen 1.12.1875 und 24.8.1876. In: Hauptbuch 1.1.1870–31.12.1876.
275 Für die erste Reise nach Westafrika haben am 3. August 1876 angemustert:

Carsten Stellmann als Obersteuermann	Gage 120 M monatlich
Carl Wernsing, Untersteuermann	Gage 84 M
Bernhard Finke, Zimmermann	Gage 90 M
Heinrich Meyer, Koch und Steward	Gage 90 M
August Schumacher, Matrose	Gage 60 M
Berend Höting, Matrose	Gage 60 M
Eduard Krause, Matrose	Gage 60 M
Johann Becker, Matrose	Gage 57 M
Diedrich Röver, Leichtmatrose	Gage 45 M
Ludwig Henze, Schiffsjunge	Gage 20 M

276 In Manuskript: Die Seeschiffe der Basler Handels-Gesellschaft (undatiert), Spengemann, Seite 22/23.
277 Pawlik, Band I, Seite 293.
278 MHG Jahresbericht 1879.
279 MHG Jahresbericht 1879.
280 Brief Bagelmann, 3.3.1879: *Der Kauf des Canton ist zu 25.000 M abgeschlossen. Cap. Bartels habe ich bereits nach Hamburg abgesandt, um das Schiff u. Inventar zu bewachen.*
Brief Bagelmann, 10.3.1879: *[…] dann ich Ihnen heute die Ankunft der Canton melden. Nach reifer Überlegung soll sie so lange in der Geeste liegen bleiben, als die Asante in Dock liege u. zwar aus dem Grunde, dass die letztere erst ganz fertig gemalt u. trocken ist. Würde der Canton jetzt in Dock kommen, so würde die Asante ganz wieder in Wasser zu stehen kommen.*
Brief Bagelmann, 15.5.1879:
1. Ankauf u. Zimmerung der Canton 49 866.47
2. Instandsetzung 2632.80
3. Proviant 3806.20
4. Handgeld 1437.10
281 Zunächst befehligte Kapitän Bartels die Bark, später führten das Kommando die Kapitäne F. Kunst, J. C. G. Jacobsen und J. Utecht.
282 In: Journal No. 11, 17.10.1885.
283 Registereintrag 4.5.1914.
284 Als Kapitäne sind folgende Namen überliefert: 1886: Olof Ohlsson; 1891: Gust. Rosenqvist; 1892: Nils Andersson; 1892: Bernhard Andersson; 1900: Magn. Nilsson Frankmann; 1901: Oscar Pyk; 1909: Josef Emil Hansson; 1912: Per Bernh. Hansson.

Jakob Stünzi, Dalsbruk

285 Familienregister Horgen: Band IV C (Staatsarchiv Zürich: E III 58.30), Blatt 438.
Familienregister Horgen: Band I A (Staatsarchiv Zürich: E III 58.15), Seite 81.
Stünzis Eltern waren: Hans Jakob Stünzi (1794–1855), Uhrmacher, alt Posthalter und Anna Hiestand (1802–1864).

286 Svedlin, Thomas: Dalsbruks Järnverk och Brukspatroner 1686–1936, Seite 267.
Wolters Ramsays Konkursmasse betrug 1 392 500 fmk.
287 Johann Jakob Stünzi (1.1.1824 –?) heiratete am 17.9.1861 in St. Petersburg Ulrike Sophie Schott (13.7.1834) von Libau in Kurland.
Das Protokoll des Regierungsrates enthält unter dem 8. August 1872 unter der Nummer 315 folgenden Beschluss (MM 2.197, S. 285–286):
Herr Jakob Stünzi von Horgen, gegenwärtig wohnhaft in Enge, welcher für sich und seine Familie das Landrecht des Grossfürstenthums Finnland erworben hat, stellt das Gesuch um Entlassung aus dem zürch. Staats- u. Gemeindeverbande.
Es scheint, dass Stünzi vor dem Umzug 1873 von St. Petersburg nach Dalsbruk kurz in die Schweiz reiste und das Gesuch auf Verzicht des Bürgerrechtes seiner Familie verfasste, er wohnte damals schon mehr als zehn Jahre in St. Petersburg.
288 Auskunft: Zentrales Staatliches Historisches Archiv, St. Petersburg, 6.10.2006.
289 Svedlin, Seite 268.
290 Svedlin, Seite 280.
291 Svedlin, Seite 270.
292 Svedlin, Seite 277.
293 Svedlin, Seite 282.
294 Svedlin, Seite 284.
295 Der Kaufpreis belief sich auf insgesamt 1 924 000 fmk, verteilt auf folgende Hauptposten:

Dalsbruk Eisenwerk und Grundeigentum	643 694,64
Rohstoffe, Fabrikate und Material des Werkes	759 905,60
Rohstoffe, fertige und halbfertige Fabrikate der Mechanischen Werkstatt	158 092,12
Inventar der landwirtschaftlichen Bauten	94 694,95
Ausstehende Forderungen	230 872,31
Fremde und akzeptierte Wechsel	245 683,66
Kassenbestand	12 162,07
	1 501 410,71
Abzüglich ausstehende Schulden	1 280 364,45
Summe	1 924 059,99

296 Svedlin, Seite 291.
297 Auskunft: Vartiainen, Hannu, Rauma, 21.12.2006.
298 Abo Underrättelser, 8.5.1882.
299 Auskunft: Vartiainen, Hannu, Rauma, 21.12.2006.

Alfred von Rodt, Juan Fernandez
300 Ruh, Max: Alfred von Rodt, Subdelegado auf der Insel Juan Fernandez, Die Lebensgeschichte des letzten Robinson nach seinen Briefen, 1974, Seite 5.
301 Ruh, Seite 6.
302 Ruh, Seite 10.
303 Pachtvertrag vom 17. April 1877 (Übersetzung aus: Archivo Notarial de Valparaiso, Band 206, Nr. 150 und entnommen von „Die Lebensgeschichte des letzten Robinson nach seinen Briefen", Max Ruh, 1974).
In der Stadt und dem Hafen von Valparaiso, Republik Chile, am siebzehnten April achtzehnhundertsiebenundsiebzig. Vor mir, dem öffentlichen Notar, und vor Zeugen, erscheinen hier im Notariat einerseits, als gesetzlich bevollmächtigter Vertreter des Staates, die Minister der Staatskasse, Don Juan de Dios Merino Benavente und Don Juan Miguel Rodriguez Velasco, und anderseits Don Alfredo Rodt, volljährig und hier wohnend, deren Glaubwürdigkeit ich kenne, und erklärten, dass sie den Pachtvertrag vereinbart hätten, wie es die Unterlagen vorsehen, deren Inhalt ich hiermit wörtlich wiedergebe: Valparaiso, am 20. März 1877. Der Finanzminister erklärte am 15. dieses Monats das folgende: Seine Excellenz verordnet unter diesem Datum folgendes: In Kenntnis der obigen Angaben und der beigefügten Dokumente verordne ich:

Artikel 1:
Die Kommission für öffentliche Versteigerungen von Valparaiso verlangt Angebote, um die Inseln von Juan Fernandez zu verpachten.

Artikel 2:
Die Pachtbedingungen werden die folgenden sein:

1. *Der Vertrag wird eine Dauer von 8 Jahren haben.*
2. *Der Pachtzins wird jährlich 800 Pesos betragen.*
3. *Der Pächter hat eine Schiffsverbindung zwischen den Inseln und dem Hafen von Valparaiso mit monatlich zwei Fahrten einzurichten.*
4. *Er hat im ersten Pachtjahr ein für Amtsräume und Zimmer geeignetes Gebäude aus Holz zu erstellen.*
5. *Ebenfalls im ersten Jahr hat er eine Mole für den Auslad der Schiffe zu bauen und spätestens im zweiten Jahr einen Leuchtturm an einem geeigneten Orte zu errichten, um die Lage des Hafens kenntlich zu machen.*
6. *Jedes Jahr muss er an einem zweckmäßigen Ort 2000 Bäume pflanzen.*
7. *Der Pächter darf das Holz und das Brennholz der Inseln nur für die dort zu verrichtenden Arbeiten und für die Bedürfnisse der Einwohner oder der für die Verbindung mit Valparaiso bestimmten Schiffe benützen, jedoch nicht, um es zu verkaufen oder zu exportieren.*
8. *Die Bezahlung des Pachtzinses erfolgt vierteljährlich und wird im Voraus dem Finanzamt von Valparaiso entrichtet. Der Vertrag wird ungültig erklärt, wenn der Pachtzins während zweier Perioden nicht bezahlt wird, ohne dass dadurch die Maßnahmen beeinträchtigt werden, die sich auf Entschädigungsansprüche beziehen.*
9. *Die Regierung kann die Inseln militärisch besetzen. Der Vertrag wird über die ganze Zeit, während der die Besetzung dauert, aufgehoben, ohne dass dies den Pächter berechtigt, Entschädigungen dafür geltend zu machen.*
10. *Bei Ablauf des Vertrages wird die Regierung dem Pächter, wenn er als solcher nicht weiter verbleiben will, die Hälfte des Wertes aller Gebäude und Anlagen, die unter den Ziffern 4 und 5 genannt werden, vergüten.*

Artikel 3:
Die Kommission für öffentliche Versteigerungen kann Vorschläge annehmen, die andere Grundlagen aufweisen als die oben festgesetzten, und wird darüber insbesondere das Finanzministerium benachrichtigen. Zur Kenntnisnahme, Bekanntmachung und Veröffentlichung.
Ich kopiere dies in Beantwortung Ihrer Note vom 8. dies und gebe Ihnen dies zur Kenntnis, damit zur Anforderung der Vorschläge in dieser Angelegenheit geschritten und zu ihrer Öffnung der nächste 2. April, nachmittags zwei Uhr, festgelegt werden kann. Gott behüte Sie. E. Altamirano.

Santiago, den 6. April 1877. In Kenntnis der obigen Note und der dem Dekret vorangehenden Dokumente dekretiere ich: Erstens: Akzeptieren Sie den Vorschlag, den Don Alfredo Rodt gemacht hat, um die Inseln von Juan Fernandez in Pacht zu nehmen aufgrund dessen, was im Dekret vom 15. März enthalten war; und zweitens: Der Pachtzins wird jährlich 1500 Pesos betragen. Veröffentlichen Sie dieses Dekret einschließlich dasjenige vom genannten 15. März. – Zur Kenntnisnahme, zur Bekanntmachung und zur Veröffentlichung. Pinto – Rafael Sotomayor.

An die Kanzlei des Finanzministers zwecks Ausstellung der öffentlichen Urkunde, wie es das vorstehende Dekret anordnet, und zur Rückgabe, nach der Erledigung.

Valparaiso, 16. April 1877. In getreuer Abschrift der Unterlagen, welche ich an die ursprüngliche Stelle mit der entsprechenden Bemerkung zurückgab, worauf sich das vorhandene Dekret bezieht, und die Sie mir, wenn nötig, übersenden.

Kraft dessen wiederholen die Anwesenden in diesem Teil die Klauseln und Bedingungen, auf die sich das am vergangenen 15. März erlassene hohe Dekret und die übrigen nachfolgenden Anweisungen beziehen und verpflichten sich zu genauer und getreuer Einhaltung. Die Aushändigung erfolgte, nachdem Don Belisario Varas und Don Benjamin Lopez als Zeugen unterschrieben hatten; beglaubigt.

J. Merino Benavente   José M. Rodriguez Velasco
Belisario Varas   Alfredo de Rodt
Benjamin Lopez

Vor mir: José Sebastian Maturana
Öffentl. Notar

304 Ruh, Seite 11.
Max Ruh gebührt das Verdienst, dass es uns möglich ist, die Spuren von Rodts aufzufinden.
305 1$ = 5.18262 CHF.
306 Brief an Eduard von Rodt, 5.6.1877 (Bestand Burgerbibliothek Bern, Familienarchiv [FA] von Rodt), Seiten 123–126.
307 Brief an Eduard von Rodt, 5.6.1877 (FA von Rodt).
308 In den „Movimentos" ist der 5. Juli 1877 angegeben, in seinem „Diario" der 6. Juli 1877.
309 Der Hafen von Valparaíso war im 19. Jahrhundert der dominierende am südlichen Pazifik und neben San Francisco der bedeutendste an der Westküste Amerikas.
310 Gobernacion Maritima (Valparaíso) Ano 1877, Volumen 335.
311 Vidal Gormaz, Francisco, Santiago, 1901.
Anexo a la Comandancia Jrl. de Marina, Volumen 351, Blatt 13, No. 310 (In: Ministerio de Marina 1878–80).
312 Brief September 1878 an E. von Rodt (in FA von Rodt).
313 Brief 13.3.1878 (in FA von Rodt).
314 Marina Nacional 1878–1884, Vol. 345.
315 Pawlik, Peter-Michael: Von der Weser in die Welt, Band 1, Seiten 375/376.
316 Estado de la Marina Mercante y Buques recibidos en los Diques in: Memoria de Marina, 1885.
317 Estado de la Marina Mercante y Buques recibidos en los Diques in: Memoria de Marina, 1881.
318 Bundesarchiv Bern: E2 96.
319 Diario: Eintrag 2.4.1882.
320 Marina Nacional 1878–84, Volumen 345.
321 Auskunft Banca Nacional Chile, Veronica Astorga, 2.10.2006: 1883: 1.41 Pesos für 1$
Auskunft Schweizerische Nationalbank, Andreas Meienberg, 5.10.2006: 18.1.1837–19.4.1933, 1 USD = CHF 5.18262.
322 Vidal Gormaz, Francisco: Algunos Naufragios ocurridos en las costas Chilenas.
323 Valparaíso hatte 1885 115 147 Einwohner.
324 Schreiben Museo, Archivio y Biblioteca Historica de la Armada, Valparaíso, 28.8.2000.
Vidal Gormaz, Francisco: Algunos Naufragios ocurridos en las costas Chilenas.
325 Marina Nacional 1878–84, Volumen 345.
326 Schreiben Museo, Archivio y Biblioteca Historica de la Armada, Valparaíso, 28.8.2000.
327 1.89 Pesos = 1 USD (1888).
328 Schreiben Museo, Archivio y Biblioteca Historica de la Armada, Valparaíso, 28.8.2000.
329 Auskunft Andreas von Mach, Markt Indersdorf, 25.1.2003.
330 Schreiben Museo, Archivio y Biblioteca Historica de la Armada, Valparaíso, 28.8.2000.

Schenker & Co., Wien
331 Matis & Stiefel: Das Haus Schenker, Seiten 11–13.
332 Matis & Stiefel, Seiten 17–22.
333 Matis & Stiefel, Seiten 28–31.
334 Matis & Stiefel, Seite 32.
335 Handelsregister für Gesellschaftsfirmen des k.k. Handelsgerichtes in Wien, Bd. XIV, Seite 8.
336 Matis & Stiefel, Seiten 33, 36.
337 Geboren am 15. Oktober 1853 in Tyrnau in der Slowakei; trat am 1. September 1874 in die Firma ein. Erhielt am 17. November 1885 die Kollektivprokura; 1892 Eintragung ins Handelsregister als öffentlicher Gesellschafter mit dem selbstständigen Vertretungs- und Firmierungsrecht.
338 Tritt 1877 als Mitarbeiter in die Firma ein; am 5. Januar 1892 erhält er die Kollektivprokura und am 4. Januar 1896 die Einzelprokura. Gleichzeitig mit Schenkers Adoptivsohn Dr. August Schenker wurde Dupal am 10. Januar 1901 als öffentlicher Gesellschafter ohne Vererbungsrecht ins Handelsregister eingetragen.
339 Deplazes-Häfliger, Anna-Maria, Dr.: Pionierleistungen im Speditionswesen (In: NZZ, 26. Nov. 2001).
340 Matis & Stiefel, Seite 49.
341 Die Münze, Juli/August 2006, Seite 5–7.
342 William Burrell und Robert McKill fungierten als einzige Teilhaber.
343 Matis & Stiefel, Seite 60.
344 Gellner, Ernesto: Adria Societa di Navigazione Fiume (Manuskript), Seite 29.
345 Auskunft: Buxton, Ian, Dr., 29.12.2004, und Landels, John, 14.11.2004.
346 Schenker Archiv, Wien (Karton „Königl. Ungar. Seeschiffahrtsgesellschaft Adria 1879–1895").
347 Erst durch ein von Franz Joseph I. – als apostolischer König von Ungarn – am 10. April 1880 unterzeichnetes Gesetz kam es zur Gesellschaftsgründung.
348 Schenker Archiv, Wien.
349 Auskunft: Romsy, Karl (Schenker Archiv, Wien), 22.6.2004.
350 Mayer/Winkler: In allen Häfen war Österreich, Seite 138.
351 Matis & Stiefel, Seite 61.
352 Mayer/Winkler, Seiten 138–141.
353 Gellner, Ernesto, Seiten 33–36.
354 Matis & Stiefel, Seite 63.
355 Governo Marittimo, Trieste (In: Archivio di Stato, Trieste, Bestand 1381).
356 Matis & Stiefel, Seite 63.
357 Governo Marittimo, Trieste (In: Archivio di Stato, Trieste, Bestand 1381 und 1382).
358 Brief im Besitz von Frau Dr. Anna-Maria Deplazes-Häfliger.
359 Dr. August Schenker-Angerer erhielt am 25. Mai 1897 die Kollektivprokura.
360 Governo Marittimo, Trieste (In: Archivio di Stato, Trieste, Bestand 1381 und 1382).
361 Tribunale Commerciale e Marittimo in Trieste (In: Archivio di Stato, Trieste, Bestand SOC.X. 126).
362 Tribunale Commerciale e Marittimo in Trieste (In: Archivio di Stato, Trieste, Bestand SOC.X. 126).
363 Governo Marittimo, Trieste (In: Archivio di Stato, Trieste, Bestand 1381 und 1382).
364 Matis & Stiefel, Seite 103.
365 Auskunft: Österreichische Nationalbank, Herr Ulrich Lengauer, 5.12.2008.
366 Testament im Besitz von Frau Dr. Anna-Maria Deplazes-Häfliger.
367 Tribunale Commerciale e Marittimo in Trieste (In: Archivio di Stato, Trieste, Bestand SOC.XI. 84).
In einem Schreiben vom 16. Dezember 1905 an das „Tribunale Commerciale e Marittimo" in Trieste löschten die Gebrüder Cosulich per 31. Dezember 1905 die seinerseits 1903 registrierte Gesellschaft „Austro Americana, Società di Navigazione Cosulich & Co.".
368 Baumgartner/Bilzer/Sieche/Wilterding: Die Austro-Americana (In: Marine – Gestern – Heute, Heft 1/1981, Seite 15.
369 Interessant ist zu vermerken, dass nicht etwa ein Vertreter des Hauses Cosulich die Verhandlungen mit den deutschen Reedern führte, sondern Dr. August Schenker-Angerer.
370 Baumgartner/Bilzer/Sieche/Wilterding: Die Austro-Americana (In: Marine – Gestern – Heute, Heft 1/1981, Seite 15.
Matis & Stiefel, Seite 65.
371 Mayer/Winkler, Seite 68.
372 Smolensky, Max: Die Stellung und Bedeutung des Österreichischen Lloyd, der Austro-Americana und der Freien Schiffahrt im Außenhandel Österreichs, Seite 125.
373 Mayer/Winkler, Seite 68.
374 Smolensky, Max, Seite 122.
375 Mayer/Winkler, Seite 69.
376 Smolensky, Max, Seite 125.
377 Baumgartner/Bilzer/Sieche/Wilterding: Die Austro-Americana (In: Marine – Gestern – Heute, Heft 2/1981, Seite 45.
378 Gellner, E./Castelli, N.: Le Navi dei Cosulich (Manuskript, A.M.A. No. 4/1982–84, Seite 18.
379 In Triest erfuhr Schenker, Walford & Co. erst am 13. September 1897 ihre Registrierung. Am 20. Januar 1899 wird sie gelöscht (Archivio di Stato, Trieste, SOC. IX.100).
380 Matis & Stiefel, Seite 69.

381 Ab Herbst 1914 leitete er die Firma Schenker & Co. alleine.
382 Matis & Stiefel, Seite 71.
383 Matis & Stiefel, Seite 77.
384 Matis & Stiefel, Seiten 330–332.
385 Matis & Stiefel: Grenzenlos, Seite 30.
386 Matis & Stiefel, Seiten 140/141.
387 Die VEBA (heute E.ON) besaß bereits 1965 95 % der Hugo Stinnes AG.
388 Zum 6. Februar 2008 wurde die Stinnes AG in DB Mobility Logistics AG umbenannt und dient nun im Zuge der geplanten Teilprivatisierung der Deutschen Bahn als Holding-Gesellschaft für die Transport-, Logistik- und Dienstleistungsunternehmen des DB-Konzerns.

Bryner & Co., Wladiwostok
389 Sigerist, Stefan: Schweizer in Asien, Seite 303.
390 Brynner, Rock: Empire & Odyssey, Seite 10.
391 Brynner, Rock: Yul, The Man Who Would Be King, Seite 19.
392 Auskunft: Ky-libshitumon, City of Yokohama Central Library, 31.8.2006.
393 Sigerist, Seite 303.
394 Brynner, Rock: Empire & Odyssey, Seite 20.
395 Encyklopaedia: Primorsky Kray (russisch).
396 Auskunft: L. Shuster, St. Petersburg, 2.11.2000.
397 Byankin, V. P.: Auf fernöstlichen Meeren (russisch), Seite 23.
    Auskunft: Troitskaya, Natalja, Wladiwostok, 24.3.2003.
398 Auskunft: Von Mach, Andreas, Markt Indersdorf, 1.10.2004.
    Auskunft: Asprey, David, 30.9.2004.
    Auskunft: Dr. Mitiuckov, Nicholas, Novokuznetsk und Yarovoy, Victor, 7.10.2004.
399 Byankin, Seite 91.
400 Brynner, Rock: Empire & Odyssey, Seite 87.
401 Andreij N. Kuznetsov schied 1904 während des Russisch-Japanischen Krieges als Partner aus dem Unternehmen.
402 Encyclopaedia: Primorsky Kray.
403 Bryner, Rock: Empire & Odyssey, Seiten 93/102.
404 Bundesarchiv Bern, 2015 Bd. 147: Schreiben L. Bryner & Co., Harbin, 26.8.1931 / Schreiben Bryner & Co., Harbin, 12.7.1932 / Schreiben Consulat Général de Suisse, Shanghai, 24.10.1932.
405 Coduri, Michele: La Suisse face à la Chine. Une continuité impossible? 1946–1955, Seite 275.

Tschudi Shipping Company, Lysaker
406 Joachim G. Leithäuser: Weltweite Seefahrt, Seite 66.
407 Leithäuser, Seite 67.
408 Leithäuser, Seite 96.
409 Rolf Fabricius Hansen/Sjøkaptein Henry F. Tschudi: Tschudi & Eitzen om Skip og to Familier, Seite 16.
410 Fritz Petrick: Norwegen, Seite 170.
411 Ocean opportunities, Camillo Eitzen 1883–2008, Dag Bakka jr., Seite 13.
412 Johan Lauritz Eitzen heiratete im September 1860 Johanne Cathrine Sahlquist.
413 Hansen/Tschudi, Seite 17.
414 Oslo, handelsregisteret, registeringsprotokoll II 6, o. 216).
415 Oslo, handelsregisteret, reg. Prot. II 9, o. 82).
416 Oslo, handelsregisteret, reg. Prot. II 9, o. 82).
417 Hansen/Tschudi, Seiten 4/5.
418 Hansen/Tschudi, Seite 20.
419 Hansen/Tschudi, Seite 22.
420 Ocean opportunities, Seite 29.
421 Hansen/Tschudi, Seite 24.
422 Oslo handelsregisteret, registeringsprotokoll III 3, o. 199.
423 Ocean opportunities, Seite 32.
424 Fritz Petrick, Seite 179.
425 Fritz Petrick, Seite 179.
426 Auskunft Statsarkivet Oslo am 31.7.2008.
427 Hansen/Tschudi, Seite 28.
428 Ocean opportunities, Seite 39: Am 3. Januar 1929 offerierte die Bank den Gläubigern 600 000 Kronen.
429 Ocean opportunities, Seite 38.
430 Hansen/Tschudi, Seite 28.
431 Ocean opportunities, Seite 44.
432 Ocean opportunities, Seite 44.
433 Hansen/Tschudi, Seite 30.
434 www.warsailors.com (M/T Turicum).
435 Hansen/Tschudi, Seite 32.
436 Hans Georg Prager: Reederei F. Laeisz, Seite 279.
437 www.warsailors.com (MT B. P. NEWTON).
438 Dokument im Archiv Tschudi Shipping, Lysaker.
439 Ocean opportunities, Seite 58.
440 Hansen/Tschudi, Seite 36.
441 Ocean opportunities, Seite 76.
442 Ocean opportunities, Seite 77.
443 Hansen/Tschudi, Seite 51.
444 Ihr Wert war im Januar noch mit USD 17 Mio. beziffert.
445 Ocean opportunities, Seite 105.
446 Auskunft Fabricius Hansen/Henry Tschudi, Oslo: 25.8.2008.
447 Hansen/Tschudi, Seiten 57/58.
448 Auskunft F. Hansen/H. Tschudi: 25.8.2008.
449 T&E waren mit je 10 % mitbeteiligt.
450 Ocean opportunities, Seite 104.
451 Hansen/Tschudi, Seite 69.
452 Ende 1993 sahen die Eigentumsverhältnisse der SIBO wie folgt aus: Poseidon Schifffahrt AG besaß 28 % in SIBO, T&E 13 % und B&W hielten mit 59 % die Mehrheit.
453 Ocean opportunities, Seite 113.
454 Mit einem 25 %-Besitzanteil von T&E.
455 Best Endeavours, Tony Reding, Seiten 180/181.
456 Hansen/Tschudi, Seiten 66/67.
457 Die Schiffe CHARLOTTE SIF, HANNE SIF, GRETE SIF und COLLEEN SIF wurden zwar von T&E übernommen, doch die operationelle und finanzielle Verantwortung blieb bei den Verkäufern von KIL-Shipping. Die Schiffe KATHRINE SIF und FLEMMING SIF waren nicht Bestandteil des Kaufpaketes.
458 Ocean opportunities, Seite 130.

C. F. Keller & Cia., Bahia
459 Ziegler-Witschi, Béatrice: Schweizerische Kaufleute in Brasilien im 19. Jahrhundert, Seite 145.
460 Wildberger, Arnold: Noticia Historica de Wildberger & Cia., Seite 14.
461 Wildberger, Arnold, Seiten 18–21.
462 Wildberger, Arnold, Seite 26.
463 Wildberger, Arnold, Seite 27.
464 Wildberger, Arnold, Seite 28.
465 Wildberger, Arnold, Seite 35.
466 Am 1. Juli 1920 band Keller auch seine beiden Söhne Charles Philippe und Charles Felix in das Unternehmen ein.
467 Ziegler-Witschi, Béatrice, Seite 165.
468 Wildberger, Arnold, Seite 36.
469 Rettmeyer & Hessenmüller waren unter ihrer eigenen Firma nur von 1881 bis 1884 Reeder eines Schiffes. 1884 traten ihre beiden Prokuristen J. H. L. Wilckens und Jos. De Veulle Le Couteur als Reeder unter ihrem Namen auf. Nachdem der letzte der beiden Inhaber der Firma Rettmeyer & Hessenmüller 1889 verstarb, übernahmen Wilckens und Le Couteur die Firma. Wilckens' Schiffe wurden nach seinem Tode 1895 auf seine Witwe überschrieben.
470 Kresse, Walter: Hamburger Seeschiffe 1889–1914, Seite 291.
471 Ohne Anlaufen der Häfen Bahia und Canavieiras.
472 Wildberger, Arnold, Seite 32.
473 Meyer, Jürgen: Hamburgs Segelschiffe 1795–1945, Seite 142.

Literaturnachweis

Über schweizerische Auswanderungen, Schweizerische gemeinnützige Gesellschaft, 1845

Den norske sjøfarthistoric, Vol. II, Oslo, 1935

100 Jahre Rickmers 1834–1934, ein Buch von deutscher Arbeit (Festschrift)

Concise Catalogue of Oil Paintings in the National Maritime Museum, Woodbridge, 1988

Kristiansands bebyggelse of befolknig I elder tider, Bind Nr. 5, Vestre Strandgate Christiansands Sparebank Historiefondet

Whellan's history and directory of Country Durham, 1856

Vallø & omegn, Historie og historier, Vallø & omegn Historielags, 2004

Norske Seilskibsrederier Gjennem 50 Ar, Fredhøis Forlag A/S, Oslo, 1954

Momentum, Antwerp's Port between 1880 and the present day, Antwerpen, 2002

Abrahamsen, Olav Arild, Farsund bys Historie, Bind I, Farsund, 1997

Abrahamsen, Olav Arild, Farsund bys Historie, Sjøfartsbyen, 1850–1930 arene, Bind II, Farsund, 2001

Aichelburg, Wladimir, Die Handelsschiffe Österreich-Ungarns im Weltkrieg 1914–1918, H. Weishaupt Verlag Graz, 1988

Albion, Greenhalgh Robert, Square-Riggers on Schedule, The New York Sailing Packets to England, France and the Cotton Ports, Princeton University Press, 1938

Albion, Robert Greenhalgh, The Rise of New York Port (1815–1860), London, New York, 1939

Albrand, Ludwig, Westward – ho, Hamburg, 1936

Arlettaz, Gérald, Emigration et colonisation suisses en Amérique 1815–1918, Bern, 1979

Baetens, R. & De Vos, A., Antwerpens maritiem verleden; Beelden over mens en haven, Antwerpen, 1990

Bakka, Dag jr., Ocean of opportunities, Camillo Eitzen 1883–2008, Dinamo forlag, 2008

Bandados, M. Guillermo, Apuntes para un Diccionario Maritimo Militar Chileno, Santiago, 1923

Bauer, Jean-Didier, La Suisse et la Mer, Neuchatel, 1960

Bloch-Nakkerud, Tom, Die Wikinger, N. W. Damm & Søn AS, Oslo

Blumer, Walter, Geschichte der Blumer, Bern, 1960

Blumer, Walter, Notizen und Beiträge zur Geschichte der Blumer, Bern, 1970

Blumer, Walter, Zur Geschichte der Blumer in Dänemark. In: Der Schweizer Familienforscher, XXXI, 1964

Blumer, Walter, Genealogie Blumer, Zweites Buch: Stammreihen aller Familien Blumer, Bern, 1946

Bonsor, N. R. P., North Atlantic Seaway Vol. 1/Vol. 2, Jersey, 1978

Bouma, G. N., Nederlandse Koopvaardijschepen 1820–1900, Haren, 2001

Bowen, Frank C., The Golden Age of Sail, London, 1925

Bowen, Frank C., A century of Atlantic Travel 1830–1930, London

Brett, Henry, White Wings, 50 Years of Sail in the New Zealand Trade 1850–1900, Auckland, 1924

Briot, Claude et Jacqueline, Les Clipper Français, Editions Le Chasse-Maree/Armen, 1995

Brynner, Rock, Yul, The Man Who Would Be King, Simon and Schuster, New York, 1989

Bürger, Otto, Die Robinson-Insel, Dieterich'sche Verlagsbuchhandlung, Leipzig, 1922

Bull, H. J., Südwärts! Die Expedition von 1893–1895 nach dem Südlichen Eismeere, H. Haessel Verlag, Leipzig, 1904

Byankin, V. P., Auf fernöstlichen Meeren (auf Russisch), Wladiwostok, 1981

Chapelle, Howard I., The History of the American Sailing Ships, New York, 1935

Choisy, Albert, Généalogies Genevoises, Genf, 1947

Clarke, J. F., Building Ships on the North East Coast, Part 1, 1640–1914, Bewick Press, 1977

Coduri, Michele, La Suisse face à la Chine. Une continuité impossible?, 1946–1955

Collection „Thèses de sciences humaines", No. 10, Academia Bruylant, Louvain-la-Neuve, Belgien

Cutler, Carl C., Queens of the Western Ocean, Annapolis

Dannevig, Birger, Farsunds Sjøfarts Historie, Farsund, 1967

Deuchler, Werner, Seeschiffahrt unter Schweizer Flagge, Erörterungen über die Schiffahrtspolitik der Schweiz unter Berücksichtigung des schweizerischen Seerechts, Diss. Zürich, 1944

Devos, Greta & Vanfraechem, Stephan, Antwerpse Scheepvaart Vereniging 1901–2001, Pandora

Devos, Greta, Prof., Belgische overheidssteun aan scheepvartlijnen 1867–1914. In: Bijdragen tot de internationale maritime geschiedenis, Brüssel, 1988

Dierauer, Johannes und Meyer, Gerold, Geschichte des Schweizerischen Bundesstaates 1848–1918, Zürich, 1931

Dougan, David, The History of North East Shipbuilding, London, 1968

Emersen, Daniel, Schweizer in Norwegen, Erinnerungsgabe des Schweizerklubs Norwegen, 1997

Engelsing, Rolf, Bremen als Auswandererhafen 1683–1880; Veröffentlichungen aus dem Staatsarchiv der Freien Hansestadt Bremen, Heft 29, Carl Schünemann Verlag, Bremen, 1961

Erhart, Alfred, Dr., Zur Entwicklung der schweizerischen Seeschiffahrt 1848–1941, Basel, 1950

Ermatinger, Georg, Jakob Dubs als schweizerischer Bundesrat von 1861–1872, Verlag Hans Schatzmann, Zürich, 1933

Fairburn, William Armstrong, Merchant Sail, Vol. I–VI, Maine, 1945–1955

Fett, Harry, Industriredet, Fra Enevoldstiden, 1953

Flagg, Amy C., Notes on the History of Shipbuilding in South Shields 1846–1946, 1979

Focke, Johann, Vom älteren bremischen Seeschiffbau

Ferenczi, Imre & Willcox, Walter Francis, International Migrations, Volume I, Statistics with Introduction and notes, Gordon and Breach, New York, 1969

Furber, H., John Company at Work. A study of European expansion in India in the late eighteenth century, Cambridge, 1951

Gabriele, M., L'industria armatoriale nei territori dello Stato pontificio dal 1815–1880, Vol. XI., fasc. 3, Roma, 1961

Geerin, T., Die Basler Bankfirma Ehinger & Cie., 1810–1910, Basel, 1910

Gellner, E. & Castelli, N., Le navi dei Cosulich; dalla „Fratelli Cosulich" e dall „Austro-Americana" alla „Italia" Società Anonima di Navigazione (1890–1937), Associazione Marinara Aldebaran, Trieste, 1982–1984

Goehrke, Carsten, Prof., Schweizer im Zarenreich, Zürich, 1985

Grin, Pfarrer, Unsere Landsleute in Chile, Lausanne, 1888

Günther, Markus, Auf dem Weg in die Neue Welt. Die Atlantiküberquerung im Zeitalter der Massenauswanderung 1818–1914, Diss., Wissner Verlag, Augsburg, 2005

Gustafsson, Allan, Aboländsk Bygdesjöfart under Segel, Uusikaupunki, 1972

Hansen, Hans-Jürgen, Von der Schönheit alter Schiffe, Gerhard Stalling Verlag, Hamburg, 1971

Harris, Ducher Gilberto, Inmigracion y Emigración en Chile durante el Siglo XIX. Pagina 121: Colonización de Islas Juan Fernandez, 1997

Hauser-Brunner, Sylvia, Pionier für eine menschliche Zukunft; Dr. med. Wilhelm Joos, Nationalrat 1821–1900, Verlag Peter Meili, Schaffhausen, 1983

Heer, Gottfried, Zur Geschichte glarnerischer Geschlechter, derjenigen des Sernftales insbesondere, Rud. Tschudy, Glarus, 1920

Höver, Otto, Von der Galiot zum Fünfmaster; Unsere Segelschiffe in der Weltschiffahrt 1780–1930, Reprint nach der Ausgabe von 1934, Verlag Egon Heinemann, Norderstedt, 1975

Howe, Ocatavius T. & Matthews, Frederick C., American Clipper Ships 1833–1858, Vol. I + II, Dover Publication, New York, 1986

Ingram, C. W. N., New Zealand Shipwrecks 1795–1970, Wellington, 1972

Jean, John, Jersey Sailing Ships, Chichester, 1982

Jenne, Willy, Dr., Volkswirtschaftliche Erörterungen über eine schweizerische Meerschiffahrt, Basel, 1919

Jenny, Adolf, Dr., Leistungen und Schicksale der Russland-Schweizer, Glarus, 1934

Jenny, E. & Steiner, G., Basler Jahrbuch 1950

Jenny, Ernst, Prof. Dr. & Jenny, Adolf, Dr., Alt-Russland und die Russland-Glarner, Glarus, 1932

Jenny-Trümpy, Adolf, Handel und Industrie des Kantons Glarus, Glarus, 1898

Johnsen, Oscar Albert, Tønsbergs Historie, Bind III, 1, Tidsrummet 1814–ca.1880, Gyldendal Norsk Forlag, Oslo

Johnsen, Oscar Albert, Sem og Slagen, Forste Bind, Tønsberg, 1948

Karting, Herbert, Deutsche Schoner, Band I, Die Entwicklung des Schiffstyps und der Bau hölzerner Schoner nach 1870 an der Deutschen Nordseeküste, Hauschild Bremen, 2001

Kjellman, Magnus, Finlands Sjofartskalender 1877

Kludas, Arnold, Die Seeschiffe des Norddeutschen Lloyd 1857–1919, Koehler Verlag, 1991

Kresse, Walter, Seeschiffs-Verzeichnis der Hamburger Reedereien 1824–1888, 2. Teil L–Z, Hamburg, 1969

Kresse, Walter, Hamburger Seeschiffe 1889–1914; Mitteilungen aus dem Museum für Hamburgische Geschichte, Band X, Hamburg, 1974

Kresse, Walter, Die Fahrtgebiete der Hamburger Handelsflotte 1824–1888, Hamburg, 1972

Kubli, J. J., Die Jennyfamilien im Kt. Glarus, 1929

Kupper, Rudolf, Dr., Fabrikbauten in der Schweiz vor der Mitte des 19. Jahrhunderts, Zürich, 1984

La Grange, Helen & Jacques, Clipper Ships of America and Great Britain 1833–1869, G. P. Putnam's Sons, New York, 1936

Lagerqvist, Lars O. & Nathorst-Böös, Ernst, Vad Kostade det?, Stockholm, 1997

Lätt, A., Dr., Schweizer im Ausland; Von ihrem Leben und Wirken in aller Welt, Herausgegeben von der neuen Helvetischen Gesellschaft und der Auslandschweizer-Kommission, Genf, 1931

Leewy, Karl, Kristiansands befolkning og bebygget i eldre tider, Band 1, 3, 4, 5, 9, Kristiansand 1980

Leithäuser, Joachim G., Weltweite Seefahrt, Safari-Verlag, Berlin, 1962

Leitzinger, Antero, Schweizer in Finnland, Schweizer Auswanderung nach Finnland bis 1917, Helsinki, 1991

Lewis & Dryden's, Marine History of the Pacific Northwest Antiquarian Press, New York, 1961

MacGregor, David R., Merchant Sailing Ships, 1775–1815, Their Design and Construction, 1980

Matis, Herbert & Stiefel, Dieter, Grenzenlos; Die Geschichte der internationalen Spedition Schenker von 1931–1991, Redline Wirtschaft bei Ueberreuter, Frankfurt, 2002

Matis, Herbert & Stiefel, Dieter, Das Haus Schenker; Die Geschichte der internationalen Spedition 1872–1931, Überreuter, Wien, 1995

Meister, Jürg, Kriege auf Schweizer Seen, Europäische Geschichte in der Schweiz von der Römerzeit bis heute, Bucheli Verlag, 1986

Meyer, Jürgen, Dr., Hamburgs Segelschiffe 1795–1945, Norderstedt, 1974

Meyer, Jürgen, Dr., 150 Jahre Blankeneser Schiffahrt 1785–1935, Verlag Egon Heinemann, Hamburg, 1968

Moberg, Arvid, Sjöstad, Skeppsbyggnad sjöfart hamnar och farieda I Lulea under 350 ar, Lulea, 1971

Möller, H. E., Klassefortegnedse over norske skibe, 1862

Möller, Nielsen Erik, Frau klamp til Konstruktion 1800–1880, Aabenraa Museum

Natsch, Rudolf A., Die Haltung eidgenössischer und kantonaler Behörden in der Auswanderungsfrage 1803–1874, Zürich, 1966

Nicholson, Ian Hawkins, Log of Logs 1788–1988, Yarcomba, 1990

Nilsen, Tore L., Shipyard-Activity in the Bergen Harbour. In: Conference on Waterfront Archaelogy in North European Towns, No. 2, Bergen 1983, Historik Museum Bergen, 1985

Olsen, Emil, Vallö Oljeraffineri, 1899–1924, Tønsberg Folkebibliotek, Kristiania, 1924

Otto, Alf, Familien Otto, Christiania, 1917

Paris, Edmond, Admiral, Souvenirs de marine Conservés: Collection de Plan ou Dessins de Navires et de Bateaux Anciens ou Moderne, Vol. II, Paris, 1884

Pawlik, Peter-Michael, Dr., Von Sibirien nach Neu Guinea, Hauschild Bremen, 2001

Pawlik, Peter-Michael, Dr., Von der Weser in die Welt; Schriften des Deutschen Schiffahrtsmuseums, Band 33, Ernst Kabel Verlag, 1993

Pedrazzini, Augusto O., L'Emigrazione Ticinese Nell' America del Sud, Vol. I + II, Locarno, 1962

Peters, Dirk, Der Seeschiffbau in Bremerhaven von der Stadtgründung (1827) bis zum ersten Weltkrieg, Dissertation Hannover, 1981

Petrick, Fritz, Norwegen; Von den Anfängen zur Gegenwart, Verlag Friedrich Pustet, Regensburg, 2002

Peyer, Hans Conrad, Von Handel und Bank im alten Zürich, Zürich, 1968

Rahden, Heinrich, Kapitän, Die Schiffe der Rostocker Handelsflotte 1800–1917, Band 2, herausgegeben von Hans Arnold Gräbke, Carl Hinstorfes Verlag, Rostock, 1941

Rambousek, Walter; Vogt, Armin; Volkart, Hans R., Volkart, Die Geschichte einer Welthandelsfirma, Insel Verlag, 1990

Redding, Tony, Best Endeavours; Inside the World of Marine Salvage, ABR Company Limited, Wiltshire, 2004

Ried, Walter, Deutsche Segelschiffahrt seit 1470, J. F. Lehmanns Verlag

Ried, Walter, Segler der sieben Meere, Stalling, 1981

Rohrbach, Paul, Die Geschichte einer Reederei, FL, Hamburg, 1955

Roy, Bernard, Une capitale de l'indiennage: Nantes, Nantes, 1948

Ruh, Max, Alfred von Rodt; Die Lebensgeschichte des „letzten Robinson" nach seinen Briefen, Santiago de Chile, 1974

Savill, David, Sail to New Zealand, The Story of Shaw Savill & Co. 1858–82, London, 1986

Schelbert, Leo, Einführung in die schweizerische Auswanderungsgeschichte der Neuzeit, Zürich, 1976

Schlatter, Wilhelm, Geschichte der Basler Mission 1815–1915, 3 Bände, Verlag der Basler Missionsbuchhandlung, 1916

Schnyder, Meyer Jost Otto, Die Schiffe des Schweizers Alfredo de Rodt, 2. Forschungsbericht im Auftrag von Walter Zürcher, Cumberland Verlag, Robinson Crusoe, 2005

Schnyder, Meyer Jost Otto, Con la Precision de un Reloj – La Marina Mercante Suiza en los Mares del Mundo, Cumberland, Robinson Crusoe, 2004

Schollenberger, J., Prof. Dr., Das Bundesstaatsrecht der Schweiz, Berlin, 1920

Schollenberger, J., Prof. Dr., Die Schweiz seit 1848, Berlin, 1908

Schweizer, Paul, Geschichte der schweizerischen Neutralität, Frauenfeld, 1895

Schweizer, Peter A., Survivors on the Gold Coast, The Basel Missionaries in Colonial Ghana, Accra, 2000

Scoville, Joseph A., The Old Merchants of New York, New York

Seland, Johannes, En By og en Bank, Farsund, 1942

Seland, Johannes, Rederen og Skippet, Kristiansand, 1959

Siegel, R., Vizeadmiral, Die Flagge, Dietrich Reimer / Ernst Vohsen Verlag, Berlin, 1912

Sigerist, Stefan, Präsenz der Schweiz im Fernen Osten, Schaffhausen, 1998

Sigerist, Stefan, Schweizer in Asien, Präsenz der Schweiz bis 1914, Schaffhausen, 2001

Smith, J. W., Where Ships are born: Sunderland, 1346–1946, a history of shipbuilding on the river, Sunderland, 1953

Smolensky, Max, Die Stellung und Bedeutung des Österreichischen Lloyd, der Austro-Americana und der Freien Schiffahrt im Außenhandel Österreichs, Diss., Zürich, 1916

Söderlund, Waldemar, Sjöfart och Skeppsbyyeri i Kimito, Wästanfjärd, Dragsfjärd och Jitis under hundra ar Abo, 1960

Spaldin, Bert, Shipbuilders of the Hartlepools, Hartlepool Borough Council, 1986

Spears, John R., The Story of the American Merchant Marine, New York, 1915

Spengemann, Friedrich, Von Vegesacker Reedern, ihren Schiffen und Kapitänen, St. Magnus, 1935

Spengemann, Friedrich, Die Seeschiffe der hannoverschen Weserflotte, Verlag Egon Heinemann, Norderstedt, 1975

Spengemann, Friedrich, Die Seeschiffe der Basler Handels-Gesellschaft, Schiffsgeschichtliche Beiträge, Manuskript im Archiv Mission 21, Basel

Spyri, J. L., Gutachten über die schweizerische Auswanderung an die schweiz. Gemeinnützige Gesellschaft, Zürich, 1865

Steen, Sverre, Kristiansands Historie i Fredens Arhundre 1814–1914

Steen, Sverre, Kristiansands Historie 1641–1814, Christiansands Sparebank

Steinmann, Stephan, Seldwyla im Wunderland: Schweizer im alten Shanghai (1842–1941), Diss., Zürich, 1998

Strong, Charles S., The Story of American Sailing Ships, New York, 1957

Sulzer, Klaus, Vom Zeugdruck zur Rötfärberei, Heinrich Sulzer (1800–1876) und die Türkischrot-Färberei Aadorf, Zürich, 1991

Sulzer, Klaus, Zur Geschichte der Familie Bidermann und des Hauses zum Rosenberg in Winterthur, Zürich, 1990

Sulzer, Peter, Winterthur–Assuan retour, Tagebuch von Heinrich Sulzer-Rieter zur Eröffnung des Suezkanals im November 1869, Winterthur, 1985

Sulzer-Bühler, Fanny C., Erinnerungen, Winterthur, 1973

Svedlin, Th., Dalsbruks Järnverk och Brukspatroner 1686–1936, Utgiven av Aktiebolaget Dalsbruk, 1936

Svendson, Blom, Sem og Slagen, en Bygdebok, Annet Bind, Tønsberg, 1963

Syrne, Marten A., Shipping arrivals and departures, Vol. II, 1846–1855, Melbourne, 1987

Tetens, Alfred, Seemannsschicksale unter Segeln im 19. Jahrhundert, Band 4, 2004

Thiel, Reinhold, Die Geschichte des Norddeutschen Lloyd 1857–1970, Band I, 1857–1883, Verlag H. M. Hauschild GmbH, Bremen, 2001

Trumpy, Bjørn, Bergenske Lyststeder, Bergen, 1977

Tryckare, Tre, Seefahrt; Nautisches Lexikon in Bildern, Bechtermünz Verlag, Augsburg, 1997

Tschudi, Carlos, Ein Dankesbuch, ca. 1930

Uribe, Orrego Luis, Nuestra Marina Mercante, Valparaíso, 1904

Veliz, Claudio, Historia de la Marina Mercante de Chile, Universad de Chile, 1961

Verein für wirtschaftshistorische Studien, Schweizer Pioniere der Wirtschaft und Technik, Band 39, Zürich, 1984

Villiers, Alan, Auf blauen Tiefen, München, 1967

von Liszt, Franz, Dr., Das Völkerrecht, Berlin, 1902

von Rodt, Cäcilie, Aus Central- und Südamerika, Bern, 1907

von Salis, L. R., Dr., Schweizerisches Bundesrecht, Band 1, Bern, 1891

von Tschudi, Johann Jakob, Peru, Reiseskizzen aus den Jahren 1838–1842, Graz, 1963

Wanner, Hermann und Bächtold, Kurt, Wirtschaftsgeschichte des Kantons Schaffhausen, Schaffhausen, 1983

Wanner, Gustav Adolf, Die Basler Handelsgesellschaft AG 1859–1959

Wanner, Gustav Adolf, Christoph Merian 1800–1858, Basel, 1958

Weisz, Leo, Studien zur Handels- und Industrie-Geschichte der Schweiz, Band 1 und 2, NZZ Verlag, 1938

Weisz, Leo, Die zürcherische Exportindustrie, NZZ Verlag, 1936

Welter, Karl, Die Exportgesellschaften und die assoziative Exportförderung in der Schweiz im 19. Jahrhundert, Bern, 1945

Wenger, R., Aus der Heimat, in die Heimat, Eine kurze Missionslaufbahn in Westafrika, 3. Auflage, Basel, 1890

Wetter, Ernst, Bank in Winterthur 1862–1912, Winterthur, 1914

Wiechers, Karl-Heinz, … und fuhren weit übers Meer; Zur Geschichte der ostfriesischen Segelschiffahrt, Band II; Häfen der Ems, Verlag Soltau-Kurier-Norden, 1988

Wild, J. J., Reise nach Norwegen vom 27. Juni bis 9. August 1856, Stäfa, 1859

Wildberger, Arnold, Meu Pai Emil Wildberger 1871–1946, 1979

Wildberger, Arnold, Noticia Historica de Wildberger & Cia., 1829–1942, Tipografia Beneditina/Baia 1942

Witthöft, Hans Jürgen, Norddeutscher Lloyd, Koehler, Herford, 1972

Witzig, Paul, Beiträge zur Wirtschaftsgeschichte der Stadt Winterthur im 19. Jahrhundert, Zürich, 1929

Worm-Müller, Jac. S., Den norske sjøfartshistorie fra de aeldste tider til vore dage, 3 Volume in 6 parts, Oslo, 1923–1951

Zbinden, Karl, Die schweizerische Auswanderung nach Argentinien, Uruguay, Chile und Paraguay, 1931

Ziegler-Witschi, Béatrice, Schweizerische Kaufleute in Brasilien im 19. Jahrhundert. In: Jahrbuch für Geschichte von Staat, Wirtschaft und Gesellschaft Lateinamerikas, 25/1988, Böhlau Verlag, Köln, Wien, 1988

Archivmaterial

Archivio di Stato di Trieste. Governo Marittimo 1381: Seite 47, 52, 53, 200, 201, 216, 236, 243, 249, 250. Governo Marittimo 1382: Seite 253, 256, 259, 260. Tribunale Commerciale e Marittimo SOC.V.128, SOC.IX.100, SOC.X.126, SOC.X.138, SOC.XI.84, SOC. XII.5.

Archivo Nacional – Seccion Ministerio de Marina, Santiago. Volumen 243 (1867): Corresponencia de la Comandancia Jeneral de Marina, pág. 455, No. 3211. Volumen 325 (1875): Movimiento Maritimo de Valparaíso: Enero 1 – Diciembre 31, 1875. Volumen 334 (1876): Movimiento Maritimo de Valparaíso: Enero 1 – Diciembre 31, 1876. Volumen 335 (1877): Gobernacion Maritima (Valparaíso) – Ano 1877 – Volumen 335: Enero 1 – Diciembre 30, 1877. Volumen 353 (1878): Movimiento Maritimo de Valparaíso: Diciembre 31, 1877 – Diciembre 31, 1878. Volumen 354 – Indice, pág. 85 (1878): Registro Marina mercante nacional de No. 197 (Marzo 1878) – No. 407 (Nov. 1885). Volumen 368 – Indice, pág. 88 (1879): Movimiento Maritimo de Valparaíso Enero 1 – Diciembre 31, 1879. Volumen 382 – Indice, pág. 92 (1880): Movimiento Maritimo de Valparaíso Junio 26 – Diciembre 30, 1880.

Biblioteca y Archivo Naval y Maritimo de la Armada de Chile, Valparaíso. De Rodt, Alfredo (1877–1904): «Diario». Ministerio de Guerra i Marina (1877/78/79/80): «Memoria de Guerra i Marina, presentada al Congreso Nacional en sus Sesiones Ordinarias de …». Ministerio de Guerra i Marina: «Estado de la Marina Mercante» y «Buques recibidos en los Diques», 4 Bände. Ministerio de Marina (1881–1892): «Memoria de Marina, presentado al Congreso Nacional en sus Sesiones Ordinarias de …», 12 Bände.

Bundesarchiv Bern. Missiven des Bundesrates 1889. Protokoll des Bundesrates, 12. November 1889. Protokoll des Bundesrates 1850 (2.1.1850–10.6.1850. Protokoll des Bundesrates 23.8.1850 / 16.9.1850 / 7.10.1850 / 8.11.1850 / 9.12.1850 / 13.4.1864 / 25.4.1864. Bericht des Bundesrathes an die hohe Bundesversammlung, betreffend die Wahrung der Neutralität der Schweiz während des Krieges zwischen Frankreich und Deutschland, vom 28. Juni 1871. Bundesblätter 1854 / 1861 / 1863 / 1864 / 1865 / 1866 / 1867 / 1872 / 1889. Bestand E2200.51 119 / E 2200.51 708 / E2001(A) 408–420 / E2 2104 / E2 79 / E2 1314 / Bd. 1 E2 2062–2072 / E2 1392–1393 / E2 96 / E2 1252 / E2 1300 / E2 1310 / E2 503 / E2 1340 / E2001 (A) 1155 / E2 (–) 1339 / E2200 Le Havre 154–165 / E 2015 Bd. 147.

Dr. Anna-Maria Deplazes, Küsnacht. Testament Gottfried Schenker, 5.5.1900. Brief G. Schenker an Hedwig Ziegler-Schenker, 16.10.1899.

Firmen-Archiv Volkart, Winterthur. Kassen-Hauptbuch 1851–1854. Brief Volkart an Kapitän Kornitzer vom 4.8.1938. Brief Kapitän Kornitzer an Volkart vom 27.8.1938. Undatierter Zeitungsausschnitt „Schweizerische Handelsflottillen des 19. Jahrhunderts".

Firmenarchiv Ed. Ringel, Hamburg. Manuskript Reisen President Furrer (undatiert).

GGR Islikon. Hauptbuch 1864–1874. Hauptbuch 1854–1890. Bilanz GGR 1853.

Glarner Wirtschaftsarchiv, Schwanden. Noch nicht signierte Bestände der Firma P. Blumer, Jenny, Ancona.

Handelsregister des Kantons Basel-Stadt. Firmenbuch Pol 377, CH-270.3.000.387-2 (2/a); CH-270.3.005.557-9 (9/a).

Landesarchiv Glarus. Privatarchiv Christian Niklaus Müller (1799–1865) Sign. PA 28.A 1:1-8. Verschiedene Genealogiewerke der Hefti, Tschudi, Wild, Ott.

Mission 21 Basel. Korrespondenzen vom 2. Januar 1871 – 27. Oktober 1888 (Sign. 4268). Extrait du Journal de la Société de Commerce des Mission à Bâle, 2er September 1870. Logbücher Eintracht 1875/1876; 6. Reise + 7. Reise 1877. Logbücher Agnes, 4./5./8./9. Reise. Journal No. 3 vom 1. April 1866 bis 18. Juni 1868 (Sign. 4823). Hauptbuch vom 1. Januar 1864 bis 31. Dezember 1869 (Sign. 4824). Hauptbuch vom 1. Januar 1870 bis 31. Dezember 1876 (Sign. 4799). Hauptbuch vom 1. Januar 1877 bis 31. Dezember 1882 (Sign. 4798). Hauptbuch vom 1. Januar 1883 bis 31. Dezember 1888 (Sign. 4796). Journal No. 8 vom 25. September 1878 bis 16. September 1880 (Sign. 4618). Journal No. 11 vom 1. Juli 1885 bis 31. Dezember 1887 (Sign. 4695). Journal No. 10 vom 1. Januar 1883 bis 30. Juni 1885. Journal (ohne No.) vom 3. Januar 1870 bis 31. Mai 1873. Schachtel Korrespondenz 1855–1867. Kopie von „Commission provisoire chargée de remplacer le Conseil d'Etat – Section de legislation, Justice, Affaires étrangères, Intérieur, Instructions public, Cult et Beaux-Arts, No. 98077, M. Marbeau, Rapporteur. MHG Jahresberichte 1870–1889 (Sign. 4941). Zeitungsausschnitt undatiert 1878 (Untergang Eintracht) (Sig. 4877).

National Archiv Washington. RG 41/128: Bureau of Marine Inspection and Navigation. RG 41/127: Master Abstracts of Registers, 1815–1912. RG 41/24: Certificate of Registry William Tell.

National Archives of Canada. RG 17 I-1, Vol. 370 File 39856. RG 42, Vol. 376, File 40487. RG 17 I-1, Vol. 376, File 40433.

Norsk Sjøfartsmuseum Oslo. Malmstein Register.

Österreichisches Nationalarchiv. Handelsgericht Wien: Band 14, Folio 8, Nummer 3.

Riksarkivet Stockholm. Bilage til No. 906 den 11 Maj 1852. Bilage til No. 200 2/2 1849. Afskrift 21. August 1849

(Schiffspass). Kommerskollegiet sjöpassexpeditionen fribrev 158/1848, 146/1849, serie 2, vol. EVb.108.

Schenker, Historisches Archiv, Wien. Vertrag Ungarische Landesbank AG / Adria Steamship Company 7.12.1881. Güter Import Adria Steamship Company 1881.

Staatsarchiv Basel. PA 485 D XI, 57.

Staatsarchiv Bremen. Schiffsmessbriefe-Einzelstücke 2-R.11.r.4.Bd.1 / 2-R.11.p.4.Bd.14. Schiffsnebenbuch 2-R.11.p.3b.3. Bd. 8. Schiffsregister 2-R.11.p.3.b.2.Bd. 6.

Staatsarchiv des Kanton Zürich. W89.343 / W89.358 (Bidermann). Familienregister Horgen, Band I A (E III 58.15) S81. Protokoll des Regierungsrates, 8. August 1872 (MM 2.197, S. 285/286).

Staatsarchiv Hamburg. „Erklärungen in Betreff der Erlangung von Schiffspässen" der Jahre 1854 Nr. 530 (Bestand 131-1 / I. Senatskanzlei / 90 Band 4. Senatskanzlei / 82 Band 12, S 95 und 1857 Nr. 784 (Bestand 131-1 / Senatskanzlei / 90 Band 6). Bestand 231-3 Handelsregister A6 Nr. 2454.

Stadsbibliotheek Antwerpen. Livre d'Adresses de la Ville d'Anvers 1838/51/56/60/62/66/70/73/74/77/82/85/88/90, 1931/53/63.

Stadtarchiv Schaffhausen. Brief von Konrad Baumer «Kolonie Dona Franziska» Dezember 1856.

Stadtbibliothek Winterthur. Nachlass G. H. Biedermann.

Statsarkivet Oslo. Handelsregisteret, registeringsprotokoller II 2, o. 7 / II 6, o. 216 / II 9, o.82, III 3. o. 199. Christiania, handelsregisteret, avd. B, reg. Prot. III 9, o. 231. Christiania byskriverembete, skipsregister I 2, folio 154 b. Christiania byskriver. Pntebok II 6, 1901–1902, folio 371 b, nr. 96 und folio 603 b, nr. 70. Christiania byskriver. Pntebpk II 7, 1901–1902, folio 325 a, nr. 45.

The National Archives of Norway, Oslo. PA74 Heftye, Ref. 0020 (Drei handgeschriebene Manuskripte von T. Kielland Torkildsen).

The National Archives, Kew. PCAP 1/241 und PCAP 3/25 (Helen Heilgers).

Tschudi Shipping Company, Lysaker. Schutzhaftsbefehl IVD1-B.Nr. 15767/42, 21. Oktober 1942. Einladung zur Zeichnung von Aktien der Schiffsaktiengesellschaft «Avanti», Oslo, 1927. Handschriftliche Genealogieaufzeichnungen. Bauvertrag Nyland Verksteds Kristiania und C. Eitzen & Co., 16. November 1896. Finanzierungs-Kontrakt Nyland Verksteds Kristiania und C. Eitzen & Co., 1896. Actiebrev No.102. Mai 1896 für Aktieselskabet «Uto». Spezifikationsvertrag Nyland Verksteds Kristiania und C. Eitzen & Co., 27. Juli 1898. Käseri v/Felix H. Tschudi pa Tschudi-festen i Rokokksalen 6. Januar 1965 (smä forandringer foretatt 17.9.1977).

Zeitungen / Zeitschriften / Jahresberichte / Jahrbücher / Manuskripte / Directories

12. Spruch des Seeamts zu Bremerhaven vom 17. April 1878, betreffend die deutsche Schoonerbrigg „Eintracht" von Bremen

A Summary of the Records and Traditions of Luke Blumer and his Decendants. John George Blumer and George Alder Blumer, 1915

Abo Underrättelser, 8.5.1882

Adria Societa di Navigazione Fiume, Ernesto Gellner, 1984

Affaires Etrangéres – Congrés de Paris, Paris, Avril 1856

Allgemeine Deutsche Biografie, Band 2

Aqua Magazin 2001

Aschehougs Konversasjons Leksikon, No. 8, Oslo 1957

Australian and New Zealand Gazette, p. 323, 18.5.1863

Bremerhaven live, Nr. 20, Sept./Okt./Nov. 1978

Bulletin de la Sociéte Archeologique et Historique 1945, Nantes 1946

Bureau Veritas Register, 1870 bis heute

Christies Directory 1876

City of London, Directory for 1873

Der Albatros, Heft 3/2007

Der Albatros, Heft 2/1998

Der Schweizer Familienforscher, Jahrgang 1947, Nr. 3 + 4

Det Norske Veritas Register, alle Ausgaben

Diary of Henry Marsh, aboard the sailing ship „Ida Ziegler", 1863

Die Münze, Juli/August, Wien 2006

Die Seeschiffe der Basler Handels-Gesellschaft, Schiffsgeschichtliche Beiträge von Friedrich Spengemann; Manuskript im Archiv Mission 21, Basel

Die Tat, 4.9.1970

Directories of Hartlepool & West Hartlepool 1851–1905

Directory of Stockton, Middlesbrough & Hartlepool, 1880

DNV Exchange, Oslo 2006 (Internet)

Evangelischer Heidenbote 10/1866; 1/1867

Finlands Sjöfartskalender 1877, Magnus Kjellman

Galveston Daily News, December 25, 1919

Gemeinde Jahrbuch Möriken, Wildegg, 1967/68

Geschichte der Etablissements der Firma Egg Ziegler-Greuter & Co., Manuskript der Kaufm. Gesellschaft Zürich, Zürich 1883

Gesetzesblatt der Freien Hansestadt Bremen, 1853

Giornale di Roma, Venerdi 18 Dicembre 1857

Hagar's Directory of Durham County, 1851

Hinterland, No. 49/1966

Illustrirte Zeitung Leipzig, 8.12.1855

Jahrbuch der bremischen Sammlungen (3/1910): Vom älteren bremischen Seeschiffbau, Johann Focke

Jahrbuch des Historischen Vereins des Kt. Glarus, Heft 33, Glarus 1899

Jahresberichte Missions-Handlungsgesellschaft Basel: 1869/1872 bis 1885

Kelly's Directory of Hartlepool and West Hartlepool 1885–1905

Les Suisse à Anvers, Ch. Meyer. In: Journal „Hinterland", No. 49, 1966

Lloyd Anversois, 3. Juli 1921

Lloyd's Register of British and foreign shipping, alle Ausgaben

Maori Messenger, Auckland, Vol. 3, No. 7, 30.8.1863

Marine – Gestern – Heute, Heft 1/1981 und Heft 2/1981

Marwood's Directory and Register, Hartlepool 1854

Morgenbladet May 8, 1851

Nationalenencyklopedien, Band 17, 1995

New Brunswick Daily Evenings News, 4.4.1884 / 7.4.1884

New Brunswicker Reporter, 9.4.1884

New York Marine Register 1857

New York Times, 5.4.1884 / 6.4.1884 / 7.4.1884 / 8.4.1884 / 10.4.1884 / 26.4.1884

New Zealand Herald, 4.3.1869

Nomenclature des principaux travaux / Société des Forges et Chantiers de la Méditerranée, Paris, Librairie Chaix, 1913

Norsk Missionstidende, No. 7, Juli 1862; No. 6/7, Juni/Juli 1864

Norske Slaegter, 1912

NZZ 4.12.1864 / 30.11.1864 / 14.8.1889 / 16.8.1889 / 16.12.1864 / 15.12.1864 / 26.11.2001

Petter Malmstein Register (In: Norsk Sjøfartsmuseum, Oslo)

Protocols of Conferences held at Paris, General Treaty of Peace, London 1856

Revista de Marina: La Marina Mercante Nacional, Valparaíso 1901

Schweizer Revue 3/86

Schweizerische Arbeitgeber-Zeitung Nr. 7/1940, Nr. 8/1940, Nr. 9 + 10/1940

Schweizerisches Geschlechterbuch, Band 9, S. 402–433, Zürich 1953

Schweizerisches Geschlechterbuch, Band 6, S. 680–684

Ship Registers of New Bedford, Massachusetts, Volume II, 1851–1865, Boston 1940

SJÖ Lexicon, Fredr. M. Calwagen, Stockholm 1851

Sjöfartshistorik Arbok 1865

Stammbaum-Notizen über die Familie Volkart von Niederglatt, Schmid Bruno, 1980

Strandgut II/1985, Cuxhaven

Streiflichter über die schweizerische Einwanderung in Norwegen, Daniel Enersen, Oslo, 1986

Sur L'Eau; Nr. 360, März 1958, S. 122/126

Tagblatt der Stadt Basel

The Belgian Shiplover, No. 101; Sept./Okt. 1964 pp. 486/493

The Southern Cross, Auckland, 15.10.1864 / 23.1.1865

The Times, Nov. 22, 1872, S. 10; 15.6.1878, S. 7

Tschudi & Eitzen om Skip og to Familier, En Historie fra 1883 til 2000, Rolf Fabricius Hansen – Sjøkaptein Henry F. Tschudi

Turicum, Oktober 1974

Volkart Brothers, 1851–1976; A chronicle, produced by J. Anderegg (ungedrucktes Manuskript)

Ward's Directory 1889–1890

Winterthur Jahrbuch 1988/1989

Zeitschrift für Schweizerische Statistik, Bern 1884

Archive / Museen (Informationen erhalten oder selbst recherchiert)

Aabenraa Museum, Aabenraa/DK
Albertland Museum, Wellsford/New Zealand
Alexander Turnbull Library, Wellington/NZ
Archives New Zealand, Wellington
Archivio di Stato Trieste
Banca Central, Santiago/Chile
Belgische Redersvereniging, Antwerpen
Bergens Sjøfartsmuseum
Biblioteca Historica de la Armada, Valparaíso
Bundesarchiv Bern
Burgerbibliothek Bern
Caird Library Greenwich
Central Library Yokohama
Central Naval Museum, St. Petersburg
Civici Musei di Storia ed Arte, Trieste
Credit Suisse, Zürich
Deutsches Schiffahrtsmuseum, Bremerhaven
Folkesbibliothek Tønsberg
Glarner Wirtschaftsarchiv, Schwanden
Greuterhof Islikon
Guildhall Library London
Handelskammer Bremen
Hartlepool Art & Museum Service, Hartlepool
Helsinki University
Historical Museum of Shipbuilding & Navigation, Nikolayev/RU
Jersey Heritage Trust
Kommerskollegium sjöpassexpeditionen, Stockholm
Landesarchiv des Kantons Glarus
Landesbibliothek Glarus
Malmö Museer, Malmö
Mandal Bymuseum, Mandal

Marinmuseum Karlskrona
Maritime Museum Helsinki
Ministère de la Défense, Service Historique de la Defense, Armées/France
Ministerio delle Infrastrutture e dei Trasporti, Capitaneria di Porto di Ancona
Mission 21, Basel
Missionsselskapets arkiv, Stavanger
Museo Naval y Maritimo de Valparaíso
Musco Historico Nacional, Santiago/Chile
Museum für Hamburgische Geschichte
Museum of Wellington City & Sea, Wellington/NZ
National Museums & Galleries on Merseyside, Liverpool
National Scheepvaartmuseum Antwerpen
Norges Bank, Oslo
Norsk Sjøfartsmuseum, Oslo
Österreichisches Staatsarchiv/Kriegsarchiv, Wien
Provinicial Archives of Turku/FIN
Rauma Museum, Rauma/FIN
Rijksarchief Antwerpen
Riksarkivaren Kristiansand
Riksarkivet Stockholm
Rosenberg Library, Galveston/USA
Royal Belgian Shipowner's Association, Brüssel
Russian State Historical Archive Far East, Vladivostok/RU
Scheepvaartmuseum Amsterdam
Schenker, Historisches Archiv, Wien
Schweizerische Nationalbank, Bern
Schweizerisches Wirtschaftsarchiv, Basel
Sjöhistorika Institutet, Abo/FIN
Sjöhistorika Museet, Göteborg
Staatsarchiv Bremen
Staatsarchiv des Kantons Basel-Stadt
Staatsarchiv des Kantons Luzern
Staatsarchiv Hamburg
Staatsarchiv Schaffhausen
Staatsarchiv Zürich
Stadtarchiv Stralsund
Stadtarchiv Winterthur
Stadtbibliothek (Handschriften-Abteilung) Winterthur
Statsarkivet i Bergen
Statsarkivet i Kristiansand
Statsarkivet i Oslo
Tyne & Waer Archives, Newcastle upon Tyne
Universität Bayreuth, Prof. Gerhard Hutzler
Universität Zürich, Historisches Seminar, Osteuropäische Geschichte
Uusikaupunki Museum, Uusikaupunki/FIN
Verkehrshaus Luzern
Vest Agder Fylkesmuseum, Kristiansand

Ville du Havre, Le Havre
Volkart Brothers, Winterthur
Yokohama Central Library, Yokohama
Zentralbibliothek Zürich
Zentrales Staats- und Historisches Archiv, St. Petersburg

Bibliotheken (Ausleihe Bücher)

Bibliothek der ETH Zürich
Bibliothek Landesmuseum für Technik und Arbeit, Mannheim
Bibliotheque Cantonale et Universitaire, Fribourg
Bibliotheque Cantonale et Universitaire, Lausanne
Bibliotheque Genève
British Library, West York
Bundesgerichtshof Karlsruhe
Deutsches Schiffahrtsmuseum, Bremerhaven
Dr. C. Biaggi, Zürich
Gemeinde Möriken
Hegau Bibliothek, Singen
Helmut-Schmidt-Universität, Hamburg
Historische Antiquarische Gesellschaft Basel
Institut für Auslandsbeziehungen, Stuttgart
Kantonsbibliothek Aargau
Landesbibliothek Glarus
Marinemuseum Karlskrona
Niedersächsische Landesbibliothek, Hannover
Paul Kläui Bibliothek, Uster
Pfälzische Landesbibliothek, Speyer
Schweizerische Landesbibliothek, Bern
Schweizerisches Wirtschaftsarchiv, Basel
Staatliche Hochschule für Grafik und Buchkunst, Leipzig
Stadtbibliothek Schaffhausen
Stadtbibliothek Winterthur
Tschudi Shipping Company AS, Lysaker
Uni-Bibliothek, Bern
Universität Hannover
Universität Kiel
Universität Mainz
Universität Zürich, Historisches Seminar
Universitätsbibliothek Braunschweig
Universitätsbibliothek Mannheim
Universitätsbibliothek Basel
Universitätsbibliothek Bielefeld
Universitätsbibliothek der Bundeswehr, Hamburg
Universitätsbibliothek Gent
Universitätsbibliothek Hamburg
Universitätsbibliothek Heidelberg
Universitätsbibliothek Stuttgart
Uppsala Universitätsbibliothek

Verkehrshaus Luzern
Zentral- und Hochschulbibliothek Luzern
Zentralbibliothek Zürich

Auskünfte von Personen

Appleyard, Harold, Billingham/GBR
Asprey, David, USA
Auerbach, Horst, Dr., Stralsund/D
Austheim, Trond, Tønsberg/NOR
Bartlett, John, London/GBR
Benn, Martin, Preston/Lancashire/GBR
Benson, Lisa, Oslo/NOR
Birkeland, Odd, Kristiansand/NOR
Bruzelius, Lars, Uppsala/SWE
Buxton, Ian L., Dr. /GBR
Colby, Bill, Spruce Head Island, Maine/USA
Dahl, Ragnar, Tolvsrød/NOR
Davidson, Neil, Suffolk/GBR
Deplazes, Anna-Maria, Dr., Küsnacht
Devriendt, Martine, Antwerpen/BEL
Faul, Michael, London/GBR
Flückiger, Thomas, Basel
Ford, Douglas, Jersey/GBR
Goes, Werner, Blankenberge/BEL
Hackmann, John, Abo/FIN
Hansen, Fabricius Rolf, Oslo/NOR
Henricson, Ingvar, Gävle/SWE
Horner, Martin, Buch
Johannesson, Tomas, Viken/SWE
Jones, R. P., Swansea/GBR
Jossi, Hans, Islikon
Karting, Herbert, Itzehoe/D
Keith, Allen, Haymarket/USA
Kozian, Walter A., Wien/AUT
Landels, John, GBR
Larsson-Fedde, Håkon, Farsund/NOR
Larsson-Fedde, Torbjørn, Farsund/NOR
Lemachko, Boris, Konakova/RUS
Lucht, Swantje, Kiel/D
Matés, Luque José Manuel, CHILE
Meienberg, Andreas, Bern
Meyer, Jürgen, Dr., Bremen/D
Mitiuckov, Nicholas W., Dr., Novokuznetsk/RUS
Nadinsky, Vladimir, Wladiwostok/RUS
Nihlmann, Hakan, Rauma/FIN
Nilsen, Tore, Bergen/NOR
Pawlik, Peter-Michael, Dr., Bremen/D
Phipps, Alan E., Worcestershire/GBR
Pryce, Michael, Wellington/NZ

Räisänen, Kari-Pekka, Rauma/FIN
Ringel, Eduard & Co., Hamburg/D (Reynald Schlubach)
Robinson, George, Hull/GBR
Robson, F., Newport, Isle of Wight/GBR
Roche, Chris, Surrey/GBR
Røisgod, Kari-Anne, Oslo/NOR
Rødsten, Sigurd, Oslo/NOR
Schait, Patrik, St. Petersburg/RUS
Schmelzkopf, R., Cuxhaven/D
Sglater, Jacob, NOR
Söderblom, Bodil, Kimito/FIN
Stahl, Joachim, Rostock/D
Steinacher, Max, Tübingen/D
Steinmann, Heinrich, Zürich
Stevenson, John D., Edinburgh/SCO
Tschudi, Felix H., Oslo/NOR
Tschudi, Henry F., Oslo/NOR
van Coolput, Luc, Antwerpen/BEL
van Otterdyk, Florent, Burcht/BEL
van Puyvelde, J. F., Brüssel/BEL
Vartiainen, Hannu, Rauma/FIN
Vibeke, Eeg, NOR
von Mach, Andreas, Markt Indersdorf/D
Walton, Stan, Nanaimo/CAN
White, Maurla, Washington/USA
Wirrankoski, Raimo A., Helsinki/FIN
Yarovoy, Victor, RUS

Übersetzungen

Bertheau-Nøklebye, Kirsten, Kristiansand/NOR
Bertschi, Hans, Erlinsbach
Birkeland, Odd, Kristiansand/NOR
Brunner, Madeleine, Dr., Zürich
Haave, Irma, Dr., Trondheim/NOR
Ingold, Urs, Lüterkofen
Reznik, Israel, Küsnacht
Rieser, Irina, Thayngen
Rossi, Sergio, Prof. Dr., Fribourg
Schilling-Reznik, Giséle, Küsnacht
Steinacher, Anna, Tübingen/D
Steinacher, Max, Tübingen/D
Tiegel, Winny, Andelfingen
Zürcher, Markus, Gossau

Fotobearbeitungen

Steger, Cordula und Hanspeter, Salez
von Arb, Willi, Zürich,
sowie vom Autor

Schiffsnamenregister

AABO 128, 129, 251
ABANA 174, 255
ABBAZIA 174–177, 179, 255
ABO 129, 251
ACADIAN 7, 101, 164
ACHILLES 91
ACTIV 72, 248
ADELE 86
ADLER 83, 84
ADRIA 170, 253
ADRIATICO 165
ADVENTURE 211, 273
AFTHOROS 276
AGATE 254
AGNES 6, 146–149, 151, 154, 295
ALBERTA 179, 256, 277
ALBIS 198, 199, 204, 205, 270
ALCIONA 192
ALEXA 206
ALEXANDRE SMYERS 92, 250
ALFRED THEODOR 272
ALI SHAN 275
ALICE 181, 183, 184, 262
ALIDA 41, 238
ALPHA 73, 75, 249
ALPS 92, 250
AMALIA 77, 247
AMALTEA 272
AMERICA 41, 238
AMICITIA 238
ANDES 94, 250
ANNA 179, 182, 256, 266, 267
ANNA C 267
ANNA MARIE 62
ANNE DOROTHEA 62, 244
ANNE GINE 62
ANNOULA 264
ANTARCTIC 40, 41
AQUILA 279
AQUILEJA 174–177, 179, 255
ARGENTINA 180, 181, 183, 262
ARIADNE 197, 202, 269
ARIEL 202
ARO 271
AROSA 210, 211, 214, 273
ARRACAN 174, 256
ARRIGO 171, 254
ARTEMIS 279
ASANTE 6, 146, 148–150, 153, 259
ASIA 262
ASTARTE 89
ATAGOSAN MARU 256

ATHLET 56, 241
ATLANTA 181, 184, 264
ATLANTIC CAREER 276
ATLANTIC CEDAR 277
ATLANTIS 210, 273
ATLAS 45, 238
AUDACIOUS 266
AUGUSTA 71, 247
AUGUSTE 179, 257
AUGUSTE & BERTHA 50, 243
AUGUSTE ANDRE 93–95, 101, 250
AUGUSTUS WATTENBACH 6, 113, 122, 123
AURORA 93
AVANCE 247
AVANTI 194
AVOS 189, 192
B. P. NEWTON 210, 212, 273, 298
BAHIA 146
BALTIMORE 23
BARO KEMENY 170, 171, 253
BARON ANDROSSAN 172, 253
BARON VENTURE 278
BASILEA 206, 208–210, 214, 273
BATAVIA 182
BEATHE CATHARINA 62
BEAU 218, 276
BEIJING VICTORY 277
BELRORIE 259
BELVEDERE 182, 266
BENJAMIN VICUNA MACKENNA 164
BENLOMOND 269
BERGENSEREN 70, 246, 293
BETTY 66, 173, 175–177, 179, 244, 255
BHARTI 278
BLAISE PASCAL 276
BLANES 182, 265
BLIZZARD 286
BLUSTER 229, 287
BONA FREIGHTER 278
BORGESTAD 275
BOSKENNA BAY 173, 254
BOULDER 286
BRABO 257
BRAGA 262
BRANKSOME CHINE 257
BREIDABLIK 247
BREMERHAVEN 84
BRIONI 263
BRITISH QUEEN 91
BULGARIA 182
BULKRAVENNA 278
BUSKEN 194
C & K UNITY 274
C. F. FUNCH 6, 93, 94, 250

CADMUS 25
CALANDA 200, 202, 270
CALCUTTA 6, 109, 110
CALERA 266
CAMBRIA 95
CANADA 182, 183
CANELA 228
CANTON 6, 7, 149, 151–154, 295
CAPRAIA 174, 254
CAPRI BETA 227, 280
CAPTAIN IOANNIS S 277
CARAVELLE 260
CARL KONOW 75, 249
CARNAC 257
CAROLINA 48, 180, 241, 260
CAROLUS MAGNUS 62
CASPAR WILD 53, 241
CASTOR 202
CATENIK 150
CATHARINA MARIA 238
CATO 196, 268
CEDRELA 228
CERES 248
CHACABUCO 159
CHARLES EDWARDS 160, 161
CHARLOTTE 264
CHARLOTTE SIF 298
CHRISTOPHER HANSTEEN 247
CHRYSOLITE 197, 202, 269
CICILIA 64
CINDERELLA 265
CITY OF CANADA 257
CITY OF CORK 92
CITY OF LIVERPOOL 255
CLARA 179, 257
CLARA MARIA 41, 238
CLEOPATRA 91
COLLEEN SIF 298
COLUMBIA 181, 264
CONCORDIA 88
CONCURRENT 247, 248
CONOCO ESPANA 278
CONSTANTIA 48, 49, 241
CONSTITUTIONEN 193
CORNELIA 95
CORREO 58, 59, 241, 293
COSMO TRADER 275
COTOPARI 20
CYKLOP 263
CZAR 71, 247
DABULAMANZI 266
DAHOMEY 134, 141
DAIGEN MARU 264
DALLES 190

DANIEL STEINMANN 95, 100–102, 250, 294
DANWOOD 208, 273
DE 2DE BRØDRE 41, 238
DE RUYTER 95, 96, 102
DEMOKRATIA 259
DEN 11te APRIL 247
DEODAR 268
DER KLEINE BREMER LOOTSEN KUTTER 84
DEUTSCHER KAISER 181, 263
DIAMANTIS PATERAS 277
DIANA 148
DIREKTOR REPPENHAGEN 158
DIRHAMI 228, 285, 286
DIVICO 53–55, 242
DOCTRINAE ET AMICITIA 238
DORA 179, 182, 260, 266
DOVRE 128, 251
DRONNING VICTORIA 247
DRUSCHOK 189, 192
DUC DE BRABANT 86
DUO FRATRES 66, 244
DYNABORG 248
EASTERN PROSPERITY 275
EDDYSTONE 98
EDUARD 7, 155
EDUARD BONAFFE 23
EDVARD 89, 250
EGYPTE 95
EGYPTIAN PRINCE 211
EIDSVOLD 247
EIGER 200, 203, 206, 208, 271
EINAR 52, 53, 195, 208, 222, 242
EINTRACHT 6, 144–146, 148, 151, 154, 295
ELDA 181, 262
ELEGANCE 230
ELENI 181, 262, 263
ELIEZER 72, 248
ELISABETH 41, 62, 238
ELISE 236
ELMWORTH 273
ELÖRE 259
EMILIA 179, 257
EMILIE 41, 48, 49, 238, 242
EMMA 134, 260
EMMA ARVIGNE 90
ENGLEE 270
ENGLISH KING 200, 271
ENIGHEDEN 62, 239
ENRICO MAZZARELLA 273
EQUITY 274
ERIE 23
ERNST 7, 155
ERNY 179, 182, 259, 267
ESPERANZA 165

ETROSTAR 279
EUGENIA 180, 184, 261
EUROPA 262
EVA DANIELSEN 287
EVANGELINE 265
EVENING STAR 54, 59, 242
EXCHANGE 23, 54, 55, 242
EXPEDIT 70, 246
EXPRESS 86
EXXON VALDEZ 226
FAHRSUNDS HAAB 64, 245
FALKNISS 200, 201, 270, 271
FANNY 196, 268
FARSUND 67, 68, 245
FAVORIT 53, 54, 242, 293
FEDERICA 179, 257
FENELON 90
FIMONA 274
FIUME 170, 171, 253
FLEMMING SIF 298
FOLDSTAR 279
FORMENTERA 278
FORTUNA 41, 62–65, 238, 245
FRAMNÆS 67, 68, 245
FRANCE 23
FRANCESCA 180, 260
FRANÇOIS CHARLES 59, 243
FRANKLIN 93
FRANTS 62
FREA 229, 285
FREDERIKSTAD 44, 45, 238
FREE TRADE 88, 89, 250
FREIGHTER SPIRIT 278
FREYDIS 54, 55, 242
FRIEDA 179, 180, 258, 259
FRIEDRICH LEO 84
FRIGIDA 182, 184, 264
FUTURA 225, 226
GALLIA 26
GALVANI 253
GANGE 265
GATO 264
GAVRIIL 189
GELIDA 182, 265
GENEROSO 270
GEORG OTS 284
GEORGE M. PULLMAN 213, 274
GEORGIA 179, 260, 264
GEORGIA C 264
GERMANIA 26
GERTY 179, 180, 257
GIANICOLA 267
GILDA 181, 263
GILEAD 45, 239

GIULIA 179, 180, 259
GLAMORGANSHIRE 60, 244
GLARONA 206, 208, 210, 214, 272
GLARUS 80
GOOD VIEW 275
GOTTFRIED SCHENKER 174–177, 179, 255
GOTTHARD 200, 204, 205, 271
GRAMPUS 181, 262
GRETA 254
GRETE SIF 298
GRONEN 92
GUAYENRU 164
GULF OF MEXICO 174, 256
GUNNY 254
GUSTAF WASA 151
GUSTAV 43, 239
GYLLER 66, 67, 245
HAAPSALU 284
HAJEN 62, 63, 245
HALCYON LOCH 277
HAMELIN 88
HANNE SIF 298
HANS HOLMBO 247
HANSA 99, 251
HANSA II 99
HAPPY SITANI 280
HARALD HAARFAGER 248
HAROS 261
HARJUMA 285
HASSHU MARU 264
HATFIELD 151
HAVRE 23
HEINRICH 128, 251
HELEN HEILGERS 6, 112, 113
HELVETIA 5–7, 25–27, 52, 55, 64, 65, 86, 87, 89, 94, 95, 101, 102, 158, 242, 246, 249, 250, 293
HENG TA 270
HENRIK WERGELAND 71, 77, 247
HENRY EDYE 93, 95, 96, 98, 102, 251
HERKULES 259
HERMAN 248
HERMAN & EUGENE 248
HERMANN 97, 101–103, 251
HERMANN LUDWIG 94, 95, 250
HERMANOS 43, 45, 239
HERMINE 179, 181, 258
HERO 97, 251
HJORTEN 41, 239
HØEGH FREIGHTER 278
HOLLAND III 58
HOMER 86, 249
HONG HARVEST 278
HORUS 269
HOWARD 25

HUMBOLDT   93, 147
HVALFISKEN   76, 246
HYAEMA   171, 253
IDA   128, 180, 251, 261
IDA MARU   261
IDA ZIEGLER   6, 105, 107, 113–122, 294
IDAN   276
IDRAET   73, 75, 249
IKUTSU GO   271
ILIADE   93
ILL   210, 272
ILLIRIA   173, 174, 176, 255
IMMANUEL   247
INDRAKUALA   256
INDUSTRIE   48–50, 242, 293
IRENE   180, 211, 261, 273
IRIS   147, 148
IRON AGE   91
IRVING CEDAR   277
ISABELLA O   272
ISE MARU   202, 270
ISMENIA   165
ISTRIA   173, 175, 176, 254
ITALIA   74, 181, 249, 263
ITC MELTEMI   287
ITC MISTRAL   287
JACOB TRUMPY   75, 77, 249
JALAGOPAL   274
JAN BREYDEL   96, 102
JAN MAYN   239
JARMINA   278
JENNY   84, 179, 182, 258
JOACHIM SCHULTE   272
JOANA KEPLER   86
JOAQUIM   235, 236
JOHAN GERHARD AMELN   247
JOHAN IRGENS   74, 249
JOHAN SMIDT   45, 239
JOHANN LUDWIG   196, 202, 267
JOHN P. BEST   95
JOKAI   170, 171, 253
JOLL   147
JOSEPHINE   181, 182, 263, 266
JOSEPHINE OULTON   26
JUAN FERNANDEZ   163–165
JULIA LUCKENBACH   177, 256
JULIANA ELISABETH   80
JULIANE ELISABETH   80
JUNGRI GO   270
KAISER FRANZ JOSEPH I.   182, 265
KALANA   285, 286
KAMBALA   190
KAMOR   200, 201, 203, 206, 270
KAP NOR   40

KAPTEN VOOLENS   284
KATE   269
KATHRINE SIF   298
KATINA M   274
KEMEENY   172
KERLEW   261
KHEDIVE   95, 250
KING OF ITALY   123
KIRBY HALL   174, 255
KOMET   20
KONG CARL   248
KONG SVERRE   249
KRAKOW   257
KURSKE   285, 286
KVARTIA   279
LA SUISSE   26
LACROMA   174–177, 179, 180, 255
LAIMDOTA   257
LAILA   272
LAURA   181, 184, 247, 261
LAURELDENE   258
LAURVIG   77
LE BRIEUX   88
LEDA   246
LEHOLA   284, 286
LEILI   284, 286
LEKAREN   41, 240
LEMBITU   284, 286
LEWIS   25
LIDFOLD   279
LIDVARD   279
LIND   212
LINDESNÆS   67, 208, 246
LISA   274
LISETTE   128, 129, 252
LODOVICA   179, 258
LOFOTEN   247
LOMBARDIA   261
LØVEN   41, 240
LUCIA   179, 182, 184, 258, 265
LUCIE   88
LUDVIG HOLBERG   72, 248
LUDWIG   6, 87, 94, 99, 100, 103, 249, 251, 267
MAJ DANIELSEN   230, 287
MALMØHUS   220, 277
MALOJA   208, 209, 211, 273
MALVINA VIDAL   113
MANSURI   271
MAR DEL PLATA   276
MARCO POLO   265
MARGARETHE   48, 49, 81, 82, 243, 293
MARGARETHE BENJAMINE   48, 248
MARGHERITA   179, 258
MARGRETHE CHRISTINE   64

MARIA 179, 258, 259
MARIA LUISA 165
MARIANN 280
MARIANNE 179, 259
MARIBEL 229, 280, 285
MARIO MARTINI 274
MARIO MARTINI SECONDO 274
MARISIRA 274
MARPOL FIGHTER 227, 281
MARSEILLE 264
MARTHA WASHINGTON 181, 184, 263
MASKELYNE 295
MATADOR 7, 161–163
MATILDA WATTENBACH 4, 6, 110–112, 294
MATLEKOVITS 172
MAULE 266
MEDWAY 91
MEHAANIK KRULL 284
MELKKI 230
MELTEMI 287
MERCATOR 66, 95, 96, 246
MIMI 89
MINERVA 41, 42, 240
MISTRAL 287
MOINHO FLUMINENSE 264
MONTAGUE 23
MONTANO 25
MONTBLANC 200, 228, 271
MONTEGO 275
MONTEREY 278
MONTEVIDEO 258
MOSEL ORE 223, 278
MOUNT SIDNEY 261
MÜNSTERLAND 210, 273
MUUGA 284, 286
MYKEN 273
NADEZHDA 189, 190, 192
NARVA 284
NEDERLAND 93, 95
NELSON 269
NELUSKO 93, 94
NEPTUNUS 171, 254
NEWCASTLE PACQUET 247
NEWFIELD 101
NICHIYO MARU 258
NICOLAAS 87, 250
NIITAKA MARU 260
NISI 279
NISSEI MARU 257
NISSHU MARU 258
NOR 52, 56, 66, 131, 243, 252
NORDEN 128, 129, 252
NORDSEE 84
NORFOLD 279

NORMAN 23
NORMAN SIBONA 224, 279
NORMAN SIBOSS 224, 279
NORMAN SIRINA 280
NORTH EASTERN 262
NORTH WESTERN 262
NORTHERN SHELL 219
NORVEGIA 50, 243
OCEAN DELTA 277
OCEANIA 181, 183, 263
OCEANUS 51, 243
OCTAVIE 86
OLAF BERGH 272
OLAV KYRRE 247
OLUF 128, 252
ONEIDA 23
ORANMORE 174, 255
ORLANDO 92
ØRNEN 70, 246
ORSZEM 265
ORWELL 162
OSBORNE 271
OTRA 59, 243
OTTAWA 91
OTTO DANIELSEN 287
P. HERFØLL 202
PACIFIQUE 173, 255
PAJALA 278
PALME 6, 11, 135, 136, 137, 139–144, 146, 148, 150, 153, 154, 295
PANAMAX GEMINI 276
PANTHIR 277
PAOLINA GIUFFRIDA 261
PATAGONIA 202, 271
PATENTIA 48, 243
PC-495 212
PCHELKA 189, 192
PEDER SCHRODER 247
PEDRIN 274
PERMINA 106 276
PESCADOR 7, 164
PETROBULK STERLING 227
PETROBULK-SILVERA 279
PETROSTAR 4 279
PEVERIL 255
PHØBUS 50, 243, 293
PHOENIX 64, 246, 259
PIETER DE CONINCK 96, 102
PIONIER 7, 154, 155
PISAGUA 163
PLANTYN 96
PLUNGER 260
POLONIA 182, 183
PONTOS 275

POZAN 257
PRAESIDENT HARBITZ 248
PRECIOSA 70, 246
PREFERENCE 135
PREMIER 198–200, 270
PRESIDENT FURRER 6, 105, 126, 127
PRESIDENTE WILSON 265
PRINCESS ROYAL 6, 87, 88, 103, 250
PRINDSESSE LOUISE 248
PROFESSOR MOHN 74, 249
PROFESSOR SCHWEIGAARD 70, 73, 247, 249
PROGRESS 189, 192
PRONTA 266
PUCHOCO 165
PULAWSKI 261
PUNTA ASPRA 272
RABIGH 2 277
RACEHORSE 111, 112
RAGUSA 174, 175, 177, 256
RAIMO-RAGNAR 272
RAKVERE 284
RANGER 128, 240, 252
RAP 66, 131, 252
RAUHA 158
REFORM 147, 148
REG I 272
REGINA ELENA 179, 260
REIZIGER 268
RELIANCE 277
RESOLUT 56, 57, 243
RESOLUTION 48, 49, 243
RIGI 57, 58, 204–206, 244, 271, 272
RINGGOLD 23
RINGOBO 278
RISSHUN MARU 261
RIVADAVIA 87, 249
RIVALEN 247
ROBINSON CRUSOE 165
RØISHEIM 205, 272
ROLF 194, 208, 222
ROSA 151
ROSA EDELMIRA 163
ROSEGG 205, 206, 272
ROYAL BRIDE 121
RUTHENIA 182
RYNDA 189, 190, 192
SABLE CAPE 277, 283, 285
SAFMARINE HOUSTON 285, 286
SAFMARINE ONNE 285, 286
SAINT ERIK 202
SAINTE MARTHE 265
SAKALA 285
SAMUDRA VIJAY 274
SAN EDUARDO 275

SANDY CAPE 277, 283, 285
SANTANIA 283
SÄVENÄS 268
SCHOUWEN 44, 238
SCHWANDEN 44, 45, 240
SEACALE 393-12 283, 286
SEAHAWK FREIGHTER 278
SEAL 181, 262
SEILEREN 246
SEIRIOS 274
SELICA 92
SELUN 200, 201, 203, 206, 270
SEMGA 190
SENTIS 200, 202, 203, 208, 270
SHAKIR 3 222, 278
SHAMAL 283
SHINSEI MARU 260
SHUN LEE 270
SIBARDE 227, 280
SIBEAU 218, 276
SIBEIA 282
SIBELLA 214, 215, 274
SIBIG VENTURE 222, 223, 278
SIBILLE 48, 49, 81, 244
SIBIRIEN 271
SIBOELF 225, 226, 280
SIBOEN 217, 226, 276
SIBOEVA 226, 281
SIBOFEM 218, 221, 277, 278
SIBOFIR 221, 277
SIBOHELLE 225, 226, 229, 280, 285
SIBONANCY 226, 281
SIBONATA 226, 281
SIBONINA 225, 226, 280
SIBOSEVEN 221–223, 278
SIBOSIX 278
SIBOTESSA 225, 229, 281, 282, 285
SIBOTI 225, 226, 230, 280, 286
SIBOTO 217, 218, 221, 276
SIBOTRE 217, 276
SIBOTURA 225, 281
SICHEM ACID 283
SICHEM AMERICA 283
SICHEM ANNE 283
SICHEM ASIA 283
SICHEM BALTIC 283
SICHEM CARIBBEAN 283
SICHEM DALI 284
SICHEM HOLGER 283
SICHEM LABRADOR 283
SICHEM MALENE 283
SICHEM MARTIN 283
SICHEM MEDITERRANEAN 283
SICHEM NAVIGATOR 283

SICHEM PRINCESS MARIE CHANTAL 285
SIDACCA 217, 276
SIDRAKO 228, 229, 282
SIDRELA 282
SIGANA 229, 282
SIGAS CENTURION 284
SIGAS CHAMPION 284
SIGAS COMMANDER 284
SIGAS CRUSADER 284
SIGAS GENERAL 284
SIGAS GOVERNOR 284
SIGUITA 280
SIGUPTA 217, 275
SILETTA 216, 217, 224, 275, 280
SILINA 227, 280
SILUNA 218, 276
SILVANA 213, 214, 274
SILVAPLANA 210, 211, 273
SILVERA 227, 279
SIMARA 216, 217, 274
SIMONA 214, 215, 217, 274
SIMOON 282, 285
SIMSON 117
SINADER 218, 219, 277
SINAGUA 279
SINCERITY 276
SINELA 282
SINIMERI 230, 286
SININNI 281
SINNI 218, 219, 277
SINORA 280
SIPLATA 217, 276
SIPONTO 217, 275
SIRANDA 213, 214, 217, 274
SIRINADA 227, 280
SIRIO 265
SIRIUS 249
SIROCCO 213, 217, 274, 282, 285
SISALA 224, 280
SISANGU 217, 275
SISTELLA 218, 277
SISTINA 216, 217, 275
SISWALA 229, 282
SITACAMILLA 281
SITAKATHRINE 281
SITAKUND 217, 218, 275
SITALENE 281
SITALOUISE 281
SITAMARIE 281
SITAMIA 281
SITAMONA 281
SITANJA 214, 215, 226, 274
SITARA 281
SITAVERA 282

SITAXA 227, 280
SITHEA 224, 280
SITRIA 282
SITUS 282
SIVEGA 229, 282
SKAUTOPP 218, 276
SKIEN 41, 43, 240
SLEIPNER 247
SØEBLOMSTEN 64, 246
SØERIDDEREN 63, 246
SOFIA 261
SOFIA HOHENBERG 180, 181, 260
SOGNEFJELL 275
SOLA 60, 244
SOLANO 283, 286
SOLIDE 148
SOMERS 212
SO-OTBAN 109
SOPHIE WILHELMINE 197, 269
SOVEREIGN OF THE SEAS 109
SOVERINO 276
STÆRKODDER 45, 240
STANLEY DOLLAR 267
STAR ADVENTURE 276
STAR FALSTRIA 229
STAR OF VICTORIA 182, 264
STAT 195
STATS RADET FÄHREUS 126
STEFANIA A 277
STEFANIE 170, 171, 254
STEFANIS 277
STEINMANN 92–94, 250
STELLA POLARE 264
STEPHANIA 25
STEPHANIE 147
STOPPANI 254
STORFOLD 279
STYRIA 174–177, 256
SUCCESS 97, 98, 251
SUHAILI 282, 285
SUMATRAS 282, 285
SUNLIGHT 279
SUPERIOR 275
SURPRISE 24
SUSANA 267
SUSSEX 173, 255
SVERRE 55
SZÁPÁRY 171, 172, 253
SZÉCHENY 172
TANK QUEEN 227
TAKI MARU 255
TATRA 275
TEEKAY FREIGHTER 278
TEGETTHOFF 169

TEL AVIV 263
TELEMACHUS 174, 255
TELL 55, 56, 244
TEMPEST 286
TEMPLAR 93
TENRYO MARU 258
TEO 1, 2, 3, 4 218, 219
TEO 10, 11 220
TEO 20 220
TEONYMPHOS 279
TERESA 179, 259
TERGESTE 173, 175–177, 254
THALASSINI HARA 224
THAMES 91
THOMAS 41, 42, 240
THOR 197, 202, 268
THORSHAVN 217, 276
TIBOR 170, 171, 254
TISZA 170, 172, 254
TITLIS 200, 201, 271
TONSBERG 195
TORM SITA 281
TOSCA 271
TOYEN MARU 261
TRANSUD III 277
TRE BRØEDRE 80
TROPIQUE 173, 254
TUMULT 262
TURICUM 207, 208, 210, 212, 214, 222, 272
TYNOS 262
TYPHOON 286
TYRIAN 262
TYROLIA 182
ULA 210, 272
ULIS 189, 190, 192
ULRIKKA 269
UNDAUNTED 25
UNKAI MARU NO 5 258
URCOS 164
USKOK 275
UTO 197, 198, 200, 204, 232, 269, 270–272
VADERLAND 93
VALHALLA 241
VALKYRIEN 75, 248
VANDA 256
VARBOLA 284, 286
VARKO 270
VEGA 177, 256
VENTURE ESPANA 222, 278
VENUS 80
VERENA 128, 129, 252
VERGI 286
VESTA 196, 202, 267
VICE PRESIDENT PRINS 109

VIENNA 174–177, 256
VILLE DE SFAX 266
VINTEREN 196, 202, 268
VIRANA 280
VIRGINIA 180, 184, 261
VIRTSU 285, 286
VITESSA 225
VIVANDIERE 165
VIVITA 279
VOEVODA 189, 190, 192
WALDEMAR 271
WANDA 177, 256
WANDMANDEN 62
WANGSTAR 279
WANOSTAR 279
WARSZAWA 267
WERNER 254
WESTERN SILETTA 224, 280
WILHELM 7, 155
WILHELM TELL 22, 63, 64, 80, 246
WILHELMINE 41, 241
WILLIAM TELL 21–27
WIND 208, 210, 273
WINTERTHUR 6, 105, 107–109, 113, 119
WOODBURN 277
XENIA 267
YAHIKO MARU 256
YEO 277
YEOMAN 112
YEOTA E. 277
YU TUNG 271
ZAANDAM 174, 256
ZARITZA 75, 77, 249
ZEPHYR 274
ZICHY 172
ZULAIKA 275
ZURICH 26

Personen- und Firmenregister

Abbes, Georg Wilhelm   136, 137, 139, 141, 144, 145, 149, 150, 294
Abegg & Co.   5, 83
Abegg, Georg Ludwig   83
Abegg, Johann Jakob   83
Abegg, Johann (Jan) Simon   83, 84, 293
Abrahamsen, O. M.   67, 245
Actien-Gesellschaft für Eisen-Industrie und Brückenbau   143
Adamson & Ronaldson   99
Adria Steamship Company   7, 166, 169–173, 185, 253, 254
Ahlbom, P. C.   89
Ahlers, Rudolph   125
Aktiengesellschaft der Spinnereien von Jb. & And. Bidermann & Cie.   157
Albers, Gustav   189
Album, Gunnar   212
Allan Line   101
Almshousefoundation   69
Ameln, C. S.   71
Andersen, A.   292
Andersen, Chr.   293
Andersen, N. S.   292
Andersen, T. A.   293
Andersson, Bernhard   295
Andersson, H. L.   158
Andersson, Mikael A. E.   158
Andersson, Nils   295
André, Auguste   93, 95
Andreasen, T.   293
Andreassen, Kapitän   293
Andresens Bank   257
Angerer, August, Dr.   168, 178
Anglo-Austrian Bank   177
Anglo-Austrian-Hungarian Steamship Company   166, 169
Anglo Saxon   208
Anker, Bernt   193
Antwerpse Scheepvaartvereniging   103
Arends, Kapitän   90
Arfsten, R.   87
Arvinger, Jørgen Linaae   293
A/S Røisheim   205
A/S Uto   205
Association Central de Colonisation   29
Austro-Americana Società di Navigazione Cosulich & Co.   166, 176
Austro-Americana Società di Navigazione, Schenker, Cosulich & Co.   166, 169, 173, 176–179, 185, 297
Avanti AS   207, 214, 224
Bach, J. A.   293

Bäck, Axel   158
Backenköhler, Heinrich   146
Bagelmann & Vietor   136, 137, 142
Bagelmann, Albert   134–137, 142
Bagelmann, Gottfried   144, 146–151, 155
Bailey und Leetham   170
Bailey, A. F   26
Balchen, Bernt   48, 57–60, 241
Balchen, M.   81
Balleer, Frerk   161, 162
Balleer, Hinrich   162
Ballin, Albert   179, 180
Baltic Sea AS   227
Baltischer Lloyd   6, 93
Bankestokken Verft   66, 131, 245, 252
Baour & Cie.   105
Barnholdt, L. R.   43, 240
Barra, Fischer   160
Bartels, Friedrich   144–146
Bartels, Kapitän   143, 295
Basler Handels-Gesellschaft AG   132–134
Bates, E. & Sons   99, 251
Bauer, Edmund   31
Baumer, Konrad   20
BAX-Global   187
Bayrische Donau-Dampfschiffahrts-Gesellschaft   185
Beatty, Chester   191
Behnke, Kapitän   160, 161
Behrens & Co., A.   74, 249
Belfast Yard, Belfast Ship Building   87, 249
Bell, Isaac   25
Benisch, Géza   168
Benner, James   23
Bentsen, Carl   131
Berckmann, F.   146
Berge, G.   50
Berge, Jens G.   292
Bergen Byarkiv   70
Bergen Privatbank   207
Bergfeldt, C. F.   49
Bergfeldt, Gabriel   49
Bergh, Christian   292
Bergh, C. & Co.   292
Bergh-Westervelt-Mackay   292
Bergström, L. E.   88
Bernold, Nationalrat   33, 35
Berryman, James   110
Bertelsen, H.   292
Berven, F. & Heyerdahl, Th.   53, 242
Best, Barber & Co.   95
Best, John Pickard   85
Bethlehem Steel Shipyard   209
Beug, C. A.   149
BHG   133, 134

Biancone & Co. 128
Bidermann, Jacob 157
Bidermann & Cie., Jacob & Andreas 6, 105–108, 114, 294
Bidermann, Jacob & Cie. 106
Bidermann, Jacob & Cie. zur Liebe 106
Bidermann, Jacob Andreas 106, 107
Bidermann-Blum, Jacob 107
Bidermann-Peyer, Andreas 106, 107
Bidermann-Steiner, Jacob 106
Bidermann-Sulzer, Jacob 107
Biedermann, Georg Heinrich 105, 107–109, 114, 117, 118
Biedermann & Cie., Georg Heinrich 6, 105, 107
Biedermann, Heinrich 107, 118
Biedermann, Heinrich & Cie. 157
Biedermann, Jacob & Cie. 106
Biedermann, Jacob zum blauen Trauben 157
Biedermann, Karl 105, 107, 108, 114, 117, 118
Biedermann-Frey, G. H. 107
Biedermann-Geilinger, Hans Jacob 106
Bin Aboebakar Aydiet, Mohamed 109
Bird & Co. 107
Birkeland, Theodor 131
Bischoff & Co., J. D. 135, 146
Bischoff, Diedrich Heinrich 146
Bischoff, Martin 146
Bischoff-Ehinger, Andreas 132
Bismarck, Reichskanzler 102, 150
Bjercke, O. M. 128
Bjørnestad, Ole 293
Blanck, Kapitän 93
Blass, F. & Schomburgk 50, 243
Blehrs, Otto Albert 39
Blum & Cia. 234
Blum, Max 234
Blumer, Alfred Julius Paravicin 82
Blumer & Tschudy 5, 78, 79, 80, 128
Blumer, Jesaias 46
Blumer, Konrad 157
Blumer, Melchior 6, 49, 81, 82, 243, 244
Blumer, Paravicin 81
Blumer, Peter 78, 79, 128, 129
Blumer, Samuel 47
Blyth, Philip 111
Bocimar 224
Bock, A. 54
Bøckmann, Hans P. 130
Bøckmann, Richter 61
Bödecker, L. 80
Bohn, Kapitän 236
Boiceau & Rusch 105
Bollæren, H. H. 80
Bolton, Fox & Livingston 26
Bosse, Hinrich 161
Bosviel, A. 143

Bourne, George W. 26
Boyd & Hincken 25, 26
Boyd & Hincken Line 23, 25, 26
Bradbenken, Schiffswerft 69, 70, 75–77
Braem, Wildberger & Cia. 234, 235
Braff, F. & Eckert 166, 167
Braket-Fabrik 189
Bräm, Hermann 234
Brame, W. R. 111
Brauer, Carl L. & Sohn 84
Braun, Theodor 295
Bremer Vulkan 221
Bremische Lootsen-Gesellschaft 84
Brenner, Henri 233
Brinch, N. H. 151
British Colonial S.S. Co. 91
Brodbeck, H. L. 125
Brolin, Johan & Son 80
Brown y Co. 161
Bruhin, E. P. 89
Bruhn, Joachim Adolph 109, 110, 114
Bruhn, Jørgen 109, 294
Brunchorst & Dekke 66, 244
Bruno, Just, Kapitän 46
Bryde, G. M. 198, 202
Bryner & Co. 7, 188–190, 192
Bryner, Boris 189, 191, 192
Bryner, Felix 189, 191, 192
Bryner, Johannes 188
Bryner, Julius Joseph 188, 189, 191, 192
Bryner, Kuznetsov & Co. 188–190
Bryner, Leonid 189, 191, 192
Bryner, Margrit 191
Bryner, Moritz 188
Buck, R. P. & Co. 88, 250
Budde, Augusta Dorothea 81
Budde, Hans 81
Buhan, Pére, fils, J. F. & Teisseire, A. 236
Bull, Anders Berg 80
Bull, H. J. 40, 41
Burchard, E. & Co. 45, 240
Bürger, Otto 165
Burghout, J. K. 87
Burghouwt, Leo 228
Burke, Miles R. 25
Burmeister & Wain (B&W) 224–226, 298
Burmeister, Carl Christian 226
Burmeister, Helle 226
Burmeister, P. 143
Burrell & Son, William 169–171, 173
Burrell, George 173, 175, 176, 179
Burrell, William 173, 175, 176, 179
BurWain Tankers AS (BTI) 226
Busch, C. & Søn 66, 71, 245

Busch, Christian E. 66, 244
Caird & Co. 99, 251
Caird & Purdie 170, 171
Calanda Shipping & Co. 222
Calhoun, William 112
Canadian Pacific Railway (CPR) 182
Cantiere Navale Triestino (CNT) 182
Capurro, Rodolfo 165
Carlé 36
Carnley, Robert 292
Casares & Son 87, 249
Cattoor, A. 294
Centralbanken for Norge 38, 39, 45
Cerutti Fratelli 179
Chadwick, Kapitän 23
Chambers, Robert 170
Chantiers de Bretagne 217
Chartered Bank 107
Chittenden, J. W. 97, 251
Christensen, D. 51, 243
Christensen, M. 58
Christian IV., König 46
Christiansen, Carl Friedrich Theodor 127
Christoffers, H. 143
Christoffersen, Kapitän 199
Chrystie, Albert N. 26
Clare, James Clapman 294
Clare, John 110, 294
Clark, Frederick C. 110–112
Clark, G. 97, 251
Clarkson, Horace & Co. 169, 172
Cloetta, G. 31
Clüver, Kapitän 144
Cockerill, J. 95, 250, 275
Compagnie de Navigation France-Amérique 234
Conlin, Kapitän 112
Cook, Thomas & Sons 186
Cortsen, Aanen 126
Cosulich, Gebrüder 182, 297
Cosulich Line 185
Cosulich Società, Triestina di Navigazione 185
Cosulich, Alberto und Callisto 176, 179
Cosulich, Alberto und Oscar 173
Coxiola, F. 93
Craig, Taylor & Co. 180, 256, 258, 261
Crantz, F. G. 151
Crassous & Boyd 25
Crédit Lyonnais 234
Crusoe, Robinson 159
Cunard S.S. 170
Cunard Steamship Navigation Company 172
Cunard-Line 180
Currier & Townsend 88, 250
Dahl, Eric 66, 244

Dalgliesh Steam Shipping Co. 208
Dalsbruk Eisen- und Stahlwerk 156–158, 296
Damen Shipyard 228
Daniels, Carl, Pastor 72
Danielsen, Otto 230, 231
Dannevig, P. N. 59, 241, 243
Danzas 188
Dattan, Adolphe 189
Day, John and Charles 113
DB Mobility Logistics AG 187, 298
de Borchgrave, P. 90
de la Camp, Renata 226
de la Camp, Ulf 226
de Luze, Louis-Philippe 22, 25
de sa Bittenyourt Camarra, Ulysses 234
de Steiger, Baron Ferdinand 234
de Smet, L. 294
de Terwagne, P. 86
de Veulle le Couteur, Jos. 298
Decandea, S. 109
Deichmann, Kapitän 117
Defoe, Daniel 159
Dehnike, Kapitän 93
Dekke, A. 53, 242
Delarageaz, Nationalrat 33
Demarchif, Juan 163
Demieville, Nationalrat 34, 35
Den norske Handelsbank 207
Deneken, J. E. L. O. 151
Denkin, T. 111
Depeau, Francis 25, 26
Deppe, Adolf 85
Deutsch-Australische Dampfschiffs-Gesellschaft 204
Deutsche Bahn AG 187
Deutsche Bundesbahn 187
Deutsche Reichsbahn 186, 187
Deutsche Revisions- und Treuhand-Aktiengesellschaft 186
Deutsche Schifffahrtsbank 222
Diedriken & Sørensen 41, 239
Divoort, H. 87
Dochez, Louis 86
Doorman Long 220
Douhan, Eric Gustaf 66
Doxford, Wm. & Sons 95, 251, 258
Drau-Dampfschiffahrts-Gesellschaft 185
Dubs, Jakob, Dr. 5, 27, 30–36
Dührendahl, P. & Co. 53, 242
Dupal, Johann 168, 297
Durt, J. 95
Duyssen, A. T. 143
E.ON 187, 226, 298
East Asiatic Company (EAC) 200, 204, 228
Echaurren, Don Federico Errazuriz 165

Eckersberg & Søn, J. 80
Eddowes, Thomas Stanton 113
Ege (Familie) 77, 248
Egg, G. 106
Egg, Ida 117
Egg, Ziegler-Greuter & Co. 105, 106
Egg-Greuter, Johann Ulrich 106, 117
Egg-Wäffler, Gustav 106
Eide, Hans P. 130, 131, 294
Eide, Ludolf 294
Eidgenössisches Kriegs- und Transportamt 210
Eitzen & Co. Linie AS, Camillo 205
Eitzen & Co., Camillo 193, 197–199, 201, 203–208, 229
Eitzen & Co., Ltd., Camillo 205
Eitzen, Axel Camillo (1851–1937) 195
Eitzen, Axel Camillo (1883–1961) 195, 207, 208, 212, 213, 224, 227
Eitzen, Axel Camillo (1954) 196, 226, 229, 230
Eitzen, Camillo 193, 194, 196–198, 202, 205, 207, 208
Eitzen, Camillo (1912–1969) 196
Eitzen, Cecilia Cathrine 194
Eitzen, Johan Lauritz 194
Eitzen, Laura Cecilie 194
Eitzen, Nina 226
Eldrige, Kapitän 26
Elkan & Co. 167
Emmons Littlefield Yard 26
Engebretsen, O. C. 293
Engels Line 6, 95, 96, 98, 102
Engels, T. C. & Co. 95, 96, 102
Engels, Theodore 95, 102
English Pacific Company 20
Erhart, Alfred, Dr. 89
Eriksen, B. 293
Esco Holding AS 227
Essery, William Howell 113
Estonian Shipping Corporation (ESCO) 227–230
Eyler, G. 87, 92, 95, 101
Fabricius, Christian Friedrich 126
Fagerström, Ferdinand 153
Falck, Kapitän 86, 203
Falck-Muus, Kapitän 202, 203
Falk, Kapitän 93, 96
Farsunds Sparebank 68
Favre, Jules 142
Fearnley & Eger 204
Fedde, Samuel 66, 131, 245
Fedorov, M. K. 189
Feix, Bruno 187
Fernandez, Juan 7, 159
Fett, Eduard 79
Fierz, Nationalrat 33–35
First Baltic Shipmanagement AS 230
First Line 25

Fisch, G. 233, 234
Fischer 171
Fischer, Edward 188
Fischer, Edward & Co. 188
Fischer, F. 234
Fiska-Sägewerk 47
Flageverftet Laksevag 53, 54, 242
Flandes, Antonia Sotomayor 165
Flotte Riunite Cosulich, Lloyd Sabaudo, Navigazione Generale, Società Anonima, Genova 185
Forges et Chantiers de la Mediterranée 93, 250
Fortum Oil Oy 230
Fotheringham, A. & Co. 112
Fotheringham, Alexander 111
Fox & Livingston 26
Føye (Familie) 77
Foyn, Svend 40, 41, 275
Frachtkontor Junge 218, 222, 224, 226
Francis, Kapitän 24
Frankmann, Magn. Nilsson 295
Franz Joseph I., König 297
Frederik VI., König 48
Frederiksstad Mek. Verksted 198, 199, 201
Fredriksen, F. 292
Fredriksen, Lars 293
Freesemann, Kapitän 294
French, Nathaniel Y. 23
French, William W. 24
Frey-Hérosé, Bundesrat 30
Frey-Jezler, J. R. 233
Friderich, Nationalrat 33
Friedrichsen, L. 81
Friele, Johan 70, 246
Frisk, Edvard 89
Frølich, Ernest Christopher 80
Funch, Edye & Co. 93, 96, 294
Funck, James 22, 23
Funker, Kapitän 147, 295
Furness Ship Building Co. 214
Furness-Werft 205, 206
Furrer, Jonas 126
Furuhjelm, Bergwerksminister 157
Gade, Eva 226
Gade, Jens Peter 226
Gadner, Juan 160
Gardner, Charles 113
Garett, Thomas 113
Gebr. Bernhard und Jacob Rieter 105
Gebr. Christophers 144
Gebr. Greuter & Rieter 6, 105, 106, 109–114, 122, 123, 125
Gebr. Kalkmann & Co. 126, 127
Gebr. Volkart AG 105, 125, 126
Gebr. Volkart Holding AG 125

Gennys, Edmund H. 123
Geogernes-Werft 69
Ghiglione, Kapitän 93
Gibbs, Guillermo y Cia. 160
Gibbs, R. 99, 251
Giessens-Werft 257
Gill, F. 53
Glarona AS 208, 214, 224
Glasgow & South American S.S. Co. 93, 94, 250
Glynn and Son 169
Goddarn 60, 244
Gonzenbach, Professor 29, 30
Götawerke 217, 223
Goudie, William 109–111
Gourlay Brothers 165
Graduation Shipping 222
Graeser Handlung 161
Gram, Peter 224
Granlund, Gabriel & Co. 158
Greuter, Bernhard 105, 106
Greuter-Reinhart, Ludwig 105
Greve, G. 89
Greve, Johanna Wilhelmine 85
Greve, W. 94
Grieg, Anna M. 70
Grotius, Hugo 32, 35
Gryderup, Inger Marie 84, 293
Gude, Hans 65
Gulf Oil 208, 210
Gundersen, A. 53
Gundersen, Terje 128
Gunvaldsen, O. C. 293
Gustav IV. Adolf 81
Gyda Shipping AS 226, 227
Haaversen, O. 293
Hackfeld & Gerken 144
Hagemann, B. C. 53, 242, 293
Haghe, Hélène Françoise 103
Håkon VII., König 194, 210, 212
HAL 182–185
Hall, Francis 188
Hambros Bank 222, 223
Hamburg-Amerika Linie 180
Hansen, C. 292
Hansen, Caroline Johanne 194
Hansen, Cathrine Amalie 194
Hansen, F. J. 197
Hansen, Gustav Conrad 194–196, 198, 202, 207, 208
Hansen, M. G. 73, 249
Hansson, F. O. 153
Hansson, Josef Emil 295
Hansson, Per Bernh. 295
Hapag 20, 179, 180
Harfagre, Harald 193

Harkortsche Brückenbau-Ges. 143
Harmens, Anna 70
Harris, William Humphrey 112
Hartfield, J. S. 164
Haugen, O. O. 45, 239
Hawkshaw, I. C. 60
Hazen y Compton 164
Hefti, David (1738–1803) 38
Hefti, Fridolin (1738–1790) 38
Hefti, Jacob (1743–1807) 38
Hefti, Johannes (1730–1801) 38
Hefti, Petter 41
Hefti, Thomas (1741–1799) 38
Heftye, Thomas Johannesen & Søn 5, 38, 41
Heftye, Thos. Joh. & Søn 40, 43–45, 238
Heftye, Friderich Joh. 41
Heftye, Fridolin (1774–1825) 38
Heftye, Georg (1818–1900) 38, 40
Heftye, Heinrich (1780–1850) 38
Heftye, Henrik Thomassen (1804–1864) 38
Heftye, Johannes Georg (1857–1931) 38–40
Heftye, Johannes Thomassen (1792–1856) 38
Heftye, Thomas Johannesen (1767–1827) 38
Heftye, Thomas (1822–1886) 38, 39
Heftye, Thomas (de) David 41
Heftye, Thomas Thomassen (1860–1921) 39
Heftye, Thos. Johs. 41
Hegemann, Statsraad 49, 243
Heiberg, A. C. 293
Heilgers, F. W. & Co. 107
Heilgers, Frederick William 113
Heilgers, Friedrich Wilhelm 107
Heinzel, Georg 147
Hellendoorn, John 219
Hellingsen, Hans Gabriel 130
Hendriksson, Henrik 144
Hennings, C. F. B. 151
Henriksen, Hans 292
Henriksson, Aksel Wilhelm 144
Henriksson, Victor Albert 158
Henrotin, Dr. 86
Henry Tschudi's Tankrederi AS 208, 210, 211
Hepple & Co. 190
Heraklit, Philosoph 220
Herman, Tate 113
Hertz' Söhne, Adolph Jacob 151
Hervot, P. 59
Heymann, Eduard 29, 30
Hiddink, H. C. 109
Hiestand, Anna 295
Higgins, E. & Co. 122
Higgins, Lewis 26
Hiller & Co. 91, 92
Hinse, Kapitän 92

Hirsch, Moritz   167, 168
Hitchock, H. & R.   55, 242
Hjertas, Lars Johan   88
Hjorth, N. S.   45, 239
Hobrecker, Friedrich Hermann   157, 158
Høegh, Leif   222
Høegh Freigther   222
Hoffmann, Nationalrat   35
Höglund, Carl Fredrick & Son   126
Hohorst, Carl   84
Hollmann, Kurt   117
Holmström, Karl Johan Robert   89, 250
Holum, M.   56
Holzberg & Co.   113
Holzberg, Phillip   113
Horstmann, Kapitän   93
Høst, U. J.   78
Hottinger, E. O.   56
Höver, Otto   114
Howaldtswerke   216–218
Howden, J. & Co.   99
Huber, Marie   188
Humbert, A.   32, 33
Hunt, Edwin R.   109
Huret, J.   59
Husselmann, Kapitän   102
Hustede, J. H.   150, 151
Huygens, Louis   94
Hylin & Co.   88
Iken, Adelina   83
INMAN-Linie   91, 92
Inoue, Kaoru   188
International Transport Contractors (ITC)   219, 220, 222, 228, 229, 231
International Transport Federation   223
International Transport Sibing Inc.   222
Internationale Transport Gesellschaft AG   186
Irgens, Chr.   73, 247, 249
Irgens, Harald   74, 249
Irgens (Familie)   77, 247, 248
Irisson, Gaston   160
Irwin, R. W.   188
Isaachsen, Otto   97, 251
Isaachsen, Peter   48, 241
Isefjaer, Thomas   293
Isidora Cia.   165
Italia, Società anonima di Navigazione, Genova   185
Ivarans, Reederei   205
Iversen, Federico   164
Iversen, Johan   55
Iversen, N. O.   56
Iversen, O.   56, 293
Iversen, Søren   293
J. C. & F. Cordes   50, 243

Jaburg, Hermann   146, 147, 295
Jaburg, Karl   146
Jacobsen, G. A.   128
Jacobsen, Just J. Nachfolger   193, 194
Jacobsen, Just   194–196, 202, 204
Jacobsen, Kapitän   152, 295
Jacobsen, P.   58, 244
Jäger, Nationalrat   34
Jakobsen, Jens E.   131
Jansen, Kapitän   236
Janssen & Schmilinsky   155
Janssen, Generalkonsul   98
Janssen, Gottfried Wilhelm   162
Jansson, Andreas   126
Jensen, Chr.   230
Jensen, Kapitän   202
Jenson, S. G.   202
Jernskibsbyggeri   198, 201
Jessen, T.   161, 162
Jewksbury, J. J.   54
Jezler & Companhia   233
Jezler Brenner & Cia.   233
Jezler Irmâos & Trümpy   233
Jezler, Keller & Cia.   233
Jezler, Kronauer & Cia.   233
Jezler, Ferdinand   233
Jezler, Lukas   233
Jezler-Frey, Franz Albert   233
Johannessen, Ommund   131
Johansen, Bernhard   197
Johansson, Karl Feliks   144
Johansson, Viktor Esaias   144
Johnsen, Hans   48, 243
Johnson, Axel Axelson   205, 208, 212
Johnson Line   205
Jones, Kapitän   24
Jonkman, Friz   228
Joos, Wilhelm, Nationalrat   16, 35
Jørgensen und Knudsen   40
Jørgensen, P.   54, 293
Jorjan, Johann Heinrich   50, 243
Josenhans, Inspektor   134
Joseph II., Kaiser   169
Junghändel, G. R.   191
Kaiser, Nationalrat   35
Kalkmann, Franz Diedrich Adolph   127
Kallesen, N. H.   151
Kansas City, Pittsburg & Gulf Railroad Company   174
Karelin, V. M.   190
Karl III. Johan   50
Karl VI., Kaiser   169
Karpeles & Hirsch   167, 168, 185
Karpeles, B., Dr.   187
Karpeles, Emil   168, 185, 186

Karpeles, Josef 187
Karpeles, Moritz 167, 168
Karpeles, Stephan und Georg 185, 186
Kayser, Robert 162
Keil, Kapitän 102
Keller & Cia., C. F. 233, 234
Keller, Carlos Ferdinand 233–236, 298
Keller, Charles Felix 298
Keller, Charles Philippe 298
Keller, Jean Joachim 233–235
Keller, Paul H. 233, 234
Kern, Johann Conrad 29, 141–143
Kerr-Line 206
Kersting, Eduard Friedrich Christian 107, 108, 123
Key, J. & Sons 92, 94, 250
Kiel, E. 100
KIL-Shipping 229, 298
Kingsbury, Henry 26
Kirby, J. M. 60, 244
Kistler, Maritta 179
Kjær & Isdahl 97, 251
Kjäldström, Schiffbaumeister 158
Klavenes, Th. 217
Klein, Nationalrat 35
Klugkist, Justin Hermann 144
Knud, I. Larsen 229
Knudsen, Gunnar 39
Knudsen, I. 60
Knudsen, M. 55, 56
Knudsen, P. 86, 87, 92, 94, 101
Knudsen, Peder 130
Koch, Konsul 36
Kockums Mekaniska Verksted 210
Kockums-Werft 208, 211–215
Köhler, Jacob 84
Königlich Ungarische Schiffahrts AG, Adria 172, 173
Konow & Co. 69, 72, 247
Konow, W. 75, 248, 249
Kopperholdt, Hans 80
Koss, P. 79, 128
Kraeft, Johan Martin 66
Kragenæs, S. K. & Söhne 293
Kragenæs, S. T. 82, 243
Kraugerud, Haavard 218
Kraus, C. H. 151
Kristensen, L. 40, 41
Krohn, M. 77, 247
Kronauer, Jules 233
Krüger, E. 87, 249
Krupp 223
Kruse, Hinrich 135
K/S Arosa 224
Kuffschinoff, Nikolaj 158
Kunst, Kapitän 155, 295

Kurkutova, Natalia 189, 191
Kuznetsov, Andreij 189
La Sociètè d'exploitation des placers Sofie Alexieeva 191
Laeisz, F. 211
Lafayette, General 25
Lange, H. S. 196
Lange, Johann 45, 84, 239
Langfeldt, K. F. & Söhne 55, 151, 244
Laoliider AS 230
Lardy, E. 192
Larsen, A. & Svege, H. 66, 244
Larsen, Knud I. 229
Larsen, A. 293
Larsen, A. M. 293
Larsen, Andreas 130
Larsen, H. P. 57–59, 241, 243
Larsen, Konsul 61, 62
Larsen, T. 293
Le Couteur, J. 86, 249
Lechère, F. 92, 294
Lehmann, Carl 250
Leire, Daniel 49
Leopold I., König 85
Leopold II., König 102
Leridon, Geo. 59
Leroy, Henri 85
Linaae, Jørgen 49, 82, 243, 293
Lindahl, J. P. 126
Lindbak, Bankchef 257
Lindgaard, J. P. 79
List, Franz 29
Livingston, Maritimer 26
Löf, Johan 88, 250
Lømsland, L. 55
London Salvage 219
Lopez, Fischer 160
Lorange, Georg 45, 240
Lorentzen Chartering 217
Luchsinger, Barbara 81
Luchsinger, Rudolf 47, 48, 50, 81, 292
Luchsinger, Sibille 47, 49
Luckenbach Transport & Wrecking Co. 97, 177, 251, 256
Luckenbach, Edgar F. 97, 251
Ludwig, Hermann 85–87, 91–93, 102
Lund, Gabriel und Ebbe 62–64, 245
Lund, Jonas 64, 246
Lund, S. 293
Lundins, Anders Wilhelm 88
Lyondell 226
Mackay, William 292
Mackinnon, Mackenzie & Co. 110
Madsen, Caspar H. 80
Magelsen, Polizeipräsident 79, 128
Malchin, C. F. T. 162

Mann, A. J. 112
Mann, Mr. 119
Mantel, F. 234
Mantel, J. 294
Marchand Fréres 142
Maria Josepha, Erzherzogin 182
Marsh, Benjamin F. 26
Martens (Familie) 77
Martenson, M. H. 89
Martinsstahlwerk 157
Maslennikov, A. 190
Masuda, Takashi 188
Mathiesen, Arthur H. 204
Mathiesens Werft 55, 244
Matthews, Kapitän 112
Matthiessen 50
McIntyre, H. & Co. 170
Mecklenburg, G. 102
Meickle, Kapitän 96
Meier, D. 113
Mela, Kapitän 158
Melegari, Graf 36
Melhuish & Co. 110, 113
Melhuish, John James 110, 113
Meredith, Magnus Sutherland 123
Messagerie Royale 25
Messing, Karl 36
Michaelsen, J. E. 65, 246
Mikkelsen, Christian 194
Missions-Handlungs-Gesellschaft 6, 132–136, 144, 146, 148–151, 153–155
Mitsui & Co. Ltd. 188
Mobil 227
Moe, Georg Just 48, 50
Mohn, A. 70, 246
Mohn (Familie) 77
Møller, Chr. 197
Møller, W. 54
Mongugaysky, Kohlengrube 191
Montclair, Madame 69, 70
Montclair, Peter Meyer 70
Montecuccoli, Admiral, Graf Rudolf 182
Montrose Ship Building & Engineering Company 235
Morse, J. P. 55, 242
Mortenesen, L. 56
Mowlem, John 113
Müller & Cia. 234
Müller, J. 141
Müller, J. F. 234
Müller, Jacques 234
Muena, Fermin 164
Muldoch, Colonel 119
Muller, G. F. 53
Munson & Co., W. D. 198

Munzinger, Bundespräsident 25
Murtfeldt, Franz Carl Anton 161, 162
Naess Jahre Bulker Ltd. 224, 225
Nansen, Fridtjof 196
Napoleon 81, 107
Napoleon I. 48
Napoleon III. 30, 117
Nascimento, Nancy 226
Nascimento, Robert 226
Natvig, H. 54–57, 293
Natvig, Jacob 52, 56, 293
Navalis AS 208, 212, 214, 224
Navy Yard 292
Neptunus Rederi, A/B 171
Neville, William 113
New Zealand Insurance Company 121
Neyt, G. 86
Nidsen, A. 293
Niedermann, Johann 101
Nielsen, G. S. 131
Nielsen, J. Chr. 60
Nielsen, M. 60
Nielsen, N. J. & Wiel, A. M. 48, 241
Nielsen, N. J. 292
Nielsen, Niels Stange 206, 208
Nielsen, P. 89
Nielsen, Reinert M. 131
Nikolo, Saco 101
Nilsohn, P. 88
Nørbeck J. 55, 56, 59, 60, 292, 293
Nordberg Eiendom AS 230
Norddeutscher Lloyd (NDL) 6, 30, 99, 102, 179, 180, 184, 185, 251
Nordstjaernan, Reederei 208
Norges Bank 196, 206
Normann, Alexander 146
Norris, Kapitän 123
Norske Turistforening 39
Norske Veritas 58
Nortraship 210, 213
Norwegian International Shipregister 223
Norwegian Transport Network (NET) 230
Nøtland, P. C. 67, 246
Nøtland-Werft 62, 66
Notsch 167
Nyland-Werft 197, 198
Nylands Værksted 198, 199, 201, 203
Nylund, Adolf Wilhelm 144
Nylund, Johan Alfred 144
O'Swald, Wm. & Co. 151
Ochsenbein, Oberst 22, 23
Odden Verft 196
Odderøens-Werft 57–59, 241, 243
Ohlsen, Peder Christian 61, 66

Ohlsson, Olof 295
Ölander, A. 158
Old Line 25
Ollimac & Anjara 220, 224
Olsen 203
Olsen, Ole & Søn 56, 66, 244, 246, 252
Olsen, Anders 51
Olsen, B. 56
Olsen, Chr. 129
Olsen, D. 66, 67
Olsen, Fr. A. 56
Olsen, Fredrik Christian 41, 238, 240, 241
Olsen, M. 293
Olsen, O. 56, 68, 240, 245, 246, 252
Olsen, R. T. 63
Oltmann, Diedrich 144
Oltmann, Sophie Juliane Charlotte 135
OPEC 220, 221
Ørbech, Martha 61
Ore Sea Transport 221
Ortolan, Seerechtler 27
Österreichischer Lloyd 169, 172
Ostindien-Kompanie 124
Ostindische Gesellschaft 109
Oswald, Mordaust & Co. 99, 251
Oswald, T. R. & Gibbs, R. 99, 112, 251
Oswald, Thomas Ridley 112
Ott, Adam (1717–1771) 46, 61
Ott, Balthasar (1720–1757) 46
Ott, Hans Jakob 46
Ott, Melchior 46
Ott, Samuel (1730–1802) 5, 7, 46
Otto, Frid. & Søn 5, 7, 61–68, 130, 131, 244–246, 252, 293, 295
Otto IV., Kaiser 193
Otto, Samuel & Co. 5, 7, 46–61, 81, 241–244, 293
Otto, Adam (1796–1826) 61, 130
Otto, Adam (1827–1860) 61, 62
Otto, Agatha 61
Otto, Agaton 61
Otto, Fredrik A. 6, 7, 68, 130, 131, 252
Otto, Fredrik P. (1826–1886) 61, 62, 66–68
Otto, Fridolin 61
Otto, Jakob 61
Otto, Peter (1794–1844) 61, 130
Otto, Peter N. 61
Otto, Søren Gottfr. 61
Otto-Werft 48, 50, 52, 53, 56
Otzen, D. H. Mathias 70
Oulton Brothers 26
Paasche, Anna 70
Pakistan National Oil (PNO) 207, 217
Pande, Sundby & Co. 197
Panelius, Wilhelm 144

Pannier, Jules 59, 243
Pattje, J. 229
Paulsen, O. B. 197
Pedersen, G. 293
Pedersen, P. S. 131
Peeters, J. 87
Pestalozzi, Susanne 195
Peter der Große 156
Peters, Werner 171
Petersen, Kapitän 64, 65
Petersen, M. & Søn 49
Petersen, L. 127
Pettersen, C. A. 97
Pettiti, General 185
Peyer-Imhof, Nationalrat 35
Pfleiderer, Gottlieb 132
Pinkey, D. G. & Sons 97
Pittalunga, Luigi 179
Planta, Nationalrat 35
Poseidon Schiffahrt AG 225, 226, 298
Poulsen, Eric 80
Preiner, Anna 179
Preiswerk, Ernst 155
Preiswerk-Burckhardt, Eduard 132, 133, 135, 141–143, 151, 155
Pren, Heinrich 147
Primorye 191
Puglia 179
Pyk, Oscar 295
Quentell, Friedrich Leo 84
Radau, Wassili Albertovitsch 177
Ramsey, Wolter 156, 296
Range, Johann Christian 126
Rapp, John 29
Rappaport & Kann 167
Razeto, Emmanuele 179
Red Star Line 93–95, 102
Redway, Thomas 112
Reed, Samuel G. & Co. 88, 250
Reederei Sloman 20
Reimers, J. 70, 246
Reinertsen, O. 131
Reinhard, Hellmuth 212
Reinhardt, O. C. 50, 52, 242, 293
Reinhart, Andreas 125
Reinhart, Theodor 125
Renck, H. G. C. 153
Renner, Joseph 145, 146
Renner (Gesellschafter) 85
Repko & Co. 87, 250
Rettmeyer & Hessenmüller 235, 298
Reval Logistik AS 230
Reynolds, Abraham Lewis 119
Rhenus AG 187

Richardson, Wigham 92, 250, 260
Rickmers, Rickmer C. 107, 108, 113, 114, 117, 122
Rieter, Bernhard und Jacob 105
Rieter, Heinrich 106
Rieter-Ziegler, Heinrich 106
Riis-Larsen, L. 206
Ringel & Brauss 126
Ringel, Eduard & Co. 6, 126
Ringel, Eduard 126, 127
Ringel, Johann Carl Friedrich Eduard 126
Robinson, Henry 26
Rolfsen, Tønnes 69
Ronaldson, Ths. 200
Rosenkilde, G. 55
Rosenqvist, Gust. 295
Ross, Vidal & Co. 113
Ross, James 40, 41
Rottmann, Hermann Ludwig 132, 151
Royal Dutch Shell 207
Rundberg, Erik 126
Rundberg, J. N. 126
Russell & Co. 179
Rydqvist, Edvin Niklas 126
S. A. de Navegacion Sud Atlantica 184
Salignac-Fénélon, Graf 27
Salvesen & Lydersen 202
Samskip 230
Samuelsen, Kapitän 67
Sanchez, Esteban 160
Saxon Petroleum Co. 207
Scharoun, Erster Steuermann 141, 142
Schelderup, A. M. 53
Schenk, Karl 142
Schenker AG 187
Schenker & Co. 7, 166–169, 171, 179, 180, 185–187, 298
Schenker, Constantin 179
Schenker, Eduard 168, 177
Schenkers Reise-Bureau 186
Schenker International GmbH 187
Schenker, Urs Josef Gottfried 166–169, 171–173, 175–178, 185–187, 297
Schenker, Walford & Co. 185, 297
Schenker-Angerer, August, Dr. 168, 173, 175, 176, 178–180, 186, 297
Schenker-Rhenus AG 187
Scheuenberg, F. 234
Schiffahrts-Gesellschaft Austro-Americana 166, 173–175, 254
Schild, Friedrich 144
Schirmer, Heinrich Ernst 39
Schlüter, Kapitän 152
Schneider, Nationalrat 34, 35
Schön, August Joseph 84
Schoonhoven, Henry 100–102, 294

Schott, Otto 133
Schott, Ulrike 157, 296
Schreiben, Techniker 165
Schröder, August 147
Schulthess, Caspar 124
Schulz, Anna Barbara Elisabetha 167, 177
Schulz, Carl 177
Schweizerische Centralbahn 166
Sciutto, Giulio & Denaro, Giuseppe 177
Scott, William 25
Seager Line 206
Sebenius, J. L. 157
Sebor, Kapitän 23
Second Line 25, 26
Seeberg, Hans Chr. 45, 238
Segebarth, Joh. Ludwig 149
Seguine, J. & C. 25
Sehlberg, Nils Jacob 66, 244
Selandia 228
Sellars, George 119, 121, 294
Sembawang Shipmanagement 229
Senshu & Co. 188
Servais, F. J. 92, 93
Seward, M. H. 112
Shapter, Joseph 25
Shapter, Thomas M. 25
Shaw, Savill & Co. 110, 118, 119, 123
Shire Line 60, 244
SIBO Shipping Inc. Bermuda 225, 226, 298
SIBO Shipping Inc. Liberia 226
Siboelf, K/S 225
Siboti, K/S 225
Siedenburg, Johann Gerhard 146
Siedenburg, Ratje 84
Sietas, J. J. 230
Sigurdsson, Harald 193
Sisala, K/S 224
SITE International AS 224
Sivertsen, E. 293
Sivertsen, W. I. 293
Sjöberg, Emil 153
Sjöberg, Gustav 153
Skou International AS 224
Skou International Tschudi & Eitzen 224
Smidt, Herman Roosen 51
Smith, Kapitän 102
Smith, Syvert 66
Smulsky, P. F. 190
Smurthwaite & Co. 111
Smurthwaite, John 111
Smyers, Alexandre & Co. 92, 95, 250
Società anonima di Navigazione marittima Adria 173
Società di Navigazione a Vapore Puglia 172
Società di Navigatione Austro-Americana 173

Società Importazioni Carni Congelate 182
Société Anonyme Belge de Navigation à Vapeur 185
Société Anonyme du Steamer De Ruyter 102
Société Général de Transport maritimes à Vapeur 234
Société pour le Déchargement des Céréales 103
Söderlund, George N. 158
Söderlund, Johan 143
Somms 128, 251
Sonnenburg 171
Soost, J. H. 89
Sørensen, C. H. 229
Sørensen, J. N. 45
Sørensen, Mogens W. 225, 227
Speich, S. 293
Spence, Pile 123
Sprague Line 206
Stanton Capital Inc. 227
Starck & Bähr 89
Stehr, Johannes 235, 236
Steiner, Carl 50
Steinert, O. C., Kapitän 52, 293
Steinmann & Co. 85, 86, 102, 103, 249, 293
Steinmann & Ludwig 85–87, 89–94, 96, 98, 99, 103, 250, 251, 293
Steinmann, Daniel 6, 85–88, 90–93, 95, 102, 103
Steinmann, George 103
Steinmann, Johann Jakob 85
Steinmann, Leroy & Renner 85
Steinmann, Louis 103
Steinmann, Paul 103
Steinmann-Drevet 20, 21
Steinmann-Haghe, Daniel 103, 104
Stellmann, Kapitän 143
Stephen, A. & Sons 96, 263
Stinnes AG 187, 218, 226, 298
Storow, Thomas M. 23
Strauss, Adolf 85, 86, 91, 92
Stray, Sven Olaus 51
Streiff 107
Strømme, O. A. 50, 242, 293
Stünzi, Hans Jakob 295
Stünzi, Jakob 7, 156–158, 295, 296
Stünzi, Johann Jakob 296
Süddeutsche Donau-Dampfschifffahrts-Gesellschaft (SDDG) 185
Sumitomo 218, 229
Sundberg, J. Olaf 126
Sunderland Shipbuilding Co. 97
Sundt, Ole Johannes 63, 130
Sundt, Peter A. 61, 68, 131
Suworov, A. 191
Svanøe (Familie) 75, 77, 247–249
Sveaas, Anders 52, 242
Sveaas, Christen 226, 227

Svendsen, J. C. & Söhne 58, 244
Svendsen, P. 57, 244
Svenska Lloyd Førskring 204
Swan & Brothers 170
Sydvaranger AS 230
Syvertsen, Nils 50
T&E Bulkers AS 228
T&E Dryship AS 228, 229
T&E Product Tankers AS 227
T&E Sembawang Shipmanagement 229
T&E Singapore 229
T&E Tankers 226
Taiwan Shipbuilding Corp. 220
Taylor & Rich 23
Tecklenborg, Franz 83, 84
Tecklenborg, Johann Carl 84
TECO Lines AS 230
TESMA (Singapore) Pte. Ltd. 229, 230
TESMA Estonia AS 230
Tetens, Alfred 108
Tetiuhe Mining Company 191
Tetyukhe 190, 191
The Sole Regular Line 26
Thierry-Mieg, J. 107
Thiers, Adolphe 143
Thiis, Jens & Co. 45, 239
Thiis, C. 45, 239
Thiis, J. & Hjorth, Niels 45, 238
Thingvalla Line 102
Thomas Johannesen Heftye & Søn 5, 38, 41
Thompson, Boyd & Co. 92, 250
Thompson, N. L. 26
Thomsen, G. 75, 248
Thorbjørnsen, Ch. 196
Thoresen 203
Thoresen, Hans Thom. 41
Thoresen-Line 257
Thorsen, Johan 207
Thouvenel, Außenminister 29, 30
Timmermans, Joop 228
Tirrenia, Reederei 173
Titaghur Paper Mills 107
Tobiassen, Osmund 65, 245
Tollefsen, Even 208
Tønnesen, C. M. 293
Tønnesen, Hans Christian 64
Tønnesen, Joh. N. 53
Tønnesen, Ole J. 293
Tønnesen, Tobias 293
Torjussen, P. E. 53
Tork, Johan 144
Töttermann, E. 128
Trümpy, Alfred 77
Trümpy, Alfred August 70

Trümpy, Caspar (1775–1823) 69
Trümpy, Caspar (1836–1894) 70, 74–76, 249
Trümpy, Caspar (1876–1944) 70
Trümpy, David 71, 77, 247
Trümpy, Georg 70
Trümpy, Hans Jacob (1805–1874) 69, 70
Trümpy, Hans Jacob (1724–1792) 69
Trümpy, Herman (1882–1961) 70
Trümpy, Herman (1837–1910) 70, 77, 249
Trümpy, Inga 70
Trümpy, Jacob 69–73, 76, 77, 247
Trümpy, Jacob & Søn 69, 76, 77
Trümpy, Johan 70, 77
Trümpy, Johan (1820–1855) 77
Trümpy, Johann Rudolf 233
Tschudi & Eitzen (T & E) 193, 195–198, 202–208, 210, 214, 215, 217–228, 232, 298
Tschudi & Eitzen Bulkers AS 228
Tschudi & Eitzen Holding AS 193, 224, 227
Tschudi & Eitzen International AS 224, 227
Tschudi & Eitzen Shipping AS (TES) 226, 227
Tschudi Lines Baltic Sea AS 230
Tschudi Lines North Sea AS 230
Tschudi, Lise 221
Tschudi Logistic Oy 232
Tschudi Ship Management AS 230, 231
Tschudi Shipping Company AS 193, 228–232
Tschudy, Anton (1848–1914) 79, 80, 129
Tschudi, Fanny 194
Tschudi, Felix Henry (1897–1993) 195, 196, 204, 206–208, 212
Tschudi, Felix Henry (1960) 227, 229–231
Tschudi, Hans J. 217, 218
Tschudi, Henry (1858–1939) 194, 195, 197, 198, 201, 202, 207, 208
Tschudi, Henry Felix (1926) 196, 215–217, 219, 221, 224, 226, 227
Tschudi, Johannes 195
Tschudy, Melchior 78, 79, 128
Tschudy, Peter (1812–1900) 6, 7, 128, 129, 251
Tschudi, Peter Stephan (1817–1876) 194, 195
Tschudi, Rudolf 195
Tschudi, Stephan (1780–1863) 195
Tschudi, Stephan (1832–1889) 195
Tyson, William 23
Uddevalla 220, 221
Uhle, Zimmermann 146
Ulpts, B. 235
Ulrichs, Hermann Friedrich 149, 155
Ulrichs, P. H. 83
Ulstein Mek. Verksted 218, 219
Ung. Seeschiffahrt AG Adria 171, 172
Ungarische Landesbank AG 171
Union Ferry Company 23
Union Handels-Gesellschaft AG 133
Union Line 23, 25, 26
Union Trading Company International AG 133, 134
Unione Austriaca di Navigazione già Austro Americana & Fratelli Cosulich 7, 166, 179–185, 254, 256–267
Unione di Navigazione, Società Anonima, Trieste 185
Utah Mining Corp. 220
UTC International AG 133, 134
Utecht, Obersteuermann 146, 295
UTO AS 197, 203, 206
UTO-Line 204
Valentinsen, Helena 69
Valk, Jacob 147
Van den Bergh Fils 91
van der Lippe, Paul 56
van Regemartel, E. 86
VEBA 187, 226, 298
Versigny, Staatsrat 143
Vietor Söhne, Friedrich M. 133, 134, 294
Vigeland-Sägewerk 47, 50, 51
Viktoria, Königin 118
Viliers, Alan 120
Virgilio y Cia. 165
Volckmann, Capt. 136
Volkart, Anna 124
Volkart Brother's Agency 125
Volkart Brothers 6, 124–127
Volkart Holding AG 125
Volkart, Georg Gottfried 125
Volkart, Johann Georg 124, 125
Volkart, Johannes 124
Volkart, Lilly 125
Volkart, Salomon 6, 124–126
Volkart-Stiftung 125
Volta Transport Company 155
von Bruck, Karl Ludwig Freiherr 169
von Büren 161
von Catinelli, Hector 169
von der Hoeven, Freiherr 36
von Ehren, Kapitän 86
von Graffenried, Nationalrat 33
von Liebig, Justus 52
von Lightenfeldt 30
von Ponteuxin, Victor Ofenheim Ritter 167
von Rodt, Carl Alfred 7, 159–165, 296, 297
von Rodt, Carl Samuel Adolf 159
von Rodt, Karl Eduard 159, 160, 297
von Rodt, Marie Sophie Françoise Sabine 159
von Rumpff 30
von Santen, H. J. 99
von Tangen 77, 247–249
von Tschudi, Johann Jakob 90, 91
von Viniken, G. G. 190
Walford, George Paget und Baerdemaecker, G. C. 185

Walsh, Hall & Co. 188
Walsh, John G. 188
Walsh, Thomas 188
Wang, Søren W. 214
Wanner, Konsul 21–23, 25, 29
Warren, Stephen M. 26
Waterfront ASA 227
Wattenbach & Co. 124
Wattenbach, A. H. F. 107, 110
Wattenbach, Augustus 105, 113
Wattenbach, Heilgers & Co. (WH) 6, 105, 107, 109, 110, 112–114, 122, 123, 294
Webb, W. 26
Weber, R. 234
Welinvest AG 133
Welti, Emil 143
Wempe, Gerhard 146
Wenger, Elise 138, 139
Wenger, Pfarrer 138
Wennström, Carl Petter 80
Wergmann, Peter Christian Frederik 62
Wernerström, Kapitän 162, 163
Wesenberg, L. 70, 246, 247
Wesenberg, M. 70, 246
Wesenberg, R. 70, 246
Westerberg, Zacharius 126
Westergaard, Sigrid 70
Westervelt & Mackey 23
Westervelt, Aaron 23
Westervelt, Daniel 23
Westervelt, Jacob A. 292
Westfälischer Draht-Industrie-Verein 157
White Cross Line (WCL) 6, 7, 85, 86, 89, 92–103, 249, 293
White, John 177
Whitlock, Handelshaus 5, 25
Whitlock & Jenkins 25
Whitlock, Sydney 25
Whitlock, William jr. 25, 26
Wiarda, T. 88
Wiborg, H. N. 45, 239, 268
Wiener Bankverein 180
Wikander, G. F., Kapitän 158
Wilckens, Julius Heinrich Leonhardt 235, 298
Wild, Caspar 5, 46–51, 53, 241
Wild, Johan Heinrich 47, 51, 55
Wild, Marcus (1824–1903) 47, 48, 51, 55, 60
Wild, Marcus jun. (1839–1898) 47, 55–60
Wild-Luchsinger, Sibille 47, 49
Wildberger & Cia. 234, 235
Wildberger, Emil 234
Wilhelm I., Kaiser 135
Wilhelmsen 203
Wilhelmsen, Halfdan 195
Wilhelmsen, S. 79

Wilhelmsen, Wilh., Rederi 194, 226
Wilkinson, William 112
Willard, John 23
Wilson & Sons & Co., Thomas 172
Wilson, Kapitän 161
Wintershal 218
Wiskowatow, Wladimir A. 156
Witdoeck, A. 88
Wolters, Fritz 147
Wood, Skinner & Co. 195, 197
Wright, W. 293
Wulff, E. jr. 97
Wulff, Kapitän 90
Wurstenberger 27
Xiaoping, Deng 192
Yankovskij, Y. M. 190
Yourway Oy 232
Zahn, Inspektor 139
Zar Alexander II. 156
Zeller, Hans 117
Zellweger-Ryhiner, Ulrich 132, 133
Ziegler, Arthur 177, 179
Ziegler, Emil 105, 106, 117, 118
Ziegler, Rotfärberei 105
Ziegler-Egg, Emil 106
Ziegler-Egg, Ida 117
Ziegler-Greuter, Heinrich 106
Ziegler-Schenker, Hedwig 175, 177
Zopfi, H. 52, 57, 58, 293
Zürcher, Johann Ulrich 163
Zürich Versicherungsgesellschaft 204